João Goulart –
Uma biografia

Jorge Ferreira

João Goulart
Uma biografia

7ª edição

Rio de Janeiro
2024

Copyright © Jorge Ferreira, 2011

REVISÃO TÉCNICA
Angela de Castro Gomes

CAPA E ENCARTE
Leonardo Iaccarino

FOTO DE CAPA
Bachrach/Getty Images (João Goulart em Nova York, 1962)

DIAGRAMAÇÃO DE MIOLO
Abreu's System

CIP-Brasil. Catalogação-na-fonte
Sindicato Nacional dos Editores de Livros, RJ

F44j Ferreira, Jorge
7ª ed. João Goulart: uma biografia/Jorge Ferreira. – 7ª ed. – Rio de Janeiro: Civilização Brasileira, 2024.

Inclui bibliografia
ISBN 978-85-200-1056-3

1. Goulart, João, 1918-1979. 2. Presidentes – Brasil – Biografia. 3. Brasil – Política e governo. I. Título.

09-3816 CDD: 923.181
CDU: 929:32(81)

Todos os direitos reservados. Proibida a reprodução, armazenamento ou transmissão de partes deste livro, através de quaisquer meios, sem prévia autorização por escrito.

Direitos desta edição adquiridos pela
EDITORA CIVILIZAÇÃO BRASILEIRA
Um selo da
EDITORA JOSÉ OLYMPIO LTDA.
Rua Argentina 171, 3º andar – Rio de Janeiro, RJ – 20921-380 – Tel.: (21) 2585-2000

Seja um leitor preferencial Record
Cadastre-se no site www.record.com.br e receba informações sobre nossos lançamentos e nossas promoções.

Atendimento e venda direta ao leitor:
sac@record.com.br

EDITORA AFILIADA

Impresso no Brasil
2024

Dedico este livro ao meu pai

Sumário

INTRODUÇÃO *7*

CAPÍTULO 1 Janguinho e Jango Goulart *23*

CAPÍTULO 2 O aprendiz e seu feiticeiro *49*

CAPÍTULO 3 O ministro do povo *83*

CAPÍTULO 4 Épocas de crises *123*

CAPÍTULO 5 No governo e na oposição: dilemas de um vice-presidente *171*

CAPÍTULO 6 A luta pela posse *217*

CAPÍTULO 7 O difícil caminho do meio *263*

CAPÍTULO 8 De março a março: os caminhos da radicalização *339*

CAPÍTULO 9 Rumo ao desastre *407*

CAPÍTULO 10 Dois dias finais *467*

CAPÍTULO 11 Exílio uruguaio — Parte 1 *535*

CAPÍTULO 12 Exílio uruguaio — Parte 2 *587*

CAPÍTULO 13   Exílio argentino   *635*

PALAVRAS FINAIS   *683*

FONTES   *691*

BIBLIOGRAFIA   *695*

ÍNDICE ONOMÁSTICO   *703*

Introdução

Em fins de maio de 1972, Darcy Ribeiro escreveu uma carta para Glauber Rocha. O antropólogo, em tom afetivo, se queixava do pedido que o cineasta lhe fizera: "Pede, nada menos, que eu entre na alma do Jango para interpretar seus desígnios passados e futuros, para avaliar suas convicções e para captar sua visão de mundo.[1]" Em seu argumento, Darcy pedia que Glauber imaginasse alguém fazendo o mesmo com ele ou, pior, que ele fizesse aquilo com si próprio. "Não acha que seria impossível?", indagou.

A prudência de Darcy Ribeiro, no entanto, não serviu de exemplo para diversos estudiosos. Mesmo profissionais de reconhecida competência e sensibilidade, diante da imagem de Goulart, arriscam-se a descrevê-lo com frases de pouquíssimas linhas. É o caso de Amir Labaki, que, muito rapidamente, traça o perfil do ex-presidente: "Há uma definição de seu posicionamento ideológico que o classificou como um latifundiário com saudável preocupação social." E ainda acrescenta: "Difícil dizer melhor."[2] Alguns, como Claudio Bojunga, em sua brilhante biografia de JK, ao descrever Goulart na época em que era ministro do Trabalho, desconhecem a imensa popularidade do homem que, na época, herdava o patrimônio político de Getulio Vargas: "Na verdade, Jango só tinha prestígio junto aos pelegos, sendo praticamente desconhecido da grande massa dos trabalhadores."[3] Dois anos depois, o "praticamente desconhecido" candidato a vice-presidente teria mais votos do que seu cabeça de chapa, Juscelino Kubitschek. Autor de uma importante obra sobre a ditadura militar, Elio Gaspari afirma que "sua biografia raquítica fazia dele um dos mais despreparados e primitivos governantes da história nacional. Seus prazeres estavam na trama política e em pernas, de cavalos ou de coristas". E mais adiante completa: "condicionantes de classe interferem na conduta dos homens públicos, podendo levá-los da temeridade à vacilação e dela ao imobilismo, mas no caso de João Goulart, independentemente da classe em que estivesse, ele seria sempre um pacato vacilante".[4] Outros são ainda mais exigentes. Daniel Aarão Reis Filho, por exemplo, diz que Jango, "apavorado diante do incêndio que provocara sem querer, horrorizado com a hipótese de uma guerra civil que não desejava, decidiu nada decidir e saiu da História pela fronteira com o Uruguai".[5] Na avaliação da trajetória política de João Goulart de 1945 a 1964, o crítico mais contundente e mordaz, sem dúvida, é Marco Antônio Villa. Logo de início, na primeira página da introdução do livro, o autor diz que Jango era "fraco", "conciliador", "inconsequente" e "incapaz" para administrar o país, embora, a seguir, garanta ao leitor que se afastou "deliberadamente de análises preconcebidas".[6] Ao final, na conclusão, ressalta seu despreparo, sua incompetência e sua marca na política brasileira: o "desprezo pelos valores republicanos". Desse modo, continua o autor, "só restou como saída a fuga, sem glória, para o exílio". Ao morrer, tornou-se uma lenda — daquilo que, para Villa, ele não teria sido —, a do presidente democrata e reformista.

Resumindo o quadro de desqualificações, para a direita civil-militar que o derrubou da presidência da República, tratava-se de um demagogo, fraco, corrupto e inepto; para as esquerdas, um líder burguês de massa, com vocação inequívoca para trair a classe trabalhadora; para a ortodoxia marxista-leninista, uma liderança cuja origem de classe marcou seu comportamento dúbio e vacilante. Para a maioria, um consenso: tratava-se de um "populista" — ou, nas palavras de Thomas Skidmore, "um populista de pouco talento".[7] Outros adjetivos, sempre demeritórios, poderiam completar a lista: "despreparado", "ignorante" e "medíocre".

Dificilmente Goulart poderia ser qualificado dessa maneira. Deputado estadual, secretário de Estado, deputado federal, ministro do Trabalho, duas vezes vice-presidente da República, presidente do Senado Federal e investido na própria presidência da República, conhecia a fundo o aparelho burocrático de Estado, seus meandros e descaminhos. Formou-se em Direito e, sobretudo, em "política brasileira" pelas mãos de Getulio Vargas.

Outra questão importante para o desmerecimento de João Goulart são as denúncias sobre as relações, nem sempre pautadas pela ética, entre suas bases de apoio político e as benesses oficiais. As acusações não são destituídas de fundamento, mas criou-se uma imagem distorcida do tema, como se o fisiologismo, o empreguismo e o uso da máquina estatal com fins políticos fossem tradições inauguradas por Vargas e tivessem atingido seu apogeu com Goulart. Nesse aspecto, Claudio Bojunga, com razão, nos alerta:

INTRODUÇÃO

"Mais do que o autoritário Vargas, muito mais do que Jânio e Goulart, Juscelino distribuiu favores e empregos, e trilhou os caminhos da negociação política nos termos tradicionais da classe política brasileira. Cartórios, nomeações, promoções eram armas prediletas para a cooptação". E continua: "Existiam dezenas de maneiras de retribuir, recompensar, garantir, facilitar, agilizar, azeitar e contribuir."[8] Evidentemente que não é o caso saber qual dos presidentes da República mais utilizou recursos desse tipo. Trata-se, sim, de reconhecer que é uma tradição nas relações políticas entre os poderes da República no Brasil, seja nos municípios, seja nos estados, seja em Brasília — na época de Goulart, antes ou depois dele.

As imagens negativas que envolvem o nome de Jango permitem, desse modo, que outros ex-presidentes da República, como Vargas e Juscelino, continuem presentes nas memórias oficial e popular, mas Goulart não. Ele se tornou uma personalidade esquecida no quadro político nacional — o que não é casual. Apesar da grande mobilização política e social vivida pelo país na época de seu governo, após o golpe militar uma determinada versão surgiu e se consolidou. Os militares e seus aliados civis, vitoriosos com o golpe de Estado, passaram a afirmar que tudo antes de março de 1964 era corrupção, demagogia, caos econômico e subversão da ordem. Quase ao mesmo tempo, as esquerdas revolucionárias interpretaram o apoio dos trabalhadores e do movimento sindical ao presidente como peleguismo, paternalismo, desvio da linha justa, consciências incapazes de perceber os seus "verdadeiros" e "reais" interesses. Para completar, finalmente, alguns intelectuais formularam a teoria do populismo. Assim, as lutas operárias, camponesas e populares pela justiça social foram desqualificadas. O resultado, com o tempo, foi uma imagem ocultada, condenada ao esquecimento. Nos livros didáticos, Goulart merece duas ou três linhas; na televisão, não aparece; dos jornais, sumiu de vez; nas pesquisas do Ibope, só estão Vargas, Juscelino e Lula; na pesquisa universitária, Jango surge como a síntese do que havia de pior no "populismo".

No entanto, é sempre bom lembrar, não basta os meios de comunicação silenciarem sobre um personagem para apagá-lo da memória das sociedades. Por exemplo, o mesmo processo ocorreu com Vargas, e sua imagem ainda está presente. Existe algo mais profundo nisso tudo. Como foi desenvolvido em trabalho anterior,[9] Jango foi protagonista de um momento de grave crise política, tendo sido deposto do cargo de presidente da República por militares e civis. A partir daí, a memória sobre ele ficou encapsulada nesse episódio. Tratou-se de fato histórico determinante para a maneira como, a seguir, ele passou a ser lembrado. Toda a sua trajetória pessoal e política ficou circunscrita aos dois dias do golpe. Esse se tornou o "seu lugar" — um "não lugar" — na memória e na história do Brasil. "Um 'lugar' basicamente polêmico, pois Jango (...) exatamente por estar contido no episódio do golpe de 1964, tornou-se alvo de apreciações em geral nada favoráveis, quer da 'direita', quer da 'esquerda'."[10]

Revendo a bibliografia sobre a sua trajetória política, seja no Ministério do Trabalho, na vice-presidência de Juscelino Kubitschek e de Jânio Quadros, seja na presidência da República, não é difícil perceber que a preocupação dos autores volta-se sobretudo para o último período. No entanto, mesmo com o avanço nas reflexões sobre o tema, a historiografia sobre o governo de João Goulart e o golpe civil-militar de 1964 ainda tem como referência paradigmas tradicionais, ora culpabilizando apenas um indivíduo,[11] ora referindo-se, ainda que não explicitamente, a estruturas que determinam, de maneira irreversível e inelutável, o destino das coletividades,[12] ora ressaltando uma rede conspiratória na implementação do golpe militar.[13]

Wanderley Guilherme dos Santos, em trabalho clássico intitulado *Sessenta e Quatro: anatomia da crise*, inovou ao incluir variáveis políticas para a compreensão do golpe militar, relativizando o determinismo econômico. Outros autores, igualmente recusando as explicações individualistas, estruturais ou conspiratórias, procuraram recuperar a história política recente do país, em particular a do trabalhismo brasileiro entre 1945 e 1964. Assim, Lucilia de Almeida Neves e Maria Celina D'Araujo, desenvolvendo pesquisas de grande fôlego, analisaram a trajetória do PTB e do trabalhismo, sem esquecer as relações entre o partido e o movimento sindical, além do papel político de Goulart — embora ele surja como personagem secundário no tema de estudo.[14] O líder trabalhista também fez parte das preocupações de Maria Victoria Benevides ao estudar o governo Kubitschek, período em que ele ocupou a vice-presidência.[15]

Além desse conjunto de trabalhos e reflexões, é importante ressaltar uma obra que trouxe uma contribuição inovadora para o debate. Trata-se da instigante pesquisa de Argelina Figueiredo sobre o governo Goulart. Recusando as interpretações individualistas, deterministas e conspiratórias, procura, na dinâmica política, explicações para o desempenho do governo, a crise política e o próprio golpe. Para a autora, entre 1961 e

INTRODUÇÃO

1964, "escolhas e ações específicas solaparam as possibilidades de ampliação e consolidação de apoio para as reformas, e, dessa forma, reduziram as oportunidades de implementar, sob regras democráticas, um compromisso sobre essas reformas".[16]

Seja como for, é importante notar que não é propriamente João Goulart o objeto de estudo desses pesquisadores, mas, sim, a crise de seu governo e o colapso do regime democrático, permitindo que sua trajetória política no ministério do Trabalho, na vice-presidência e na própria presidência da República esteja pouco presente na bibliografia especializada e na pesquisa universitária — cujo público leitor, sabemos, é muito restrito.

Ausente da pesquisa e da bibliografia, menos presente ainda está Goulart na mídia. Particularmente sobre o seu governo, o silêncio, sem dúvida, é sintomático. Diversamente de Getulio Vargas ou Juscelino Kubitschek, João Goulart tornou-se um desconhecido para a sociedade brasileira, um personagem político, digamos assim, esquecido — ou, talvez, que se queira esquecer. Somente em algumas oportunidades ele foi "lembrado", mesmo assim em conjunturas muito particulares. Em uma delas, no importante livro de Luiz Alberto Moniz Bandeira, que apresentou o presidente deposto como um líder revolucionário e, ao mesmo tempo, vítima de uma grande conspiração.[17] Em outra, o filme *Jango*, do cineasta Silvio Tendler, igualmente resgatou, com sensibilidade e talento, a trajetória de Goulart, mas acentuou certa imagem mítica do líder trabalhista, vitimizando as esquerdas. O sucesso editorial de Moniz Bandeira e de público de Tendler respondeu a uma "necessidade" de a sociedade brasileira recordar aquele personagem durante a crise do regime militar. Desse modo, o livro de Moniz Bandeira foi publicado originalmente em 1977, ano em que recomeçaram as manifestações de rua contra o governo, inaugurando um processo crescente de mobilização popular contra a ditadura. O filme de Tendler é de 1984, ano em que o regime chegava aos seus estertores. Findo o governo dos militares, a imagem de Goulart retornou ao esquecimento coletivo.

Jango somente voltou ao debate político brasileiro muito tempo depois, logo no início do governo de Luís Inácio Lula da Silva. As oposições recuperaram versões sobre seu desempenho no governo, sempre com alusões negativas, formulando, a seguir, comparações com o presidente Lula. As acusações feitas aos dois governantes eram similares — despreparados, primários, vacilantes, populistas, apreciadores de bebidas alcoólicas etc. Trata-se da persistência na sociedade brasileira de um conjunto de ideias elitistas e desqualificadoras. Sob uma mal definida noção de "populismo", qualquer governante que tenha relações políticas com os trabalhadores ou o movimento sindical — caso de Goulart e Lula — logo é acusado de "despreparo" e "incompetência". Tais limitações seriam contornadas com práticas "demagógicas" visando à "manipulação das massas". O resultado, inevitavelmente, é o "populismo".[18]

Assim, diante de uma literatura voltada em grande parte para a crise política de março de 1964, da ausência de João Goulart na mídia e da forte presença da noção de populismo, não é casual o pouco interesse dos jovens pesquisadores sobre o personagem, permitindo os "esquecimentos e silêncios".

Contudo, o historiador tem o dever de diferenciar a história da memória, de compreender que a memória é seletiva: há coisas que são lembradas — e lembradas de determinada maneira — e há coisas que são esquecidas. Desse modo, não há mais razões para continuar reproduzindo certo tipo de memória, sempre negativa, sobre João Goulart. Outros personagens da História recente do país, como Juscelino Kubitschek, passaram pelo mesmo processo desqualificador. JK também foi bastante insultado pelos militares, pela direita udenista e pelas esquerdas, além de "esquecido" pelos meios de comunicação. Sua imagem começou a ser resgatada após sua morte, em 1976. Com Jango, de maneira similar, não há razões para a continuidade do mesmo padrão que tão somente reproduz ideias e valores negativos sobre ele — como ocorrera com JK no passado. É necessário dar início a uma reflexão, mais objetiva e menos passional, de seu papel na História do país, de sua trajetória política e de seu próprio legado como líder reformista. O processo começou em 2006, aos 30 anos de seu falecimento. Naquele ano, além da realização de alguns eventos, foi publicado o livro coordenado por Marieta de Moraes Ferreira *João Goulart. Entre a memória e a História*.[19] No ano seguinte, Angela de Castro Gomes e eu organizamos o livro *As múltiplas faces de Jango*.[20] A biografia do ex-presidente que agora apresento é a continuidade de um movimento historiográfico que, a bem da verdade, vem tardiamente.

A preocupação ao longo das páginas que se seguem é reconstituir a biografia de João Belchior Marques Goulart. Algumas tendências teóricas, atualmente aceitas e discutidas na historiografia, estarão presentes no esforço de acompanhar a trajetória política do ex-presidente, sobretudo as sugestões de

INTRODUÇÃO

alguns autores que trabalham com o conceito de *geração* e de outros que reavaliam a importância da *biografia* para o estudo das sociedades do passado.

Não seria exagero afirmar que, na década de 1950, surgiu na sociedade brasileira uma geração de homens e de mulheres que, partilhando ideias, crenças e representações, acreditou que no nacionalismo, na defesa da soberania nacional, nas reformas das estruturas socioeconômicas, na ampliação dos direitos sociais dos trabalhadores do campo e da cidade, entre outras demandas materiais e simbólicas, encontraria os meios necessários para alcançar o real desenvolvimento do país e o efetivo bem-estar da sociedade. A campanha "O petróleo é nosso", movimento que uniu diferentes correntes políticas e grupos sociais diversos sob o mesmo ideal, permite, ainda que ilustre um único caso, identificar uma geração que partilhou certa sensibilidade política.

Sentindo-se contemporâneas aos mesmos problemas, crenças e destinos, parcelas significativas da sociedade brasileira nos anos 1950 comprometeram-se com um conjunto de demandas materiais e simbólicas, associadas sobretudo com o nacionalismo e com o programa de reformas econômicas e sociais. Tais anseios e perspectivas apoderaram-se dos partidos políticos — como o PTB, o PCB, a "ala moça" do PSD, a "bossa nova" da UDN — e de políticos independentes ou filiados a organizações menores e incentivaram a formação de "frentes" políticas no Congresso Nacional, unindo, sob o mesmo programa, parlamentares, sindicalistas e estudantes. Além disso, cindiram as Forças Armadas, provocando a formação de grupos, desde os escalões inferiores até a alta oficialidade, muitos comprometidos com o nacionalismo, cujas propostas apareciam mais visíveis, por exemplo, nas disputas eleitorais para o Clube Militar. Tornaram-se, ainda, bandeira de luta de sindicalistas, de sua central sindical e de algumas federações e confederações e firmaram-se no discurso político das representações de estudantes, profissionais liberais, intelectuais e, inclusive, de capitalistas. Finalmente, espalharam-se pela sociedade, constituindo elemento integrante da cultura política do país. Essa geração encontrou em João Goulart aquele que, surgindo como o herdeiro do legado de Getulio Vargas, assumiu a liderança do trabalhismo brasileiro e do programa nacionalista e reformista. Assim, o estudo da trajetória de um indivíduo pode complementar a análise de uma coletividade.[21]

Problemas, no entanto, persistem no trabalho do biógrafo. Um dos principais, afirma Jean-René Pendaries, é que o método biográfico expôe o historiador ao inevitável desafio da articulação entre dois registros temporais: a temporalidade de uma trajetória individual e a socioistória na qual ela se desenvolve.[22] Se a problemática que contrapõe indivíduo e sociedade ainda não encontrou respostas adequadas nas Ciências Humanas, aos poucos ela demonstra sua fragilidade. Segundo Phillipe Levillain, com o esgotamento das teorias globalizantes, sobretudo o estruturalismo, foi possível avaliar que, embora homens e mulheres sejam modelados pela sociedade, eles manifestam preferências que devem ser explicadas.[23] Giovanni Levi, por sua vez, afirma que "nenhum sistema normativo é suficientemente estruturado para eliminar qualquer possibilidade de escolha consciente, de manipulação ou de interpretação das regras, de negociação".[24] Se, atualmente, a ideia de que a sociedade é um sistema fechado, supraindividual e com poder de autorregulação, dominando as iniciativas e as crenças das pessoas, não é levada muito a sério, igualmente não o é a noção de que ela é um agregado de indivíduos e que, estudando esses indivíduos, pode-se compreendê-la. Na relação entre indivíduo e sociedade, o mais interessante, diz Christopher Lloyd, é perceber que, se a última é estruturada por regras, papéis e significados, ela se reproduz e se transforma com a ação dos indivíduos. Embora o ator histórico não deva ser visto como o agente modelador do mundo, fora da sociedade e da própria história, tanto no início quanto no final do raciocínio ele deve estar presente.[25] Como lembra Vavy Pacheco Borges, a oposição entre indivíduo e sociedade é uma falsa questão: "O ser humano existe somente dentro de uma rede de relações."[26]

A trajetória política de João Goulart exemplifica, para o historiador, a possibilidade de caminhar entre o individual e o coletivo com o objetivo de compreender as crenças, os anseios e as perspectivas das sociedades no passado.

Para reconstituir a biografia do ex-presidente, recorri a uma multiplicidade de fontes. Trata-se de um material amplo, embora disperso. Com tempo e paciência, recolhi uma série de relatos textuais, orais e visuais, e, com método, organizei-os, dando a eles sistematicidade.

Inicialmente, lancei mão de depoimentos transcritos de personalidades políticas que concederam entrevistas a terceiros. Nesse caso, os textos não tinham João Goulart como prioridade, mas ele estava presente nos relatos. Assim, trabalhei com as entrevistas em poder do setor de História

Oral do CPDOC da Fundação Getulio Vargas e das realizadas por outros historiadores. Vali-me de depoimentos publicados em livros, coletâneas ou entrevistas em revistas. Outra dimensão das fontes primárias são os trabalhos que eu qualifico de "memórias e biografias". Como no caso anterior, na maioria deles o ex-presidente não é o objeto central, embora esteja presente em muitas páginas.

Seria muito difícil reconstituir a biografia de Jango sem recorrer a um importante método historiográfico: a História Oral. Assim, eu mesmo produzi um grupo de fontes. Trata-se de entrevistas concedidas ao autor por familiares, amigos e pessoas próximas a Goulart. Em algumas delas, contei com a parceria de Angela de Castro Gomes.

Outro agrupamento de material primário é o que eu defino como "análises interpretativas". São livros produzidos por intelectuais, jornalistas, políticos ou militantes partidários que deram suas interpretações aos acontecimentos ainda na década de 1960 ou relatos produzidos em época mais recente. Fiz uso da imprensa, aproveitando fartamente notícias, depoimentos, discursos e análises políticas. Por fim, trabalhei com alguns fundos documentais em instituições de pesquisas, como o Arquivo Nacional, a Biblioteca Nacional e o CPDOC. O arquivo privado de Neusa Penalvo foi, para mim, precioso.

Procurei também reconstituir a trajetória política e pessoal de João Goulart a partir de material iconográfico. Desse modo, realizei pesquisa no Fundo Correio da Manhã e no Fundo Agência Nacional, ambos em poder do Arquivo Nacional, recolhendo fotografias de Jango e de sua época. No CPDOC, fiz idêntico levantamento. Outras imagens foram encontradas no Arquivo Público do Estado do Rio de Janeiro.

É importante ressaltar uma opção narrativa. Jango pouco escreveu. No entanto, ao longo das páginas, ele se manifesta, fala, argumenta. Muitas das citações foram retiradas das páginas dos jornais, como discursos e entrevistas que concedeu a jornalistas. Outras são "conversas" que ele manteve com familiares, amigos, ministros e pessoas próximas. Como nada foi gravado em fitas magnéticas, as palavras do presidente não são exatamente as que ele pronunciou no passado, mas as de seus interlocutores. Ou melhor, trata-se da lembrança do que ouviram o presidente dizer. Utilizando o recurso da memória, eles nos relatam o que Jango teria dito. Apesar de as frases do ex-presidente chegarem até mim por vias indiretas, pelas lembranças de terceiros, não entendo que tais enunciações sejam "menos reais". Elas resultam do trabalho da memória de cada um de seus interlocutores e devem se sujeitar aos critérios do historiador profissional, sendo submetidas ao "controle de qualidade" de sua oficina.

Quero ressaltar uma opção de método. Na biografia de João Goulart não procurei montar quebra-cabeças para, ao final, encontrar um quadro de coerências. Também evitei o equívoco, tão comum ao relatar a vida de um personagem, de apontar suas diversas incoerências. O contraponto coerência-incoerência não está presente em minhas análises. Evitei a armadilha, apontada por Darcy Ribeiro no caso de Jango, que insiste na "aparente dualidade" entre o que o ex-presidente foi na vida privada, a do rico fazendeiro-invernista bem-sucedido, e seu desempenho na vida pública, a do político reformista. "A simples suposição dessa dualidade", alega o antropólogo, "traz implícita a ideia de que as personalidades são entidades inteiriças e coerentes, o que é muito duvidoso."[27] Além disso, como nos lembra Vavy Pacheco Borges, "os atores históricos (nós todos!) não são modelos de coerência, continuidade, racionalidade; as tensões entre o vivido, o imaginado e o desejado são fundamentais". Assim, o que aponto em João Goulart não são incoerências, mas, sim, ambiguidades. Aquele tipo de comportamento, inerente a qualquer ser humano, que permite a homens e mulheres viver algo, imaginar outro e desejar outro ainda diverso. A ambiguidade faz parte das vivências humanas.

Antes de começar a recuperar a história de uma vida, quero insistir: vou tratar da biografia de um homem que foi fundamental no passado político do país, mas que hoje é um esquecido. Diversamente de muitos que falam sobre ele, bem ou mal, farei um esforço para evitar admirá-lo ou desprezá-lo. Quero, na realidade, compreendê-lo. É verdade, como também nos lembra Vavy Pacheco Borges, que ao historiador foi negada a neutralidade. No entanto, ele pode tratar seus objetos de estudo com a maior objetividade possível, garantida pela prática estrita e séria de seu *métier*, com pesquisa de provas, documentos e, sobretudo, contraposição sistemática.[28] A biografia de João Goulart permite ao historiador encontrar meios para compreender aspectos importantes da história contemporânea do país, tornando-se uma "janela" para visualizar o passado. Muitos dos problemas econômicos, políticos, sociais e culturais da atualidade, bem como os dilemas, as contradições, as práticas e as tradições das esquerdas no presente, podem ser compreendidos por esse passado político. Muitas respostas aos problemas atuais vividos pela sociedade

INTRODUÇÃO

brasileira, não tenho dúvidas, podem ser encontradas na época de João Goulart. Espero, portanto, que o meu esforço contribua para a construção de uma sociedade melhor e mais tolerante.

O livro é resultado de minha tese para professor titular de História do Brasil da Universidade Federal Fluminense. Resultado de muitos anos de pesquisa, um trabalho como este não se faz sozinho. Além do aporte financeiro do CNPq com uma bolsa de Produtividade em Pesquisa, tive o apoio de Bruno Marques Silva, Isabela Pimentel de Barros, Jayme Lúcio Ribeiro, Karla Carloni, Manuela Bretas e Michelle Reis de Macedo, todos, na época da pesquisa, bolsistas de iniciação científica do CNPq e, hoje, para meu orgulho, professores e pós-graduados de História.

Meus agradecimentos se estendem aos amigos que, ao longo desse tempo, não me faltaram. Angela de Castro Gomes, Daniel Aarão Reis Filho, Lucilia de Almeida Neves Delgado, Maria Helena Capelato, Rachel Soihet e Ronaldo Vainfas.

NOTAS

1. Ivana Bentes (org.), *Glauber Rocha, Cartas ao mundo*, São Paulo, Companhia das Letras, 1997, p. 439.
2. Amir Labaki, *1961, A crise da renúncia e a solução parlamentarista*, São Paulo, Brasiliense, 1986, p. 57.
3. Claudio Bojunga, *JK, o artista do impossível*, Rio de Janeiro, Objetiva, 2001, p. 225.
4. Elio Gaspari, *As ilusões armadas, A ditadura envergonhada*, São Paulo, Companhia das Letras, 2002, pp. 46 e 84.
5. Daniel Aarão Reis Filho, *Ditadura militar, esquerdas e sociedade*, Rio de Janeiro, Jorge Zahar Editor, 2000, p. 32.
6. Marco Antônio Villa, *Jango. Um perfil (1945-1964)*, Rio de Janeiro, Editora Globo, 2004. Ver introdução e conclusão.
7. Thomas Skidmore, *Brasil: de Getúlio a Castelo*, Rio de Janeiro, Saga, 1969, p. 238.
8. Claudio Bojunga, op. cit., p. 413.
9. Angela de Castro Gomes e Jorge Ferreira, *Jango, As múltiplas faces*, Rio de Janeiro, Editora da FGV, 2007.
10. *Idem*, pp. 7-8.
11. Marco Antônio Villa, op. cit., p. 241.

JOÃO GOULART – UMA BIOGRAFIA

12. A primeira edição de *O colapso do populismo no Brasil* é de 1968. Para uma crítica, ver Daniel Aarão Reis Filho, "O colapso do colapso do populismo no Brasil", in Jorge Ferreira (org.), *O populismo e sua história. Debate e crítica*, Rio de Janeiro, Civilização Brasileira, 2001.

13. René Armand Dreifuss, *1964: a conquista do Estado. Ação política, poder e golpe de classe*, Rio de Janeiro, Vozes, 1987.

14. Lucilia de Almeida Neves, *PTB: do getulismo ao reformismo*, São Paulo, Marco Zero, 1989; Maria Celina D'Araujo, *Sindicatos, carisma e poder. O PTB de 1945-65*, Rio de Janeiro, Editora da Fundação Getulio Vargas, 1996.

15. Maria Victoria de Mesquita Benevides, *O governo Kubitschek: desenvolvimento econômico e estabilidade política*, Rio de Janeiro, Paz e Terra, 1979.

16. Argelina Cheibub Figueiredo, *Democracia ou reformas: alternativas democráticas à crise política 1961-1964*, São Paulo, Paz e Terra, 1993, p. 30.

17. Luiz Alberto Moniz Bandeira, *O governo João Goulart. As lutas sociais no Brasil: 1961-1965*, Rio de Janeiro, Civilização Brasileira, 1977.

18. Para uma crítica ao conceito, ver Jorge Ferreira (org.), op. cit.

19. Marieta de Moraes Ferreira (coord.) *João Goulart. Entre a memória e a História*, Rio de Janeiro, Editora da Fundação Getulio Vargas, 2006, pp. 8 e 10.

20. Angela de Castro Gomes e Jorge Ferreira, op. cit.

21. É verdade que durante longo tempo os historiadores relegaram a prática biográfica a um plano menor. Mais recentemente, no entanto, tornou-se comum, nos textos a expressão "retorno da biografia". Diz Vavy Pacheco Borges que não há propriamente um "retorno", pois sempre houve e haverá histórias de vida factuais e lineares. Além disso, "falar em retorno é algo bastante francês, pois no mundo anglo-saxão a biografia sempre teve uma aceitação maior pela história". Seja como for, com a revalorização da dimensão política no estudo das sociedades do passado, o trabalho biográfico foi retomado, o que não significa um simples retorno às práticas historiográficas tradicionais. Vavy Pacheco Borges. "Desafios da memória e da biografia: Gabrielle Brune-Sieler, uma vida (1874-1940)", in Maria Stella Bresciani e Marcia Naxara (orgs.), *Memória e (Res)sentimento: indagações sobre uma questão sensível*, 2ª ed., Campinas, Editora Unicamp, 2004, p. 288.

22. Jean-René Pendaries, "Approche biographique et approche structurelle: quelques remarques sur le 'retour du biographique' en sociologie", *L'Homme et la société, État et société civile*, Paris, L'Harmattan, nº 4, 1991, p. 53. Outra questão também problemática, segundo Giovanni Levi, é "a relação entre normas e práticas, entre indivíduo e grupo, entre determinismo e liberdade, ou ainda entre racionalidade absoluta e racionalidade limitada". Giovanni Levi, in Marieta de Moraes Ferreira e Janaína Amado (orgs.), *Usos e abusos da história oral*, Rio de Janeiro, Editora da Fundação Getulio Vargas, 1996, p. 179.

INTRODUÇÃO

23. Philippe Levillain, "Os protagonistas: da biografia", in René Remond (org.), *Por uma história política*, Rio de Janeiro, Editora da UFRJ/Editora da Fundação Getulio Vargas, 1996, p. 168.

24. Giovanni Levi, "Usos da biografia", op. cit., pp. 179-180.

25. Christopher Lloyd, *As estruturas da história*, Rio de Janeiro, Jorge Zahar Editor, 1995, pp. 65-149.

26. Vavy Pacheco Borges, op. cit., p. 18. Seguindo algumas indicações metodológicas sugeridas por Adam Przeworski, as relações sociais devem ser "tratadas como estruturas de escolhas disponíveis aos agentes, e não como fontes de padrões a serem internalizadas e expressas em atos". Tais relações, diz o autor, constituem as estruturas nas quais "os agentes, individuais e coletivos, deliberam sobre objetivos, percebem e avaliam alternativas e selecionam linhas de ação". Vale lembrar que, embora as relações sociais constituam uma estrutura de escolhas em que os atores sociais fazem suas opções, "essa opção pode alterar as relações sociais. Estas não são independentes das ações humanas". Adam Przeworski. *Capitalismo e social-democracia*, São Paulo, Companhia das Letras, 1989.

27. Ivana Bentes (org.), op. cit., pp. 439-440.

28. Vavy Pacheco Borges, op. cit., p. 300.

CAPÍTULO 1   Janguinho e Jango Goulart

A paisagem que cerca a pequena São Borja é muito bonita. Dos dois lados da estrada que leva à cidade, as plantações de soja, arroz e trigo começam na beira da pista e, ao final, se confundem com o horizonte. Para aqueles que vêm de regiões com montanhas ou mesmo pequenos morros, é estranho perceber que uma linha reta também pode separar a terra do céu.

A rodoviária, muito antiga, ainda é do tempo do primeiro governo de Getulio Vargas. A cidade é horizontal, espalhada, praticamente não há edifícios. As ruas são largas e algumas casas construídas no início do século XX estão ao lado de outras modernas, propriedades dos "novos ricos" do arroz. Os moradores, como é de praxe no Rio Grande do Sul, são simpáticos e acolhedores, mas também observadores e argutos em seus julgamentos, sabendo impor distância quando a julgam necessária. Pacata e silenciosa, São Borja oferece ao visitante, se ele desejar, carne de boi, peixe de rio, paz e sossego. Mas sua história nada tem de pacífica. Guerras, matanças e degolas construíram a pequena cidade no extremo oeste gaúcho, separada da Argentina pelo rio Uruguai.

Em fins do século XIX, a política gaúcha era dominada pelo Partido Liberal, que, sob a liderança de Gaspar Silveira Martins, era o mais importante do estado. O Partido Conservador, dilacerado por brigas internas e desgastado pela má administração da província, conhecia um período de descrédito na opinião pública. Por fim, havia o Partido Republicano Riograndense, menor de todos eles, sob a liderança de Júlio de Castilhos. O partido adotou a orientação positivista, defendendo o projeto de uma república autoritária. O abolicionismo também fez parte do programa partidário. Rapidamente os republicanos conseguiram recrutar muitos adeptos, principalmente entre a juventude.

Com a Proclamação da República, Júlio de Castilhos foi nomeado secretário do governo estadual pelo governo provisório gaúcho. Entre

1889 e 1891, expurgou do funcionalismo público os integrantes dos partidos Liberal e Conservador, nomeando republicanos de seu partido. Fez o mesmo na Guarda Cívica, futura Brigada Militar. Com uma política radical de excluir os adversários, Castilhos impediu qualquer alternativa conciliatória entre as elites gaúchas. Sua frase "a única coisa que resta aos nossos adversários é uma razoável e sincera penitência" demonstrava determinação de impor seu projeto ao estado.[1]

Seguindo o padrão da República inaugurada em 1889, o Partido Republicano Rio-grandense patrocinou eleições fraudulentas, impedindo qualquer sucesso da oposição. Os constituintes eleitos para elaborar a nova Constituição do estado, a maioria esmagadora de republicanos, foram praticamente indicados por Júlio de Castilhos. O resultado foi um texto constitucional no qual o presidente do estado exerceria livremente seus poderes, sendo fiscalizado pela opinião pública e não pelo poder Legislativo estadual. A formulação de leis e decretos era de competência exclusiva do Executivo. A Assembleia Legislativa se reunia apenas durante dois meses ao ano para discutir e votar o orçamento. A ditadura republicana dos positivistas gaúchos estava implantada pelos castilhistas. "Conservar, melhorando" resume o programa político de Júlio de Castilhos, em lema pronunciado por ele mesmo.[2] A ditadura era republicana, mas também "científica", como defendia o positivismo. Para os castilhistas no poder, o Estado era um órgão acima das classes sociais, aquele que se apresentava como o portador dos interesses gerais, intervindo na sociedade para alcançar a harmonia social e integrar o proletariado ao mundo moderno. Eleições e voto serviam para referendar o projeto castilhista, não para manifestar oposição ao governo.[3]

Guerras, invasões estrangeiras, saques, retiradas, reconquistas, mortes, entre outras situações próprias de grande carga dramática, fazem parte da história de São Borja. Ao mesmo tempo que as guerras forjaram a história da cidade, formaram-se, na tradição política da região, alguns fortes sentimentos políticos. Além do movimento pela abolição da escravidão, campanha em que se engajou Júlio de Castilhos, sedimentaram-se, na cultura política gaúcha, os ideais de legalismo e republicanismo. No fim do século XIX, uma das personalidades mais importantes de São Borja era o presidente do Partido Republicano Rio-grandense local, general Manoel do Nascimento Vargas, herói da Guerra do Paraguai. Seguindo as determinações de seu partido, ele liderou a campanha abolicionista na região. Sem exigir pagamentos, indenizações ou qualquer compensação, libertou todos os seus escravos.[4] Republicano castilhista, seu filho, Getulio Vargas, ainda muito pequeno, certamente sofreu forte influência do pai e da cultura política republicana gaúcha da época.

São Borja entrou no século XX com pequenas casas, a maioria humilde, muitas de barro amassado, e calçamento precário, sobretudo na praça central, na atual avenida Presidente Vargas e na avenida à beira do rio Uruguai. Do outro lado do rio estavam Corrientes e Entre-Rios, as províncias mais pobres da Argentina.

A família Goulart, nessa época, já estava na cidade havia quatro gerações. Possivelmente oriunda dos Açores; outras indicações afirmam que veio da França. Vicente Rodrigues Goulart era o segundo filho de uma família de três homens e quatro mulheres. O pai, João Belchior Goulart, era conhecido como "marechal", título muito mais honorífico do que propriamente militar. A mãe, Maria Loureiro Goulart, era, na verdade, a proprietária das terras, a estância Curiaçá. Vicente recebeu apenas o sobrenome do pai, Goulart, e omitiu o sobrenome materno, Loureiro. Entre eles havia a crença de que o sobrenome da mãe atraía "pragas".[5]

Aos 17 anos, Vicente começou a enfrentar situações difíceis. Por diversas vezes estancieiros da região cortaram as cercas das propriedades vizinhas, invadindo parte delas. As invasões geravam sérios conflitos, inclusive com mortes. Em uma dessas ocasiões, o irmão mais velho de Vicente, com 21 anos, passava exatamente em uma zona de disputa entre estancieiros quando um tiro disparado do lado da fronteira argentina o acertou, ferindo-o mortalmente. A vingança não tardou. O "marechal" juntou um grupo de amigos e retaliou a morte do filho com muitos outros cadáveres. Não satisfeito, continuou em uma caçada sem fim até encontrar o autor do tiro. Enquanto isso, o outro irmão de Vicente, o mais novo, sofreu um acidente, ficando seriamente lesado na coluna vertebral, o que o deixou incapaz para o trabalho. Repentinamente, Vicente se viu sozinho: além da morte de um irmão e do problema físico do outro, ele também perdeu a mãe, enquanto o pai partiu para além da fronteira em perseguição aos assassinos do filho. Assim, muito jovem, assumiu a administração da fazenda Curiaçá e o sustento das quatro irmãs e do irmão acidentado. Repleto de responsabilidades, mas determinado, em pouco tempo resgatou a hipoteca da fazenda e comprou mais terras, tornando-se muito respeitado e querido na região. O título de "coronel" não tardou a chegar.

Vicente era um homem bonito e com todos a sua volta mostrava-se generoso. Era carinhoso com os familiares, embora sua última palavra valesse como lei. Por sua posição social, era tratado com respeito e cerimônia. Aos 21 anos, conheceu a jovem Vicentina Vasquez Marques, também chamada de "Tinoca" e, sem muita espera, casou-se com ela.

Pelo prestígio na cidade e com o título de "coronel", Vicente tornou-se o comandante do Provisório da região. Com o tempo, Dona Tinoca percebeu que, quando ao longe via homens chegando a galope em cavalos ofegantes, era certo que traziam notícias de guerras. "Outra revolução!", dizia com tristeza. Várias, na verdade, foram as "revoluções". Aquela, em 1893, era entre os partidários de Júlio de Castilhos, unidos no Partido Republicano Rio-grandense e apoiados pelo presidente Floriano Peixoto, e as chefias liberais que fundaram o Partido Federalista. Em oposição aos castilhistas e sua constituição positivista, os federalistas defendiam uma constituição liberal, autonomia municipal, governo federal com poder centralizado e a retirada do lema positivista "ordem e progresso" da bandeira nacional. O confronto entre os partidários de Júlio de Castilhos e Gaspar Silveira Martins resultou em sangrenta guerra civil.

Para os castilhistas, como vimos anteriormente, um governo forte necessitava eliminar a oposição. Detentores do poder estadual, os republicanos patrocinaram demissões e perseguições aos funcionários liberais, além de prisões arbitrárias. Em janeiro de 1893, por meio de eleições fraudulentas, Júlio de Castilhos tornou-se presidente do estado. A perseguição à oposição federalista foi feroz: homens armados caçavam os liberais com o objetivo de degolá-los — o que faziam com técnica e estilo. Perseguidos, cerca de 10 mil gaúchos partidários de Gaspar Silveira Martins se refugiaram no Uruguai com o objetivo de reagrupar as forças. Para os castilhistas, não haveria lugar para os liberais na República recém-proclamada.

Entre 1893 e 1895, o Rio Grande do Sul conheceu uma guerra cruel, conhecida como Revolução Federalista. Os partidários de Silveira Martins, acantonados no Uruguai, retornaram com o objetivo de depor Júlio de Castilhos. No pescoço, usavam um lenço vermelho para se reconhecerem. Com eles, vinham uruguaios de uma região povoada por espanhóis — oriundos de Maragateria, província de León. Para caracterizar os federalistas como estrangeiros, os republicanos passaram a chamá-los de *maragatos*. Os republicanos, por sua vez, usavam um lenço branco e foram chamados pelos adversários de *pica-paus*, devido ao quepe com um enfeite vermelho. Ao final da guerra, os federalistas, com a derrota próxima, já não se preocupavam em ganhar o apoio da população, mas, segundo versões, ansiavam por vingança. Assim, praticaram a degola de maneira indiscriminada, fosse contra os adversários republicanos, fosse contra o próprio povo. Além disso, pilhavam os ranchos e estupravam as mulheres. Com uma população calculada em 900 mil habitantes no estado, cerca de 10 a 12 mil pessoas morreram na guerra, gerando ódios entre famílias e facções políticas. A ditadura republicana castilhista foi vitoriosa e, nos anos seguintes, continuou na direção do estado.[6] Muitos chefes militares e estancieiros, como o "coronel" Manoel do Nascimento Vargas, pai de Getulio Vargas, tomaram parte nas lutas, integrando a Divisão Norte.[7]

Em 1898, Júlio de Castilhos indicou seu sucessor, Antônio Augusto Borges de Medeiros. Contando com o apoio do Bloco Acadêmico Castilhista, formado por estudantes como Getulio Vargas, João Neves da Fontoura, Eurico Dutra e Góes Monteiro, o novo presidente do estado deu continuidade ao republicanismo positivista, sendo reeleito várias vezes por meio de eleições fraudadas. Dedicado ao trabalho, Vicente não participou da vida política do estado, embora fosse partidário de Borges de Medeiros. Na defesa do longo mandato de presidente, por diversas vezes pegou em armas. Em uma dessas ocasiões, com a invasão de São Borja pelos maragatos, ele e a família procuraram refúgio na Argentina.

Vicente tratava os filhos com carinho e severidade. Dele, João Goulart teve como exemplos a capacidade de trabalho, o enraizamento na terra, o relacionamento direto com a população humilde da região, a vocação para os negócios e a necessidade de se definir politicamente. Vicente era um pai severo, de autoridade. Nas palavras de uma de suas filhas, Yolanda, "quando dizia não, era não". Com os filhos homens, era ainda mais exigente. Jango, no entanto, era o varão tão esperado. Com ele, havia certa indulgência. Diante das peraltices do garoto, Vicente corria atrás dele com os arreios nas mãos ameaçando bater, mas somente ameaçando. Por vezes, em vez de correr atrás do guri, ele se limitava a dizer: "Olha, diacho. Não vou te surrar hoje porque estou de estômago cheio, mas tu não esqueças que me deves uma sova..."[8]

Em Dona Tinoca, a mãe, o menino Goulart encontrou o exemplo de severidade: era aquela que restabelecia a "ordem das coisas". Exercia certa liderança e fazia o estilo "matriarca", dirigindo a família, sobretudo os filhos, com mão de ferro. Segundo o relato de Jorge Otero, sempre estava impecavelmente trajada, com vestidos sóbrios e clássicos sapatos de salto alto.[9] Embora fosse amável e cortês nas relações, transparecia um ar de autoridade, impondo aos outros certo distanciamento respeitoso. Muitas vezes, bastava um olhar mais severo para corrigir o comportamento de um filho. Na discussão, era uma mulher difícil. Todos os dias, quando o sino da igreja tocava, às 5h, Vicente a acordava: "Está na hora da tua missa."[10] Sempre elegantemente vestida, ela ia para o culto religioso. Mas seu rigor não valia para o pequeno Jango. Ele era o seu mimo.

Dona Vicentina tinha suas razões. Sofrera muito até conseguir dar ao marido um filho homem. No primeiro parto, nasceu Elfrides, a "Fida". Quatro anos depois veio Maria, seguida por Nair. Esta última, no entanto, faleceu ainda muito criança. Somente depois é que chegou o tão esperado filho homem: Rivadávia. Getulio Vargas foi o padrinho. Contudo, para tristeza da família, a meningite tirou a vida do menino. Por um momento, aquela mulher forte pareceu desistir, admitindo que jamais conseguiria dar a alegria ao marido. Sua tristeza era profunda. Em pouco tempo, porém, já estava de cabeça erguida, disposta a tentar novamente. Meses depois, uma nova gravidez, e outra menina, Yolanda, a "Landa", passou a fazer parte da família, tendo novamente Vargas como padrinho. Na gravidez seguinte, chegou afinal o menino tão esperado. Em 1º de março de 1919, em Rincão de Iguaraçá, subdistrito de Itacurubi, em São Borja, ele nasceu robusto e saudável. Em homenagem aos avós maternos, recebeu o nome de João Marques; aos avós paternos, Belchior Goulart. Passou a ser chamado de Jango desde criança, apelido de João muito comum no Sul do país. Para Dona Vicentina, era o "Janguinho". Vicente ainda seria pai de outras duas meninas. Logo depois de Jango chegaram Tarcila e Neuza.

Durante o primeiro ano de vida, baseando-se em crenças populares que circulavam na região, Dona Tinoca vestiu Jango com roupas femininas.[11] Naquela família, parecia que somente "vingavam" as filhas. O menino Rivadávia morrera. Para "enganar a fatalidade", que desprezava as meninas, mas buscava os meninos, Dona Tinoca então vestiu Jango com roupas de menina.

Em 1922, a família passou por mais uma situação tensa. Nas eleições daquele ano, novamente Borges de Medeiros foi reeleito presidente do estado. Indicado para o cargo por Júlio de Castilhos em 1898, ele fora reeleito sucessivamente e, durante 25 anos, estivera à frente do governo do Rio Grande do Sul. Em 1922, ganhara mais um mandato de quatro anos. O Partido Republicano Rio-grandense, que estava havia 30 anos no poder, desconhecia as oposições. Mas a fraude eleitoral em 1922 foi tamanha que a oposição, liderada por Joaquim Francisco de Assis Brasil, exigiu a intervenção do governo federal. Borges de Medeiros limitou-se a nomear uma comissão para apurar as denúncias. Formada por partidários republicanos, os membros da comissão ratificaram a eleição. No ano seguinte, Assis Brasil, apoiado por vários líderes locais, formou um exército. Uma nova guerra civil estava prestes a eclodir. O conflito de 1923 era, na verdade, continuação da guerra civil de 1893-1895. A Constituição positivista imposta por Júlio de Castilhos e a política de exclusão desenvolvida pelo Partido Republicano Rio-grandense dividiam a política gaúcha e impediam qualquer alternância no poder. Os *chimangos*, partidários de Borges de Medeiros, e os *maragatos*, herdeiros políticos de Silveira Martins liderados por Assis Brasil, mais uma vez se enfrentariam.

No conflito, o chimango Vicente teve suas fazendas invadidas e saqueadas.[12] Destino muito diferente teve outro chefe de família que participou da guerra lutando com os maragatos: José Brizola.[13] Homem pobre, trabalhava no cultivo das terras, mas vivia sobretudo como tropeiro. Possuindo três ou quatro carretas puxadas a boi, transportava erva-mate pelo interior do Rio Grande. Em Nonoaí, conheceu uma jovem neta de portugueses, Oniva Moura. Foram residir na localidade de Cruzinha. Ali José construiu uma casa e foi pai de cinco filhos, uma mulher e quatro homens. O mais jovem, nascido em 22 de janeiro de 1922, receberia o nome de Leonel de Moura Brizola. Quando o filho caçula tinha pouco mais de um ano, José alistou-se nas tropas de Assis Brasil. Ao final, conseguiu sair ileso das batalhas, mas não das retaliações dos vencedores. As represálias aos derrotados foram cruéis, sobretudo aos homens humildes e pobres que participaram dos exércitos maragatos. Ao chegar à casa, soldados do governo já o esperavam. Teve tempo somente de pedir a Otávio, um colega tropeiro, que tomasse conta de sua família, em especial do filho mais novo. Com as mãos amarradas, foi levado para uma fortificação militar. Os soldados, na verdade, chegaram sem ele. Foi morto durante a viagem, possivelmente degolado. Para piorar a situação da família, Oniva perdeu a posse da terra e da casa onde morava.

Em novembro de 1923, a paz foi assinada entre as facções no acordo de Pedras Altas. Com a mediação de Getulio Vargas, ficou acordado que Borges de Medeiros cumpriria seu mandato, mas não concorreria nas eleições seguintes, indicando um candidato neutro. Nessa mesma época, Jango, ainda muito criança, mudou-se para Itaqui, cidade perto de São Borja.[14] Em sociedade com Protásio Vargas, irmão de Getulio, Vicente arrendou um frigorífico — na época chamado de saladeiro —, o Alto Uruguai. De propriedade de ingleses, o estabelecimento e as casas seguiam a arquitetura e a decoração importadas da Europa. A menina Yolanda viu, pela primeira vez, uma lareira, algo que impressionou muito sua imaginação infantil. Ela, Maria e Jango estudavam na melhor escola da região, dirigida por freiras. As meninas, em regime de internato, mas não Jango, que saía e dormia na residência de um casal de ingleses, amigos da família. Nos finais de semana, as crianças ficavam com os pais, no frigorífico.

Essa rotina durou dois anos, até o retorno a São Borja. Nesse momento, as irmãs de Vicente já tinham casado. A fazenda Curiaçá foi dividida entre todos, sendo que a melhor parte, onde estava a sede da estância, ficou reservada para Vicente. As atividades mais importantes eram a engorda dos bois para o envio aos frigoríficos e a criação de ovelhas, pela importância, na época, da lã no mercado internacional.

De volta a São Borja, o pequeno Jango tinha, na verdade, duas residências. Embora a família vivesse em uma confortável casa na cidade, ele passou grande parte da infância na fazenda. Da escola primária, ia para a estância e passava o dia inteiro nos campos ao lado do pai. Ainda muito jovem, dominava as tarefas rurais com desenvoltura, sobretudo tocar a tropa e separar o gado. Era um exímio carneador no esfolar e esquartejar bois e carneiros. Tinha certo fascínio por cães e cavalos. Não foi preciso que ninguém lhe ensinasse como administrar uma propriedade rural: aprendeu no dia a dia com o pai e os trabalhadores. Preparando ele mesmo a própria alimentação, charqueava sua carne e fazia seu chimarrão. A vivência na estância moldou-lhe alguns hábitos próprios da cultura gaúcha dos pampas.[15]

Até os 9 anos sua vida foi a de menino solto na fazenda. Montar cavalo em pelo, armar travessuras com a irmã Landa, frequentar as rodas de chimarrão e, entre incrédulo e pasmado, ouvir as histórias fantásticas contadas pelos peões, eram seu cotidiano.[16] Foi com essa idade que ele viu chegar o irmão caçula: Ivan. O nascimento do irmão coincidiu com a eleição de Getulio Vargas para a presidência do estado do Rio Grande do Sul, em 1928. Indicado por Borges de Medeiros em cumprimento ao acordo de Pedras Altas, Vargas, diferentemente de seus antecessores chimangos, deu início ao diálogo com a oposição, recebendo, no Palácio do Governo, membros do Partido Libertador.

A casa em São Borja era de esquina.[17] A frente e a lateral esquerda davam para a rua. Do portão, alguns degraus levavam a uma pequena varanda. Logo na entrada da casa ficava o escritório de Vicente. A seguir, uma pequena sala. Dela, abria-se um corredor que dava acesso aos quartos. Primeiro o quarto do casal, seguido pelos de Tarcila e Neuza, de Yolanda e Maria, e de Jango e Ivan. Havia também o quarto de Fida. A seguir, um oratório, com muitos santos. Na parte de trás da casa ficavam a cozinha, a copa e o banheiro. Ao lado esquerdo de quem entrava pela porta da frente, a "varanda de vidro", assim chamada por ser uma área toda coberta. No lado direito, um jardim. Saindo da casa pela parte dos fundos, um pequeno quintal. No limite com o terreno vizinho, uma garagem e alguns quartos, com um banheiro comum a todos, foram construídos. Ali dormiam os empregados e os amigos de Jango que sempre estavam na casa, entre eles Leônidas, o primo-irmão Belchior Pacheco, Deoclécio Barros Motta, conhecido pelo apelido de "Bijuja", e Maneco Vargas, filho de Getulio Vargas.

Vicente obrigava todos os filhos a visitarem a fazenda e ali ficarem pelo menos um mês durante o ano. Se não obedecessem, ficariam privados do carnaval. Para as meninas, pelo menos para Landa, não se tratava de castigo. Na estância, as crianças andavam a cavalo, apostavam corrida em carretas de bois, tomavam banho no rio, entre outras diversões. Havia entre Jango e Landa uma cumplicidade, certamente pela idade muito próxima. Ambos eram sócios em travessuras e no jogo de bolas de gude. O pai impedia que as meninas fizessem qualquer trabalho na estância. Estavam proibidas até mesmo de se aproximar do galpão onde ficavam os peões. Enquanto Ivan, mais tímido, raras vezes se aproximava, Jango, sempre que podia, estava com eles, ouvindo histórias de fantasmas e de feitos heroicos dos gaúchos. Com os empregados aprendeu as "lidas" da campanha, como "banhar gado", curar "bicheira", domar potros, entre outras atividades.[18] Demonstrando vocação para a vida no campo, ele pescava e, com armas de fogo, caçava pequenos animais, como tatus. Muito cedo aprendeu a atirar de revólver e de espingarda. No rio Uruguai, atravessava a fronteira com a Argentina a nado.

No entanto, os pais e as irmãs começaram a preocupar-se com aquele menino excessivamente apegado às coisas do campo. Aos 9 anos, o pai o internou no Ginásio Santana, escola de maristas, em Uruguaiana. Tratava-se de um colégio interno inaugurado havia poucos anos e que servia para formar os filhos da aristocracia rural da região.[19] Para o jovem Goulart, a vida mudou completamente — para pior. Somente podia sair da escola um domingo por mês, e mesmo assim por poucas horas. Às cinco da manhã, os alunos eram acordados em imensos dormitórios. Após a higiene matinal, assistiam, sonolentos, a uma missa. Somente depois é que comiam alguma coisa, geralmente café com uns pingos de leite, acompanhado por pão. Era preciso esperar o término das aulas, ao meio-dia, para comerem algo mais substancial. Retornavam para a classe às 14h. Três horas depois faziam um lanche, à espera do jantar.

Para Jango, tudo aquilo era insuportável. O temperamento extrovertido que já manifestava não se coadunava com tanto formalismo e uma rotina massacrante. Assim, quando havia alguma brincadeira no ambiente era certo o seu envolvimento. Ser posto para fora de sala pelo professor ou ter que se defender com os próprios punhos de um colega mais violento tornaram-se situações comuns. Quando era expulso de sala, invariavelmente ia para a cozinha da escola, onde pedia ao cozinheiro Manuel Ramos: "Faça um bife pra mim, tchê. Estou morrendo de fome!" Nas atividades de recreação, Goulart descobriu o futebol. Atuando no time dos "mais velhos", o Esperanza, ele jogava como meio de campo. Habilidoso, abria jogadas para os companheiros do time avançarem. Nas cartas que escrevia para a mãe, queixava-se da comida, dizia que na sobremesa serviam caramelos muito ruins.[20] Dona Tinoca, sempre carinhosa com o filho, respondia: "Não faz mal, meu filho. Guarda os caramelos e quando vieres traz pra tua mamãe." As irmãs de Jango igualmente enfrentaram durante muitos anos a dura rotina dos colégios internos. Ivan, por ser um menino doente, escapou. Em outubro, eclodiu a Revolução de 1930. Vicente, como comandante do Provisório de tropas, posicionou-se na luta ao lado do amigo e vizinho Getulio Vargas. Não avançou junto com as tropas que iriam combater em São Paulo porque era pai de muitas crianças.

Durante cinco anos o pequeno Jango suportou a rotina dos maristas. No penúltimo ano, porém, não apenas foi reprovado, como também a direção da escola sugeriu seu afastamento, alegando mau comportamento, que influenciava negativamente os colegas. Como castigo, o pai o mandou estudar no Colégio Anchieta, em Porto Alegre. Logo o jovem Goulart foi treinar futebol no Sport Club Internacional e, na zaga da equipe juvenil, foi campeão gaúcho em 1932. Jango, na verdade, cumpria os estudos por obrigação. A vida que conhecera até então, livre e independente no campo, não combinava com as rigorosas regras impostas nas escolas religiosas. Levaria adiante, assim, as obrigações como estudante, mas não teria compromisso com o que aprendia na escola. No ano seguinte, pediu ao pai para retornar ao Ginásio Santana. Readmitido pela direção, completou o último ano do ginásio.

Na mesma época, o menino Leonel Brizola começava uma nova fase em sua vida: deixou a casa da mãe e foi morar com a irmã Francisca, em Passo Fundo. Ela se casara com um açougueiro e, para ajudar a mãe, levou o pequeno irmão.[21] O menino passou a auxiliar o cunhado no trabalho no açougue. No entanto, logo a seguir, Otávio — o amigo tropeiro de José Brizola —, dizendo atender a um pedido dele quando foi preso pelos soldados, levou o jovem Leonel, então com 10 anos, para Carazinho. Vivendo em um pequeno sótão, sem poder estudar, em troca de comida, o menino lavou pratos, engraxou sapatos, vendeu jornais, carregou malas na estação ferroviária, entre diversos outros trabalhos. Por sorte, um pastor protestante e sua mulher resolveram criá-lo. O menino Brizola, pela primeira vez, viveu em uma casa com certo conforto, com uma família estruturada, e conheceu noções básicas de higiene. Matriculado no Colégio da Igreja Metodista, passou a se dedicar sistematicamente aos estudos. Na verdade, não pareciam existir outros meios para o menino sair da pobreza. Assim, prestou exame de admissão ao ginásio e obteve o primeiro lugar. O prefeito de Carazinho, vendo a disposição do garoto em estudar, deu-lhe uma passagem para Porto Alegre e uma carta de recomendação para ele conseguir matrícula em uma escola técnica da capital.

Enquanto isso, Jango voltava ao colégio marista, demonstrando que o pai era sua grande referência. Aos 15 anos, soube que Vicente iria conduzir um grande rebanho até Uruguaiana. Irrequieto e um tanto caprichoso, insistiu para que o pai o deixasse levar a boiada. Vicente, que tinha um de seus genros como homem de confiança, concordou, mas alertou que Jango seria orientado por ele. No rio Guareacá, notaram uma cheia anormal. Enquanto o cunhado, prudente, avisou sobre os riscos da travessia, Goulart, impetuoso, disse que deviam avançar. Ao final, perderam mais de cem novilhos. O pai, em vez de castigá-lo, disse: "Errando é que se aprende."

Vicente, contudo, mediava o carinho com a severidade. Em certas ocasiões, mostrava-se absolutamente colérico com o filho, dando o castigo muito maior que a falta cometida. Em frente da casa em São Borja havia um clube. Em um baile, o jovem Goulart, aos 16 anos, experimentou bebida alcoólica. Logo alguém contou para Vicente. Para ele, a atitude do filho foi inaceitável. Bebida e jogo eram inadmissíveis. Furioso, entrou no clube, pegou o filho pela camisa e, aos tapas, o fez atravessar a rua e entrar em casa. Humilhado pelo pai, acreditando ser vítima de uma injustiça pelo castigo exagerado, Jango ficou muito magoado. Resolveu ir embora de casa, tomando a decisão de pegar o trem que, em poucas horas, partiria para Santa Maria. Dona Tinoca levou o filho para o quarto, fez que ele deitasse a cabeça em seu colo e o consolou. E assim ela ficou até ter certeza de que o trem já havia partido.

Vicente era mais severo com os filhos do que com as filhas. As meninas podiam jogar baralho, mas não os meninos. Ele tivera o triste exemplo dos Loureiros, do ramo familiar de sua mãe, que haviam perdido muito dinheiro no jogo. Como não acreditava que as filhas teriam fortunas para apostar, permitia que elas jogassem.

Na verdade, Vicente não tinha como controlar todas as filhas. Na frente dele, por exemplo, era impensável que elas fumassem. No entanto, fumavam às escondidas. Quando o pai estava em casa, fumavam na casa de amigos, como Bijuja.[22] Foi nessa época, em 1933, que a empregada da família, Elfrida Dornelles, de 16 anos, ficou grávida. Goulart na época tinha 14 anos. Segundo relato de Manoel Leães, piloto de Jango e seu amigo, Dona Tinoca mandou a moça para a casa de um tio, o ex-sargento do Exército José Machado da Silveira. O menino nasceu em novembro daquele ano e o sargento, assumindo a paternidade, o registrou com o nome de Noé Monteiro da Silveira. Na época do exílio, Jango confidenciou a Manoel Leães que Noé não era seu filho, porque nunca tivera relações sexuais com Elfrida. Para o amigo Leães, reiterou que Noé poderia ser seu irmão, mas não seu filho.[23] Em 1977, Noé entrou com processo judicial para reconhecimento de paternidade, exigindo sua parte na herança de Goulart. A Justiça reconheceu-lhe todos os direitos.

Jango, obediente ao pai, seguiu o conselho para cursar a faculdade de Direito. No início de 1934, regressando a Porto Alegre, matriculou-se em uma escola preparatória para o concurso de admissão. Ao final do curso, estava pronto para o ingresso no nível superior. Entretanto, a legislação vigente o impedia: estava, nesse momento, com 16 anos. Por intervenção do pai, teve a idade alterada no registro de nascimento em um ano. Assim, 1918 passou a ser a data oficial de seu nascimento. Em 1935, Goulart matriculou-se na Faculdade de Ciências Jurídicas e Sociais de Porto Alegre. Durante o curso, não demonstrou interesses políticos, embora o clima de radicalização da época, patrocinado pela Aliança Nacional Libertadora e pelos integralistas, estivesse nas ruas. Tampouco demonstrou grande interesse pelo próprio curso de Direito. Sua predileção era ajudar o pai na administração dos negócios, sobretudo nas fazendas. Para isso, fazia frequentes e longas viagens entre Porto Alegre e São Borja. As lembranças da vida que levava na fazenda do pai o perseguiam e, sempre que podia, voltava para perto de Vicente.

Nessa época, também em Porto Alegre, Leonel Brizola parecia sem alternativas para continuar os estudos.[24] A carta de recomendação dada pelo prefeito de Carazinho ajudou, mas ainda assim ele teria que prestar exame de ingresso. Enquanto esperava o dia das provas, estudava e trabalhava como ascensorista. Ao final, passou em primeiro lugar no concurso, mas convenceu-se de que não teria como custear as despesas. A escola técnica era em regime de internato, em Viamão. Ao ver o esforço e a dedicação do rapaz conjugados à sua pobreza, o diretor ficou comovido. Deixou-o residir no próprio prédio da escola e ainda lhe deu algum dinheiro para comprar roupas de cama e banho. Três anos depois, aos 17 anos, ele se formou em técnico agrícola. Em Porto Alegre, trabalhou como operário numa refinaria de óleo e tornou-se funcionário da Prefeitura, no cargo de jardineiro. Brizola trabalhava para pagar os estudos. À noite, cursou o ginásio e o colegial. Finalmente, prestou exame vestibular para a Escola de Engenharia, sendo aprovado. Com grande esforço, entrou em um curso superior.

Em Goulart, por sua vez, tudo parecia precoce. Embora muito jovem, com apenas 16 anos, ele queria desenvolver seus próprios negócios.[25] Com a experiência adquirida com o pai, pediu-lhe um pedaço de terra para iniciar seu empreendimento. Compreensivo, Vicente reservou para ele 10 "quadras de campo", o equivalente a 870 hectares de terra. Jango logo percebeu que não poderia competir com os fazendeiros próximos na criação de gado, atividade que exigia tempo e dedicação de estancieiro, coisa que ele não tinha, devido aos estudos. Assim, passou a dedicar-se exclusivamente à engorda dos bois. Ele apenas invernava, isto é, engordava os bois em pasto especial e mandava-os para o frigorífico. Comprava gado em geral, mas separava as vacas e os bois de cria daqueles voltados para a engorda. Realizava o empreendimento com velocidade muito grande — daí sua visão de negócio. Suas terras se especializaram na "invernada". Assim, percorria as fazendas da região, comprava gado, engordava e, por trem, despachava os bois para os frigoríficos. Com o tempo, passou a realizar a transação em ritmo cada vez mais acelerado. Entre a compra e o despacho por trem, tudo era muito rápido, na mesma velocidade dos lucros. Mais tarde, Goulart comprou um avião Cessna, pequeno, de dois lugares. O aeroplano tornou suas viagens da capital do estado a São Borja extremamente rápidas. Mais adiante, passou a voar para outras cidades do interior para negociar gado ou tratar diretamente com frigoríficos, como o Armour, em Santana do Livramento. Tratava-se de algo ousado, muito moderno, na verdade, para a época. Antes de comprar o avião, já era proprietário de um Ford 1929 — presente do pai, por insistência da mãe. Embora os outros estancieiros da região tivessem dinheiro para comprar automóveis e aviões, preferiam, pelo conservadorismo e pela tradição, utilizar antigas carruagens a cavalos. Mais adiante, ele recebeu da mãe a Granja São Vicente, nos arredores da cidade. Ali passou a morar, construindo um pequeno campo de aviação. Seus negócios passaram a ser realizados na granja, que, anos mais tarde, tornou-se o ponto de referência de suas articulações políticas. Após comprar outras pequenas propriedades limítrofes, Jango estendeu a granja a 700 hectares. Nas terras, criava vacas e cavalos de raça. Equipado com telefone e telégrafo, Goulart, mesmo na pequena e distante São Borja, estava ligado com o país.

Embora nessa época tivesse feito inúmeras amizades em São Borja, tornando-se muito conhecido, era alvo de críticas dos fazendeiros vizinhos. "Janguinho vai falir o pai", diziam alguns, demonstrando inveja pelo rápido sucesso nos negócios de um jovem de apenas 16 anos. Contudo, era um rapaz popular entre os setores mais pobres da população. Destoava, assim, da conservadora elite local. Era uma maneira de ser diferente da geração que o precedera. Homens como seu próprio pai, que mantinha, pela postura cerimoniosa, distância das pessoas humildes. Jango era completamente diferente: simpático, caloroso nas relações. Muita gente pobre, acometida de doenças graves, ou com parentes nessa situação, o procurava pelo avião. Sem discutir, ele mesmo levava o doente para Porto Alegre.

Nessa época, uma grave enfermidade abalou Jango profundamente. Vítima de uma doença sexualmente transmitida, teve como sequela o enrijecimento do joelho esquerdo, o que implicava não poder mais dobrar a perna. Embora alguns relatos se refiram a tiro de revólver ou coice de cavalo, o motivo do problema no joelho foi a sífilis. Segundo Bijuja, o amigo de infância, Vicente gastou uma quantia considerável com uma cirurgia realizada em São Paulo, mas sem resultados.[26] Para quem jogava futebol e frequentava bailes carnavalescos, tratava-se de um trauma profundo. Afastado das festas, Goulart levou muito tempo para voltar ao convívio social e superar a crise. Anos depois, em 1956, chegou a consultar especialistas norte-americanos que admitiram a recuperação com cirurgias, sem, no entanto, convencê-lo a realizar a operação. Seja como for, não ficou impedido de realizar atividades corriqueiras, como subir escadas, se vestir, andar a cavalo ou dirigir automóveis. Apenas, ao sentar, era obrigado a ficar com a perna esticada.

Em 1934, Getulio Vargas foi a São Borja. Vicente, com o objetivo de homenagear o presidente, mas antes de tudo o vizinho e amigo, ofereceu-lhe um churrasco. Em certo momento, Jango, com apenas 17 anos, tomou a palavra e fez um discurso enaltecendo o governo e a figura do presidente. Vargas, surpreso com a fala do jovem, perguntou a Vicente: "Quem é este guri?"[27] O velho estancieiro respondeu que se tratava de seu filho: "Chama-se João, mas aqui na fronteira todo mundo só o chama de Jango." A seguir, o pai chamou-o para cumprimentar Getulio. Tomado pela timidez, Goulart, olhando para o chão, limitou-se a estender a mão para o presidente, sem nada dizer. Vargas, afável, disse-lhe: "Tu vais ser político, Jango? Pois devias. Tu falas bem." Retraído, com olhar encabulado, Goulart limitou-se a responder com um sorriso discreto. O velho Vicente, porém, respondeu: "Não Dr. Getulio, nada de política. O Jango vai ser fazendeiro. Estou velho, sei que não me restam muitos anos, alguém deve zelar pela Vicentina e pelas moças, preservar um patrimônio feito com tanto sacrifício na conquista diária dessas fronteiras, incertas e perigosas, que o senhor conhece tão bem."

Jango tornou-se amigo de Manuel Antônio Vargas, o Maneco, filho de Getulio Vargas. Com o pai presidente da República, Maneco viajava constantemente para o Rio de Janeiro. Entre 1937 e 1939, Goulart acompanhou o amigo várias vezes nas viagens à capital da República. Dormiam no Palácio do Catete.[28] Na Cinelândia, frequentavam uma espécie de confeitaria, a Americana, sempre repleta de estudantes. Em São Borja os dois se divertiam. No carnaval, Goulart, munido de um tambor, junto com Maneco, liderava um bloco que, no dizer da aristocracia local, era de "segunda classe", porque formado majoritariamente por negros e mulatos. Para irritar a elite da cidade, o bloco entrava no salão do clube, dava duas voltas e saía, com todos rindo, para indignação das pessoas presentes no baile. A atitude de Jango era, assim, uma chacota à elite local.[29]

O carnaval, aliás, era um momento de muita festa. Costumava-se dizer na cidade que os melhores carnavais do país ocorriam, pela ordem, no Rio de Janeiro e em São Borja.[30] Bailes em clubes, blocos de rua, corsos que jogavam água nas pessoas animavam a população. Blocos desfilavam nas ruas, a exemplo "dos casados", "dos solteiros" e de diversos outros. Goulart liderava o "bloco dos morenos". Na época, existiam dois clubes: o Elite e o São-borjense. O segundo, mais popular, tinha os bailes carnavalescos mais animados e divertidos. A preferência das filhas de Vicente era por ele. Contudo, o pai somente permitia que elas frequentassem o Elite — e sem discussões. A ordem do pai não valia para os filhos homens. Era possível, por exemplo, encontrar Jango com populares no "bar da Jorgina", um estabelecimento de propriedade de duas negras com cerca de 60 anos. Durante o carnaval havia um "baile" na calçada em frente. Amigo das proprietárias, Jango era muito querido no bar. Na época, ele e seus amigos se autodefiniram com uma quadrinha improvisada: "Hoje é de graça no boteco da Jorgina, entra o Jango, o Maneco e o Bijuja com a China."[31]

O jovem Goulart tinha na pesca a sua predileção, em particular nos momentos de lazer. Rico, apaixonado por carros e aviões, circulava pela cidade com os melhores automóveis da época.[32] Sua popularidade não surgia apenas por ser um jovem rico e empresário bem-sucedido, mas pela simplicidade e pelo trato fácil com as pessoas.[33] Jango era um namorador, sempre acompanhado de mulheres bonitas. Chegou mesmo a ficar noivo de uma bela moça, Leila, porém o compromisso não foi adiante. Para uma vizinha que morava numa rua próxima, era comum vê-lo chegar de carro em casa, embora ela, ainda criança, não desse muita importância. Na verdade, Maria Thereza Fontella não se preocupava muito com ele.

Aos 30 anos, Dinarte Fontella andava por São Borja comprando e vendendo mercadorias até surgir a oportunidade de ter suas próprias terras.[34] Em uma dessas viagens, conheceu Maria Júlia, uma linda menina de 13 anos, filha de um casal de italianos. Não custou muito para se apaixonarem. Contudo, tinham certeza de que, pela diferença de idade, os pais de Júlia proibiriam o casamento. A saída, não muito incomum em situações como essas, era a fuga. Para uma família de italianos, tratava-se de algo absolutamente escandaloso, mas, com o fato consumado, somente restava aceitar a união. Ao final, tudo acabou em uma grande festa de casamento com muita massa e vinho.

Logo Dinarte conseguiu adquirir sua própria fazenda, a Capão Alto. O lugar era muito afastado, de difícil acesso. A viagem até São Borja de charrete levava quase um dia inteiro. A estrada, esburacada, os isolava ainda mais. Em 23 de agosto de 1937, o casal viajava entre São Borja e Itaqui. Olhando ao redor, nada viam além do céu que desabava sobre o horizonte em linha reta. Naquele silêncio absoluto, sem ninguém a quilômetros de distância, Maria Júlia, com 15 anos, sentiu a bolsa d'água estourar. Sozinha, sob o olhar do marido, ela mesma, tal qual as índias, fez o próprio parto. Maria Thereza Fontella veio ao mundo em uma imensidão silenciosa. Um ano depois, na mesma situação, nasceu João José Fontella. Mais adiante, veio outro irmão, Juarez, este nascido em casa, com a ajuda da avó.

Maria Júlia era uma mulher muito bonita. Não estudara, o que não a impediu de ser possuidora de sensibilidade, percebendo as coisas com facilidade. Parecia adivinhar o pensamento das pessoas, adiantando-se ao que falavam ou desejavam. Com o marido, tinha uma relação muito tradicional. Era uma mulher submissa e totalmente dedicada à família: lavava a roupa, cozinhava, cuidava dos filhos e do bem-estar da família. Maria Thereza e Maria Júlia se entendiam muito bem, vivendo como cúmplices. Mas com o pai era muito diferente. Desde cedo a filha entrou em choque com Dinarte. A austeridade e o autoritarismo dele a contrariavam. O temperamento rebelde da menina batia de frente com a autoridade que ele queria impor. Somente quando mais crescida a filha passou a se entender melhor com o pai. Ao contrário dos irmãos, muito tranquilos, Maria Thereza era inquieta, agitada.

A mãe de Maria Júlia teve um papel importante na vida da pequena Maria Thereza: o aprendizado da língua italiana. Para a avó, o português não existia. A neta, assim, cresceu sob uma espécie de regime de duas línguas: o português com o pai, o italiano com a avó e a mistura com a mãe. O português era comum na cidade, mas o italiano dominava dentro de casa. Para as crianças, o aprendizado é mais fácil. Assim, em casa, Maria Thereza falava italiano e fora dela se expressava em português. Não por acaso, preferia massas, bolos, pães e polenta ao churrasco gaúcho.

A família não era rica. O lar era rústico, humilde mesmo, sem grande conforto. A luz era de lamparina. Era uma casa grande e todos estavam sempre reunidos no almoço e no jantar. Maria Júlia era muito religiosa e todos rezavam antes das refeições e antes de dormir.

O pai, muito fechado, não gostava de reuniões sociais e detestava bebidas alcoólicas. Nem dos aniversários participava. Não festejavam o Natal. Mas somente ele era avesso às comemorações, porque o restante da família gostava das reuniões festivas, com os vizinhos e os amigos. Naquela vida no campo, a compra e a venda de gado faziam com que as casas da região vivessem num entra e sai de pessoas, principalmente os vizinhos. Todos se conheciam e tudo era motivo para confraternização. Levados pela mãe, Maria Thereza e os dois irmãos frequentavam muitas festas, fossem de aniversário, fossem para comemorar uma boa venda da safra de arroz. Para os italianos, tudo era motivo para cantar e dançar.

A pequena Maria Thereza e seus irmãos foram criados na terra plantada de arroz, com muito espaço livre, ao lado de bois, vacas e cavalos, comendo frutas do pomar. Tangerina, laranja, goiaba, tinha de tudo. Atrás do pomar havia o capão, com árvores enormes, cheias de macaquinhos. Eles comiam uma fruta parecida com a pinha. O tio Vitor, irmão da mãe, era a paixão de sua infância. Foi com ele que Maria Thereza aprendeu a montar a cavalo e a atirar. Com 8 anos já dominava a arte do tiro ao alvo.

Em um concurso de tiro em Porto Alegre, ficou em segundo lugar aos 9 anos, disputando com pessoas mais velhas. Depois, participou de várias outras disputas. Quando casada, na fazenda, nos finais de semana, ela, Jango e os amigos brincavam de tiro ao alvo; Maria Thereza ganhava de todos. Mesmo Jango, que atirava muito bem, tinha dificuldade de vencê-la na pontaria.

A vida na fazenda seguia feliz quando, aos 5 anos, ela sofreu de uma anemia muito forte. Como a fazenda era muito afastada, o pai, preocupado, levou-a para São Borja para ficar com uma tia, Horaides Zambone, que havia sido casada com um homem importante da cidade. Depois que o marido morreu, ela se casou de novo, mas nunca teve filhos. Quando Dinarte apareceu com Maria Thereza nos braços, ela imediatamente disse: "Ah! Deixa comigo que eu estou sozinha." Não estava. Outras duas crianças estavam sendo criadas por ela. Inicialmente, a menina ficou três meses para tratamento médico. Quando recuperou a saúde, a tia Horaides pediu a Dinarte para que ela ficasse um pouco mais. Vendo que a filha já estava bem, ele propôs o seguinte: "Olha, como ela fica sozinha lá na fazenda e é muito rebelde, está muito solta, vou deixar uma temporada aqui." E Maria Thereza ficou de vez. A tia praticamente a adotou. Possivelmente por não ter filhos, criava os filhos de outras pessoas. Pelo menos outras dez cresceram com o carinho da tia Horaides. Naquela casa, Maria Thereza também foi feliz. Era diferente da fazenda, mas lhe agradava viver ali, havia muita gente. Duas moças que a tia criava já eram grandes, e daí vinham visitá-las as amigas, os namorados. Aquele entra e sai de gente fascinava a menina. A casa vivia cheia. Suas experiências de sociabilidades começaram ali. Em certo momento, ela já não queria voltar para a fazenda. Queria viver com a tia.

Ainda aos 5 anos, a tia a matriculou no Grupo Escolar Getulio Vargas, onde era professora. Estudou durante um ano e aprendeu a ler e a escrever. O temperamento rebelde, porém, criou problemas. Pelas "bagunças", acabou sendo "mandada embora". Na verdade, foi expulsa. Mas logo foi matriculada no Colégio de Freiras, também em São Borja. Os primeiros dois anos do curso primário foram realizados na escola católica. Na verdade, aquilo foi um sacrifício. O colégio era muito rigoroso, extremamente duro em questões de disciplina. Não se podia rir nem olhar para o lado, e por qualquer bobagem vinham as repreensões. As regras impostas pelas freiras eram excessivamente rígidas. Para a menina, era algo sem sentido. Foram dois anos em que viveram às turras até que a instituição, com maior poder, deu a palavra final: a expulsão.

Seu destino, no entanto, já estava traçado pelos familiares. Iria estudar em regime de internato em Porto Alegre, no Colégio Americano. Iria para a capital do estado, ficando sob os cuidados de uma prima.

O Colégio Americano revelou-se outro mundo para ela. Não havia aquele ar pesado e austero imposto pelas freiras de São Borja. Tudo a fascinava: as professoras, as amigas, a educação que recebia, as prioridades dadas às crianças. E ela era a aluna mais jovem de toda a escola. Para Maria Thereza, tudo era bonito, sedutor. Além disso, estava em Porto Alegre, na capital do estado, onde as coisas aconteciam. O ano era 1944 e ela estava somente com 7 anos. Ficaria os próximos dez anos naquele colégio.

Sua vida passou a ser novamente regrada. Os alunos eram acordados às seis. Tinham uma hora e meia para o banho e o café da manhã. Às sete e meia formavam no pátio e, meia hora depois, começavam as aulas. Na parte da tarde as aulas continuavam, mas podiam aprender música, teatro e artes em geral. Também praticavam esportes, como vôlei e natação. Algumas professoras vinham dos Estados Unidos, embora se expressassem em português. Havia aulas de inglês, francês e latim, mas era ressaltado o ensino da língua portuguesa. As professoras brasileiras ensinavam mais História e Geografia. Alguns anos depois de formada, Maria Thereza percebeu que no Colégio Americano recebeu uma educação religiosa protestante. Na capela não havia padre, mas um pastor metodista. E liam muito a Bíblia.

Como era comum na época, o colégio também castigava os alunos, mas nada de suplícios físicos, como palmatória, ficar de pé ou copiar centenas de folhas. O professor, diante da indisciplina de um aluno, tirava-o da sala e o mandava para a "sala diabólica". Na verdade, não havia nada demais na sala, apenas o aluno ficava sentado sem fazer nada, perdendo aula e, claro, com nota baixa na matéria. Mas castigo mesmo era ter a saída nos finais de semana cancelada. Os alunos saíam da escola no final da tarde da sexta-feira e voltavam no domingo à noite, mas nota baixa ou mau comportamento cancelavam a saída. Aquilo é que era o castigo. Maria Thereza era uma das alunas que mais ficavam presas nos finais de semana. Primeiro, porque era "meio desligada". Depois, porque não era de se dedicar aos estudos. Estudava o necessário para ir em frente. Por fim, era mesmo bagunceira, adorava conversar. Nos meses de dezembro, janeiro e fevereiro, período das férias escolares, ia para São Borja. Eram os meses em que podia ficar com o pai, a mãe, os irmãos, os tios. Naquele curto período, voltava a atirar de espingarda, a andar a cavalo, a comer frutas no pomar e a comer pão feito pela mãe. A vida seguia feliz.

Em Porto Alegre, Maria Thereza foi morar com os tios Espártaco e América Vargas, ficando sob a responsabilidade da prima Iara Vargas. A prima a levava para passear na cidade, ir ao cinema, visitar parentes. A tia América, na época, era famosa por ser casada com um irmão de Getulio Vargas. Daí que a casa estava sempre cheia de visitas. Assim, Maria Thereza foi sendo criada em um mundo de sociabilidades, conhecendo políticos e gente que, mais tarde, seria importante na política brasileira. Aos 12 anos, por exemplo, conheceu Leonel Brizola, que todo final de semana almoçava na casa de Espártaco. As primas de Maria Thereza eram apaixonadas por ele.

Em 1939, aos 21 anos, Jango concluiu o curso de Direito. No entanto, já se sabia que não exerceria a profissão. Sua vocação era a administração das fazendas em São Borja. Com o pai sofrendo de câncer, o filho, sendo o homem mais velho da família, assumiu a responsabilidade das fazendas. Até então, quem assessorava Vicente era um de seus genros, um contador. Em 1943, ele foi derrotado pela doença e Jango assumiu definitivamente os negócios. Com vocação para empreendimentos agropecuários, em pouco tempo reergueu a fortuna da família.[35] Administrar os bens deixados pelo pai não foi, para o jovem Goulart, nenhum problema. De 1941, quando assumiu de fato os negócios, até 1945, ele soube multiplicar a riqueza herdada, tornando-se um próspero fazendeiro, sobretudo com grandes lucros na compra e venda de gado.

A perspicácia de Jango para os negócios rurais impressionava as pessoas mais próximas. Quando surgia uma oportunidade, ele chamava Bijuja para auxiliá-lo. Diante de um rodeio de gado de cria com 600 reses, juntando vacas, bois e bezerros, Goulart montava no cavalo, andava devagar, observando os animais, e voltava com as contas na cabeça. Ao dono do rodeio ele dizia que levaria 60 vacas. Imediatamente pedia para Bijuja apartar os animais, pois já sabia quantos quilos de carne as vacas lhe renderiam. Os cálculos mostravam-se corretos.[36]

Entre 1941 e 1945, construiu sua fortuna. A riqueza que o acompanhou durante toda a vida foi amealhada nessa fase. Recorrendo sistematicamente ao crédito bancário, comprava gado, engordava-o e vendia com grande velocidade. Tornou-se um dos maiores vendedores de gado aos frigoríficos rio-grandenses. Jango movimentava suas contas e obtinha crédito em três bancos: Banco Nacional de Comércio, Banco do Rio Grande do Sul e Banco do Brasil.[37] Nos empréstimos bancários, dava como garantia o gado que tinha. Analisando suas transações apenas com o Banco do Brasil, percebemos seu arrojo empresarial. Em julho de 1942, possuía 1.515 novilhos. Com financiamento, comprou outros 1.531. Em agosto do ano seguinte, empenhou junto ao banco suas 4.930 cabeças de gado para obter novo empréstimo. Com o financiamento, comprou outras 3.201 cabeças, todas destinadas ao abate. Em junho de 1946, era proprietário de 14.915 bovinos e 9.733 ovinos. Recorrendo novamente ao crédito bancário, comprou 7.150 novilhos, 1.100 bovinos de cria e 20 reprodutores. Se contabilizarmos apenas o gado apresentado como garantia aos empréstimos do Banco do Brasil em 1946 — sem contar o gado referente ao Banco Nacional de Comércio e ao Banco do Rio Grande do Sul —, obtemos a seguinte cifra: 14.915 reses bovinas e 5.733 reses ovinas, avaliadas pelo Banco do Brasil em Cr$ 10.132.600,00. Com o dólar na época valendo Cr$ 20,00, calcula-se, em moeda norte-americana, a fortuna em gado em US$ 506.630,001. Para o valor do dólar em 1946, tratava-se de muito dinheiro.

Vicente deixou para cada filho 1.425 hectares de terra. Para Jango, a extensão herdada era pouca para a rapidez de seus negócios. Sua estratégia não era comprar propriedades, mas, sim, arrendá-las. Assim, entre 1941 e 1950, ele arrendou mais de 80 mil hectares de terras, voltadas especificamente para a agricultura e a pecuária. Naqueles anos, arrendou 16 fazendas, sendo todas as transações registradas em cartório. Como resultado dos arrendamentos, além da engorda dos bois, em setembro de 1949, por exemplo, colheu 127.500 quilos de linho e 46.900 quilos de trigo.

Mesmo alcançando uma posição invejável, diz Darcy Ribeiro, Jango não assumiu a característica própria dos invernistas que enriquecem. Sua maneira de administrar os negócios e de lidar com os empregados era sempre no sentido de explicar o que queria, não de ordenar.[38] Seu jeito era o de um homem simples, cordial, afável.

NOTAS

1. Elio Chaves Flores, *No tempo das degolas. Revoluções imperfeitas,* Porto Alegre, Martins Livreiro, 1996, pp. 66 e 107-111.
2. Moacyr Flores, *História do Rio Grande do Sul,* Porto Alegre, Ediplat, 1986, pp. 137 e seguintes.
3. Elio Chaves Flores, op. cit., pp. 52 e 54.
4. José Augusto Ribeiro, *A era Vargas,* vol. 1, Rio de Janeiro, Casa Jorge, 2001, p. 25.
5. Depoimento de Yolanda Marques Goulart ao autor, São Borja, 2003.
6. Moacyr Flores, op. cit. p. 146 e seguintes.
7. Para as guerras meridionais no decorrer do século XIX, ver Elio Chaves Flores, op. cit., pp. 15-44 e 81.
8. Depoimento de Deoclécio Barros Motta (Bijuja) ao autor, São Borja, 2003.
9. Jorge Otero, *João Goulart. Lembrança do exílio,* Rio de Janeiro, Casa Jorge, 2001, pp. 62-63.
10. Depoimento de Yolanda Marques Goulart ao autor, São Borja, 2003.
11. Idem.
12. Marieta de Moraes Ferreira e César Benjamin. "Goulart, João", in Israel Beloch e Alzira Alves Abreu, *Dicionário histórico-biográfico brasileiro: 1930-1983,* Rio de Janeiro, Forense Universitária/CPDOC/FINEP, 1984, p. 2611.
13. Luiz Alberto Moniz Bandeira, *Brizola e o trabalhismo,* Rio de Janeiro, Civilização Brasileira, 1979, pp. 42-45.
14. Depoimento de Yolanda Marques Goulart ao autor, São Borja, 2003.
15. José Gomes Talarico, *O presidente João Goulart,* Depoimentos feitos na Assembleia Legislativa do Estado do Rio de Janeiro, pp. 7-10.
16. Jorge Otero, op. cit., p. 64.
17. Depoimento de Yolanda Marques Goulart ao autor, São Borja, 2003.
18. Depoimento de Deoclécio Barros Motta (Bijuja) ao autor, São Borja, 2003.
19. Jorge Otero, op. cit., pp. 65-71.
20. Depoimento de Yolanda Marques Goulart ao autor, São Borja, 2003.
21. Moniz Bandeira, op. cit., pp. 45-46.
22. Depoimento de Deoclécio Barros Motta (Bijuja) ao autor, São Borja, 2003.
23. Kenny Braga, *Meu amigo Jango: depoimento de Manoel Leães para Kenny Braga,* Porto Alegre, Sulina, 2003, pp. 85-86.
24. Moniz Bandeira, op. cit., pp. 46-47.
25. Depoimento de João José Fontella ao autor, Rio de Janeiro, 2000.
26. Depoimento de Deoclécio Barros Motta (Bijuja) ao autor, São Borja, 2003.
27. João Pinheiro Neto, *Jango. Um depoimento pessoal,* Rio de Janeiro, Record, 1993, p. 24.

28. José Gomes Talarico (depoimento), Rio de Janeiro, FGV/CPDOC — História Oral, 1982, p. 86.
29. Depoimento de João José Fontella ao autor, Rio de Janeiro, 2003.
30. Depoimento de Yolanda Marques Goulart ao autor, São Borja, 2003.
31. Depoimento de Deoclécio Barros Motta (Bijuja) ao autor, São Borja, 2003.
32. José Gomes Talarico, *O presidente João Goulart*, op. cit., p. 7-10.
33. Depoimento de João José Fontella ao autor, Rio de Janeiro, 2000.
34. Depoimento de Maria Thereza Goulart ao autor e a Angela de Castro Gomes, Rio de Janeiro, 2003.
35. Marieta de Moraes Ferreira e César Benjamin, op. cit., p. 2611.
36. Depoimento de Deoclécio Barros Motta (Bijuja) ao autor.
37. Arquivo João Goulart, CPDOC-FGV.
38. Darcy Ribeiro, *Confissões*, São Paulo, Companhia das Letras, 1998, p. 281.

CAPÍTULO 2   O aprendiz e seu feiticeiro

Em fins de 1945, Goulart movimentava negócios em várias fazendas. A vida certamente continuaria nesse ritmo, mas a chegada de Getulio Vargas a São Borja, deposto por um golpe militar, mudou os rumos.

Vargas chegou sem ter onde morar e sem nenhum rendimento.[1] Passou a residir na única propriedade da família, a fazenda Santos Reis, herança do pai. Ali vivia havia muitos anos seu irmão mais velho, Protásio Vargas. Tratava-se de uma questão delicada. Embora a propriedade fosse de todos os irmãos, a "casa", no sentido afetivo, era de Protásio. Vargas, após 15 anos no poder, ali estava como uma espécie de "hóspede". Não demorou para de fato se sentir assim. Pequenas queixas surgiam no cotidiano sobre seus costumes, hábitos e manias. Reclamações de que havia cinzas de charuto por toda a casa, retirando o brilho do assoalho, o desconcertaram, principalmente quando vieram da mulher de Protásio. Para um homem com mais de 60 anos, sobretudo com sua biografia, era algo humilhante. Seus advogados foram chamados. A eles pediu que, com a máxima urgência, tratassem do inventário, e que reservassem, nas terras paternas, uma parte próxima do rio Itu onde já havia uma casa construída. A eles Vargas confidenciou que precisava se mudar rapidamente porque não aguentava mais viver em Santos Reis.

Logo Getulio estaria à vontade em sua própria casa, na estância nomeada de Itu, a cerca de 80 quilômetros de São Borja, em terras desmembradas da Santos Reis. Definindo a situação do ex-presidente naquele momento, Leonel Brizola diz que ele "foi ficando sozinho, foi ficando sozinho...". Todos o abandonaram. Já não era o chefe da Revolução de 1930, o presidente do Governo Provisório, o presidente constitucional ou o ditador do Estado Novo — em todos os casos, um homem muito poderoso. Era, agora, o ex-ditador, sem prestígio nem poder, acusado e desprezado pelos antigos aliados. Todos aqueles que subiram politicamente com seu apoio no Partido Social Democrático (PSD), por exemplo, negaram a ele uma simples visita em Itu. Getulio Vargas se sentia abandonado e esquecido nos confins do país.

Exilado em sua fazenda, isolado e triste, passou a receber a visita do vizinho estancieiro, filho de seu amigo Vicente, falecido recentemente. João Goulart não era um desconhecido para Getulio, sobretudo devido à amizade com seu filho Maneco. Eles haviam se conhecido ainda no Estado Novo, quando Maneco levara o amigo para visitar o Rio de Janeiro. Vargas vira nele apenas um amigo do filho. Agora, no entanto, Jango era um rico invernista. As visitas ao ex-presidente tornaram-se frequentes, e surgiu uma forte amizade entre os dois. Goulart levava charutos para Vargas, e eles conversavam durante horas. A admiração e o respeito demonstrados não passaram despercebidos por Getulio. Na avaliação de Leonel Brizola, Vargas encontrou naquele jovem o apoio, a dedicação e a amizade que lhe faltavam em um momento difícil de sua vida. Tendo perdido um filho em 1943, Getulio Vargas Filho, o Getulinho, com o tempo o ex-presidente passou a dedicar ao jovem que o visitava uma amizade profunda, um verdadeiro amor paternal. Algo que, inclusive, incomodou os parentes do ex-presidente. Jango, por sua vez, desenvolveu uma sincera dedicação e amizade a Vargas. Vale lembrar que Getulio não era um homem rico, não tinha pensões ou aposentadorias e não havia se locupletado com dinheiro público nos 15 anos em que exercera o poder no país. Na divisão das terras com o irmão Protásio, ficou com aquelas de pior qualidade, onde o pasto era ruim. Goulart, com sua experiência com a terra, ajudou o novo amigo a tornar rentável a estância Itu.

Foi quando Jango começou a aprender os mistérios da política com um grande mestre. Getulio, nesse momento, já olhava o "afilhado político" pensando em longo prazo. Percebia nele um grande potencial na política. Goulart desfrutava de imensa popularidade em São Borja, coisa que também não passou despercebida a Vargas. Além disso, tinha uma facilidade natural para se relacionar com pessoas humildes. Nas longas conversas que mantinham, manifestava ideias avançadas, como a distribuição de terras a camponeses despossuídos e políticas públicas para diminuir as desigualdades sociais.[2] Goulart tornou-se, em termos políticos, um "getulista". Admirava Vargas profundamente. No entanto, para ele o Estado Novo e a face repressiva da ditadura eram temas estranhos. Nada tinha que ver com aquilo. Era muito jovem naquela conjuntura do país. Sua pouca formação política era marcada pela derrota do nazi-fascismo e pelos ventos democráticos. Da matriz getulista, via seletivamente como positiva a industrialização, o nacionalismo e os benefícios sociais aos trabalhadores. Nas discussões com Getulio demonstrava querer, a partir daquela matriz, outro projeto para o país. Algo como um "getulismo democrático". O velho político gaúcho, pragmático, dispensava um carinho especial a Goulart, pensando no futuro político do próprio trabalhismo brasileiro.

Com a deposição de Vargas em outubro de 1945, José Vecchio, na época presidente do Sindicato dos Carris de Porto Alegre, Sílvio Sanson, diretor do Sindicato dos Trabalhadores na Indústria Madeireira, e diversos outros sindicalistas manifestaram uma grande preocupação: era preciso garantir a manutenção das leis e das conquistas sociais.[3] As inquietações não eram infundadas. As oposições, sobretudo os meios de comunicação e as elites empresariais e políticas identificadas com a União Democrática Nacional (UDN), vinham, desde fevereiro de 1945, acusando Getulio Vargas de copiar do regime de Mussolini o modelo de organização sindical. Os trabalhadores identificavam os insultos ao presidente e a comparação do Estado Novo com o fascismo italiano como críticas às leis sociais. Não era de surpreender que o queremismo se tornasse um movimento de massas de grandes proporções no Brasil.[4] Convencidos de que, com a democratização, os sindicalistas teriam que lutar politicamente por seus direitos, eles resolveram atuar em um partido político. O único identificado com Vargas, naquele momento, era o PSD. Formando a "ala trabalhista", não se sentiram à vontade em uma organização conservadora. Mais adiante, José Vecchio ouviu falar da fundação do PTB na capital federal. Após contatos, resolveram eles mesmos fundar o PTB gaúcho. Sindicalistas de várias categorias engajaram-se na fundação do partido no Rio Grande do Sul, e a representatividade deles no movimento sindical gaúcho era bastante expressiva. O surgimento do PTB não foi, como é comum afirmar, uma invenção de última hora para barrar o crescimento do PCB. Sua fundação resultou de tradições que circulavam entre os próprios trabalhadores, antes e depois de 1930. Como lembra Angela de Castro Gomes, "a invenção do trabalhismo e a montagem do sindicalismo corporativista, complementadas pela criação do Partido Trabalhista Brasileiro, constituíram as pedras de toque para a incorporação política dos trabalhadores".[5] E, pelo menos no Rio Grande do Sul, o PTB foi fundado exclusivamente por ativistas sindicais, na maioria presidentes de sindicatos, institucionalizando partidariamente o trabalhismo.

Com a fundação do PTB, muitos interessados em participar da política ingressaram na organização. Entre eles, um grupo de estudantes universitários.[6] O jovem Leonel Brizola e seus amigos na Escola de Engenharia, no início de 1945, simpatizavam com Getulio Vargas e Luís Carlos Prestes. Contudo, embora se dissessem "socialistas", não se sentiam à vontade no PCB. O sectarismo e a jactância intelectual dos militantes comunistas os incomodavam. Do outro lado do leque partidário, a UDN e o Partido Libertador abrigavam pessoas das elites, nada tendo que ver com suas origens pobres. Segundo depoimento do próprio Brizola, ele se convenceu a aderir ao PTB ao presenciar uma manifestação queremista. Para ele foi uma cena impactante. Ali estavam pessoas com quem imediatamente se identificou: pessoas pobres, modestamente vestidas, muitos operários, todos pedindo a continuidade de Vargas e carregando fotografias do presidente.

José Vecchio ficou com a tarefa de organizar o PTB em Porto Alegre, enquanto Sílvio Sanson, seu primeiro presidente, encarregou-se de estruturar o partido no interior do estado. Sanson era defensor intransigente de que na agremiação só entrassem trabalhadores, excluindo a participação de bacharéis e políticos profissionais. Jovens militantes foram aceitos de bom grado nas fileiras. O mais destacado parecia ser Leonel Brizola. Com o aval de Vecchio, ele organizou a ala estudantil da agremiação. As lideranças partidárias criaram formas organizativas novas, como as "alas" dos bancários, metalúrgicos, gráficos, entre diversas outras, permitindo que o partido fosse construído sobre bases operárias. Mais tarde, surgiram as alas não sindicalizadas, a exemplo da estudantil e da feminina.[7] Brizola participou ativamente na organização do partido no estado. Em certa ocasião, ele e Vecchio, ao chegarem a Rio Grande, onde não conheciam ninguém, resolveram que o partido seria fundado em praça pública. Brizola foi para o porto e, enquanto os operários almoçavam, discursou: "Nós estamos aqui para convidá-los para um grande comício, logo mais, na Praça Tamandaré. Vamos criar o PTB, o partido dos trabalhadores, o partido que vai defender a obra social de Getulio Vargas."[8] À noite, 10 mil operários compareceram à assembleia. Ali mesmo o diretório municipal do partido foi eleito diretamente pelos operários.

O irmão de Getulio, Protásio, também percebendo o potencial político de Goulart, convidou-o a ingressar no PSD. Vargas imediatamente interveio. Seu lugar era no PTB. Afinal, por sua defesa de teses progressistas, era em uma organização trabalhista que ele viria a se projetar como liderança em futuro próximo. Getulio sabia o que estava fazendo. Jango, como bom aprendiz, não questionou a decisão do mestre e, filiando-se ao PTB, passou a integrar o Diretório Municipal de São Borja. Logo a seguir, associou-se a Manuel Vargas e comprou o jornal *Uruguai*, editado naquela cidade, pondo-o à disposição do partido. Nesse momento, as visitas que Goulart fazia à estância Itu eram diárias. Todas as manhãs ele pegava seu avião e ia se encontrar com Vargas.

Em fins de 1945, Jango se engajou na campanha presidencial que em 2 de dezembro elegeria o presidente da República. Ao lado de Vargas, presenciou a romaria de líderes políticos, principalmente do PSD, que pediam o apoio a Eurico Dutra. Goulart, já fascinado pela política, ficou animado com a possibilidade de crescimento do PTB no Rio Grande do Sul. Posicionou-se contra o apoio a Dutra, como a maioria dos getulistas, defendendo um candidato próprio a ser lançado pelo PTB. Vargas, sabendo das ameaças, bastante reais, de ser banido do país, apoiou Dutra. Assim, contrariado mas fiel ao mestre, Jango foi o portador da mensagem de apoio ao general, divulgada em 25 de novembro — crucial, na verdade, para a vitória do candidato pessedista.[9]

Para o núcleo sindicalista fundador do PTB gaúcho, contudo, votar em Dutra não seria tão fácil como pretendia o ex-presidente. Desde a fundação do partido, eles, sobretudo por meio de José Vecchio, iniciaram a prática das negociações e barganhas entre a seção gaúcha do PTB e Vargas. A primeira ocorreu nesse episódio, quando Getulio convocou os trabalhadores a votar em Eurico Dutra para a presidência da República. Nas palavras de Vecchio, aquilo foi como "jogar pimenta no rosto das pessoas".[10] O pedido do ex-presidente foi recebido com restrições e frieza, porque, para eles, fora Dutra o responsável pela deposição do próprio Vargas. Reunidos, os dirigentes trabalhistas mostraram-se contrariados. Vecchio, na presidência do partido, propôs que se aceitasse a indicação de Getulio, mas que o PTB gaúcho lançasse um candidato próprio ao governo do estado. O nome sugerido foi o de Alberto Pasqualini. A proposta foi aplaudida e aprovada por todos. Os sindicalistas sem dúvida admiravam Vargas e necessitavam dele para o sucesso da organização trabalhista. No entanto, procuravam preservar sua independência política em relação ao líder.

Alberto Pasqualini já era um personagem de grande prestígio naquela época, principalmente pelas ideias que defendia. Originário do Partido Libertador, fora secretário do Interior e Justiça do estado. Ao divergir do governo, deixou o cargo e abandonou os libertadores. Em março de 1945, escreveu um artigo de grande repercussão no jornal *Correio do Povo* — "Sugestões para um programa de governo" — no qual defendia um programa social-reformista inspirado no trabalhismo britânico, na época em ascensão, e, em menor grau, na social-democracia europeia. Três meses depois da publicação do texto, surgiu o Movimento Popular em Favor das Ideias Políticas e Sociais de Alberto Pasqualini, fundado pelo padeiro João Monteiro dos Santos, organização precursora da União Social Brasileira (USB). Pelas ideias que pregava, a USB conseguiu estabelecer bases significativas no Rio Grande, tanto entre elementos das elites quanto entre populares.

A plataforma da nova organização pregava a defesa do regime democrático, mas com a socialização de parte do lucro capitalista, cujo investimento em um vasto plano de assistência social criaria um capitalismo qualificado de "solidarista", de sentido social e visando ao interesse coletivo sobre o individual.[11] Com o lançamento do nome de Pasqualini ao governo do estado, a USB entrou para o PTB. Para Miguel Bodea, a integração deu ao PTB gaúcho um caráter distinto do partido em nível nacional: foi a única secção regional que absorveu um movimento de esquerda. No Rio Grande do Sul, a USB ocupava o lugar da Esquerda Democrática em São Paulo e no Rio de Janeiro. Portanto, tratou-se da esquerda que, em 1945, aderiu aos trabalhistas e não aos udenistas. O PTB gaúcho, desse modo, adquiriu, desde sua fundação, o caráter de *partido de esquerda*, e não apenas de *partido popular,* como ocorria nos outros estados, ocupando a faixa de atuação do Partido Socialista Brasileiro e deixando os socialistas sem espaço de intervenção política no Rio Grande do Sul.[12]

A relação entre o núcleo sindical dirigente do PTB e Getulio Vargas, a partir do lançamento da candidatura de Pasqualini, tornou-se uma via de mão dupla. Vargas era o líder do trabalhismo. Os sindicalista, no entanto, procuravam preservar sua independência política, investindo na via da negociação. Apoiariam Dutra, decerto, mas lançariam um candidato próprio ao governo do estado sem consultar Getulio, presidente de honra do partido. Se não o fizessem, sabiam que Vargas defenderia, dois anos depois, um nome do PSD — como de fato tentou fazer. A barganha estava feita, e se Vargas se negasse a apoiar Pasqualini teria que arcar com um alto custo político. Nesse sentido, não havia subordinação de uma das partes, mas negociação, dependência mútua e pactos. Os sindicalistas, muito rapidamente, aprenderam a "fazer política".

Assim, ainda em 1945, o PTB gaúcho crescia de maneira lenta, mas contínua. Ao núcleo de sindicalistas fundadores e às bases da USB, juntaram-se os organizadores do movimento queremista. Em um momento seguinte, políticos que saíram do PSD em 1946 e, indicados por Vargas, foram levados ao PTB também por Vecchio. Na avaliação de Miguel Bodea, completava-se a constituição do partido no Rio Grande do Sul a partir de três vertentes: a sindicalista, a doutrinário-pasqualinista e a pragmático-getulista.[13] Entretanto, nas eleições de 1945, o PTB gaúcho, sem grandes nomes a apresentar, obteve pífia votação no estado. Para a eleição de deputados federais, obteve apenas 6% do total de votos, ficando em quarto lugar, praticamente junto com o PCB.

Aconselhado por Vargas e patrocinado por ele, em 1946 Goulart fez campanha política visando a concorrer a um cargo de deputado estadual no pleito que ocorreria em janeiro do ano seguinte. Durante toda a campanha, criou diretórios do PTB em diversos municípios do interior do estado — muitos deles financiados com o seu próprio dinheiro —, inclusive em São Borja, onde assumiu a presidência. Nas eleições legislativas, foi eleito com 4.150 votos, a maioria de sua cidade natal. Na formação da bancada do PTB gaúcho, Leonel Brizola, representante da *Ala Moça* do partido, também foi eleito com 3.800 votos, a maioria de Porto Alegre. Nas cerimônias de instalação da Assembleia Legislativa, Jango e Brizola se conheceram. Os dois políticos trabalhistas, no entanto, demonstraram estilos diferentes. Brizola tornou-se membro ativo da bancada de oposição ao governo do estado, procurando representar as camadas mais pobres da população de Porto Alegre. Tinha, ainda, que conciliar a atuação na assembleia com os estudos de engenharia. Jango, diversamente, não se destacou no cargo. Ao longo do mandato, só discursou uma única vez, defendendo os interesses dos pequenos criadores de gado de São Borja. Para justificar seu desempenho acanhado, alegou que encontrava muitas dificuldades em estabelecer contatos políticos devido à grande campanha desencadeada contra Vargas e seus colaboradores mais próximos. Assim, como deputado estadual, continuou no trabalho de criar novos diretórios do partido em cidades do interior.[14] Sua ausência constante nos trabalhos da assembleia do estado seguia, na verdade, o exemplo de seu líder e amigo, o senador Getulio Vargas. Eleito para a Constituinte de 1946, após comparecer a algumas sessões, regressou a São Borja para, a partir daí, articular sua candidatura às eleições presidenciais de 1950. Goulart tornou-se seu homem de confiança e confidente mais próximo.

Apesar de estar envolvido com a política e de continuar a enriquecer com seus negócios, Jango não descuidava da família. Afinal, com a morte do pai, ele, o filho mais velho, tornara-se o responsável pela direção dos negócios. Neuza era sua irmã preferida. Muito bonita e inteligente, era a mais querida, e o irmão não escondia os ciúmes diante de pretendentes. Goulart implicava com os militares que pretendiam namorar a irmã e brigava com ela. Nessa época, o deputado Leonel Brizola, em algumas ocasiões, reunia-se com a família de Jango na casa do irmão de Vargas, Espártaco. A residência dele era um ponto de sociabilidade, lugar de encontros sociais e políticos. Ali, Brizola e Neuza se conheceram e começaram a namorar.[15] A partir daí, Brizola e Goulart tornaram-se amigos pessoais. A relação de amizade e confiança mútua aumentou quando Neuza e Brizola marcaram a data do casamento.

Com o envolvimento cada vez maior de Jango na vida política, o irmão Ivan assumiu a direção dos negócios, sendo seu procurador. Destoando da tradição familiar, Ivan era voltado para o lado intelectual e literário, tendo se arriscado, inclusive, a escrever poesias. Sempre orientado por Goulart, continuou o trabalho de comprar e vender gado, aumentando a riqueza da família. Contudo, para a tristeza de todos, Ivan faleceu ainda jovem, com pouco mais de 30 anos, vitimado pela leucemia.

Naquela época, o presidente regional do PTB, José Vecchio, tornou-se o interlocutor privilegiado de Getulio Vargas no Rio Grande do Sul. As decisões do ex-presidente na política gaúcha eram discutidas pessoalmente com ele. Assim, quando das negociações para o lançamento de candidaturas para as eleições ao governo do estado, que ocorreriam em 1947, Vargas o chamou em sua fazenda. Queria convencer o presidente do PTB gaúcho a retirar o nome de Pasqualini ao governo do estado e apoiar o pessedista Walter Jobim. Para retornar à presidência da República em 1950, o crescimento do PTB necessariamente não estava nos planos de Vargas. Vecchio resistiu à proposta: acreditava que o partido, para se consolidar no estado, necessitava ter candidatura própria. Getulio teve que ceder. Para impedir a eleição de Pasqualini ao governo, as grandes forças políticas do estado uniram-se em torno de Walter Jobim, do PSD. O Partido Comunista Brasileiro, para combater o "social-reformismo" do PTB, mobilizou suas bases operárias para votarem no candidato pessedista. O Partido da Representação Popular, de direita, igualmente combateu Pasqualini pelo "perigo vermelho" que ele representava, sensibilizando os pequenos e médios proprietários de origem alemã e italiana a repudiar suas propostas. A Liga Eleitoral Católica também instruiu os fiéis a votar em Walter Jobim.[16] Ao final, com a união do PSD com a esquerda, com a direita e com os católicos, Pasqualini não foi eleito governador, embora perdesse por 20 mil votos apenas. No entanto, o PTB venceu com Segadas Viana para o Senado, obteve a maioria dos votos do eleitorado da capital, compôs a maior bancada de deputados estaduais, transformando-se no maior partido do estado, e elegeu um grande número de deputados federais. A estratégia política dos sindicalistas petebistas deu resultados promissores.

De fins de 1947 a meados de 1950, os líderes trabalhistas gaúchos traçaram planos para alcançar a hegemonia política do partido no estado. Trabalharam para consolidar as vitórias que obtiveram nas eleições, reforçaram a estrutura partidária na capital e no interior, prepararam-se para vencer o próximo pleito para governador de estado e atuaram, por fim, para sustentar, no plano regional, a volta de Vargas à presidência da República. Para demarcar sua identidade, diferenciando-se de outras propostas, os trabalhistas passaram a fazer oposição sistemática ao governador Walter Jobim, recusando-se a aceitar qualquer cargo ou vantagens no aparelho de estado. Com isso, visavam a desgastar ao máximo a máquina pessedista. No entanto, ao longo desses anos, as disputas pela hegemonia no partido começaram a surgir. Paulatinamente, a influência do grupo operário cedeu espaço no PTB aos intelectuais oriundos da USB, políticos egressos do PSD e ativistas da ala moça, como Leonel Brizola e Fernando Ferrari.[17] José Vecchio, por exemplo, ao terminar seu mandato como presidente regional do partido, em maio de 1948, foi substituído por Salgado Filho, passando a integrar o comitê estadual. Mais adiante, foi eleito para o diretório municipal, sempre acompanhado pelos antigos companheiros.

No fim de 1947 e nos dois anos seguintes, Goulart dedicou-se as articulações políticas que resultariam na eleição de Vargas à presidência da República. Em fevereiro de 1949, um avião levando o jovem repórter Samuel Wainer pousou nas terras da fazenda Itu. Seu objetivo era entrevistar Getulio — a quem conhecera dois anos antes. Vestindo bombachas, camisa xadrez, lenço no pescoço, chapéu, botas pretas e o inseparável charuto, Vargas conversou com Wainer durante uma hora e meia. Ao final, o jornalista arriscou: "E se o senhor viesse a ser candidato?" A resposta foi certeira: "Eu não sei... mas pode dizer uma coisa: eu voltarei. Eu voltarei, mas não como líder de partido e sim como líder de massas."[18]

Wainer não esperava ter uma notícia tão importante. A partir daí, a Granja São Vicente, de propriedade de Goulart, foi transformada em centro político para a campanha presidencial. Ali ele recebia todos os que procuravam Vargas e, com desenvoltura, tanto aconselhava os visitantes quanto obtinha informações. Quando Getulio se hospedava na Granja para receber correligionários, Jango, sempre ao seu lado, não disfarçava a imensa amizade que lhe dedicava. Não era apenas o anfitrião que hospedava o amigo, mas, sim, o interlocutor, o confidente sincero e leal. Todas as articulações da campanha eram de seu domínio. Nos diretórios do interior do estado, junto às bases getulistas e pessedistas, Goulart recolhia informações de apoio popular à candidatura de Vargas. Em junho de 1949, do Preto Hotel, em Porto Alegre, escreveu uma carta dizendo que muitos membros do diretório petebista ficaram entusiasmados com a declaração de Vargas contra a proposta de candidato único à presidência da República. Segundo Jango, "eles raciocinam mais ou menos assim: se o chefe é contra o candidato único é porque ele no fim vai topar a parada. Os do povo, empregados, trabalhadores e membros humildes do nosso partido com quem tive também a oportunidade de conversar, não escondem a sua alegria e justificam: 'o nosso homem', no meio dos outros, leva a melhor porque com ele ninguém pode".[19]

Também no relato de suas articulações com o PSD gaúcho, Goulart revelava sua intimidade com Getulio pelo uso em suas cartas de expressões típicas da fronteira gaúcha: "Sem precisar agarrar o peão na unha, banquei o couro na porta da Mangueira. Eles vieram, mas refugaram!" Ao mesmo tempo, esforçava-se para demonstrar que estava assimilando as lições do mestre. Relatando as acusações feitas por Dinarte Dornelles de que o grupo pasqualinista tentava aliciá-lo, gerando situação de grande tensão, Jango escreveu: "Creio que saí bem, pois apesar de citar algumas verdades que por tal mereceram muitos aplausos, no fim concluí, sensatamente, pedindo paz, harmonia e lealdade para que o entendimento surgisse, e com ele um clima de compreensão e de confiança. Palmas etc." Era como se pedisse a Vargas que avaliasse seu procedimento, se tinha aprendido corretamente o que o velho mestre lhe ensinara. Nas cartas a Vargas, assinava com um simples "Jango", "Do amigo certo", "Um abraço do seu amigo Jango".

Goulart atuou diretamente nas articulações que resultaram na candidatura de Vargas para a presidência da República e tudo informava a ele. De Porto Alegre, centro político do estado, escrevia inúmeras cartas narrando em minúcias as articulações em torno da candidatura presidencial. Em outubro do mesmo ano, mostrou-se contrariado com a proposta de alguns grupos políticos gaúchos, sobretudo do PSD, de formar uma mesa-redonda, com a presença de Vargas, para a escolha de um candidato ao Catete. Sobre a proposta, Goulart deu a Getulio a opinião das ruas: "O senhor não pode e não deve se nivelar em mesas de qualquer espécie, com politiqueiros fracassados e que no fundo, com medo do povo, desejam comprometê-lo. O povo continua não admitindo outro candidato que não seja o senhor." Ainda segundo seu relato, se a mesa-redonda fosse em Porto Alegre, "todos com quem tenho falado (getulistas) dizem que irão para a frente do local onde ela estiver se realizando e que ali permanecerão dia e noite gritando: 'Queremos Getulio. Ele é o nosso candidato.'" Mais ainda, relatou: "Conto-lhe o que se diz na rua, porque isto é que representa verdadeiramente a opinião pública. Hoje, Dr. Getulio, ninguém mais do povo admitiria outro nome que não fosse o seu. Eu nunca vi tanto entusiasmo. Tenho a impressão de que não vai longe e o povo estoura exigindo o seu pronunciamento definitivo. Não falei com um garçom, com um chofer, com um homem da rua que não me perguntasse antes de qualquer outra coisa: 'Quando é que o chefe vai se candidatar?' Todo mundo me pede um retrato seu. Enfim, Dr. Getulio, a coisa parece que pegou fogo. É por tudo isto que eu tenho medo, Dr. Getulio, desta mesa-redonda com a sua presença. Isto iria desencantar todos aqueles que veem no senhor um homem muito superior a esses políticos de 3ª e sem prestígio eleitoral e que vêm de recente fracasso."[20]

Goulart ouvia o povo nas ruas, o que o deixava entusiasmado com a candidatura de Vargas. Em suas articulações, ele não apenas manteve contato com as elites políticas do estado, tentando desmobilizar qualquer iniciativa do PSD gaúcho de lançar um nome próprio, mas sondou até militares de alta patente em guarnições no interior, especialmente em Alegrete e Santana do Livramento. Em conversa com oficiais do Estado-Maior da Cavalaria, disse ter modificado o sentimento desfavorável. "Em toda fronteira o ambiente é bom e o próprio general Ribas disse-me que está contra golpes."[21]

No início de 1950, Goulart atuava diretamente nas articulações para o lançamento do nome de Vargas. Contudo, ainda em março, Getulio fazia questão de negar qualquer possibilidade de se candidatar. A imprensa gaúcha, no entanto, começava a noticiar o nome de Jango com frequência, mormente quando o assunto central era a candidatura de Vargas à presidência da República. Algumas vezes ele era apresentado ao leitor como "o dito amigo íntimo de Getulio Vargas", "pessoa de absoluta confiança do ex-presidente" ou "uma das pessoas mais bem informadas a respeito de Getulio Vargas e do PTB".[22] Diante das especulações que surgiam diariamente, ainda em março, repórteres procuraram Jango para saber como Vargas recebera as notícias da candidatura. Sua resposta foi incisiva: "O senador Getulio Vargas ficou irritado com a notícia, que, conforme ele disse, é destituída de qualquer fundamento."[23] Nesse momento, ele parecia ter adquirido a experiência política que a poucos foi reservada, conhecendo pessoas, fazendo contatos e aproximando-se de lideranças nacionais do PTB. Ao mesmo tempo, sua influência dentro do PTB gaúcho se ampliou, sendo eleito, na convenção regional do partido, em março de 1950, presidente do diretório e da comissão executiva estadual para o período 1950-1952.[24] Ainda naquele mês, sua irmã Neuza casou-se com o deputado estadual Leonel Brizola.

Em maio de 1950, Jango foi ao Rio de Janeiro e a São Paulo a fim de sondar o ambiente político e relatar a Vargas suas impressões sobre a viabilidade de sua candidatura nas duas capitais. Depois das conversas, mais ouvindo do que falando, anotava tudo em uma caderneta. Ao final, escreveu uma longa carta a Getulio com todas as informações necessárias para que ele mesmo avaliasse a conveniência de lançar seu nome à presidência da República. Com a sinceridade dos amigos próximos, Goulart iniciou a carta dizendo: "Embora desordenadamente, procurarei lhe dar conta do que ouvi, vi e senti, nos quatro dias de estada no Rio e em São Paulo, à medida que ia conversando ou observando os fatos e os homens da complicada política nacional nesta hora de tanta incerteza e tão irritante confusão."[25] Tinha como objetivo permitir que Vargas, a sós, avaliasse as situações relatadas para depois, com sua volta a São Borja, trocar impressões pessoalmente com ele.

Goulart não confiava em Ademar de Barros: "Na minha opinião, o que ele deseja no movimento é a criação de um ambiente de confusão", em que poderia surgir como um herói, mas para os conservadores. Vargas não precisava de Ademar para se eleger. Afinal, diz na carta, seu nome se restringia a São Paulo e não resistiria a um embate com o nome de Vargas. Talvez planejasse unir-se a setores de direita e ser sagrado por eles, receosos da candidatura de Getulio. Possivelmente, diz ainda, ele pretendia criar confusões, pois, sabendo que não venceria as eleições presidenciais por vias legais, incitava movimentos revolucionários em que poderia surgir como um salvador. Fossem quais fossem as hipóteses levantadas por Goulart, o fato é que Ademar não lhe inspirava a menor confiança ou credibilidade. "O mais provável", garante, "é que o homem quer mesmo é agitação." A prova mais contundente é a denominação de Frente Popular que Ademar, em matérias pagas e em propaganda exagerada, espalhava pelo estado de São Paulo. "A meu ver, a designação não podia ser mais infeliz." Não impressionava o povo, que já escolhera Getulio como seu candidato e assustava os conservadores "que ainda podem na sua grande parte vir conosco". Um bispo, amigo de Alberto Pasqualini, advertiu-o do perigo que a expressão "Frente Popular" representava para a Igreja. Como sabemos, o aprendiz aconselhava o mestre a não fazer o que faria logo depois: aliar-se-ia a Ademar na chapa intitulada Frente Popular. Goulart ainda teria muito que aprender com Vargas.

No Rio de Janeiro, ele também sondou o ambiente. Na capital da República, informou, a palavra "golpe" estava em alta: "Lá é só o que se imagina e se fala." Contudo, tudo isso era resultado do desentendimento entre as elites políticas que só "enxergam fantasmas". Segundo sua avaliação, não há clima para golpes, nem entre o povo, muito menos no Exército. Goulart, aqui, voltava a falar nos trabalhadores. "Senti, Dr. Getulio, que lá no Rio os políticos raciocinam com a cabeça dirigida somente para o problema político e somente para a cúpula dos mesmos. Estão completamente divorciados do povo. Não sentem como nós os fenômenos e as tendências populares." Essa, certamente, era a diferença entre a formação política de Goulart e as elites conservadoras do país. Negociações pelo alto, pelas cúpulas, como uma tradição elitista brasileira, mas, ao mesmo tempo, sintonizando as mesmas negociações com os "sentimentos", as "tendências", os "anseios" e as "expectativas" dos trabalhadores. E, para isso, era necessário estar entre eles, conversar, sentir o "fenômeno" popular. Esse duplo movimento ao fazer política, nesse momento, já era parte do universo conceitual de João Goulart.

Em seus contatos, esteve também com udenistas. Com o editor do jornal *O Estado de S. Paulo*, Julio de Mesquita, conversou longamente. Seu grupo iria apoiar o brigadeiro Eduardo Gomes. Estavam certos da vitória. No entanto, ressentidos com Dutra e Góes Monteiro, diz Goulart, estavam mais determinados a derrotar o PSD e o indicado pelo presidente. Se porventura Vargas vencesse, era possível algum tipo de colaboração. Outro grupo também foi sondado por Jango, o dos governadores, a exemplo da Bahia, de Minas Gerais e do Ceará. Ficariam com Dutra se o presidente fortalecesse suas posições políticas em seus estados. O que desejavam, na verdade, era manter seus poderes estaduais. Nesse sentido, Getulio poderia encontrar meios para obter o apoio deles. Na Bahia, Juracy Magalhães estava convencido de que somente continuaria ditando as regras no estado com a vitória de Vargas. Sobre o PSD, Jango percebeu o que, logo a seguir, iria ocorrer. Teriam candidato próprio, mas as bancadas de deputados estaduais e federais sabiam que o povo queria mesmo era Getulio. Muitos ainda não haviam declarado seu apoio porque a candidatura ainda não fora lançada, o que lhes acarretaria custos políticos, alegavam. Mas os pessedistas iriam apoiá-lo extraoficialmente. Mesmo alguns udenistas importantes, como José Américo de Almeida, não fariam oposição a Vargas. Segundo os relatos que ouviu, ele estava declarando a amigos que "o Getulio está certo, o trabalhismo dentro de alguns anos dominará o mundo, gosto de Getulio e de suas ideias socialistas". Ou ainda: "Estou quite com ele: deu-me o golpe em 37 e eu ajudei a derrubá-lo em 45." Contudo, Jango alertou que o general Góes Monteiro tinha opinião diversa: "Não acredito na garoa de São Paulo — tenho medo é do minuano do Rio Grande."

Goulart mostrava-se extremamente otimista com a candidatura de Vargas. "No Rio, por tudo o que se vê, se ouve e se sente, é simplesmente ótima." No Nordeste, "Agamenon afirma que a vitória será espetacular — José Américo confirma". No Sul, continuou, "o nosso amigo Pasqualini, que há um ano me afirmava que a sua candidatura seria um desastre (quase brigamos), hoje afirma que 'diante do que se vê será vitoriosa'". Em São Paulo, "com a desistência de Ademar as suas possibilidades aumentaram". Em sua avaliação, Ademar somente tiraria 10 % dos votos de Vargas. "Porém, pelo que me foi dado ouvir e concluir, isto é, na média das opiniões", a vitória de Getulio em São Paulo "será igual ou superior a 65%". Assim, concluiu, "tenho a impressão de que nesta altura não mais poderemos recear a parte eleitoral, mesmo que as forças conservadoras, fracas, venham a se unir". O otimismo exagerado de Jango demonstrava, por um lado, seu entusiasmo de "cristão-novo" que, repentinamente, descobriu um mundo cheio de certezas; por outro, o desejo pessoal de ver seu mestre vitorioso. Embora reconhecesse que precisavam se "preparar objetivamente para a campanha que, provavelmente, será dura e violenta", escreveu, ainda de maneira romântica, embora com bases reais, que "basta que gente que mereça confiança corra o Brasil convencendo em cada cidade um grupo de getulistas de que o senhor vai ser candidato e do resto eles mesmos se encarregarão, porque, Dr. Getulio, o que se nota não é mais prestígio, e sim puro e legítimo fanatismo pelo senhor". Ao final da carta, algo que demonstra quanto Goulart era próximo de Vargas, agindo como um aluno diante de um experiente mas compreensivo professor: "Se o senhor não entender a minha letra, chame o Maneco que ele entende."

Jango acompanhava de perto as negociações que resultaram no acordo com Ademar de Barros. Com Vargas, discutia as estratégias, participando dos próximos lances da sucessão presidencial. Em um comício no dia 18 de abril de 1950, em São Borja, Goulart, discursando, lançou o nome de seu padrinho político como candidato à presidência da República, atendendo aos reclamos do povo. No dia seguinte, Getulio comemorou seus 67 anos na Granja São Vicente. Na percepção de Samuel Wainer, presente no evento, tratava-se de uma cena épica: milhares de gaúchos, com roupas típicas, chegavam à fazenda. A pé, a cavalo, a carroça, vinham com seus vistosos ponchos homenagear o líder. "Dr. Getulio, conte conosco", diziam eles.[26] Vecchio e seus companheiros alugaram quatro ônibus e, com suas mulheres, viajaram durante três dias, de Porto Alegre a São Borja, para homenagear Getulio. Um grande churrasco os esperava. Em certo momento, Vargas levantou-se e, para a surpresa de todos, disse: "Autorizo vocês hoje a ir à cidade de São Borja. Reúnam o povo da minha terra e digam que Getulio Vargas é candidato à presidência da República!"[27] A notícia era impactante. Ali, o velho líder trabalhista anunciava que concorreria às eleições. Com uma frase de efeito, ele ainda completou: "Levai-me convosco."[28] Vargas convidava o povo a levá-lo de volta ao Palácio do Catete. Jango subiu a uma árvore e discursou, exaltando a candidatura do amigo. Segundo a observação de Wainer, ele ainda não dominava os truques da oratória, mas falou com a "comovente espontaneidade dos jovens".[29] A seguir, por telefone, confirmou a decisão de Vargas ao jornal *Correio do Povo*, de Porto Alegre.[30] À noite, a caravana de sindicalistas, junto de João Goulart, rumou para a cidade, patrocinando um grande comício. Na verdade, entre Getulio e Jango nada mais era casual.

Quando retornaram a Porto Alegre, os sindicalistas foram destituídos do diretório municipal. A sensação de revolta foi grande. Sentiram-se traídos, depostos das funções no partido que fundaram e ajudaram a crescer. Vecchio culpou diretamente Leonel Brizola, embora certamente Vargas e muito possivelmente Goulart fossem os verdadeiros responsáveis. Em fins do ano anterior, Jango escrevera a Getulio dizendo que, "apesar de Vecchio ter praticado algumas 'bobagens', e o chão, em consequência, ter afundado muito sob seus pés, ele ainda continua merecendo a confiança de todos os getulistas". A seguir, completou: "O diretório municipal continua se 'carneando'... mas creio que a extinção que vem aí tudo normalizará."[31] Ou seja, ambos já sabiam que o diretório seria extinto, retirando o grupo sindicalista de todos os cargos de direção partidária. Contudo, para José Vecchio, a culpa recaiu exclusivamente sobre o jovem Leonel Brizola, de quem passou a alimentar grande ressentimento.

Vecchio, getulista sincero e convicto, mas sempre independente, punha o crescimento do PTB gaúcho acima dos planos políticos do próprio Vargas. O procedimento ocorrera nas eleições para o governo estadual de 1947, quando Vecchio, com o apoio do grupo sindicalista, lançou o nome de Alberto Pasqualini, sem consultar Vargas. Em 1950, o episódio se repetiu. Em carta a Vargas, Goulart relatou seu encontro com o governador do estado, Walter Jobim, acordando que o melhor seria escolherem, para a sucessão estadual, uma candidatura única, que unisse o PTB, o PSD, a UDN e o PL. Na verdade, Vargas confiou a Goulart a missão de articular a união das siglas. Estava pensando em uma coalizão que favorecesse seu nome à presidência da República. No entanto, segundo carta de Jango: "O Vecchio sempre com suas burradas! Deu uma entrevista lançando o Ernesto [Dornelles] sem falar comigo."[32] Em um partido de origem carismática, o líder sindical, por maior fidelidade que prestasse a Vargas, estava incomodando. Jango, demonstrando grande capacidade de negociador político, levou adiante o plano que já havia combinado com Vargas: o lançamento de Ernesto Dornelles como nome de consenso entre os diversos grupos políticos gaúchos, como candidatura única. Ao final, os partidos não chegaram a um acordo e, com o apoio de Goulart, o PTB gaúcho lançou o nome de Dornelles como candidato ao governo do estado. Vecchio apenas tinha se precipitado. Daí a intervenção e a sua destituição do cargo no diretório municipal.

Entre Vargas e Goulart a relação, nesse momento, era a da mais sincera amizade e da mais absoluta confiança. Em maio, uma equipe de jornalistas foi à fazenda Itu. Convidados para verem uma plantação de ervilhas, os repórteres ouviram um comentário de Jango: "Lindas ervilhas, Dr. Getulio. Pena que na colheita o senhor não vai estar aqui para comê-las." Vargas, com um largo sorriso, respondeu: "Realmente é uma pena!"[33]

Em agosto, Vargas deu início a sua campanha política para a presidência. A coordenação era dividida entre Goulart e Salgado Filho. Contudo, a morte repentina do líder político gaúcho, muito sentida entre os trabalhistas, permitiu que Dinarte Dornelles tivesse, a partir daí, uma atuação de maior destaque. Foi nesse momento que os conservadores, sobretudo por meio da imprensa, descobriram a existência de Jango. A candidatura de Vargas passou a ser acusada de obter o apoio do presidente argentino Juan Domingos Perón, e todos os que atuavam diretamente na campanha eram denunciados de fazer parte do "complô peronista". Os argumentos apresentados pelos conservadores eram as matérias dos jornais argentinos com grandes críticas à política de Eurico Dutra de alinhamento incondicional com os Estados Unidos. Apesar das acusações de "peronista", Goulart candidatou-se a deputado federal.[34] Vargas, em discursos de campanha, principalmente no Rio Grande do Sul, citava o nome de Jango, indicando-o para o cargo de deputado. Em certa ocasião, no palanque, declarou: "Reconheço, também, entre a juventude que aqui se encontra, filhos de velhos amigos desaparecidos, entre os quais cito como exemplo esse jovem deputado João Goulart que, pelo seu talento e sua vocação cívica, tanta projeção já adquiriu na vida pública do país."[35] Tratava-se, sem dúvida, do maior cabo eleitoral que um candidato podia dispor naquela época e, sobretudo, naquele estado.

Goulart passou a dedicar todo o seu tempo e sua energia à campanha de Vargas para a presidência da República. Viajando entre Rio de Janeiro, São Paulo, Porto Alegre e São Borja, ele tecia articulações e sondava o ambiente político nas duas capitais para, depois, conversar com o líder na estância Itu. Ainda em agosto, a imprensa noticiou que dois aviões se dirigiam para Porto Alegre. Em um deles, que partira de São Borja, estavam Vargas e Goulart; no outro, que decolara de São Paulo, o governador do estado, Ademar de Barros. No dia 9 de agosto, todos se encontraram no aeroporto da capital gaúcha. No dia seguinte, embarcaram na aeronave que viera de São Paulo, retornando à capital paulista, onde Vargas começaria sua campanha política. Goulart acompanhou o candidato em todos os eventos programados.[36]

Nas eleições de 1950, Getulio alcançou a presidência da República, enquanto Jango foi eleito deputado federal com 39.832 votos. Mesmo com o partido fraturado pelas disputas internas, o PTB gaúcho, pela estratégia que apostou desde fins de 1947, obteve esmagadora vitória no pleito de 1950: elegeu Vargas para presidente da República, Ernesto Dornelles para governador do estado, Alberto Pasqualini para o Senado, todos com ampla maioria de votos, além de compor as maiores bancadas para a Câmara Federal e a Assembleia Legislativa. Leonel Brizola foi reeleito deputado estadual e assumiu a liderança da bancada do partido.

Quando Getulio Vargas ganhou as eleições em 1950, Maria Thereza Fontella tinha 13 anos. O presidente eleito deu um cargo ao irmão Espártaco na capital federal. Portanto, os tios de Maria Thereza, bem como sua prima Iara, iriam se mudar para o Rio de Janeiro, e ela não tinha para onde ir.[37] Mas em família grande tudo se arranja. O tio Espártaco pediu que Dinarte Dornelles, primo de Getulio e homem da política rio-grandense, cuidasse dela. E foi o que aconteceu. Novamente Maria Thereza morava em casa de um político, sempre frequentada por deputados e líderes partidários. A mulher de Dinarte, Dona Laci, cuidou de Maria Thereza com todo o carinho. As primeiras andanças em Porto Alegre, as primeiras festas, enfim, o início da vida social foram pelas mãos de Dona Laci.

Desde os 12 anos ela não aparentava ser uma criança. Talvez por viver longe dos pais, o amadurecimento tenha sido mais rápido. Ela saía

O APRENDIZ E SEU FEITICEIRO

muito com as amigas. Iam a festas de 15 anos ou de aniversários. Maria Thereza se pintava, prendia os cabelos, usava brincos. Naquela idade, já se sentia adulta. Foi também um período em que teve muitos namorados. Alguns duraram meses; outros, apenas dias. Também pensava em ter uma profissão. Primeiro, estava determinada a ser médica. Até que, um dia, uma colega se machucou com um corte na testa. Ao ver o ferimento ensanguentado, entrou em pânico. Gritou tanto que assustou o colégio inteiro. Depois daquele episódio, desistiu de fazer medicina. Achou melhor ser comissária de bordo. Eram mulheres bonitas, elegantes, com penteados que chamavam a atenção. Era assim que ela via a publicidade das empresas aéreas nas revistas.

Na casa de Dinarte, em um dos poucos finais de semana em que foi liberada do colégio, ela, aos 13 anos, viu, de longe, João Belchior Marques Goulart, o Dr. Jango. Mas estava de saída com uma amiga e não se importou com a presença dele. Era mais um político que viera conversar com Dinarte. Algum tempo depois, foi para São Borja passar as férias escolares. A pedido de Dinarte, levou alguns documentos para entregar pessoalmente a Jango. Naquela época, a tia Horaides morava perto da casa da família Goulart. Era a família mais importante da região: ricos, com prestígio social e político, além de contarem com a consideração da população da cidade. As irmãs de Jango eram admiradas, todas elas mulheres muito bonitas. As meninas de São Borja ficavam encantadas quando ele ou o irmão mais novo, Ivan, passavam de carro.

Ao chegar a São Borja, ela foi direto para a casa da família Goulart entregar os documentos. Ivan a atendeu e disse que Jango não demoraria, que esperasse. Como morasse perto, ela se desculpou, argumentando que voltaria mais tarde. Deixou o pacote em casa e se preparou para sair com as amigas quando viu o carro dele virando a esquina. Voltou para pegar os papéis e, acenando, disse: "Oi, oi, para aí um pouquinho!" Ele pegou os documentos e puxou assunto. Fez uma série de perguntas sobre ela; quem era, onde morava, filha de quem... Maria Thereza, em seu próprio relato, respondeu obediente. Ele continuou com novas perguntas e ela apenas respondia: "sim, senhor", "não, senhor". Em certo momento, Jango a olhou nos olhos e perguntou: "Mas você está achando que eu sou muito velho, está me chamando de senhor?" Ela retrucou: "Não, senhor." Chegou a ser engraçado. Maria Thereza o chamava de "senhor"

69

não tanto pela idade — estava com 13 anos e ele 31 —, mas por ele ser uma pessoa considerada importante.

Pouco tempo depois, uma senhora importante da cidade patrocinou um desfile beneficente e pediu que Maria Thereza e sua prima participassem como modelos. Após o desfile, para sua surpresa, recebeu o convite de Jango para se sentar à mesa dele. Acompanhada da prima, aceitou. Logo ele fez outra proposta: conhecer a fazenda dele e comer um carreteiro. Maria Thereza era nova, mas não era boba. Não o levou a sério. No entanto, procurou a tia e pediu permissão para sair com Jango. A reação dela foi imediata: "Não, imagina vocês irem para a fazenda do João Goulart. Ele é um tremendo mulherengo!" Ela ainda tentou argumentar, mas a tia foi categórica: "Não, não vão!" Quando Jango passou para apanhá-las, Maria Thereza disse-lhe que a tia não dera permissão. Ele respondeu: "Ela tem medo que ande de carro comigo, né?" A relação entre eles, pelo menos naquele momento, ficou nisso. Meses depois, Jango visitou Dornelles em Porto Alegre. Disse ao amigo que conhecera Maria Thereza e queria vê-la novamente.

Eles somente iriam se encontrar dois anos depois. Em uma noite, Maria Thereza foi a um baile com a prima Terezinha Fontella que, na época, estava namorando Maneco Vargas, o amigo inseparável de Goulart. No baile, lá estava Goulart cortejando outra vez a menina. Ele a convidou para conhecer a mãe. Maria Thereza levou um susto. Ele disse que a mãe estava morando em um apartamento em Porto Alegre. "Não, não vou", disse-lhe com alguma rispidez. Terezinha, com mais idade e mais experiência, tentou dissipar o constrangimento: "O que é que tem? Eu quero conhecer." Assim, na semana seguinte, Maria Thereza entrava pela sala do apartamento de Vicentina Marques Goulart, a Dona Tinoca, acompanhada por duas primas. Momentos antes, na portaria do prédio, ela ainda pensou em recuar, mas uma das primas se adiantou e não houve como voltar. Talvez tenha sido impressão dela, coisa de quem está insegura, mas a recepção foi péssima. Depois de conhecer inúmeras mulheres que o filho namorou, inclusive a noiva Leila, Dona Tinoca foi apresentada a uma menina de 15 anos incompletos, que ainda frequentava o colégio. Maria Thereza recebeu um frio "como vai você?".

Nem de longe imaginava que poderia haver algo mais sério com Jango. Havia algo estranho que ela mesma nunca entendeu direito. O que sentia por ele era um respeito muito grande. Não tanto pela diferença de idade. Mas Jango, na época, era um político de imenso prestígio no Rio Grande do Sul; homem que assessorava e tinha laços de amizade pessoal com nada menos que o presidente Getulio Vargas. Durante muito tempo, Maria Thereza o chamou de "senhor". Mesmo quando formalizaram o namoro, de vez em quando escapava um "senhor". Aquele distanciamento não foi fácil de superar. Para complicar ainda mais, Jango tinha a fama de namorador — e de fato era. Daí Maria Thereza não conseguir levá-lo a sério. Sua família a precavia disso e todos que o conheciam insistiam que ele tinha várias namoradas, que tivera diversas noivas, e inúmeras outras histórias. Diante disso tudo, como pensar, com seriedade, em namorar aquele homem? Todavia, Maria Thereza sabia que Jango tinha interesse nela desde o dia em que entregou os documentos. Disso, não tinha dúvidas.

Em dezembro de 1950, logo após a eleição de Vargas, Jango recebeu do presidente uma missão, possivelmente a primeira, na qual se tornaria um especialista: negociar conflitos entre patrões e empregados, encerrando, por meio do diálogo, greves que pareciam insolúveis. Naquele mês, os transviários porto-alegrenses paralisaram as atividades exigindo reajustes salariais. A concessionária estrangeira de bondes negava-se a receber os líderes do movimento. No Rio de Janeiro, Vargas pediu a Goulart que fosse a Porto Alegre solucionar o conflito. Embora não quisesse interferir diretamente no assunto, o presidente confidenciou ao amigo que as reivindicações dos condutores de bondes eram justas. Jango chegou à capital e imediatamente procurou os diretores da empresa. Em texto irônico, o *Correio do Povo* noticiou que, logo depois da conversa com o enviado de Vargas, os empresários tiveram "uma conferência telefônica com os seus superiores do Rio, que, por sua vez, fizeram idêntica consulta aos maiorais de New York". Ainda segundo o jornal, "os supremos dirigentes do consórcio norte-americano" disseram que tinham o maior interesse em resolver o assunto, sobretudo com um pedido do presidente eleito. Em poucas horas, os dirigentes da empresa em Porto Alegre atenderam às reivindicações dos grevistas. Um impasse que durou dias foi resolvido em poucas horas, relatou o jornal, tendo como "mediador João Goulart".[38] Este papel, o de negociador, o acompanharia ao longo de sua carreira política, mesmo nos dias finais na presidência da República.

Em janeiro de 1951, com uma crise de abastecimento de carne no Rio de Janeiro, Jango, a pedido de Vargas, viajou para a capital da República com o objetivo de estudar o problema, conversar com funcionários e oferecer alternativas ao presidente. Em carta a Vargas, ele concluiu que a solução ideal seria a criação de uma infraestrutura genuinamente nacional para a produção, o transporte e a distribuição da carne. No momento, a alternativa era inviável, a começar pela inoperância do transporte especializado, como vagões e navios frigoríficos, todos insuficientes e obsoletos. A saída para o problema "depende da construção de frigoríficos em zonas estratégicas, de transporte adequado e rápido e de um sistema eficiente de distribuição — com improvisações iremos cometer os mesmos erros que apontamos nos nossos opositores".[39] Assim, a solução de emergência era a importação de carne argentina. Afinal, "ao povo não interessa a procedência, o que ele deseja é que haja o produto da sua alimentação, e que o preço esteja ao seu alcance". A seguir, com base nos estudos e nas conversas com funcionários, Jango apresentou um plano minucioso para a importação e distribuição da carne argentina de maneira rápida e eficiente, solucionando, assim, a crise de abastecimento que gerava insatisfação na população e permitia as críticas dos opositores. Em suas propostas, contavam iniciativas a serem tomadas por órgãos públicos brasileiros e contatos feitos com autoridades argentinas. Era verdade, lembrou ao presidente, que a medida seria prejudicial aos pecuaristas do Brasil Central. No entanto, insistiu, tratava-se de uma emergência "que atende aos *interesses do povo* [grifos de Goulart] e que talvez venha a indicar os rumos para uma solução nacional e definitiva". Para ele, "o povo é que não pode ficar eternamente na deficiência de soluções em detrimento dos interesses de classes ou de grupos. Ou se enfrenta com desassombro ou caminhamos na velha rotina das questões que nunca se resolvem". Por fim, ao despedir-se do presidente, além das manifestações de carinho, dizia estar sempre ao dispor dele, "como soldado e como seu amigo". Vargas seguiu as indicações do amigo, pedindo-lhe que fosse a Buenos Aires negociar diretamente com Perón a compra da carne.

Em fevereiro de 1951, Goulart foi empossado deputado federal, mas logo licenciou-se do cargo para assumir, no mês seguinte, a Secretaria do Interior e Justiça do governo de Ernesto Dornelles, no Rio Grande do Sul, cargo que exerceu pelos 13 meses seguintes. Tratava-se de uma secretaria predominantemente política. Assim, as pressões que sofreria de seu partido não seriam poucas. Afinal, o PTB elegeu o presidente da República e o governador do estado. Para a secretaria se voltariam as reivindicações políticas, administrativas e de pessoas influentes, sobretudo de uma agremiação nova e pequena. O peso era ainda maior porque Jango era presidente do PTB estadual. Portanto, o secretário do Poder Executivo estadual, responsável por um importante setor da administração pública, também era presidente de um partido político na expectativa de obter benesses e privilégios. Assim, agir na linha divisória que separa o interesse público do partidário não foi tarefa fácil para Goulart. Fiel ao PTB, ele se colocou à disposição da organização para fortalecê-la no estado, sem, contudo, comprometer a administração de Dornelles. Os trabalhistas encontraram no secretário todo o apoio necessário para a consolidação e o crescimento do partido. Nas eleições municipais no Rio Grande do Sul, em novembro de 1951, o PTB conquistou a maioria das prefeituras e quadruplicou o número de vereadores, chegando a 400. O partido adquiriu uma consistência que o transformou na maior força política do estado. Segundo o próprio Jango: "Como secretário do Interior, posso afirmar que a verdadeira democracia está definitivamente instalada no cenário político rio-grandense, pois assistimos, nos pleitos municipais talvez mais disputados de nossa História, a uma livre e espontânea manifestação do eleitorado gaúcho. Em nenhum município do estado a ordem pública foi alterada, não se tendo verificado, apesar da exaltação partidária, um único incidente, um conflito sequer."[40]

No plano administrativo, a gestão de Goulart investiu nos municípios, atendendo a uma reivindicação de longa data: a construção de fóruns e de presídios em diversas cidades do interior. Os cidadãos deixariam de ir a Porto Alegre acompanhar os processos, bem como os familiares dos presos estariam mais perto deles, facilitando as visitas e desafogando a cadeia pública da capital. Com seu prestígio junto ao governo federal, ele conseguiu 400 milhões de cruzeiros para investimentos na área de sua secretaria, bem como outros 600 milhões para socorrer os plantadores de arroz. Outra medida foi a modernização do aparato policial, permitindo a superação de uma estrutura arcaica e obsoleta. Ao final de sua gestão na secretaria, ele também deixou a verba necessária para a construção do Palácio da Justiça. Jango entregou o cargo em 7 de março de 1952. Nesse momento, seu prestígio no partido se ampliava em ritmo crescente, sendo conhecido até em outros estados. Seu nome, nos meios trabalhistas, era identificado como o de um hábil negociador com grande capacidade para recrutar quadros.[41]

No entanto, o antigo grupo sindicalista, ainda ressentido com a destituição dos órgãos de direção do partido, voltou a atuar politicamente quando Leonel Brizola se lançou como candidato à prefeitura de Porto Alegre. Afastados do PTB, ingressaram no Partido Republicano, uma agremiação que abrigava de tudo, dos comunistas à extrema direita. Acreditando que fora Brizola o responsável por sua destituição do Diretório Municipal, o objetivo dos sindicalistas era único: derrotá-lo nas eleições à prefeitura. Em cada comício do candidato do PTB, os operários fundadores do partido, por meio de arruaças, impediam a sua continuidade. A eleição foi polarizada entre a candidatura de Brizola pelo PTB-PRP-PSP e a de Ildo Meneghetti pela coligação PSD-UDN-PL. O estilo ousado e pouco ortodoxo de Brizola, o voto de protesto da população da capital contra o governador Ernesto Dornelles e a oposição dos sindicalistas foram fatais para o candidato trabalhista. Ildo Meneghetti venceu Leonel Brizola com uma diferença de 1.772 votos.

Deixando a Secretaria de Interior e de Justiça, Jango reassumiu sua cadeira de deputado federal. No entanto, como no mandato de deputado estadual, pouco apareceu na Câmara Federal. Passou a residir no Hotel Regente e, no Palácio do Catete, Getulio reservou para ele um gabinete para receber políticos e, principalmente, sindicalistas. Jango passou a viver com desenvoltura na capital da República. Durante o dia, mantinha intermináveis conversações com políticos do PTB e com líderes sindicais. À noite, percorria os mais badalados pontos da cidade, tornando-se muito conhecido e popular na noite carioca. Ele era assíduo frequentador das boates da moda, como o Jirau, o Little Club, o Texas Bar e o Cangaceiro, todas em Copacabana. No mesmo bairro, outras casas noturnas eram a Mandarim, a Drink e a boate do Hotel Plaza. Jango também era assíduo nos shows que Carlos Machado — o Rei da Noite carioca — produzia no Cassino da Urca, no hotel Quitandinha e em boates, como a Night and Day e a Casablanca, esta na Urca. Outras boates cariocas, como a Oásis, na Praça da República, e a Monte Carlo, na Gávea, também recebiam sua visita. Ele se tornou figura fácil da noite e, sempre cercado por lindas mulheres, poderia, em plena madrugada, ser encontrado em boates, bares, restaurantes e inferninhos cariocas, como Baccarat, Mocambo, Bife de Ouro, Tudo Azul, Top Club, Clube da Chave, Acapulco, Scotch Bar,

Farolito, La Boheme, Manhattan, Dominó, Zum-Zum, Vogue, Black Horse, French Can Can, Rond Point, Posto 5, Alcazar, Ma Griffe, Far-West e Carroussel.[42] O poder político, a fortuna econômica e o prestígio social ajudavam muito, mas a sua principal arma para conquistar a amizade de homens e o carinho das mulheres era sua simpatia. Jango, um mulherengo, conhecia as mais belas vedetes das casas noturnas que frequentava e mantinha relacionamentos com várias delas ao mesmo tempo.

Desde 1945 dispondo da companhia de Jango, Vargas, ao assumir a presidência da República em janeiro de 1951, tinha o afilhado longe. Entretanto, quando se viu em dificuldades no governo, foi buscar auxílio. Goulart, agora, na capital da República, estava perto do amigo.

Ao assumir a presidência da República, Vargas recebeu de seu antecessor, Eurico Dutra, um quadro de dificuldades econômicas, principalmente pela retomada do processo inflacionário e pelo desequilíbrio financeiro no setor público.[43] Assim, o projeto político de Vargas implicava, em um primeiro momento de seu governo, equilibrar as finanças públicas, debelando a inflação; a seguir, retomar o crescimento econômico. Contando inicialmente com a boa vontade do governo norte-americano, a instalação da Comissão Mista Brasil-Estados Unidos anunciou um vasto programa de investimento em infraestrutura. A elevação dos preços do café no mercado internacional igualmente beneficiou seu governo. Até 1952, a política recessiva deu resultados, com superávits no orçamento da União. Contudo, no início do ano seguinte, Vargas deparou com uma série de dificuldades, a começar pela vitória do Partido Republicano nas eleições presidenciais norte-americanas. Eisenhower, com sua política de combate ao comunismo e alegando a necessidade de conter gastos públicos, rompeu os acordos da Comissão Mista, enquanto o Banco Mundial passou a cobrar dívidas de empréstimos vencidos. Com a inflação em crescimento e a queda nos salários, em março de 1953 eclodiu, em São Paulo, o movimento grevista conhecido como a greve dos 300 mil.

Uma reforma ministerial foi a resposta de Vargas, destacando-se Oswaldo Aranha, no Ministério da Fazenda, que levou adiante uma política econômica ortodoxa. O pior, porém, foi a campanha desencadeada nos Estados Unidos contra o café brasileiro, o que resultou na queda dos preços internacionais e na redução das exportações do principal produto brasileiro. Tudo contribuía para a deterioração da situação econômica.[44]

Enquanto a preocupação do governo norte-americano era com a defesa do hemisfério contra o avanço do comunismo, na América Latina reclamava-se da pobreza, cuja saída era o desenvolvimento econômico. Contudo, amplos setores de viés conservador, entre eles grupos consideráveis das elites brasileiras, concordaram com os pressupostos da *pax* norte-americana. No dizer de Claudio Bojunga, aceitaram o que economistas liberais brasileiros definiam, repetindo o que *scholars* norte-americanos pregavam, como "complementaridade natural" entre as economias do Brasil e dos Estados Unidos. Por esse projeto, as elites conservadoras brasileiras manteriam seus privilégios com a manutenção do modelo exportador de matérias-primas.[45] Não lhes interessava a industrialização e, muito menos, qualquer modelo nacionalista de desenvolvimento.

Vargas ainda sofreria a oposição frontal, sistemática e coordenada da UDN. O antigetulismo radical dos udenistas em grande parte provinha da negação do nacionalismo dos trabalhistas. Recusavam a ideia de que o atraso brasileiro provinha da dependência econômico-financeira das potências estrangeiras. Assim, as saídas nacionalistas, estatizantes e reformistas, como instrumentos para superar o subdesenvolvimento, eram refutadas pelos liberais.

Criticado pelos economistas ortodoxos por não abrir a economia aos capitais estrangeiros, sob ataques da oposição conservadora e dos comunistas, Vargas ainda sofria com o descontentamento em suas próprias bases de apoio político. Os trabalhadores, castigados pelas perdas salariais, demonstravam que a estima e o reconhecimento ao presidente tinham limites. As constantes greves sinalizavam a insatisfação. O PTB, por sua vez, vivia em permanente crise, apesar da vitória eleitoral nas eleições presidenciais de 1950 — ou devido a ela. Mesmo sendo o partido que elegeu o presidente da República, sentia-se desprestigiado, relegado a um plano menor, premiado apenas com um ministério no governo, com a pasta do Trabalho. A estratégia de Vargas de aproximar-se dos grupos políticos conservadores, a exemplo da UDN, desagradava ainda mais seus militantes.

Com as crises constantes e as disputas acirradas entre as suas diversas alas, o PTB, fragmentado e sob o domínio inconteste de Vargas, carecia de identidade e iniciativas próprias. Em 1947, Salgado Filho, político de estatura nacional, assumiu a presidência da organização e procurou elevar o debate além do nível das disputas pessoais. Em termos doutrinários, o novo dirigente retomou o projeto de dar ao PTB a configuração do trabalhismo britânico, principalmente com a contribuição de Alberto Pasqualini. Em 1948, ascenderia à presidência Danton Coelho, homem de grande confiança de Vargas, cujo objetivo mais imediato era eleger o chefe à presidência da República. Imposto na presidência do PTB por Vargas, voltou à antiga prática de fortalecer a liderança pessoal de seu líder visando às eleições que se aproximavam — em detrimento da organização do próprio partido. Mesmo aumentando a bancada federal de 22 para 51 deputados, nada sinalizava a pacificação interna do PTB. Mais adiante, em 1952, seu sucessor no partido, Dinarte Dornelles, indicado pelo grupo de Ivete Vargas, passou a sofrer forte pressão dos militantes, particularmente pela prática fisiológica dessa ala partidária. Getulio não gostara da indicação de Dinarte Dornelles à presidência do partido, algo feito à sua revelia. Nesse momento, as disputas internas chegaram a ponto de fazer do PTB "um barco sem comando".[46]

Nas eleições de 1950, o sucesso eleitoral dos trabalhistas, embalado pela expressiva votação em Vargas à presidência da República, não apenas aumentou a bancada no Congresso Nacional, mas também elegeu deputados comprometidos com o nacionalismo e com mudanças na estrutura econômica do país. Entre eles, estava João Goulart. Mas, em um contexto de alta do custo de vida e deterioração dos salários, era muito difícil para os trabalhistas seguirem a orientação do presidente e defenderem a "política de consenso", de "colaboração de classes" e de "união nacional". As dificuldades econômicas do país e a queda do nível de vida dos trabalhadores, por um lado, e a tradição nacionalista que se manifestava com vigor naquele momento, como a campanha do "petróleo é nosso", por outro, permitiram que os parlamentares trabalhistas eleitos em 1950, identificados com as reformas econômicas e sociais, ganhassem espaço no partido. As opções meramente fisiológicas, como as do grupo de Dinarte Dornelles e Ivete Vargas, repercutiam mal entre os trabalhistas.

Em março de 1952, João Goulart havia sido reeleito presidente da Comissão Executiva estadual do partido para o biênio 1952-1954, mas, dois meses depois, assumiu a presidência do Diretório Nacional. Foi nesse momento que Vargas, enfrentando grandes dificuldades no governo e no PTB, chamou Jango para conversar na capital da República. Goulart já havia comprovado ao presidente sua grande capacidade de negociador político. Deixando o cotidiano da política regional, tanto no partido como no secretariado de Ernesto Dornelles, ele entraria para o centro das decisões políticas do país, desembarcando no Rio de Janeiro em maio de 1952. Conhecendo-o bastante, o presidente sabia que ele poderia debelar a crise aberta no PTB. Assim, os conflitos abriram espaço para que, com o aval de Vargas, a bancada de deputados federais eleita em 1950 indicasse Jango à presidência do PTB. Na crise vivida pelo PTB, "um grupo mais jovem", diz Lucilia de Almeida Neves, "sob a liderança de João Goulart, assumiu a sua direção". Na avaliação da autora, "esse seria um momento histórico na trajetória do PTB. Significava o início de uma renovação dos quadros dirigentes e de bases e também a adoção preliminar, mesmo que ainda frágil, de uma nova linha de ação que se consolidaria ao longo da história petebista".[47]

Embora os grupos rivais não levassem muito a sério o deputado que ascendia, não só por sua inexpressividade política e juventude, mas também porque era visto como um playboy, Jango muito rapidamente viria a ser uma das figuras centrais do trabalhismo brasileiro. A maioria dentro do partido, pelo menos fora do Rio Grande do Sul, desconhecia os sólidos laços de amizade pessoal que uniam Vargas a Goulart. Na verdade, ninguém se deu conta de que a indicação dele para presidir o PTB nada tinha de casual; ninguém percebeu que ele era, no dizer de Maria Celina D'Araujo, o "escolhido".[48] Sua tarefa era unificar o PTB, reduzindo os conflitos e as disputas internas, e aproximar-se do movimento sindical, indicando a disposição do governo em abrir canais de negociação.

Por sua desenvoltura política, já comprovada no Rio Grande do Sul, Vargas acreditava que teria sucesso em tarefas tão difíceis. Sua primeira iniciativa foi assumir a cadeira na Câmara dos Deputados. Depois, para ter poder de negociação, Getulio deu-lhe o controle dos principais cargos de chefia dos Institutos de Previdência Social. Goulart, desse modo, teria a sua disposição uma rede de empregos para pacificar as bases petebistas. Os correligionários, sabendo de sua grande influência no governo, imediatamente passaram a procurá-lo. De Manaus, por exemplo, um importante líder trabalhista pediu que os jornais *Diário da Tarde* e *O Jornal*, de grande circulação no estado, fossem incluídos entre os veículos da imprensa que receberiam verbas publicitárias do Banco do Brasil. Insistindo no pedido, o deputado do Amazonas escreveu em seu telegrama: "Repito esses jornais estão conosco sem que algo paguemos, a inclusão deles portanto não é favor nosso mas obrigação."[49]

Ao mesmo tempo, Jango deu início ao processo de aproximação com o movimento sindical. Sua estratégia era constituir uma base operária para respaldar o presidente que, naquele momento, vivia delicada situação política. A estratégia resultou no prestígio que Goulart adquiriu nos meios sindicais antes mesmo de se tornar conhecido nacionalmente. Como sinal de sua proximidade com Vargas, o presidente do PTB, sem cargo executivo, dispunha de um gabinete no Palácio do Catete, onde recebia líderes sindicais para conversações, agindo como uma espécie de intermediário entre os anseios dos trabalhadores e o governo. Ele também recebia líderes sindicais no Hotel Regente. Mas suas tarefas não seriam nada fáceis, levando em consideração a queda dos salários, o processo inflacionário crescente e a atuação repressiva do então ministro do Trabalho, Indústria e Comércio, Segadas Viana.

O desempenho de Jango, no entanto, não diminuiu as insatisfações dos sindicalistas e, em junho, os marítimos, setor estratégico para a economia do país, declararam-se em greve. Segadas Viana não demorou em declarar a ilegalidade do movimento e negou-se a qualquer negociação. Um dos fundadores do PTB e homem de grande preparo técnico, o ministro do Trabalho apegava-se excessivamente à legislação trabalhista elaborada na época do Estado Novo e, mesmo em outra conjuntura, não admitia articulações políticas na área sindical. Com a determinação dos marítimos de manter a paralisação, ele recorreu ao antigo serviço do ministério de infiltrar policiais nos sindicatos e, como medida extrema, ameaçou acionar as leis do tempo da Segunda Guerra: os grevistas seriam considerados desertores e, assim, estariam sujeitos a tribunais militares e a penas rigorosas. Logo, Goulart entrou em rota de colisão com Segadas Viana, criticando-o publicamente por recorrer a métodos repressivos para conter a onda reivindicatória do movimento sindical, em particular no caso dos marítimos. Vargas, em atitude ousada para recuperar o seu prestígio entre os trabalhadores, desautorizou o ministro, obrigando-o a se demitir, e nomeou Jango para o Ministério do Trabalho, um ano após ascender à presidência do PTB. Se na direção do partido ele agia como interlocutor privilegiado nas relações entre o governo e os trabalhadores, também o faria como ministro.

No entanto, mesmo antes de assumir o ministério, João Goulart já frequentava o noticiário político da imprensa. Atentos a todas as movimentações de Vargas, os jornais, afinados com os grupos conservadores da sociedade, não economizavam páginas para criticar o jovem político gaúcho desde que ele assumira a presidência do PTB. O *Correio da Manhã*, informando sobre o início da greve dos marítimos, disse que Goulart, após dominar o PTB, planejava, junto a uma pequena cúpula de amigos, assumir o controle dos principais sindicatos do país, mobilizando os trabalhadores para desencadearem paralisações em diversos estados. A sua defesa da "unicidade sindical", diz o jornal, visava a unificar os sindicatos operários sob uma única organização e, dessa maneira, sustentar o "programa popular" de Vargas. Todavia, continuou o *Correio da Manhã*, os planos de Jango seriam mais ambiciosos. Fomentando paralisações, como a dos portuários do Rio de Janeiro e a dos 300 mil de São Paulo, e desenvolvendo ampla atividade no Nordeste brasileiro, em São Paulo e em Porto Alegre, seus objetivos seriam tomar o poder por meio de uma greve geral, a começar pela dos marítimos, e até o fim do ano "arregimentar uns cinco milhões de simpatizantes. Se isso fosse feito seria completamente dominada a vida nacional, e as próprias Forças Armadas, que são o único obstáculo para esse intento, seriam controladas por essa força popular. Com isso, ficaria assegurada a subida dos 'trabalhadores' ao poder".[50]

O político que nesse momento ascendia, pela repercussão de suas ações, impactantes para a época, inaugurou um novo estilo de relação entre Estado e sindicatos e contribuiu para aproximar o PTB do movimento sindical. Segundo Angela de Castro Gomes e Maria Celina D'Araujo, em sua atuação no ministério, "não podem ser minimizadas as inovações que dizem respeito ao estilo de relacionamento com as lideranças sindicais e com as massas trabalhadoras". Resgatando tradições das relações entre a autoridade pública e os trabalhadores, a exemplo de Marcondes Filho durante o Estado Novo, ao mesmo tempo ele inovou essas mesmas relações, conversando, negociando, concedendo e aproximando-se deles.[51] Goulart, na presidência partidária e à frente do Ministério do Trabalho, revigorou o trabalhismo, dando-lhe um novo perfil, mais definido ideologicamente, embora ainda marcado pelo personalismo, e estampou no PTB a marca de partido reformista, incentivando os trabalhadores a participar da vida política do país. O seu estilo de lidar com o movimento sindical e as medidas que tomou no ministério levaram ao recrudescimento dos ataques oposicionistas a Vargas e ao trabalhismo, agravando os conflitos na vida política do país. A sua nomeação para o ministério, em 18 de junho de 1953, aos 34 anos, inaugurou um período que teria

O APRENDIZ E SEU FEITICEIRO

um primeiro desfecho em 24 de agosto do ano seguinte e um segundo em 1º de abril de 1964.

NOTAS

1. A fonte que se segue é Leonel Brizola. Depoimento concedido no IFCS/UFRJ em 21/11/2001.
2. Marieta de Moraes Ferreira e César Benjamin, op. cit., p. 2.611.
3. José Vecchio (depoimento), Rio de Janeiro, FGV/CPDOC — História Oral, 1986, p. 48.
4. A mobilização popular e sindical engajada no movimento queremista ainda não foi devidamente avaliada. Veja Jorge Ferreira, *O imaginário trabalhista. Getulismo, PTB e cultura política popular (1945-1964)*, Rio de Janeiro, Civilização Brasileira, 2005.
5. Angela de Castro Gomes, *A invenção do trabalhismo*, Rio de Janeiro, Vértice/Iuperj, 1988, p. 327.
6. Moniz Bandeira, op. cit., p. 47.
7. Miguel Bodea, *Trabalhismo e populismo no Rio Grande do Sul*, Porto Alegre, Editora da UFRGS, 1992.
8. Citado em Moniz Bandeira, op. cit., pp. 49-50.
9. Marieta de Moraes Ferreira e César Benjamin, op. cit., p. 2611.
10. José Vecchio (depoimento), op. cit., pp. 59-60.
11. Miguel Bodea, op. cit., pp. 23-25.
12. Idem, pp. 27-28.
13. Idem, p. 20.
14. Marieta de Moraes Ferreira e César Benjamin, op. cit., p. 2611.
15. Depoimento de João José Fontella ao autor. São Borja, 2003.
16. Miguel Bodea, op. cit., pp. 39-40.
17. Idem, pp. 59-61.
18. Samuel Wainer. *Minha razão de viver, Memórias de um repórter*, Rio de Janeiro, Record, 1987, pp. 21-22.
19. As citações que se seguem estão em CPDOC/FGV. Inventário Getulio Vargas, GV 49.06.27/2, rolo 10. Algumas dessas cartas de Jango para Vargas foram anteriormente analisadas em: Jorge Ferreira, "Ao mestre com carinho, ao discípulo com carisma: As cartas de Jango a Getulio", in Angela de Castro Gomes (org.), *Escritas de si. Escritas da História*, Rio de Janeiro, FGV, 2004, pp. 279-294.
20. Idem, 49.10.26/1, rolo 10.
21. Idem, 49.00.00/3, rolo 10.

22. *Correio do Povo*, Porto Alegre, 3/2/1959, p. 3; 5/3/1950, p. 28; 30/5/1950, p. 18.
23. Idem, 5/3/1950, p. 28.
24. Marieta de Moraes Ferreira e César Benjamin, op. cit., pp. 2611-2612.
25. As citações que se seguem estão em CPDOC/FGV, Inventário Getulio Vargas, GV 50.05.06/3, rolo 10.
26. Samuel Wainer, op. cit., p. 27.
27. José Vecchio (depoimento), op. cit., p. 87.
28. José Augusto Ribeiro, op. cit., vol. 2, p. 7.
29. Samuel Wainer, op. cit., p. 28.
30. *Correio do Povo*, Porto Alegre, 20/4/1950, p. 20.
31. CPDOC/FGV, Inventário Getulio Vargas, GV 49.10.17/1, rolo 10.
32. Idem, 20.8.3/1, rolo 10.
33. *Correio do Povo*, Porto Alegre, 30/5/1950, p. 3.
34. Marieta de Moraes Ferreira e César Benjamin, op. cit., p. 2612.
35. *Correio do Povo*, Porto Alegre, 3/10/1950, p. 11.
36. Idem, 10/8/1950, pp. 10 e 16.
37. A fonte que se segue é o depoimento de Maria Thereza Fontella ao autor e a Angela de Castro Gomes, Rio de Janeiro, 2003.
38. *Correio do Povo*, Porto Alegre, 22/12/1950, p. 16.
39. CPDOC/FGV, Inventário Getulio Vargas, GV 51.01.20, rolo 12.
40. *Correio do Povo*, Porto Alegre, 8/3/1952.
41. Marieta de Moraes Ferreira e César Benjamin, op. cit., p. 2612.
42. Para o mapeamento dos pontos badalados da noite carioca da época, ver Ruy Castro, *Chega de saudade. A história e as histórias da Bossa Nova*, São Paulo, Companhia das Letras, 2002.
43. A análise a seguir se baseia no capítulo de Sérgio Besserman Vianna publicado em Marcelo de Paiva Abreu (org.), *A ordem no progresso. Cem anos de política econômica republicana. 1889-1989*, Rio de Janeiro, Campus, 1990.
44. Mesmo com as limitações impostas pela crise econômica, são diversos os autores que chamam a atenção para o processo de modernização econômica do período (Maria Celina D'Araujo, *O segundo governo Vargas (1951-1954)*, Rio de Janeiro, Jorge Zahar, 1992; Thomas Skidmore, op. cit.).
45. Claudio Bojunga, op. cit., p. 223.
46. Maria Celina D'Araujo, *Sindicatos, carisma e poder*, op. cit., pp. 51-59 e 88-89.
47. Lucilia de Almeida Neves, op. cit., p. 113.
48. Maria Celina D'Araujo, op. cit., p. 91.
49. CPDOC/FGV, Inventário Getulio Vargas, GV 53.05.04/5, rolo 15.
50. *Correio da Manhã*, Rio de Janeiro, 16/6/1953, p. 10.
51. Angela de Castro Gomes e Maria Celina D'Araujo, *Getulismo e trabalhismo*, São Paulo, Ática, 1989, p. 63.

CAPÍTULO 3   O ministro do povo*

---

* Versão modificada de capítulo publicado em Jorge Ferreira, *O imaginário trabalhista*, op. cit.

Com a saída de Segadas Viana do Ministério do Trabalho, Hugo de Faria, funcionário de carreira no governo federal e, na época, diretor do Departamento Nacional do Trabalho, assumiu interinamente o seu lugar. Ao tomar conhecimento de que o presidente do PTB fora indicado para assumir o cargo, Faria, que conhecia Goulart apenas pelos jornais, decidiu deixar o ministério logo após a solenidade de posse. Entre os trabalhistas, ele era tido como homem reacionário, ligado à UDN, embora nunca tivesse sequer votado naquele partido. Mas a versão prevalecia, e Faria queria evitar desgastes políticos.[1]

Mesmo conhecendo o cotidiano do ministério e sua importância na vida política brasileira daquela época, Hugo de Faria não poderia imaginar as mudanças que ocorreriam com o novo titular da pasta. No início do governo de Vargas, a nomeação de Danton Coelho praticamente desarticulara o ministério. Excessivamente preocupado em fortalecer o PTB, Coelho promoveu toda a sorte de perseguições a funcionários suspeitos de pertencer à oposição. Toda uma elite de técnicos concursados, treinados e capacitados foi afastada abruptamente e substituída por militantes partidários sem experiência. Calcula-se que 60% ou 70% dos delegados regionais foram exonerados nos estados. O próprio Hugo de Faria foi destituído de sua função e, em seu lugar, assumiu um comerciante de rádios e televisões, filiado ao PTB, mas que nada entendia dos trâmites do ministério. Danton enfraqueceu o órgão, preenchendo cargos da administração com pessoas sem preparo.

Com Segadas Viana, que substituiu Danton Coelho, o processo foi mudado. Toda a velha guarda retornou e o critério profissional passou a reger o preenchimento das vagas. Assim, ao assumir a direção do ministério, ainda que interinamente, Hugo de Faria representou a vitória política dos técnicos de carreira daquele órgão. Com o apoio do corpo de funcionários, ele encontrou respaldo para enfrentar, simultaneamente, duas frentes de conflitos: a primeira, a greve dos marítimos, que tinha derrubado Segadas Viana; a segunda, o próprio Goulart, presidente de um partido político, indicado para o cargo, mas ainda sem assumi-lo. Prestigiado pelos técnicos e administradores, cujo medo era o retorno do critério político nas nomeações, Faria não se intimidou.

O clima tenso gerado pela greve não permitiu amabilidades entre o ministro interino e o indicado. Nas negociações com os grevistas, Faria negociava de dia, mas, à noite, eles iam ao Hotel Regente conversar com Jango. Informado pelos funcionários de todas as movimentações políticas do futuro ministro, Hugo de Faria foi até ao hotel: "Quero dizer ao senhor, ministro, que sou demissionário e comigo todos os meus diretores. Só estou à frente do ministério por um dever funcional, mas estou ansioso que o senhor assuma e me conceda exoneração." "Não! O senhor continue tratando da greve. Ainda vou levar alguns dias para assumir." "Então, ministro, vou pedir um favor ao senhor: o senhor não faça mais reuniões com os grevistas aqui. Dupla reunião não pode ser." Goulart concordou e, mesmo assumindo o ministério dois dias depois, Hugo de Faria não foi exonerado.

Nos dez dias que se seguiram, os dois, atravessando a madrugada, negociaram com grevistas e empresários. Praticamente todos os 25 pontos da pauta de reivindicação dos 100 mil marítimos foram atendidos, como abono provisório, plano de carreira, recebimento integral das férias, regulamentação da jornada de trabalho a bordo, pagamento dos dias parados, nenhuma punição aos grevistas, entre outros.[2]

Ao abdicar dos métodos repressivos, comuns até então, e optar pela via da negociação para solucionar o conflito entre marítimos e empresários, Goulart inaugurou um novo estilo de atuação no Ministério do Trabalho. Ainda durante a greve, seu discurso de posse já anunciava mudanças nas relações entre o Estado e o movimento sindical. Horas antes da solenidade de transmissão do cargo, marítimos, estivadores, metalúrgicos, portuários e operários de diversas fábricas, ao lado de dirigentes sindicais que vieram em comitiva do Rio Grande do Sul, de São Paulo, de Minas Gerais e do Rio de Janeiro, munidos de bandeiras de suas entidades e fogos de artifício, esperavam o momento propício para homenagear João Goulart. No discurso, ele reafirmou seu compromisso com os trabalhadores, declarando que "o sistema de governo vigente no

O MINISTRO DO POVO

país, consubstanciado na Constituição da República, assegura a todos, sem qualquer distinção, o direito a uma vida decente e confortável, que não pode ser privilégio de alguns". Disse que os esforços do ministério seriam inúteis sem a arregimentação do proletariado. Seu compromisso era com "o povo, no mais amplo sentido da expressão, e especialmente com o proletariado", permitindo que o objetivo maior de sua gestão fosse conquistar "uma ordem social mais justa, sem a mínima quebra das tradições democráticas".[3]

Um dos primeiros atos do novo ministro foi fazer valer uma medida inaugurada por Segadas Viana, abolindo, definitivamente, o "atestado ideológico", documento exigido aos sindicalistas para exercerem as suas atividades. Outra prática suspensa, mas comum até a sua posse no Ministério do Trabalho, eram as intervenções nos sindicatos. Segundo Raul Ryff, na época seu assessor de imprensa, diversos sindicalistas do PTB, ao perderem a diretoria de uma organização para outros grupos, pediam a intervenção ao ministro. De acordo com sua versão, nesses momentos Jango era categórico: "Não tem nada que intervir! Quem tem que intervir são vocês. Vocês devem ir à assembleia discutir esse problema. Depende do ponto de vista do Partido Trabalhista, dos candidatos, seja lá quem for. Devem discutir lá dentro. Agora, esperar que eu vá fazer uma intervenção no sindicato para ajudar vocês, porque vocês se mostram incapazes de formar uma diretoria? Não; não contem comigo."[4] Mesmo sob o argumento de que havia comunistas na diretoria, Goulart não cedia: os sindicalistas deveriam lutar dentro da entidade para recuperar a sua direção, e não fora, no Ministério do Trabalho. Além disso, dizia ele, "membros do Partido Comunista estão aqui comigo. Vou entrar à força, com a polícia para bater ou fazer intervenção sindical? Pela lei vocês não contem comigo. Vocês têm que ir lá defender os seus pontos de vista. Agora, quem for eleito eu dou posse. Sei lá de quem é o ponto de vista ideológico". Ainda segundo Raul Ryff, a política era abrir a discussão com todas as correntes do movimento sindical, sem discriminações ideológicas, de esquerda ou de direita. Algo que Goulart detestava era ouvir, em tom de delação, que alguém pertencia ao PCB ou à UDN.

As movimentações e articulações políticas do ministro foram facilitadas pelas mudanças que ocorriam no Partido Comunista naquele momento. A reorientação política, que resultou, em 1950, no "Manifesto de Agosto", isolou os comunistas da sociedade. Os sindicatos, por exemplo, foram considerados "órgãos do Estado e do governo burgueses e latifundiários" e, logo, submissos a eles, no dizer de Moisés Vinhas.[5] Vargas, por sua vez, era definido como o principal "agente do imperialismo". Mas, para os militantes revolucionários que atuavam entre os operários, a orientação sectária e isolacionista do Comitê Central do PCB estava se tornando insustentável. Segundo um ativista daquela época, Hércules Corrêa, "combatemos Getulio já na campanha eleitoral — fomos para as portas das fábricas, falar mal contra o Getulio. Os operários já haviam concluído que os americanos não viam Vargas com bons olhos, que ele, de agente do imperialismo, nem sombra tinha. No início da campanha, muitos operários nos paravam, apelavam para o nosso bom-senso, acusavam-nos de estar dividindo o movimento". Para o militante, a insistência no palavreado antigetulista resultou no seguinte: "Como saldo final daquela besteira toda que estávamos fazendo, tenho a dizer que nunca apanhei tanto, que nunca levei tanta pedrada e paulada em porta de fábrica — dos próprios operários."[6]

Assim, em 1952, na mesma época em que Goulart assumiu a presidência do PTB e procurou aproximar seu partido dos comunistas no âmbito sindical, um grupo de militantes de base do PCB, incluindo o próprio Hércules Corrêa, elaborou um documento defendendo o retorno da organização revolucionária aos sindicatos, em aliança com outros grupos, em particular os trabalhistas. A chamada "Resolução Sindical", aprovada pelo Comitê Central, veio ao encontro das expectativas de Jango, dos ativistas comunistas e trabalhistas e, principalmente, dos próprios operários. A aliança, sem dúvida, foi fecunda. A partir daí até março de 1964, comunistas e trabalhistas, juntos, hegemonizaram o movimento operário e sindical e marcaram, com suas ideias, crenças e tradições, a cultura política popular brasileira, sobretudo no tocante ao estatismo.

Incentivando e ampliando o diálogo entre comunistas e trabalhistas nos meios sindicais, o estilo político do ministro também incluía prestigiar a posse de dirigentes das organizações de trabalhadores, sobretudo aqueles que expressassem a vontade da categoria — exatamente o contrário do que ocorria até então, quando o Ministério do Trabalho apoiava sindicalistas submissos às orientações políticas do governo. Alguns dias após o fim da greve dos marítimos, ele participou da cerimônia de posse da nova diretoria do Sindicato dos Operários Navais. O operário Manoel Rocha, saudando o ministro, defendeu a organização dos trabalhadores

O MINISTRO DO POVO

para outras vitórias, como a dos marítimos, e protestou contra os falsos líderes sindicais que fechavam as portas para os associados. Em sua resposta, Goulart garantiu que, enquanto fosse ministro, "o Ministério do Trabalho será uma trincheira dos trabalhadores".[7] Mais enfático, disse ainda: "Preciso dos trabalhadores para levar a efeito uma obra de paz social, para reforçar a unidade operária e para, também, vencer os focos da reação. Tudo farei para prestigiar os autênticos líderes. As portas do meu gabinete estão abertas a todos os que representam, de fato, a massa trabalhadora. Mas essas mesmas portas continuarão fechadas para os falsos líderes, os exploradores e inimigos do povo." Afirmando que o Brasil "precisa de líderes operários", lembrou que a unidade dos marítimos em sua greve foi o fator decisivo para a vitória. Somente unidos, os assalariados conquistariam suas reivindicações. Por fim, garantiu: "Somente serei ministro enquanto puder fazer a política dos trabalhadores." Aplaudido por diversos operários presentes, Jango ouviu as palavras de outros sindicalistas, entre eles Emilio Bonfante, um dos diretores recém-empossados: "Se possível", disse ele, "faremos uma greve contra os pelegos que infestam o Ministério do Trabalho. Apoiaremos o ministro do Trabalho para provocar a debandada dos falsos líderes. Até aqui o ministério tem sido apenas da indústria e do comércio. Mas precisa ser dos trabalhadores." O recado dos sindicalistas foi compreendido por Jango. Os protestos eram contra "Laranjeiras", o presidente da Federação dos Marítimos, dirigente afastado das bases e antipatizado pela categoria. O ministro logo convocou eleições para a entidade e "Laranjeiras", sem o apoio governamental, perdeu a presidência da Federação para líderes mais afinados com a vontade dos operários.[8]

Algum tempo depois, ele tomaria outra iniciativa que repercutiria com grande impacto não apenas no movimento sindical, mas particularmente nos meios empresariais e políticos. Sob o timbre do Departamento Nacional do Trabalho e assinado pelo ministro, um ofício enviado a todos os sindicatos do país pedia a cooperação para o "programa de rigorosa fiscalização do cumprimento da legislação trabalhista". Cada trabalhador sindicalizado, dizia o documento, "pode e deve transformar-se num consciente e eficiente colaborador" do ministério, denunciando, com coragem e espírito público, toda e qualquer infração às leis trabalhistas cometidas pelos empresários. "É certo", continua o texto, "que a lei proíbe a participação direta dos trabalhadores na fiscalização das leis do trabalho. Isso, porém, não significa a imposição de uma atitude passiva de alheamento à própria sorte da legislação de proteção do trabalho, na qual o mais interessado é o próprio trabalhador."[9] Ninguém deveria temer retaliações dos empregadores, pois o Ministério do Trabalho estava ao lado dos assalariados. Assim, qualquer irregularidade deveria ser levada ao conhecimento do sindicato, que, por sua vez, deveria comunicá-la à Delegacia Regional do Trabalho, encarregada de encaminhar as denúncias ao ministério. O gabinete do ministro passou a dispor de um serviço dedicado exclusivamente a investigar as irregularidades. Por fim, alegava o documento, o sucesso do programa de fiscalização, cujo objetivo é defender os trabalhadores, depende da participação deles mesmos.

Uma das medidas mais ousadas de Goulart em sua política de concessões ao movimento sindical, de mobilização dos trabalhadores e de aproximação com as esquerdas foi a convocação do Congresso da Previdência Social. De acordo com Lucilia de Almeida Neves, o evento tornou-se um grande encontro de líderes trabalhistas, dirigentes sindicais e militantes de esquerda.[10] Noticiando o encontro, o jornal *Última Hora* informou: "O Congresso da Previdência deverá jogar uma pá de cal no sindicalismo amarelo. O seu êxito significará a derrota dos falsos líderes, dos traidores, dos pelegos que sempre se colocaram ao lado dos patrões, do Ministério do Trabalho e da polícia política quando tinham obrigação de defender as reivindicações dos trabalhadores. Marcará a emancipação dos sindicatos..."[11] Cerca de 1.200 representantes de entidades sindicais, vindos de diversos estados, todos com as despesas pagas pelo governo, discutiram a proposta do Ministério do Trabalho para que os militantes dos sindicatos participassem da administração das autarquias da Previdência Social. A proposta, inédita e ousada, permitiu que, a partir daí, dirigentes sindicais, especialmente do PTB e do PCB, passassem também a gerir os recursos da Previdência. Jango, ao propor que os militantes participassem da administração em um setor que lhes interessava diretamente, mobilizava os sindicalistas, em especial aqueles identificados com a esquerda, mas, no mesmo movimento, oferecia-lhes uma extensa rede de empregos e de recursos públicos.

Sob o guarda-chuva do Ministério do Trabalho estavam as Delegacias Regionais do Trabalho e os Institutos de Previdência — ambos oferecendo uma série de benefícios sociais e empregos. Jango já exercia poder sobre os Institutos desde que assumira a presidência do PTB. Agora

O MINISTRO DO POVO

dispunha das Delegacias. Na estratégia de crescimento e unificação do partido, Goulart serviu-se largamente dos benefícios sociais e empregos oferecidos pelos Institutos e Delegacias. A partir de então, não era somente o PTB que usufruía as benesses da Previdência, mas também os sindicatos.

Os resultados do Congresso da Previdência poderiam exemplificar o projeto do líder trabalhista de reformular as relações entre Estado e sindicatos. Nas interpretações mais conhecidas, ele teria patrocinado uma espécie de jogo duplo, em que a integração dos trabalhadores na vida política do país foi simultaneamente acompanhada pela cooptação estatal. Embora essa interpretação, de tão difundida, seja aceita praticamente sem questionamentos, é possível pensar de outra maneira. Mobilizar o movimento sindical, incentivar as lideranças dos operários, aproximar-se das esquerdas e patrocinar a participação dos trabalhadores nos negócios do Estado necessariamente não se anulavam ou entravam em contradição com a política de cooptação, de distribuição de empregos e de práticas fisiológicas. Para compreender o sucesso do trabalhismo na política brasileira, seria contraproducente elogiar uma dessas dimensões e lamentar a outra — ou denunciar o suposto jogo duplo. Como lembra Maria Celina D'Araujo, "o nacionalismo no PTB *não* foi incompatível com o empreguismo, nem o reformismo foi antítese de clientelismo ou de atrelamento ao Estado. Ao contrário, foi bem-sucedido no partido e nas urnas quem conseguiu unir essas estratégias".[12]

Se observarmos as iniciativas e os comportamentos dos militantes sindicais diante da política pública implementada por Goulart, não há razões para vitimizá-los, interpretando suas escolhas políticas como o simples resultado da manipulação e da cooptação estatal. Os pronunciamentos de vários sindicalistas durante o Congresso da Previdência, quando reagiam aos violentos ataques da imprensa ao ministro pela convocação do encontro, demonstraram que, diante das opções disponíveis, eles, por suas próprias iniciativas, fizeram as suas. No decorrer do Congresso, muitos delegados apresentaram moções de protesto condenando os jornais que criticavam as propostas do governo e outras de apoio ao ministro do Trabalho, todas aprovadas pelo conjunto da plenária. Atitudes isoladas também ocorreram com frequência naqueles dias. Os dirigentes dos sindicatos da construção civil, dos lavradores e do beneficiamento do carvão, todos da cidade de Tubarão, Santa Catarina, declararam que os órgãos da imprensa, ao insultar Goulart e o Congresso da Previdência, "nos dão a certeza de que há um regresso à Constituição de 1891, quando os trabalhadores eram considerados escravos. Podemos, porém, afirmar que o poder econômico, assim mobilizado, não conseguiu desvirtuar as finalidades do nosso Congresso, pois os trabalhadores sabem ver onde se encontra a verdade. Os trabalhadores hoje em dia sabem o que querem e lutam pelas suas reivindicações. É isso que precisa ser compreendido". Mais ainda, afirmaram os três sindicalistas catarinenses: "Queremos manifestar a nossa irrestrita solidariedade ao ministro João Goulart, tão atacado por essa espécie nefasta de imprensa. Pela lucidez com que está dirigindo a pasta do Trabalho e sobretudo pela sua lealdade aos ideais defendidos pelos trabalhadores, merece o nosso aplauso. Nele encontramos um defensor dos nossos direitos."[13]

Quando convocados por Jango, os sindicalistas de todo o país responderam de maneira afirmativa e, diante de suas propostas, o conjunto do movimento as discutiu e, expressando satisfação, as aprovou, fazendo suas opções políticas. Representando dois milhões de trabalhadores sindicalizados, os delegados no Congresso manifestaram integral apoio ao novo regulamento da Previdência, aceitaram participar de sua administração e exigiram a ampliação dos benefícios sociais, como aposentadoria digna por tempo de serviço com salário integral, adicional por insalubridade, auxílios maternidade e matrimônio, entre outras medidas.[14] Nada foi imposto. Na gestão de Goulart no Ministério do Trabalho, as escolhas dos líderes e dirigentes sindicais foram no sentido de mobilizar as bases, intensificar o ritmo das reivindicações, lutar por maior autonomia, e também estreitar as relações com o Estado através dos órgãos da Previdência Social e das Delegacias Regionais do Trabalho, incluindo, nessa última opção, as práticas do clientelismo, fisiologismo e empreguismo. Não há motivo para vitimizar o movimento sindical, transformando os trabalhadores em seres ingênuos, sem percepção crítica, sempre manipulados e disponíveis para a cooptação do Estado.

Em curto espaço de tempo, Goulart impôs sua liderança no PTB e aproximou-se dos sindicatos e das esquerdas, particularmente do PCB. No ministério, ao mesmo tempo em que atuava como mediador nos conflitos entre assalariados e capitalistas, apoiava e incentivava a mobilização reivindicatória dos operários. Seu prestígio entre os trabalhadores e seus representantes nas organizações de classe aumentava com o passar dos

O MINISTRO DO POVO

meses. Na avaliação de Lucilia de Almeida Neves, o "estilo Jango" não apenas estimulou e ampliou o prestígio do PTB e das lideranças sindicais junto ao governo, mas também aliviou as pressões que até então existiam sobre os sindicatos, "levou-os, liderados por setores mais avançados e até de vanguarda da classe trabalhadora, a pisar, com firmeza, no terreno de uma mobilização fortemente reivindicativa". Para a autora, abria-se uma nova etapa para o PTB e os sindicatos, que se consolidaria ainda mais após a morte de Vargas.[15]

No dia seguinte ao término da greve dos marítimos, Hugo de Faria novamente entregou seu pedido de exoneração e de seus quatro diretores. "Quero que o senhor continue", disse o ministro. O funcionário, com desconfiança, pediu a comunicação por escrito. Goulart negou, mas garantiu que ele não sairia, empenhando sua palavra de honra. Contrariado, Faria disse que a palavra do ministro bastava, mas advertiu: "Se o senhor der a minha demissão hoje, saio daqui como seu amigo, sem nenhuma restrição. Se daqui a dois ou três meses, valendo-se de outros pretextos, o senhor me demitir, serei seu inimigo."[16]

Passados dois meses, Hugo de Faria continuava desconfiado das intenções de Jango. Isso porque o ministro levara auxiliares que queriam a sua demissão. Mas, em agosto, um episódio mudou suas concepções e estancou suas apreensões. Com a permissão para entrar em seu gabinete sem bater, Faria o flagrou conversando ao telefone. Ao tentar se retirar, ouviu o pedido para que esperasse. Na conversa, o ministro do Trabalho pedia ao interlocutor 5 milhões de cruzeiros. "Mais negociata, mas que coisa horrível!", pensou o funcionário. Aos poucos, percebeu que na linha estava o ministro da Fazenda, Oswaldo Aranha, e que Jango insistia na liberação da verba para que uma empresa falida pagasse indenizações aos operários. Ao perceber que não havia corrupção e que, sem demagogia, ele desgastava o seu prestígio com o ministro da Fazenda para obter garantias a trabalhadores desempregados, Hugo de Faria reconheceu as qualidades pessoais de Jango e passou a admirá-lo.

Muitas vezes Oswaldo Aranha teve que ceder diante das pressões de Goulart. A proximidade pessoal com Vargas era fundamental para sua política de concessões aos trabalhadores — uma estratégia do próprio presidente, desde que o convidara para a pasta do Trabalho. Em outro episódio, Jango escreveu carta a Vargas relatando o clima na assembleia

93

dos bancários, mais uma categoria em greve. Convidado a comparecer, o ministro do Trabalho discursou, garantindo que o presidente acabara de assinar uma portaria reajustando os salários da categoria. "A assembleia de 4 mil bancários", relatou, "em pé e com calorosa e vibrante salva de palmas prestou sua homenagem ao presidente Vargas. O ambiente, porém, é de ódio e de revolta declarada aos banqueiros."[17] Assim, continuou em sua carta, os bancos governamentais deveriam pagar imediatamente o aumento determinado pela portaria. "Fale ao Sr. Oswaldo Aranha a quem defendi na assembleia." Era preciso que o ministro da Fazenda cumprisse a portaria determinando o reajuste salarial. Por fim, concluiu: "Os bancários, quando me retirei do recinto, quase me despedaçaram no calor do seu entusiasmo e de sua solidariedade ao governo." A estratégia de Vargas de implementar concessões salariais aos trabalhadores e de criar um canal de diálogo e de intermediação entre o governo e o movimento sindical, por meio do ministro do Trabalho, parecia dar alguns resultados. O ministro da Fazenda teria que arcar com os custos.

Mais adiante, ao ganhar a confiança de Hugo de Faria, Goulart propôs: "Olha, Hugo, é o seguinte, vou assinar uma portaria dando todos os poderes a você para administrar o ministério. Vou fazer a parte política e você faz a parte administrativa."[18] Aceitando a proposta, Hugo de Faria passou, a partir daí, a atuar como uma espécie de "ministro administrativo", com total autonomia, dando a necessária cobertura ao "ministro político". De setembro de 1953 a fevereiro do ano seguinte, Goulart encontrou a tranquilidade necessária para atuar politicamente. Hugo de Faria era tido como homem conservador, com trânsito na UDN, nas Forças Armadas, na Igreja e entre os empresários. Uma medida assinada por ele era considerada normal, mas, se fosse pelo titular da pasta, causaria sérios problemas políticos ao governo. "Quando eu fazia uma coisa", lembrou-se Faria anos depois, "ninguém ia procurar a semente comunista no que eu fazia, porque sabiam que eu não era comunista. Quando o Dr. João Goulart, como ministro, fazia alguma coisa, procuravam logo uma semente comunista."

Homem metódico, preso a regras e procedimentos formais, Hugo de Faria, entre assustado e surpreso, presenciou uma série de inversões de valores no Ministério do Trabalho. Goulart simplesmente desmistificou a imagem da autoridade pública, acabando com qualquer tipo de cerimonial. Até a sua nomeação, era dificílimo conseguir uma audiência com

O MINISTRO DO POVO

um ministro de Estado. Diversos entraves burocráticos e formais teriam que ser vencidos para ter acesso a ele: o interessado teria que entrar em contato com uma secretária do quinto escalão até o seu pedido chegar à antessala ministerial, ocorrendo, no percurso, um processo altamente seletivo. Somente pessoas de grande prestígio conheciam os atalhos, em geral relações políticas ou pessoais. Distante, protegido, cercado por um complexo cerimonial, "isolado do contato da plebe, da massa", diz Hugo de Faria, o ministro tinha entre si e o público uma série de recomendações e procedimentos formais e controlados.

Na avaliação de Faria, tudo mudou a partir de junho de 1953: "Quando é que um dirigente sindical ia à casa de um ministro a qualquer hora? Com o Dr. João Goulart qualquer sujeito que queria falar com ele ia ao Hotel Regente e falava."

As audiências públicas inauguradas pelo ministro do Trabalho tornaram-se assustadoras. Uma vez por semana, centenas de pessoas procuravam Jango no Hotel Regente. Das quatro da tarde até a meia-noite ou uma da manhã, ele recebia todos. Sua capacidade de conversar com sindicalistas e populares era interminável. "A vida dele começava às dez da manhã e acabava às duas da manhã" e, durante todo o dia, "só fazia uma coisa: atender gente." Somente no dia 29 de julho, o ministro atendeu em seu gabinete o delegado do IAPETC do Rio Grande do Sul, o delegado regional do Trabalho de São Paulo, um diretor da Receita Federal, o vice-presidente da Associação Comercial do Rio de Janeiro, quatro senadores, 11 deputados federais, três militares de alta patente e dirigentes sindicais dos marítimos, bancários de São Paulo, carris urbanos do Recife, eletricitários do Espírito Santo e hoteleiros e atores do Rio de Janeiro.[19] Recebendo, de uma só vez, grupos de 10 ou 15 pessoas durante 10 minutos, ao final do dia Jango tinha se encontrado com centenas delas. Se um presidente de um sindicato não era atendido pelo diretor-geral do ministério, ele procurava o titular da pasta sem o menor impedimento.

Na avaliação de Hugo de Faria, Goulart tinha uma peculiaridade em sua personalidade: "Foi um dos homens que eu vi ter mais paciência no mundo. Eu nunca vi um homem que tivesse tamanha capacidade e paciência para escutar e conversar dez horas sem ficar irritado."[20] Certa vez, ocupado com um grave problema, com pouco tempo para resolvê-lo, mesmo assim ele recebeu em seu gabinete uma viúva com uma longa história para contar. Após ouvir o drama com atenção e percebendo que não poderia dar solução legal ao caso, abriu a carteira e imediatamente resolveu a dificuldade financeira da mulher. "Era um sujeito boníssimo. O ministério do formalismo acabou e passou a viver sempre cheio", completa Faria. Ele desmente as versões que falam de "empreguismo desenfreado" durante a gestão de Jango no ministério: "Isso não é verdade", alega. "O Dr. João Goulart não era de fazer empreguismo, não. Ele era de tirar duzentos cruzeiros e dar. Mas, dar emprego, mesmo, ele não era muito de dar." Ainda que no caso da Previdência Social tenha recorrido às nomeações, segundo sua avaliação, elas foram em pequeno número.

Apesar de generoso com seu próprio dinheiro, Jango tinha atitudes esquisitas quando se tratava do dinheiro público: "meio pão-duro", diz Hugo de Faria. Em certa ocasião, exigiu ver a folha de pagamento do ministério. Embora Faria argumentasse que essa matéria era de sua responsabilidade, Goulart insistiu e, ao saber quanto ganhava Caillard, seu incansável e dedicado secretário, exclamou: "Ah, mas o Caillard está ganhando muito." Hugo de Faria, absolutamente contrariado, retrucou: "Não, senhor. Se essa folha for mudada eu deixo de ser chefe de gabinete. O que se passa é que o senhor é um homem rico, não sabe o que é a necessidade. De maneira que a folha é essa aqui. O Caillard tem que ganhar isso porque ele não faz outra coisa a não ser pajear o senhor. Não é possível que ele ganhe menos, porque senão ele não pode viver." Caillard, segundo informações, morreu na total pobreza.[21]

Foi somente então que o "ministro administrativo" percebeu quanto tinha sido incauto ao permanecer no cargo. Homem seletivo por formação familiar e metódico pela educação jesuítica, ele passou a assistir, entre chocado e horrorizado, e com imenso sacrifício, a tudo aquilo. "Eu ficava meio chateado com esse negócio, eu não aguentava mais." Sem nenhuma privacidade, ele perdeu o controle de seu horário de trabalho. Do início da manhã até as oito da noite, contrariado, também passou a receber pessoas. "Uma vez cheguei ao meu gabinete, e dentro já tinha uma porção de gente me esperando." Daí e até as 11 da noite despachava os documentos. "Enfim, isso foi o Jango no ministério", relata. "Foi uma revolução, foi uma avalanche de novidades, de humanismo, de popularidade e de paternalismo também..."

Instituindo a informalidade no Ministério do Trabalho, Goulart elegeu como prioridade seus contatos com sindicalistas e populares. As situações eram várias. Um nobre inglês, sócio de uma empresa estrangeira

O MINISTRO DO POVO

que explorava minas de ouro em São João del Rey, exigiu marcar um horário que melhor lhe conviesse para falar com Jango. Pela sua empáfia, o ministro logo o apelidou de "lorde Gororobas" e lembrou que quem marcava horários era ele, a autoridade constituída. Embora Hugo de Faria afirmasse que o lorde viajaria no dia seguinte para a Inglaterra, a audiência foi marcada propositalmente para dois dias depois. Obrigado a adiar a viagem, o lorde encontrou-se com o ministro. As primeiras palavras que ouviu de Jango, com o auxílio de um tradutor, foram: "O senhor explora a economia popular...", entre outros impropérios. Certa vez, procurado por sindicalistas da AFL-CIO, ele simplesmente não os recebeu, alegando que eram representantes dos capitalistas, e não dos trabalhadores. O ministro também recusava convites para jantar em embaixadas, preferindo estar com sindicalistas e pessoas do povo. Nessas ocasiões, Hugo de Faria era obrigado a ir em seu lugar.

Muito comum, por exemplo, eram os convites que dirigentes sindicais e moradores dos bairros dos subúrbios faziam a Goulart para um churrasco ou um almoço. Os finais de semana eram reservados para tais atividades. Os moradores do conjunto residencial da Fundação da Casa Popular, no bairro de Marechal Hermes, no Rio de Janeiro, ofereceram um almoço ao ministro e todos se sentiram muito à vontade com sua simplicidade e sua maneira cordial de tratar as pessoas. Após expor os problemas e as carências do bairro, ouviram dele que o conjunto residencial ganharia um hospital e uma escola, e que o governo faria novos investimentos para que a Fundação construísse mais habitações.[22]

Em outro domingo, os moradores de Ramos, também no Rio de Janeiro, bairro afastado e conhecido por sua pequena praia, convidaram o ministro para almoçar e conversar sobre a construção de casas populares. E lá chegou Goulart à praia, de short e sem camisa, sorridente, pronto para saborear a comida preparada pelas donas de casa do bairro e conversar com as pessoas. "A maior forma de comunicação de Jango", diz Hugo de Faria, "era sua própria capacidade cavalar de trabalhar, de assistir, de ouvir, sua paciência."[23] O ministro logo tornou-se conhecido pela maneira sincera de não discriminar pessoas.

Goulart ainda encontrava tempo para atividades que, simultaneamente, prestigiassem o movimento sindical e o PTB, aproximando-os politicamente. Acompanhado por numerosa comitiva, o ministro foi até à ilha da Madeira, no município de Itaguaí, Rio de Janeiro, inaugurar a colônia de férias dos trabalhadores filiados ao sindicato dos tecelões. Retornando a Itaguaí, ele prestigiou a abertura da sede do diretório do PTB e, junto aos trabalhadores e sua comitiva, refestelou-se com um churrasco oferecido pelas lideranças políticas locais. Vários oradores discursaram. O presidente do sindicato dos tecelões atacou duramente seus antecessores no ministério, em particular Danton Coelho e Segadas Viana, e agradeceu o apoio do ministro à greve realizada pela categoria. O deputado Gurgel Amaral lembrou que o PTB é "uma revolução em marcha" e que os trabalhadores deveriam adotá-lo como o seu partido. Outros lançaram o nome do ministro para concorrer nas próximas eleições presidenciais.[24]

O "ministro administrativo" de Goulart, mesmo contrariado, algumas vezes o acompanhava nesses encontros. Em um esforço para organizar mais racionalmente o seu tempo, Hugo de Faria preferia ficar no ministério, dando ao titular da pasta o necessário apoio logístico. Sua tarefa era "legalizar" as reivindicações que sindicalistas e populares encaminhavam ao ministro. Assim, no dia seguinte ao almoço na praia de Ramos, ele recebeu de Goulart quarenta "notinhas", cada qual com um pedido pessoal. Uma das funções do "ministro administrativo" era, quando possível, transformar os pedidos feitos a Jango, ou as suas promessas, em atos jurídicos. As demandas dos sindicalistas, como aumentar a aposentadoria de um trabalhador ou a construção de um ambulatório médico nas cidades do interior, eram avaliadas e, se a legislação permitisse, implementadas.

A atuação de Goulart no ministério chocou amplos setores conservadores da sociedade brasileira — civis e militares. Afinal, um homem nascido entre as elites sociais do país, rico empresário rural e exercendo um cargo ministerial estava recebendo, em seu próprio gabinete, trabalhadores, sindicalistas e pessoas comuns — a maioria de origem social humilde. Muitas vezes, o preconceito de classe se confundia com o da cor da pele, uma vez que vários daqueles indivíduos eram negros. Goulart fugia completamente aos padrões e aos costumes dominantes, longamente aceitos e partilhados. Motivos, portanto, não faltavam para os rancores e os ódios que as elites do país passaram a dedicar ao ministro do Trabalho.

Apesar das acusações na grande imprensa, das pressões de grupos políticos conservadores e da desconfiança de setores do empresariado e das Forças Armadas, os trabalhadores reconheceram os esforços e a atuação de Goulart no ministério. O movimento sindical, mesmo sofrendo com

O MINISTRO DO POVO

a alta dos preços e o achatamento salarial, mobilizou-se para a luta, mas avaliou como positivo seu desempenho no governo. Pela primeira vez na história republicana, uma autoridade pública encarregada das relações entre Estado, empresários e classe trabalhadora negava-se a acionar a máquina repressiva estatal para conter a onda reivindicatória e, algo inédito, dialogava, negociava e defendia os direitos dos assalariados.

Os compromissos no ministério não o impediam de continuar frequentando as boates da cidade. Solteiro, galanteador, conhecia as melhores casas noturnas. Certa feita, Dona Tinoca e a irmã Yolanda, a Landa, estavam no Rio de Janeiro e Goulart as convidou para irem a uma boate famosa. Para Landa, tudo era novidade. Muito discretamente, o garçom entregou um bilhete para Jango. Tratava-se de uma conhecida vedete da casa expressando seus ciúmes. Ele leu, riu e comentou com o garçom: "Mas bah! Diga para ela que esta é minha irmã. E que tem seis filhos!"[25]

Foi por essa época que ele formalizou o namoro com Maria Thereza.[26] Desde que os tios Espártaco e América Vargas e a prima Iara foram morar na capital da República, ela passou a visitá-los com certa frequência. Logo, não foi difícil para Goulart se aproximar. Embora a diferença de idade fosse grande, era a posição política dele que a incomodava. Além disso, tratava-se de um relacionamento de poucos encontros. Eles se viam nas poucas vezes em que ela podia sair do Colégio Americano nos finais de semana e que coincidiam com a ida de Jango a Porto Alegre. Ou então, no Rio de Janeiro, quando Maria Thereza visitava os tios Espártaco e América. Para complicar, a justificada fama de Jango de namorador reforçava em Maria Thereza o sentimento de que não deveria levar aquilo a sério. Sua família a precavera e todos os que conheciam Goulart diziam que ele tinha várias namoradas.

Em certa ocasião, ele a levou a uma casa noturna famosa no Rio de Janeiro, a Monte Carlo, de propriedade de Carlos Machado. Maria Thereza ficou encantada com a decoração e a iluminação, mas chamou-lhe a atenção o fato de que mulheres muito bonitas estavam conversando com Jango, demonstrando intimidade. Diante de tudo isso, como pensar em namorar um homem desses?

Certa vez, Jango disse que Getulio queria conhecê-la. Os três almoçaram no Palácio do Catete. Ali Maria Thereza pôde observar melhor a relação entre os dois. O carinho que Vargas dedicava a Goulart era visível, coisa de pai para filho. Getulio o chamava de Janguinho. Com outras pessoas o presidente falava pouco, mostrando-se reservado, mas com Jango estava sempre conversando, às vezes cochichando, rindo muito. Observadora, ela percebeu que a afinidade entre eles era algo que somente ocorre entre amigos muito próximos. O único contato de Maria Thereza com Getulio foi naquele almoço.

No fim da tarde do dia 12 de outubro de 1953, João Goulart desembarcou no aeroporto de Manaus. A capital do estado do Amazonas era a primeira escala de seu roteiro de viagem pelas regiões Norte e Nordeste do país. Seus objetivos eram conhecer as dificuldades de empresários e trabalhadores, negociar conflitos trabalhistas, reorganizar diretórios regionais do PTB e resolver as divergências entre facções do partido.

Sob forte calor, Manaus se recuperava de uma enchente. A população sofria com o desabastecimento e os preços elevados dos produtos de primeira necessidade. Conversando com políticos, empresários e líderes sindicais, Goulart ouviu de Jamaci Sena Bentes, presidente do Sindicato dos Gráficos e da Casa dos Trabalhadores da Amazônia, entidade que reunia 15 mil associados, a reclamação de que as organizações sindicais da região estavam completamente desprovidas de apoio do poder público. Os seringueiros, exemplificou, eram os mais prejudicados. "São os párias da Amazônia. Representam uma classe de escravos", disse ele. Ganhando um salário mínimo da região, 25,40 cruzeiros por dia, eles sequer podiam comprar um quilo de carne, na faixa de 20 a 25 cruzeiros. "O custo de vida aqui em Manaus subiu astronomicamente. De um ano para cá sua elevação foi de mais de 500%. De acordo com o nosso cálculo, a revisão do salário mínimo deve ser feita na base de Cr$ 2.000,00."[27] Após ouvir outros sindicalistas e representantes de grupos empresariais, ele embarcou para Belém, no Pará. Recebido no aeroporto pelo governador do estado, por militares e líderes de trabalhadores, de industriais e de comerciantes, Jango foi para a localidade de Tupandu, onde lhe ofereceram um churrasco e o prato típico local, o pato ao tucupi. O ministro também visitou as sedes dos Institutos de Previdência e conversou com os representantes das três principais categorias de trabalhadores da cidade: marítimos, motoristas e seringueiros — novamente tomando conhecimento da situação degradante destes últimos. Mais tarde, homenageado por empresários e pela Federação dos Trabalhadores na Indústria, ele anunciou melhorias na Hospedaria do Tucumã, cooperando com o governador no trabalho

O MINISTRO DO POVO

de receber famílias que, fugindo das secas do Nordeste, queriam se estabelecer naquela região. Em seguida, Jango visitou as cidades de São Luís e Teresina. Em Parnaíba, negociou com os portuários o fim da greve da categoria.[28] Mais adiante, em Fortaleza, o ministro foi recepcionado pelo presidente do PTB local, Carlos Jereissati. Um carnaval fora de época tomou a cidade para homenageá-lo. Enormes faixas cruzando as ruas com a frase "Ministro do povo" o saudavam. Ao entrar em um restaurante do SAPS, Serviço de Alimentação da Previdência Social, rede de restaurantes para trabalhadores de baixa renda, ele foi aplaudido longamente pelas pessoas que almoçavam. No teatro José de Alencar, uma manifestação de trabalhadores e sindicalistas deu oportunidade para que seu nome fosse lançado como candidato à presidência da República. Mas, em Fortaleza, como nas outras capitais, o ministro ouviu muitas reclamações. O Instituto dos Industriários, por exemplo, tinha apenas um pequeno e inoperante serviço médico para atender 12 mil associados. O Instituto dos Comerciários, nem isso. Os estivadores se queixaram da falta de serviços e, como diversas outras categorias profissionais, expressaram profunda insatisfação com o salário mínimo, pedindo a sua elevação.

As atividades do ministro, os festejos dedicados a ele e a mobilização de trabalhadores e empresários surpreenderam os líderes políticos locais da UDN e do PSD, resultando em contrariedades. A imprensa voltou a aumentar o tom dos ataques, alegando que a viagem tinha objetivos comunizantes e de propaganda política para as próximas eleições presidenciais. Goulart, respondendo aos adversários, disse: "Não vim ao Norte para provocar agitações, mas para auscultar as necessidades dos trabalhadores. A Consolidação das Leis do Trabalho ainda não chegou por esta região."[29] Seguindo o roteiro, mais adiante ele visitou Mossoró, Natal, João Pessoa, Recife, Maceió e Aracaju, sempre recebido com festas. Em todas as capitais, suas atividades foram conversar com sindicalistas e empresários, apaziguar as divergências entre as facções locais do PTB e convocar patrões e empregados para chegarem a acordos.

O retorno à capital da República foi um dos episódios que representaram seu momento de maior prestígio no ministério, uma verdadeira consagração pública, reconhecida até mesmo pela oposição. Dias antes, 78 sindicatos, por meio de seus dirigentes, em matéria paga nos jornais, convocaram os associados a recepcionar o ministro em sua volta do Nordeste, no aeroporto Santos Dumont.[30] Mesmo sob forte chuva, líderes empresariais, centenas de sindicalistas e milhares de pessoas — cálculos falam em 4 mil — esperavam a chegada do avião da FAB. Impaciente, a multidão nem sequer esperou o aparelho completar as manobras finais de pouso. Sob o protesto dos policiais, a pista foi invadida e o piloto obrigado a parar fora do local adequado. A aeronave, cercada pelo povo, sofreu algumas avarias e, para evitar maiores danos, Goulart desembarcou. Foi agarrado pelos manifestantes e carregado nos ombros de musculosos operários. Muito aplaudido, ouvindo o coro de "Jango, Jango!" e fogos de artifício, ele foi posto na capota de um automóvel para ser visto por todos. Após saudar a multidão, entrou no carro e foi para a sede do ministério, seguido pelas pessoas. Em rápida entrevista a *Última Hora*, o ministro declarou: "Acabo de percorrer vários Estados do Norte e do Nordeste e senti de perto a miséria e as privações dos nossos irmãos daquelas plagas. Ouvi trabalhadores de todas as categorias. Esses trabalhadores que vivem abandonados e sem o mínimo conforto." Preocupado com a grande exploração social, Goulart disse que havia homens que trabalhavam trinta dias por mês, sem um dia de descanso, recebendo como pagamento apenas dez quilos de farinha ou 15 de carne: "vivem assim, famintos e na mais completa miséria", completou. Respondendo aos novos ataques da oposição por sua viagem, rebateu: "Não será a oposição nem a reação que me fará recuar. Mas deveriam saber que a democracia não se fortalece com os trabalhadores humilhados e passando toda a espécie de dificuldades. Precisam marchar lado a lado com os capitalistas, produzindo mais e ganhando o necessário para viver decentemente." Provocado pelo repórter, continuou respondendo a seus críticos: "Acusam-me diariamente. Lançam sobre mim as mais fantasiosas calúnias. Querem que eu seja, talvez, um criminoso social. Mas o meu crime é o de defender os trabalhadores, tomar providências, elevar o seu nível social. Aliás, todos os homens que se aproximam das classes obreiras são agredidos pela reação ou por sua imprensa."

Enquanto Goulart era entrevistado, a multidão, vinda do aeroporto em passeata, tomou a sede do Ministério do Trabalho. O saguão do prédio e suas escadas inferiores ficaram lotados. Na solenidade para homenageá-lo, políticos, representantes de entidades empresariais e dos sindicatos discursaram. O presidente da Confederação Nacional da Indústria, Augusto Oliveira, disse que "a indústria brasileira muito espera da orientação segura de V. Exa. na gestão da Pasta". Lutando com difi-

O MINISTRO DO POVO

culdades, particularmente diante da "competição de outros países" mais desenvolvidos, os empresários, alegou, necessitam de "economia e paz social", exatamente os objetivos do ministro, concluiu. Diversos oradores também se manifestaram, como o presidente da Confederação Nacional do Comércio, líderes sindicais dos estivadores, eletricitários, metalúrgicos e maquinistas da marinha mercante e representantes de 47 sindicatos da cidade de São Paulo, Santos, Santo André e São Bernardo do Campo, além de políticos do PTB. Outros estavam na lista para homenageá-lo, mas a multidão, impaciente, protestou, constrangendo-os. Na verdade, era Jango que todos queriam ouvir.

No final de 1953, seu prestígio entre os trabalhadores era difícil de ser mensurado. Em junho, dias depois de tomar posse no ministério, alguns indícios apontavam para o sucesso de sua política de reformular as relações entre Estado e classe trabalhadora. Logo após o encerramento da greve dos marítimos, Vargas, em audiência especial, recebeu uma comitiva de líderes sindicais da categoria. O objetivo deles era agradecer pessoalmente ao presidente a intermediação de seu ministro do Trabalho na resolução do conflito. Respondendo aos agradecimentos, Getulio disse aos operários: "O Ministro do Trabalho, João Goulart, é um espírito sem face, voltado para as lutas em defesa da justiça social, tem ele uma sensibilidade à flor da pele para compreender e sentir como poucos as necessidades e os problemas dos trabalhadores." Conhecido por não manifestar elogios excessivos, Vargas, rompendo com seu próprio estilo, pronunciou uma frase contundente: "Naquilo que ele vos disser estará me representando. Podem confiar nele, como se eu próprio fosse."[31]

Nesse momento da história do trabalhismo brasileiro, afirmava-se o que Maria Celina D'Araujo, com base em literatura clássica, define como rotinização do carisma e sua dispersão. A rotinização ocorre quando há "a transferência do poder excepcional do chefe para uma instituição estável e racional", quando surge uma organização que, doutrinariamente, dê prosseguimento às realizações do líder — situação que pode explicar as relações entre Vargas e o próprio PTB. A rotinização se afirma através da dispersão do carisma. Trata-se do surgimento de lideranças secundárias que aparecem, na sensibilidade das bases partidárias, como fontes independentes de poder e prestígio, capazes de atender as suas demandas. Embora aleguem a autonomia do movimento, procuram afirmar-se politicamente como herdeiros legítimos do chefe. No caso brasileiro, diz a autora, Vargas delegou a outros a tarefa de falar em nome do trabalhismo, garantindo, assim, a formação de uma vida partidária burocrática, ainda que instável e precária, o que permitiu a sobrevivência do PTB após seu desaparecimento em agosto de 1954. Para D'Araujo, "o PTB foi o órgão 'eleito' para ser o representante privilegiado da herança e dos desígnios do chefe. E dentro do partido, Goulart foi a figura a merecer a indicação de delegado-mor. Em decorrência disso é que se pode entender a longevidade de seu reinado no partido e a associação que perdurou através dos tempos entre essas duas figuras".[32]

Assim, não é casual que o elogio de Vargas a Goulart tenha conhecido outras versões. Aquela mais disseminada, e verdadeiramente impactante, diz que "Jango sou eu".[33]

Apesar dos esforços do ministro do Trabalho, a crise econômica e a inflação crescente, conjugadas muitas vezes à intransigência patronal, continuavam incitando os trabalhadores a deflagrar greves. Ao longo do segundo semestre de 1953, somente no Distrito Federal, paralisaram as atividades os aeronautas da Panair, hoteleiros, garçons, bancários, portuários e funcionários nas indústrias de bebidas e açúcar. Outras categorias, como a dos vidreiros, telefônicos, tecelões, professores, médicos, cabineiros, sapateiros e chapeleiros, entraram em campanha salarial, ameaçando paralisações. Em outras capitais, diversas categorias cruzaram os braços, enquanto os marítimos desencadearam outra paralisação em nível nacional. A tarefa do ministro, diz Lucilia de Almeida Neves, era complexa e, por vezes, contraditória: "Se aproximar dos trabalhadores, através da via da concessão e do incentivo mobilizador e, ao mesmo tempo, procurar desarmá-los, antecipando-se às suas ações, neutralizando-as e apaziguando-as por meio do diálogo preventivo e de concessões possíveis."[34]

O cerco político ao governo se estreitava. Embora, desde 1952, Vargas procurasse intensificar os seus contatos com a UDN, a oposição, ao contrário do que o presidente esperava, aumentou seus ataques, insistindo em denunciar a corrupção administrativa e as ameaças à ordem social. A "Banda de Música" da UDN, por exemplo, patrocinou uma grande campanha contra o jornal *Última Hora* e inquéritos contra o Banco do Brasil. Outro grupo do partido, o Clube da Lanterna, organização de civis

O MINISTRO DO POVO

e militares sob a liderança de Carlos Lacerda, pregava mensagens violentamente antigetulistas e anticomunistas. Para Maria Victoria Benevides, "toda a oposição conservadora, liderada pela UDN, alimentava suas críticas à política econômica do governo pela aversão às propostas de política social e salarial anunciadas por Getulio (...) e ao avanço do nacionalismo, em termos de intervenção estatal e controle do capital estrangeiro".[35] A nomeação de Goulart para o Ministério do Trabalho acirrou ainda mais o conflito, incentivando contatos políticos entre udenistas e facções das Forças Armadas. A opção pelo golpe, que amadurecia desde a posse de Vargas, tornou-se irreversível.

O conjunto de medidas que Jango tomou à frente do ministério, seu estilo de lidar com o movimento sindical e sua crescente popularidade, associada à imagem de herdeiro político de Vargas, não passaram impunes pela imprensa. Para os padrões dos grupos conservadores, ele tinha ultrapassado todos os limites. Os jornais apresentavam imagens negativas do governo e da ameaçadora situação política do país: "Desde que o Sr. João Goulart assumiu o Ministério do Trabalho", afirmou o jornal *Diário de Notícias*, "se tem acentuado o clima de agitação e exacerbação do conflito de classes, que o Sr. Getulio Vargas diz condenar."[36]

Em sua coluna diária na *Tribuna da Imprensa*, João Duarte Filho acusou Jango de ser o único responsável pelas greves que ocorriam no país e pela exaltação nos meios operários — acusação que se tornou comum nos textos de outros jornais. Desde que Vargas o nomeara para a pasta do Trabalho, alegava o jornalista, começara uma época de agitação entre os trabalhadores: "Jango fez greves; fez demagogia, destilou nos trabalhadores o espírito da insubordinação. Tudo vem dele. Ele é o agitador. A greve dos tecelões foi custeada por ele, a greve dos aeroviários foi ele quem fez; a primeira greve dos marítimos também foi coisa dele. Que há de fazer o trabalhador senão greve, quando à greve o convidam todas as autoridades do Ministério do Trabalho e, principalmente, o próprio ministro?"[37]

Os adversários antigetulistas insistiam que o Ministério era do Trabalho, Indústria e Comércio, mas que o ministro dedicava-se somente ao Trabalho, ignorando as outras duas atividades. Nesse sentido, Jango, ao aproximar-se excessivamente dos sindicalistas e se distanciar dos industriais e comerciantes, perdia a autoridade para reprimir as greves. Na avaliação de Hugo de Faria, Goulart apenas cumpriu o seu dever social,

JOÃO GOULART – UMA BIOGRAFIA

procurando o diálogo, o que é uma obrigação da autoridade. Em sua avaliação, a autoridade é um servidor público e está no cargo para atender as reivindicações, seja de ricos, seja de pobres. "Como no Brasil todo o mundo estava acostumado a que o rico fosse atendido e o pobre não fosse, a que o poderoso fosse atendido e o desvalido não, quando um ministro resolveu atender aos pobres e oprimidos em igualdade de condições com os ricos e opressores, ele passou a ser instigador de greves."[38]

Os ataques a Goulart, que começaram antes mesmo de ele assumir o ministério, se intensificariam à medida que avançava o segundo semestre de 1953. Entretanto, no embate que se estabelecia, a imprensa de oposição recorreria a outros recursos imaginários e simbólicos para combater o líder trabalhista. O regime de Perón, na Argentina, novamente era lembrado como a grande ameaça ao Brasil e, de maneira similar como ocorrera em 1945 com o queremismo, os grupos conservadores, por meio da imprensa, denunciavam as relações de proximidade entre Estado e movimento sindical, interpretadas como uma ameaça às instituições democráticas. Goulart, recebendo líderes de trabalhadores em seu gabinete, defendendo a unicidade sindical e incitando greves, denunciou o *Diário de Notícias*, demonstrava que tinha planos para utilizar os mesmos métodos de Perón para alcançar o poder, com paralisações e perturbações da ordem. Assim, concluiu o jornal: "essa forma de pressão classista é um instrumento de luta. Que pode ser aperfeiçoado para servir de veículo às ambições do Sr. João Goulart".[39] Carlos Lacerda, mais enfático, não esperou muito e, vinte dias após a posse do ministro, falou durante três horas e meia na TV Tupi de São Paulo. Segundo o líder oposicionista: "João Goulart tenta criar no Brasil uma nova CGT, do tipo Perón. Ele prepara um golpe peronista, no estilo boliviano. Não se trata do fechamento do Congresso como foi feito em 1937, e, sim, da sua dominação pela massa de manobra de um sindicalismo dirigido por 'pelegos', visando reformar a Constituição e estabelecer uma ditadura no país."[40]

O nome de Perón era recorrente no noticiário político da imprensa brasileira. O fantasma argentino, para as oposições brasileiras, era verdadeiramente ameaçador. Sem golpes de Estado, Perón ascendera ao poder pela mobilização do movimento sindical e pelo voto dos trabalhadores. O seu partido, com vitórias eleitorais seguidas, tinha maioria no parlamento e os adversários resistiam para não desaparecer do cenário político. Com o respaldo das Forças Armadas, com o apoio popular e praticamente im-

O MINISTRO DO POVO

batível nas urnas, o líder argentino passou a exercer poderes ditatoriais em um regime formalmente democrático.

O termo "peronismo" necessitava ser traduzido para a realidade brasileira, expressando, com maior clareza, a ameaça que representava para as instituições democráticas. O presidente do Sindicato dos Têxteis do Recife e parlamentar do PTB, Wilson de Barros Leal, foi aquele que ofereceu às oposições a necessária tradução. Ao elogiar a atuação de Goulart no ministério, o sindicalista disse que, nas próximas eleições, os trabalhadores, votando no PTB, poderiam eleger um parlamento que representasse seus interesses de classe, constituindo, assim, uma "República sindicalista".

O sucesso da expressão foi imediato e logo passou a fazer parte do vocabulário da imprensa oposicionista. Tentando mudar o processo, Wilson Leal, na abertura do Congresso da Previdência, pronunciou um candente discurso criticando os jornais por deturparem suas palavras: "Trata-se de uma mentira, de uma infâmia. Quando fiz alusão à 'República Sindicalista', falei em meu próprio nome e não em nome do PTB ou instruído pelo ministro João Goulart. Não sou inimigo do regime democrático e, como parlamentar, como homem de luta, não poderia desconhecer as vantagens de um Parlamento eleito pelos trabalhadores, que constituem maioria. Tudo o que disse foi de minha inteira responsabilidade."[41] Os seus protestos foram inúteis. A partir daí, o termo "República sindicalista" perseguiu João Goulart ao longo de sua carreira política.

No mesmo dia em que o líder dos têxteis do Recife tentou desfazer o mal-entendido, um jornalista, escrevendo na *Tribuna da Imprensa*, explicou aos leitores em qual atmosfera prosperava o que chamou de "república sindical" ou "ditadura sindical". O primeiro passo foi o incentivo oficial para que os operários fiscalizassem as empresas, obrigando seus proprietários a cumprirem as leis sociais. Os dirigentes sindicais, protegidos pelos fiscais do ministério, passaram a invadir fábricas e estabelecimentos comerciais: "A fiscalização perdeu a sua função de fiscalizar, transformando-se em quartel de guarda-costas. Quem fiscaliza, agora, são os diretores dos sindicatos, entrando nos escritórios, remexendo livros, interrogando operários. Trata-se de um gesto ostensivo."[42]

Na imprensa, qualquer ato governamental surgia como uma grande articulação política de Vargas e Goulart para estabelecerem uma ditadura de bases sindicais. A indicação de Orlando Leite Ribeiro para a embaixada

JOÃO GOULART – UMA BIOGRAFIA

brasileira na Argentina, por exemplo, foi noticiada como outra medida no sentido do golpe. O embaixador, acusado por Carlos Lacerda de orientar uma "célula vermelha" no Itamaraty, teria sido nomeado por imposição de Perón, e sua missão em Buenos Aires já estaria definida: "Facilitar a aproximação do governo argentino com o Kremlin, visando iniciar a formação de um bloco de nações do tipo 'cortina de ferro' na América Latina."[43] O papel de Jango no golpe, denunciou um jornalista, era o de tornar-se "ministro da sucessão", garantindo o sucesso eleitoral dos trabalhistas nas próximas eleições. Para um bom êxito de sua missão, ele necessitava utilizar os recursos do Imposto Sindical. "A manipulação dessa verba recrutada, inesgotável, construiria o melhor sustentáculo da política que pretende executar."[44]

As mensagens contidas nos jornais, sobretudo na *Tribuna da Imprensa*, seguiam a mesma lógica. Vargas e Goulart planejavam, de maneira sistemática e coordenada, minar as instituições políticas do país, com o objetivo de permanecerem indefinidamente no poder. No argumento, imprensa e opinião pública surgiam como termos sinônimos, sendo muito difícil diferenciá-los nos noticiários: "o grandioso plano da República Sindicalista, obra, graça e desgraça da cabeça mirabolante do Sr. Jango Goulart começou realmente a ser executado", mas foi frustrado pela "magnífica reação da opinião pública", denunciou o jornal de Carlos Lacerda.[45] Vargas, politicamente deformado após 15 anos como ditador, continuou o editorial da *Tribuna da Imprensa*, tinha como único objetivo o poder pessoal. Depois de inutilmente investir contra os partidos e o parlamento, pretendia eternizar-se na presidência da República apelando para trabalhadores "desavisados". Embora organizada e forte, "a vida política brasileira deve preparar-se para o golpe constitucional da República Sindicalista".

Os planos já estariam traçados: eleger maioria parlamentar no Congresso, reformar a Constituição e, por fim, dar todo o poder aos sindicatos, sob as lideranças de Goulart e Vargas. Se o Congresso e a opinião pública não reagirem a tempo, continuou o editorial, "a República Sindicalista, a esdrúxula república jangueira, terá ganhado a contento, elegendo a sua gente para a maioria governamental que fará do Sr. Getulio Vargas, amorfo e dócil homem de quase 80 anos mal vividos, um ditador que cochila, enquanto Jango age".

A UDN dava continuidade à sua política de oposição sistemática ao trabalhismo, insistindo na linha de ação inaugurada em 1945. Com ênfase nos discursos moralistas, antigetulistas e anticomunistas, o partido, segundo Maria Victoria Benevides, ainda foi marcado por um profundo elitismo, associando as reivindicações sociais e dos trabalhadores com imagens de desordem e caos. "A resistência udenista em admitir a participação política das classes populares", diz a autora, "a omissão nos debates sobre as questões trabalhistas, será típica do pensamento liberal clássico e elitista", opondo o "formalismo legal aos direitos sociais (greves, ampliação da cidadania política) e à modernização da intervenção do Estado". Para suprimir a "anarquia e a subversão" do movimento operário e impedir que, "por fruto da ignorância popular", os trabalhistas tivessem vitórias eleitorais, os udenistas recorriam às Forças Armadas para intervir no processo político.[46]

No embate entre projetos conflitantes, os oposicionistas, apoiados pelos meios de comunicação do país e se expressando por eles, conseguiam disseminar imagens extremamente negativas sobre o ministro do Trabalho e o governo de Vargas. Para defendê-los, somente *Última Hora* e o pequeno *O Radical*. Mas a disputa era desigual. Comentando uma carta enviada por um grupo de direita, a até então desconhecida "Liga Pró-Ordem e Progresso", cujo teor acusava Jango de atividades subversivas por incitar operários a participar do III Congresso Mundial Sindical, em Viena, *O Radical* respondeu: "Se os trabalhadores brasileiros querem comparecer à assembleia esquerdista, no que andam realmente mal inspirados, não cabe ao ministro do Trabalho proibir-lhes tal atitude, pois já alcançaram a maturidade política. O ministro", continuou o texto, "deve agir como fiador da paz social e no cumprimento da legislação trabalhista, e não como chefe da polícia política, como pede a Liga."[47]

Os dois jornais, embora se esforçassem, não conseguiam dar conta da avalancha de denúncias, cada vez mais contundentes. Algumas vezes, o próprio Goulart respondia às críticas da imprensa de oposição. Acerca da acusação de que a sua presença no ministério constituiria uma ameaça ao regime democrático, classificada por ele de "verdadeiramente ridícula", perguntou: "Afinal, de que me culpam? De ficar até altas horas atendendo àqueles que batem às portas do Ministério do Trabalho buscando solução para os seus problemas? Ora, se é crime o cumprimento do dever, se é crime trabalhar, aceito até com orgulho a pecha de criminoso."[48] Talvez a atitude contrária agradasse aos seus detratores, alegou: "eu poderia não atender os trabalhadores", abandonando-os à própria sorte, e frequentar "reuniões elegantes, trocando homenagens com os felizes detentores do poder econômico". Rebatendo a acusação de que era apenas ministro do Trabalho, e não da Indústria e do Comércio, Goulart concordou que dedicava especial atenção ao proletariado. Os industriais e os comerciantes, lembrou, dispõem de organizações poderosas que representam seus interesses, como as confederações e federações, a exemplo da FIESP, além de instituições como o SESI, o SESC, entre outras. O trabalhador, isoladamente ou por meio de seu sindicato, conta somente com o Ministério do Trabalho. Assim, perguntou, o que pretendem seus adversários? Incitar a classe trabalhadora a desacreditar de vez nos poderes constituídos, levá-las ao desespero e "implantar no país a inquietação social"? "Os detratores das classes operárias", alegou, "não compreendem possa um ministro de Estado falar com espontaneidade e estabelecer laços de afeto com criaturas de condição humilde." Mais ainda, denunciou Goulart, "além dos ataques infames à minha honorabilidade, inventam as maiores calúnias, mentiras e intrigas, como é o exemplo dessa pitoresca 'república sindicalista', acusam-me de 'peronista' porque prestigio as organizações dos trabalhadores que são os sindicatos. Jamais poderia estar em meus intuitos a transformação dessas entidades em instrumentos de ação política". Outra "torpe intriga" era a de que se oporia ao regime capitalista. Ao contrário, ele se disse sempre disposto a aplaudir os capitalistas que investiam na produção e, por meios legítimos, criavam riquezas com um sentido social, humano e patriótico. Entretanto, se declarou contra o capitalismo parasitário, especulativo, exorbitante e imediatista no lucro, provocador de desequilíbrios sociais. Para ele era inadmissível que "enquanto uns estão ameaçados e morrem mesmo de fome, outros ganhem num ano aquilo que normalmente deveriam ganhar em 50 anos e até em um século".

Diante das denúncias de que planejaria golpes de Estado e de que pretendia implantar uma ditadura de bases sindicais, Jango retrucou a acusação, lembrando as tentativas anteriores da UDN de recorrer às Forças Armadas: "Aqueles que me acusam disso são os especialistas em quarteladas e mazorcas. Quanto a mim, jamais estive envolvido, direta ou indiretamente, em aventuras dessa natureza." Os que falam de golpes, continuou, "demonstram que têm muito pouca fé no regime democrático". Por fim, concluiu o ministro: "O que se pretende com essas manobras solertes é menos o meu aniquilamento pessoal do que, através dele,

O MINISTRO DO POVO

impedir a unificação das classes trabalhadoras. Os empreiteiros dessa campanha de injúrias e intrigas que se levanta contra mim são os mesmos advogados da pluralidade sindical e de outras iniciativas que visam a manter o proletariado dividido, enfraquecido e eternamente sob o jugo da opressão econômica."

Desafiando seus adversários, foi além: "Mas a esses quero dizer que não me atemorizam os seus processos traiçoeiros de combate. Sou muito moço ainda, com um passado modesto e honrado, para temer semelhantes investidas. Esse meu procedimento, essa minha decisão, jamais constitui motivos de inquietação para os homens de bem. Só poderá assustar mesmo os demagogos e todos aqueles que não desejam o clima de legalidade e de justiça social que o Brasil tanto reclama."

Entre novembro de 1953 e janeiro de 1954, o movimento sindical não se limitou a pressionar patrões e governo por reajustes salariais e a deflagrar greves. Os sindicalistas, procurando avançar para além das reivindicações econômicas, começaram a lutar também na dimensão da política, particularmente a eleitoral. Em meados de novembro, os presidentes dos sindicatos dos metalúrgicos, gráficos, estivadores, conferentes de carga e descarga, borracheiros, oficiais de náutica e trabalhadores nas indústrias de bebidas se reuniram na União dos Servidores do Porto, no Rio de Janeiro. Ao final, apresentaram o manifesto-programa de lançamento da Frente dos Trabalhadores Brasileiros, cujo objetivo era lançar candidatos operários para cargos legislativos. Como pauta para discussão no movimento, o manifesto propôs a seguinte plataforma: defesa da autonomia e da unidade sindicais, melhor padrão de vida para a classe operária, direito de greve e das conquistas asseguradas na Constituição, além do cumprimento das resoluções do Congresso da Previdência. O programa defendia também a reforma agrária, a nacionalização dos bancos e das companhias que exploram o subsolo, a encampação da Light, a defesa da indústria nacional contra a ação dos monopólios estrangeiros, a ampliação do comércio internacional, incluindo o reatamento de relações com a União Soviética, e, por fim, a luta pela paz mundial e pela autodeterminação dos povos. Ainda segundo o documento: "os candidatos ficarão comprometidos clara e liquidamente com a Frente".[49]

Em São Paulo, líderes sindicais dos metalúrgicos, têxteis, ferroviários, borracheiros, vidreiros, marceneiros e hoteleiros, de maneira similar a

111

seus companheiros cariocas, lançaram, em janeiro de 1954, um manifesto político. Pela proposta, cada categoria profissional deveria aprovar um conjunto de reivindicações e lançar o seu candidato para concorrer nas eleições. O operário escolhido não teria compromissos de caráter político-partidário, mas somente com "aquilo que é fundamental para a sua classe". Unidos em torno de um programa comum, o manifesto ainda defendia uma mesma palavra de ordem para todos os assalariados: "Trabalhador não vota em 'tubarão'. Trabalhador vota em trabalhador."[50]

Em tempo muito curto, os dirigentes sindicais comunistas e trabalhistas romperam com o cerco político, jurídico e policial que imperava desde o governo Dutra e, revoltados com as grandes perdas salariais, deflagraram greves consecutivas. Uniram-se com o objetivo de participar do processo político, elegendo seus candidatos para o parlamento. Os líderes sindicais não mais se satisfaziam em eleger profissionais da política. Queriam atuar politicamente no parlamento.

É desse período o surgimento de novidades no movimento sindical — que somente cresceriam até o início dos anos 1960: as intersindicais. Sem questionar ou romper com a legislação corporativista, os dirigentes das organizações de trabalhadores a subvertiam, unindo sindicatos de diferentes categorias com o objetivo de se articularem em conjunto — prática proibida pela CLT. Experiência que demonstrou êxito durante a greve dos 300 mil,[51] entre fins de 1953 e o início do ano seguinte, as intersindicais passaram a interferir na vida política do país, defendendo um programa mínimo para lançar candidatos nas eleições e pressionando empresários e governo federal por ganhos materiais.

Em janeiro de 1954, uma nova intersindical surgiu no cenário político. Um grupo de sindicalistas, representando a maioria dos trabalhadores do Distrito Federal e de diversos estados, foi recebido em audiência pelo presidente da República e seu ministro do Trabalho. A reivindicação era dobrar o salário mínimo, sem descontos na alimentação, sem a cláusula da assiduidade integral e com garantias contra o desemprego.[52] Luiz França, falando em nome dos colegas, disse a Vargas: "V. Exa. disse certa vez que os trabalhadores jamais o decepcionaram, e nós estamos aqui para declarar: temos a certeza de que V. Exa. jamais decepcionará os trabalhadores."[53]

Do encontro surgiu a Comissão Intersindical do Movimento Pró-Salário Mínimo de Cr$ 2.400,00, que promoveu uma série de manifesta-

O MINISTRO DO POVO

ções. No primeiro comício promovido pela Comissão, na Esplanada do Castelo, milhares de trabalhadores ouviram líderes sindicais trabalhistas e comunistas. Duas moções foram votadas e entregues ao presidente da República. A primeira pedia dobrar o salário mínimo e congelar os preços vigentes em junho de 1953. A segunda pedia maior rigor na fiscalização do Ministério do Trabalho nas empresas, o fim da cláusula de assiduidade integral e dos descontos na alimentação.

Ao mesmo tempo que as lideranças se mobilizavam em intersindicais para lançar candidatos para as eleições e pressionar o governo para duplicar o salário mínimo, novas greves se sucediam pelo país. O conjunto de categorias em mobilização permitiu que manchetes nos jornais anunciassem: "milhares de trabalhadores no caminho da greve geral".[54] Mais grave ainda na percepção dos conservadores era o surgimento do sindicalismo rural. As viagens de Goulart pelo interior de São Paulo, norte do Paraná e região do Triângulo Mineiro, bem como sua proposta de estender a legislação social aos homens do campo, foram interpretadas pelas oposições como atitude politicamente inaceitável.

Outra iniciativa de Jango, porém, a última de sua gestão, selou a sua carreira de ministro de Estado. Tratava dos estudos sobre o aumento do salário mínimo que começaram em fins de 1953. Nessa época, o processo de cálculo era discutido em câmaras regionais formadas por uma pessoa teoricamente isenta, como um professor universitário, um técnico do Serviço de Estatística do ministério, invariavelmente próximo do PTB, e por um número igual de representantes de trabalhadores e empresários. A escolha de todos eles era da alçada do governo, o que facilitava a aprovação de seus projetos.[55]

Seguindo a proposta do ministério, com a concordância de Vargas, as comissões aprovaram a duplicação do salário mínimo, respondendo aos clamores do movimento sindical. O projeto de elevar o salário para Cr$ 2.400,00 desencadeou novos ataques na imprensa e acelerou a conspiração civil-militar, aproximando ainda mais setores da UDN de facções do Exército. Na *Tribuna da Imprensa*, João Duarte Filho afirmou que Goulart, "com a leviandade de todos os demagogos e de todos os primários políticos",[56] obrigaria os empresários a demitir trabalhadores, incapacitados que ficariam de pagar tão elevada quantia. Incitando os militares a se manifestar, ele escreveu que, diante da notícia do novo salário mínimo, "os chefes militares conservaram a cabeça fria, o raciocínio equilibrado, o olho aberto para as diabruras do frangote Jango", pois "o novo salário mínimo criará um verdadeiro ambiente de inquietações no Exército, onde o operariado civil, o pessoal de obras, vai ganhar mais do que os praças, cabos e sargentos".[57]

Convocados e mesmo provocados a comparecer ao cenário político, em meados de fevereiro, os militares se pronunciaram, assim como esperavam as oposições. Em um texto conhecido como "Manifesto dos coronéis",[58] 82 oficiais do Exército reclamaram do desaparelhamento da instituição, como fardamento inadequado, equipamento bélico obsoleto, ausência de depósitos, deficiência no aperfeiçoamento profissional dos quadros, falta de material para comunicação, carência de terrenos, tropas mal assistidas, quartéis insuficientes e hospitais em condições precárias. Protestando também contra a disparidade salarial entre funcionários civis e militares, que beneficiava os primeiros, sobretudo aqueles com diplomas de curso superior, os coronéis e tenentes-coronéis lamentaram ainda "o avanço da corrupção administrativa que ascende escândalos nas manchetes dos jornais (...), o clima de negociatas, desfalques e malversações de verbas", que atingem até mesmo o Exército, "cujo padrão de honestidade e decência administrativa está acima das mais leves suspeitas ou críticas". Com o clima de inquietação reinante nas Forças Armadas, eles afirmaram sua contrariedade: "A elevação do salário mínimo a nível que, nos grandes centros do país, quase atingirá os vencimentos máximos de um graduado, resultará, por certo, se não corrigido de alguma forma, em aberrante subversão de todos os valores profissionais."

O manifesto, inicialmente entregue às autoridades superiores do Exército, logo foi conhecido pelo público por meio da imprensa oposicionista. Muitos dos signatários do documento, mais tarde promovidos a generais, teriam um papel de relevo no regime imposto pelas Forças Armadas em 1964, entre eles Sylvio Frota, Ednardo D'Ávila Mello, Golbery do Couto e Silva, Antônio Carlos Muricy, Adalberto Pereira dos Santos, Jurandir Bizarria Mamede, Syseno Sarmento, Amaury Kruel, Fritz de Azevedo Manso e Euler Bentes Monteiro. Golbery teria sido o redator do texto. Nos meios conservadores, a manifestação política dos coronéis foi recebida com grandes elogios. "Os que o assinaram", diz em editorial *Correio da Manhã*, "são, todos, oficiais da mais alta respeitabilidade, impecáveis na disciplina e discrição." Qualificados pela "alta responsabilidade e consciência cívica", eles, segundo o jornal, "não recuaram perante

O MINISTRO DO POVO

o risco de uma increpação insidiosa de indisciplina" e deram um depoimento "que ninguém estava mais qualificado a dar".[59]

O manifesto alcançou grande repercussão. Na Câmara dos Deputados, o Sr. Armando Falcão comentou o teor do texto: "Trata-se de um documento elevado e impessoal, que não é contra ninguém, mas a favor do Brasil. Põe em tela a onda de corrupção que avassala o Brasil e mostra como está se agravando a infiltração e a expansão comunista."[60] No Senado, Assis Chateaubriand acusou Vargas de criar o Ministério da Propaganda, dirigido por seu ministro do Trabalho. Além de qualificar os funcionários daquela pasta de "agitadores, marxistas e totalitários", ele denunciou que "o político rio-grandense, há (...) de oito meses, não faz outra coisa senão desenvolver a mais cruel e atormentada luta de classes até hoje vista. Nem o Partido Comunista já produziu uma campanha de atrito de classes tão perfeita, com o colorido político que o Sr. Goulart tem desenvolvido".[61]

No mesmo dia em que o "Manifesto dos coronéis" foi publicado na imprensa, outro documento também pôde ser lido nas páginas dos jornais. Traduzindo as apreensões da extrema direita, a Secretaria Geral da "Cruzada Brasileira Anticomunista", comemorando seu segundo aniversário, publicou o seu manifesto. Com a missão de alertar o povo e o proletariado acerca da criminosa propaganda marxista que, de maneira solerte, procura ludibriar os "ingênuos, os humildes e o sofredores" com "teorias absurdas e falsas promessas", a Cruzada denunciou a entrega de postos-chaves da administração pública a notórios bolchevistas e, em particular, a "campanha marxista de incitação à subversão social e à luta de classes a cargo do Ministério do Trabalho."[62]

A insatisfação dos trabalhadores com as grandes perdas salariais demonstrou que o apreço que dedicavam a Vargas não era incondicional. Revoltados, eles se mobilizaram em suas organizações sindicais e assumiram comportamentos potencialmente "ruptivos", no dizer de Lucilia de Almeida Neves.[63] Os trabalhistas, igualmente insatisfeitos com o presidente, procuraram seguir caminhos mais independentes. No entanto, na sensibilidade política das oposições civil e militar, era necessário um retorno ao passado, aos padrões do governo Dutra, quando o movimento sindical se encontrava cerceado por uma legislação restritiva e os trabalhadores acuados pela ação policial. Para os conservadores, particularmente a liberal UDN, as greves nada mais eram do que sinônimo de caos promovidas pelo Ministério do Trabalho; para os militares, ganhos salariais para os operários significavam uma aberrante subversão dos valores profissionais; na concepção da extrema direita, que agora surgia abertamente em público, como a "Liga Pró-Ordem e Progresso" e a "Cruzada Brasileira Anticomunista", tudo se resumia em assustadora escalada bolchevista, que deveria ser reprimida por uma ação policial sem restrições. O cerco político a Goulart e ao movimento sindical, que aumentou gradativamente ao longo do segundo semestre de 1953, se estreitou perigosamente no início de 1954.

Trabalhadores e dirigentes sindicais reagiram, exigindo o ganho salarial e apoiando o ministro. O projeto que duplicava o salário mínimo, para eles, era uma conquista que não admitiam perder. No Rio de Janeiro, em São Paulo, Recife, Salvador e em outras capitais do país, manifestações exigiram a decretação do novo salário. Em Belo Horizonte, dezenas de sindicalistas reunidos em assembleia, patrocinada por uma nova intersindical, a Comissão Permanente do Congresso dos Trabalhadores, manifestaram sua revolta. O presidente do Sindicato dos Trabalhadores da Companhia Morro Velho, após exigir a duplicação do salário mínimo e o congelamento dos preços, declarou: "Descer o salário mínimo é provocar a revolução dentro do país." Diversos outros dirigentes, na mesma linha de argumentação, exigiram o reajuste salarial com congelamento dos preços e enalteceram a gestão de Goulart.[64]

Escandalizada com a política pública desenvolvida pelo ministro do Trabalho e com a mobilização do movimento sindical, a imprensa oposicionista, ao longo dos meses, desencadeou uma campanha agressiva e sistemática, despertando a ira da extrema direita. Em pouco tempo, os ataques surtiram o efeito esperado: com a entrada dos militares nos debates políticos, uma nova crise abalou o governo de Vargas e a oposição civil ganhou um trunfo, decisivo, para derrubar Goulart do ministério. Hugo de Faria, bem-informado do que se passava nos quartéis, alertou o ministro sobre as resistências que enfrentaria ao duplicar o salário mínimo: "Olha, se o senhor mantiver sua política nesse ponto, vai deixar o ministério, porque a pressão militar vai ser de tal ordem que o Dr. Getulio não vai ter condições de resistir." "Não; prefiro deixar o ministério a deixar de dar o salário mínimo", Goulart respondeu.[65]

Em meados de fevereiro, as pressões contra a permanência de Jango no ministério alcançaram um nível muito perigoso para o governo.

O MINISTRO DO POVO

Cada vez mais isolado politicamente, as alternativas de Vargas se restringiram, sobretudo após a manifestação dos militares. No dia 21 daquele mês, Goulart declarou a um repórter do jornal *Última Hora*: "Deixarei o Ministério do Trabalho. Mas os trabalhadores podem ficar tranquilos, porque prosseguirei na luta ao lado deles, mudando apenas de trincheira. Agora, terei muito mais liberdade de ação."[66]

Segundo a avaliação de Leonel Brizola, Jango, para evitar o agravamento da crise política e o consequente desgaste do governo, combinou com Getulio a sua própria demissão, embora o custo fosse a duplicação do salário mínimo — o que ocorreria mais adiante.[67]

A notícia foi recebida com revolta e muita contrariedade nos meios sindicais. No dia seguinte, mais de 450 telegramas, oriundos de vários estados, chegaram ao ministério manifestando solidariedade ao ministro do Trabalho.[68] De Porto Alegre, dirigentes sindicais enviaram um memorial ao presidente da República. A intenção deles era deflagrar uma greve geral se a sua saída do governo fosse confirmada.[69] No mesmo dia, o ministro chegava ao Palácio Rio Negro, em Petrópolis, para entregar sua carta de demissão ao presidente. Nos portões do Palácio, ele se recusou a mostrá-la aos jornalistas, mas sabia-se que nela constava a sugestão de manter a duplicação do salário mínimo e, em anexo, um anteprojeto de lei que estendia a legislação social aos trabalhadores rurais. Mesmo com a insistência dos repórteres, ele não confirmou o teor dos documentos e limitou-se a desaconselhar os sindicalistas a promover greves de protestos por sua demissão.[70]

Enquanto Goulart era recebido pelo presidente, novas manifestações de solidariedade vinham a público. Telegramas oriundos de todos os estados continuavam a chegar ao Ministério do Trabalho e, ao final do dia, somavam mais de 1.200.[71] Sindicalistas, jornalistas, professores, políticos e militantes do PTB manifestaram solidariedade. Um novo memorial foi enviado a Vargas por um grupo de dirigentes sindicais. Elogiando Goulart pelo seu "desprendimento" e por sua "atuação brilhante" em favor da classe trabalhadora, eles pediram ao presidente que o mantivesse no cargo, porque "o digníssimo Dr. João Goulart, graças a seu espírito lúcido e sua avançada concepção humana do trabalho, soube distinguir o proletariado não como massa serviçal em função das conveniências financeiras dos patrões, mas, sim, como classe social de evidentes e honrosos méritos".[72] Para eles, Jango "tem sabido despertar o trabalhador da letargia de uma tediosa ação rotineira, não para ameaçar a integridade das nossas instituições — como propalam aqueles que se intitulam defensores da democracia, mas que têm medo de que o trabalhador participe dessa mesma democracia".

Reconhecendo que formavam uma classe social, com identidade e interesses próprios, trabalhadores e líderes sindicais, após romperem o cerco repressivo do governo Dutra, avançaram no sentido de obter ganhos salariais, ampliar os direitos sociais e afirmar a cidadania política, participando ativamente das instituições. Porém, ironizando o teor do texto, a imprensa oposicionista qualificou o documento dos sindicalistas como o "manifesto dos pelegos" — certamente comparando-o com o dos coronéis. Contrapondo imagens antagônicas e qualitativamente diferentes, os jornais comparavam os protestos dos militares com os dos dirigentes sindicais, sugerindo que os primeiros seriam guiados por noções elevadas, como patriotismo, civismo, equilíbrio e respeitabilidade, enquanto os segundos, sempre com ambições menores, estariam deformados pela corrupção, pelo servilismo, pelo empreguismo, pela cooptação estatal e pelos interesses particulares de classe. A expressão "pelego" era utilizada para descrever qualquer dirigente sindical, principalmente aqueles próximos aos trabalhistas ou comunistas.

Para os grupos conservadores, não haveria lugar na sociedade para manifestações do movimento sindical, sobretudo se os trabalhadores e seus líderes exigissem maiores benefícios sociais e procurassem atuar politicamente. As prerrogativas da cidadania política deveriam se restringir aos membros das elites, incluindo os oficiais militares. Dirigentes e militantes sindicais, exatamente por serem definidos como "pelegos", e logo desqualificados, não tinham méritos para exercê-las.

Apesar dos ataques da imprensa, centenas de telegramas e manifestos de sindicalistas continuaram a chegar ao Ministério do Trabalho. O prestígio de João Goulart entre os trabalhadores e o movimento sindical era enorme nesse momento. Até a crise de março de 1964, o ministério seria a área de influência do PTB e do próprio Jango.

Os oito meses em que Jango esteve à frente da pasta do Trabalho são considerados por Angela de Castro Gomes um "acontecimento biográfico". Trata-se de um momento fundador na sua trajetória política e de vida em dois sentidos. No primeiro, foi construída uma imagem de Goulart para seus correligionários de partido, para o movimento sindical e para o eleitorado petebista como a do político nacionalista e reformista que

O MINISTRO DO POVO

pagou um alto preço por defender os trabalhadores urbanos e rurais. Tal imagem deu origem ao segundo sentido de sua trajetória política, aquela descrita pelos seus adversários da UDN, de setores do empresariado e de grupos expressivos de militares: o do político "fraco", "manipulador" dos operários, capaz de obter popularidade fácil por meio da "demagogia". Como diz a autora, a partir de sua gestão no Ministério do Trabalho, dependendo de quem estivesse avaliando sua imagem, "ela pode ser conotada como altamente positiva ou perigosamente negativa".[73]

Com sua saída do ministério, Hugo de Faria foi nomeado por Vargas para sucedê-lo em caráter interino — e lá permaneceu até agosto de 1954. Em sua gestão como titular da pasta, ele continuou com a política de seu antecessor, conversando com empresários e dirigentes sindicais, além de antecipar-se aos movimentos grevistas e, por meio da negociação, evitar paralisações. No plano internacional, Faria procurou desfazer a imagem de Jango como líder peronista ou comunista. A sua maior realização com o aval de Vargas foi a duplicação do salário mínimo em 1º de maio, assim como fora proposto por Jango.

A continuidade no estilo não foi casual. Anos mais tarde, ele confessou: "O Dr. João Goulart foi mais ministro no período de fevereiro a agosto do que quando ele foi ministro." Com escrúpulos pessoais e profissionais, Faria, diante de resoluções delicadas ou importantes, telefonava para Jango e, juntos, as discutiam durante jantares no Hotel Regente. Graças a sua imagem de homem reacionário e de seu bom trânsito entre grupos conservadores, ele deu andamento ao programa de seu antecessor, poupando o governo das violentas críticas. Goulart, assim, continuou com prestígio entre os dirigentes sindicais, mas agora a salvo das perseguições da imprensa e livre para as atividades políticas. Hugo de Faria, assumindo toda a rotina ministerial, deu continuidade à prática que, mesmo contrariado, aprendera com Jango ao longo daqueles meses: conversar com sindicalistas e trabalhadores. Diariamente, "eu entrava no ministério às nove e normalmente saía à meia-noite, uma da manhã. Era uma época de exaustão. Almoçava no ministério, jantava no ministério, porque até umas nove horas, eu atendia; das nove às dez, eu jantava no salão do décimo quarto andar; e das dez à meia-noite, eu despachava o expediente. Porque já não tinha tempo, e a necessidade de conversar e de convencer... Eu pesava 107 quilos, quando saí do ministério pesava 91, não fiz regime nem nada..."[74]

JOÃO GOULART – UMA BIOGRAFIA

Os trabalhadores e o movimento sindical, no entanto, ainda exigiam a presença de Jango à frente do ministério. Em 1º de maio, com a duplicação do salário mínimo, assim como defendeu o ex-ministro, um abaixoassinado de sindicalistas endereçado a Vargas pedia a volta ao ministério "do amigo número UM dos trabalhadores, o Sr. João Goulart. Nossa atitude é tomada tendo em vista a maneira pela qual tem tratado João Goulart os trabalhadores brasileiros, mui especialmente no sentido da luta pela conquista do salário mínimo que hoje acaba de ser decretado".[75]

NOTAS

1. As informações que se seguem estão em Hugo de Faria (depoimento), Rio de Janeiro, FGV/CPDOC — História Oral, 1983, pp. 67-70, 74, 79-82.
2. *Última Hora*, Rio de Janeiro, 26/6/1953, p. 6.
3. Idem, 19 de junho de 1953, p. 2.
4. Raul Ryff (depoimento), Rio de Janeiro, FGV/CPDOC — História Oral, 1984, pp. 122-123, 176.
5. Moisés Vinhas, *O partidão. A luta por um partido de massas, 1922-1974*, São Paulo, Hucitec, 1982, p. 129.
6. Hércules Corrêa, *Memórias de um stalinista*, Rio de Janeiro, Opera Nostra, 1994, pp. 69 e 71.
7. *Última Hora*, Rio de Janeiro, 30 de junho de 1953, p. 6.
8. Raul Ryff (depoimento), op. cit., pp. 174-175. A categoria dos marítimos incluía uma série de sindicatos (foguistas, eletricistas, oficiais de náutica, oficiais de máquinas, entre diversos outros). Todos os sindicatos estavam reunidos na Federação Nacional dos Trabalhadores em Transportes Marítimos e Fluviais, presidida por João Batista de Almeida, o "Laranjeiras". Enquanto os trabalhadores e os presidentes de sindicatos lutavam pela greve, Laranjeiras se opôs. Então exigiram sua substituição. Ver Angela de Castro Gomes, in Marieta de Moraes Ferreira (coord.), op. cit.
9. *Tribuna da Imprensa*, Rio de Janeiro, 3-4/10/1953, p. 4.
10. Ver Lucilia de Almeida Neves, op. cit., pp. 138 e seguintes.
11. Citado em idem, p. 139.
12. Maria Celina D'Araujo, op. cit., p. 170.
13. *O Radical*, Rio de Janeiro, 9/8/1953, pp. 1 e 5.
14. Lucília de Almeida Neves, op. cit., p. 141.
15. Idem, p. 151.

O MINISTRO DO POVO

16. As informações que se seguem estão em Hugo de Faria (depoimento), op. cit., pp. 83-86, 88, 89 e 99.
17. CPDOC/FGV, Inventário Getulio Vargas, GV 53.12.00/5, rolo 16.
18. Hugo de Faria (depoimento), op. cit., p. 85.
19. *O Radical*, Rio de Janeiro, 15/7/1953, p. 5.
20. As informações que se seguem estão em Hugo de Faria (depoimento), op. cit., pp. 90-93, 104-106.
21. Idem, p. 102.
22. *O Radical*, Rio de Janeiro, 15/7/1953, p. 3.
23. Hugo de Faria (depoimento), op. cit., p. 100.
24. *O Dia*, Rio de Janeiro, 22/9/1953, p. 2.
25. Depoimento de Yolanda Marques Goulart ao autor, São Borja, 2003.
26. Depoimento de Maria Thereza Goulart ao autor e a Angela de Castro Gomes, Rio de Janeiro, 2003.
27. *O Radical*, Rio de Janeiro, 16/10/1953, p. 2.
28. Idem, 16/10/1953, p. 2; 18/10/1953, p. 2; e 21/10/1953, p. 2. Raul Ryff (depoimento), op. cit., p. 176.
29. *O Radical*, Rio de Janeiro, 21/10/1953, p. 7 e *Tribuna da Imprensa*, Rio de Janeiro, 20/10/1953, p. 2.
30. As citações que se seguem estão em *O Radical*, Rio de Janeiro, 28/10/1953, p. 2, e *Última Hora*, Rio de Janeiro, 27-28/10/1953, p. 2.
31. *Última Hora*, Rio de Janeiro, 30/6/1953, p. 3.
32. Maria Celina D'Araujo, op. cit., pp. 100-104.
33. Raul Ryff (depoimento), op. cit., p. 261.
34. Lucilia de Almeida Neves, op. cit., p. 133.
35. Maria Victoria de Mesquita Benevides, op. cit., p. 85.
36. *Diário de Notícias*, Rio de Janeiro, 9/9/1953, p. 4.
37. *Tribuna da Imprensa*, Rio de Janeiro, 20/10/1953, p. 3.
38. Hugo de Faria (depoimento), op. cit., p. 107.
39. *Diário de Notícias*, Rio de Janeiro, 9/9/1953, p. 4.
40. *Tribuna da Imprensa*, Rio de Janeiro, 8/7/1953, p. 10, e 5/8/1953, p. 10.
41. *Última Hora*, Rio de Janeiro, 7/8/1953, p. 7.
42. *Tribuna da Imprensa*. Rio de Janeiro, 7/8/1953, p. 12.
43. Idem, 8/9/1953, p. 2.
44. Idem, 6/10/1953, p. 8.
45. Idem, 7/10/1953, p. 4.
46. Maria Victoria de Mesquita Benevides, op. cit., pp. 242, 250, 252 e 253.
47. *O Radical*, Rio de Janeiro, 5/8/1953, p. 10.
48. As citações que se seguem estão em idem, 7/8/1953, p. 5 e *Última Hora*, Rio de Janeiro, 6/8/1953, p. 2.
49. *Última Hora*, Rio de Janeiro, 18/11/1953, p. 4.

50. Idem, 29/1/1954, p. 7

51. A união de sindicatos na greve deu origem ao Pacto de Unidade Intersindical (PUI), mais tarde transformado no Pacto de Unidade e Ação (PUA).

52. A cláusula da assiduidade integral era incluída nas convenções coletivas pela Justiça do Trabalho e implicava que o pagamento integral do índice de reajuste salarial dependia da assiduidade e pontualidade do trabalhador.

53. *Última Hora*, Rio de Janeiro, 14/1/1954, p. 3.

54. Idem, 26/11/1953.

55. Hugo de Faria (depoimento), op. cit., pp. 95 e 96.

56. *Tribuna da Imprensa*, Rio de Janeiro, 9-10/1/1954, p. 3.

57. Idem, 10/2/1954, p. 2.

58. Idem, 24/2/1954, p. 3.

59. *Correio da Manhã*, Rio de Janeiro, 17/2/1954, p. 12.

60. Idem, 17/2/1954, p. 12.

61. *Tribuna da Imprensa*, Rio de Janeiro, 20-21/2/1954, p. 2.

62. *O Jornal*, Rio de Janeiro, 16/2/1954, p. 3.

63. Lucilia de Almeida Neves, op. cit., p. 130.

64. Arquivo Nacional, Segurança Nacional, 1954.

65. Hugo de Faria (depoimento), op. cit., p. 86.

66. *Última Hora*, Rio de Janeiro, 22/2/1954, p. 11.

67. Leonel Brizola, depoimento concedido no ICFS/UFRJ em 21/2/2001.

68. *O Radical*, Rio de Janeiro, 23/2/1954, p. 2.

69. Idem, primeira página.

70. *O Jornal*, Rio de Janeiro, 23/2/1954, p.10.

71. A título de exemplo, somente do estado de Pernambuco telegrafaram os sindicatos dos trabalhadores do café, do comércio armazenador, do setor de carnes frescas, do couro, do fumo, do açúcar, da construção civil, de bebidas, de panificação, de olaria, de calçados, da estiva, carregadores rodoviários e da indústria naval, gráfica e metalúrgica, além de diversas federações. Ver *O Radical*, Rio de Janeiro, 23/2/1954, p. 3.

72. *Correio da Manhã*, Rio de Janeiro, 23/2/1954, p. 12.

73. Angela de Castro Gomes, citada em Marieta de Moraes Ferreira (coord.), op. cit., pp. 23-33.

74. Hugo de Faria (depoimento), op. cit., pp. 119-126.

75. CPDOC/FGV, Inventário Getulio Vargas, GV 54.05.02, rolo 18. Assinaram o manifesto os presidentes da Federação dos Trabalhadores no Transporte Rodoviário do Estado de São Paulo, do Sindicato dos Condutores de Veículos Rodoviários e Anexos de São Paulo, do Sindicato dos Condutores de Veículos Rodoviários de Santo André, São Caetano do Sul e São Bernardo do Campo, seguidos de 1.834 assinaturas.

CAPÍTULO 4 Épocas de crises

A saída de Jango do ministério não satisfez as oposições, e o prestígio do governo continuava abalado. A crise era política. Vargas retornou ao poder pelo voto nas eleições de 1950, mas seu governo foi marcado pela intransigência das oposições em reconhecer sua legitimidade. Os ataques vinham tanto da UDN quanto do PCB. Por mais que o presidente procurasse acordos e pactos com os udenistas, estes, à exceção de sua ala fisiológica, negavam-se a qualquer possibilidade de compromisso. Da tribuna da Câmara de Deputados, a "banda de música" da UDN, diariamente, atacava o governo. Para os liberal-conservadores era inconcebível que o ditador do Estado Novo retornasse ao poder, sobretudo por meio do voto. Somente com o recurso da demagogia e pela manipulação de uma massa de eleitores incultos e desinformados um ditador simpático ao fascismo poderia eleger-se, alegavam os udenistas. Atacá-lo, denunciá-lo e insultá-lo, negando-se a qualquer aproximação, tornou-se a estratégia dos setores mais radicais.

Segundo Maria Celina D'Araujo, na UDN "predomina uma postura intransigente e de não colaboracionismo, e o partido passa não apenas a se alhear das funções governamentais, deixando que o governo resolva seus problemas sozinho, como ainda decide dificultar ao máximo e, se possível, obstruir as possibilidades do governo".[1] Assim, qualquer atitude de Vargas era vista com desconfiança. Seu ministro do Trabalho, João Goulart, como vimos, fora acusado de demagogo, manipulador de sindicatos e fomentador de greves. João Neves da Fontoura, ministro das Relações Exteriores, denunciou a assinatura do pacto ABC (Argentina, Brasil, Chile) de resistência à política norte-americana para a América do Sul. A revelação provocou uma nova crise política, permitindo que a UDN entrasse com processo de *impeachment* contra Vargas. Com praticamente toda a imprensa hostil a seu governo, Vargas ajudou Samuel

Wainer a fundar o jornal *Última Hora*. A campanha movida pelos proprietários de grandes jornais, tendo à frente Carlos Lacerda, resultou na prisão de Wainer.

Carlos Lacerda, o maior crítico de Vargas, que fundara seu *Tribuna da Imprensa* com um generoso empréstimo do Banco de Crédito Real de Minas Gerais, pregava, desde 1952, a instauração de um "estado de emergência". Os eleitos pelo povo deveriam ser "removidos" para o "aprimoramento da democracia". Os Diários Associados, *O Globo* e *O Estado de S. Paulo* apoiaram as propostas golpistas de Lacerda. Como o senador norte-americano McCarthy, avalia Claudio Bojunga, Lacerda recorria à técnica da "mentira múltipla".[2]

A UDN, por duas vezes derrotada com seu candidato à presidência da República, o brigadeiro Eduardo Gomes, em 1945 e em 1950, escolheu a estratégia de desqualificar Vargas para escamotear seu próprio infortúnio político. Procurar o apoio das Forças Armadas era uma das opções. Em 1945, a estratégia foi vitoriosa. Em 1950, para impedir a posse do presidente eleito, os udenistas recorreram à chicana da "maioria absoluta". Atuando nos tribunais ou procurando apoio militar, os udenistas mostravam sua inconformidade com as seguidas derrotas. Naquele momento, contudo, o conflito entre o projeto de nacional-estatismo de Vargas e o liberalismo dos conservadores atingiria o clímax, cindindo toda a sociedade. A opção pelo golpe foi amadurecida pelos grupos conservadores, tendo a UDN à frente, até tornar-se uma decisão irreversível a partir de 1953.[3]

Nos primeiros meses de 1954, os parlamentares udenistas e a grande imprensa atuaram como fatores de desestabilização do regime. A questão central era tirar Vargas da presidência da República, não importando os custos. Com grande acesso aos meios de comunicação, a oposição elaborou e difundiu um conjunto de símbolos que apontava para uma situação de impasse político. Com grande espaço em toda a imprensa, a oposição difundia e manejava imagens que procuravam, ao mesmo tempo, desqualificar o governo, indignar e mobilizar contra ele a população. Caudilho, corrupto, ambicioso, desonesto, violento, imoral, entre outras imagens extremamente negativas, assim os conservadores se esforçavam para desmerecer o presidente.

Vargas teve seu destino político selado quando, a mando de seu fiel chefe da Segurança, Gregório Fortunato, capangas tentaram matar Carlos

Lacerda. Conhecido como Anjo Negro, Gregório crescera como uma espécie de filho de criação de Getulio. Homem de pouca formação escolar, ele, por sua proximidade com o presidente e como chefe da Segurança do Palácio do Catete, foi se transformando em pessoa arrogante e prepotente. Muitos políticos e empresários, para adentrar no Catete, e assim ter acesso a ministros e secretários, passavam antes por ele. Fidelíssimo a Vargas e dedicando ódio mortal a Lacerda, ele interpretou a política nacional a partir de seus critérios.

O presidente, mesmo que não soubesse das iniciativas criminosas de Gregório, não teria como escapar das responsabilidades. Lacerda recebeu um tiro no pé, mas o seu guarda-costas, o major da Aeronáutica Rubens Vaz, foi ferido de morte.[4] A partir daí aumentou a intensidade dos ataques ao presidente. Com habilidade, o militar foi transformado, naquele momento, no maior símbolo na luta contra o "mal". Na primeira página de seu jornal, *Tribuna da Imprensa*, com o título "O sangue de um inocente", Carlos Lacerda lembrou da medalha de herói do Correio Aéreo Nacional e dos quatro filhos do major, manipulando a imagem dos "órfãos de guerra". Sem esperar as investigações policiais, Lacerda ainda declarou: "Mas, perante Deus, acuso um só homem como responsável por esse crime. É o protetor dos ladrões. Esse homem é Getulio Vargas."[5]

Após o atentado da rua Tonelero, as elites conservadoras não mais esperariam a realização das próximas eleições presidenciais. Na imprensa, generais, brigadeiros e almirantes eram incitados a derrubar Vargas. A Aeronáutica tomou a frente do inquérito para desvendar o crime. O grupo encarregado das investigações, pela total liberdade de ação, ficou conhecido como "República do Galeão". Nesse momento, a oficialidade da FAB estava em estado de rebelião contra o presidente, exigindo a sua renúncia. A Marinha, arma tradicionalmente hostil a Vargas, encampou a tese, ao lado de diversos generais do Exército.[6] As tropas, de prontidão, passaram a conviver com cenas de insubordinação e radicalização entre as facções golpistas e as legalistas.

Dias antes, Vargas chamara seu secretário informal e presidente do BNDE José Soares Maciel Filho e pedira-lhe que redigisse uma carta-testamento. O presidente já havia rascunhado algumas frases: "A mentira, a calúnia, as mais torpes invencionices foram geradas pela malignidade de rancorosos." Ou então: "Velho e cansado, preferi ir prestar contas ao senhor não de crimes que não cometi, mas de poderosos interesses que contrariei. (...) A resposta do povo virá mais tarde." Dias depois, ele perguntaria a Lutero Vargas, seu filho médico, onde se localizava, com exatidão, o coração.[7]

Naqueles dias difíceis, uma das poucas personalidades de importância no quadro político nacional que demonstrou apoio ao presidente foi Juscelino Kubitschek. Em visita a Minas Gerais para inaugurar uma usina no dia 12 de agosto, Getulio recebeu do governador mineiro a solidariedade que lhe faltava.

Acuado diante da crise, com margem mínima de manobra, Vargas encontrava-se em situação dificílima. Sem poder se defender dos ataques, perdendo a legitimidade, pressentia o golpe que se armava. Oficiais da Aeronáutica entraram no Palácio do Catete e confiscaram os arquivos pessoais de Gregório. Quando seu próprio filho foi convocado para depor na "República do Galeão", ele percebeu que seria o próximo. Para um homem de 71 anos, com seu passado político, tratava-se, nas palavras de Samuel Wainer, "de uma humilhação insuportável".[8] O grande trunfo de que dispunha, sua capacidade de mobilizar os trabalhadores, poderia resultar em lutas sangrentas. O único veículo de comunicação que o apoiava, o jornal *Última Hora*, apesar do grande esforço, não conseguia dar conta do enorme volume de denúncias e acusações contra o presidente. Em 22 de agosto, ele recebeu um documento assinado por brigadeiros da Aeronáutica pedindo sua renúncia. Sua resposta foi dura: "Daqui só saio morto. Estou muito velho para ser desmoralizado e já não tenho razões para temer a morte."

No dia seguinte, oficiais da Marinha manifestaram solidariedade aos colegas da FAB. À noite, um grupo de generais do Exército também se solidarizou com os brigadeiros.

Enquanto isso, Maciel Filho trabalhava na redação da carta-testamento com base nos manuscritos de Vargas. Alterações foram realizadas, como a inclusão da palavra "serenamente" na última frase. Com o trabalho realizado e a concordância final do presidente, Maciel Filho incumbiu seu filho de datilografar o texto em três vias. Diante do tom dramático, tomado pela emoção, ele não conseguiu. Um funcionário realizou o serviço.[9]

Nas primeiras horas do dia 24, Vargas presidiu o que seria sua última reunião ministerial. O ministro da Guerra, Zenóbio da Costa, argumentou que muito dificilmente a oficialidade do Exército agiria contra seus colegas da Aeronáutica e da Marinha. Certamente haveria muito sangue derramado. Os ministros das forças de ar e mar defenderam a renúncia do presidente. Amaral Peixoto, em posição conciliatória, propôs o licenciamento de Vargas do cargo até que o crime da rua Tonelero fosse devidamente esclarecido. O presidente disse aceitar a proposta. Tancredo Neves escreveu uma nota comunicando a decisão de Getulio e, pouco antes das 5h da manhã, a notícia foi divulgada ao país. Contudo, duas horas depois, um grupo de generais chegou ao Palácio do Catete exigindo que o licenciamento se transformasse em renúncia. Vargas, na verdade, estava sendo deposto do cargo. Ao saber do ultimato que recebia, pouco depois das 7h da manhã, ele recolheu-se aos seus aposentos. Suas alternativas eram mínimas: renunciava à presidência da República, ao custo de sua desmoralização política, ou seria deposto por um golpe militar.

João Goulart acompanhou a crise política solidário a Getulio, próximo a ele durante todo o período. Porém, evitou atuar diretamente na defesa do presidente. Qualquer intervenção no processo, sabiam ele e o próprio Vargas, somente iria agravar ainda mais a crise, alimentando as críticas das oposições. Na noite de 23 de agosto, ele comemorava o aniversário de 17 anos de Maria Thereza na residência de Espártaco e América. Em certo momento, por telefone, Vargas o convocou a comparecer imediatamente em seu gabinete. Com o semblante carregado, o presidente entregou a Jango um envelope lacrado e pediu que ele viajasse para Porto Alegre e informasse ao governador Ernesto Dornelles acerca da gravidade da situação. Sobre a carta, dentro do envelope, instruiu Goulart a revelá-la aos jornais do Rio Grande do Sul. Se não fosse possível, entregasse à imprensa argentina.[10]

Segundo depoimento a Jorge Otero, Jango percebeu que Vargas queria afastá-lo da cidade do Rio de Janeiro.[11] A insistência para que viajasse para o Rio Grande ou mesmo para a Argentina não passava de um artifício. Diante do protesto do amigo, Getulio foi incisivo: "Você é mais útil indo. Por favor, faça isso quanto antes." Visivelmente nervoso, entregou-lhe o envelope e acrescentou: "Vou dar-lhe este documento para que o leve. É de extrema importância. Guarde-o com muito cuidado. É um documento importante", insistiu Vargas. "Se for abri-lo, faça-o apenas quando estiver no avião. Então, e somente então, poderá lê-lo, se quiser. Quando estiver tranquilo. Antes, não. Ao chegar, mostre-o ao Ernesto

[Dornelles] e a outros amigos, se achar que deve fazê-lo. Você decidirá, depois de vê-lo."

Sabendo que Goulart não contaria com aviões da FAB, Vargas se dispôs a pedir um aparelho ao presidente da Varig. "Deve haver algum, de carga, que possa sair com destino a Porto Alegre." Jango percebia que estava sendo enganado, mas nem de longe desconfiava do que iria ocorrer. Em seu apartamento no Hotel Regente, entrou em contato com a Varig. Mas o avião, marcado para as seis da manhã do dia 24, não podia decolar por problemas técnicos. Cansado, sem dormir nas últimas noites devido à crise política, adormeceu, esperando o telefonema dos funcionários da Varig.

Alzira Vargas ouviu o estampido de um tiro. O pai estava morto. Sobre um móvel do quarto, Amaral Peixoto encontrou uma carta, logo nomeada de Carta-Testamento. Aquela que estava com Jango era uma cópia. O toque do telefone acordou João Goulart. "Venha logo, doutor. Venha com urgência ao Palácio", disse uma voz angustiada. Goulart saiu da cama para o volante de seu Chevrolet. No caminho, não tinha dúvida de que ocorrera um golpe de Estado. Na entrada do Palácio, quase bateu em uma pilastra. Um segurança deu-lhe a notícia do suicídio. Correndo até o quarto do presidente, ainda pôde ver o sangue no peito de Vargas, na altura do coração. Como milhões de outras pessoas, a perplexidade invadiu-lhe a alma. Que dizer? Como reagir? Não sabia. Só restou-lhe chorar a morte do amigo.

Duas horas depois, por volta das nove da manhã, o país, estarrecido, tomava conhecimento da morte do presidente e do conteúdo da carta-testamento pelos microfones da rádio Nacional. A carta tornou-se o manifesto do trabalhismo brasileiro e uma bandeira de luta contra os interesses dos monopólios estrangeiros. Com tom fortemente nacionalista, conclamava o povo a assumir a luta por sua libertação.

Com o tiro no peito, Getulio Vargas jogou com a própria imagem em longo prazo. A cartada foi meticulosamente planejada: se seus inimigos o queriam desmoralizado politicamente, ele foi muito além, entregando seu cadáver nos braços dos udenistas.

Se os opositores de Vargas ficaram paralisados com a notícia do suicídio, a população,[12] no entanto, soube que atitude tomar. No Rio de Janeiro, o sentimento de que o presidente sofrera uma imensa injustiça provocou violentos motins populares, apesar da repressão policial.

Na capital da República, a notícia do suicídio de Vargas detonou na população sentimentos de revolta e amargura. Grupos de populares, indignados, passaram a percorrer as ruas do centro da cidade com paus e pedras, enquanto outros ateavam fogo no material de propaganda política das oposições. Os símbolos mais visados, e destruídos com fúria, eram os dos candidatos da UDN. Tentaram, também, invadir os prédios dos jornais *O Globo* e *Tribuna da Imprensa,* mas foram impedidos pela polícia. Sem condições de dispersar os manifestantes, os policiais passaram a utilizar bombas de efeito moral, gás lacrimogêneo e armas de fogo. Várias pessoas ficaram feridas, três delas à bala. Outros grupos, ao se dirigir ao Palácio do Catete, passaram em frente da Embaixada dos Estados Unidos. Após apedrejar as vidraças da Standard Oil, começaram a vaiar e a jogar pedras e pedaços de pau na fachada da representação norte-americana.

Na manhã daquela dia, Maria Thereza e suas primas saíram para comprar pão. Caminharam pela rua Duvivier, em Copacabana, em busca de uma padaria. As cenas que presenciaram foram muito fortes. Nas lojas, os comerciantes aumentavam o volume dos rádios para que todos ouvissem a leitura da carta-testamento. As pessoas choravam compulsivamente. Grupos de três, quatro, cinco pessoas se formavam, conversavam e, juntas, choravam. Choravam com sinceridade, tristeza e dor. Impressionada com o que via, Maria Thereza não conseguia avaliar a dimensão das cenas dramáticas que presenciava.[13] "Comecei a amadurecer ali. Saí de uma fase de criança para ficar um pouco mais madura."[14]

Somente no dia seguinte, após a partida do caixão com o corpo de Vargas para São Borja, os motins diminuíram de intensidade, à custa de grande repressão. Nas imediações do aeroporto Santos Dumont, a multidão, que queria ver a partida do avião, foi atacada por forças da Aeronáutica. Diante de uma população desarmada, oficiais da FAB dispararam suas metralhadoras, lançaram granadas e bombas de gás lacrimogêneo e ainda atacaram os populares com golpes de espada. O resultado foi dezenas de feridos, muitos deles gravemente, e um morto.[15]

Em outras capitais, também ocorreram manifestações de violência e de lamento. Na manhã de 24 de agosto, milhares de pessoas se concentraram no centro político de Porto Alegre, na rua dos Andradas. Ali mesmo surgiram os primeiros grupos empunhando grandes retratos de Getulio Vargas e a bandeira nacional com uma tarja negra. Inicialmente, atacaram as sedes de partidos políticos hostis a Vargas, depredando e incendiando móveis e materiais de propaganda. Jornais e rádios oposicionistas também sofreram com as investidas populares, com invasões, depredações e incêndios.

Na cidade de São Paulo, operários de muitas empresas decidiram decretar greve e saíram em direção aos seus sindicatos. Uma passeata de protesto foi realizada sob a liderança dos sindicatos dos metalúrgicos e dos têxteis. Em Belo Horizonte, o comércio fechou as portas e houve tentativas de invasão de um jornal udenista e do Instituto Brasil-Estados Unidos. Em várias cidades do Nordeste do país, a morte do presidente foi recebida com grande impacto emocional. Nas capitais nordestinas, como Recife, Salvador, Natal, Fortaleza, Teresina e Aracaju o comércio deixou de funcionar e as aulas nos colégios foram suspensas. Muitos soldados tomaram as ruas. Passeatas de homenagem e protesto, invasões a residências de políticos de oposição, além de uma profunda mágoa estampada no rosto das pessoas, foram cenas comuns nessas capitais. Os comunistas foram pegos de surpresa no episódio do suicídio de Vargas. Se até a noite anterior faziam pesados ataques ao presidente, na manhã seguinte tentavam reverter mais um de seus "desvios", para usar a linguagem partidária.

É difícil descrever o choque de Jango com o suicídio. Ele perdia não só seu mentor político, mas também aquele que aprendera a amar como um amigo e um pai. Ele estava no avião que levou o corpo do presidente a São Borja, junto aos parentes mais próximos: a viúva, Darcy Vargas, a filha querida, Alzira, e o genro, Amaral Peixoto. Estava ali não como o político trabalhista, mas como um filho. No cemitério, seu discurso, diante do corpo de Vargas, foi indignado. Demonstrando amargura, ele iniciou chamando o presidente de "meu amigo Getulio Vargas" para, somente a seguir, qualificá-lo de "nosso grande e inesquecível chefe". A carta-testamento foi o material de que serviu para a homenagem. Lendo trechos do documento, ele o comentava com pesar e revolta. A carta seria a bandeira de luta, o lema, o hino e o catecismo de todos os trabalhadores. Ao dar liberdade aos trabalhadores, ao levar-lhes "um pouco de pão e tornar as suas existências um pouco mais compatível com a dignidade das criaturas humanas", a reação nunca o perdoou, levando-o ao túmulo. Também ao lutar pela produção nacional de petróleo, evitando o domínio dos trustes e monopólios, foi castigado pelos dirigentes de empresas estrangeiras que "devem estar neste instante com as mãos tintas de sangue". Ao ler novos trechos da carta-testamento, Jango lembrou-se das elites que, para melhor sugarem o suor dos trabalhadores, necessitavam destruir o presidente. No entanto, "nós, dentro da ordem e da lei, saberemos lutar com patriotismo e dignidade, inspirados no exemplo que nos legaste". O discurso se alongou, sempre seguindo os parágrafos da carta-testamento. Ao final, sem conter as lágrimas, despediu-se: "Até a volta, Dr. Getulio Vargas. Vai como foram os grandes homens. Tu que soubeste morrer, levas neste momento o abraço do povo brasileiro, levas especialmente o abraço dos humildes, levas o abraço daqueles que de mãos calejadas e honradas constroem a grandeza da nossa pátria. Nós estamos contigo e contigo está todo o povo brasileiro."[16]

Jango foi se reunir com as irmãs. Ainda desconsolado, percebeu que tinha um envelope no bolso do paletó. Somente então lembrou-se de que se tratava do documento entregue por Getulio. Com ansiedade, abriu-o. Cuidadosamente dobrado, estava a cópia da carta-testamento. Nesse momento, ele foi tomado por uma forte emoção. Tendo como testemunhas as irmãs, afinal se deu conta de que Vargas o escolhera como depositário da carta. As outras duas vias ele deixou em seu quarto, uma no cofre e a outra no criado-mudo. Mais uma vez Jango chorou.[17]

O suicídio não era esperado e surpreendeu e paralisou por algumas horas os grupos conservadores que apostavam na crise institucional. Com a morte do presidente, frustrou-se a estratégia de acirrar a crise, desmoralizando politicamente Vargas com a renúncia, visando à intervenção militar. Contudo, mesmo com o desaparecimento do presidente, o golpe político-militar ainda não estava descartado. Todos os quartéis da Marinha de Guerra ficaram em prontidão máxima.[18] Na maioria das capitais do país, os efetivos da Polícia do Exército invadiram as ruas. Por ordem dos comandantes do Exército, da Marinha e da Aeronáutica de várias regiões militares, todos os quartéis e regimentos a eles subordinados entraram em estado de prontidão. Se algum dispositivo militar fora planejado para o golpe político, na madrugada do dia 24 de agosto ele começou a ser posto em prática. Restava tão somente a iniciativa das lideranças civis para a deflagração do movimento.

Ao amanhecer, entraram em cena trabalhadores e populares, entre chocados e furiosos, atacando políticos antigetulistas, rádios, jornais e sedes de partidos de oposição. Carlos Lacerda, após se confraternizar com o vice-presidente Café Filho, passou a ser caçado pelo povo nas ruas do Rio de Janeiro. Temeroso, refugiou-se na Embaixada dos Estados Unidos e, quando esta foi atacada, fugiu em um helicóptero militar que o levou, em segurança, para bordo do cruzador *Barroso*, navio de guerra ancorado na baía de Guanabara.[19] Em Porto Alegre, todos os políticos da oposição gaúcha saíram rapidamente da cidade, inclusive o prefeito, Ildo Meneghetti, que se escondeu no interior do estado, em lugar mantido sob rigoroso sigilo. Segundo notícia do *Correio da Manhã*, em Porto Alegre "a situação dos elementos não pertencentes às fileiras do trabalhismo é de verdadeiro terror".[20] Em várias capitais e cidades do Nordeste, o povo tentou invadir as residências de líderes locais da UDN, sendo impedido por "seguranças privados" daqueles políticos. O suicídio de Vargas paralisou os golpistas, e a reação popular os fez recuar. Surpresos e atemorizados, eles perderam a autoridade política, moral e, principalmente, a legitimidade para justificar como necessária a intervenção militar. O golpe ficou inviável. O presidente morto inspirava, no mínimo, prudência política.

A maneira como Jango lidava com a política girava em torno da personalidade de Vargas. Sem ele, Jango ficou deprimido, desencontrado, tão abalado e abatido emocionalmente que precisou de dois meses para superar o choque — conta Maria Thereza.[21]

Desgostoso, ele se recolheu a sua estância em São Borja, procurando afastar-se da política. Logo depois passou a se dedicar aos negócios. Na verdade, a agropecuária não requeria dedicação exclusiva, e Ivan, seu irmão, já andava à frente das empresas. Porém, sentia saudade da vida no campo, do convívio com os peões, das tropas, das conversas regadas a chimarrão. O fato era que Goulart estava magoado. Homem rico, não precisava da política e poderia enriquecer mais ainda se sua dedicação às atividades rurais fosse exclusiva. Naquele momento, passou a rever e a avaliar seu breve passado político por um prisma negativo — os insultos, as ofensas, as calúnias dos opositores.

Logo após o funeral de Vargas, Jango, Oswaldo Aranha e Tancredo Neves haviam se reunido na Granja São Vicente. Preocupados com o futuro institucional do país, os três concluíram que era preciso conciliar a atuação dos dois partidos getulistas, o PTB e o PSD, no sentido de garantir a legalidade e a democracia. Tancredo assumiu a tarefa de articular a aliança em nível nacional. Dias depois, no Rio de Janeiro, os três novamente se reuniram, mas com a presença de Juscelino. A posição assumida em São Borja foi reiterada com o apoio do governador de Minas Gerais. Jango, no entanto, afirmou sua disposição de abandonar a política. Apoiaria a união dos partidos, mas não disputaria cargos e se retiraria da vida pública.[22]

No entanto, não demorou muito e o diretório nacional do PTB convocou-o para participar das próximas eleições legislativas, em outubro. Os trabalhistas precisavam de um nome forte para respaldar a candidatura de Rui Ramos ao Senado pelo Rio Grande do Sul. Ramos, de religião protestante, sofria resistência dos círculos católicos. O PTB, procurando reforçar essa candidatura, lançou o nome de Goulart como a segunda opção ao Senado. A Igreja Católica, embora não vetasse o nome do líder trabalhista, patrocinou uma grande campanha contra Ramos, sobretudo as Irmandades. Cada paróquia, na mais distante localidade, atacava-o. Percebendo o desastre que ocorreria, diversos líderes petebistas afastaram-se de Ramos. Muitos deles orientavam o próprio Jango a fazer o mesmo. Se fizesse a campanha eleitoral se desvencilhando de seu companheiro de chapa, possivelmente teria chances de se eleger. Fiel ao partido e aos compromissos assumidos com Ramos, ele se negou. Por poucos milhares de votos, Goulart acabou derrotado. O eleito foi Armando Pereira Câmara, pela coligação entre UDN, PSD e PL.[23]

Embora a oposição católica possa ter sido determinante para a derrota dos trabalhistas, o receio do eleitorado diante das cenas de radicalização de massas e de motins populares provocados pelo suicídio de Vargas muito contribuiu para o insucesso do PTB.

Segundo José Gomes Talarico, "Jango sofreu um impacto muito forte e o seu primeiro ímpeto foi renunciar totalmente à vida político-partidária". Sofrendo dois grandes reveses em poucos meses, ele declarou a pessoas próximas sua vontade de abandonar definitivamente a vida pública, estando disposto a renunciar até à presidência do PTB. Contudo, Leonel Brizola e José Gomes Talarico levaram-lhe uma carta de Oswaldo Aranha. No texto, o ex-ministro da Fazenda de Vargas ponderou que a derrota eleitoral não passara de um acidente, resultado de sua própria inexperiência política. Ao final, Goulart convenceu-se de que deveria continuar atuando na política do país.[24]

Seu estilo conciliador e a habilidade em agregar transformavam desafetos de ontem em aliados de hoje. Sem participar da política partidária do estado, o líder sindical José Vecchio, um dos fundadores do PTB gaúcho, tinha sido, junto a dezenas de militantes sindicais, em grande parte responsável pela derrota de Leonel Brizola na disputa pela prefeitura de Porto Alegre, nas eleições de 1951. Vecchio acusava injustamente Brizola por sua destituição do Diretório Municipal do partido e não o perdoava por isso. O tempo passou e, alguns anos mais tarde, José Vecchio, ouviu baterem à porta. Abriu-a e, para sua surpresa, deparou-se com João Goulart. Eles eram velhos amigos. Desde havia muito tempo, Jango aparecia na sua casa para beberem vinho. Vecchio, em comentário provocativo, disse-lhe então: "Mas, como, Dr. João Goulart, o senhor aqui na casa de um dissidente? O que é que há? O senhor é o presidente do PTB." Jango, sempre cordial e simpático, retrucou: "Não, Sr. Vecchio, vim aqui conversar com o senhor, vim ver a D. Constança, ela já fez um feijãozinho mexido aí, eu vou comer com o senhor e vamos conversar."

Após algumas doses de cachaça, Goulart disse-lhe: "Olha, Sr. Vecchio, o senhor sabe que o Brizola quer concorrer à prefeitura de Porto Alegre. Mas só se lançará candidato se o senhor o apoiar e voltar para o partido." "Não, nem preciso ir para o partido. Que falta faço lá? O que eu tinha que fazer com ele eu já fiz: derrotá-lo uma vez. Agora, vou trabalhar para ele. Vou fazê-lo prefeito de Porto Alegre."[25]

Vecchio engajou-se na campanha, convocou seus amigos a fazer o mesmo e, coincidência ou não, Leonel Brizola, nas eleições de 1955, ganhou a prefeitura de Porto Alegre. O estilo de Goulart de agregar e conciliar mais uma vez mostrou sua eficácia.

Jango ainda teria muito que trabalhar para o crescimento do PTB. Getulio Vargas, até então, era maior que o partido. Sem grandes líderes em níveis nacional e estadual, desprovidos de máquina partidária como as outras agremiações, os petebistas, até agosto de 1954, tinham Getulio Vargas. Mas a vantagem criava desvantagens. Por contar com uma liderança dessa grandeza, o partido não crescia. O PTB não poderia competir com uma liderança incontestável, um verdadeiro mito político vivo. Vargas, entretanto, já preparava o futuro do PTB antes de sua morte. Inicialmente, encaminhara a própria sucessão, elevando João Goulart a presidente do partido. Depois, jogou o próprio cadáver nos braços dos liberais, que, após tanto pedi-lo, não souberam o que fazer com ele. Com a carta-testamento, livrou-se da imagem de "ditador do Estado Novo" e ganhou outra, a do "líder nacionalista". A partir daí, a nova geração que assumiu o PTB tinha adiante duas tarefas:[26] a primeira, de caráter organizacional, de reestruturar e expandir a máquina partidária nos estados, incluindo os municípios rurais; a segunda, doutrinária e ideológica, distinguir "getulismo" de trabalhismo, adequando o último às demandas econômicas, sociais e políticas da sociedade brasileira dos anos 1950 e 1960, e atualizando o projeto ao contexto das esquerdas latino-americanas e europeias ocidentais.

No dia 23 de fevereiro de 1954, logo após deixar o Ministério do Trabalho, vieram a público dois textos que, embora pouco divulgados nos anos seguintes, marcaram o pensamento político do trabalhismo brasileiro. O primeiro deles foi a carta de demissão do próprio Goulart. Dirigindo-se a Vargas, ele disse que seu programa no Ministério do Trabalho procurou "compreender e solucionar os problemas que afligem a angustiada alma do trabalhador nacional. Senti de perto as queixas e as reivindicações dos oprimidos, certo de que, atendendo aos humildes, contribuía para a verdadeira paz e harmonia social". Acusado de fomentar "agitações", "luta de classes" e de se opor ao capitalismo, ele novamente garantia que apoiava o capital "honesto, amigo do progresso, de sentido sadiamente nacionalista. Há outro, entretanto, que jamais deixará de contar com a minha formal repulsa. Refiro-me ao capitalismo desumano, absorvente de forma e essência, caracteristicamente antibrasileiro, que gera trustes e cria privilégios, e que, não tendo pátria, não hesita em explorar e tripudiar sobre a miséria do povo".[27]

Segundo Goulart, era preciso dar um sentido mais social e cristão à democracia no Brasil, permitindo que as pessoas carentes em termos econômicos fossem compreendidas e amparadas pelo poder público. Sua proposta política, assim, convergia para o estabelecimento de pactos sociais: "Se ajudei o operariado na luta pelos seus direitos, não deixei, paralelamente, de apontar-lhe os seus deveres." Propondo a Vargas a duplicação do salário mínimo, o congelamento dos preços e a extensão das leis sociais aos trabalhadores do campo, ele finalizou: "Custe o que custar, estarei sempre fiel aos princípios da política social de Vossa Excelência, visando proporcionar ao trabalhador uma vida mais digna e mais humana."

O segundo texto veio a público no mesmo dia. Elaborada pela Comissão Executiva Nacional do PTB, uma nota oficial solidarizou-se com Jango e defendeu um programa de reformas.

> O PTB prosseguirá na luta contra a usura social e os desmandos do poder econômico, batendo-se: a) pela adoção das novas Tabelas do Salário Mínimo; b) pelo congelamento dos gêneros e das utilidades e pela fiscalização desse congelamento através dos órgãos sindicais dos trabalhadores; c) pela extensão da legislação social ao homem do campo; d) pela reforma agrária; e) pela aposentadoria integral; f) pela unidade e liberdade sindical e contra a assiduidade integral; g) pela participação do trabalhador nos lucros das empresas; pela libertação econômica nacional e contra a agiotagem internacional.[28]

No discurso do ministro e na nota oficial do PTB está presente um conjunto de ideias, crenças e concepções de realidade que marcou o trabalhismo brasileiro e criou sólidas tradições na cultura política do país. Com base no difuso ideário getulista, e indo além dele, a geração de trabalhistas liderada por Goulart "refundou" o PTB, tornando-o um partido com feições reformistas que, até 1964, somente tenderia a radicalizar. É verdade que a carta-testamento de Vargas obteve uma repercussão muito maior, até mesmo pelas condições dramáticas com que surgiu no cenário político brasileiro, tornando-se uma espécie de "manifesto trabalhista". No entanto, os fundamentos da carta-testamento — até suas ideias mais avançadas — já estavam presentes no texto de despedida de Goulart do Ministério do Trabalho e na nota oficial de seu partido: soberania nacional, libertação econômica do país dos controles das agências financeiras internacionais, defesa das riquezas naturais contra os interesses das empresas monopolistas estrangeiras, condenação do capitalismo predatório e usurário, ampliação da legislação social aos assalariados urbanos e sua extensão ao mundo rural, reforma agrária, melhoria das condições de vida da população, reconhecimento da cidadania política e social dos trabalhadores e do movimento sindical, entre outras questões.

Desde que assumira a presidência do PTB, o grande problema de Goulart, segundo Raul Ryff, era reorganizar e fortalecer o partido. Em alguns estados, a organização era muito heterogênea, com empresários e latifundiários ao lado de líderes sindicais. Conciliar tudo aquilo era difícil. Mas nas eleições para a Câmara Federal, em 1950, quando o próprio Jango foi eleito deputado, uma geração de parlamentares nacionalistas ascendeu no partido, como Leonel Brizola, Lúcio Bittencourt, Fernando Ferrari, entre outros, formando uma corrente de esquerda.[29]

A ascendência dos janguistas no partido não ocorreu sem resistências. As estratégias de Goulart eram fortalecer os diretórios locais e dar liberdade à bancada na Câmara, e concentrar no Diretório Nacional pessoas politicamente leais a ele, evitando a rotatividade nos cargos e resistindo a qualquer democratização interna. A última palavra em questões de política era do Diretório, ou seja, do próprio Jango. O PTB tornou-se um dos partidos mais antidemocráticos e centralizados do quadro político brasileiro. Diante da rapidez com que o grupo janguista dominou a direção partidária, além da política de aproximação com o movimento sindical e com os comunistas, muitos petebistas de outras facções reagiram. Mas as mudanças internas indicavam que os descontentes não teriam espaço para articulações. Qualquer dissidente em cargos de direção partidária passou a ser punido com a exclusão, segundo decisões da Convenção Nacional, em 1953.[30] Recorrendo ao diálogo e à conciliação, mas igualmente a métodos centralizadores e à intolerância para conter os insatisfeitos com sua liderança na presidência do PTB, Jango, apoiado por seu grupo, foi se impondo no partido.

Assim foi que, na década de 1950, surgiu na sociedade brasileira uma geração que acreditou que, no nacionalismo, na defesa da soberania nacional, nas reformas das estruturas socioeconômicas do país, na ampliação dos direitos sociais dos trabalhadores do campo e da cidade, entre outras demandas materiais e simbólicas, encontrariam os meios necessários para alcançar o desenvolvimento do país e o bem-estar da sociedade.

Sentindo-se contemporânea aos problemas, às crenças e aos destinos, parcelas significativas da sociedade brasileira nos anos 1950 comprometeram-se com o nacionalismo e o programa de reformas econômicas e sociais. Essa geração encontrou em João Goulart aquele que, surgindo como o herdeiro do legado de Getulio Vargas, assumiu a liderança do movimento reformista. Em um momento crucial na história do trabalhismo brasileiro, quando o "estilo" Vargas alcançava seus limites, em particular no seu desprezo pelo sistema partidário, Goulart contribuiu para que o PTB adquirisse um perfil político e ideológico mais consistente.

Na conjuntura dos anos 1950, a geração de João Goulart, sendo ele *primus inter pares*, procurou refundar o partido e redefinir as suas relações com o movimento sindical, dispondo, como grande trunfo, da tradição trabalhista que circulava entre os próprios assalariados. Afinado com os valores de democracia e Estado de bem-estar social das esquerdas europeias e com as ideias de libertação econômica das esquerdas latino-americanas, Jango e seu grupo político, a partir do antigo ideal getulista, reinventaram o trabalhismo. Seu inequívoco sucesso entre os trabalhadores e sindicalistas ocorreu porque já existiam entre eles tradições que permitiram a compreensão dessa proposta. O diálogo de Goulart com operários e líderes sindicais foi literal, e também simbólico. Recorrendo a códigos anteriormente estabelecidos na cultura política popular do país, a sua linguagem foi reconhecida porque ele soube lidar com noções e sensações que os trabalhadores tinham de justiça e injustiça nas suas relações com o Estado e com outras classes sociais. Para os assalariados, Jango, em seus discursos e em suas atitudes no Ministério do Trabalho, dirigiu-se a eles com base em um "tratamento humano decente", para usar uma expressão de Barrington Moore Jr.[31] Trata-se do reconhecimento político e da valorização social dos trabalhadores, seja no processo de admiti-los como interlocutores legítimos, seja na aplicação de leis sociais e da defesa de salários mais justos. O "tratamento humano decente" não significa uma ruptura com a ordem existente, mas, sim, sua modificação por uma maior igualdade política e social.

Nada, portanto, ocorreu a partir "de cima" ou por mão única. Entre o projeto de trabalhismo de Goulart e seu grupo e o movimento operário e sindical houve uma relação em que as partes se reconheceram e interagiram. Procurando redefinir o PTB em termos ideológicos, programáticos e organizacionais, além de reformular as relações de seu partido com sua própria base social — os trabalhadores e os sindicatos —, Goulart esforçou-se para atualizar o trabalhismo brasileiro em relação ao contexto internacional vivido por sua geração: primeiro, a consolidação dos valores democráticos e o modelo de Estado de bem-estar social que avançavam na Europa Ocidental, beneficiando trabalhadores e empresários com o crescimento da renda e do consumo; segundo, os êxitos no processo de industrialização acelerada obtidos pelos regimes baseados no modelo de socialismo soviético, em particular o planejamento econômico e o estatismo; por fim, a pregação anti-imperialista e de emancipação econômica e política que se expandia pela América Latina. Apesar de avançado para os padrões da conservadora política brasileira daquela época, o projeto que o líder petebista inicialmente defendeu, particularmente durante a sua gestão na pasta do Trabalho, não propunha rompimentos, mas, afinado com os movimentos social-democratas em ascensão na Europa, patrocinava compromissos. O projeto, nomeado de trabalhismo, declarou Jango em certa ocasião, "pertence a um partido político — o PTB —, cujo programa se assenta na defesa dos interesses dos trabalhadores, através de um sistema de perfeito entendimento com as classes patronais, tendo como finalidade principal o bem-estar de todos e o progresso da Nação".[32]

Duas premissas lastreavam seu modelo de sociedade: a proteção dos trabalhadores, garantida pela "melhor legislação trabalhista do mundo", e as vantagens do regime democrático.[33] Os assalariados, assim, não necessitavam recorrer à violência ou à ilegalidade para solucionar os seus problemas, alegou — bastaria exercitar as prerrogativas do regime democrático, exigindo e lutando dentro das regras constitucionais. Sua determinação no ministério de fazer cumprir a legislação social seria uma iniciativa para garantir o bem-estar do operário, democraticamente, obrigando patrões e empregados a cumprir a lei.

Procurando enfrentar os conflitos entre capitalistas e trabalhadores "à luz da justiça", com "patriotismo" e "dentro da mais pura inspiração de harmonia social", Jango declarava que seu objetivo era estreitar os laços de "respeito recíproco e fraternal compreensão" entre as partes. Porém não abria mão "de propiciar ao operário nacional um tratamento mais digno, mais humano e mais condizente com o espírito cristão do nosso povo". Para isso, dizia, seu combate se voltava contra algumas correntes de oposição que "se alimentam, via de regra, no infortúnio e no sacrifício popular".

Ao contrário do que seus adversários o acusavam, querer elevar o nível de vida dos trabalhadores não implicava minar as bases do capitalismo. Apostando na ampliação do mercado interno, ele afirmou que os capitalistas encontrariam mais oportunidades de investimento se os padrões de existência da população melhorassem. "Sempre estarei disposto a aplaudir e a estimular o capitalismo sadio", afirmou, "que faz da sua força econômica um meio legítimo de reproduzir riquezas." Mas, como dirigente de um partido político e titular da pasta do Trabalho, alegou:

"Combaterei com o mesmo vigor e o mesmo desassombro o capitalismo sem escrúpulos. Jamais poderia prestigiar — desejo insistir — aqueles que representam o capitalismo prepotente e sem patriotismo, que se dizem fracos e indefesos quando se cogita melhorar salários para os trabalhadores, mas que adquirem arrogância e coragem quando empenhados em manobras especulativas de lucro fácil e imediato."

No projeto que defendia, não poderia haver espaço para o capital especulativo, gerador da miséria e opressão dos trabalhadores: "Não é admissível", disse Goulart, "que enquanto alguns se afogam em lucros extraordinários, existam ainda trabalhadores percebendo salários mensais de 500 cruzeiros, que com os descontos às vezes se reduzem a 300, como ocorre por exemplo na capital do Rio Grande do Norte. E se formos um pouco mais adiante, no interior de alguns estados, veremos esse salário mínimo fixado por lei em bases ainda mais inferiores. Ora, esses trabalhadores, chefes de família que o são, desejam também, senão para si próprios, ao menos para os seus, um mínimo de conforto e decência que a qualquer cidadão é lícito esperar."

Goulart modernizou o trabalhismo brasileiro, que se aproximou daquele vitorioso na Inglaterra. O presidente do PTB surgiu como o porta-voz de uma geração que, identificada com os valores defendidos pelas esquerdas — a exemplo de socialistas, trabalhistas e comunistas —, se preocupava com a pobreza dos trabalhadores e com a ampliação de seus direitos políticos. Essa geração, reconhecendo a necessidade de mudanças nas estruturas sociais e econômicas do país, duvidava das possibilidades de êxito de um projeto circunscrito aos limites traçados pelo liberalismo clássico, assim como pregava a UDN. Valorizando a democracia, mas criticando o primado liberal, Goulart afirmou: "Lá atrás, sepultada nos anos, ainda que assim não queiram alguns, ficou a época em que a realidade popular, a realidade operária, digamos assim, era apenas uma variação intelectual ou mesmo espiritual da burguesia. O problema das grandes multidões, hoje em dia, precisa ser examinado sob novos ângulos, sob pena de amargar talvez irremediáveis surpresas no futuro."

Goulart protagonizou um período de transição na história do trabalhismo brasileiro. Sob o título "Getulismo e o PTB, na ação vigorosa de João Goulart", Adamastor Lima escreveu um artigo revelador, e muito significativo, das mudanças que ocorriam naquele momento.[34] Segundo suas ideias, "os acontecimentos vão evidenciando que GETULISMO e TRABALHISMO não se confundem". Para Adamastor, o getulismo "nas-

ÉPOCAS DE CRISES

ceu e viverá sempre na alma de Brasileiros e estrangeiros que COMPRE-
ENDERAM o presidente Getulio Vargas e a sua obra de Estadista, que,
não raro, foram nessa obra BENEFICIADOS, havendo ficado DEFINITI-
VAMENTE AGRADECIDOS. O Getulismo é um FENÔMENO SENTI-
MENTAL. O Getulismo é GRATIDÃO COLETIVA. O Getulismo pode
não ser TRABALHISTA". Lembrando a trajetória política de Vargas, em
particular as leis sociais instituídas em seu primeiro governo, Adamastor
afirma que, em 1945, ele inspirou e animou a criação de um partido
político nacional para os trabalhadores. Assim, se o "Getulismo é um fenômeno de GRATIDÃO", o "Trabalhismo é um movimento POLÍTICO"
que, com o PTB, "ganhou a FORMA PARTIDÁRIA". Embora não negue
os elementos de continuidade entre ambos, o autor esforça-se para disso-
ciar a gratidão coletiva ao presidente de um projeto político que assumiu
feição partidária. Portanto, conclui o autor: "Os Reacionários procuram
CONFUNDIR Getulismo e Trabalhismo, a fim de poderem, mais facilmente, embaraçar o robustecimento do Partido Trabalhista Brasileiro.
João Goulart empunha, porém, com galhardia, a Bandeira Tricolor do
PTB, agitando-a em todo o Brasil."

Argumentos como os de Adamastor surgiam com frequência na imprensa trabalhista daquela época. O getulismo, expressão que traduzia
a defesa e as conquistas do trabalho associadas à imagem do chefe do
governo, além de um estilo político que privilegiava uma relação sem
mediações entre líder e trabalhadores, não mais satisfazia às necessidades
políticas de uma geração que passou a se manifestar politicamente nos
anos 1950. Para Angela de Castro Gomes e Maria Celina D'Araujo, "se
o getulismo tem a marca indelével da personalização, o trabalhismo acabou por ganhar novas lideranças e, por vezes, perfis mais independentes
em relação ao seu marco de origem".[35] Para Eusébio Rocha, sindicalista
e militante petebista naquela época, a ascensão de Jango no PTB e no
Ministério do Trabalho expressava outra maneira de os trabalhistas ava-
liarem os problemas vividos pela classe trabalhadora. Não se tratava mais
de ter "governos sensíveis", mas, sim, de implementar políticas públicas
marcadas pela justiça social. Era necessário que os trabalhadores se or-
ganizassem e se manifestassem na esfera do poder. "Daí a tentativa do
João Goulart de dar aos sindicatos maior liberdade, maior organicidade,
maior organização e maior participação", afirma Eusébio Rocha.[36] Além
disso, ainda segundo seu argumento, os trabalhistas partiam da premissa

de que a produção de bens depende da capacidade de consumo da população, permitindo compatibilizar os salários dos trabalhadores com os lucros dos empresários. Somente com a elevação do nível salarial seria possível melhorar as condições de vida dos operários e, no mesmo movimento, ampliar o mercado interno.

Defendendo o capital produtivo e sobretudo o de origem nacional, a intervenção do Estado nas atividades econômicas e nas relações de trabalho, a ampliação do mercado interno e a elevação do nível de vida dos assalariados, tornando-os interlocutores privilegiados com o poder, Goulart fez parte de uma geração que não viveu os tempos do Estado Novo, mas, ao resgatar as tradições fundadas pelo getulismo, atualizou os seus princípios e procurou afinar-se com os movimentos reformistas que se alastravam na Europa e na América Latina. Para Maria Celina D'Araujo, embora o projeto defendido pelos trabalhistas não tivesse abdicado do personalismo político, associando a imagem do líder a grandes temas nacionais e confundindo as suas próprias conquistas como um subproduto da soberania nacional, a partir daí o PTB se projetou com um discurso voltado para as reformas, com um "papel capital na transformação do sindicato em ator político visível" e na definição de uma política que queria fazer dele "uma fonte de poder". Mais ainda, foi "como um partido de 'libertação nacional' que o PTB passou a interpelar o eleitorado nos anos seguintes",[37] embora na memória da direita e da esquerda, complementa a autora, ele seja lembrado como o "partido dos pelegos".

Quase um ano após o suicídio de Vargas, o país ainda vivia o trauma político do dia 24 de agosto de 1954.[38] A instabilidade política e o clima de radicalização eram preocupantes. O legado de Vargas permitiu que sua imagem traduzisse, naquele momento, projetos antagônicos para o país. Um deles, identificando o ex-presidente como líder nacionalista e reformador social, institucionalizou-se no PTB, cuja doutrina, o trabalhismo, pregava um governo interventor e planejador da economia, além de defensor das reformas sociais e dos interesses nacionais diante das ambições econômicas externas, sobretudo norte-americanas. O outro, patrocinado particularmente pelos grupos civis e militares identificados com a UDN, recusava a "volta ao passado" — anterior a 24 de agosto de 1954 — e acreditava nas virtudes do liberalismo no plano econômico e nas relações de trabalho, bem como nos benefícios advindos da abertura do país aos capitais estrangeiros.

Embora as lideranças udenistas tivessem defendido o adiamento das eleições parlamentares de 3 de outubro de 1954, alegando o clima político tenso que resultou do suicídio de Vargas, elas foram realizadas. Nem trabalhistas nem udenistas conseguiram números satisfatórios. Os primeiros passaram para 56 deputados na Câmara, aumentando apenas cinco a sua bancada. Os udenistas, por sua vez, caíram de 84 para 74 em número de deputados. Vargas, mesmo desaparecido, foi o artífice da derrota dos liberais. O PSD subiu de 112 para 114, crescendo à custa da UDN.

Na presidência da República, Café Filho organizou um ministério com personalidades antigetulistas, como Eugênio Gudin na Fazenda e o udenista Prado Kelly na Justiça. A cúpula militar era formada quase integralmente por adversários do ex-presidente: o brigadeiro, e duas vezes candidato presidencial pela UDN, Eduardo Gomes, no comando da Aeronáutica; o almirante Amorim do Vale, na Marinha; o general Juarez Távora, na Casa Militar; além de Canrobert Pereira da Costa, chefe do Estado-Maior das Forças Armadas. Destacava-se do conjunto o general Henrique Baptista Duffles Teixeira Lott, tido como homem de centro e legalista. Sua carreira militar estritamente profissional e seu distanciamento do debate político eram credenciais para chefiar um Exército dividido por muitas facções.

Os udenistas novamente voltavam ao poder, como no governo Dutra, embora sem vitórias eleitorais. A crise política, no entanto, somente iria aprofundar-se ao longo dos meses.

Disposto a presidir as eleições presidenciais em outubro de 1955, Café Filho, próximo dos grupos conservadores, aceitou a sugestão da alta hierarquia militar de apresentar ao eleitorado um candidato único de todos os partidos, reunidos no que se chamou de "união nacional". Juarez Távora, chefe do Gabinete Militar, entregou ao presidente um documento elaborado por militares de alta patente pedindo um nome de consenso, apesar dos protestos de Juscelino Kubitschek e João Goulart. Entre os antitrabalhistas, o receio do resultado das eleições presidenciais era evidente.

Juscelino Kubitschek, nesse momento, tinha uma carreira política de grande prestígio. Deputado federal, prefeito de Belo Horizonte e governador de Minas Gerais, com atuações elogiáveis pela inovação administrativa nos cargos executivos, ele pretendia concorrer à presidência da República. O PSD, contudo, ainda era dominado por velhos caciques, muitos deles ex-interventores do Estado Novo. A candidatura de Juscelino foi recebida por eles com frieza, mas a maioria do partido apostava no governador mineiro. Com ele, seria possível alcançar o Palácio do Catete. Um setor mais progressista do partido, nomeado de "ala moça" do PSD, engajou-se no apoio a Juscelino, a exemplo de Ulysses Guimarães, Renato Archer, Cid Carvalho, José Joffliy, Nestor Jost, entre outros.[39] Foi com eles que sua candidatura se impôs. O PSD, desse modo, adiantou-se aos acontecimentos e lançou JK à presidência da República.

Visto como "getulista" pelos udenistas e "esquerdista" pela facção mais conservadora de seu próprio partido, Juscelino causou ainda mais polêmica ao oficializar a aliança com o PTB, anunciando João Goulart como seu candidato a vice-presidente. No entanto, segundo o depoimento do próprio JK, existia, entre os setores mais conservadores do PSD, verdadeira hostilidade ao nome de Jango, o que causava enorme dificuldade para articular a aliança com o PTB. "Mas eu sabia que uma aliança com o PTB era imprescindível; somente uma aliança muito forte poderia enfrentar a oposição e sair vitoriosa; e somente com um candidato que conseguisse a reconciliação entre o voto rural do PSD e o voto urbano do PTB. Foi por isso que insisti no nome de Jango para a vice-presidência; como candidato, tinha que pensar em termos de cálculo político e isto me obrigava a uma aliança com o PTB. No PTB, o nome de Goulart era o que reunia maiores possibilidades."[40]

Segundo Thomas Skidmore, "oficiais das Forças Armadas, que apenas um ano antes comandavam a campanha para forçar Vargas a demitir Goulart, viam agora seu inimigo aspirar a um cargo ainda mais elevado".[41] O apoio do líder comunista Luís Carlos Prestes a Juscelino deu ainda mais argumentos aos conservadores. As conversações entre pessedistas e petebistas começaram em dezembro de 1954. Grupos dentro do PTB defendiam a aliança com o PSD como forma não apenas de alcançarem o poder, mas também de impedir que os conservadores, caso fossem vitoriosos nas eleições, perseguissem os trabalhistas — comentários aludiam até mesmo à cassação do partido. Além disso, JK surgia como um símbolo da legalidade e do desenvolvimento, obrigando-o a se comprometer com os setores populares e com as reformas. Por fim, aliado ao PSD, o PTB iria usufruir as vantagens políticas de estar no poder.

Em abril de 1955, Jango, Amaral Peixoto e Juscelino selaram o acordo entre os dois partidos. Com a vitória, os trabalhistas indicariam os nomes para as pastas do Trabalho e da Agricultura, e o programa mínimo do PTB seria considerado pelo presidente eleito. Entre os pontos programáticos aceitos pelo PSD estavam: defesa das liberdades constitucionais, garantia das leis trabalhistas e combate aos monopólios; reforma agrária e extensão da legislação social ao campo; reforma eleitoral visando a anular a influência do poder econômico; estímulo à educação e à cultura, universalizando o ensino primário gratuito; saúde pública, com a uniformização dos medicamentos pelo Estado; combate à inflação; construção de rede viária, obras contra a seca e proteção à indústria nacional.[42]

O PTB assustava os conservadores pelo diálogo que mantinha com os sindicalistas e comunistas. O domínio que Goulart e seu grupo exerciam sobre o partido, no entanto, continuava a criar insatisfações nas bancadas parlamentares. A maioria dos 17 senadores manifestou contrariedades com os métodos de controle impostos pelo líder trabalhista. Grande parte da bancada federal de petebistas argumentava que a chapa Juscelino-Jango poderia provocar um golpe militar. Mas Jango soube explorar as divergências internas do partido, negociando, "a peso de ouro", o apoio dos trabalhistas ao PSD. Exigindo cargos na máquina federal a fim de beneficiar os setores fisiológicos de seu partido e negociando um programa mínimo de reformas para agradar aos grupos ideológicos afinados com o nacionalismo, Goulart obteve sucesso no diálogo com os pessedistas e com os próprios petebistas descontentes.

A Convenção do PTB que o indicou como vice de Juscelino, desse modo, ocorreu sem surpresas. Noticiada pelos trabalhistas como "consagradora", a maioria dos convencionais era de estrita confiança da direção nacional e os não credenciados foram impedidos de participar.[43] Mesmo assim, muitos correligionários foram sumariamente expulsos por discordarem das decisões do Diretório Nacional, entre eles os membros dos Diretórios Regionais do Paraná, de Santa Catarina e de São Paulo, todos acusados de "indisciplina partidária". Sem consenso no partido, alguns meses após a Convenção, Goulart e seu grupo expulsaram dez membros do Diretório Nacional, de um total de 49, ainda pelo mesmo motivo, "indisciplina partidária". Entre eles José Diogo Brochado da Rocha e Hugo Borghi, substituídos por nomes de confiança de Jango, como Leonel Brizola, Fernando Ferrari e outros. Muitos descontentes passaram a denunciar as ligações de Goulart com os comunistas e a maioria dos dissidentes decidiu apoiar a candidatura de Ademar de Barros, enquanto um grupo minoritário endossou o nome de Juarez Távora, motivo para a expulsão de 17 petebistas paulistas. Em setembro, o Diretório Nacional promoveu novas expulsões, entre as quais as de Danton Coelho, quatro membros do Diretório Regional do Paraná, um de Santa Catarina e 28 de São Paulo.[44] Os janguistas se firmavam no partido também por meio de sucessivos expurgos.

A tese do "candidato único", de "união nacional", surgiu entre o grupo de militares conservadores do governo Café Filho como manobra para afastar Juscelino Kubitschek. Para os conservadores e os udenistas, Juscelino, Jango e Getulio tinham o mesmo significado. Convocado por Café Filho ao Catete, Juscelino ouviu do presidente a ameaça: ou ele desistia da candidatura ou as Forças Armadas dariam um golpe. Juscelino respondeu: "No dia em que o governador de dez milhões de brasileiros, em ordem com todos os preceitos legais e ainda por cima indicado pelo partido de maior eleitorado político do país, não puder ser candidato, acabou-se a democracia no Brasil." "Depois não diga que não avisei", alertou Café Filho.[45]

Na UDN, havia o receio da competição eleitoral, pois a aliança PTB-PSD surgia como imbatível, sobretudo por resgatar a obra de Vargas. Os udenistas, depois de sofrer duas derrotas seguidas com o brigadeiro Eduardo Gomes, recorreram a um general, endossando o nome de Juarez Távora, líder militar antigetulista. A UDN passou a liderar a Frente de Renovação Nacional, coligação que reunia o Partido Democrata Cristão, o Partido Socialista Brasileiro e o Partido Libertador. Ademar de Barros, pelo PSP, também se candidatou. O antigo líder integralista, Plínio Salgado, lançou-se pelo pequeno PRP. Armava-se um quadro político que, até 3 de outubro de 1955, data das eleições, somente iria se radicalizar.

Enquanto os candidatos tentavam cativar o eleitorado, o golpe contra as instituições democráticas estava sendo pregado, abertamente e sem rodeios, em diversos círculos civis e militares. Lacerda, por exemplo, acusou Juscelino de "condensador da canalhice nacional". Rodrigues Alves Filho, influente político paulista, pedia a intervenção militar porque somente as Forças Armadas tinham "força para calar a mazorca, a imundície dos nossos costumes políticos". O udenista João Agripino dizia que a liberdade no Brasil era usada apenas para "roubar" e "corromper".[46]

ÉPOCAS DE CRISES

Os ataques udenistas a Juscelino eram vinculados a questões relativas à corrupção e à moralidade administrativa. Como lembra Claudio Bojunga, não podiam acusar de comunista um homem que trabalhava com a iniciativa privada, não podiam ser contra quem pregava a expansão do sistema elétrico e da industrialização. Também não podiam vincular Juscelino ao nacionalismo getulista. O governador de Minas não era partidário do monopólio estatal do petróleo — aceitava-o como fato consumado. Assim, a alternativa udenista era acusá-lo de corrupto, parceiro do "mar de lama" de Vargas.[47]

Os conservadores, atacando o candidato do PSD, reconheciam a sua força eleitoral. No início de agosto, Carlos Lacerda, um dos líderes do movimento golpista, questionava as razões que levavam os chefes militares a permitir a realização das eleições presidenciais em 3 de outubro, sobretudo porque o eleito seria produto de fraude, de demagogia e de práticas sujas. Era preciso, no momento, um "regime de emergência" e muitos, alegava, já "compreenderam a necessidade do contragolpe para criar condições de estabelecimento da democracia no Brasil".[48]

Em 5 de agosto de 1955, o general Canrobert Pereira da Costa, presidente do Clube Militar e chefe do Estado-Maior das Forças Armadas, em solenidade comemorativa de um ano da morte do major Rubens Vaz, pronunciou um discurso preocupante. Para ele, as Forças Armadas viviam o dilema de decidir "entre uma pseudolegalidade, imoral e corrompida, e o restabelecimento da verdade e da moralidade democrática mediante uma intervenção aparentemente ilegal".[49] As declarações do general repercutiram com grande impacto e as reações foram imediatas. Em apoio ao discurso de Canrobert, Carlos Lacerda acusou os defensores das próximas eleições presidenciais de covardes e omissos, de "iludir o povo" e "engambelar os tolos".[50] Juscelino Kubitschek negou as acusações do chefe do Estado-Maior.[51]

O discurso do chefe do Estado-Maior acabou por contribuir para que as forças interessadas na manutenção da legalidade se unissem em quase uma só voz. Toda a imprensa do Rio de Janeiro, à exceção da *Tribuna da Imprensa* e de *O Globo*, alinhou-se ao lado da legalidade democrática. No entanto, foi a atitude do ministro da Guerra, Henrique Teixeira Lott, que impediu o envolvimento do Exército na crise.[52] Ao declarar que nada de anormal tinha ocorrido, que o ambiente no Exército era de concórdia e tranquilidade, minimizando, assim, as pregações de Canrobert, Lott procurou isolar os quartéis dos debates políticos e, ao mesmo tempo, tranquilizar a sociedade.

Mas o clima político, tenso e radicalizado, continuava a incitar os militares a participar dos debates. A ala lacerdista da UDN, com ligações no Exército e na Aeronáutica, convidava-os a se manifestarem publicamente. Nas páginas da *Tribuna da Imprensa*, os militares falavam abertamente sobre golpes, sem preocupações com os regulamentos disciplinadores das Forças Armadas. Os grupos civis e os militares antitrabalhistas passaram a utilizar a expressão "movimento do 24 de agosto" no sentido saneador da política nacional. Assim, o PTB, herdeiro do legado getulista, com suas propostas nacionalistas, sua proximidade com os sindicatos e o trato fácil com os comunistas, era o partido mais visado pelos conservadores.[53] A fundação do Movimento Nacional Popular Trabalhista, organização que agrupava sindicalistas, comunistas e trabalhistas, preocupou ainda mais os grupos direitistas, porque o MNPT pregava o nacionalismo, a política estatizante, a reforma agrária, a ampliação das liberdades sindicais e apoiava a coligação do PSD com o PTB.

A *Tribuna da Imprensa* atacava, mais que todos, João Goulart. Com o dinheiro de Juscelino, a "assistência técnica" de Perón, o apoio do PCB e a manipulação dos pelegos, Jango foi acusado por Lacerda de contrabandear, pela fronteira argentina, armas automáticas, semiautomáticas, metralhadoras e 750 mil cartuchos para preparar a guerra civil e impor, com seus pelegos e agentes peronistas, a ditadura sindicalista no país.[54] As agressões de Lacerda eram de uma ferocidade assustadora.

O golpe militar estava sendo propagandeado abertamente, mas por uma direita dividida. Não havia consenso entre os conservadores. Mesmo os udenistas não demonstravam unidade em torno do rompimento institucional. A bancada da UDN na Câmara dos Deputados, em reunião, mostrou-se fragmentada.

Enquanto isso, Juscelino e Goulart não descuidavam da campanha eleitoral. Uma comissão de sargentos foi levada ao candidato presidencial pelo próprio Jango. A luta dos suboficiais era pela estabilidade funcional. O sargento da Aeronáutica José Maria dos Santos, sentado entre os dois políticos, entregou a Juscelino a pauta de reivindicações. Mais tarde, com Negrão de Lima, coordenador da campanha presidencial, combinaram maneiras de como os sargentos poderiam contribuir para a propaganda política de Juscelino. Santos explicou que o movimento envolvia o Clube dos Subtenentes e Sargentos do Exército, o Clube dos Sargentos da Marinha, a Associação dos Suboficiais da Marinha, o Clube dos Subtenentes e Sargentos da Polícia Militar, a Associação da Brigada Militar do Rio Grande do Sul, o Clube dos Suboficiais e Sargentos da Aeronáutica, sendo que o último, mais organizado, além da sede do Rio de Janeiro, tinha sucursais em Manaus, Teresina, Natal, Recife, Alagoas, Sergipe, Salvador, Curitiba, Florianópolis e duas sedes na cidade de São Paulo. Considerando o número dos suboficiais, seus parentes e amigos, tratava-se de um eleitorado nada desprezível. Negrão de Lima sugeriu a confecção de 5 milhões de panfletos pedindo voto a Juscelino, que seriam distribuídos pelo país, muito discretamente, em aviões da FAB.[55]

A campanha eleitoral guardou para Goulart um episódio que o emocionou profundamente. Com uma pequena comitiva, ele viajou para o Rio Grande do Norte, na época um dos estados mais pobres da federação. Percorrendo o interior, o grupo chegou a um povoado miserável, marcado pela pobreza e pela fome. Um lugar esquecido do mundo. Mas, para surpresa de Jango, todos os moradores se lembravam muito bem dele. Para aquelas pessoas, Goulart fora o único político que por lá passara. Quando ministro do Trabalho, ele esteve no povoado e assinou um decreto reconhecendo os direitos sociais daqueles trabalhadores. Ao assinar os papéis, ele não se deu conta da importância do que fizera para mudar a vida no povoado. Possivelmente, nem se lembrava daquele lugar. Mas ninguém o esquecera. Assim, em vez de ficar pouco tempo por ali, como era previsto na sua agenda, Goulart ficou muito além do que planejaram seus assessores. Tinha que receber, uma a uma, todas as pessoas. Elas vinham e, com sinceridade incomum, dedicando-lhe um afeto que poucas vezes recebeu, apertavam sua mão ou o abraçavam com carinho autêntico. Ao anoitecer, ele não pôde partir. Sabendo de sua origem gaúcha, e logicamente seu gosto por carne — assim pensaram os moradores — era preciso agradar o visitante. Goulart presenciou uma cena que o comoveu. Na frente de cada casa, os moradores improvisaram fogões onde assavam pequenos pedaços de carne.[56] Um esforço para retribuir o que, sem pedirem, receberam. Emocionado, Goulart, disfarçando os sentimentos, limitava-se a sorrir.

João Goulart era candidato à vice-presidência da República, com grandes chances de alcançar o mandato. No entanto, era um homem solteiro. A ritualística do cargo exigia a mudança de seu estado civil. Era hora de casar.

A pedido de Jango, seu grande amigo Doutel de Andrade foi a São Borja.[57] Maria Thereza estava em férias escolares, ele a procurou e foi direto ao assunto: "Maria Thereza, o Jango mandou dizer que quer ir lá na fazenda falar com o seu pai." "Falar com o meu pai o quê?" "Ele quer falar com o seu pai porque quer casar." "Ué, ele quer casar? Mas e eu? Eu não quero", ela respondeu, para surpresa de Doutel. "É sério, ele quer casar com você", Doutel insistiu, com cautela. Ela não ficou convencida: "E aí? Quer casar comigo? Mas e se eu não quiser, não vai ter casamento."

Apesar da resistência de Maria Thereza, Doutel foi para a fazenda de Dinarte e Maria Júlia. Com eles, falou das intenções de Jango. Tudo à revelia da maior interessada. Parecia que o casamento era algo resolvido entre dois amigos com a concordância do pai da noiva. Dela, na verdade, pareciam não esperar opinião própria. Logo depois seu pai a procurou para conversar. Nessa altura, ela se sentia excluída de tudo. Com o velho Dinarte, foi enfática: "Pai, eu não quero me casar. Não estou pronta para casar, sou muito criança ainda. Que história é essa? Vocês ficam combinando o meu casamento e não me dizem nada?"

Abrindo-se com o pai, desabafou: "Estou com medo!" "Imagina... Você é tão madura, amadureceu tanto...", partindo dele, uma avaliação que era um grande elogio. "Amadureci, mas para isso não estou pronta."

Dinarte, na verdade, mostrava-se contrariado com o casamento. Maria Júlia, por sua vez, não queria que a filha se casasse tão jovem. No fundo, ambos concordavam que ainda era cedo para ela assumir um compromisso como aquele. No entanto, o avião de Jango estava à espera de Dinarte. O piloto o levaria para conversar com o "noivo". Sem alternativa, ela disse para o pai ir, "que fazer?".

Alguns dias depois, Jango, acompanhado de Doutel, procurou Maria Thereza. Demonstrando pressa e sem muita sutileza, tentou convencê-la: "Maria Thereza, como é que é? Estou pronto, quero casar." "Mas eu não estou. Não estou querendo casar." Ele argumentou, mas ela estava irredutível. No dia seguinte, Jango voltou a insistir. Doutel também conversou bastante com ela. Na terceira investida, Maria Thereza cedeu.

As pressões eram imensas. Ela estava muito insegura. Em sua avaliação, Goulart era um homem jovem, charmoso, riquíssimo, poderoso e importante politicamente: candidato à vice-presidência da República. Naturalmente, vivia cercado de mulheres. "Com tantas à sua disposição, por que me escolhera? Eu, uma garotinha vinda de uma cidade do interior, com 17 anos, que acabara de sair da escola. Que papel eu teria na vida dele? Era assustador."

Mas Maria Thereza não podia negar que Jango era uma pessoa envolvente, e isso contou muito. Em certo momento, ela tomou a decisão: "Vou casar." Foi tudo muito rápido. Primeiro, um namoro sem maiores compromissos. Algum tempo depois, sem noivado, já estava de casamento marcado.

Com a concordância de Maria Thereza, Jango marcou o dia da cerimônia e voltou a viajar em campanha eleitoral. A partir dali a vida da jovem em São Borja mudou — para pior. Já no início do namoro, naquela pequena cidade, ela era vigiada, observada, analisada. Comentavam o que comia, o que vestia, o que falava, como se comportava. Para as pessoas, parecia que, para Jango, ninguém menos que uma imaginária princesa, saída de um conto de fadas, serviria para ele. E quem ele escolheu para namorar? Uma menina de família humilde, de origem modesta. Maria Thereza, diante das leviandades que chegavam aos seus ouvidos, enfrentava a situação com as defesas que ela mesma criara, pensando da seguinte maneira: se não era uma princesa, Jango também não era nenhum príncipe, apenas era rico. As coisas pioraram quando o casamento foi marcado. Em São Borja, não se acreditava que Jango, namorador, mulherengo e boêmio, fosse realmente se casar. Ainda mais com Maria Thereza. O nível das fofocas e maledicências passou ao patamar da crueldade. Nas ruas, apostas em relação ao casamento, valendo dinheiro, começaram. Verdadeiras loterias foram instituídas nos bares da cidade. A maior aposta era a de que Goulart não apareceria no dia do matrimônio.

A cerimônia foi um desastre. Ocorreu em São Borja, em 14 de maio de 1955, tudo muito simples. Na casa da tia da noiva, Horaides, houve uma pequena reunião social, com os parentes e amigos muito próximos, na qual o juiz de paz oficializaria a união civil. Contudo, uma tempestade violenta desabou na região. Foi um temporal de encher as ruas, com água entrando pelas casas. Nunca se vira algo assim. A cidade foi inundada. Sem teto, o avião de Jango não chegou. Ivan, com uma procuração, oficializou a união.

Maria Thereza casou sem noivo, por procuração. Os apostadores devem ter discutido muito sobre quem ganhara a aposta. Goulart não aparecera no casamento, embora tivesse se casado... Maria Thereza, depois, imaginou como eles teriam resolvido as apostas. Mas a cidade, definitivamente, não a perdoou. O comentário era que o tempo estava triste porque Jango tinha casado, ou que Deus, contrariado, mandara a tempestade, entre outras piadinhas maldosas.

Durante três dias a chuva paralisou a cidade. Com as ruas inundadas, Maria Thereza ficou presa dentro de casa. Ninguém saía ou entrava. Somente no quarto dia o sol apareceu. Imediatamente, ela pegou o avião e foi a Porto Alegre encontrar-se com Jango para o casamento no religioso. Embora a cerimônia fosse na Catedral, novamente foi tudo muito simples. Nem sequer vestido de noiva ela usou. Jango disse que não gostava, e Maria Thereza, muito cansada, não tinha energias para discutir. Na igreja e, depois, na recepção na residência de Leonel Brizola, ela usou um *tailleur* turquesa claro com um *blazer* e um vestido tomara que caia, este feito pela cunhada Neuza. Um enfeite de flores na cabeça completou o figurino.

Goulart estava em plena campanha eleitoral. A lua de mel tinha de ser curta — uma semana em Bariloche —, retornando logo depois para São Borja. A vontade de Maria Thereza era ficar na casa da tia América, no Rio de Janeiro, até as eleições, mas Jango não aceitou: "Não, você tem que ficar em casa, tem que tomar conhecimento dos empregados e dirigir a casa."

Assim, ele a deixou na fazenda e retomou suas viagens pelo país. Primeiro, Maria Thereza ficou nervosa, depois estarrecida e, a seguir, entrou em pânico. O marido a deixara em um casarão enorme, que nada tinha que ver com ela. Naquele lugar, absolutamente silencioso e solitário, havia dezenas de empregados. Oriundos de famílias índias que vieram do interior profundo do Rio Grande, mal falavam o português. Quando Maria Thereza dizia alguma coisa, eles respondiam: "Hum... Sim senhora... hum..." Todos a olhavam de maneira estranha, como se estivessem diante de algo raro. "Alguns deles, de olhar esbugalhado, tinham um jeito estranhíssimo... À noite, caminhavam no pátio, nas cercanias da casa em plena escuridão... Era aterrador. Pareciam zumbis. Tudo aquilo me deixou apavorada."

A situação era tão desesperadora que Maria Thereza pediu à tia Horaides que mandasse uma cozinheira. A que existia na casa não falava com ela. Maria Thereza puxava assunto e a mulher apenas olhava, mas não respondia. Ficou com medo de ser envenenada. O medo de todos a paralisava. Ainda com a tia Horaides, pediu também que mandasse

ÉPOCAS DE CRISES

alguém para fazer companhia. Depois, conseguiu localizar o secretário do marido. Soube que ele estava na Bahia. Deixou, então, um recado: "Diga para o Jango que venha me buscar, pelo amor de Deus, não quero mais ficar aqui."[58]

Jango teve de ceder. Comprou um apartamento em Copacabana, na rua Rainha Elisabeth. Um apartamento pequeno, mas muito bonito, perto da praia. Logo Maria Thereza assumiu as tarefas da casa, auxiliada por uma empregada de confiança. O marido abriu uma conta bancária para ela e, todo mês, depositava uma quantia para as despesas pessoais. Para as compras da casa e os empregados, ele dava o dinheiro separado. Muito rapidamente, Maria Thereza se integrou na vida urbana carioca. Aprendeu a dirigir e fez amizades. Com as amigas, passeava pelo bairro, fazia compras, frequentava restaurantes. Saía muito também com os parentes que moravam no Rio de Janeiro, sobretudo com a tia Iara. Ela não sabia, mas já estava grávida.

As reações da sociedade às manobras golpistas logo se manifestaram. Nas ruas, a população demonstrava sua contrariedade com a campanha pelo rompimento institucional. Sindicalistas também se mobilizaram. Na capital federal, sessenta deles assinaram uma nota expressando sua repulsa a qualquer solução extralegal que viesse ferir a Constituição, impedir a realização das eleições e a posse dos eleitos.[59] Setores da imprensa também repudiaram as manobras a favor do rompimento institucional. O *Correio da Manhã* criticou duramente os ministros militares por se intrometerem em questões políticas.[60] A União Metropolitana dos Estudantes, no estado da Guanabara, lançou um manifesto em que denunciava a tentativa de golpe.[61] Os empresários também defenderam a legalidade. João de Vasconcelos, em nome da Diretoria da Confederação Nacional do Comércio, fez um apelo para que as forças políticas conduzissem a campanha eleitoral dentro dos limites da ética partidária, da tolerância recíproca e do respeito aos princípios básicos da democracia.[62] Dias depois, os industriais igualmente se manifestaram.

Reunidos, presidentes de 16 Federações das Indústrias publicaram uma nota denunciando que o clima político negativo, de pânico e ceticismo, estava diminuindo o ritmo da produção e os negócios.[63] O processo de mobilização de grupos organizados culminou quando o advogado Sobral Pinto, falando na TV-Rio, lançou um movimento pela preservação do regime e pela legalidade constitucional. Sem vinculação política ou partidária, a Liga de Defesa da Legalidade visava à união de trabalhadores, sindicalistas, intelectuais, empresários, comerciantes, militares e todos os autênticos democratas para defender as instituições e o povo. O Comitê Central da Liga de Defesa da Legalidade, integrado, entre outros, por Evandro Lins e Silva e Victor Nunes Leal, passou a coordenar a fundação de núcleos em várias capitais do país, com comícios realizados em Belo Horizonte e São Paulo.[64] Dias depois, foi a vez de os intelectuais se posicionarem. Publicado na revista *Marco*, um manifesto de escritores, artistas e jornalistas repudiava os movimentos destinados a implantar um governo discricionário, mas cuja finalidade era "impedir a solução do problema sucessório por meios pacíficos e segundo a vontade do povo".[65]

Em 24 de agosto, um acontecimento era esperado: a homenagem de um ano da morte de Getulio Vargas. Em frente ao seu busto, na Cinelândia, uma multidão de trabalhadores e gente simples, pessoas aparentando condições sociais mais privilegiadas e funcionários públicos silenciaram quando a cantora Angela Maria, exatamente às 18h, começou a cantar os primeiros versos da canção "Ave Maria". Sem premeditação, possivelmente incitado pela letra da música, o povo, em certo momento, se ajoelhou. Em volta do busto, via-se um número incontável de velas, cujas chamas, dançando com o vento, aguçavam ainda mais as emoções. Ao final da canção, João Goulart surgiu na praça. Ao misturar-se com as pessoas, caminhando com dificuldade para o monumento, as feições tristes cederam lugar a sorrisos, aplausos e gritos de "viva!". Alguém, em voz alta, iniciou o canto do Hino Nacional, sendo acompanhado por todos. Entre os vários significados, a homenagem não deixava de ser, também, um ato contra o rompimento institucional que Vargas, com o gesto extremado, desarticulara um ano antes.[66]

A partir de setembro de 1955, os ataques dos grupos civis e militares interessados no rompimento institucional, por meio da *Tribuna da Imprensa*, voltaram-se fundamentalmente contra João Goulart. Notícias sobre contrabando de armas pela fronteira com a Argentina e acusações de práticas criminosas, como o lenocínio, tornaram-se comuns.[67] Em meados do mês, uma denúncia muito grave foi feita por Carlos Lacerda na TV-Rio. Segundo uma carta endereçada a Goulart na época em que era ministro do Trabalho, mas interceptada no Hotel Ambassador, o

ÉPOCAS DE CRISES

deputado peronista Antonio Brandi, envolvendo os nomes de Perón, do vice-governador de Corrientes, de um advogado brasileiro, entre outros, respondia aos supostos interesses do líder trabalhista de formar "brigadas de choque obreiras". Indicava, também, contatos com o ministro argentino Borlenghi, que conhecia a experiência de luta do movimento sindical daquele país. Mais grave ainda foi a confirmação da compra que Jango teria feito na "fábrica militar de Córdoba", cujas "mercadorias" entrariam clandestinamente no Brasil pela cidade de Uruguaiana.[68]

Não era a primeira vez que Carlos Lacerda acusava João Goulart de estocar armas. Poucos meses antes, em pleno Congresso Nacional, o jornalista apresentou aos parlamentares metralhadoras que, segundo sua versão, foram encontradas em um prédio, no centro da cidade, pelos repórteres de seu jornal. A apresentação de revólveres e fuzis chocou os parlamentares e visava, sobretudo, a acusar Jango de preparar a guerra civil no país. A Polícia Civil foi convocada para esclarecer as denúncias. Após investigações feitas pelo detetive Marcos, o chefe da Polícia convocou a imprensa e revelou que as armas tinham sido roubadas das instalações do Exército. Mas o culpado era um contraventor, outrora pertencente ao Serviço Secreto do Exército, expulso por irregularidades, que as repassou a Lacerda.[69] A polícia desmentiu as denúncias contra Jango e, ao mesmo tempo, comprometeu o acusador de ligações com desvios de material bélico.

Agora, as revelações contidas na carta eram mais graves. Um deputado peronista informava a Goulart a entrada clandestina de armas para o Brasil e meios para assessorá-lo a formar brigadas de choque operárias. A "carta Brandi", como ficou conhecida, acirrou ainda mais a crise política no país. O ministro da Guerra, Henrique Teixeira Lott, instaurou uma Comissão Militar de Inquérito, presidida pelo general Maurell Filho, visando à investigação das denúncias.

Embora a campanha pelo adiamento das eleições continuasse defendida por alguns setores da UDN, sobretudo o Clube da Lanterna,[70] além das suspeitas que pairavam sobre João Goulart devido à "carta Brandi", em 3 de outubro a população escolheu o novo presidente da República. Vitorioso, Juscelino obteve 36% dos votos; Juarez Távora recebeu 30%; seguidos de Ademar de Barros com 26% e Plínio Salgado com 8%. Uma nova campanha iria começar: o impedimento da posse dos eleitos.

Assis Chateaubriand, em *O Jornal*, logo denunciou a estratégia golpista adotada pela facção udenista liderada por Carlos Lacerda. Como eles não conseguiram impedir a realização das eleições, uma batalha judicial seria implementada, com diversas frentes de luta. Inicialmente, uma denúncia seria impetrada contra a vitória de Juscelino e Goulart pelo apoio que eles tiveram do Partido Comunista. Segundo o argumento, os comunistas não teriam votado como simples eleitores, mas como partido político organizado. Como jurista, alegou Afonso Arinos, isso "torna a votação dada àqueles candidatos suscetível de impugnação". Depois, a campanha prosseguiria com a recuperação da tese da "maioria absoluta". Com base no artigo 1º da Constituição, "todo o poder emana do povo (...)", os parlamentares udenistas interpretariam a palavra "povo" em termos demográficos, ou seja, 60 milhões de habitantes, e não 36% de um eleitorado de 10 milhões.[71]

A direita civil continuava dividida. Oficialmente, a UDN não apoiava o golpe militar, preferindo a luta nos tribunais para impugnar a posse de Juscelino, assim como tentara antes com Vargas. Mas as lideranças udenistas sabiam que a tática era inútil. Tinham certeza de que somente com a intervenção militar alcançariam seus objetivos e, nesse sentido, quem tinha razão era Carlos Lacerda. No entanto, mesmo utilizando seu jornal e o grupo político-militar do Clube da Lanterna, Lacerda não conseguiu que seu partido superasse a ambiguidade. Nem as organizações partidárias coligadas à UDN se animavam pelo rompimento. A extrema direita rapidamente encampou a tese. A Cruzada Brasileira Anticomunista, em páginas compradas nos jornais, exigia que Juscelino e Goulart não tomassem posse nos cargos para os quais haviam sido "indevidamente eleitos", pois, além de apoiados pelos comunistas, não alcançaram maioria absoluta. Além disso, seus eleitores foram a "massa ignorante, sofredora, desiludida, trabalhada pela mais sórdida das demagogias e envenenada pela propaganda solerte do Partido Comunista". Lamentavelmente, diz o texto, o "movimento de 24 de agosto falhou".[72]

Nesse contexto, em meados de outubro, o presidente da Comissão Militar de Inquérito, general Maurell Filho, chegou ao resultado final de suas investigações sobre a "carta Brandi". De acordo com o perito, os exames grafológicos, grafotécnicos e as diversidades de ordem morfológica e sinérgica comprovavam que a assinatura do deputado Antonio Brandi tinha sido falsificada grosseiramente. Na verdade, o parecer do perito não anunciava novidades. Dias antes, o homem que escrevera a carta e falsificara a assinatura tinha sido preso no Rio Grande do Sul. Ao general Amaury Kruel, ele confessou a autoria do crime, alegando que fora coagido por Carlos Lacerda, por um oficial da Aeronáutica e por um comerciante do Rio de Janeiro.[73] A sensação nos meios políticos era a de que, mais uma vez, o escândalo não resultaria em punições.

Enquanto os interessados na legalidade procuravam denunciar os golpistas e, assim, garantir a posse dos eleitos, os oficiais militares favoráveis ao rompimento institucional nas Forças Armadas, sobretudo na Aeronáutica, continuavam a se manifestar publicamente. Amplos setores legalistas, particularmente no Exército, por seu silêncio, acabavam por impedir que os grupos civis em conflito avaliassem a correlação de forças entre os militares. Até que, em 17 de outubro, o inspetor geral do Exército, general Euclides Zenóbio da Costa, lançou uma proclamação contundente em favor da legalidade democrática. Dirigindo-se aos generais, oficiais, sargentos e soldados, disse, categórico, para que eles não tivessem ilusões: "a legalidade somente será preservada com o teu sangue e com as armas que o povo te entregou para que lhe defenda a liberdade de trabalhar, de pensar, de votar, de criticar, de protestar". Zenóbio pediu a união de todos os generais, oficiais, sargentos e soldados em torno do general Henrique Teixeira Lott, "cuja vida profissional é a exaltação mesma da disciplina e do respeito à lei", para garantir, desse modo, a legalidade democrática contra qualquer envolvimento das Forças Armadas em golpes.[74]

A defesa da legalidade pregada pelo general não era, naquele momento, uma novidade dentro do Exército. Desde o início dos anos 1950, diz Maria Celina D'Araujo,[75] que as ideias que associavam o desenvolvimento econômico ao nacionalismo e à democracia, todos ameaçados pelos interesses econômicos e políticos dos Estados Unidos, estavam na agenda de debates da sociedade brasileira. Os militares não ficaram omissos e, nas eleições do Clube Militar, a partir de 1952, tais questões incitavam a oficialidade a manifestar suas tendências, sempre de maneira politizada. Zenóbio da Costa e outros generais, destacando-se Estillac Leal, tornaram-se lideranças daqueles que aproximavam os temas do nacionalismo à democracia e ao legalismo.

O ministro da Guerra, em seu esforço para garantir a disciplina no Exército, não poderia admitir que um subordinado, mesmo sendo de

JOÃO GOULART – UMA BIOGRAFIA

igual patente, falasse sobre a política nacional. Diferentemente dos outros dois ministros militares, que permitiam que os oficiais da Aeronáutica e Marinha manifestassem suas ideias publicamente, Lott insistia em enquadrar o Exército nos códigos disciplinares. Procurando ser coerente com seu estilo de comando, puniu o general Zenóbio da Costa por sua proclamação.

Lott estava determinado a obedecer à lei, atitude que contrariava os outros ministros militares. Para o governo Café Filho, era urgente substituí-lo. Contudo, respeitado na tropa, pelos meios políticos e pela imprensa, sua demissão não ocorreria sem uma grave crise política e militar.

Nesse clima de instabilidade, faleceu o general Canrobert Pereira da Costa. Nos funerais, diante de autoridades civis e dos ministros militares, o coronel Jurandir Mamede pronunciou um discurso desafiador da hierarquia e da disciplina militar. Sem constar no cerimonial, Mamede, num ato de insubordinação, tomou a palavra e homenageou o general falecido. Após denunciar a "corrupção e a fraude dos oportunistas e totalitários que se arrogam no direito de oprimir a Nação", o coronel denunciou "a perpetuação dessa mentira democrática", com uma "pseudolegalidade imoral e corrompida" que consagra a eleição de um presidente da República com "uma vitória da minoria".[76]

Lott esperou passar o feriado do dia 2 de novembro para pedir audiência ao presidente. Seu objetivo era a punição do coronel Mamede. Mas, no dia seguinte, outro episódio veio agravar a crise política. Café Filho, sofrendo uma crise cardiovascular, foi substituído por Carlos Luz, presidente da Câmara dos Deputados, conforme preceito constitucional. Lott estava determinado a restabelecer e impor o respeito à hierarquia e à disciplina, com a punição do coronel Mamede, preservando os militares das lutas partidárias e garantindo a legalidade democrática. Se fosse derrotado, seria a vitória dos grupos civis e militares interessados no golpe, de quem o coronel foi o porta-voz desafiador. A ele caberia decidir o desenlace da crise institucional.

A punição de Mamede era imperiosa para Lott. Porém, a situação funcional do coronel o protegia. Carlos Luz aproximava-se muito perigosamente dos grupos interessados no golpe. Por um aspecto, ele integrava a facção do PSD que se opôs à indicação de Juscelino; por outro, os udenistas reivindicavam o patrocínio de sua elevação à presidência e, desse modo, procuravam enquadrá-lo politicamente para impedir a posse dos eleitos.

ÉPOCAS DE CRISES

No dia 10 de novembro, Lott foi convocado por Carlos Luz. Em audiência, seria decidido o destino do coronel Mamede. O ministro da Guerra chegou pontualmente às 18h, horário determinado por Luz, mas somente foi recebido duas horas depois, esperando, pacientemente, na antessala presidencial. A demora foi proposital: o presidente queria ferir a autoridade do ministro da Guerra, humilhando-o.

Carlos Luz disse ao general que se decidira pelo parecer do chefe do EMFA, brigadeiro Ducan, opinando pela permanência de Mamede na ESG, "a bem do serviço público". O ministro imediatamente comunicou sua exoneração do cargo. Mas advertiu o presidente sobre a gravidade da situação e das consequências caso se verificassem rompimentos da legalidade democrática. O grupo favorável ao rompimento institucional, no dia seguinte, tomaria a direção do próprio Exército.

O golpe, nesse momento, estava armado, se não desencadeado. As lideranças dos sargentos, utilizando a rede de telecomunicações da FAB, entraram em contato com oficiais alocados em setores estratégicos do Exército.

O general Augusto Frederico Correia Lima, comandante da Artilharia da Costa, articulava a revolta militar.[77] Indignado com a humilhação imposta ao chefe do Exército, atitude considerada por ele uma afronta a todos os generais, telefonou para vários deles, inclusive para o comandante do I Exército, general Odílio Denys. Em menos de uma hora, a rebelião militar estava combinada e cerca de 30 generais marcaram, para as 10h daquela noite, reunião na casa de Denys.

Lott, na solidão de seu quarto, refletia sobre os acontecimentos que acabara de presenciar.[78] O ministro da Guerra já sabia quais eram as intenções dos conspiradores: dissolver o Congresso, intervir no Judiciário e impor um militar na presidência da República — planos pregados publicamente por Carlos Lacerda. A tentativa de golpe era clara e, certamente, pensou, haveria reação dos militares legalistas. A guerra civil era uma possibilidade.

Lott telefonou para Denys. A conversa foi rápida. O comandante do I Exército comunicou a decisão dos generais de intervirem no processo político, com a liderança do próprio Lott. Não se tratava de uma rebelião, disse Denys, mas do que os comandantes definiram como um contragolpe em defesa da Constituição. Eles haviam escolhido o nome para qualificar a reação militar: "Movimento de retorno aos quadros constitucionais vigentes". Lott imediatamente concordou com a intervenção

JOÃO GOULART – UMA BIOGRAFIA

militar sob sua liderança.[79] Pouco depois das 23h, ele chegou à residência de Denys. Após traçarem estratégias de atuação, foram para o Ministério da Guerra. O contragolpe deveria ser rápido, verdadeiramente fulminante e, acima de tudo, sem sangue.

Com o apoio das guarnições do Exército na capital da República, Lott sentiu-se fortalecido para insurgir-se contra Carlos Luz. Em nota a todos os comandos militares do país, o general expediu uma proclamação, acusando-o de "provocar os brios do Exército" e de ferir a disciplina na tropa, credenciando-o a intervir para "o retorno da situação aos quadros normais do regime constitucional vigente".[80] As tropas do Rio de Janeiro, do Espírito Santo, de Minas Gerais e de São Paulo imediatamente alinharam-se pela legalidade. Mas o ministro da Guerra não queria uma solução estritamente militar para a crise. Por telefone, convocou o substituto imediato na linha de sucessão, Nereu Ramos, vice-presidente do Senado Federal, e o líder da maioria na Câmara, José Maria Alkmin. No Ministério da Guerra, os três, junto a outros generais, procuraram dar uma saída legal ao movimento, com a indicação de outro civil à presidência. Lott insistiu que o único desejo do Exército era preservar a legalidade e o regime democrático. Ainda no dia 11, em solução negociada entre o PSD e os militares — com o apoio do PTB e os votos contrários da UDN —, a Câmara dos Deputados, em sessão extraordinária, votou o "impedimento" de Carlos Luz e, obedecendo à Constituição, convocou o substituto imediato na linha de sucessão, Nereu Ramos.

Sentindo perder o controle do poder, Carlos Luz, acompanhado de mais 11 pessoas, seguiu para o Arsenal de Marinha. Ali, o grupo golpista embarcou no cruzador *Tamandaré*, sob o comando do almirante Sílvio Heck, junto com o coronel Mamede, o ministro da Justiça Prado Kelly e Carlos Lacerda. O objetivo era seguir para Santos e, em território paulista, estabelecer o governo.

Eduardo Gomes, líder militar da insurreição, partiu de avião para São Paulo. Outros 22 caças Gloster Meteor da Força Aérea levantaram voo, acompanhando-o.Em São Paulo, seria decidido o futuro político. Os planos dos golpistas eram instalar o governo de Carlos Luz em Santos, ganhar o apoio do governador Jânio Quadros, dispondo, assim, das polícias civil e militar do estado, e contar com a insubordinação de chefias de regimentos da capital. Lott, no entanto, enviou uma mensagem ao cardeal-arcebispo de São Paulo, Dom Carlos Carmelo de Vasconcelos

ÉPOCAS DE CRISES

Mota. Apresentando-se "mais como católico do que como militar", solicitava que o cardeal avisasse ao governador que qualquer resistência seria inútil e sangrenta.[81]

Jânio Quadros recuou do apoio a Carlos Luz quando o Congresso Nacional confirmou Nereu Ramos na presidência da República. Tropas de Minas Gerais, do Mato Grosso e do Paraná convergiram para a capital paulista. As tropas legalistas, sediadas no interior do estado, entraram na capital. No *Tamandaré*, Carlos Lacerda tomava consciência da trapalhada em que se envolvera. Ele e Carlos Luz não avaliaram que aqueles que comandavam as tropas eram legalistas. Depois de cinco horas de viagem, Carlos Luz enviou mensagens para que cessassem qualquer resistência. Encerrava-se, assim, a tentativa de rompimento constitucional.[82]

Ao final, as lideranças golpistas não sofreram punições. O Congresso votou o impedimento de Carlos Luz por 178 votos a 91 e aprovou o estado de sítio. Carlos Lacerda, embora com imunidade parlamentar, preferiu sair do país. Foi para a embaixada do Peru e, finalmente, para a de Cuba, onde conseguiu asilo político.[83] Até a partida para os Estados Unidos, receoso de ser preso, escondeu-se durante três dias em uma caixa-d'água seca.[84]

Após a consolidação do movimento, o general Lott deu entrevista coletiva a jornalistas. Com um revólver na cintura e a Constituição nas mãos, o ministro disse que teria faltado ao seu dever se não houvesse cortado pela raiz a conspiração contra as instituições democráticas. Citando o artigo 177 da Constituição, lembrou que cabia às Forças Armadas garantir os poderes, a lei e a ordem: "E foi o que fizemos", acrescentou.[85]

No dia seguinte ao contragolpe, 12 de novembro, em manifestação pública, dirigentes sindicais do Distrito Federal e de outros estados, trabalhadores organizados em comissões de fábrica e aqueles provenientes dos subúrbios e favelas encontraram-se em frente à Câmara dos Deputados para apoiar os parlamentares pela manutenção da ordem legal.[86] Faixas pediam a punição dos golpistas e elogiavam o Exército, bem como o general Lott.

O prestígio de Lott, nesse momento, era difícil de ser mensurado. No dia 16 de novembro, data de seu aniversário, várias homenagens lhe foram prestadas. Líderes políticos, chefes militares e sindicalistas, em discursos, novamente exaltaram o general. No entanto, os tanques do general Lott não ficaram estacionados por muito tempo. No dia seguinte, em 21 de novembro, Café Filho, recuperado, saiu do hospital pretendendo assumir a presidência da República. As tropas do Exército novamente tomaram os prédios públicos. A Câmara dos Deputados, imediatamente reunida, votou a desqualificação de Café Filho e confirmou Nereu Ramos à frente do poder Executivo. O Congresso também aprovou a solicitação de estado de sítio por um mês, prorrogado até 31 de janeiro de 1956, quando Juscelino e Goulart, finalmente, tomaram posse.

O contragolpe liderado por Henrique Teixeira Lott liberou tendências nacionalistas dentro das Forças Armadas, particularmente no Exército, próximas ao PTB e que até então atuavam com discrição política. Os trabalhistas se deram conta de que os udenistas não tinham o monopólio dos quartéis e passaram também a dispor de suas "tropas", concorrendo diretamente com a direita. Como afirma Maria Celina D'Araujo, "o PTB ganhou uma oportunidade única de competir com a UDN no proselitismo dentro das Forças Armadas".[87] Em março de 1956, o coronel Nemo Canabarro Lucas fundou a Frente de Novembro, organização que congregava militares, tanto oficiais quanto sargentos, sindicalistas, petebistas e comunistas, todos unidos em torno dos ideais do nacionalismo e da democracia. O general Lott surgia como a figura central do movimento, enquanto o vice-presidente João Goulart, o maior incentivador da Frente, assumia o cargo de presidente de honra da organização. As lideranças incontestáveis do Exército e do trabalhismo alinharam-se em um mesmo campo político. A partir daí, os políticos do Clube da Lanterna, apoiados por grupos de oficiais da Aeronáutica, teriam que enfrentar os novembristas nas ruas.

O episódio conhecido como "contragolpe" ou "golpe preventivo" foi mais um entre as diversas intervenções militares na vida republicana brasileira.[88] Como as outras, teve suas peculiaridades. Entre elas, o surgimento no cenário político de setores das Forças Armadas — sargentos da Aeronáutica e oficiais do Exército — interessados na manutenção da legalidade e da ordem democrática. Se o general Lott não podia ser qualificado como um homem de esquerda, até mesmo pelo seu anticomunismo declarado, definia-se como nacionalista e legalista. No entanto, muitos oficiais e sargentos, que o tinham como liderança, manifestavam ideias de esquerda, diversos deles isentos de preconceitos contra os comunistas — alguns integravam o PCB. Formavam o grupo nomeado por José Murilo de Carvalho de "nacionalista de esquerda".[89] A unificação deles

ÉPOCAS DE CRISES

sob a liderança de Lott, sua entrada no cenário político, a participação nos debates que procuravam formular um projeto para o país e a aproximação com os trabalhistas foram os resultados da intervenção militar de novembro de 1955.

Entre os trabalhistas, a partir daquele momento, mudou muito a imagem das Forças Armadas, que não mais se restringia ao golpe de outubro de 1945, que depôs Vargas, ou à crise de agosto de 1954, que o levou ao suicídio. Os militares deixaram de ser identificados com o sentimento antigetulista, antitrabalhista ou antipopular. As representações se alteraram e, na imaginação política das esquerdas, a relação entre a facção militar nacionalista e o trabalhismo petebista tornou-se direta, como afirma Maria Celina D'Araujo.[90] Não mais haveria um único Exército, sempre distante das aspirações populares; haveria pelo menos dois. Um, o do general Lott, símbolo da soberania nacional, representava o "Exército democrático", composto pelo "soldado trabalhador", em oposição a outro, o "não democrático", "gorila" e "entreguista". Ao lado do "bom soldado", os trabalhadores derrotariam o "mau soldado". A aproximação entre uma facção dos militares e o PTB, ainda segundo a autora, permitiu a constituição de bases nacionalistas e janguistas no conjunto das Forças Armadas. Os trabalhistas, com Goulart à frente, investiram na estratégia de buscar adesões nos quartéis, sem ficar nada a dever à UDN. "A marcha para o nacionalismo precisava de farda", diz a autora, e, somente com o apoio militar, passaram a crer os petebistas, as reformas seriam implementadas.

Ganhar a oficialidade para a causa trabalhista tornou-se uma das vias de ação do PTB a partir de novembro de 1955. O proselitismo nos quartéis incluía os subalternos das Forças Armadas, como sargentos do Exército e da Aeronáutica e, mais adiante, marinheiros e fuzileiros navais. A revolta dos marinheiros, em março de 1964, não se dissociou do movimento iniciado em novembro de 1955, surgindo como a expressão mais extremada da aliança entre militares, esquerdas e sindicalistas.

Contudo, a ida dos petebistas e das esquerdas aos quartéis feriu crenças, valores e códigos comportamentais da instituição militar. Outras facções nas Forças Armadas não os perdoariam pela estratégia de fazer proselitismo político nas tropas. O grupo vitorioso que derrubou o presidente João Goulart faria do PTB e do trabalhismo, bem como dos comunistas, seus inimigos de morte.

NOTAS

1. Maria Celina D'Araujo, op. cit., pp. 124-125.
2. Claudio Bojunga, op. cit., p. 227.
3. Maria Celina D'Araujo, op. cit., p. 124.
4. O tiro que feriu de morte o major Rubens Vaz foi disparado de um revólver calibre .45. Segundo relato de Lacerda, outro tiro, da mesma arma, o atingiu no pé. Trata-se de uma versão, no mínimo, duvidosa. Afinal, um tiro de revólver 45 no pé causaria um imenso ferimento. No hospital, Lacerda imobilizou o pé com uma botina de gesso, o que causa ainda mais estranheza.
5. *Tribuna da Imprensa*, Rio de Janeiro, 5/8/1954, 1ª página.
6. Samuel Wainer, op. cit., p. 202.
7. Claudio Bojunga, op. cit., p. 252-253.
8. Samuel Wainer, op. cit., p. 204.
9. Claudio Bojunga, op. cit., p. 258.
10. Maria Thereza Goulart. *Caras*, nº 49, 7/11/1994; Marieta de Moraes Ferreira e César Benjamin, op. cit., p. 1507.
11. As informações que se seguem estão em Jorge Otero, op. cit., pp. 77-79.
12. As informações que se seguem estão em Jorge Ferreira, *O imaginário trabalhista*, op. cit., p. 176 e seguintes.
13. Depoimento de Maria Thereza Goulart ao autor e a Angela de Castro Gomes, Rio de Janeiro, 2003.
14. Maria Thereza Goulart, entrevista à revista *Interview*, 14/8/1991, p. 28.
15. As informações que se seguem estão em Jorge Ferreira, *O imaginário trabalhista*, op. cit., p. 185 e seguintes.
16. *Correio do Povo*, Porto Alegre, 27/8/1954, p. 2.
17. Depoimento de Yolanda Goulart ao autor, São Borja, 2003. Acusado de todos os crimes, sobretudo o de liderar o "mar de lama", Getulio Vargas deixou para sua família, em testamento, uma herança modestíssima para um homem com sua biografia: uma fazenda de 46 hectares que herdara do pai e um apartamento em um prédio em construção no Rio de Janeiro. Ver Claudio Bojunga, op. cit., p. 262.
18. *Tribuna da Imprensa*, Rio de Janeiro, 24/8/1954, p. 2; *Correio da Manhã*, Rio de Janeiro, 25/8/1954, p. 2.
19. *Última Hora*, Rio de Janeiro, 25/8/1954, segunda edição extra, p. 7.
20. *Correio da Manhã*, Rio de Janeiro, 24/8/1954, p. 3.
21. Depoimento de Maria Thereza Goulart ao autor e a Angela de Castro Gomes, Rio de Janeiro, 2003.
22. Jorge Otero, op. cit., pp. 100-101.
23. Goulart recebeu 346.196 votos contra 402.438 de Armando Pereira Câmara.
24. José Gomes Talarico (depoimento), op. cit., p. 115, e *O presidente João Goulart...* op. cit., p. 12.

ÉPOCAS DE CRISES

25. José Vecchio (depoimento), op. cit., pp. 93 e 94.
26. Veja Angela de Castro Gomes. "Trabalhismo e democracia: o PTB sem Vargas", in Angela de Castro Gomes (org.), *Vargas e a crise dos anos 50*, Rio de Janeiro, Relume-Dumará/Editora da Fundação Getulio Vargas, 1994.
27. *O Jornal*, Rio de Janeiro, 24/2/1954, pp. 1 e 6.
28. *O Radical*, Rio de Janeiro, 25/2/1954, p. 3.
29. Raul Ryff (depoimento), op. cit., pp. 193 e 194.
30. Maria Celina D'Araujo, *Sindicatos, carisma e poder...* op. cit., pp. 93-95.
31. Barrington Moore Jr., *Injustiça: As bases sociais da obediência e da revolta*, São Paulo, Brasiliense, 1987, pp. 247 e 313.
32. *Última Hora*, Rio de Janeiro, 19/6/1953, p. 2.
33. As citações que se seguem estão em *O Radical*, Rio de Janeiro, 21/8/1953, 1ª página.
34. Idem, 16/10/1953, p. 3.
35. Angela de Castro Gomes e Maria Celina D'Araujo, op. cit., pp. 8 e 9.
36. Eusébio Rocha (depoimento), Rio de Janeiro, CPDOC/FGV — História Oral, 1991, p. 71.
37. Maria Celina D'Araujo, op. cit., p. 96.
38. Retomo, nessa parte do texto, algumas ideias anteriormente publicadas no capítulo 4 de Jorge Ferreira, *O imaginário trabalhista*, op. cit.
39. Lucia Hippolito, *De raposas e reformistas — o PSD e a experiência democrática brasileira (1945-64)*, Rio de Janeiro, Paz e Terra, 1985, cap. 6.
40. Juscelino Kubitschek de Oliveira I (depoimento), Rio de Janeiro, FGV/CPDOC — História Oral, 1979, pp. 2-10.
41. Thomas Skidmore, op. cit., p. 184.
42. Lucilia de Almeida Neves, op. cit., pp. 169-170.
43. Maria Celina D'Araujo, op. cit., pp. 105-107 e 109.
44. Idem, pp. 100-111.
45. Citado em Claudio Bojunga, op. cit., p. 280.
46. Citado em Thomas Skidmore, op. cit., pp. 185-186
47. Claudio Bojunga, op. cit., p. 282.
48. *Tribuna da Imprensa*, Rio de Janeiro, 1º/8/1955, p. 4.
49. Idem, 6-7/8/1955, p. 6.
50. Idem, 8/8/1955, p. 4.
51. *Correio da Manhã*, Rio de Janeiro, 10/8/1955, p. 14.
52. *Última Hora*, Rio de Janeiro, 8/8/1955, p. 4.
53. Maria Celina D'Araujo, op. cit., p. 165.
54. *Tribuna da Imprensa*, Rio de Janeiro, 9/8/1955, 1ª página.
55. Depoimento de José Maria dos Santos ao autor e a Angela de Castro Gomes, Rio de Janeiro, 2000.
56. Jorge Otero, op. cit., pp. 104-105.

JOÃO GOULART – UMA BIOGRAFIA

57. Depoimento de Maria Thereza Goulart ao autor e a Angela de Castro Gomes, Rio de Janeiro, 2003.

58. Idem. Em entrevista à revista *Interview*, edição de 14/8/1991, Maria Thereza afirma que, na ocasião, tentou o suicídio tomando barbitúricos.

59. *Correio da Manhã*, Rio de Janeiro, 21/8/1955, p. 16.

60. Idem, 1ª página.

61. Idem, 20/8/1955, p. 4.

62. Idem, 25/8/1955, p. 4.

63. *Última Hora*, Rio de Janeiro, 20/10/1955, p. 4. Assinaram a nota os presidentes das Federações das Indústrias de São Paulo, Minas Gerais, Distrito Federal, Rio Grande do Sul, Paraná, Alagoas, Bahia, Sergipe, Ceará, Pará, Santa Catarina, Paraíba, Rio de Janeiro, Goiás, Piauí e Pernambuco.

64. *Correio da Manhã*, Rio de Janeiro, 7/9/1955, p. 14.

65. *Última Hora*, Rio de Janeiro, 12/9/1955, p. 4.

66. Idem, 25/8/1955, p. 3.

67. *Tribuna da Imprensa*, Rio de Janeiro, 12 e 15/9/1955, p. 8 e 1ª página, respectivamente.

68. Na íntegra, o deputado Antonio Brandi teria escrito: *"Acuso recibo de su mensaje transmitido por intermedio del Sr. Iris Valls y no dejamos de lamentar los inconvenientes surgidos. Inmediatamente me transladé a Buenos Aires donde expuse las contingencias planteadas por V. Excia. Agregué a mi informe los términos de nuestra última entrevista en São Borja y el Dr. Borlenghi se manifestó vivamente interesado, consultando demoradamente el asunto con el Exmo. Sr. Presidente Perón. Finalmente me comunicó que había quedado establecido que, en lo sucesivo, y para evitar nuevas dificultades, todas las comunicaciones y entendimientos, serán realizados por medio de la Embajada Argentina en Río, la cual tendrá como agente de contacto el abogado F. A. de esa ciudad. Nuevas instrucciones me serían dadas por intermedio del Sr. Clementino Forte, actual Vice-Gobernador de la Provincia de Corrientes, y que ha sido designado para dirigir todas las actividades de coordinación sindical entre Brasil y Argentina. (El Sr. Forte es antiguo dirigente de la C.G.T. en todo el Norte Argentino.) Después de mi regreso a Corrientes fui llamado por el Sr. Vice-Gobernador, quien me manifestó que el Ministro Borlenghi, personalmente le había hecho entrega de los protocolos y recomendaciones sobre "brigadas de choque obreras" para que hiciéramos llegar confidencialmente a manos de V. Excia. El Vice-Gobernador Forte me autorizó a encomendar tal asunto Al portador de la presente, Sr. Ignacio Pinedo, quién se trasladará a Río en aparente viaje comercial y que transmitirá a S. Excia. una serie de instrucciones verbales que nos pareció imprudente dejar consignadas por escrito. El Sr. I. Pinedo es de toda confianza, y tanto él como su socio, que es fotógrafo oficial exclusivo del Exmo.*

ÉPOCAS DE CRISES

Sr. Presidente Perón, están al tanto de los más importantes detalles que se refieren a las negociaciones vinculadas a S. Excia. El Ministro Borlenghi encareció la necesidad de que S. Excia. se comunique con él, una vez estudiados los planes portados por el Sr. Pinedo, pues estima que será útil para S. Excia aprovechar la experiencia ya obtenida en la lucha sindical argentina. Referente a la mercadoría adquirida por S. Excia. en la Fábrica Militar de Córdoba, puedo anticiparle que ya se han tomado providencias para que le ceu remitida vía Uruguaiana, en calidad de mercaderías alimenticias, y todas las remesas serán consignadas a nombre del Intendente de Uruguaiana, Sr. Iris Valls. El Sr. I. Pinedo está autorizado para oír su propuesta para un plan de pagos, y las modalidades para saldar dichos créditos. Deseándole todo éxito y repitiéndome a sus muy gratas órdenes, le saludo con mi más distinguida consideración. Idem, 17-18/9/1955, 1ª página. A carta é datada de 5/8/1953.

69. *Última Hora*, Rio de Janeiro, 14/9/1955, p. 5.
70. Carlos Lacerda fundou o Clube da Lanterna em 28 de agosto de 1953, no Rio de Janeiro, com o objetivo de combater Getulio Vargas. O Clube era composto por parlamentares da UDN e tinha como órgãos de divulgação os jornais *O Marquis* e *Tribuna da Imprensa*. Ao longo do tempo, lacerdistas civis e militares — principalmente oficiais da Aeronáutica — participaram dos quadros da organização. Em 24 de novembro de 1955, Juscelino Kubitschek declarou a ilegalidade do Clube da Lanterna.
71. *O Jornal*, Rio de Janeiro, 11/10/1955, 1ª página e p. 4.
72. Citado em Thomas Skidmore, op. cit., pp. 188-189.
73. *Última Hora*, Rio de Janeiro, 11 e 17/10/1955, pp. 2 e 1, respectivamente.
74. Idem, 18/10/1955, p. 3.
75. Maria Celina D'Araujo, op. cit., p. 115.
76. *Tribuna da Imprensa*, Rio de Janeiro, 3/11/1955, p. 4.
77. Batista de Paula, *Plantão militar*, Rio de Janeiro, mimeo, s/data, pp. 37-38.
78. Henrique Teixeira Lott (depoimento), op. cit., p. 131.
79. Batista de Paula, op. cit., pp. 39-40.
80. As fontes que se seguem estão em *Correio da Manhã*, Rio de Janeiro, 12/11/1955, 1ª página e seguintes.
81. Flávio Tavares, *O dia em que Getúlio matou Allende e outras novelas do poder*, Rio de Janeiro, Record, 2004, pp. 112-113.
82. *Correio da Manhã*, Rio de Janeiro, 12/11/1955, 1ª página e seguintes.
83. *Correio da Manhã*, Rio de Janeiro, 15/11/1955, p. 12.
84. Flávio Tavares, op. cit., pp. 114-115.
85. *Correio da Manhã*, Rio de Janeiro, 15/11/1955.
86. Idem, 18/11/1955, p. 3.
87. Maria Celina D'Araujo, op. cit., p. 116.

88. No sentido de desqualificar o movimento de 11 de novembro de 1955, os udenistas passaram a chamá-lo de "novembrada", misto de "novembro" e "quartelada".

89. José Murilo de Carvalho, "Vargas e os militares", in Dulce Pandolfi (org.), *Repensando o Estado Novo*, Rio de Janeiro: FGV, 1999, p. 344.

90 Maria Celina D'Araujo, op. cit., p. 116 e 117.

CAPÍTULO 5   No governo e na oposição: dilemas de um vice-presidente

Nas eleições presidenciais de outubro de 1955, Goulart comprovou sua importância no cenário político. Concorrendo à vice-presidência na aliança PTB-PSD, ele cabalou mais votos que Juscelino Kubitschek, obtendo cerca de 3 milhões e 600 mil, enquanto o candidato à presidência obteve pouco mais de 3 milhões. Embora atacado pela direita e difamado sistematicamente pelos grupos mais radicais da UDN, conquistou cerca de meio milhão de votos a mais que Juscelino.

Jango havia deixado o Ministério do Trabalho com uma popularidade imensa. Desabafando para si mesmo, em texto datilografado, escreveu que sua eleição era "a resposta do povo aos inimigos do regime, que se preparavam para assaltar o país, instituindo o governo dirigido a distância pelos trustes internacionais, durante o qual seriam liquidadas as conquistas sociais alcançadas pelo trabalhador".[1]

Maria Thereza se impressionava com a carreira política do marido.[2] Nas reuniões políticas de que participou, logo após Jango deixar o ministério, surpreendeu-se com a vibração popular quando ele discursava. Mas a votação que recebeu como vice-presidente levou-a a pensar na época: "agora ninguém segura esse homem". "Olha, Jango, eu acho que você foi fantástico na votação com o Juscelino. Acho que se você for candidato à presidência vai ter uma votação espetacular", disse a ele em casa. Um sorriso era a resposta. Ainda era muito jovem para isso.

Juscelino, mesmo antes de concorrer à presidência, percebeu a importância da recuperação europeia após 1945. Diversamente do período anterior à guerra, a economia mundial caminhava para um processo de multilateralização comercial, com o surgimento de empresas transnacionais que avançavam sobre os diversos mercados nacionais.[3] Era o momento da fundação do FMI, do GATT, do Banco Mundial. Era preciso trabalhar com aquele processo, e não contra ele, pensava Juscelino.

Além disso, o novo governo republicano nos Estados Unidos não dedicava o menor interesse à América Latina, qualificada como região de baixa prioridade estratégica. Para o hemisfério, a prioridade era a luta contra o comunismo. Empresas estatais não passavam de infiltração ideológica dos comunistas. Todas deveriam ser privatizadas. O simplismo da política externa de Eisenhower também deveria ser levado em conta nos planos de governo de JK. Mais ainda, ele percebeu que a má vontade norte-americana também se estendia aos empresários. Executivos da Ford, por exemplo, em relatório oficial da empresa, afirmaram ser impossível fundir um motor a explosão na região dos trópicos. Assim, em sua viagem internacional antes da posse, Juscelino conseguiu atrair investimentos de indústrias europeias, particularmente as automobilísticas da Alemanha: a DKV alemã se associou à brasileira Vemag; a Volkswagen veio logo depois; a Mercedes já montava caminhões. Em novembro de 1955, a Sofunge fundiu o primeiro motor no Brasil. Distanciando-se do nacionalismo de trabalhistas e comunistas, o novo presidente foi definido por Roberto Campos da seguinte maneira: "O que interessava para Juscelino era 'onde estava a fábrica e não onde morava o acionista'."[4]

Segundo Maria Victoria Benevides, a estabilidade do governo Juscelino baseou-se nos partidos políticos, sobretudo na coligação PSD e PTB, no papel do Exército, particularmente na liderança de Henrique Teixeira Lott no Ministério da Guerra, e na atuação do próprio Executivo, com a política desenvolvimentista que mobilizou a sociedade brasileira.[5] O presidente soube construir, no Congresso, um amplo apoio de centro, isolando a UDN golpista e distanciando-se das lideranças tradicionais do PSD que, insistindo no conservadorismo, manifestaram contrariedade com sua candidatura. Em seu próprio partido, Juscelino buscou o apoio da chamada "ala moça". Na área militar, convidou pessoalmente Lott para assumir a pasta da Guerra. Lott e Odílio Denys, no comando do I Exército, tornaram-se "fiadores" do regime. Os dois generais, líderes do movimento de 11 de novembro, vigiaram o Clube Militar, e enquadraram, com o rigor da lei, a indisciplina nos quartéis. Henrique Teixeira Lott tornou-se o "condestável" do regime.[6]

Além dos apoios parlamentar e militar, junto com a política desenvolvimentista, fundamentais para o sucesso do governo, grande parte da estabilidade política do governo Juscelino, afirmam personalidades que viveram aquela época e pesquisas mais recentes,[7] adveio da intermediação do vice-presidente nas relações entre Estado e movimento sindical. Sem tradição de proximidade com sindicalistas e trabalhadores, Juscelino e o PSD encontraram no vice-presidente alguém que negociava nessa área. Ainda de acordo com Benevides, o domínio de Jango sobre o Ministério do Trabalho, a Previdência Social e a política para os sindicatos resguardava o presidente "do inevitável desgaste causado pelos conflitos de ordem trabalhista".[8] Para Hugo de Faria, "era mais comum encontrar grandes dirigentes sindicais no gabinete do vice-presidente do que no gabinete do Ministério do Trabalho".[9] No entanto, justamente por ter diálogo fácil na área sindical, Goulart continuava sendo acusado de "fomentador de greves".

Em um desses episódios, culpado por ter incitado os trabalhadores do setor de combustíveis a deflagrar uma paralisação, cuja prova era seu comparecimento na assembleia sindical, Jango deu explicações à imprensa. Confirmou sua presença, dizendo: "Como tenho feito e farei todas as vezes que entender, pois são sinceros e fortes os vínculos que me ligam às classes trabalhadoras." Assim, na reunião, ele aconselhou os trabalhadores a aguardar os acontecimentos, adiando a greve em busca de solução conciliatória, embora grupos mais exaltados insistissem em deflagrar a paralisação imediatamente.

Depois, com a paralisação decretada, um grupo de sindicalistas o procurou em sua residência. Jango orientou-os a manter a unidade da categoria e, sem prejuízo das reivindicações justas e legítimas, encontrar soluções para encerrar a greve. Portanto, alegou o vice-presidente, era equivocada a versão de que teria insuflado os trabalhadores a paralisar suas atividades: "Minha atuação, como se vê, foi justamente ao contrário, pois visou a uma conciliação que afinal foi encontrada, graças ao espírito de concórdia de ambas as partes e às assistências do Ministério do Trabalho."[10]

Durante todo o seu governo, Juscelino teve o apoio de seu vice-presidente na área sindical. Em inúmeras greves, ou ameaças de deflagrações delas, Jango atuou como negociador. A paralisação dos bancários, pela importância da categoria, teve Goulart como intermediário entre as partes. Outro grupo importante de trabalhadores, os aeroviários, também se declarou em greve, mas encontrou em Jango o interlocutor entre a categoria e o presidente do Tribunal Superior do Trabalho.[11]

Apesar do apoio que seu vice-presidente lhe dava, Juscelino procurava evitar sua dependência de Goulart na área sindical, nomeando para o Ministério do Trabalho personalidades de sua estrita confiança. Embora consultasse o vice, JK não abria mão de escolher, ele próprio, o titular da pasta. Somente na última gestão, Jango teve plena liberdade para indicar João Batista Ramos para o ministério. Como avaliam Marieta de Moraes Ferreira e César Benjamin, ao vice-presidente couberam as difíceis tarefas de evitar antagonismos de classe e promover a cooperação entre trabalhadores e empresários no sentido de superar os conflitos. Jango montou um complicado sistema de alianças políticas com parlamentares do PSD e lideranças sindicais, conciliando diferentes tendências e grupos. Petebistas, comunistas e lideranças consideradas "pelegas", como Ari Campista e Diocleciano de Holanda Cavalcanti, passaram a cooperar entre si. O resultado mais imediato ocorreu no dia 1º de maio de 1956, quando o líder comunista Roberto Morena e Ari Campista apresentaram uma pauta conjunta de reivindicações, como o aumento do salário mínimo, a reforma agrária, a extensão da legislação social aos trabalhadores rurais e a liberdade de greve.[12]

Era comum Jango receber grupos de sindicalistas em seu apartamento na avenida Atlântica para debater problemas do interesse dos trabalhadores. Sempre presentes estavam Dante Pellacani, Hércules Corrêa, Luís Tenório Lima e Roberto Morena — o primeiro ligado ao PTB e os outros três conhecidos comunistas. Por vezes, juntavam-se ao grupo líderes sindicais, como os dos ferroviários, dos gráficos ou dos trabalhadores da aviação comercial, para tratar de problemas da categoria. Discutiam os problemas do âmbito do Ministério do Trabalho e da ação do presidente da República, na ampla sala de estar de Jango. As reuniões no apartamento também refletiam a rede de solidariedade entre funcionários públicos trabalhistas e comunistas, que, alocados em importantes cargos no aparelho de Estado, jogavam com o poder estatal a favor dos trabalhadores. Se um empresário se recusava a dialogar com uma determinada categoria, funcionários do Banco do Brasil e do Ministério da Fazenda, instituições responsáveis pela liberação de créditos, pressionavam a empresa. Os funcionários do Ministério do Trabalho também atuavam nesse sentido. O empresário acabava cedendo às reivindicações. Em conjunto, trabalhistas e comunistas agiam com formidável pressão sobre o empresariado.[13]

Goulart agia com discrição política, evitando ações impactantes na área sindical. Procurava contornar ataques da direita militar ao governo e, em particular, dissipar qualquer suspeita de pretender, com o suposto apoio de Perón, instituir uma República Sindicalista no país, como o acusavam seus adversários políticos.[14]

NO GOVERNO E NA OPOSIÇÃO: DILEMAS DE UM VICE-PRESIDENTE

Juscelino dispunha enfim de um vice-presidente bastante participativo da política nacional. De acordo com a Constituição de 1946, o vice-presidente assumia a presidência do Senado Federal — atividade que incluía negociações políticas entre o Executivo e o Legislativo. Cabia também ao presidente do Senado a responsabilidade pelas relações oficiais com embaixadores de países estrangeiros. O cargo de vice-presidente não era apenas decorativo, como o conhecemos nos dias atuais.

Embora grande parte da historiografia, de biografias e mesmo de relatos de contemporâneos insista em contrapor Jango a JK, eles eram, em termos políticos e pessoais, muito próximos. Claudio Bojunga descreve Juscelino como portador de uma afabilidade que desarmava o interlocutor, transmitindo jovialidade e calor humano. Homem sensível e delicado, valorizava as manifestações de gratidão, especialmente aquelas vindas de pessoas simples, de gente humilde.[15] Nesse aspecto, ele e seu vice podem ser descritos de maneira similar. Em comum no estilo político, tinham a necessidade de estarem próximos ao povo. Na solenidade de sua posse na presidência da República, Juscelino, após receber a faixa e, da sacada do Palácio do Catete, saudar o povo na calçada, mandou abrir os portões para que a multidão entrasse. Três semanas depois, sozinho, foi à Estação Pedro II às 18h, em pleno *rush*. Percorreu as plataformas, entrou nos vagões lotados, conversou com as pessoas, ouviu suas reclamações. JK, como Jango, procurava conhecer e sentir os problemas do povo. Outro traço comum na personalidade de ambos era o horror que tinham a preconceitos ou delações. O presidente e seu vice, ao longo de toda a carreira política, receberam pessoas partidárias de seus projetos, mas não discriminaram ou perseguiram seus opositores.

Ainda recém-casada, participando do cotidiano do marido, Maria Thereza logo percebeu a ternura que Jango dedicava às pessoas humildes, à gente do povo. Com qualquer pessoa, rica ou pobre, Goulart era muito simpático. Sempre com um sorriso, cumprimentava a todos, conversava sem discriminar ninguém. Mas, na percepção de Maria Thereza, seu comportamento mudava quando estava junto das pessoas mais simples. Ficava mais à vontade, mais relaxado, como se aquele fosse, de fato, o seu meio social.

Em certa ocasião da campanha para vice-presidente, Maria Thereza acompanhou o marido a um bairro da periferia, entrando em várias casas. "As pessoas simples gostam de oferecer comida. É a maneira que elas têm de se mostrarem hospitaleiras e agradáveis", diz ela. "Mas era muita coisa que serviam, às vezes pratos pesados ou frituras que eu não conseguia digerir. Por vezes eu tinha medo de passar mal." Nessas horas, Jango chamava sua atenção: "Essas pessoas estão fazendo as coisas com o maior carinho." Jango entrava na casa das pessoas, cumprimentava dizendo "oi companheiro, tudo bem?", sentava no sofá da sala e, muito à vontade, pedia um copo d'água e, claro, já ia comendo. Maria Thereza brincava com o marido: "A tudo que é lugar que você vai já chega comendo as coisas." "Mas as pessoas dão com tanto carinho para mim. O que eu vou fazer?" Segundo Maria Thereza, "como as pessoas gostavam dele... Era algo que me impressionava a troca de ternura entre ele e o povo".[16]

Goulart manteve-se leal a Juscelino, mesmo quando eram os sindicalistas a fazer reclamações. Em certa ocasião, quatro líderes sindicais foram a São Borja e um deles, com contundência, reclamou com o vice-presidente da gestão de Juscelino. Jango ouviu calado, mas com a insistência nas críticas ele reagiu: "Olha, eu não estou aqui para ouvir deslealdades em relação a JK, porque é o presidente do Brasil e eu sou vice dele. Trata do teu assunto, deixa o presidente."[17] Ao longo de seu mandato como vice, Goulart não permitiu que ninguém se referisse a Juscelino de maneira desrespeitosa ou crítica, mesmo quando ele próprio estava discordando politicamente do presidente. JK ainda usufruía outra vantagem: Jango não tinha pretensões de ser presidente da República. Como avalia Hugo de Faria, "ter um vice que não quer concorrer à sucessão é uma tranquilidade para aquele que ocupa a presidência".[18]

As relações entre Jango e JK só não foram boas no primeiro mês de governo. Goulart, nas eleições, teve quase 600 mil votos a mais que o presidente e mostrou maior peso eleitoral. Segundo Flávio Tavares, Juscelino reagiu de maneira negativa, com ciúme dos votos recebidos por seu companheiro de chapa. Antes de tomar posse, JK isolava Jango de qualquer decisão política importante. Nem ao menos os nomes dos trabalhistas para compor o ministério foi discutido com o vice. Goulart reagiu no seu estilo: silencioso e pacífico. Foi para sua fazenda em São Borja e não procurou mais Juscelino. Logo o presidente compreendeu que não poderia governar sem o apoio do PTB. Além disso, o exercício do cargo deu-lhe segurança para superar o ciúme que sentia de Jango. Em pouco tempo, os dois estavam afinados na condução política do país.[19]

Juscelino e Goulart acabaram se tornando muito próximos. Amigos, na verdade. Maria Thereza foi testemunha dessa proximidade. Alguns

NO GOVERNO E NA OPOSIÇÃO: DILEMAS DE UM VICE-PRESIDENTE

meses depois de Jango assumir a vice-presidência, a campainha tocou no apartamento de Copacabana. Quando ela abriu a porta, deparou com o presidente da República. Ali estava ele, na sua frente, sozinho, sem segurança algum. Procurando se recuperar do susto, com muita timidez, apenas disse: "Presidente, como vai o senhor?" "Minha filha, podes ficar tranquila. O Jango está aí?"

Depois, virou rotina: o presidente aparecia como se fosse visita comum. Ao passar pela porta de entrada, tirava os sapatos, deixava-os ao lado do portal e ia direto para a cozinha, onde Jango o esperava. Ali ficavam horas conversando, o vice fazia café enquanto o presidente arrumava os pães na mesa. Decidiam os destinos do país tomando café e comendo sanduíches na cozinha — à moda dos mineiros. Ainda jovens para os cargos que ocupavam, eles se davam como amigos fraternos. Nesse período, disse Maria Thereza: "Nunca presenciei nenhum desentendimento entre eles. Eu fui testemunha daquela relação de amizade sincera na cozinha de meu apartamento na rua Rainha Elisabeth."[20]

Juscelino convenceu empresários nacionais e estrangeiros a investir no país, ajudados por uma política de crédito generosa. Afastou-se, assim, da linha traçada por Getulio Vargas, marcada pelo nacionalismo dos anos 1930 e pela obsessão do Brasil como "projeto nacional". Na definição de Claudio Bojunga, JK dividia o capital em produtivo e especulativo, não necessariamente em nacional ou estrangeiro. Descomprometido com o projeto nacional-estatista dos trabalhistas, aceitava, pragmaticamente, o processo de internacionalização da economia brasileira do pós-Segunda Guerra.[21] Mas, embora sem compromissos com o trabalhismo, ele não deixou de compreender que países capitalistas atrasados necessitam do "Estado-empresário" como alavanca de seu próprio desenvolvimento. Não pôde negar, no plano econômico, aspectos do nacional-estatismo, como a política de industrialização por substituição de importações.

Seu projeto foi ser chamado de "nacional-desenvolvimentismo". O Programa de Metas, bastante flexível, priorizou as indústrias de base e de consumo, mas ignorou a agricultura e a educação. Para Skidmore, o presidente via na industrialização a solução para todas as injustiças sociais e tensões políticas que o país sofria.[22] Quanto aos recursos para as obras de governo, Juscelino disse certa vez: "Os recursos não saem dos cofres públicos, saem da cabeça do governador."[23] Atraindo investidores privados nacionais e estrangeiros com uma política de créditos generosa, ele queria apontar para um mercado interno com alta demanda reprimida. Entre o desenvolvimento e a estabilidade monetária, Juscelino não tinha dúvidas em escolher a primeira opção. Dos Estados Unidos, logo percebeu que não poderia contar com o apoio. Assim, a inflação e o endividamento externo foram os instrumentos que financiaram o desenvolvimentismo de JK.

No ministério de Kubitschek, o PTB ocupou as pastas do Trabalho e da Agricultura. Significava bastante poder. Além de presidir o Senado e de controlar dois importantes ministérios e as autarquias vinculadas a eles, Jango indicou o primeiro escalão da Previdência Social. Mas o PSD controlava praticamente toda a máquina estatal. Abelardo Jurema conta que havia reuniões entre as cúpulas dos dois partidos para dirimirem divergências ou fecharem acordos. Em situações extremas, as lideranças interferiam. Um exemplo foi quando os petebistas exigiram a estatização do setor de seguros. Sem acordo, Jango foi chamado para convencer a cúpula de seu partido a ceder. As reuniões e as interferências de Jango e JK foram os meios encontrados para que os dois partidos governassem por meio de acordos e compromissos.[24]

Nesse período, o Ministério do Trabalho tornou-se fator de mobilização dos trabalhadores, mas também de crescimento do PTB, por meio de uma política de distribuição de cargos e empregos. Barganhas, favores pessoais, loteamento de verbas e, sobretudo, cargos no Departamento Nacional do Trabalho eram distribuídos para dirigentes sindicais petebistas. Tornar-se diretor de uma Delegacia Regional do Trabalho, cargo de grande prestígio junto aos trabalhadores, era um dos objetivos dos sindicalistas. A máquina petebista no governo também podia enviar um trator para um pequeno fazendeiro trabalhista ou nomear afilhados políticos para cargos nos Institutos de Previdência. Assumir funções importantes no governo foi uma estratégia que os trabalhistas não dispensaram, sobretudo no sentido de crescerem em termos políticos e eleitorais.

Em abril de 1956, Jango foi aos Estados Unidos, retribuindo a visita do vice-presidente Richard Nixon ao Brasil. Em Kansas City, declarou que a amizade entre os dois países se devia aos sentimentos cordiais existentes entre as classes trabalhadoras brasileiras e norte-americanas.[25] Com o secretário de Estado norte-americano Foster Dulles e Henry Holland, secretário para Assuntos Interamericanos, o vice-presidente brasileiro debateu o tema neurotizante dos norte-americanos: o comunismo. Para o governo brasileiro, argumentou Goulart, se havia comunistas no Brasil tratava-se de um assunto interno do país, que tinha que ver com o subdesenvolvimento. Diversamente, para o governo dos Estados Unidos tratava-se de um problema norte-americano que ia além das fronteiras do país e cuja solução eram a diplomacia e as Forças Armadas.[26] Jango foi aos Estados Unidos acompanhado de Maria Thereza, grávida de três meses. O casal foi homenageado com muitas solenidades, festas e recepções.[27] Em seguida, a comitiva brasileira foi ao Canadá. Para a imprensa, Jango disse que era favorável ao estabelecimento de acordos comerciais com a União Soviética. Em Ottawa, afirmou que seu objetivo era estreitar as relações de amizade entre o Brasil e o Canadá "através do contato entre as organizações operárias dos dois países".[28] Depois, o presidente, a mulher e toda a comitiva retornaram aos Estados Unidos e, em Nova York, participaram de várias atividades.

Jango foi homenageado por mais de mil delegados da Convenção Anual de Trabalhadores da Indústria do Vestuário Feminino. Em seu discurso, disse que "os trabalhadores brasileiros lutam contra qualquer tipo de opressão, seja de esquerda, seja de direita". Recebeu o título de sócio de honra do sindicato, visitou um conjunto residencial e um hospital dirigido por uma grande organização sindical e foi homenageado com um banquete por Nelson Rockefeller.[29]

Encerrando suas atividades oficiais, Jango e a mulher foram a Lisboa a passeio. Apesar do caráter privado da viagem, ele foi recebido por Oliveira Salazar. De Lisboa partiram para Madri. De automóvel, o próprio Jango dirigindo, foram a Gênova, na Itália. A viagem pela Europa deveria estender-se, mas Maria Thereza preferiu retornar ao Brasil. Ele ainda foi a Paris, sendo recebido pelo presidente da República. Em Dusseldorf, na Alemanha, visitou as instalações do grupo industrial Krupp. Depois, foi ao México, onde o presidente da República o recepcionou de maneira calorosa. Por fim, embarcou para Montevidéu com o objetivo de visitar a mãe, Dona Tinoca, acometida de um mal-estar.[30] Foram quase dois meses viajando.

As fissuras na aliança do PSD com o PTB eram inevitáveis. Uma das questões que mais os afastavam era a da reforma agrária. Com apenas 20% das cadeiras no Congresso, os trabalhistas tinham número suficiente para apoiar os projetos do governo, mas não para alterar as estruturas econômicas e sociais do país. O Programa de Metas encontrou o apoio do PTB, do PSD e da UDN, mas qualquer alteração mais profunda na estrutura social era barrada pelos dois últimos partidos. O PTB, portanto, não tinha como levar adiante seu programa de reformas.

JOÃO GOULART – UMA BIOGRAFIA

A direita militar novamente tentou derrubar o governo, mas sem a mínima repercussão na sociedade. Duas semanas após a posse, um grupo de oficiais da FAB estabeleceu um posto avançado em Jacareacanga, na Amazônia, atitude politicamente inútil e sem maiores repercussões. Com a mesma cantilena do ano anterior, os oficiais golpistas diziam que os objetivos do movimento eram "expurgar a oligarquia" que voltara ao poder com Juscelino, promover uma "reforma eleitoral" e "extirpar os incapazes moralmente" que infelicitavam a Nação. Lacerda, de volta ao país, atacou duramente o presidente em agosto de 1956, acusando-o de pactuar com os comunistas e de governar com "traidores". Juscelino, procurando manter-se equidistante da esquerda e da direita, apreendeu a edição da *Tribuna da Imprensa* com as acusações e fechou o Sindicato dos Trabalhadores Portuários e a Liga de Emancipação Nacional, ambos dominados pelo PCB, além de anistiar os oficiais sediciosos da FAB.[31]

O vice-presidente era observado de perto pelos conservadores. Em julho de 1956, com a viagem de Juscelino ao Panamá, Jango tomaria posse interinamente na presidência da República. Algo que poderia ser rotineiro, foi tratado com preocupação na imprensa. Mesmo tendo sido convidado para a posse do presidente da República do Peru na mesma época da viagem de JK, Goulart declinou do convite, indicando o deputado Apolônio Sales, líder do governo no Senado, para representá-lo. Seu objetivo era assumir a presidência da República. No dia 18, após conversar com alguns senadores, foi surpreendido por um repórter que perguntou se realmente assumiria a presidência: "Claro. É esse o meu dever. Cumprirei a Constituição, pois para isso fui eleito." Finalmente, no dia 19, cercado de expectativas, ele tomou posse no Palácio do Catete. Logo depois, despachou com os chefes das Casas Civil e Militar, tratando de assuntos administrativos.[32] Com o retorno do presidente ao país, no dia 27, Jango retomou sua rotina.

Dois meses depois, em setembro de 1956, o deputado Carlos Lacerda novamente acusou Goulart de envolvimento em escândalos, como fizera no ano anterior com a "Carta Brandi", mas agora envolvendo atividades econômicas ilícitas para obter vantagens políticas. Com o título sensacionalista de "O escândalo do pinho", na *Tribuna da Imprensa*, Lacerda definiu a situação política do país como a de uma Nação saqueada e indefesa, em agonia pela tolerância com os criminosos. Jango, mais uma vez, era o alvo. Segundo a denúncia, em agosto de 1950, o deputado Beriaso teria

NO GOVERNO E NA OPOSIÇÃO: DILEMAS DE UM VICE-PRESIDENTE

procurado o então senador Getulio Vargas com o objetivo de vender madeira para a Argentina. Vargas, recusando-se a interferir junto a Perón, teria recomendado que o deputado procurasse o Instituto Nacional do Pinho. Beriaso, no entanto, preferiu contatar o então deputado João Goulart. "E Goulart conseguiu de Perón", acusou Lacerda, "o que o governo não conseguiu. Por quê? Porque tinha lá relações, dizem os seus cúmplices." Contudo, a madeira vendida era de qualidade inferior e o negócio teria sido anulado pelo CIFEN, órgão estatal argentino encarregado da importação e distribuição de madeira. Mas Jango teria interferido novamente. Perón, segundo a denúncia, convocara seu Conselho Econômico e, em reunião com a presença do próprio Goulart, decidira pelo pagamento da comissão de corretagem a que Beriaso teria direito. Dessa maneira, mesmo com o negócio anulado, a remuneração teria sido paga. Segundo Lacerda, "dinheiro de mão beijada". O objetivo do pagamento, com a ordem direta de Perón, segundo supostos depoimentos de funcionários argentinos, era financiar a eleição de Vargas à presidência da República, num total de 60 mil dólares. A denúncia vinculava a corrupção econômica com a política. Referindo-se à "Carta Brandi", em que "os fatos eram verdadeiros e só a carta não o era", Lacerda agora alegava ter provas verídicas. E sobre as pressões que estaria sofrendo para não denunciar Goulart, finalizou: "A prova é que nos querem calar à força, isto é, por medo de uma lei, que no Brasil atual vem dar na mesma, pois o que aí se chama, agora, legalidade, nada mais é do que um 'travesti' da força."[33] A lei denunciada por Lacerda referia-se à utilização ilícita de documentos oficiais do Ministério das Relações Exteriores, violando, assim, o código secreto do Itamaraty, o que constituía crime previsto na Lei de Segurança Nacional.

No dia seguinte à publicação das denúncias na *Tribuna da Imprensa*, o gabinete de Goulart no Senado Federal foi pequeno para o número de parlamentares e militantes que procuravam se solidarizar com ele. Aos repórteres, o vice-presidente disse que os maiores interessados em esclarecer as infâmias de Lacerda eram ele e seu partido. Segundo Jango, os documentos, forjados, não passavam de mentiras. "Basta observar que nele se fala em vice-presidente da República, quando ao tempo eu era apenas deputado estadual. É, como disse, uma infâmia contra mim", desabafou. Ele esperava que o governo argentino se manifestasse, salvaguardando, desse modo, sua honra pessoal e política. Por fim, afirmou que o processo usado por Lacerda "foi exatamente o mesmo que orientou a famosa falsificação da Carta Brandi", lamentando "que ainda se usassem desses expedientes tão baixos para combater adversários políticos".[34]

Diante da publicação de documentos da "Comissão Nacional Investigadora", subordinada à vice-presidência da Argentina, a embaixada daquele país no Brasil, referindo-se à *Tribuna da Imprensa*, emitiu uma nota dizendo que "a chancelaria se vê obrigada a declarar que o documento em referência é absolutamente falso e que o sinete da vice-presidência da Nação que tem estampado não outorga autenticidade". Também o Itamaraty emitiu nota. Com autorização do vice-presidente da Argentina, a chancelaria brasileira declarou que estava "destituída de qualquer fundamento a notícia de participação de S. Exa. o vice-presidente da República do Brasil no propalado negócio da venda de pinho brasileiro". Mas Lacerda contra-atacou. Na *Tribuna da Imprensa*, publicou os documentos e insistiu na autenticidade deles, desmentindo o embaixador argentino. Em seguida, atacou duramente Goulart.[35] Na Câmara dos Deputados, Lacerda reiterou as acusações, embora sem apresentar os documentos que publicara em seu jornal. A Justiça Militar solicitou à Câmara licença para processar Lacerda, mas foi negada na sessão plenária de 16 de maio de 1959 por 152 votos contra e 132 a favor. Afonso Arinos, Milton Campos e Prado Kelly esforçaram-se ao máximo para defender Lacerda. Trabalhistas e pessedistas pediram a cassação do mandato de Lacerda, também recusada, porém uma CPI foi instaurada para investigar as denúncias contra o vice-presidente.[36] Mais uma vez as acusações de Lacerda contra Goulart resultaram em nada.

Logo Lacerda armaria novamente suas baterias, agora contra o próprio presidente da República. Em entrevista a uma emissora de televisão nos Estados Unidos, ele disse que era necessária uma "revolução" para depor Juscelino, uma vez que o presidente pretendia se perpetuar no poder, valendo-se de truques eleitorais. Escrevendo no jornal *O Globo* sob o pseudônimo Júlio Tavares, Lacerda criticou duramente JK: "Jornais como o *The New York Times* estão profundamente interessados no êxito da corrupção no Brasil." Ao mesmo tempo, políticos do Clube da Lanterna incitavam a oficialidade da FAB a cometer verdadeiros desatinos políticos. Em certa ocasião, eles cogitaram explodir a usina de Paulo Afonso, mas foram desestimulados pelo marechal Cordeiro de Farias.[37]

Ao lado do marido, Maria Thereza não escondia seus temores em relação à agressividade de Lacerda: "Os insultos, as calúnias e as ofensas me

NO GOVERNO E NA OPOSIÇÃO: DILEMAS DE UM VICE-PRESIDENTE

deixavam apavorada." Mas, enquanto Maria Thereza manifestava seus sentimentos diante dos pesados ataques e da violência verbal de Lacerda, Jango demonstrava uma resistência que ela não conseguia entender: "Ele ficava impassível, frio diante dos ataques. Parecia preparado pra tudo. A capacidade dele de aguentar as calúnias de Lacerda era algo que me desconcertava."[38] Para ela, Jango, inabalável, se colocava acima daquela agressividade insana. Quem realmente sentia eram seus amigos e familiares.

Em maio de 1957, Goulart, segundo versões dos jornais, teve um grave problema renal, o que o manteve internado no Hospital dos Servidores do Estado por vários dias. Com o agravamento do quadro de saúde, os médicos ficaram preocupados. Ao superar o problema, estava 10 quilos mais magro. A amigos confidenciou que faria um tratamento em clínicas europeias.[39] Um mês depois, embarcou para a Europa. O objetivo era participar, oficialmente, da Conferência Internacional do Trabalho, em Genebra.

O PTB, nesses anos, não apenas cresceu com a eleição de cinco governadores no pleito de 1958, a exemplo de Leonel Brizola, no Rio Grande do Sul, e Roberto Silveira, no Rio de Janeiro, mas firmou suas posições no movimento sindical, aliando-se aos comunistas; aproximou-se de setores do Exército após o golpe preventivo do general Lott, com a fundação da Frente de Novembro, organizada por militares, sindicalistas, comunistas e dirigentes petebistas; formou grupos parlamentares comprometidos com as reformas, como o Grupo Compacto, e optou pela estratégia de mobilizar estudantes, trabalhadores e populares.

Em sua X Convenção, em 1957, o PTB assumiu um projeto de cunho claramente reformista, decidindo convocar, para o ano seguinte, o I Congresso Mundial Trabalhista, com convidados do Labour Party inglês e de partidos trabalhistas e socialistas de diversos países. No encerramento dos trabalhos da X Convenção, Goulart pronunciou um discurso em que reafirmava o compromisso com os trabalhadores e com as reformas. "Não somos um partido de cúpula", alegou.[40] O que preocupa os trabalhistas, antes de tudo, "é o homem, é a pessoa humana, na plena e bela expressão de sua grandeza eterna".

Lembrando seu discurso ao assumir a presidência do PTB, Jango reafirmou que nenhum partido tem "tão profundas e vivas raízes na alma popular". Formado de baixo para cima, "foi o homem de rua que, espontaneamente, veio integrá-lo; foram os humildes, os escorraçados, os sofredores que trouxeram, com suas angústias e lágrimas, o milagre de sua força e o conteúdo de sua subsistência". Ao assumir a pasta do Trabalho, ressaltou as calúnias, os ultrajes e os ataques à sua honra pessoal. Tanta oposição surgiu contra ele, argumentou, "porque não me coloquei ao lado dos poderosos. Porque não desservi aos trabalhadores. Porque não fiz o jogo dos grupos econômicos contra os sindicatos. Porque lutei pelo salário mínimo. Porque sempre estive ao lado da Petrobras. Porque defendi a sindicalização dos trabalhadores rurais. Porque não era golpista. Porque não sou entreguista".

Após elogiar a aliança que elegeu Juscelino, contou os números do crescimento do PTB: em 1954, alcançara pouco mais de 1,7 milhão de eleitores; em 1957, chegara ao patamar de segundo maior partido em votação de legendas.

Lembrando a carta-testamento de Vargas, Goulart tocou na questão do nacionalismo. Para o PTB, disse não se tratar de um rótulo. "É antes um nacionalismo orgânico, objetivo, pragmático e com raízes na realidade e nos imperativos do nosso desenvolvimento social e econômico. (...) Atingimos um nível de progresso material e de maturidade política incompatível com tutelas odientas e privilégios injustos. Nada pode prevalecer sobre nossa soberania e segurança. Não somos isolacionistas, não receamos a cooperação da técnica e dos capitais estrangeiros, mas repelimos a alienação de nossas riquezas. Temos de resguardar a todo o custo as nossas indústrias básicas e impedir que acordos desfavoráveis comprometam a nossa soberania." Daí o decidido apoio dos trabalhistas à Petrobras e à Eletrobras. Por fim, com humildade, declarou que, se algum mérito houve em sua conduta, isso se deve a todos os companheiros de partido e aos que vivem do trabalho. Definindo-se discípulo e continuador de Vargas, ele, os militantes partidários e os trabalhadores selaram, juntos, seus destinos.

O ideário nacionalista unia diversos grupos, de estudantes a sindicalistas, de trabalhistas a comunistas, de intelectuais a militares. Em julho de 1958, Juscelino entrou em entendimento com o presidente argentino, Arturo Frondizi, no sentido de a comunidade latino-americana se firmar no cenário político mundial. Goulart, entusiasmado com a proposta do presidente, foi o representante brasileiro na conferência com os governadores das províncias de Corrientes e Missiones. No discurso de abertura do evento, Jango defendeu o que há muito vinha pregando: a ampliação do comércio exterior brasileiro, evitando, assim, a grande dependência dos Estados Unidos. "Os ajustes comerciais entre o Brasil e a Argentina", disse, "precisam ter maior sentido de continuidade, a fim de produzirem resultados em toda a sua plenitude. Sanada essa lacuna, teremos maior integração de nossas respectivas economias com inestimáveis benefícios para as nossas populações."[41] A união e a cooperação latino-americana poderiam vencer a batalha contra o subdesenvolvimento. Além disso, alegou, "o estágio de cultura e desenvolvimento que atingiu a América Latina lhe confere o direito de participações mais efetivas nos altos conselhos que decidem os destinos do mundo livre". Inserida no mundo democrático, a América Latina continha imensas coletividades humanas vivendo sem as mais elementares condições de conforto e segurança. Portanto, concluiu, "entendemos por isso mesmo estar ultrapassada a fase de auxílios de emergência em nossas relações com as demais nações que têm o seu destino ligado ao nosso. O que desejamos é fortalecer a nossa economia e elevar o nível das nossas populações e aprimorar a nossa consciência democrática a fim de melhor servir os ideais do Continente".

Goulart, com sua pregação nacionalista, surgia como a liderança mais importante a traduzir um sentimento que tomava as expectativas de amplos grupos políticos e sociais. Palestras, congressos, manifestações, debates, entre outras atividades, unindo segmentos sociais diversificados, insistiam no nacionalismo como um projeto de civilização para o país. Uma semana antes de Jango pronunciar seu discurso aos governadores de províncias argentinas, dezenas de dirigentes sindicais, deputados federais, representantes do Conselho Nacional de Economia e intelectuais do ISEB, reunidos na ABI, lançaram um manifesto de defesa do nacionalismo e lamentaram a existência de importantes setores da economia, como a energia elétrica, em poder de trustes estrangeiros.[42]

Na avaliação de Maria Celina D'Araujo, o mérito do PTB, nesse momento, resultou de sua capacidade de acompanhar o debate ideológico da época e de se tornar o porta-voz de um conjunto de ideias e crenças que invadia a América Latina e que criara profundas raízes no Brasil. "Trata-se do discurso nacionalista que, de maneira geral, atribuía as dificuldades dos países sul-americanos às pressões econômicas e aos interesses 'imperialistas' da América do Norte." Assim, para o PTB, em fins dos anos 1950, a questão não era mais defender e ampliar a legislação social da época de Vargas, mas a convicção de que tais direitos somente seriam atingidos plenamente após o Brasil alcançar autonomia e liberdade econômica. Segundo a autora, a meta de garantir e ampliar as leis sociais foi substituída por uma tarefa histórica maior: a libertação econômica do país.[43] Ao longo do governo Juscelino, o PTB aproximou-se cada vez mais dos movimentos sindical, popular e estudantil, dos estratos subalternos das Forças Armadas, e assumiu, de maneira mais definida, um programa nacionalista e reformista. Embora no poder, procurou mobilizar a população no sentido das reformas, com críticas contundentes à política econômica de JK, surgindo como um partido de oposição, embora estivesse no governo.

Goulart, no entanto, continuava a enfrentar questionamentos no PTB. Apesar de sua liderança firmada entre os trabalhistas, era constantemente criticado pelas decisões que tomava. Em julho de 1956, o deputado estadual petebista mineiro Ilacir Pereira Lima atacou a direção nacional, alegando a "completa desagregação" do partido.[44] Para o deputado estadual, "tanto em Minas quanto no país inteiro, [o PTB] transformou-se num autêntico ninho de exploradores da boa-fé pública. Deixou de ser um partido político para se transformar numa indústria rendosa para uma meia dúzia de aventureiros". Era necessária, então, a "reação violenta dos verdadeiros idealistas". Ilacir acusava o presidente do PTB de não ter prestado contas do dinheiro que os militantes de Minas Gerais doaram para sua campanha à vice-presidência, quantia calculada em 50 milhões de cruzeiros.

Em situações como essas, de dissidência aberta, a exclusão sumária do insatisfeito era a solução mais comum. No dia seguinte ao da entrevista, a Executiva Nacional do PTB procurou Goulart propondo a expulsão do deputado. O vice-presidente ponderou que, primeiro, era preciso ouvir o acusado, pois, como se sabe, a imprensa muitas vezes deturpa declarações dos entrevistados. Somente com a confirmação das denúncias a expulsão seria confirmada, satisfazendo, assim, os membros mais exaltados da Executiva. Durante o governo Juscelino, problemas como esses surgiram nas seções petebistas de diversos estados.

As relações clientelistas e fisiológicas do partido com o movimento sindical eram o que incomodava muitos petebistas. Na Convenção de 1957, o deputado federal gaúcho Fernando Ferrari e seu grupo insistiram para que o PTB definisse com clareza seu programa ideológico e se livrasse do personalismo. Ferrari, nesse momento, disputava a liderança do partido

NO GOVERNO E NA OPOSIÇÃO: DILEMAS DE UM VICE-PRESIDENTE

com Goulart e, embora não tivesse condições de ganhar, se esforçava para obstruir seus poderes. Na Convenção, o reformismo ganhou maior visibilidade, sendo o discurso de Jango um exemplo. Mas atitudes como as de Ferrari forçaram a direção a se posicionar em termos doutrinários.[45]

Sem dúvida, a dissidência que mais marcas deixou no partido foi a de Fernando Ferrari. Oriundo do trabalhismo gaúcho, Ferrari ascendeu na política nacional junto com Goulart e Brizola. Procurando definir-se como um "trabalhista autêntico", preocupado com os princípios ideológicos e doutrinários, questionava o uso da máquina estatal para aproximar os sindicatos do PTB. Mas, apesar da sinceridade de seus propósitos, outras divergências, mais imediatas, levaram ao conflito, em particular a disputa pelo poder na seção regional do partido.

Perdendo espaços na seção gaúcha do PTB, o grupo político de Ferrari patrocinou a fundação do Movimento Trabalhista Renovador, o MTR, lançando o líder como candidato a vice-presidente da República nas eleições de 1960 pela legenda do PDC. Sua atitude de concorrer, disputando o cargo diretamente com Goulart e desafiando abertamente a direção do PTB, levou a Comissão Executiva a expulsá-lo das fileiras trabalhistas.

Foi nesse período que o PTB começou a se "interiorizar", invadindo os redutos do PSD. Segundo o depoimento de Doutel de Andrade, na época secretário-geral do partido, surgiu uma estrutura partidária informal nos municípios do interior e até mesmo em pequenos lugarejos. Assim, enquanto o PSD mantinha seus coronéis, os trabalhistas aproveitavam as lideranças locais, próximas à população, como o vendeiro, a parteira, o ferroviário, o mineiro, o padre, o próprio empregado do coronel, entre outras. A interiorização foi facilitada pelo fato de o PTB estar no poder, dominando ministérios e autarquias. Antes, o partido contava tão somente com a propaganda. No governo, dispunha de uma poderosa máquina administrativa. Nesse momento e nesse contexto, o PTB invadiu as bases do PSD, inviabilizando, futuramente, a aliança entre eles. Além disso, a industrialização patrocinada por Juscelino criou novos contingentes de operários, setores privilegiados no discurso trabalhista.

Enquanto crescia o número de organizações de trabalhadores e de sindicalizados, aumentava também a influência que exerciam sobre o governo federal. Desconhecendo a legislação oficial, os sindicalistas, especialmente após greves que uniam diferentes categorias, formavam as chamadas intersindicais, a exemplo do Pacto de Unidade Intersindical, do Conselho Sindical dos Trabalhadores de São Paulo, da Comissão Permanente das Organizações Sindicais, do Pacto de Unidade e Ação, entre outras que se seguiram, até culminar com a fundação do Comando Geral dos Trabalhadores. O número de sindicatos e de sindicalizados cresceu, também avançaram os níveis de organização e de influência no governo. Novas lideranças sindicais, cada vez mais representativas de suas bases e com posições mais à esquerda, pressionavam o governo por maiores ganhos para os trabalhadores.

Os sindicatos aumentaram seu poder e sua influência na máquina do Estado com a aprovação, pelo Congresso Nacional, da Lei Orgânica da Previdência Social. Originária do Congresso da Previdência Social, quando Goulart era ministro do Trabalho, e com a aprovação da legislação, em 1960, os Institutos de Previdência teriam administração tripartite, com representantes do Estado, dos empresários e dos trabalhadores. Os sindicatos passaram a controlar importantes institutos, aumentaram seu raio de ação, usando a máquina administrativa como apoio para mobilizar os trabalhadores. Politizada, a Previdência surgiu como uma plataforma para outras demandas sociais: postos de higiene e segurança do trabalho, restaurantes do SAPS, cursos técnicos, entre outras, permitindo que sindicalistas petebistas e comunistas ampliassem a rede clientelista e distributivista e acumulassem novas forças para avançar na luta pelas reformas.[46]

Além do movimento sindical, outro grupo que se aproximou dos trabalhistas foram os subalternos das Forças Armadas. Os sargentos das três Forças havia muito sofriam com a precariedade funcional. Sem estabilidade, poderiam ser dispensados apenas com o parecer de um oficial. Mais grave ainda era a chamada Lei dos Nove Anos. Após o período, não mais permaneceriam nas instituições.

Começava a aproximação dos sargentos com o trabalhismo. Enquanto os sargentos do Exército organizavam sua instituição, os da FAB, reunidos no Clube dos Sargentos e Suboficiais da Aeronáutica, já mantinham contatos com Jango. Aos poucos, os sargentos uniram-se com um único objetivo: a estabilidade funcional. Periodicamente, sargentos da Aeronáutica eram recebidos pelo ministro do Trabalho. Mas a luta corporativa impulsionou-os a participar da política.

Com Goulart, em encontros quinzenais, discutiam o programa de reformas do PTB e a conjuntura nacional que impedia a implementação das mudanças socioeconômicas. Sobretudo, mostravam a Jango que se a maior parte da oficialidade era conservadora, resistente à política nacionalista de

NO GOVERNO E NA OPOSIÇÃO: DILEMAS DE UM VICE-PRESIDENTE

Vargas e portadora de um sentimento anticomunista que aprendia nas escolas militares, esse segmento não representava o conjunto das Forças Armadas. Em audiências com Goulart, Alberto Pasqualini, Fernando Ferrari, entre outras lideranças trabalhistas, mostravam a existência de uma ala nacionalista entre os militares. No governo Juscelino, em 1956, com o apoio do ministro da Guerra, o general Henrique Lott, finalmente os sargentos das Forças Armadas obtiveram a tão almejada estabilidade funcional.

Os petebistas não só se aproximaram do movimento sindical e dos subalternos das Forças Armadas, mas também passaram a atuar em conjunto com os comunistas, aliança que foi habilmente tecida por Goulart. A aproximação, inicialmente no plano sindical, avançou para a dimensão da política partidária. Muitos parlamentares do PTB passaram a defender a legalização do PCB. Os estudantes também se engajaram no projeto nacional-estatista. Até então "udenizados", com um palavreado "anti-Estado Novo", a "esquerdização" do movimento estudantil engrossou as fileiras dos adeptos do nacionalismo, beneficiando diretamente o trabalhismo.[47] Trabalhistas, comunistas, sindicalistas, estudantes e subalternos das Forças Armadas encontraram um campo comum no nacionalismo.

Nesse contexto, as divergências entre petebistas e pessedistas começaram a se acentuar. Nas eleições parlamentares de 1958, o PTB alcançou 66 cadeiras no Congresso Nacional, 10 a mais que no pleito anterior, em 1954. Embora o crescimento do partido tenha sido pequeno, o mais significativo foi a eleição de cinco governadores. A proximidade crescente com o movimento sindical, o avanço nas cidades do interior, o controle da máquina estatal e a feição cada vez mais nítida de um partido popular, reformista e de massa contribuíram para o crescimento do PTB. Os novos parlamentares eleitos, junto a outros grupos de militantes, demonstraram suas insatisfações com determinadas práticas políticas, a começar com o controle exercido por João Goulart. Assim, no governo de Juscelino, eles avançaram para posições mais à esquerda, formando "frentes" com integrantes de outros partidos políticos. Goulart e seu grupo na direção partidária novamente eram questionados.

Os novos parlamentares que discordavam da influência de Jango sobre o PTB formaram o Grupo Compacto. Entre eles, constavam os nomes de Almino Afonso, Bocayuva Cunha, Fernando Santana e Doutel de Andrade. Além de se oporem às relações fisiológicas entre o partido e os sindicatos, preconizavam uma reforma agrária em curto prazo e uma política naciona-

JOÃO GOULART – UMA BIOGRAFIA

lista agressiva "capaz de provocar a retração dos investimentos externos e de abrir campo para o crescimento da indústria de capital nacional".[48]

Os petebistas do Grupo Compacto aderiram, junto a parlamentares de outros partidos, à Frente Parlamentar Nacionalista. Organizada em 1956, logo após a posse de Juscelino, tratava-se de uma Frente suprapartidária que procurava no nacionalismo as soluções para os problemas do país. Praticamente 60% de seus quadros eram oriundos do PTB, do Grupo Compacto, e incluíam parlamentares de outros partidos, como do PSD e da UDN. Para aderir à Frente, bastava que o parlamentar se comprometesse com as reformas de base e a defesa da economia nacional, ameaçada pelo capital estrangeiro.[49]

O PTB era governo e sua grande liderança, João Goulart, o vice-presidente da República. No entanto, muitas vezes pareciam estar na oposição. Jango, em visita à cidade de Nova Lima, Minas Gerais, criticou a Previdência Social por ainda não ter implantado na cidade unidades do SAPS e do SAMDU. Criticou, também, as concessionárias de mineração pelos baixos salários pagos aos operários.[50] Em termos políticos, os trabalhistas, durante o governo JK, viveram o melhor dos mundos: eram governo e, como tal, usufruíam as benesses do poder; mas, no mesmo movimento, se apresentavam como oposição e, desse modo, desfrutar comodamente, como se estivessem isentos de responsabilidades.

Maria Thereza tinha uma vida muito caseira.[51] Engravidou logo após o casamento e, depois da chegada de João Vicente, engravidou novamente, de uma menina, Denize. Ela e Jango saíam muito pouco. Grávida duas vezes seguidas e, depois, com crianças pequenas, Maria Thereza não tinha como acompanhá-lo às reuniões sociais.

Pela manhã, levava João Vicente para tomar sol no calçadão da praia de Copacabana, acompanhada de amigas, sem um único segurança. Às vezes aparecia um fotógrafo de algum jornal e pedia uma foto. Acompanhava o marido às atividades sociais mais calmas, como festas de aniversário ou reuniões na casa de amigos mais próximos. Aos poucos, foi construindo sua própria vida social, porque o marido pouco ficava em casa.

Jango costumava acordar cedo: às seis da manhã, no máximo, estava de pé. Passava todo o dia fora de casa. À noite, regressava, mas logo saía para alguma reunião social. Também sem guarda-costas, ele mesmo dirigia seu automóvel. O Brasil, naquela época, era mais calmo e seguro.

Jango tinha um hobby: cozinhar. Desde que fosse um prato rápido, como omelete, arroz ou macarrão, agia com desenvoltura na cozinha. Outra predileção, algo que o fascinava, era pescar. Aliás, era a especialidade dele na cozinha. Curiosamente, Jango pescava, cozinhava o peixe, mas não o comia. Tinha medo de morrer engasgado com uma espinha.

Quando estava em casa, Jango e Maria Thereza conversavam muito e ele costumava pedir a opinião da mulher sobre as pessoas que o cercavam. Ela dizia claramente o que achava. Ele ouvia e, ao final, comentava: "Acho que vou seguir o seu palpite..."

Observando a vida privada de Jango é que se desvenda, com maior nitidez, a ambiguidade de seu modo de ser no mundo: na vida política, ideias progressistas; na vida privada, um homem tradicional. Segundo Maria Thereza, para ele, "mulher tinha que ficar em casa, cuidando dos filhos, da roupa e do lar". Mas ela procurava se impor. "Uma das características do gaúcho tradicional", diz ela, "é andar na frente da mulher" — e Jango era um gaúcho típico, em sua avaliação. "Na rua, não andam lado a lado; a mulher segue o marido." Para Maria Thereza, tratava-se de um comportamento intolerável. Assim, na primeira vez em que Jango a deixou para trás na rua, ela ameaçou: "Olha, se você andar na minha frente, eu não saio nunca mais com você!" Ele compreendeu que a mulher falava sério. Às vezes, ela pedia para acompanhá-lo a alguma reunião social. A resposta era sem rodeios: "Não, você não precisa ir porque essa reunião é só para homens e eu tenho que resolver problemas." Muitas vezes ele dizia que iria a uma festa de aniversário. Ela própria se convidava, mas logo vinha a desculpa: "Ah, não, mas é só homem, não precisa ir." O resultado é que ele ia à festa e ela saía com as amigas. No entanto, em atividades como passar a tarde tomando chás filantrópicos com senhoras ricas ou reuniões na casa do embaixador, a presença dela era praticamente obrigatória.

Na verdade, ser mulher de vice-presidente não era algo que a punha em evidência. Possivelmente, isso contribuiu para que não tivesse participação política ativa. Maria Thereza, inclusive, levou algum tempo para se integrar na vida profissional do marido. Até decifrar os códigos do mundo de Jango, ela se viu confusa diante de tantos telefonemas de deputados, senadores, sindicalistas, militares, secretários e diversas outras pessoas que o procuravam. Demorou para aprender a participar daquele ambiente. Como mulher do vice-presidente, tinha pouco a contribuir. Para complicar mais ainda — o que lhe causou tristeza —, começou a perceber os comentários maldosos, muitos deles se referindo à sua pouca idade. Aos poucos, começou a dedicar simpatia exclusivamente às pessoas em que percebia sinceridade na amizade ao casal. Assim, embora Jango conversasse muito com Luís Carlos Prestes, não se tratava, para ela, de alguém a ser reverenciado. O líder comunista nunca lhe fizera sequer uma visita. Diferentes eram San Tiago Dantas, Doutel de Andrade, Oswaldo Aranha, Walter Moreira Salles, Samuel Wainer e Ivete Vargas, todos amigos com quem podia contar, além do secretário de Jango, Caillard, praticamente um membro da família. Brizola morava em Porto Alegre e os visitava muito esporadicamente.

Maria Thereza pôde contar com a orientação de pessoas mais experientes. Sua tia América e a prima Iara Vargas foram importantes nesse sentido. Iara foi uma segunda mãe, ajudando e orientando não apenas na vida pessoal, mas também na política. Inteligente e sensível, foi um modelo que Maria Thereza procurou seguir. Logo que casou e chegou ao Rio de Janeiro, Iara a levou à Casa Canadá. Na época, era o lugar de moda feminina mais sofisticado da cidade. Foi na Casa Canadá que ela conheceu Denner, um dos mais importantes estilistas do país. Da mesma idade de Maria Thereza, ele desenhava os modelos, e a dona da loja, Mena Fiala, os confeccionava. Ela e Denner ficaram amigos. Denner a ensinou a lidar com a inveja, a se portar e também a afagar as pessoas quando preciso. Ele a levou para São Paulo e ela foi apresentada à sociedade paulista. Denner agiu como verdadeiro professor. Se ela expressasse timidez ao entrar em um salão repleto de pessoas, ele era categórico: "Faz de conta que não tem ninguém, você entra e pensa que é a personagem principal da festa."

Com João Vicente e Denize, o apartamento na Rainha Elisabeth ficou pequeno. Goulart comprou outro, muito maior, na avenida Atlântica, ao lado do Copacabana Palace, no edifício mais famoso do bairro, o Chopin. A vista dava tanto para a piscina do hotel como para parte da praia. Embora a entrada principal fosse pela avenida Atlântica, o prédio tomava o quarteirão até a avenida Nossa Senhora de Copacabana. Com um apartamento amplo, podiam receber grupos maiores de amigos.

Para ela, o importante é que com as crianças Jango mudou seu comportamento. Ser pai alterou alguma coisa dentro dele. Tornou-se mais caseiro, mais participativo e interessado pela rotina do lar. Com os filhos, passou a telefonar durante as viagens, avisando que chegara ao hotel e quando estaria de volta. Preocupava-se com o desenvolvimento deles, o crescimento físico, as recomendações médicas. Era um pai amoroso e apaixonado. O parto de João Vicente seria de cesariana, mas as dores vieram antes do dia marcado. Goulart estava viajando. Ficou extremamente magoado por não estar presente ao nascimento. Mas a felicidade dele ao ver o bebê foi intensa. Com Denize, a mesma coisa. O amor pelos filhos era tão grande que bastou João Vicente ficar um pouco crescido para Jango levá-lo em suas atividades políticas. Almoços com parlamentares, reuniões sociais ou políticas, não importava, lá estava ele agarrado com o filho. Um dia, saiu com o menino pela manhã e voltou à noite. João Vicente dormia no banco traseiro do carro. Maria Thereza se aborreceu. O filho, na verdade, fazia o que queria com o pai. Foi então que a mulher descobriu outro Jango, até então escondido atrás daquele gaúcho tradicional. Basta ver as fotografias de família. As melhores fotos de Jango são com os filhos. Ele está sempre olhando para os dois e, no olhar, há um afeto, um carinho e uma felicidade comoventes.

A chegada dos filhos foi tão importante em sua vida que ele mudou inclusive o comportamento com a mulher. A vida política exige muitos compromissos, muita dedicação, a pessoa acaba se envolvendo e não percebendo quanto está afastada da família. Jango chegava à casa exausto e queria descansar. Maria Thereza, que em certa fase fora criada na casa de políticos, sabia como seria seu cotidiano casando-se com um deles. Mas a presença dos filhos modificou a relação do casal. Para Maria Thereza, Jango, ao assumir o papel de pai, assumiu também o de marido — o que, até então, não era muito evidente para ele mesmo. Para ela, ocorreu uma espécie de "segundo casamento". Com o nascimento de João Vicente e Denize, ele "casou-se" novamente com a própria mulher. Fazia as mamadeiras das crianças e passou a ajudar em casa.

Maria Thereza e Jango viviam bem, mas tinham suas brigas. Ela muitas vezes não conseguia expressar suas contrariedades e se fechava em um grande mau humor. Goulart encontrou um jeito próprio de levar a mulher: "Maria Thereza, você tem um gênio, né?" Brigavam por ciúme. Jango brigava mais. Maria Thereza recebia elogios por ser bonita — e nem poderia deixar de recebê-los em reuniões sociais quando é costume as pessoas se elogiarem. Ele ficava bravo. Quando a situação era inversa, Jango minimizava.

Como é sabido, Jango tinha casos extraconjugais — muitos e vários. No entanto, é necessário evitar anacronismos, julgando a relação de João Goulart e Maria Thereza pelos valores dos dias atuais. Ambos se formaram adultos antes da revolução cultural e sexual dos anos 1960 e bem antes da reavaliação dos valores nas relações de gênero das últimas décadas. Jango teve sua personalidade moldada nas décadas de 1930 e 1940, período em que as relações de gênero estavam engessadas em papéis extremamente tradicionais. A infidelidade masculina era socialmente aceita, estimulada, até admirada e elogiada. Fidelidade conjugal era comportamento exigido, com absoluta intolerância, apenas das mulheres. Elas casavam sabendo que, muito possivelmente, teriam que enfrentar a existência da "outra". Assim, as aventuras de Jango eram legitimadas pelas crenças e pelos valores da época. Nada que as ideias tradicionais de uma sociedade conservadora condenassem.

Exatamente um ano após o golpe preventivo que garantiu a posse de Juscelino, a Frente de Novembro organizou um grande evento para homenagear o general Lott. Goulart empenhou-se pessoalmente para o sucesso da manifestação. Além da mobilização nos meios militares, sindicais, partidários e políticos, com vários discursos programados para exaltar o ministro da Guerra, o comício culminaria com a entrega de uma espada de ouro ao general, simbolizando a luta pela legalidade e pela democracia.

O encontro daria oportunidades a conflitos políticos, expondo o governo.

Desde a manhã do dia 11, o palanque armado em frente ao Ministério da Guerra, na Central do Brasil, chamava a atenção. Na saída da estação Pedro II, por onde passavam milhares de trabalhadores, após saírem dos trens que vinham dos subúrbios, a espada de ouro estava exposta com um cartaz: "A dívida de gratidão". Alto-falantes convocavam o povo para o evento, enquanto os sindicalistas mobilizavam suas bases para comparecerem às homenagens. Transportes gratuitos, saindo de vários pontos da cidade, estavam à disposição da população. O SAPS, cujo serviço era voltado para os assalariados de baixa renda, melhorou o cardápio naquele dia: arroz, feijão, ensopado de carne, batatas, duas bananas, pão e café.[52]

Às 17h, a multidão, calculada em 20 mil pessoas, cercava o palanque. O evento foi um sucesso em termos políticos. Estiveram presentes nove ministros de Estado, o prefeito Negrão de Lima, dois senadores, 15 deputados federais, três vereadores, o ministro da Aeronáutica e todos os generais e comandantes de unidades do I Exército.[53] Cento e quinze parlamentares, entre deputados e senadores, assinaram uma moção de homenagem. Inicialmente, ainda sem a presença de Lott, discursaram líderes sindicais, como dos marítimos e dos gráficos, deputados do PTB e do PSD e representantes da Frente de Novembro em seus estados.[54] Em certo momento, o general saiu pela porta principal do Ministério da Guerra, o que interrompeu o discurso do Sr. Luiz Corrêa. Cercado pela guarda de oficiais, por ministros de Estado, parlamentares, vários generais e pelo próprio João Goulart, Lott, fardado e trazendo no peito suas condecorações, levantava a mão constantemente em gesto de agradecimento aos aplausos que recebia.

No palanque, os discursos foram retomados. O coronel Nemo Canabarro, presidente da Frente de Novembro, sintetizou os objetivos da Frente. Para o coronel, era preciso formar um exército de trabalhadores para marchar sob as ordens do general Lott na luta contra os reacionários. Para derrotar os golpistas, a solução era unir os soldados aos trabalhadores, que, juntos, marchariam a serviço da Pátria. Por fim, afirmou que "um quarto de século pertenceu a Getulio Vargas e o outro quarto de século, que começou a 11 de novembro, se abre com a figura do general Henrique Teixeira Lott".

Os discursos estavam afinados com o clima político-cultural de meados da década de 1950. Naquele momento, nacionalismo e democracia eram as palavras de ordem das esquerdas, empolgando parcelas significativas da sociedade. Nacionalismo significava a independência econômica e política do país, cuja consequência mais imediata seria a melhoria do nível de vida da população. Democracia, por sua vez, não traduzia tão somente os ritos formais da democracia-liberal, mas implicava, sobretudo, a ampliação dos direitos políticos e sociais dos trabalhadores.

O penúltimo a discursar foi Jango. Ele expressou os anseios que passaram a unir as esquerdas aos militares nacionalistas. Para os trabalhadores, argumentou o líder trabalhista, o 11 de novembro significava "que no Brasil a era dos golpes de mão está definitivamente encerrada e que ninguém irá ao poder contra a vontade soberana do povo". Qualquer intervenção militar somente ocorreria no sentido de preservar a vontade popular, e não à sua revelia. Jango insistiu na união dos poderes civil e militar, reafirmando que os homens de farda estavam profundamente impregnados do senso de legalidade, recusando o chamado de políticos ressentidos que, querendo beneficiar-se do regime de exceção, procuravam intrigar os quartéis com os partidos políticos. A unidade entre o Exército e os trabalhadores estava selada, afirmou o vice-presidente. A aliança, a identificação e o entendimento do povo com as classes armadas convergiam para o nacionalismo, não o nacionalismo xenófobo e irracional, mas o "nacionalismo esclarecido, pragmático, construtivo, que quer dar uma consciência à Nação e não consente em ver sair do nosso território o centro de decisão e orientação dos nossos próprios problemas. Um nacionalismo, enfim, que possa afirmar este país, sem negar os demais". Assim é o sentimento nacionalista, continuou Jango, o que identifica os trabalhadores com as Forças Armadas. "Soldado e povo, consolidando uma mentalidade comum, formando um só Exército, para as tarefas de nossa emancipação." No entanto, "a independência do país, que propiciará o desenvolvimento econômico, exige, igualmente, medidas para a distribuição da renda. O enriquecimento do país deve servir para elevar o nível de vida dos operários, camponeses e classes médias civis e militares. A construção de uma nova sociedade exige abandonar a hipocrisia e o farisaísmo e unir, como em 11 de novembro de 1955, em uma mesma trincheira cívica, as forças que, até então, estavam dispersas no serviço da legalidade democrática e do desenvolvimento nacional".

Por fim, o discurso mais esperado, o do general Lott. Mais comedido em termos doutrinários, o ministro da Guerra agradeceu aos organizadores do evento e, particularmente, ao vice-presidente João Goulart. Lembrou que o Exército e as Forças Armadas, ao longo de diversos episódios, garantiram a legalidade democrática, assegurando ao povo o direito de eleger livremente seus governantes. Sobre os acontecimentos ocorridos um ano antes, denunciou uma minoria audaciosa por pretender negar ao povo seus direitos, utilizando-se para isso, até mesmo de cartas falsificadas no exterior. Fosse tentando arrastar as Forças Armadas para se pronunciarem contra a posse dos eleitos, assumindo o risco de uma guerra civil, fosse recorrendo a chicanas eleitorais, o objetivo era instaurar um regime de exceção no país. Os militares que fizeram coro com aquela minoria audaciosa, continuou o general, constituíram uma parcela da tropa. A maioria dos quartéis sempre esteve disposta a respeitar a vontade popular. Sobre a Frente de Novembro, Lott a qualificou como uma organização apartidária, que unia cidadãos de diversas classes sociais em torno de um ideário comum. Por fim, agradeceu a homenagem e disse que a espada que recebia estaria sempre a serviço do povo brasileiro.

O comício repercutiu com grande impacto nos meios políticos e militares. Durante o evento, o coronel Nemo Canabarro declarou à imprensa que

NO GOVERNO E NA OPOSIÇÃO: DILEMAS DE UM VICE-PRESIDENTE

o Brasil estava dividido em dois grupos: de um lado, os democratas e nacionalistas; do outro, os conservadores e reacionários. Caberia aos primeiros armar os trabalhadores com o objetivo de pôr fim ao conflito com o "aniquilamento do inimigo".[55] Muitos oficiais militares convidados não compareceram, alegando o caráter político da manifestação, o que contrariava os regulamentos disciplinares. As reações foram tão intensas que, em "aviso ministerial", Lott proibiu que oficiais da reserva dessem declarações políticas. A medida resultou em críticas no Congresso Nacional e na imprensa. A crise avançou a ponto de ser cogitada a decretação de estado de sítio.

Segundo Maria Victoria Benevides, o episódio demonstrou a divisão nas Forças Armadas, com a agravante de que, pelas determinações do ministro da Guerra, somente ele poderia participar de atividades políticas. A solução para o conflito surgiu de um manifesto assinado por 24 almirantes, sugerindo o fechamento da Frente de Novembro, entidade definida por eles como "subversiva".[56] O presidente convocou Goulart ao seu gabinete e disse que fecharia a Frente. O objetivo não era desprestigiar ninguém, mas sustar imediatamente a crise política e militar. O vice-presidente lembrou que, no centro da homenagem, estava Lott e que certamente o general ficaria melindrado. De fato, o ministro da Guerra se sentiu atingido, mas compreendeu a decisão do presidente. Assim, Juscelino Kubitschek, seguindo conselho de Tancredo Neves, pôs na ilegalidade tanto a Frente de Novembro quanto o Clube da Lanterna. Além disso, para acalmar o almirantado, comprou um porta-aviões para a Marinha de Guerra, o *Vengeance*, rebatizado de *Minas Gerais*, retribuição da oficialidade a Juscelino. Naquele 24 de novembro de 1956, o presidente confidenciou a pessoas próximas que estava tomando posse pela segunda vez.[57]

O Brasil mudou com JK. A começar pela construção da nova capital. Ao pedir autorização ao Congresso Nacional para construir Brasília, a UDN engavetou o pedido. Depois, os udenistas o aprovaram, imaginando que Juscelino fracassaria em seus planos. O presidente pretendia construir a capital em uma região onde nada havia, a não ser a natureza intacta. Uma estrada a ligaria a Belém, apesar de os especialistas afirmarem que se tratava de uma via antieconômica.

Os dados apresentados pelo governo de JK são impressionantes. Entre 1956 e 1960, a taxa média de crescimento da economia foi de 8,1% e a participação do setor industrial no PIB passou de 20,44% para 25,6%. Os investimentos voltaram-se, prioritariamente, para energia e transporte. A hidrelétrica de Furnas, a construção de mais de 2 mil quilômetros de ferrovias, além das estradas Rio-Belo Horizonte, Belém-Brasília e Brasília-Fortaleza alteraram a circulação de riqueza e pessoas no país. A construção naval tomou impulso jamais experimentado. Para o Brasil, vieram as indústrias Verolme, Ishikawajima, Niigetabras e Ellicot, bem como a ampliação dos estaleiros Mauá, EMAQ, Caneco e Aratu. Todo o setor de transporte foi estimulado —, ferroviário, rodoviário e marítimo.[58] A grande vedete da industrialização com JK foi a indústria automobilística. O plano era atrair as montadoras, que, aqui, produziriam veículos com 90-95% de nacionalização, aliviando o balanço de pagamentos. A agricultura foi posta em segundo plano. Sem uma indústria química que produzisse fertilizantes, inseticidas e outros elementos necessários para o aumento da produção agrícola, o investimento na agricultura seria inócuo.

O crescimento industrial contrastava com o atraso da agricultura. Com a entrada do café de países africanos no mercado mundial, a importante receita no balanço de pagamentos diminuía. Os norte-americanos passaram a comprar café africano, o que pesou negativamente no comércio exterior brasileiro. Surgiu dentro do governo a proposta de reatamento de relações diplomáticas com a União Soviética. Um vasto mercado consumidor abrir-se-ia ao Brasil. Contudo, o debate foi intenso, dividindo o país. Como fórmula conciliatória, foram reatadas as relações comerciais, e não as diplomáticas. Em novembro de 1959, uma missão econômica brasileira seguiu para Moscou.[59]

A equipe de Juscelino formulou um diagnóstico para o subdesenvolvimento brasileiro e latino-americano. Como um círculo vicioso, a escassa poupança levava a baixos investimentos, o que gerava baixa produtividade e, desse modo, deterioravam-se os termos das trocas internacionais. Surgiu, assim, a proposta da Operação Pan-Americana, a OPA, uma espécie de Plano Marshall para a América Latina. Em reunião com líderes dos principais partidos políticos, JK expôs suas ideias, obtendo aprovação de todos por unanimidade. Jango apoiou a iniciativa presidencial de maneira enfática. "O Brasil não poderia permanecer na sua posição apática de país que se limitava a aprovar o que os outros determinavam. As nossas condições geográficas, territoriais, populacionais e, mais do que tudo, talvez, os nossos recursos econômicos teriam, forçosamente, que alçar o Brasil a uma posição de relevo." Para Jango, "os anos foram passando e aquele Brasil de outrora

NO GOVERNO E NA OPOSIÇÃO: DILEMAS DE UM VICE-PRESIDENTE

transformou-se nessa imensa força de hoje que não pode mais ser caudatária de ninguém. Temos o direito de exigir e de participar das grandes decisões. O Brasil é, hoje, uma força que precisa ser ouvida e respeitada".[60]

O presidente norte-americano Eisenhower, percebendo que a proposta poderia repercutir de maneira positiva para seu país, enviou seu secretário de Estado, Foster Dulles, para conversar com Juscelino. Homem extremamente arrogante, sua única preocupação era com a expansão do comunismo no Brasil. Seu maior interesse era a privatização da Petrobras. No encontro com Juscelino, cercado de assessores em uma mesa oval, um fotógrafo, que chegou atrasado, pediu que o presidente repetisse o gesto de cumprimento a Foster Dulles. Com boa vontade, Juscelino atendeu ao pedido. No dia seguinte, na primeira página do *Jornal do Brasil*, o presidente apareceu com a mão estendida, enquanto Foster Dulles mexia no bolso. A legenda dizia: "Tenha paciência, mister." O objetivo era humilhar JK. A retaliação não tardou. Uma nota oficial, de teor duro, acusou o jornal de crime lesa-pátria. Mais importante, o JB vinha se preparando para operar um canal de televisão. Jango, fiel a Juscelino, sustou o processo de concessão e renovou, por mais dois anos, a permissão da Rádio Globo de explorar o Canal 4 de televisão, consolidando o poder de Roberto Marinho.[61]

As divergências entre Goulart e Juscelino se explicitaram em 1959, com as medidas do ministro da Fazenda, Lucas Lopes, que, seguindo o receituário do FMI, restringiu o crédito, concedeu bonificações aos exportadores, reduziu os subsídios à importação do trigo e do petróleo e procurou limitar os reajustes salariais apenas à recomposição do custo de vida. Em texto datilografado, Goulart mostrou-se contrariado com os rumos tomados pelo governo. Em sua avaliação, "o povo está financiando, com o seu sacrifício, o desenvolvimento econômico. Esse povo pode e sabe suportar privações para que o país se mantenha independente e se desenvolva, mas é necessário que esse sacrifício não recaia apenas sobre os menos afortunados, mas sobre todas as classes, proporcionalmente, e que ao mesmo tempo se adotem medidas de reforma social tendentes a impedir que uma minoria, nadando no luxo e na ostentação, continue afrontando as privações e a miséria de milhares de brasileiros".[62]

Goulart estava preocupado com os rumos tomados pela equipe econômica no final do governo. O programa de industrialização acelerada de Juscelino encontrou, finalmente, seu ponto fraco: o financiamento.

Com recursos públicos e privados externos, a balança de pagamentos, deficitária desde 1955, absorvia os lucros das exportações. A inflação era outro problema. Em nível nacional, foi de 7% em 1957, 24,3% em 1958 e 39,5% no ano seguinte. Apesar de o FMI recomendar restrições na economia visando à estabilidade monetária, Juscelino preferiu o crescimento econômico com alta dos preços. Naquele momento, a inflação prejudicava os investimentos, desestimulava a poupança interna e gerava desconfianças nos credores externos. Para esses casos, os conservadores recomendavam as receitas do FMI. O presidente esperou as eleições de outubro de 1958 para anunciar um plano de estabilização econômica. Elaborado pelo ministro da Fazenda, Lucas Lopes, e pelo diretor do BNDE, Roberto Campos, o plano procurava manter altas taxas de investimentos com a estabilização dos preços, metas, a princípio, incompatíveis. O déficit no orçamento do Tesouro Nacional contava-se em progressão geométrica: 1% em 1955, 2% em 1956 e 4% em 1957. Pressionado internamente por grupos de orientação econômica ortodoxa e, no exterior, pelo FMI, Juscelino optou pelo controle da inflação. A intervenção do Fundo era fundamental não apenas na questão dos financiamentos, mas também pelo aval aos bancos privados norte-americanos para renegociarem a dívida brasileira. Seguindo o receituário do FMI, o ministro da Fazenda restringiu o crédito, o que gerou protestos dos empresários, e, em 1º de janeiro de 1959, reajustou o salário mínimo tão somente pelo índice da inflação.[63]

Escrevendo ao senador Benedito Valadares, presidente do PSD, em abril de 1959, Goulart mostrou sua preocupação com os rumos da política governamental, afirmando que "a economia brasileira estava caindo progressivamente na dependência de interesses internacionais", pressionada diretamente pelo FMI. Para Jango, era preciso impedir que o processo de desenvolvimento conduzisse a "formas antissociais de utilização do poder econômico, pois é sabido que os grandes interesses não só se colocam muitas vezes em antagonismo com os interesses superiores do povo, como também procuram conquistar a própria máquina administrativa do Estado para assumir as rédeas de sua direção econômica". Era indispensável fortalecer os meios de intervenção do Estado, pois o "poder público deve ser o árbitro entre as classes, mantendo-se em condições de proteger aquelas que correm permanentemente o risco da opressão e do desamparo".[64] Jango se indispôs com Lucas Lopes por seguir as indica-

NO GOVERNO E NA OPOSIÇÃO: DILEMAS DE UM VICE-PRESIDENTE

ções do FMI e seu plano de estabilização. A política de contenção salarial era incompatível com o programa trabalhista.

O país crescera muito ao final do governo Kubitschek. A produção industrial aumentou 80%. Em todos os setores industriais, como aço (100%), indústrias mecânicas (125%), indústrias elétricas e de comunicações (380%), indústrias de equipamentos e de transportes (600%), os números eram grandiosos. A renda *per capita* nacional tornou-se três vezes maior que a do restante da América Latina.[65] O país, no entanto, estava endividado e a renda concentrada. Jango entendia que o receituário do FMI somente levaria ao aprofundamento da crise, enquanto as reformas surgiam como um projeto de desenvolvimento econômico e social autossustentado. Ele se esforçava para atrair o PSD para o programa reformista, sem muito sucesso. Retomando as negociações com o PSD, Jango insistiu com o presidente do partido para que os projetos que tramitavam na Câmara fossem aprovados. Entre eles estavam a reorganização da Administração Federal e da Previdência Social, a regulamentação do direito de greve, a instituição do regime jurídico do trabalhador rural, do abono da família rural e do salário mínimo familiar, a disciplinamento da locação de imóveis destinados à produção agropecuária, a definição dos casos para a desapropriação por interesse social, a lei de diretrizes e bases da educação, as reformas bancária e agrária, a lei de remessa de lucros e a criação da Eletrobras. Essas medidas iriam distribuir melhor a renda entre os estados, beneficiando os mais pobres. As negociações não avançaram. Com o agravamento das crises econômica e social, com as constantes invasões de terras, Jango, em texto manuscrito, considerava que a Constituição, "inspirada pela reação e pelo ódio, reação dos grupos econômicos que constituíram a maioria em 1946 e do ódio votado ao presidente Vargas deposto em 1945", não correspondia mais à realidade social, que exigia "uma reforma de base total da propriedade", permitindo oportunidades "para uma distribuição da riqueza, para que os ricos sejam menos ricos e os pobres menos miseráveis".[66]

No primeiro semestre de 1959, Juscelino percebeu a grande oposição ao seu governo das esquerdas, inconformadas com a submissão do país ao FMI. Para o sentimento nacionalista que tomava a sociedade brasileira, eram humilhantes as visitas dos técnicos do Fundo para vistoriarem as contas do governo. O FMI e o governo norte-americano tornaram-se o símbolo de todas as dificuldades sofridas pelo Brasil. Para as esquerdas,

Juscelino surgia como um "traidor". O presidente e os membros de sua equipe estavam divididos. Por mais que argumentassem com o presidente, Lucas Lopes e Roberto Campos não o convenciam sobre a necessidade de cortar créditos, limitar reajustes salariais e cortar gastos. Em maio, João Goulart acusou as empresas estrangeiras radicadas no Brasil de, com seus lucros extraordinários, provocarem os problemas financeiros e econômicos. Entre os intelectuais do Instituto Superior de Estudos Brasileiros (ISEB), o debate foi ríspido, principalmente entre os defensores de JK e do nacionalismo. As acusações mais comuns eram as de "entreguistas", para o primeiro caso, e "comuno-nacionalistas", para o segundo. Juscelino, pressionado pelo FMI, tomou uma atitude impactante para os nacionalistas, rompendo, em junho de 1959, com a instituição. Na avaliação de Claudio Bojunga, o presidente acreditava que o FMI não se interessava pela deterioração das relações de troca que atingia o café, fixando-se em medidas restritivas, como o câmbio livre e o fim dos subsídios. Para ele, havia um conluio no sentido de paralisar a construção de Brasília. O próprio Lucas Lopes, vitimado por um infarto, disse-lhe para suspender as obras. Indignado, Juscelino aproximou-se dos economistas estruturalistas que consideravam a tutela do FMI um empecilho para o desenvolvimento da América Latina.[67] Segundo Thomas Skidmore, em outro tipo de avaliação, o presidente concluiu que seu mandato já estava avançado, com a questão da sucessão sendo discutida, e não valia a pena assumir um plano de estabilização com medidas tão duras. Rompendo com o Fundo e abandonando as propostas ortodoxas de Lucas Lopes e Roberto Campos, o aumento da inflação poderia ser apresentado à opinião pública como resultado da má vontade do governo norte-americano. Juscelino deixou o problema para seu sucessor, planejando voltar ao poder, cinco anos depois, com a situação econômico-financeira estável. Sua atitude repercutiu com grande impacto entre as esquerdas e na própria sociedade. No Clube Militar, ele disse: "O Brasil já se tornou adulto. Não somos mais os parentes pobres, relegados à cozinha e proibidos de entrar na sala de visitas. Através de maiores sacrifícios poderemos obter a independência política e, principalmente, a econômica, sem a ajuda dos outros." Telegramas de solidariedade chegavam aos milhares no Palácio presidencial, congratulando-o pela medida. Como afirma Skidmore, "os brasileiros tinham a sensação de estar desafiando, com êxito, as autoridades estrangeiras para as quais seus vizinhos da Argentina e do Chile baixavam a cabeça". Com

NO GOVERNO E NA OPOSIÇÃO: DILEMAS DE UM VICE-PRESIDENTE

a saída de Lucas Lopes e Roberto Campos de seus cargos, os nacionalistas e as esquerdas comemoraram a queda dos "entreguistas".[68]

O avanço do ideário nacionalista foi reforçado quando, em maio de 1959, o governador Leonel Brizola expropriou a Companhia de Energia Elétrica Rio-grandense, subsidiária da American & Foreign Power, grupo ligado à Bond & Share. A crise energética no estado era um problema de difícil solução. Usinas termelétricas e algumas hidrelétricas não davam conta das necessidades de consumo. Porto Alegre sofria seguidos cortes de energia, com grandes prejuízos à indústria e ao comércio. A concessionária estrangeira, alegando prejuízos, negava-se a investir na expansão do sistema. Seguindo a legislação em vigor, o governador calculou os bens da empresa, descontando as doações territoriais, os fios e os postes colocados pela população, as multas, as remessas ilegais de lucros e a depreciação do material. A briga judicial somente expunha as fraudes contábeis da empresa, que, ao final da contabilidade, devia ao estado. Brizola limitou-se a indenizá-la em um cruzeiro, uma quantia simbólica. A partir daí, uma ampla campanha nos Estados Unidos formou-se contra o governador gaúcho.

Em 1959, começaram as articulações para a escolha de candidatos que se apresentariam às próximas eleições presidenciais. Com o PTB empunhando a bandeira das reformas, sob a liderança de Goulart, e a influência crescente de Brizola e de parlamentares nacionalistas e de esquerda, aproximando-se do PCB e dos movimentos sindicais e populares, inclusive de movimentos rurais, a aliança com o PSD mostrava-se frágil. Muitos políticos pessedistas, assustados com a guinada à esquerda dos trabalhistas, paulatinamente aproximaram-se dos udenistas. As críticas de Jango à política econômica do ministro da Fazenda de JK refletiam o início do distanciamento entre trabalhistas e pessedistas.

Segundo Lucia Hippolito, Juscelino pretendia lançar a candidatura do governador baiano e udenista Juracy Magalhães.[69] Seu objetivo era manter a estabilidade política no país, permitindo que a UDN, com três derrotas consecutivas, alcançasse o poder pela via eleitoral. Pelos seus cálculos políticos, uma quarta derrota empurraria os udenistas definitivamente para a solução golpista. Para isso, Juscelino buscava o apoio não apenas do PSD e da própria UDN, mas também do PTB, com um nome de "união nacional". A UDN gastaria todo um mandato presidencial equilibrando as finanças públicas, preparando terreno para que o próprio JK retornasse ao poder em 1965. A tentativa foi frustrada com o lançamento do Movimento Popular Jânio Quadros, de apoio ao ex-governador paulista, em 20 de maio, com o aval de Carlos Lacerda. A divisão da UDN inviabilizou os planos de Juscelino. Pouco depois, a maioria dos udenistas, cansada de derrotas, diz Skidmore, seguiu os conselhos de Lacerda. Jânio Quadros, com um estilo bastante peculiar, tocava em questões delicadas para o governo: a corrupção e a inflação. A situação tornou-se conflituosa com as divisões entre os próprios trabalhistas. Enquanto os dois governadores mais importantes do PTB, Leonel Brizola e Roberto Silveira, defendiam uma candidatura própria, Fernando Ferrari, prestes a ser expulso, mas disputando com Goulart a liderança no partido, defendia o nome de Jânio Quadros. Jango, por sua vez, declarou sua disposição de avaliar a proposta de Juscelino de lançar Juracy Magalhães.

Para a UDN, seria difícil apoiar um candidato indicado por JK, mesmo que ele fosse de seus quadros, como Juracy Magalhães. Pior, tudo indicava que Goulart concorreria novamente a vice pela chapa de "união nacional". Para a maioria dos udenistas, era inconcebível apoiar uma personalidade indicada por Juscelino à presidência tendo Jango como vice. A fórmula de "união nacional" naufragou de vez quando Cid Carvalho e José Joffily, da "ala moça" do PSD, com o apoio de facções do PTB e de parlamentares alinhados com a Frente Parlamentar Nacionalista, propuseram lançar Henrique Teixeira Lott à presidência da República. Embora Jango não ficasse entusiasmado com a candidatura, pelo fraco respaldo popular e eleitoral do general, Brizola inicialmente apoiou o nome do ministro da Guerra. A imagem do general parecia inatacável. Legalista e nacionalista, Lott, para as esquerdas, representava o Exército "democrático", composto pelo "soldado-trabalhador". Herói do 11 de novembro de 1955, sua atuação no Ministério da Guerra o qualificava ainda mais para candidatar-se à presidência. E como os pessedistas poderiam se opor à candidatura daquele que garantira a posse do próprio candidato do PSD naquele ano? Apesar do anticomunismo declarado — era contra a legalização do PCB e o estabelecimento de relações com os países socialistas —, seu nome foi sustentado pelos nacionalistas para concorrer à sucessão de Juscelino.

Em junho de 1959, as articulações foram suspensas com a viagem do vice-presidente a Genebra, chefiando a delegação brasileira na Conferência Internacional do Trabalho. Muitos correligionários e políticos o acompanharam até o aeroporto, inclusive Henrique Teixeira Lott. Ques-

NO GOVERNO E NA OPOSIÇÃO: DILEMAS DE UM VICE-PRESIDENTE

tionado pelos jornalistas, Jango disse que "o PTB tem pelo general Lott a mais profunda simpatia. Agora mesmo acabei de ser alvo de mais uma homenagem daquele eminente brasileiro".[70] No entanto, alegou que, no dia anterior, conversara com o presidente do PSD sobre a reedição da aliança dos dois partidos. Com o senador Amaral Peixoto, entregou os capítulos das reformas de base, programa principal de seu partido. Qualquer acordo visando à coligação para as eleições presidenciais de 1960 dependia do apoio do PSD às reformas. Jango sabia que, sozinhos, os trabalhistas não conseguiriam implementar mudanças estruturais no país. Sua estratégia era atrair os pessedistas para uma aliança que viabilizasse o projeto reformista. No dia seguinte, na ABI, foi fundado o Comitê Nacional Pró-Candidatura Lott, presidido pelo deputado Último de Carvalho. Deputados da "ala moça do PSD", sindicalistas e militares remanescentes da Frente de Novembro, como o coronel Nemo Canabarro, lançaram a candidatura do general à presidência da República.[71]

Acompanhado da mulher e dos filhos, Goulart partiu para Genebra, com diversas escalas.[72] A primeira, para reabastecimento da aeronave, em Recife. Depois, em Roma. Na capital italiana, encontrava-se Jânio Quadros, rumo a Londres. Alguns jornais aventaram a hipótese de os dois políticos se encontrarem, o que não ocorreu. Mais importante: Jango e sua família foram recebidos pelo papa João XXIII. Em Milão, a comitiva brasileira estabelecia contatos com empresários da Lombardia, enquanto a Câmara de Comércio Ítalo-Brasileira examinava problemas relativos ao comércio exterior entre os dois países. Um dos resultados foi a organização de um grupo de estudos para intensificar as relações entre empresários brasileiros e italianos, com o apoio entusiasmado de Goulart. Em Bruxelas, ele e a família hospedaram-se na embaixada brasileira, visitando o Instituto de Pesquisas Agrícolas e intensificando contatos com empresários dos dois países. Na Espanha, novamente incentivou o aumento do comércio exterior brasileiro. Finalmente, em Genebra, participou da Conferência Internacional do Trabalho.

Um dos motivos da viagem de Jango foi se afastar das articulações para a sucessão de Juscelino. Conhecedor da personalidade do presidente, Goulart sabia que ele não estava pensando nas eleições de 1960, mas na de 1965. Ou seja, na sua própria eleição a presidente. Na Itália, em Montecatini, ele recebeu um telefonema de JK. O presidente pedia ao líder trabalhista o apoio à candidatura de Lott. A pressão do Congresso, principalmente do PSD, era grande, alegou. Mesmo aceitando a opinião de Juscelino, Jango disse que, como candidato, Lott era fraco, aliás, "muito fraco". O presidente afirmou que daria todo o apoio ao general — o que no Brasil, sabia-se, não era pouco. Precisava que Goulart formasse a chapa com Lott, como vice. Jango negou.[73] Não estava em seus planos ser novamente candidato a vice em uma chapa com uma candidatura fraca como a de Lott.

Pouco antes de seu regresso ao Brasil, soube, por telefone, que militantes petebistas preparavam uma festa no aeroporto para recebê-lo.[74] Mesmo desaconselhando qualquer festividade, ao chegar no Galeão, em 22 de julho, uma grande recepção o esperava, demonstrando o prestígio do vice-presidente. Mais de mil pessoas, entre militantes partidários, moradores das favelas, estudantes, grupos nacionalistas, governadores de estados, parlamentares petebistas e até integrantes de várias escolas de samba, o receberam. Faixas, cartazes, papéis picados, foguetes, flores e bandas de música transformaram seu regresso em uma grande festa. Alguns cartazes diziam: "Queremos planos e não conversas de vassouras"; "Jango irá parar o aumento dos preços"; "Ele tem razão nas reformas de base", entre outras mensagens. Os funcionários do aeroporto, embora se esforçassem, não conseguiram impedir que muitos invadissem a pista para recepcionar Goulart ainda nas escadas do avião. Soldados do Exército, com ordens de proteger o vice-presidente, postaram-se na frente das escadas. À frente deles estava o general Lott, que aproveitou a ocasião para subir a bordo da aeronave e cumprimentar, com maior privacidade, o vice-presidente. Depois, ambos desceram, mas os soldados não conseguiram conter a multidão. Com gritos de "Viva Lott" e expressões nacionalistas, Jango foi envolvido por admiradores antes mesmo de pisar o último degrau e levado nos ombros dos militantes até um jipe estacionado na pista, ao lado dos governadores Leonel Brizola e Roberto Silveira. Inteiramente cercado pelas pessoas, não conseguiu discursar, limitando-se a acenar para a multidão e a apertar as mãos de centenas de pessoas.

Na sede do Senado Federal, para onde todos foram, o deputado Doutel de Andrade começou a solenidade de homenagem a Goulart. Conclamou nacionalistas e trabalhistas a lutar pelo aproveitamento do capital estrangeiro no desenvolvimento do país, impedindo a evasão de divisas. Segundo o deputado, existiam "1.365 firmas estrangeiras cujos testas de ferro ajudam a levar nosso dinheiro para o exterior". Apelou para que Jango desprezasse as alianças com outros grupos, sobretudo burgueses. "Era preferível perder com glória a vencer com lama", alegou.

Enquanto isso, impaciente, a plateia queria ouvir o vice-presidente. A seguir, falou o governador do Amazonas, Gilberto Mestrinho, o representante dos estudantes e o prefeito de Porto Alegre. Muitos dos presentes somente queriam ouvir Jango e, enquanto aguardavam, improvisaram uma batucada e rodas de samba. Finalmente, ele tomou a palavra e prometeu continuar lutando pelo proletariado dentro do PTB: "Um partido em que homens de coragem, como o governador do Rio Grande do Sul, reclamam para o Brasil aquilo que lhes pertence."

Enquanto Goulart viajava, Leonel Brizola, assumindo interinamente a presidência do partido, procurou, junto ao Pacto de Unidade Intersindical, mobilizar os trabalhadores para a deflagração de greves e, mudando de ideia, insistiu na retirada da candidatura de Lott em favor de um nome com maior respaldo na área popular e nacionalista. Ao voltar de Genebra, Jango, em conversações com Juscelino, comprometeu-se a definir a posição do PTB quanto ao nome que apoiaria para a presidência. Viajou, então, para o Rio Grande do Sul, a fim de encontrar-se com Brizola. Enquanto os dois líderes trabalhistas discutiam o nome para suceder JK, ocorria, na Praça da Sé, o protesto promovido pelo PUI contra a política econômica do governo, intitulado "Comício do Feijão". Assustado, o presidente convocou os ministros da Guerra, da Marinha, da Aeronáutica, da Justiça e do Trabalho e autorizou um plano para reprimir o movimento. Em nota, criticou as "agitações" que ocorriam no país. Embora o texto não citasse nomes, a imprensa identificou Goulart e Brizola como aqueles que "conspiravam" contra a ordem pública.[75]

Políticos da Frente Parlamentar Nacionalista, da "ala moça" do PSD, bem como os "novembristas", civis e militares nacionalistas impuseram ao PSD o nome de Lott, embora Brizola e Roberto Silveira propusessem o nome de Jango. Com a candidatura homologada pelo PSD em dezembro e com o apoio dos trabalhistas, Lott se desincompatibilizou em 11 de fevereiro de 1960. Juscelino, sem alternativa, apoiou o nome do agora marechal. Dias depois, em sua Convenção, o PTB homologou a candidatura de Lott, com Jango para vice da chapa, embora os diretórios regionais de Mato Grosso, do Paraná, de Santa Catarina e do Rio Grande do Sul tivessem se declarado dissidentes.

O PTB assumiu o nome de Lott sob tensão, divergências e fissuras. Na Convenção Nacional do PTB que homologaria o nome de Lott, em fevereiro de 1960, Goulart declarou que "é firme o propósito de não nos afastarmos uma só linha desse papel, mantendo aceso o sentido revolucionário da posição que assumimos, em face do mundo capitalista em que vivemos". "O nome do candidato Lott está sendo consagrado na convenção porque aceitou os compromissos programáticos com o PTB. Seu nome exprime de maneira inequívoca uma posição nacionalista e democrática."[76] San Tiago Dantas, referindo-se à chapa homologada na Convenção, com Lott candidato a presidente e Goulart como vice, disse que a reunião do líder das Forças Armadas com o líder dos trabalhadores, expressando a conjugação "tropa e sindicatos", falando a mesma linguagem, representava a emancipação nacional e o bem-estar do povo brasileiro.[77]

O nacionalismo de Lott, sua defesa do voto do analfabeto, a promessa de realizar uma reforma agrária nas terras da União, de manter os direitos dos trabalhadores e de restringir a remessa de lucros para o exterior não foram suficientes para garantir o apoio irrestrito das esquerdas. Elas não acreditavam no comprometimento reformista do marechal. Segundo Lucilia de Almeida Neves, sua pouca capacidade para agregar e sua inabilidade política ainda desanimavam muitos setores de esquerda.[78] Maria Celina D'Araujo avalia que o PTB encontrou em Lott a oportunidade, inédita, de firmar-se junto aos setores nacionalistas das Forças Armadas, embora com o custo de arcar com uma candidatura anticomunista, o que entrava em contradição com a estratégia partidária. Para a autora, o PTB estava praticando uma estranha forma de democracia. "Buscava a democracia militarizada, através da aliança entre quartéis, sindicato e partido, o que, em outros termos, pode ser entendido como uma tentativa de partidarizar as Forças Armadas e transformá-las em agentes estratégicos de apoio às reformas de base."[79]

A candidatura de Lott não entusiasmou o eleitorado. Seus ideais de "honra" e "sentimento de dever" não empolgavam o eleitorado. Recusava-se a adequar a linguagem de acordo com a plateia. Diante de um público de esquerda, dizia ser contra o reatamento de relações com a União Soviética; aos pequenos agricultores, afirmava que a pequena propriedade rural era inviável; aos pecuaristas, dizia que o problema era que o brasileiro tinha mania de "comer o traseiro" — nesse

NO GOVERNO E NA OPOSIÇÃO: DILEMAS DE UM VICE-PRESIDENTE

episódio, todos riram, menos ele, que não entendera a própria gafe.[80] Como se não bastasse, dizia-se católico diante dos protestantes, quando poderia se autodefinir, simplesmente, como "cristão". Além disso, ele surgia como candidato da situação, cujo governo, embora obtivesse altos índices de crescimento econômico, deixava a herança da inflação, da grave crise econômica e de denúncias de corrupção e favoritismo político. Jânio Quadros, além de seu estilo histriônico de fazer política, explorava, com sucesso e não sem razão, as mazelas produzidas pelo desenvolvimentismo juscelinista. Quando criticava a corrupção e a inflação, não pronunciava palavras vazias. Mas Jânio, diversamente de seu adversário, era capaz de visitar Khrushchev em Moscou e, em seguida, esticar a viagem a Lisboa até o templo de Nossa Senhora de Fátima. Agradava, ao mesmo tempo, aos esquerdistas e aos católicos — lembrando que ele se definia como "cristão", satisfazendo, também nesse caso, aos protestantes. Em seus comícios, as cenas eram impactantes: vestindo um paletó velho e amarrotado, com os ombros repletos de um pó que dizia ser caspa, ele tomava injeções, fingia desmaiar de fome, comia sanduíches de mortadela acompanhados por bananas.[81] A imagem que se queria projetar era a de um "típico homem do povo", muito distante, portanto, das elites.

Novamente o PTB coligava-se com o PSD na disputa pelo poder. Contudo, a aliança já mostrava sinais de franco cansaço. Com a previsão de que Lott não venceria, a campanha eleitoral para a presidência da República conheceu uma chapa extra e informal, chamada de "Jan-Jan". O próprio Jânio Quadros, sabendo da força eleitoral do PTB nos centros urbanos, incentivou a população a votar nele para presidente e em Goulart para vice. Nas ruas da capital de Sergipe, faixas diziam: "Os operários querem Jânio e Jango."[82] Em São Paulo, o movimento tomou vulto entre trabalhadores e sindicalistas. Goulart, não se opôs à proposta. Afinal, o movimento "Jan-Jan" iria acrescer-lhe votos, ainda mais em São Paulo, estado em que o PTB era fraco. Notícias, nunca confirmadas oficialmente, diziam que Jango, em reunião com os dirigentes do Conselho Sindical de São Paulo, teria considerado certa a derrota de Lott, estimulando a chapa "Jan-Jan".[83] Dante Pellacani, presidente da Federação Nacional dos Gráficos e membro do PCB, ouviu de Lott, ao lado de outros sindicalistas comunistas, que, embora valorizasse as liberdades democráticas, "durante o meu governo não vai ter esse negócio de partido comunista aberto não."[84] Desconfiado, Pellacani passou a apoiar a chapa "Jan-Jan", o que lhe custou a expulsão do PCB.

Jânio renunciou, ou ameaçou renunciar, à sua candidatura várias vezes. Em uma das ocasiões, a notícia de que abriria mão de concorrer à presidência coincidiu com boatos de que Leonel Brizola daria um golpe de Estado. Foi o suficiente para que a extrema direita da FAB tentasse uma nova investida contra as instituições, no episódio conhecido como "Aragarças". Liderado pelo tenente-aviador João Paulo Burnier, o grupo tinha como objetivo "varrer" o getulismo do país, eliminando do cenário político o marechal Lott, Goulart e o medo, sempre presente, da "República sindicalista". O plano era "simples": bombardear os palácios do Catete e das Laranjeiras. Foram dissuadidos pelo almirante Sílvio Heck. Ele alegou que o ato comprometeria possíveis adesões. Burnier, inicialmente, conseguiu aliciar 324 oficiais, mas somente 15 participaram. Tomaram três aviões C-47 e sequestraram um avião de passageiros. Lacerda pensou em aderir, mas sua mulher, mais sensata, o dissuadiu. Todos foram para Aragarças. Ali, lançaram um manifesto pró-Jânio. Os revoltosos ficaram esperando adesões de outros companheiros militares, em vão. No dia 4 de dezembro, as aeronaves levantaram voo e partiram para Buenos Aires e Roboré, na Bolívia, levando os oficiais, agora exilados.[85]

Enquanto isso, Goulart passou a ser criticado pela ala ideológica do partido. Os membros do Grupo Compacto alertaram que não reconheceriam sua liderança caso ele se beneficiasse da campanha dos Comitês "Jan-Jan", prejudicando a candidatura de Lott.[86] Alguns pregaram a derrubada de Jango da presidência do partido, e muitos analistas, mesmo de origem conservadora, compreenderam as razões do vice-presidente. Em editorial, o *Correio da Manhã* disse que eleições se ganham com votos e que "Jango não praticaria a tolice de declarar que só aceita o sufrágio de quem o der também ao marechal". Afinal, dizia o jornal, ele estava na política havia muitos anos e tinha a herança de Vargas. Lott, ao contrário, começara praticamente naquele momento. Todos sabiam que Goulart teria muito mais votos que o marechal e que só os sufrágios "Jan-Jan" somariam, no mínimo, 500 mil. O editorial tinha razão. O vice-presidente não poderia recusar o potencial eleitoral dos Comitês "Jan-Jan".

NO GOVERNO E NA OPOSIÇÃO: DILEMAS DE UM VICE-PRESIDENTE

As esquerdas ficaram desorientadas com a eleição. Lott, candidato dos progressistas, defendia teses conservadoras, como o não restabelecimento de relações com os países comunistas. Jânio, considerado de direita, tinha trato fácil com os sindicalistas e, na questão da política externa, posições bastante avançadas. Como diz Maria Celina D'Araujo, Lott era o candidato do movimento nacionalista, "mas sustentava uma posição completamente avessa ao diálogo e ao entendimento com posições de esquerda, quer no plano nacional, quer no plano internacional".[87] Além disso, os assalariados, mesmo conhecendo um período de grande crescimento econômico no governo Juscelino, tinham sido castigados. Segundo Benevides, o presidente procurou ser "generoso" em matéria de política salarial, concedendo aumentos além do recomendado pelos economistas. Entre 1944 e 1968, por exemplo, os índices do salário mínimo no Rio de Janeiro e em São Paulo foram os mais elevados durante o governo Kubitschek, iniciando-se a deterioração salarial a partir de 1959.[88] A queda dos salários nesse ano, a crescente concentração da renda e a inflação em processo ascendente desagradaram ao movimento sindical e ao conjunto dos trabalhadores. Com tudo isso, o candidato da situação, o marechal Lott, foi derrotado nas urnas, vencendo a oposição. Jânio recebeu a maior votação registrada no país: 5.636.623 votos, 48% do total. Votaram em Lott 3.846.825 eleitores, 28%. Ademar de Barros, novamente concorrendo, contentou-se com 2.195.709 indicações, 23%. Nessa ocasião, a UDN não se importou com a tese da "maioria absoluta". A grande vitória foi para a chapa "Jan-Jan". Goulart, de novo vice-presidente, obteve 4.547.010 votos, muito além dos eleitores de Lott, com 300 mil a mais que o candidato da UDN Milton Campos.

Em 28 de novembro, Jango embarcou para uma visita oficial a países estrangeiros: Estados Unidos, França, Austrália, Nova Zelândia e União Soviética. Em Moscou, enfrentou temperaturas baixíssimas. Mesmo assim, visitou algumas cidades do interior, foi recebido no Politburo e, no hotel em que se hospedou, foi apresentado a Ernesto Che Guevara.[89]

No entanto, a bomba-relógio já fora acionada. Diante da crise econômica no final de seu governo, Juscelino, com o objetivo de evitar o próprio desgaste político, deixou-a de herança ao seu sucessor. Por ironia, para Jango, após o breve mandato de Jânio Quadros.

NOTAS

1. Citado em Moniz Bandeira, op. cit., p. 35.
2. Depoimento de Maria Thereza Goulart ao autor e Angela de Castro Gomes, Rio de Janeiro, 2003.
3. Claudio Bojunga, op. cit., p. 320.
4. Citado em idem, pp. 329-330.
5. Maria Victoria de Mesquita Benevides, op. cit., p. 26.
6. Claudio Bojunga, op. cit., pp. 338-339.
7. Ver Abelardo Jurema (depoimento), Rio de Janeiro, FGV/CPDOC — História Oral, 1983; José Gomes Talarico (depoimento), op. cit., e Raul Ryff, op. cit. Ver também Lucilia de Almeida Neves, op. cit.; Maria Celina D'Araujo, op. cit. e Maria Victoria de Mesquita Benevides, op. cit.
8. Maria Victoria de Mesquita Benevides, op. cit., p. 87.
9. Citado em Lucilia de Almeida Neves, p. 187.
10. *Correio da Manhã*, Rio de Janeiro, 11/12/1956, p. 18.
11. Idem, 15/11/1957, p. 16.
12. Marieta de Moraes Ferreira e César Benjamin, op. cit., pp. 1508-1509.
13. Hércules Corrêa, depoimento concedido ao autor e a Angela de Castro Gomes, Rio de Janeiro, 2004.
14. Thomas Skidmore, op. cit., p. 213.
15. Claudio Bojunga, op. cit., pp. 343, 352, 358 e 559.
16. Depoimento de Maria Thereza Goulart ao autor e a Angela de Castro Gomes, Rio de Janeiro, 2003.
17. Depoimento de João José Fontella ao autor. Rio de Janeiro, 2000.
18. Hugo de Faria (depoimento), RJ, CPDOC/RJ — História Oral, 1982, p. 163.
19. Flávio Tavares, op. cit., p. 125.
20. Depoimento de Maria Thereza Goulart ao autor e a Angela de Castro Gomes, Rio de Janeiro, 2003.
21. Claudio Bojunga, op. cit., p. 212.
22. Thomas Skidmore, op. cit., pp. 206-207.
23. Citado em Claudio Bojunga, op. cit., pp. 218, 344 e 374.
24. Abelardo Jurema (depoimento), op. cit.
25. *Correio da Manhã*, Rio de Janeiro, 8/5/1956, p. 12.
26. Claudio Bojunga, op. cit., p. 375.
27. Depoimento de Maria Thereza Goulart ao autor e a Angela de Castro Gomes, Rio de Janeiro, 2003.
28. *Correio da Manhã*, Rio de Janeiro, 12/5/1956, p. 10.
29. Idem, 17 e 18/5/1956, pp. 8 e 14, respectivamente.
30. Idem, 19/5-4/7/1956.
31. Thomas Skidmore, op. cit., p. 213.

NO GOVERNO E NA OPOSIÇÃO: DILEMAS DE UM VICE-PRESIDENTE

32. *Última Hora*, Rio de Janeiro, 18/7/1956, p. 4; 19/7/1956, pp. 6 e 14, 20/7/1956, pp. 1 e 14.
33. *Tribuna da Imprensa*, Rio de Janeiro, 10/9/1956, 1ª página.
34. *Correio da Manhã*, Rio de Janeiro, 17/8/1956, p. 14.
35. *Tribuna da Imprensa*, Rio de Janeiro, 17/8/1956, 1ª página.
36. Marieta de Moraes Ferreira e César Benjamin, op. cit., p. 1509.
37. Claudio Bojunga, op. cit., pp. 372 e 380.
38. Depoimento de Maria Thereza Goulart ao autor e a Angela de Castro Gomes, Rio de Janeiro, 2003.
39. *Correio da Manhã*, Rio de Janeiro, 19/5/1957, p. 20, e 29/5/1957, p. 14.
40. As citações que se seguem estão em *Última Hora*, Rio de Janeiro, 14/10/1957.
41. Idem, 8/7/1958, p. 6.
42. Idem, 2/7/1958, p. 7.
43. Maria Celina D'Araujo, op. cit., pp. 141 e 121-122.
44. *Correio da Manhã*, Rio de Janeiro, 21/7/1956, p. 12.
45. Maria Celina D'Araujo, op. cit., pp. 113-114.
46. Lucilia de Almeida Neves, op. cit.,p. 203. A Previdência Social, segundo Maria Victoria Benevides, tornou-se o "feudo" do PTB. O Departamento Nacional de Previdência Social exercia influência sobre os institutos, a exemplo do Instituto de Aposentadorias e Pensões dos Industriários (IAPI), Instituto de Aposentadorias e Pensões dos Comerciários (IAPC), Instituto de Aposentadorias e Pensões dos Bancários (IAPB), Instituto de Aposentadorias e Pensões dos Servidores do Estado (IPASE), Instituto de Aposentadorias e Pensões dos Empregados de Transporte e Cargas (IAPETC) e Instituto de Aposentadorias e Pensões dos Marítimos (IAPM), op. cit., p. 88.
47. Maria Victoria de Mesquita Benevides, op. cit., pp. 115-116.
48. Citado em Lucilia de Almeida Neves, op. cit., p. 205.
49. Idem, p. 209.
50. *Correio da Manhã*, Rio de Janeiro, 20/8/1957, p. 18.
51. Depoimento de Maria Thereza Goulart ao autor e a Angela de Castro Gomes, Rio de Janeiro, 2003.
52. *Correio da Manhã*, Rio de Janeiro, 13/11/1956, 1ª página, 2º caderno.
53. *O Jornal*, Rio de Janeiro, 13/11/1956, p. 6.
54. As citações que se seguem estão em *Correio da Manhã*, Rio de Janeiro, 13/11/1956, 1ª página, 2º caderno.
55. Citado em Maria Celina D'Araujo, op. cit., p. 117.
56. Maria Victoria de Mesquita Benevides, op. cit., pp. 160-161.
57. Claudio Bojunga, op. cit., pp. 385-387
58. Idem, pp. 405-407.
59. Idem, p. 504.
60. *Última Hora*, Rio de Janeiro, 17/7/1958, p. 6.

61. Claudio Bojunga, op. cit., pp. 511-512.
62. Citado em Moniz Bandeira, op. cit., p. 37.
63. Thomas Skidmore, op. cit., pp. 215-220.
64. Citado em Moniz Bandeira, op. cit., p. 37.
65. Thomas Skidmore, op. cit., p. 204.
66. Citado em Moniz Bandeira, op. cit., p. 39.
67. Claudio Bojunga, op. cit., pp. 530-531.
68. Thomas Skidmore, op. cit., pp. 221-225.
69. Lucia Hippolito, op. cit., p. 200.
70. *Correio da Manhã*, Rio de Janeiro, 4/6/1959, pp. 1-2.
71. *Diário de Notícias*, Rio de Janeiro, 5/6/1959, 1ª página, e *Correio da Manhã*, Rio de Janeiro, 5/6/1959, p. 14.
72. As citações que se seguem estão em *Correio da Manhã*, Rio de Janeiro, 4/6/1959, p. 14; 5/6/1959, p. 14; 23/6/1959, p. 10; 2/7/1959, p. 14; 10/7/1959, p. 14; 12/7/1959, p. 6; 15/7/1959, p. 6; 16/7/1959, p. 9; 23/7/1959, p. 2.
73. Jorge Otero, op. cit., p. 112.
74. *Correio da Manhã*, Rio de Janeiro, 23/7/1959, p. 14, e 24/7/1959, p. 9.
75. Marieta de Moraes Ferreira e César Benjamin, op. cit., p. 1510.
76. Citado em Lucilia de Almeida Neves, op. cit., p. 227.
77. Citado em Maria Celina D'Araujo, op. cit., p. 132.
78. Lucilia de Almeida Neves, op. cit., p. 230.
79. Maria Celina D'Araujo, op. cit., p. 132.
80. Claudio Bojunga, op. cit., p. 545.
81. Paulo Markun e Duda Hamilton, *1961. Que as armas não falem*, São Paulo, Editora Senac, 2001, p. 30.
82. *Correio da Manhã*, Rio de Janeiro, 1º/9/1960, p. 7.
83. Idem, 8/9/1960, p. 3.
84. Citado em Lucilia de Almeida Neves, op. cit., p. 230.
85. Claudio Bojunga, op. cit., pp. 548-549.
86. *Correio da Manhã*, Rio de Janeiro, 14/9/1960, p. 2.
87. Maria Celina D'Araujo, op. cit., p. 130.
88. Maria Victoria Benevides, op. cit., pp. 94 e 216.
89. Jorge Otero, op. cit., p. 115.

CAPÍTULO 6   A luta pela posse

Enquanto Juscelino viajava a Paris, Jânio Quadros convocou uma cadeia de rádios e pronunciou um discurso implacável contra seu antecessor. Ao explicar à sociedade como estavam as finanças do país, iniciou declarando, com razão, que "é terrível a situação financeira do Brasil".[1] Em cinco anos e meio, o meio circulante passara de 57 bilhões para 206 bilhões. O endividamento externo, no mesmo período, passara de 2 bilhões e 367 milhões de dólares para 3 bilhões e 802 milhões de dólares. O grave era que, em seu governo, ele teria que saldar, em moeda estrangeira, compromissos que alcançavam 2 bilhões de dólares. Em novembro de 1961, não haveria como pagar 47 milhões e 700 mil dólares ao FMI e outros 28 milhões ao Eximbank. Para piorar o quadro, o Brasil não poderia saldar as dívidas com exportação em futuro próximo. Com os preços internacionais de quase todas as matérias-primas de exportação em baixa, em virtude da grande oferta, a balança de pagamentos apontava para saldos deficitários. Os gastos governamentais, alegou o presidente, apavoravam qualquer analista. Se em 1955 o déficit era de 28 bilhões e 800 milhões de cruzeiros, chegava, agora, a 193 bilhões e 600 milhões de cruzeiros. A inflação era outra preocupação. Atribuindo o índice 100 para a média de 1948, em dezembro de 1960 ela alcançou 820.

Jânio retaliava, mas também falava com sinceridade e realismo. Herdara um país falido. Tão grave como a situação econômica e financeira, continuou, "se me afigura a crise moral, administrativa e político-social em que mergulhamos. Vejo, por toda parte, escândalos de toda natureza. Vejo o favoritismo, o filhotismo, o compadrio sugando a seiva da Nação e obstando o caminho aos mais capazes. Na vida pública, mal se divisa a distinção entre o que é sagrado e o que é profano. Tudo se consente ao poderoso, nada se tolera ao sem fortuna". As críticas, duras, atingiam diretamente Juscelino Kubitschek, e também respingavam no vice-presidente João Goulart. No ato da posse, Jânio fizera absoluta questão de marcar a distância entre presidente e vice. Em certo momento da solenidade, perguntou a Jango: "Faço uma pergunta ao excelentíssimo senhor vice-presidente. Diga-me vossa excelência, senhor vice-presidente, esta chuva é frequente?" A extrema formalidade era para estabelecer, de maneira inequívoca, a distância entre eles. Jango, um tanto espontâneo, respondeu: "Frequentíssima, excelência, mas só nesta época do ano."[2]

Formando um ministério de perfil nitidamente conservador, chamavam a atenção os ministros militares. Odílio Denys, que se afastara da linha nacionalista-legalista de Henrique Teixeira Lott, assumiu a pasta da Guerra; Gabriel Grum Moss, lacerdista e, mais tarde, ligado ao Instituto Brasileiro de Ação Democrática, na Aeronáutica; Sílvio Heck, também próximo a Lacerda, na Marinha, fora o comandante do cruzador *Tamandaré* na tentativa frustrada de golpe para impedir a posse de Juscelino. O general Cordeiro de Farias, no Estado-Maior das Forças Armadas e Golbery do Couto e Silva, na Secretaria-Geral do Conselho de Segurança Nacional, completavam os quadros militares do novo presidente. A política econômica, guiada pela ortodoxia do FMI, instaurou a assim chamada "verdade cambial", desvalorizando o cruzeiro 100% diante do dólar e cortando os subsídios ao trigo e à gasolina. As medidas atingiram diretamente as classes médias e os trabalhadores.

Algumas iniciativas, sem grande importância, foram tomadas, como a proibição de biquínis nos concursos de beleza transmitidos pela televisão, lança-perfumes, corridas de cavalos em dias úteis e brigas de galo, combate ao jogo e censura a programas que atentavam contra a moral no cinema, no rádio e na televisão. Outras, mais importantes, contrariaram interesses poderosos, como a mensagem ao Congresso sobre a Lei Antitruste, outra sobre o disciplinamento da remessa de lucros ao exterior e medidas de combate ao contrabando.

No entanto, foi na política externa a dimensão mais avançada de seu governo.[3] Procurando seguir uma linha independente, Jânio encontrou a simpatia das esquerdas e o combate ostensivo dos grupos conservadores. Em pouco tempo, o país se projetava no exterior, com acordos comerciais firmados com Bulgária, Hungria, Romênia, Iugoslávia e Albânia; revalidação de passaportes para a União Soviética, países do leste europeu, China Popular, Tibete, Mongólia e Coreia do Norte, além da criação de embaixadas em Dacar, Gana, Nigéria, entre outros países.

A LUTA PELA POSSE

Cuba dividia o Brasil. O movimento sindical, os estudantes, os intelectuais e as esquerdas, defendendo uma política externa independente, apoiavam a Revolução Cubana. Os conservadores liderados por Carlos Lacerda defendiam a intervenção norte-americana na ilha. Diante das notícias do desembarque de tropas na baía dos Porcos, Lacerda declarou: "Saúdo a invasão de Cuba como o começo da liberdade de um povo que foi traído pelo revolucionário transformado em tirano." O governador do Rio Grande do Sul, Leonel Brizola, enviou um telegrama a Jânio em que dizia: "Dirijo-me ao presidente de meu país para significar a minha repulsa e inconformidade ante a inominável agressão que se está perpetrando contra o povo cubano."

De todas as medidas tomadas por Jânio Quadros, a de maior repercussão, decisiva para o isolamento político de seu governo, ocorreu apenas dois dias após a posse. Os chefes das Casas Civil e Militar receberam ordens para instituir cinco comissões de sindicância com o objetivo de averiguar as gestões nas administrações da Superintendência do Plano de Valorização Econômica da Amazônia, do Instituto Brasileiro de Geografia e Estatística (IBGE), do Instituto de Aposentadorias e Pensões dos Bancários (IAPB) e da Comissão Federal de Abastecimento e Preços.[4] Compostas de um bacharel em Direito, um contador e um oficial das Forças Armadas, as comissões tinham ordens para realizar verdadeiras devassas nas administrações daqueles órgãos. Outras foram instituídas para analisar a Companhia Urbanizadora da Nova Capital (Novacap), o Serviço de Alimentação da Previdência Social (SAPS), o Instituto Brasileiro do Café (IBC), o Loide Brasileiro e mais 29 órgãos públicos. Jânio estava decidido a apurar e a punir atos de corrupção e de desvio de dinheiro público.

Duas comissões, a do SAPS e a do IAPB, citaram João Goulart. Procurado pela imprensa, o vice-presidente, demonstrando indignação, disse que seu nome fora apontado sem provas ou fatos. Surpreso com a acusação, afirmou que poderia ter havido um erro de boa-fé por parte dos membros das comissões. Assim, pediu esclarecimentos por escrito. Não houve resposta. Doze dias depois seu nome foi novamente citado em supostas irregularidades no SAPS. Jango, irritado, escreveu uma carta a Jânio. Nela, denunciava a atitude leviana dos membros das comissões, evidenciando "o propósito de me atingir pessoalmente, de modo intencional e irresponsável". Denunciando "o condenável procedimento" das comissões, acusava, também, a conduta leviana e insidiosa de seus membros. Por fim, alegou: "Receba, pois, V. Exa., a manifestação de minha

JOÃO GOULART – UMA BIOGRAFIA

justificada revolta, tanto mais quanto continuo a crer tenham sido essas comissões de sindicâncias determinadas para os seus fins específicos, e não para se constituírem em elementos de demolição moral e competição política." Goulart enviou a carta a Jânio, ao mesmo tempo que apresentava uma cópia à imprensa, com o objetivo de dar "satisfação pública à Nação e na salvaguarda do meu nome e da dignidade do meu cargo".

A reação do presidente diante do texto foi impactante para as lideranças petebistas: "Restitua-se a carta ao ilustre signatário, por não se encontrar vazada em termos próprios, além de não representar a verdade", respondeu Jânio. Somente em maio, a comissão de inquérito do IAPB, composta por Evaristo de Moraes Filho, Hélio Pena e o coronel Antônio Carlos de Andrade Serpa, respondeu a Goulart. Segundo o texto, a "comissão apenas, em vários de seus relatórios, veio confirmar o que toda a Nação já sabia, apontando Vossa Excelência como um dos principais beneficiários da propaganda eleitoral, feita pelo Sr. Enos Saddock de Sá Motta no IAPB, à custa do dinheiro público". A acusação era de que Jango teria usado uma caminhonete do Instituto dos Bancários para transportar mudas de plantas do centro da cidade para uma chácara de sua propriedade no bairro de Jacarepaguá, no Rio de Janeiro.

Após atingir diretamente o vice-presidente da República, as comissões, como era de esperar, passaram a denunciar deputados e senadores por atos de corrupção, favoritismo e desvio de recursos públicos. A sindicância sobre o Departamento Nacional de Obras Contra as Secas (DNOCS) constatou o desvio de quase 5 bilhões de cruzeiros. As comissões que investigavam a Superintendência da Moeda e do Crédito (Sumoc), o Instituto de Resseguros, o Banco do Brasil, o Instituto de Aposentadorias e Pensões dos Ferroviários e Empregados em Serviços Públicos (IAPFESP), o IAPB e o Instituto de Aposentadorias e Pensões dos Marítimos (IAPM), prestes a publicar seus relatórios finais, descobriram cifras astronômicas em matéria de falcatruas. Segundo o *Correio da Manhã*, "em todos eles são apontados vultosos desvios de dinheiro público, sendo ainda enumeradas negociatas de todo tipo, que implicam altas figuras da política brasileira, intelectuais e jornalistas que gozaram da simpatia do ex-presidente Juscelino Kubitschek, ou que eram seus amigos".[5] A oposição no Congresso Nacional crescia dia a dia. Parlamentares acusavam Jânio de tentar desmoralizar o Poder Legislativo. Diante das críticas que, da tribuna parlamentar, aumentavam de tom, Jânio, sem

A LUTA PELA POSSE

recuar, respondeu de maneira contundente: "Eu continuarei." "Nada me deterá. Não olharei nomes nem posições." Assim, desprezando os avisos, dezenas de outras comissões foram criadas.[6] Jânio não contemporizava, recusava-se a acordos, a alianças e a entendimentos. Sua política era a dele mesmo, embora com o risco de isolamento dos partidos.

Logo nos primeiros meses do novo governo, o PTB se impôs no campo oposicionista, radicalizando ideologicamente, afinado com os movimentos sindical e nacionalista. Sob a liderança de Goulart e a influência crescente de Brizola, e com o aval de políticos nacionalistas e reformistas, sobretudo os do Grupo Compacto, o PTB voltou suas atividades para os movimentos populares e se aproximou do PCB. Desde 1958, a organização trabalhista, que até então já se apresentava como um partido reformista e popular, assumiu o perfil de partido de esquerda. Em 1961, Jango e outras lideranças petebistas propuseram a realização de um Congresso Trabalhista. San Tiago Dantas e Hermes Lima alinhavaram a proposta de uma linha de ação política e doutrinária. Para eles, "a posição fundamental do partido é a de um instrumento de reforma, de mudança, de superação da estrutura social brasileira. O PTB não quer corrigir apenas a estrutura social existente. Quer mudá-la para melhor, torná-la favorável à incorporação do povo brasileiro em níveis de educação, produtividade e consumo tão superiores que são, por isso mesmo, diferentes em qualidade e finalidade dos atuais. Por isso, o PTB deve afirmar-se como um partido de esquerda, um partido de massa, que se dispõe a liderar a transformação da estrutura social brasileira por métodos democráticos, até onde for indispensável ao bem-estar do povo".[7]

No Congresso Nacional, Jânio encontrava uma feroz oposição ao seu governo. Em conjunto, o PSD, o PTB e o PSP chegavam a 200 parlamentares, enquanto o bloco de situação, com a UDN, o PR e o PDC, não alcançava os cem. A UDN agia como cúmplice da oposição, aumentando o isolamento do presidente. As divergências com o Legislativo surgiam desde simples atos de rotina, de competência exclusiva de Jânio, até o veto aos seus projetos de lei, movidos pela desforra.[8] O isolamento do presidente se acentuava a cada mês. Os conservadores que o elegeram demonstravam insatisfação com a política externa; as esquerdas, notadamente o PTB, atacavam a política econômica. Todos repudiavam as comissões de inquérito. Goulart, afastado de Jânio devido às acusações que sofrera, observava os acontecimentos.

Brasília, recém-inaugurada, apesar de sua arquitetura moderna, mantinha uma atmosfera rural e, na descrição de Maria Thereza Goulart, rústica. "Um matagal com alguns prédios", completa. Jango ganhou um apartamento funcional. Com a autorização presidencial, ele e sua família se instalaram na Granja do Torto, embora a ponte aérea Brasília-Rio de Janeiro fosse constante. Maria Thereza olhava tudo aquilo e pensava: "Como isso aqui pode ser a capital do país?" "Eu andava a cavalo e só via mato, da Granja do Torto ao Palácio da Alvorada. Além, claro, de muita poeira. Por vezes, minha impressão era que eu estava em uma fazenda. Nenhuma diversão, a não ser atividades rústicas. Para quem vinha da cidade, não falo de grandes capitais, mas mesmo de cidades médias ou pequenas, aquilo era um horror. Não havia as coisas básicas que uma cidade oferece, e também não era uma fazenda. Uma coisa estranha, artificial."[9]

Jango, com estranheza, recebeu o convite do ministro das Relações Exteriores, Afonso Arinos, para chefiar uma missão comercial brasileira em viagem à China Comunista.[10] Na verdade, o primeiro nome a ser cogitado foi o de José Ermírio de Moraes, que não aceitou. Rompido com o presidente, Goulart recebia o convite com desconfiança. Afinal, lembra Afonso Arinos, se aceitasse seria acusado pelos conservadores civis e militares de fazer demagogia esquerdista; mas se recusasse, ficaria malvisto por grupos importantes de seu partido. Sem alternativa, aceitou aquela que menos o prejudicaria politicamente. Mas exigiu que o governo esclarecesse à opinião pública os objetivos comerciais da missão, dentro da política de aumentar os mercados a produtos brasileiros.

Ao final de julho de 1961, Goulart, o diplomata Araújo Castro, 15 parlamentares, entre eles os senadores Barros de Carvalho e Dix-Huit Rosado, os deputados Franco Montoro e Gabriel Hermes, sete técnicos especialistas em comércio exterior e diversos empresários rumaram para o país de Mao. Maria Thereza, os dois filhos e o irmão João Fontella aproveitaram e foram para Costa Brava, na Espanha. Jango, ao retornar da China, encontraria com eles para voltarem juntos. Durante a viagem, em uma escala no aeroporto de Orly, em Paris, Goulart deu uma entrevista dizendo que a visita à China era uma resposta a um convite que o governo de Pequim fizera um ano antes. Provocado por um repórter, disse que as desavenças com Jânio Quadros estavam inteiramente superadas: "relacionar o incidente com a minha viagem é pura intriga", afirmou. Também perguntado sobre o reatamento de relações diplomáticas com

A LUTA PELA POSSE

a União Soviética, disse que, sobre o tema, estava à vontade para falar porque "nós íamos ao encontro de Jânio, mas ele foi ao encontro do nosso partido".[11] A comitiva fez outra escala em Moscou. Segundo o depoimento de Evandro Lins e Silva, integrante da comitiva, todos ficaram hospedados no hotel do Soviete Supremo, usufruindo das regalias, como passeios e automóveis. Jango foi recebido como chefe de Estado por Khrushchev e pelo estado-maior do Partido Comunista da União Soviética (PCUS). A primeira reunião foi em um enorme salão. Khrushchev falou de maneira muito animada, gesticulando e, entre uma afirmação e outra, fazendo uma piada para descontrair. Durante três dias, Jango recebeu muitas homenagens.[12] Por meia hora, Goulart conferenciou com o líder soviético no Kremlin a conjuntura internacional. "Se conseguirmos evitar a guerra", disse Khrushchev, "teremos prestado um grande feito." Elogiando a política externa de Jânio Quadros, ele sugeriu a possibilidade de a União Soviética ajudar os países subdesenvolvidos. Mais tarde, os membros da comitiva conheceram pessoalmente o astronauta Titov, que acabara de completar 17 voltas ao redor da Terra no *Vostok II*.[13]

Em Pequim, uma das primeiras solenidades foi um banquete oferecido pelas autoridades chinesas, com a presença de Tung Pi Wu, vice-presidente do Partido Comunista Chinês, e do primeiro-ministro Chou En-Lai. Jango, em seu discurso, disse que a comitiva brasileira viera com o "firme desejo de fortalecer os vínculos comerciais entre os dois países, o que contribuirá para aumentar o entendimento entre ambos os povos. Confio em que as conversações que vamos manter darão imediatos resultados e certamente contribuirão para fortalecer nossa amizade, em benefício da China e do Brasil".[14] Se os chineses lutavam para desenvolver o seu país, os brasileiros lutavam pela completa emancipação econômica. Propôs, então, um brinde "pela prosperidade e pelo maior desenvolvimento da China e pelo aumento diário da amizade entre os povos brasileiro e chinês". Tung Pi Wu, em resposta, afirmou que a China "estará para sempre a favor do povo brasileiro e dos outros povos latino-americanos". Mas não deixou de tocar em um assunto que incomodava o governo chinês naquele momento. A exclusão da China Popular da ONU, algo definido pelo dirigente chinês como "totalmente injustificável e absolutamente intolerável". Concluiu seu breve discurso de saudação afirmando: "O Brasil e a China marcharão juntos para a prosperidade e independência de todos os povos da Ásia, África e América Latina e lutarão contra o imperialismo para conquistar uma paz duradoura."[15] A seguir, Jango, falando para 10 mil pessoas, afirmou:

> A China Popular, debaixo da direção do grande líder Mao Tsé-Tung, é uma realidade e um exemplo que explica como um povo que sofria o desprezo de outros durante muitos séculos no passado pôde emancipar-se do jugo dos exploradores. (...) Como alguém estreitamente ligado com as gloriosas lutas das comunidades dos operários de meu país, quero expressar meu profundo apreço aos trabalhadores, tanto do campo como da cidade, por sua heroica e extraordinária participação na edificação de uma Nova China livre e poderosa.[16]

Discursando no Congresso do Povo, Goulart encerrou saudando os congressistas: "Viva a amizade cada vez mais estreita entre a China Popular e os Estados Unidos do Brasil!", "Viva a amizade dos povos asiáticos, africanos e latino-americanos!"[17] O terceiro-mundismo já fazia parte dos horizontes políticos do líder trabalhista brasileiro. Uma afirmação como essa, no país em que estava, no auge da Guerra Fria, de fato, não era pouco. As acusações de "comunista" eram utilizadas pelos seus inimigos da extrema direita com base em episódios como esse. Segundo Evandro Lins e Silva, o discurso de Jango foi preparado com antecedência, bastante meditado, exatamente para evitar explorações. Contudo, suas palavras foram recebidas no Ocidente como uma declaração de apoio ao comunismo.[18]

Mao Tsé-Tung o recebeu na Cidade Proibida. Fumando muito, em pitadas rápidas, mas sem tragar, os dois ficaram trocando cigarros, atitude que os aproximou. No último dia na capital chinesa, Mao, em procedimento inédito, visitou Jango no Hotel Pequim para despedir-se dele. Nunca o líder chinês havia feito isso, nem repetiu o gesto no futuro, mesmo quando da visita do presidente francês Georges Pompidou.[19] Naqueles dias Jango teve uma indisposição cardiovascular. Tratava-se de um aviso de que o coração não ia bem.[20]

Em 24 de agosto, a imprensa publicou carta de Goulart a Jânio.[21] O vice-presidente informava sobre a "assinatura de contrato de crédito entre o Banco da China Popular e o Banco do Brasil, no montante de 56 milhões de dólares, para a cobertura inicial de trocas comerciais estudadas entre a Missão Econômica Brasileira e a Comissão designada pelo governo de Pequim". Jango também informava a Jânio o sucesso da missão, enfatizando

A LUTA PELA POSSE

o caráter caloroso das manifestações prestadas ao Brasil nas cidades que visitara. Segundo a carta, "visitei e fui visitado pelo presidente Mao Tsé-Tung, em Hankowk, ouvindo homenagem à política externa do governo brasileiro, e especial destaque à firmeza de V. Exa. na defesa do princípio de autodeterminação dos povos". A comitiva também passou pelas cidades de Xangai e Cantão. Oficialmente, a viagem à China terminara. Em Cingapura, todos se hospedaram no Raffles Hotel. Parte da delegação seguiu para Tóquio, enquanto outros resolveram ficar com Goulart por mais alguns dias na China para conhecer Pequim com mais calma.

No dia seguinte à publicação da carta, o país foi tomado por uma notícia impactante: Jânio da Silva Quadros renunciara à presidência da República.

A renúncia tomou o país de surpresa. Embora sem comprovações empíricas, as análises, quase unânimes, concordam que Jânio planejara um golpe de Estado. Sua atitude, imaginara ele, provocaria a reação popular e, principalmente, a militar. Retornando com o apoio do povo e dos generais, governaria sem o Congresso Nacional. O envio de João Goulart à China certamente fez parte de seus planos. Seria ele, o vice-presidente que, legalmente, assumiria o poder. Mas, em se tratando de um líder trabalhista combatido pelos conservadores militares e civis desde 1953, e ainda em viagem a um país comunista, possivelmente haveria reação nas Forças Armadas à sua posse. A distância entre a China e o Brasil permitiria ainda que Jânio ganhasse vários dias até o vice desembarcar no Brasil. Mas o plano fracassou. No episódio da renúncia, também houve a intervenção de Carlos Lacerda. No dia 18, ele esteve em Brasília. Seu objetivo era pedir ao presidente apoio para salvar seu jornal da falência, devido a dívidas acumuladas. Jânio, querendo livrar-se de Lacerda, deixou-o com o ministro da Justiça, Pedroso Horta. A partir daí, as versões são diversas. O governador da Guanabara acusou o ministro de propor-lhe um golpe de Estado. Horta desmentiu. Lacerda, no dia 24 de agosto — por coincidência, aniversário da morte de Vargas —, foi à televisão e denunciou as intenções golpistas de Jânio. Os ataques do governador foram o estopim para a atitude intempestiva do presidente. Os congressistas, insatisfeitos com as comissões de inquéritos, imediatamente aceitaram a renúncia; a direita, assustada com a política externa independente, não reagiu; a esquerda o desprezava. No Congresso Nacional, afirma Sérgio Magalhães, bastaria que um único deputado, diante da gravidade da situação, exigisse a apuração da assinatura de Jânio. "Não apareceu nenhum deputado porque ele se tornou indesejável. Na hora que ele renunciou, ninguém se dispôs a defendê-lo, porque bastaria uma questão de ordem."[22]

Antes de partir para o aeroporto de Cumbica, Jânio comunicou sua decisão aos ministros militares. Todos reiteraram o apoio ao presidente. O brigadeiro Grum Moss, chocado com a notícia, chorou. O general Odílio Denys pediu: "Diga o que é preciso para Vossa Excelência continuar. Nós o faremos." Jânio, firme em sua posição, abraçou os três ministros e aconselhou: "Com este Congresso não posso governar. Formem uma junta."[23] Foi o que eles fizeram.

As consequências para o país foram desastrosas. Como bem define Claudio Bojunga, "ao desacreditar o sistema político, ao cultivar artificialmente o impasse, ao condenar como inviáveis as instituições e a Constituição de 1946, Jânio dera importante contribuição à desestabilização política do país e ao descarrilamento final do sistema partidário e eleitoral que até então funcionava relativamente bem". Afonso Arinos foi sarcástico: "Jânio foi a UDN de porre".[24]

O presidente da Câmara dos Deputados, Ranieri Mazzilli, assumiu a presidência da República. Submetendo-se à Junta formada por Denys, Moss e Heck, Mazzilli enviou mensagem ao Congresso Nacional comunicando que os três ministros militares manifestaram-lhe a "inconveniência" do regresso de Goulart ao Brasil. Se ele pisasse em solo brasileiro seria preso pelos militares. Uma delegação de parlamentares trabalhistas, formada por Bocayuva Cunha, José Gomes Talarico, Doutel de Andrade e Ivete Vargas, procurou o ministro da Guerra. Ao ministro, Doutel de Andrade perguntou: "Permita, marechal, que um deputado provinciano, sem dúvida, mas vice-governador de um grande estado do Sul, o de Santa Catarina, faça-lhe uma pergunta simples, mas que envolve questões complexas, de cunho constitucional e democrático. O Dr. João Belchior Marques Goulart, vice-presidente da República, eleito e reconhecido pela Justiça Eleitoral do meu país, está vindo aos Estados Unidos do Brasil, cuja presidência se encontra vaga, graças à renúncia do seu titular, o presidente Jânio Quadros. O que acontecerá?" Econômico, Denys respondeu: "Será preso." Doutel, formal e irônico, retrucou: "Muito obrigado, marechal, por esclarecimento tão convincente e jurídico."[25] O objetivo dos ministros militares era o de coagir o Congresso Nacional a declarar

A LUTA PELA POSSE

o impedimento de Goulart. Os partidos políticos, incluindo a UDN, no entanto, não aceitaram. A crise política, portanto, estava deflagrada.

Em Cingapura, era madrugada do dia 26 de agosto (tarde do dia 25 no Brasil) — ninguém dera conta da diferença do fuso horário. Goulart, que não conhecia a cidade, saiu de automóvel para passear com alguns membros da comitiva. Ao regressarem, tarde da noite, passara da hora reservada para o hotel servir o jantar. Em um restaurante malaio, ao ar livre, comeram um prato típico. Depois, regressaram ao hotel e foram dormir. Mais tarde, bateram à porta. Jango, assustado, abriu-a e deparou com Raul Ryff sem camisa. Ao seu lado, João Etcheverry, correspondente do jornal *Última Hora*, sem sapatos, exclamou: "Desperta bem despertado: o Jânio renunciou e agora tu és o Presidente!"[26] A seguir relatou que, minutos antes, atendera a um telefonema de um correspondente da *Associated Press*, ligando de Nova York, esforçando-se ao máximo para falar em português. Ele queria perguntar se Jânio Quadros renunciara, embora, na verdade, estivesse comunicando o fato. Todos aqueles que acompanhavam Jango, como os senadores Barros de Carvalho e Dix-Huit Rosado e os deputados Franco Montoro e Gabriel Hermes, estavam em dúvida: Jânio havia renunciado ou sido deposto — perguntavam-se.[27]

Na manhã seguinte, com a confirmação da notícia, o senador petebista Barros de Carvalho pediu uma garrafa de champanhe: "um brinde ao novo presidente da República do Brasil".[28] Goulart, precavido, retrucou: "Barros, você abriu o champanhe, vamos bebê-lo. Mas acho melhor fazer o brinde ao imprevisível." Ao senador Dix-Huit Rosado, Jango mostrava-se sereno, isento de receios, sem demonstrar estar intimidado. Afirmou várias vezes que o mandato que lhe queriam tirar não era dele, mas que o recebera, por duas vezes, do povo. Voltaria ao Brasil para assumir o cargo, mas era preciso, no país, encontrar efetivo apoio político para assumir.[29]

No mesmo dia, viajaram a Paris, passando por Zurique, onde poderiam ter melhor acesso a telefonemas internacionais. De acordo com Hugo de Faria, quando Goulart soube com mais detalhes dos acontecimentos pensou em também renunciar, permitindo a convocação imediata de eleições para a presidência da República. A tentativa de golpe militar, entretanto, mudou seus planos. A Hugo de Faria, ele mais tarde confidenciou: "Eu não podia renunciar. Eu não podia ser o primeiro presidente brasileiro que fez um ato de autoemasculação. As acusações que fazem contra mim me impedem de renunciar."[30] A atitude dos ministros militares, com as acusações contra o vice-presidente, impediu que ele também renunciasse.

Na manhã do dia 25 de agosto, Leonel Brizola, surpreso com os boatos, procurou saber se Jânio Quadros fora deposto por pressões militares, como supôs inicialmente, ou se, de fato, renunciara.[31] No primeiro caso, sua intenção era convidar Jânio para resistir em Porto Alegre. Ao saber da renúncia e do veto militar à posse de Goulart, declarou aos jornalistas: "Dessa vez não darão o golpe por telefone."[32] Sua primeira atitude foi estabelecer contato com generais e com o comando de tropa. Do comandante do III Exército, José Machado Lopes, ouviu a afirmação: "Bom, bom, governador, eu não posso me definir assim. Sou soldado e fico com o Exército." Do comandante do IV Exército, general Artur da Costa e Silva, o governador ouviu tão somente impropérios, devolvidos na mesma altura. A boa notícia veio do Rio de Janeiro, onde o marechal Henrique Teixeira Lott, reformado, mas com grande prestígio político, distribuiu, na noite do dia 25, um manifesto à Nação. Segundo o texto, apesar de ter se esforçado para demover o ministro da Guerra de impedir a posse de Goulart, seus apelos foram inúteis. Assim, declarou Lott: "Conclamo todas as forças vivas do país, as forças da produção e do pensamento, os estudantes e os intelectuais, os operários e o povo em geral para tomar posição decisiva e enérgica no respeito à Constituição, em preservação integral do regime democrático brasileiro, certo, ainda, de que os meus camaradas das Forças Armadas saberão portar-se à altura das tradições legalistas que marcam a sua história no destino da Pátria."[33]

Com o manifesto, Lott expressou a divisão nas Forças Armadas. Para os ministros militares, silenciá-lo era imperativo. Antes de ser preso, por ordens de Denys, Lott orientou Brizola a procurar alguns militares no Rio Grande do Sul que seriam favoráveis à saída legal para a crise.[34] Confinado na Fortaleza de Laje, Lott soube que diversos oficiais das três Forças, fiéis à legalidade constitucional, também foram presos em navios da Marinha.[35]

Brizola conseguiu se comunicar com o general Osvino Ferreira Alves, no Rio de Janeiro, que, sem comando de tropa e visado por suas convicções nacionalistas, pouco pôde ajudar. O general Amaury Kruel, também sem comando de tropa, foi para Porto Alegre, a pedido de Brizola, onde ficou clandestino no Palácio Piratini. O objetivo do governador era nomeá-lo comandante do III Exército, caso Machado Lopes resistisse

A LUTA PELA POSSE

em tomar posição pela legalidade.[36] O governador também ligou para oficiais com comando de tropas em Santana do Livramento, Santa Maria, Uruguaiana, Cruz Alta e outras cidades do interior, recebendo deles apoio na luta pela legalidade.[37] Ao final da tarde do mesmo dia, as primeiras manifestações de rua surgiram em Porto Alegre. Milhares de pessoas protestaram na Praça da Matriz contra o golpe; outras, a favor de Jânio, enquanto a maioria defendia a posse de Goulart.

Com o apoio de alguns coronéis e generais alocados em postos-chaves no estado do Rio Grande do Sul e o protesto popular, o governador deu início ao movimento conhecido como Campanha da Legalidade. No dia 26, o país amanheceu em estado de sítio não oficial e com Mazzilli no papel de preposto de uma Junta Militar.

A situação de Goulart era delicada. Segundo Flávio Tavares, ele era um político desde 1945: deputado, secretário de Estado, ministro, duas vezes vice-presidente, presidente do Senado, mas, estranho ou engraçado, a presidência da República era algo ainda distante. Afinal, pesava contra ele o veto de uma parcela militar atuante e vigorosa. Agora teria que pensar em ser presidente do país.[38] No dia 27, de Zurique, Jango telefonou para Brizola em busca de informações. Soube das declarações de Odílio Denys, inclusive da sua ameaça de prisão se retornasse ao Brasil. Mesmo assim, alegou que estava pronto para regressar. O governador gaúcho, então, aconselhou: "Escolhe o local onde desejar descer e não traz sequer um revólver, porque tua força é o Direito, a Legalidade e a Constituição."[39]

Ao chegar a Paris, Jango decidiu ir a Costa Brava, Espanha, rever a mulher e os dois filhos, que lá ficaram enquanto viajava pela China.

Maria Thereza viveu, ao lado dos filhos e do irmão, momentos calmos no Hotel Del Mar. Era uma hóspede comum, ninguém a conhecia. Até que, no dia 27 de agosto, acordou e desceu para tomar o café. No meio das escadas que davam para o salão, percebeu que as pessoas, ao verem-na, paravam e ficavam olhando. Sem saber do que se tratava, continuou a descer as escadas, achando a atitude das pessoas estranha. De repente, todos começaram a aplaudir. Maria Thereza olhava ao redor — os garçons, as paredes, as mesas, as cadeiras — e se perguntava: "O que estava acontecendo?" Caminhando em sua direção, o dono do hotel ofereceu-lhe um buquê de flores e disse: "*Felicitaciones.*" Mas felicitações pelo quê, pensou. Não era seu aniversário, ela não era conhecida ali. Foi então que ele lhe entregou o jornal: Jango era o presidente da República. "Meu Deus!", limitou-se a dizer. Daquele dia até a partida ela perdeu completamente a privacidade. Jornalistas, fotógrafos e curiosos não a deixaram em paz, insistindo para que desse entrevistas. Ela e as crianças não podiam aparecer na piscina, nem sequer se debruçar nas janelas. Acabara a tranquilidade que o anonimato permitia. Ao irmão, ela confidenciou: "Pelo amor de Deus, quero ir embora daqui, não aguento mais." Jango foi visitá-la, além de ligar diariamente. Em um dos telefonemas, disse: "Estou voltando, mas fica tranquila, me aguarda porque eu vou tomar as providências." Maria Thereza ficou no hotel até a posse do marido. Para ela, foram dias intermináveis. "Eu me sentia uma prisioneira, não tinha para onde ir."[40]

Na tarde desse mesmo 27 de agosto, em Porto Alegre, o funcionário dos Correios e Telégrafos João Carlos Guaragna calibrava um receptor para radioamadores, um a mais, entre tantos outros. Com estranheza, João percebeu que, em uma das faixas do rádio, alguém transmitia mensagens em código Morse — algo pouco usual para aqueles aparelhos. Ao descobrir que a origem da transmissão era o QG do III Exército, sediado em Porto Alegre, imediatamente João muniu-se de um lápis e interceptou a mensagem do general Antônio Carlos Muricy, que, da capital do estado, alertava o general Orlando Geisel, em Brasília: "Comunico III Exército interceptou mensagem do Governador endereçada ao Dr. Jango, oferecendo tropas do Rio Grande para serem enviadas via aérea para Brasília, a fim de garantir sua posse. Governador está armando o povo e provocando agitações no interior do estado. Devido forte tensão é possível que menor incidente desencadeie a guerra civil, com graves consequências. Operações-repressão em condições de serem desencadeadas momento oportuno."[41] Casualmente, João se deu conta de que o III Exército estava monitorando todas as comunicações do Palácio Piratini, sede do governo estadual. Preocupado e temeroso, João interceptou diversas outras mensagens trocadas entre os altos escalões do Exército. Ao anoitecer, uma delas, em especial, o angustiou. Da Guanabara, generais instruíam o comandante do III Exército, general Machado Lopes: "É necessário firmeza e energia do III Exército a fim não permitir que cresça a força do adversário potencial que tem todo o interesse em manter a ordem a fim de que o Sr. João Goulart assuma a Presidência."

As mensagens eram graves e alarmantes. O bombardeio ao Palácio Piratini era uma ameaça real. Mesmo com a continuidade das transmissões em morse, ele saiu às ruas, já de madrugada, e correu até o Palácio. Por

A LUTA PELA POSSE

dentro dos portões de ferro e vidro, fechados e policiados, João avistou um amigo e, aos gritos, pediu-lhe que ficasse com os papéis e os entregasse a alguma autoridade. Ao virar a meia-noite, a emoção, misturada ao temor, apoderou-se das pessoas dentro do Palácio. O bombardeio parecia iminente. Duas horas e meia mais tarde, a cidade começou a ouvir o ranger das lagartas dos tanques. Tudo tinha que ser mobilizado para enfrentar os tanques do III Exército. A Brigada Militar instalou ninhos de metralhadoras no alto do Palácio e na Catedral Metropolitana. Funcionários, jornalistas e civis receberam revólveres e granadas. Populares dispostos à luta assumiram o comando militar. Caminhões, jipes e carros oficiais foram amontoados em volta do Palácio para impedir a passagem dos tanques.

Embora o rangido das lagartas continuasse a ser ouvido, os tanques não chegaram à Praça da Matriz. Mas o amanhecer do dia 28 continuou tenso, sobretudo pela espera do primeiro petardo. Às 10h30, o nervosismo novamente invadiu os salões do Palácio. O serviço de radioescuta do governo estadual captou ordens do ministro da Guerra, Odílio Denys, para que a FAB e o III Exército bombardeassem o Piratini, além de enviar uma força-tarefa da Marinha para o Rio Grande do Sul. Ao mesmo tempo, o general Machado Lopes comunicou ao governador Leonel de Moura Brizola que iria ao Palácio conversar com ele pessoalmente.[42]

A tensão era muito grande. Milhares de pessoas, reunidas na Praça da Matriz, ansiavam por notícias mais precisas e, desorientadas, tentaram invadir o Palácio. As barricadas, no entanto, resistiram. Sentindo-se acuado e sem alternativa política, o governador acionou os microfones da Rede da Legalidade. Sentando-se à mesa de um estúdio improvisado, Brizola, com uma das mãos, segurou o microfone e, com a outra, uma metralhadora portátil. Ao seu redor, jornalistas e funcionários civis e militares corriam, de um lado para o outro, com revólveres presos à cintura. Alguns conseguiram manter a ponderação, pedindo ao governador calma para receber o comandante do III Exército, embora fossem ouvidos com descrédito.[43]

Com a voz trêmula e embargada, Brizola deu início a um emocionado discurso. Pedindo à população de Porto Alegre calma, serenidade e frieza, ressaltou a necessidade de se fecharem todas as escolas, resguardando as crianças. As pessoas, se achassem conveniente, poderiam ir ao trabalho. Ele ficaria no Palácio, cercado por familiares e servidores civis e militares, com o apoio da Brigada Militar. Não eram muitos soldados para resistir, as armas eram poucas, mas ainda assim não sairia da sede do governo.

233

Segundo Brizola, o comandante do III Exército, Machado Lopes, solicitou-lhe uma audiência e estava a caminho do Palácio. Era possível que a visita do general fosse a de um amigo, que seria recebido com prazer e civilidade. Mas poderia também significar a comunicação de sua deposição do governo. Neste caso, argumentou Brizola, "se ocorrer a eventualidade do ultimato, ocorrerão, também, consequências muito sérias. Porque nós não nos submeteremos a nenhum golpe. A nenhuma resolução arbitrária. Não pretendemos nos submeter. Que nos esmaguem! Que nos destruam! Que nos chacinem, neste Palácio! Chacinado estará o Brasil com a imposição de uma ditadura contra a vontade de seu povo. Esta rádio será silenciada. O certo porém é que não será silenciada sem balas".[44] Nos aeroportos de todo o país, os aviões que chegavam do exterior eram vasculhados por tropas militares em busca de Goulart, para prendê-lo. As comunicações no Piratini eram monitoradas e todas as suas conversas sofriam interceptações. Embora sob forte pressão, Brizola não deixava de trocar impressões com Goulart. Naquele mesmo dia, por telefone, aconselhara-o a retornar imediatamente de Paris para o Brasil: "A decisão é tua! Deves vir diretamente a Brasília, correr o risco e pagar para ver. Vem. Toma um dos teus filhos nos braços. Desce sem revólver na cintura, como um homem civilizado. Vem como para um país culto e politizado como é o Brasil e não como se viesse para uma republiqueta, onde dominem os caudilhos, as oligarquias que se consideram todo-poderosas."

O ataque do governador, em seu discurso, voltou-se especialmente para o ministro Odílio Denys, o qual, ao lado dos ministros da Marinha e da Aeronáutica, pretendia romper com a ordem legal do país. Agindo como um desatinado, disse Brizola, Denys jogaria o país no caos. Sem respeito, a ordem política e social somente poderia ser imposta pela força, pela ditadura.

Para comprovar a demência de Denys, a Aeronáutica e o III Exército receberam ordens para bombardear o Palácio Piratini. No entanto, continuou, havia esperanças de se evitar o pior. Tudo dependia do general Machado Lopes, prestes a chegar ao Palácio e, particularmente, da "sargentada humilde". Se eles não se intimidassem com os "atos de banditismo e vandalismo" de Denys, possivelmente o desfecho da crise seria outro. Por fim, Brizola conclamou a população da cidade a se concentrar diante do Palácio, protestando contra o desequilíbrio e a loucura do general. Contudo, se o ataque fosse consumado, que todos se refugiassem em suas casas. O governador ficaria entrincheirado no Piratini até o fim: "Poderei

A LUTA PELA POSSE

ser esmagado. Poderei ser destruído. Poderei ser morto. Eu, a minha esposa e muitos amigos civis e militares do Rio Grande do Sul. Não importa. Ficará o nosso protesto, lavando a honra desta Nação. Aqui resistiremos até o fim. A morte é melhor do que a vida sem honra, sem dignidade e sem glória." Desafiando abertamente os ministros militares, Brizola concluiu: "Podem atirar. Que decolem os jatos! Que atirem os armamentos que tiverem comprado à custa da fome e do sacrifício do povo! Joguem essas armas contra este povo. Já fomos dominados pelos trustes e monopólios norte-americanos. Estaremos aqui para morrer, se necessário. Um dia, nossos filhos e irmãos farão a independência do nosso povo!"

O discurso de Brizola, ao mesmo tempo emocionado e desafiador, deflagrou um amplo movimento pela posse de Goulart na presidência da República. Mas o precário dispositivo militar e o entusiasmo popular em Porto Alegre eram insuficientes para garantir a legalidade constitucional. Para sustar o golpe, não bastava mobilizar apenas o Rio Grande do Sul, mas também o restante do país. Era preciso disseminar ideias, imagens e representações que atingissem a dignidade das pessoas, mobilizando-as e incitando-as a ações e atitudes de rebeldia em grande escala.

No dia 27 de agosto, um grupo de choque da Guarda Civil invadiu os estúdios da rádio Guaíba, colocando-a à disposição da Secretaria de Segurança. Tratava-se de um último recurso, pois o governo federal, em manobra rápida, fechara as rádios Capital, Farroupilha e Difusora por se atreverem a divulgar os manifestos de Brizola. A Guaíba, ainda em funcionamento, teve seus estúdios transferidos para o Palácio Piratini e seus transmissores, na ilha da Pintada, passaram a ser vigiados por 200 homens da Brigada Militar.[45] Criou-se, desse modo, a Cadeia Radiofônica da Legalidade, que centralizava as transmissões de cerca de 150 outras rádios do estado, no resto do país e no exterior, atuando por ondas curtas.

A Cadeia da Legalidade foi de fundamental importância para o movimento. Ao difundir mensagens de diversas entidades políticas e grupos sociais na defesa da ordem democrática, a sociedade brasileira encontrou canais de informação que rompiam o cerco à censura. Transmitindo também em inglês, espanhol e alemão para o exterior, angariou a simpatia da opinião pública internacional. Nos microfones, Leonel Brizola desacatava os ministros militares, desmoralizando-os publicamente.

Os clamores de Brizola para que a população reagisse e defendesse a posse de Goulart encontraram imediata adesão e entusiasmo. No pavilhão de exposições Mata-borrão, na esquina da avenida Borges de Medeiros com a rua Andrade Neves, cedido pelo governo estadual, foi instalado o Comitê Central do Movimento de Resistência Democrática, órgão unificador de dezenas de outros comitês. Calcula-se que, até a meia-noite do dia 30 de agosto, 45 mil voluntários tenham se apresentado. Embora armados com revólveres, não se têm notícias de incidentes entre os voluntários.

As atitudes de solidariedade política ao governador foram inúmeras. Os donos do Hotel Aliado, na rua Voluntários da Pátria, colocaram o prédio à disposição do governo estadual, para transformá-lo em hospital, no caso de combates armados. Nos hospitais, sobravam auxiliares de enfermagem, sobretudo mulheres, que se apresentavam espontaneamente. As geladeiras dos hospitais não davam conta do sangue doado por centenas de pessoas.[46]

A mobilização popular não se resumiu às movimentações no Mata-borrão. Além de centenas de comitês, formaram-se batalhões operários e populares que, armados, defendiam a cidade. Marchando pelas ruas de Porto Alegre, surgiam, a todo o instante, batalhões de universitários, transviários, marítimos, ferroviários, escoteiros, bancários, artistas, intelectuais, secundaristas, enfermeiros, operários da construção civil, metalúrgicos, militares reformados, dos Centros de Tradições Gaúchas, entre outros.[47]

Além de participar dos comitês de resistência e dos batalhões operários, a população também mobilizou-se na Praça da Matriz, em frente ao Palácio Piratini. Lado a lado, populares e soldados da Brigada Militar colaboravam na defesa do Palácio. Os constantes boatos e as notícias desencontradas sobre o iminente ataque do Exército e da FAB bastavam para que milhares de pessoas corressem ao Piratini. Armas foram distribuídas à população. O alto-comando da Brigada Militar comunicou ao governador que a corporação dispunha de um estoque considerável de fuzis, metralhadoras e munição oriundos da Checoslováquia. Tratava-se de material bélico comprado sigilosamente por Flores da Cunha com o objetivo de confrontar-se com Vargas ainda na década de 1930, mas escondido ao longo do tempo para evitar confiscos do Exército.[48] Desse modo, os armamentos da Brigada Militar foram distribuídos aos civis interessados em lutar. Além disso, no comércio da cidade, as autoridades recolheram cerca de mil revólveres. Homens e mulheres formaram filas para receber o armamento. A todos foram entregues os Taurus 38 e, logo adiante, tiveram as instruções de tiro. Quando os revólveres acabaram, a Brigada entregou fuzis para os que ainda estavam nas filas, incluindo as mulheres. Todos receberam instrução de

A LUTA PELA POSSE

como manejá-los. Homens da cúpula do PCB procuraram o governador, perguntando se os comunistas sofreriam restrições na distribuição. "Como pode haver restrições?", retrucou Brizola. "Entrem na fila e ponham o pessoal de vocês em fila." Com o desfecho da crise, todas as armas foram devolvidas. Algumas pessoas, querendo ficar com elas como lembrança, ofereceram indenizações ao governo do estado.[49]

O interior gaúcho não ficou alheio à resistência política. Em Caxias do Sul, Sapucaia, Pelotas, São Leopoldo, Soledade, Passo Fundo, Carazinho e em muitas outras cidades foram fundados comitês com milhares de voluntários.

A mobilização popular pela posse de Goulart aproximou até mesmo inimigos e adversários. O Partido Libertador, opositor intransigente a Brizola, abandonou momentaneamente as desavenças e apoiou o governador naqueles dias. Os dirigentes dos clubes Grêmio e Internacional, rivais históricos do futebol gaúcho, declararam, em documento conjunto, solidariedade a Brizola. Tanto católicos quanto umbandistas rio-grandenses manifestaram apoio à posse de Goulart.[50]

No dia 28 de agosto, Jango chegou a Barcelona para rever a família e, no mesmo dia, retornou a Paris. Na capital francesa, em entrevista coletiva, suas afirmações eram absolutamente cautelosas e pouco acrescentavam: "Como brasileiro e com minha responsabilidade, é minha maior preocupação que o país se mantenha sobre bases legais, única situação compatível com suas profundas tradições democráticas (...) e primeira condição de sua soberania." Ora avançava dizendo: "Deverei regressar para cumprir os deveres constitucionais que sobre mim pesam e que resultam do mandato que me confiou o povo, pela segunda vez." Para depois recuar: "Estou disposto a participar de negociações em Brasília a fim de garantir a estabilidade do regime e a paz." Contudo, insistia: "Pelos dispositivos constitucionais de meu país, considero-me o novo presidente do Brasil."[51] Na verdade, ele sabia muito pouco sobre o que acontecia no Brasil, sobre que tipo de recepção teria ao pisar em solo brasileiro. Não tinha referências sólidas para se orientar politicamente. Finalmente, com a chegada do deputado petebista Carlos Jereissati, que viajara para a capital francesa a fim de dar notícias mais consistentes, Jango percebeu que deveria retardar seu regresso. Pressentiu, ali, a possibilidade de uma guerra civil, mas não sabia exatamente como evitá-la. Planejou, assim, a sua "longa viagem de volta". De Paris viajaria para Nova York acompanhado do senador Barros de Carvalho e de Dirceu Pasca. Entretanto, decidiu esperar por notícias mais precisas.[52]

Por telefone, conversou com Amaral Peixoto, Tancredo Neves e alguns militares.[53] De San Tiago Dantas, recebeu informações graves, a respeito da possibilidade de um colapso do regime democrático no Brasil. Sua resposta foi clara: "Não posso, não devo apresentar meu pedido de renúncia, porque seria uma covardia. Mas, se vocês, meus amigos, que estão no fogo, vivendo o drama com tanta intensidade, julgarem que o Congresso Nacional, que tem sido tão formidável em sua atuação, deve votar o meu impedimento, para preservar a paz social e evitar o derramamento de sangue, então que o façam. É uma questão de consciência dos congressistas." Juscelino Kubitschek assumiu a voz no telefone e sugeriu a possibilidade de implantação do parlamentarismo. Jango continuou com o mesmo argumento: "Aceito o parlamentarismo, mas deixo ao Congresso a suprema decisão." Amaral Peixoto, presidente do PSD, garantiu a Goulart: "O PSD não vai apunhalá-lo pelas costas." Ninguém desconfiava, mas os telefones estavam grampeados. Os ministros militares estavam a par das conversações. Para o PSD tratava-se de respeitar a Constituição, na avaliação de Lucia Hippolito. "A posição do partido, desde a primeira hora a favor da posse, é mais uma demonstração de sua importância como fiador do equilíbrio político, evitando a vitória de posições radicais (à esquerda e à direita)."[54]

Enquanto isso, em Porto Alegre, a situação política não apontava para negociações. Nesse mesmo dia, a tensão no Palácio Piratini e na Praça da Matriz atingiu o auge quando, logo após o emocionado discurso de Brizola, o general Machado Lopes, acompanhado de todos os generais do III Exército, chegou à praça em um jipe. A multidão, calculada em 100 mil pessoas, gritava compassadamente "Brizola", "legalidade", "resistência". Saindo do jipe, os militares caminharam para o Piratini, mas agora ouvindo insultos e ofensas proferidos pela população. Um profundo silêncio se seguiu. Mas bastou uma única pessoa começar a cantar o primeiro verso do Hino Nacional para toda a multidão, em uma mesma voz, acompanhá-la. Nesse momento, o general Machado Lopes interrompeu sua caminhada nas escadas do Piratini e, emocionado e trêmulo, ao lado de seus oficiais, também cantou, junto com o povo. A atitude do

A LUTA PELA POSSE

general havia sido entendida por aqueles milhares de pessoas. Homens e mulheres, abraçados, começaram a chorar, sem interromper, porém, o Hino.[55] Ao final, os generais entraram no Palácio.

Esperava-se que o comandante, obedecendo ao ministro da Guerra, comunicasse ao governador sua deposição. Brizola, em seu discurso desafiador, avisara que não se submeteria. O conflito armado parecia inevitável. O governador estava disposto a resistir até o último momento. Armou alguns civis, que, discretamente, cercaram os oficiais do III Exército. Seu objetivo era prender Machado Lopes e todos os comandantes. Depois, ele o desafiaria a ligar para o comando da Aeronáutica ordenando que bombardeasse o Palácio. Todos morreriam.[56] Porém, contrariando todas as expectativas, Machado Lopes rompeu com Denys e, entendendo-se com o governador gaúcho, concordou que a ordem legal deveria ser preservada, garantindo-se a posse de Goulart. "Governador", disse o comandante, "os generais do III Exército reunidos decidiram, por maioria de votos, que só aceitam solução para a crise dentro da Constituição, por conseguinte, com a posse do vice-presidente." Brizola imediatamente levantou-se, apertou a mão do general e retrucou: "Eu não esperava outra decisão do III Exército. O III Exército vai ser reconhecido por toda a nação, está cumprindo um papel histórico."[57]

Quando o procurador geral do estado do Rio Grande do Sul anunciou, pelos alto-falantes do Palácio, o resultado das conversações entre o governador e o comandante, uma grande emoção tomou conta da população aglomerada na Praça da Matriz. Entre gritos, risos e lágrimas, todos comemoraram com entusiasmo. A guerra civil, pelo menos naquelas horas, seria evitada. Brizola agarrou o braço do general e, forçando-o a acompanhá-lo, levou-o até a sacada do Palácio, onde falou ao povo: "Aqui nos encontramos, harmônicos, o Poder Civil e as Forças Armadas. A nossa atitude, patrícios, não é e nunca foi de revolução. Resistiremos até a última gota de sangue de nossas energias, mas, se quiserem rasgar a Constituição, então a nossa atitude passará de resistência à revolução. É melhor perder a vida do que a razão de viver. Posso vos garantir, porém, e a todo o Brasil, que não daremos o primeiro tiro. Mas, creiam, o segundo será nosso."[58] Em nota oficial distribuída à imprensa, Machado Lopes limitou-se a comunicar que "deseja tranquilizar a população do Estado do Rio Grande do Sul, alertando-a de que o III Exército saberá manter a ordem legal e a defesa das instituições neste estado bem como em todo o território que está sob sua jurisdição".[59]

Segundo Norberto da Silveira foi muito difícil para Machado Lopes rebelar-se contra seus superiores. A influência de militares nacionalistas, como Oromar Osório, Peri Bevilacqua, Santa Rosa, Assis Brasil e outros comandantes do interior do estado ajudou o comandante a superar suas dificuldades e hesitações.[60] Suas dúvidas certamente foram superadas com a grande adesão popular pela defesa da Constituição e pela ordem absurda que recebeu para bombardear o Palácio Piratini. Mesmo entre os militares, a disciplina tem limites em ordens consideradas estapafúrdias, como aquela. Assim, logo após receber, pelo rádio, instruções do general Orlando Geisel para atacar o Palácio, ele caminhou em direção a uma janela e, a sós, refletiu em silêncio. Pouco depois, retornou ao microfone e respondeu: "Cumpro ordens apenas dentro da Constituição vigente", retirando-se em seguida.[61] Outros depoimentos alegam que sua decisão não foi pessoal, mas, sim, do conjunto do Estado-Maior e da maioria dos oficiais do III Exército.

Muitos anos depois, o próprio Machado Lopes avaliou sua atitude. Para ele, Jango fora eleito duas vezes para a vice-presidência e não houvera contestações. Impedir sua posse deflagraria uma insurreição que, começando pelo Rio Grande do Sul, se espalharia por todo o país. Além disso, sabia que as guarnições militares de Santa Maria, comandadas pelo general Peri Bevilacqua, e de Uruguaiana, sob a chefia do general Oromar Osório, estavam ao lado da legalidade. Para cumprir as ordens dos ministros militares, Machado Lopes teria que atacar as duas cidades. O general Antônio Carlos Muricy, no III Exército, apoiava a medida. Machado Lopes, no entanto, sabia de que nada adiantaria dar início ao conflito: Jango era apoiado pelo povo. "Era preferível tomar uma decisão que apoiasse João Goulart e que evitasse justamente essa guerra. Foi o que eu fiz. Fui mais político do que militar nessa solução", avalia Machado Lopes.[62]

Embora pressionado e arriscando sua própria carreira, Machado Lopes manteve sua posição. Em represália, Odílio Denys destituiu-o do comando do III Exército e nomeou o general Osvaldo Cordeiro de Farias para o seu lugar. Convocou Machado Lopes, juntamente com Peri Bevilacqua e Oromar Osório, a se apresentar no Ministério no prazo de oito dias, sob o risco de ser considerado desertor. O comandante rebelado, em resposta, enviou um enérgico telegrama a Odílio Denys, reafirmando seu respeito à Constituição, e declarou, oficialmente, que se Cordeiro de Farias pisasse em solo gaúcho seria preso.[63]

A LUTA PELA POSSE

Com a adesão de Machado Lopes à causa da legalidade, à organização de resistência civil somou-se a militar. Constituiu-se o Comando Unificado das Forças Armadas do Sul, que compreendia o III Exército, a V Zona Aérea, a Brigada Militar e as Forças Públicas, todos sob o comando de Machado Lopes. Além de possuir a mais poderosa artilharia e o mais completo parque de manutenção do país, o III Exército possuía importantes regimentos de infantaria, unidades blindadas e 40 mil homens. Somados aos 13 mil da Brigada Militar, armados e entusiasmados, Machado Lopes contava com um poder de resistência que não poderia ser subestimado pelos ministros militares.[64] A rebelião militar alastrou-se pelo país. Inúmeros oficiais, em outros estados, acompanharam Machado Lopes em sua difícil decisão. Um grande número de oficiais, da ativa e da reserva, abandonou seus estados e rumou para Porto Alegre, apresentando-se a Machado Lopes.[65]

No dia 31, a possibilidade da guerra civil tornara-se assustadora. Com tropas do I e do II Exército, o general Cordeiro de Farias escolheu a estratégia defensiva. Tomou a estrada que liga São Paulo a Curitiba, garantindo a fronteira dos dois estados, e protegeu Florianópolis, com o auxílio de uma esquadra da Marinha de Guerra liderada pelo porta-aviões *Minas Gerais*, com tropas de fuzileiros navais. Cordeiro de Farias, no entanto, enfrentaria dificuldades com os diversos comandos que se rebelaram. Em Santos, o comandante do Batalhão de Caçadores, Creso Moutinho, após ouvir de seus oficiais a decisão unânime de "cumprir a Constituição" e "não faltar ao juramento feito", distribuiu nota negando-se a cumprir ordens de deslocamento para a região de Registro, na BR-2, limite dos estados de São Paulo e do Paraná. [66]

O general Machado Lopes, diversamente, optou pela ação ofensiva: enviou uma coluna pelo litoral até Criciúma, com o objetivo de alcançar a capital catarinense; outra, por ferrovia, deslocou-se até Ponta Grossa, no Paraná, visando a alcançar o estado de São Paulo; reforçou a defesa de Porto Alegre, do litoral do estado e da fronteira com Santa Catarina e, por fim, garantiu a defesa do porto de Rio Grande.[67]

Os sargentos, sobretudo os da FAB, tomaram as atitudes mais incisivas para evitar a deflagração da guerra civil. Na base aérea de Canoas, no Rio Grande do Sul, o comandante permaneceu fiel aos ministros militares, junto dos oficiais-aviadores. Dispondo dos modernos jatos ingleses Gloster Meteor, de duas turbinas e alto poder de fogo, a ordem de Brasília era de decolagem imediata para o bombardeio do Piratini. Os sargentos, insubordinados, deram-se as mãos em volta dos jatos para impedir a entrada dos pilotos. Decididos, esvaziaram os pneus e desarmaram os aviões.[68] O coronel-aviador Alfeu Monteiro, com uma pistola na mão, depôs o comandante e assumiu o controle da base com o apoio dos sargentos.[69] O comandante deposto e os pilotos decolaram em um avião de passageiros para fora do estado. Como alternativa, os ministros militares recorreram a outra base aérea que dispunha de uma frota de aparelhos P-15, os Netunos, aeronaves caça-submarinos, equipadas com um torpedo, foguetes e duas torres de metralhadoras, com autonomia de voo de 28 horas. Os sargentos, assustados com as ordens, cortaram alguns fios dos aviões e desligaram outros. Sabendo que isso pouco adiantava, instalaram ninhos de metralhadoras na cabeceira da pista, com o objetivo de danificar os pneus dos aviões durante a decolagem. Os Netunos não decolaram.[70]

Goulart, ainda em Paris, mantinha contato telefônico com lideranças políticas brasileiras. No dia 28, Almino Afonso o aconselhou a adiar a volta até que a situação ficasse mais definida a favor da legalidade. Ainda nesse dia, a bancada federal petebista confirmou que ele decidira atrasar seu retorno. O também petebista San Tiago Dantas, destoando da ampla coalizão a favor da legalidade, aconselhou Jango a renunciar, alegando que o país necessitava de um "grande gesto" seu. Ele pedia a Goulart que seu próprio partido, o PTB, votasse o *impeachment*. A resposta foi curta: "Cada um assuma a responsabilidade de sua atuação." O presidente do PSD, Amaral Peixoto, também por telefone, comentou a gravidade da situação política no Brasil. No entanto, novamente reiterou: "Nós [do PSD] não o apunhalaremos pelas costas... Mas não faça declarações, não se precipite. Sobretudo não venha para o Brasil já. Preste bem atenção no que estou lhe dizendo: não volte para o Brasil."[71] Ele não tinha dúvidas sobre a determinação dos ministros militares de prenderem Jango.

Possivelmente o presidente do PSD também queria ganhar tempo para que o Congresso negociasse uma saída pactuada para a crise, com a emenda constitucional que instituía o parlamentarismo. O texto, em tramitação no Congresso havia bastante tempo por iniciativa do deputado Raul Pilla, não era levado muito a sério. A crise da renúncia, porém, permitiu que as lideranças do PSD e da UDN o recuperassem como alternativa para o conflito. Restava a posição de João Goulart. Coube a Afonso Arinos, por telefone, comunicar-lhe a possibilidade de mudança do regime. De Paris, ele se manifestou com poucas palavras e sem entu-

A LUTA PELA POSSE

siasmo: "Qualquer solução que não represente uma diminuição moral eu aceito."[72] Depois, com Almino Afonso, confidenciou que chegaria até este ponto: o de perder seus poderes em regime de gabinete, se, com a medida, fosse evitada a guerra civil. Atropelando todas as etapas do Regimento Interno do Congresso, sem nenhuma discussão, em pouquíssimos dias a emenda parlamentarista foi posta na pauta de votação.

No dia 28 de agosto, enquanto Brizola pronunciava seu discurso de desafio aos ministros militares, o jornal *Tribuna da Imprensa*, de propriedade do governador Carlos Lacerda, publicou na primeira página: "Denys, agora é escolher: comunismo ou democracia."[73]

Segundo o texto de Lacerda, a paz e a tranquilidade dos brasileiros não poderiam ficar sujeitas a provocadores como Leonel Brizola, que, sob qualquer pretexto, incentivavam desordens. Insistindo que, em todo o país, a situação era da mais absoluta calma, e a população atendera aos apelos das autoridades, embora não faltassem agitadores que, como sempre, agiam com má-fé. Para Lacerda, não se poderia usufruir a liberdade para destruí-la, transformando o Brasil em uma nação de escravos, de um só partido, de um só homem, de uma só ideia. Defender a liberdade, repudiar o comunismo, evitar a desordem e o caos e impedir que irmão lutasse contra irmão seria dever de todos. As Forças Armadas, disse Lacerda, decidiram lutar contra os inimigos da liberdade. Portanto, "temos o dever de ajudá-las e garantir, para sempre, a liberdade e a paz entre irmãos".[74]

As imagens de ordem, tranquilidade, paz social e união de brasileiros obedientes às Forças Armadas não correspondiam ao que ocorria nas ruas do Rio de Janeiro. No dia 25, com a notícia da renúncia de Jânio, populares se aglomeraram na Cinelândia diante do busto de Getulio Vargas e, ali mesmo, realizaram um ato de protesto. Choques da Polícia Militar, agentes da Delegacia de Vigilância e turmas do Departamento de Polícia Política e Social (DPPS) dispersaram o povo a golpes de cassetetes e bombas de gás lacrimogêneo. Nos dois dias seguintes, as manifestações continuaram e, diante da desobediência da população, que insistia em protestar contra o golpe, os policiais acionaram as metralhadoras, atingindo várias pessoas.

No Rio de Janeiro, diversos sindicatos — como o dos alfaiates, bancários, mestres arrais, marceneiros, gráficos, ferroviários, metalúrgicos e radiotelegrafistas — foram invadidos pela polícia, fechados, e seus líderes presos.[75] Não satisfeito, Lacerda impôs severa censura aos meios de comunicação do estado. O chefe da polícia, sob as ordens de Lacerda, praticou, abertamente, a censura telefônica, telegráfica e radiotelegráfica no estado da Guanabara.

À exceção dos sindicatos, a instituição que mais sofreu com a violência da polícia carioca foi a imprensa. As forças de repressão invadiram e interditaram as oficinas de *Última Hora* e apreenderam as edições do *Jornal do Brasil*, do *Correio da Manhã*, do *Diário da Noite* e da *Gazeta da Noite*. As redações de *A Notícia* também foram ocupadas. O único jornal livre da censura foi a *Tribuna da Imprensa*, de propriedade do governador. Mesmo assim, a imprensa noticiou que, segundo pesquisa do Ibope, 81% da população da Guanabara eram favoráveis à posse de Goulart.[76]

A cidade foi tomada pelas forças militares, com a anuência ou não de Lacerda. A Aeronáutica apoderou-se dos aeroportos, da Praça XV e da Casa da Moeda; a Marinha invadiu o Cais do Porto, a Praça Mauá, o Arsenal de Marinha e toda a orla marítima; o Exército e a Polícia Militar passaram a vigiar as estações de trens, as redações dos jornais e as embaixadas.[77]

A Guanabara conheceu a mais dura repressão. Em desacordo com amplos e majoritários setores da sociedade brasileira que defendiam a legalidade democrática, e até contra seu próprio partido, a UDN, Lacerda foi a única "liderança política expressiva a sustentar, e mesmo a incitar, a intervenção militar".[78]

A mobilização popular no Rio Grande do Sul, a adesão do III Exército à solução legal para a crise e, particularmente, as ondas curtas da Rede da Legalidade, que alcançavam todo o país e o exterior, sensibilizaram o conjunto da sociedade brasileira, alterando a correlação de forças entre o governador gaúcho e os ministros militares. A partir do dia 28 de agosto, o impedimento de Goulart não seria tão fácil.

No estado do Rio de Janeiro, trabalhadores dos transportes, das salinas, dos estaleiros e da construção civil, além de ferroviários, metalúrgicos e vidreiros, declararam-se em greve, reagindo contra o golpe.[79]

Em São Paulo, diversos setores da sociedade mobilizaram-se. O presidente da Assembleia Legislativa, o udenista Abreu Sodré, articulou, com outros partidos políticos, a Frente da Legalidade Democrática.[80] Muitos estudantes universitários entraram em greve, enquanto 4 mil funcionários da Estrada de Ferro Sorocabana decidiram paralisar os transportes se o golpe militar fosse consumado. O prefeito da capital, Prestes Maia, declarou-se

A LUTA PELA POSSE

pela legalidade constitucional.[81] Em Minas Gerais, a Federação da Juventude Operária Católica reafirmou a defesa da Constituição, assim como os estudantes da Faculdade de Direito de Belo Horizonte. No Paraná, 1.200 pessoas se inscreveram como voluntárias no Comitê de Arregimentação Democrática, instalado na prefeitura de Curitiba. Na Bahia, estudantes da rede pública estadual deflagraram greve geral. Em Natal, a Assembleia Legislativa aprovou requerimento de apoio à posse de Goulart.[82]

Embora os clamores do governador do Rio Grande do Sul pela posse de Goulart tivessem encontrado ressonância em todo o país, somente o governador de Goiás, Mauro Borges, do PSD, acompanhou Brizola na resistência frontal aos ministros militares. Declarando que a lei do país emanava do povo, e não da força das armas de Odílio Denys, Borges ameaçou: "Se não for respeitada a democracia, distribuirei armas ao povo e marcharei sobre Brasília."[83] Como Porto Alegre, Goiânia, naqueles dias, transformou-se em cidade rebelada. O Palácio das Esmeraldas foi cercado por barricadas e ninhos de metralhadoras, fortemente resguardado pela Polícia Militar. Por iniciativa do governador, instituiu-se o "Exército da Legalidade", composto de estudantes e populares que, armados e uniformizados, patrulhavam a cidade. Afinado com Brizola, Borges garantiu estar em condições de oferecer a Jango toda a segurança para transitar de Goiânia a Brasília, se essa fosse a sua vontade.

A OAB, a CNBB e a UNE, cuja diretoria transferiu-se para Porto Alegre, exigiram o respeito à ordem constitucional. Líderes políticos de expressão manifestaram-se contra a tentativa de golpe. Da tribuna do Senado Federal, Juscelino Kubitschek discursou pedindo ao ministro da Guerra que "não insista em se opor à lei e à vontade do povo, colocando em oposição Forças Armadas e Nação".[84] O deputado udenista Adauto Lúcio Cardoso pronunciou-se na Câmara dos Deputados pedindo o impedimento de Ranieri Mazzilli e dos ministros militares por crime de responsabilidade, de acordo com a Lei nº 1.079, artigo 13, item I. Os quatro, segundo Cardoso, tentavam mudar o governo e a Constituição pela violência e impedir o livre funcionamento do Poder Executivo, impedindo o vice João Goulart de assumir livremente o poder.[85]

Em todo o país surgiam manifestações de apoio à posse de Goulart, sobretudo por meio de greves de trabalhadores. Além de lideranças políticas e sindicais, outros setores sociais, como a Igreja, estudantes, intelectuais, associações comerciais e profissionais, repudiaram a atitude dos ministros militares.[86] Muitos arriscaram sua segurança individual para assegurar a posse de Goulart. Wilson Vargas, um dos fundadores do PTB e homem de confiança de Brizola, relata que o presidente da Varig adaptou aviões com autonomia para voar de Porto Alegre a Goiânia sem escalas com o objetivo de levar armas e munições ao governador Mauro Borges.[87]

Na interpretação de Argelina Figueiredo, o objetivo dos ministros militares era aglutinar apoio político para "um golpe de baixo custo", pressionando o Congresso a votar o impedimento de Goulart. Os partidos políticos não aceitaram o golpe. Dentro e fora do Congresso, formou-se uma ampla coalizão visando à preservação da legalidade e da ordem democrática, tanto a grupos de esquerda e nacionalistas quanto a conservadores. Se os primeiros se batiam pela posse imediata de Goulart no regime presidencialista, os segundos, que incluíam as forças conservadoras da UDN e do PSD, com o apoio da ala legalista das Forças Armadas, conduziram as negociações que desembocariam no parlamentarismo.[88] Para Lucia Hippolito, a crise política resultou em uma bem-sucedida pactuação entre a sociedade e a classe política.[89]

Com a resistência dos partidos em votarem o impedimento de Jango, Odílio Denys, Sílvio Heck e Grum Moss, no dia 30 de agosto, reagiram com um "manifesto à Nação", cujo objetivo era intimidar o Congresso. Assumindo a responsabilidade de manter a lei, a ordem e as instituições democráticas, eles reafirmaram a absoluta inconveniência do retorno de Goulart ao país. Embora garantissem estar resignados com as intrigas, as falsas acusações e as distorções mais despudoradas, mentirosamente formuladas pelos inimigos do regime democrático, agora era o momento de denunciar o caráter deletério de Jango. Segundo os três ministros, tanto no Ministério do Trabalho quanto na vice-presidência, ele demonstrou "suas tendências ideológicas, incentivando e mesmo promovendo agitações. E não menos verdadeira foi a ampla infiltração de ativos e conhecidos agentes do comunismo. Ainda há pouco, como representante oficial em viagem à União Soviética e à China comunista, torna clara e patente sua incontida admiração ao regime desses países". Permitir que, por meio de Goulart, assumissem o poder "agentes da desordem e da desunião e da anarquia" seria incentivar o país a mergulhar no caos e na luta civil. O Brasil viveria "um período inquietador de agitações sobre agitações, de tumultos e mesmo choques sangrentos nas cidades e nos campos, ruindo as próprias instituições democráticas e, com elas, a justiça, a liberdade, a

A LUTA PELA POSSE

paz social".[90] Por fim, lembrando que o povo brasileiro é cristão, ordeiro e patriota, os três ministros garantiram que as Forças Armadas permaneceriam serenas e decididas em relação à manutenção da ordem pública.

Mas os ministros militares pareciam não convencer por mais que argumentassem. O *Correio da Manhã*, com o título "DITADURA", assim avaliou o texto: "Lemos o manifesto dos ministros militares coagindo o Congresso. É o golpe abolindo o regime republicano no Brasil. É a ditadura militar. Agora, a responsabilidade por tudo que acontecer ao Brasil é de Odílio Denys, Sílvio Heck, Grum Moss."[91] Em resposta ao manifesto dos ministros militares, Brizola foi mais enfático: "Posso garantir que o primeiro tiro a ser disparado não será nosso. No segundo, porém, não erraremos o alvo, pois somos bons atiradores."[92] Por mais que se esforçassem em representar a melhor ordem social para o país e informar à sociedade sobre os perigos de Goulart no poder, os ministros militares perdiam cada vez mais a capacidade de manejar os símbolos que garantiam a legitimidade do poder. Nos jornais, editorialistas atacavam duramente a cúpula militar. O *Última Hora* exigia que o Congresso reconduzisse as Forças Armadas à disciplina, pois não era possível o país continuar exposto aos impulsos temperamentais de alguns militares irresponsáveis.[93] Desmoralizados na imprensa, os ministros militares ainda sofriam com a insubordinação de seus comandados. No dia 5 de setembro, estavam detidos no navio *Custódio de Melo* vários oficiais da FAB por rebeldia, entre eles um brigadeiro, quatro coronéis, sete tenentes-coronéis, oito majores, dois capitães e um segundo-tenente.

Na madrugada de 29 de agosto, Goulart, junto do senador Barros de Carvalho e de Dirceu Pasca, embarcou de Paris para Nova York. A família viajaria mais adiante, quando fosse encontrada uma solução para a crise política.[94] No dia seguinte, em Nova York, concedeu inúmeras entrevistas. Questionado se, realmente, assumiria a presidência da República, respondeu de imediato: "Mas não se trata de mim. É a Constituição do meu país que determina a minha posse."[95] A seguir, disse que "Naturalmente não desejo que irrompa uma guerra civil em meu país, porém creio que se devam manter a ordem e a legalidade a todo o custo. Basta ler a Constituição de meu país para saber que eu sou o presidente do Brasil. Os congressistas, como representantes do povo, são os que devem decidir a este respeito."[96] No mesmo dia, soube que o Congresso Nacional havia rejeitado o seu impedimento na presidência da República por 299 votos a 14. Rumo ao

Brasil, o avião fez uma escala em Miami. Na cidade, Jango presenciou uma manifestação de exilados cubanos portando cartazes em inglês e em espanhol que o acusavam de comunista, exigindo sua saída do país. Ele prestou declarações à imprensa e continuou telefonando para o Brasil. Na verdade, Jango fora tomado por uma certa tranquilidade desde que o avião decolara de Nova York. Em confidência a Jorge Otero, sentia que a sorte nunca o abandonara, mesmo nos momentos mais difíceis. Ao amigo confidenciou que algo lhe dizia para não se preocupar, pois, ao final, tudo acabaria bem. Raul Ryff disse, anos mais tarde, que uma das razões para a tranquilidade e a certeza de que assumiria a presidência da República foi um episódio vivido por Jango em Minas Gerais. Ali, o padre Pinto, homem muito querido pelo povo, era visitado por multidões devido à fama dos milagres que realizava. Do velho padre, Jango ganhou uma medalha de Nossa Senhora e ouviu a seguinte profecia: "Esta medalha é conferida não ao vice-presidente que é, mas ao presidente que virá a ser."[97]

A viagem seguiu com uma escala no Panamá e outra em Lima. No avião, Jango declarou ao repórter de um jornal: "Embora queira a paz geral, sei que uma parte dos brasileiros deseja ver-me na prisão. A guerra civil seria uma coisa terrível e não creio que meu país queira chegar a isso. Jamais concordaria em subir à presidência se soubesse que, no dia seguinte, a luta estaria nas ruas. O Brasil atravessa uma gravíssima crise e estou perfeitamente preparado para as responsabilidades que me esperam."[98] No início da tarde de 30 de agosto, o avião desceu no aeroporto de Ezeiza, na Argentina.[99] O presidente Arturo Frondizi, enfrentando diversas tentativas de golpes, era vigiado de perto por seus militares. Recentemente, já tivera problemas com a passagem de Che Guevara por seu país.

Ao entrar no automóvel que o levaria para o hotel do próprio aeroporto, Goulart ficou separado das centenas de jornalistas internacionais por uma muralha de soldados armados com pistolas e metralhadoras. Não havia como obter uma entrevista. Frondizi temia que qualquer declaração pudesse acender a ira de seus generais. Esse cerco policial impedia a aproximação de qualquer pessoa, isolando-o do mundo exterior. Exceto o embaixador brasileiro na Argentina e o deputado Naio Lopes de Almeida, que levou uma mensagem de solidariedade de Juscelino Kubitschek, ninguém mais pôde se encontrar com Goulart, nem mesmo os familiares. Embora achasse desnecessário o bloqueio dos soldados, ele percebeu que sua presença incomodava Frondizi. Em contato com o amigo Carrion, sempre

A LUTA PELA POSSE

presente nas rodas de chimarrão, conseguiu alugar um avião DC-3. Acompanhado por amigos próximos, às 18h Jango embarcou para Montevidéu, ficando apenas pouco mais de três horas em Buenos Aires.

Na capital uruguaia, a recepção foi muito diferente. No aeroporto estavam o ministro das Relações Exteriores do Uruguai, que o recebeu em nome do governo, o embaixador brasileiro e o irmão da Sra. Darcy Vargas. Na pista, dois aviões C-46, alugados pelo governador Brizola, traziam 80 jornalistas brasileiros e alguns correspondentes internacionais. A estratégia do governador era que Jango viajasse para Porto Alegre no avião repleto de repórteres. Os ministros militares não poderiam abater no ar aviões com dezenas de jornalistas. A alternativa foi recusada por motivos de segurança. Ali mesmo, ele deu uma entrevista. Inicialmente, elogiou o general Machado Lopes por sua defesa da Constituição e congratulou o clero, o Congresso Nacional e a Assembleia Legislativa do Rio Grande do Sul pela posição a favor da legalidade. Lamentou, por outro aspecto, a imposição da censura nas rádios, emissoras de televisão e jornais em alguns estados, em particular na Guanabara, e revelou nunca ter agido na vida pública sob pressão de "forças ocultas", embora soubesse que "tais forças conspiravam contra o Brasil e sua Constituição". Por fim, disse sentir o apoio compacto do povo brasileiro. Sob um frio intenso, às 22h Goulart saiu do aeroporto, indo hospedar-se na Embaixada brasileira, escoltado por soldados da Força Aérea uruguaia. Os jornalistas também rumaram para a Embaixada, mas foram impedidos de entrar. Passando a noite nos jardins, eles perceberam que Jango atravessou a noite em claro, dormindo às seis da manhã e acordando quatro horas depois.

Desde o início da crise, setores civis e militares concordavam que a solução mais viável para a crise seria o parlamentarismo. O impedimento vinha dos ministros militares. Com a Campanha da Legalidade, o Congresso Nacional e os grupos civis e militares partidários da negociação política se fortaleceram diante da Junta Militar. No Rio de Janeiro, 10 governadores de estados e o ministro da Fazenda obtiveram de Odílio Denys, Sílvio Heck e Grum Moss a garantia de que qualquer decisão do Congresso seria respeitada. Os militares também se mobilizaram. No dia 30, os generais Osvino Ferreira Alves, Ladário Telles, Amaury Kruel, Paiva Chaves, Teles da Costa, Idálio Sardenberg e Nelson de Melo se reuniram para discutir a crise.[100] Depois, pediram ao general Segadas Viana que levasse ao ministro da Guerra o resultado de suas discussões:

não concordavam com as acusações e as suspeitas que o ministro lançara contra Goulart e pediram-lhe que acatasse qualquer solução que o Congresso tomasse para acabar com a crise política, fosse a votação favorável ao parlamentarismo ou à manutenção do presidencialismo. Os generais reiteraram que acatariam a decisão do Congresso, independentemente da opinião do próprio ministro. Ao ouvir Segadas Viana, Odílio Denys pediu para se reunir com os generais. Vendo a tentativa de golpe fracassar, com a própria tropa fora de seu controle e a desobediência civil, Denys, diante dos generais, declarou que também aceitaria o que o Congresso Nacional decidisse. Os ministros da Aeronáutica e da Marinha, ao tomarem conhecimento da decisão do colega da Guerra, esboçaram contrariedade, mas sabiam que não haveria golpe sem a participação do Exército. Além disso, a pesquisa do Ibope, publicada no dia 1º de setembro no *Jornal do Brasil*, garantia que, na Guanabara, 81% da população queriam a posse de Goulart no regime presidencialista, enquanto apenas 10% tinham preferência pelo parlamentarismo. Um número menor, 9%, defendia o impedimento de Jango na presidência da República. Mesmo entre o eleitorado lacerdista, 69% queriam a posse no presidencialismo.

O parlamentarismo seria a "saída honrosa" para os ministros militares. Restava a decisão de João Goulart. Durante a longa viagem de regresso, seus interlocutores privilegiados foram Leonel Brizola e Amaral Peixoto, presidente do PSD. O primeiro garantia sua posse imediata pelo enfrentamento; o segundo, ao contrário, aconselhava moderação e silêncio. Ranieri Mazzilli enviou para Montevidéu um político sem mandato, mas amigo de Goulart e negociador experiente: Tancredo Neves. Ao saber que Tancredo estava no Viscount presidencial, aproximando-se do aeroporto Salgado Filho, em Porto Alegre, Brizola percebeu que algo estranho estava acontecendo. Ordenou que a pista do aeroporto fosse desimpedida para que o avião fizesse uma escala. Seu plano, na verdade, era simples: prender Tancredo em Porto Alegre. Mas, depois de alguns sobrevoos, o avião arremeteu e seguiu direto para Montevidéu.[101] Tancredo fora mais esperto.

Na manhã de 1º de setembro, Tancredo, Barros de Carvalho, Hugo de Faria e Ajadil de Lemos chegaram a Montevidéu. A reunião durou todo o dia. Por três vezes, Jango interrompeu as negociações, telefonando para o Palácio Piratini. Com a ligação muito ruim, ele gritava ao telefone, permitindo aos jornalistas, nos jardins, ouvir: "Brizola, eu não resolverei nada sem consultar vocês. Hein? Fale mais alto. Não escuto bem. Sim,

A LUTA PELA POSSE

sim, consultarei você e o nosso amigo general [Machado Lopes] sobre as conversações. Segure essa linha que vou falar um pouco mais com o Tancredo."[102] Segundo Tancredo, a conversa foi difícil, por causa da resistência de Jango em ver seus poderes diminuídos com a emenda do parlamentarismo. O político mineiro argumentou que ele poderia chegar à presidência da República no regime parlamentar ou, com todos os seus poderes, mas com as botas manchadas de sangue. "Isso nunca", retrucou. "Se eu tiver de derramar sangue brasileiro, renuncio à presidência agora mesmo." Jango resistiu ao parlamentarismo com veemência, lembrando que sua família sempre fora presidencialista e que na história do Rio Grande do Sul confrontos políticos sangrentos ocorreram devido à disputa entre os dois sistemas.[103] Tancredo insistiu na ameaça de guerra civil e, após ler a emenda parlamentarista, demonstrou que suas atribuições não seriam tão diminuídas como ele pensava. Foi o quadro de uma guerra com muitas mortes que dobrou a resistência de Jango.

Após convencer Goulart a aceitar o regime de gabinete, Tancredo retirou-se da sala para conversar, por telefone, com o chefe da Casa Militar, Ernesto Geisel. Depois de informar sobre o estado das negociações, ouviu do general duas outras imposições: que Jango voltasse ao Brasil direto para Brasília, evitando Porto Alegre, e não levasse Brizola em sua posse. Tancredo, após alguma conversa, conseguiu que o general cedesse em um ponto: Goulart iria a Porto Alegre, mas não discursaria ao povo. Ao saber das imposições dos militares, Jango irritou-se: "É uma humilhação passar pela capital da resistência em silêncio." O argumento de Tancredo foi preciso: falar com contundência agravaria a crise; falar com moderação era se vergar aos militares. O melhor era limitar-se a acenar ao povo da sacada do Palácio Piratini, nada além disso. A negociação avançava até Jango saber que havia outra imposição dos militares. Perdendo a paciência, Goulart, irritado e falando palavrões, garantiu que não faria uma única concessão a mais. Sem perder a tranquilidade, Tancredo comentou: "Essa é mais fácil, justamente por isso deixei-a por último. Os militares não querem ver Brizola na sua posse." Na madrugada do mesmo dia, o Congresso Nacional aprovou a emenda parlamentar por 233 votos contra 55.

Ao final da tarde, Tancredo e Hugo de Faria desceram e receberam os jornalistas. Após declarar que o espírito de 1932 se transferiu de São Paulo para o Rio Grande do Sul e que o Rio Grande salvou o país da guerra civil, Tancredo insinuou que sua proposta conciliatória obtivera apoio de Goulart. Iria a Brasília e, da capital brasileira, ligaria para Montevidéu dando novas notícias. Possivelmente, disse Tancredo, informaria sobre o final da crise e a saída honrosa para as partes. No início da noite, foi a vez de Goulart receber os jornalistas. Sua primeira preocupação era mudar a tensão política. Para os repórteres estrangeiros, particularmente os da *Time* e da *Life*, declarou que a política externa brasileira sob seu governo dependeria dele, das forças partidárias que o apoiavam e das "correntes vivas dos setores populares". Sobre a emenda parlamentarista, afirmou: "É assunto complexo, que ainda não conheço em profundidade." No entanto, acrescentou, "irei até o impossível para que não haja derramamento de sangue. Confio em Deus e nos brasileiros para que se evite, a qualquer custo, a guerra civil".[104] À noite, Goulart embarcou para a capital gaúcha.

Em 1º de setembro, às 21h40, o Caravelle da Varig desceu no aeroporto Salgado Filho com o vice-presidente da República. Ventava forte, os termômetros marcavam 9 graus, e a população de Porto Alegre, isolada do resto do país, passava por situação difícil: lojas vazias, bens racionados, falta de papel-moeda. Recepcionado por Leonel Brizola e Machado Lopes, Jango, em um Alfa Romeo da Fábrica Nacional de Motores, foi para o Palácio Piratini. Na Praça da Matriz, em frente ao Palácio, ele foi saudado por mais de 80 mil pessoas. Ao lado de Brizola e Machado Lopes na sacada do Palácio Piratini, ele limitou-se a acenar para a multidão. Nas imagens da TV Tupi, aparecem um governador eufórico e um vice-presidente cauteloso. A população, compassadamente, repetia: "Jango, Jango, Jango." Mas Jango não falava. Brizola, nesse momento, apontou para a multidão e comentou com ele que o povo: "Está aqui, aplaudindo, não as pessoas. O aplauso deles é muito maior. É o aplauso aos princípios que tu encarnas. A nossa missão é ajudar que eles se mantenham!"[105] Jango acenava ao povo, mas não discursava. Os manifestantes exigiam que ele falasse. O jornalista Flávio Tavares não resistiu e, tomando o microfone, tentou expressar o desejo popular: "O povo que aqui está quer ouvir a palavra do presidente João Goulart!" Alguém, no entanto, desligara os fios do microfone e ninguém ouviu nada.[106] Jango retirou-se para as reuniões. O governador e o comandante do III Exército, juntos, hastearam a bandeira nacional no mastro do Palácio ao som do Hino Nacional, emocionando os manifestantes. Goulart retornou outras duas vezes, cedendo aos apelos populares para que falasse, mas novamente apenas levantou as mãos, voltando às negociações políticas. Embora o povo exigisse sua presença, ele não mais apareceu. Após insistentes pedidos, a população, decepcionada, começou a vaiá-lo.[107] Nas conversações com Brizola e lideranças de outros partidos, Goulart mostrava-se silencioso, reticente. Reuniu-se com sindicalistas, estudantes e deputados estaduais.

Querendo evitar os jornalistas, Jango, próximo das 23h, redigiu uma nota para ser distribuída à imprensa. No texto, ele garantia que não alimentava ressentimentos e que seu desejo era identificar-se com os anseios do povo brasileiro, respeitar a Constituição e as leis. "Entendo que depois do impacto decorrente da renúncia do presidente Jânio Quadros, nenhum governo poderá ser instalado no país senão com base no congraçamento de todas as forças responsáveis do Brasil."[108] O texto terminava com uma frase acrescentada, de última hora, pelo assessor de imprensa do governador, Hamilton Chaves: "Que Deus me ilumine, que o povo me ajude e que as armas não falem." Os mais de trezentos jornalistas, ao tomarem conhecimento da nota e de que Jango não apareceria, ameaçaram quebrar tudo o que encontrassem pela frente. Diante das ameaças, ele, em um ambiente extremamente tumultuado, apareceu, mas não disse nada, limitando-se a fumar e a sorrir. Com a confusão generalizada, ele se levantou e saiu. De madrugada, quando os ânimos se acalmaram, Goulart voltou a se reunir com a imprensa, por não mais de cinco minutos. Todos cobravam dele uma atitude definitiva de recusa ao parlamentarismo. A relação entre o vice-presidente e os jornalistas era tensa. No dia 2, eles se encontraram novamente. Jango disse que não tomaria nenhuma decisão sem considerar as opiniões de Brizola e de Machado Lopes e agradeceu pela mobilização em favor de sua posse, mas insistiu na ponderação e no entendimento: "A minha responsabilidade é muito grande nesta hora", alegou, "porque o momento é muito difícil. Eu estaria, talvez, traindo a grandeza da causa, não estaria sendo digno do momento histórico que nós vivemos se eu tomasse uma resolução precipitada. É que eu tenho que medir, que ponderar, porque hoje não é Jango, não é João Goulart que está em jogo, é o símbolo da legalidade, esta bandeira que vocês desfraldaram é uma bandeira que foi desfraldada pelo povo brasileiro e que se encontra tremulando em todas as praças de nosso país. Agora é necessário que vocês compreendam a gravidade do momento e a responsabilidade tremenda que pesa sobre meus ombros nesta hora. Eu, se estivesse decidindo ao calor do primeiro impulso, talvez amanhã vocês me acusassem de estar decidindo contra os interesses do povo brasileiro.

Eu, para ser digno desta hora e desta responsabilidade, é preciso ponderar, meditar, ouvir. É exatamente o que eu estou fazendo."[109] Os homens da imprensa não aceitavam, em hipótese nenhuma, que ele governasse em um regime parlamentar.

Naquela noite, Goulart redigiu um "manifesto à Nação" para ser lido na rede da legalidade. Os jornalistas interpretaram o documento como uma aceitação do parlamentarismo. Flávio Tavares, um dos mais exaltados, rasgou o texto. A seguir, todos foram para a ala residencial do Palácio se queixar com Brizola. A repercussão foi tamanha que o próprio Jango apareceu. Diante da revolta dos jornalistas, ele disse que não havia se comprometido com o parlamentarismo, mas que se o texto permitia essa interpretação, ele escreveria outro manifesto — que nunca foi publicado.

Enquanto isso, na Praça da Matriz, a multidão, repetidamente, gritava: "Co-var-de!"[110] Relatos afirmam que várias mulheres tiraram as roupas íntimas e as ofertaram a Jango. Para um homem como ele, era muito humilhante.

Algo, sem dúvida, soava estranho para aqueles que se expuseram a tantos perigos para garantir sua posse. Odilon López, na época ator, lembra que, mais tarde, quando Goulart visitou o "porão da legalidade", onde se improvisou o estúdio radiofônico, os jornalistas fizeram um corredor polonês e ficaram de costas para ele. De acordo com sua sensibilidade, "apesar de Brizola ter planos, até de transformar aviões comerciais da Varig em aviões de guerra, ter o povo e a Brigada Militar dispostos para a luta, o Sr. João Goulart preferiu evitar o derramamento de sangue".[111] No dia seguinte à aprovação da emenda parlamentar, Brizola, pela Rede da Legalidade, após declarar que a mudança do regime não poderia ser decidida em 24 horas, e votada de madrugada, denunciou o processo, a seu ver, espúrio: "O Congresso Brasileiro encontra-se sob coação militar. O Brasil está praticamente em estado de sítio. No Rio de Janeiro, existem milhares de presos. A imprensa censurada, o rádio censurado, com inúmeras emissoras suspensas. O Congresso se encontra prisioneiro do poder militar, coagido pelos ministros militares."[112]

As reuniões políticas no Palácio Piratini se estenderam pela noite, embora a decisão de se submeter ao regime parlamentarista já tivesse sido tomada por Jango. Muito cansado, sem dormir havia três dias, Brizola passou todas as suas funções a Goulart. Sabendo dos compromissos assumidos com Tancredo Neves, o governador decidiu se retirar, mas deixou, para

A LUTA PELA POSSE

todos os presentes, por escrito, suas propostas — três no total. Levantou-se e colocou o papel na mesa: "É isso aqui, mas eu não vou criar dificuldades ao presidente." Para Brizola, a primeira atitude que Jango deveria tomar seria ir por terra até Brasília e assumir o governo da República sem restrições aos seus poderes presidenciais. Segundo seus cálculos, o estado tinha gasolina para 14 dias e munição suficiente para 110 mil voluntários civis, além do contingente do III Exército. A segunda medida seria dissolver o Congresso Nacional por ter violado a Constituição e ter perdido sua legitimidade política, e convocar uma Assembleia Nacional Constituinte para demonstrar que o objetivo não era implantar uma ditadura no país. Em seguida, Brizola retirou-se da reunião e foi para sua residência, onde adormeceu. Mais tarde, sua mulher, Neuza, o acordou pedindo que ele recebesse Jango. O irmão, alegou, estava muito magoado, sofrendo muito, porque fora hostilizado pela multidão. Com a concordância do marido, Goulart entrou no quarto, sentou-se na beirada da cama e disse: "Olha, Brizola, se nós podemos ter um entendimento e chegar ao governo com alguns poderes diminuídos, o importante é que cheguemos lá e evitemos o derramamento de sangue. Depois é depois. Nós evitamos o conflito, porque, em uma guerra civil, conflitos dessa dimensão, a gente sabe como entra, mas depois não sabe nunca como sai."[113] Referiu-se, ainda, a pressões dos Estados Unidos: "Os americanos estão muito poderosos, temem a situação em Cuba e poderão promover o outro lado contra nós e provocar a divisão do país. Não sabemos o desfecho que tudo isso poderá ter. Se chegarmos lá, manteremos a unidade do Brasil."[114] Brizola não se convenceu, mas acatou a decisão do cunhado.

No fundo, Jango não poderia aceitar a proposta de Brizola. Marchar com o III Exército sobre Brasília e fechar o Congresso Nacional certamente resultaria na deflagração da guerra civil no país. Mesmo que a marcha resultasse em vitória, o homem forte do novo regime, aquele que, de fato, teria o poder, seria o próprio Brizola.

A chegada de Goulart a Porto Alegre comprovou que a resistência democrática e os perigos enfrentados não foram inúteis. No entanto, rapidamente o sentimento popular se transformou: da alegria inicial pela vitória, para as dúvidas e incertezas.

Na madrugada do dia 2 para o dia 3, os manifestantes esperaram mensagem do presidente: uma nota nos jornais, uma declaração nas rádios, um discurso no Palácio. O silêncio incomodava a todos.

Ao amanhecer, a multidão rumou para o Palácio Piratini e, lá, encontrou milhares de pessoas, entre impacientes e indignadas. Por mais que o chamassem, mesmo com insistência, Jango não aparecia na sacada do Palácio. Alguém, da multidão, gritou: "Arranquem as faixas." Todas as faixas e cartazes foram amontoados e, como ato de rebeldia, queimados. Algumas vozes o acusaram de "covarde" e "traidor". Durante uma hora oradores falaram, de maneira contundente, contra o parlamentarismo e a moderação do presidente. Todos ainda esperavam que Goulart se aproximasse das janelas do Piratini. Cansados, abandonaram a Praça da Matriz e foram para suas casas. Uma chuva torrencial caiu sobre a cidade, expulsando os poucos esperançosos.

Goulart, pelo menos aparentemente, acatara a fórmula parlamentarista. Segundo Argelina Figueiredo, ele aceitara a mudança do regime para evitar a guerra civil e para não perder a oportunidade de assumir a presidência da República. Os ministros militares, sabedores de seu isolamento político, perceberam que a solução negociada dar-lhes-ia uma "saída honrosa". A ala legalista das Forças Armadas, mesmo desconfiada de Goulart, discordava das medidas de força dos ministros, acatando a solução intermediária.[115] As pressões para que não aceitasse perder seus poderes foram imensas. Mesmo no círculo familiar, ele recebeu muitas críticas. João Fontella, irmão de Maria Thereza, manifestou-se contra a decisão do cunhado e defendeu as posições ofensivas de Brizola.[116]

Com a decisão de Goulart de aceitar o regime de gabinete, a decepção popular, principalmente no Rio Grande do Sul, foi imediata. Em Caxias do Sul, líderes sindicais mobilizaram a população nos Comitês de Resistência Democrática e passaram do entusiasmo à frieza. Em São Leopoldo, Novo Hamburgo e Passo Fundo, as reações foram as mesmas: comitês fechados, indignação de líderes sindicais e decepção da população. A revolta era compreensível. Todas aquelas pessoas se arriscaram para que Jango tomasse posse na presidência. No entanto, ele abriu mão de seus poderes sem dar satisfações a elas.

No Rio de Janeiro, o clima foi outro. No dia 5, à tarde, quando as rádios noticiaram que Goulart estava viajando para Brasília, dos edifícios das avenidas Rio Branco e Presidente Vargas começaram a chover papel picado e serpentinas. Na sede do Sindicato dos Bancários, líderes sindicais, utilizando alto-falantes, convidavam o povo a participar da festa

A LUTA PELA POSSE

pela vitória da democracia. Nas ruas centrais da cidade, automóveis enfeitados davam um colorido especial à festa.[117]

Contudo, Carlos Lacerda demonstrou profundo descontentamento não apenas com o parlamentarismo, mas também com a própria posse de Jango. Segundo suas ideias, a opinião pública fora chantageada com a ilusória ameaça de guerra civil e envolvida por uma tremenda propaganda que, muito bem articulada, desfigurou as intenções justas e legítimas dos chefes militares. A crise, disse, tinha que ser examinada pelo aspecto da defesa da democracia e da segurança nacional, defendendo o país do comunismo, e não, como fez a opinião pública, pela perspectiva estreita e formal da legalidade. Embora os chefes militares cedessem e conciliassem, o Congresso Nacional golpeou a Constituição e o regime para entregar o poder "a um homem que representa tudo o que há de pior, de conspiração com os comunistas, da corrupção dos Institutos de Previdência ao conluio com os inimigos da liberdade e do Brasil. O Congresso golpeou a Constituição".[118]

Uma última resistência militar ainda seria planejada por oficiais da FAB: a chamada Operação Mosquito. Inconformados com a posse de Goulart, um grupo de pilotos de caça estava determinado a abater o avião que o levaria de Porto Alegre a Brasília. Os três ministros militares revelaram a Ranieri Mazzilli o plano de ataque, dizendo que não tinham condições de impedir o atentado. Mazzilli não aceitou a passividade deles. Algo tinha que ser feito, ainda que se fizesse necessário abater, no ar, os caças da FAB. O general Ernesto Geisel, presenciando o encontro, sugeriu, então, que o ministro da Guerra determinasse que tropas do Exército tomassem a Base Aérea de Brasília, impedindo a decolagem dos aviões.[119] Outras versões alegam que foram os sargentos da Aeronáutica que desarmaram os caças, retiraram as peças essenciais e impediram o sucesso da operação. O Caravelle da Varig que levou Jango para Brasília voou a 11.100 metros de altitude, fora do alcance dos jatos da FAB. Com capacidade para 68 passageiros, limitou-se a 34, incluindo a tripulação, o que permitiria o retorno a Porto Alegre sem reabastecer, caso fosse necessário.[120]

Ao desembarcar em Brasília no dia 5 de setembro, cercado por forte dispositivo militar, mas em clima de verdadeira festa no aeroporto, Goulart, a muito custo, entrou no automóvel. Com Ranieri Mazzilli, Auro Moura Andrade e o general Ernesto Geisel, foram para a Granja do Torto. Preocupado em encerrar logo a crise, Mazzilli perguntou a que horas, no dia seguinte, ele pretendia tomar posse. Jango, para a surpresa de todos, disse que só tomaria posse dois dias depois, em 7 de setembro. "Mas como é que vamos ficar nessa situação? Todos esperam sua posse amanhã." Determinado, ele argumentou: "Eu quero que me compreendam. Estou chegando aqui com uma censura muito grande de alguns familiares meus, até minha própria irmã me disse algumas coisas muito duras, a respeito da minha vinda, aceitando essas condições. É muito duro isso." Mazzilli, embora contrariado, compreendeu: "Bem, mas nós estamos cumprindo o nosso dever. É realmente duro cumprir o dever em certas circunstâncias." O general Geisel, por sua vez, afirmou: "Sr. Presidente, tenha a certeza de que tivemos imensas dificuldades aqui em Brasília para V. Exa. assumir. E nós esperamos que V. Exa. conduza o governo de modo a que se pacifique a Nação."[121]

Naquele mesmo dia, ele mandou buscar sua família, que ainda se encontrava na Espanha. Um avião de carreira da Varig desviou-se da rota e desceu em Barcelona. Ao chegar ao Brasil em 9 de setembro, Maria Thereza foi recebida por um batalhão de fotógrafos, jornalistas e amigos. Com o marido, sua primeira atitude foi criticá-lo por aceitar a emenda do parlamentarismo. Ele argumentou com a mulher: "Mas isso aí é uma maneira de chegar a um acordo para não criar atrito." Esse era o estilo de Jango. Na percepção de Flávio Tavares, sua tática era abrandar o adversário, demonstrar que não havia motivos para receios ou temores, ressaltar que era maleável. "O seu estilo era o dos arranjos e da conciliação. Nunca o dos ímpetos." O mesmo Flávio Tavares, um dos mais duros críticos de Goulart em setembro de 1961, logo a seguir, quando conheceu os bastidores do Congresso Nacional em Brasília, percebeu que Jango tinha razões para aceitar o parlamentarismo e que estava muitos anos à sua frente. O golpe dos ministros militares dividiu o país e fragmentou a sociedade. Jango, com o sacrifício de seus poderes e em um governo de coalizão, se propunha a reunir os cacos do país e colá-los com muita paciência.[122]

NOTAS

1. *Diário Carioca*, Rio de Janeiro, 1º/2/1961, pp. 1 e 10.
2. Flávio Tavares, op. cit., p. 165.

A LUTA PELA POSSE

3. As informações que se seguem estão em Mário Victor, *Cinco anos que abalaram o Brasil*, Rio de Janeiro, Civilização Brasileira, 1965, pp. 229-230 e 245.
4. As informações que se seguem estão em idem, pp. 153-154, 156-157 e 164-167.
5. *Correio da Manhã*, Rio de Janeiro, 4/5/1961, 1ª página.
6. As novas comissões instauradas foram no Instituto de Aposentadorias e Pensões dos Empregados em Transportes e Cargas, Instituto de Aposentadorias e Pensões dos Empregados do Serviço Público, Departamento Nacional de Correios e Telégrafos, Departamento de Endemias Rurais, Serviço de Expansão do Trigo, Caixa de Créditos da Pesca, Serviço de Navegação da Bacia do Prata, Rede Ferroviária Nacional, Instituto de Previdência e Assistência dos Servidores do Estado (IPASE), Comissão Técnica do Rádio, Companhia Nacional de Navegação Costeira, Companhia Nacional de Álcalis, Companhia Vale do Rio Doce, Conselho Nacional de Pesquisas, Companhia Siderúrgica Nacional, Estrada de Ferro Central do Brasil, Operação Bananal, entre diversos outros órgãos públicos.
7. Citado em Moniz Bandeira, op. cit., p. 41.
8. Mário Victor, op. cit., pp. 198-199 e 209-210.
9. Depoimento de Maria Thereza Goulart ao autor e a Angela de Castro Gomes, Rio de Janeiro, 2003.
10. Amir Labaki, op. cit., pp. 36-37.
11. *Tribuna da Imprensa*, Rio de Janeiro, 31/7/1961, p. 3.
12. Evandro Lins e Silva, *O salão dos passos perdidos. Depoimento ao CPDOC*, Rio de Janeiro, Editora Nova Fronteira/Ed. da FGV, 1997, pp. 322-323.
13. *Tribuna da Imprensa*, Rio de Janeiro, 11/8/1961, p. 3.
14. Idem, 14/8/1961, p. 3.
15. Idem, 19-20/8/1961, p. 2.
16. Citado em Paulo Markun e Duda Hamilton, op. cit., p. 16.
17. Ver o filme *Jango*, de Sílvio Tendler.
18. Evandro Lins e Silva, op. cit., p. 328.
19. Flávio Tavares, op. cit., p. 201.
20. João Pinheiro Neto, op. cit., p. 28.
21. Mário Victor, op. cit., pp. 290-291.
22. Sérgio Magalhães (depoimento), Rio de Janeiro, CPDOC/FGV -- História Oral, 1983, pp. 33-34.
23. Citado em Amir Labaki, op. cit., p. 47.
24. Claudio Bojunga, op. cit., p. 592.
25. Citado em Jorge Otero, op. cit., p. 23.
26. Flávio Tavares, op. cit., pp. 193-194.
27. Jorge Otero, op. cit., pp. 20-21.
28. Citado idem, p. 105, e Hélio Silva, *1964: golpe ou contragolpe*, Porto Alegre, L&PM, 1978, p. 124.

29. Citado em Hélio Silva, op. cit., p. 103.
30. Hugo de Faria (depoimento), op. cit., pp. 205-206.
31. Retomo, nessa parte do texto, algumas ideias anteriormente publicadas no capítulo 5 de Jorge Ferreira, *O imaginário trabalhista*, op. cit.
32. Amir Labaki, op. cit., p. 66.
33. *O Semanário*, n° 277, 19-25/9/1961, p. 12.
34. Norberto da Silveira, *Reportagem da legalidade — 1961/1991*, Porto Alegre, NS Assessoria em Comunicação Ltda., 1991, pp. 15-17; Joaquim Felizardo, *A legalidade. Último levante gaúcho*, Porto Alegre, Ed. da UFRS, 1988, pp. 44-48.
35. Amir Labaki, op. cit., p. 58.
36. Jorge Otero, op. cit., p. 26.
37. Paulo Markun e Duda Hamilton, op. cit., p. 194.
38. Flávio Tavares, op. cit., p. 197.
39. Amir Labaki, op. cit., p. 105.
40. Depoimento de Maria Thereza Goulart ao autor e a Angela de Castro Gomes, Rio de Janeiro, 2003.
41. João Carlos Guaragna, "Um radioamador conta a sua história", in *Nós e a legalidade. Depoimentos*, Porto Alegre, Instituto Estadual do Livro/Editora Age, 1991, pp. 229-230. A citação seguinte é da mesma fonte.
42. *O Semanário*, n° 277, 19 – 25/9/1961, p. 6.
43. *Revista do Globo*, Porto Alegre, n° 803, 16 – 29/11/1961, p. 11.
44. Citado em Joaquim Felizardo, op. cit., pp. 33-40. As citações que se seguem são da mesma fonte.
45. *Folha da Tarde*, Porto Alegre, 28/8/1961, p. 32.
46. Norberto da Silveira, op. cit., pp. 126-128; *Folha da Tarde*, Porto Alegre, 31/8/1961, p. 18.
47. Norberto da Silveira, op. cit., pp. 127 e 138.
48. Vivaldo Barbosa, *A rebelião da legalidade*, Rio de Janeiro, Editora da Fundação Getulio Vargas, 2002, p. 60.
49. *Jornal do Brasil*, Rio de Janeiro, 20/8/2001, p. 3.
50. *Última Hora*, citado em Norberto da Silveira, op. cit., p. 140, e *Última Hora*, Rio de Janeiro, 31/8/1961, p. 4.
51. *Correio do Povo*, Porto Alegre, 30/8/1961, p. 18.
52. *O Cruzeiro*, Rio de Janeiro, 16/9/1961.
53. As informações que se seguem estão em Paulo Markun e Duda Hamilton, op. cit., pp. 299-300.
54. Lucia Hippolito, op. cit., p. 112.
55. Jorge Otero, op. cit., p. 29.
56. Vivaldo Barbosa, op. cit., p. 112.

A LUTA PELA POSSE

57. Depoimento de Leonel Brizola a Paulo Markun e Duda Hamilton, op. cit., 202.
58. Citado em Amir Labaki, op. cit., p. 93. O general Machado Lopes aliou-se a Leonel Brizola por razões de ordem política, sem, no entanto, dedicar ao governador a menor simpatia pessoal. Em seu livro de memórias, citado pelo autor, alega que "sempre mantivemos boas relações protocolares, sem nunca nos aproximarmos muito, dado o antagonismo de gênio e de propósitos que nos possuía", op. cit., pp. 89-90.
59. *A Hora*, citado em Norberto da Silveira, op. cit., p. 168.
60. Idem, pp. 105-109.
61. Citado em Hélio Silva, op. cit., p. 138.
62. José Machado Lopes (depoimento), Rio de Janeiro, FGV/CPDOC — História Oral, 1985.
63. *Folha da Tarde*, Porto Alegre, 31/8/1961, p. 5, e 30/8/1961, p. 5.
64. *Folha da Tarde*, Porto Alegre, 30/8/1961, p. 15, e *O Semanário*, n° 277, 19-25/9/1961, p. 8.
65. *Folha da Tarde*, Porto Alegre, 2/9/1961, p. 6; *Última Hora*, citado em Norberto da Silveira, op. cit., pp. 193-194.
66. Paulo Markun e Duda Hamilton, op. cit., p. 289.
67. Amir Labaki, op. cit., pp. 97-98.
68. Idem, p. 222.
69. Flávio Tavares, op. cit., p. 205.
70. Norberto da Silveira, "Sargentos heroicos", in *Nós e a legalidade*, op. cit., pp. 161-163.
71. Citado em Amir Labaki, op. cit., pp. 105-106.
72. Citado em idem, p. 106.
73. *Tribuna da Imprensa*, Rio de Janeiro, 28/8/1961, pp. 1 e 7.
74. Idem, 29/8/1961, pp. 1-2.
75. Idem, 30/8/1961, p. 2.
76. *O Cruzeiro*, Rio de Janeiro, 16/9/1961.
77. *Tribuna da Imprensa*, Rio de Janeiro, 29/8/1961, p. 6.
78. Argelina Figueiredo, op. cit., p. 42.
79. *Última Hora*, Rio de Janeiro, 29/8/1961, p. 2; 30/8/1961, p. 3, 31/8/1961, p. 3.
80. Amir Labaki, op. cit., p. 100.
81. *Última Hora*, Rio de Janeiro, 31/8/1961, p. 4.
82. Idem, pp. 3-4.
83. Vivaldo Barbosa, op. cit., pp. 300 e 303.
84. *O Semanário*, n° 278, 26/9-2/10/1961, p. 34.
85. Idem, n° 277, 16/9-29/11/1961, p. 12.
86. Argelina Figueiredo, op. cit., pp. 26-38.

87. Wilson Vargas. "Brasília-Goiânia: boataria, trincheiras e articulações", in *Nós e a legalidade,* op. cit., p. 217.
88. Argelina Figueiredo, op. cit., pp. 36-38.
89. *Jornal do Brasil,* Rio de Janeiro, 20/8/2001, p. 3.
90. *Última Hora,* Rio de Janeiro, 31/8/1961, p. 2. A citação seguinte é da mesma fonte.
91. *Correio da Manhã,* Rio de Janeiro, 31/8/1961, 1ª página.
92. *Última Hora,* Rio de Janeiro, 31/8/1961, p. 4.
93. Idem, 6/9/1961, p. 3.
94. Veja Amir Labaki, op. cit., pp. 107-108.
95. *O Cruzeiro,* Rio de Janeiro, 16/9/1961.
96. *Correio do Povo,* Porto Alegre, 31/8/1961, p. 16.
97. Jorge Otero, op. cit., p. 33.
98. Paulo Markun e Duda Hamilton, op. cit., p. 300.
99. As informações que se seguem estão em *O Cruzeiro,* Rio de Janeiro, 16/9/1961.
100. Veja documento em Amir Labaki, op. cit., pp. 110-112.
101. Paulo Markun e Duda Hamilton, op. cit., pp. 312-313.
102. Amir Labaki, pp. 116-117 e *O Cruzeiro,* Rio de Janeiro, 16/9/1961.
103. As citações que se seguem estão em Paulo Markun e Duda Hamilton, op. cit., pp. 313-314.
104. *O Cruzeiro,* Rio de Janeiro, 16/9/1961.
105. Paulo Markun e Duda Hamilton, op. cit., pp. 321-323.
106. Flávio Tavares, op. cit., p. 207.
107. Marfisa Simon, "Rádio da legalidade", in *Nós e a legalidade,* op. cit., p. 131.
108. Paulo Markun e Duda Hamilton, op. cit., pp. 324-325.
109. Citado em Norberto da Silveira, op. cit., p. 100.
110. Flávio Tavares, op. cit., pp. 212-214.
111. Odilon López, "Movidos pelo carisma de um revolucionário", in *Nós e a legalidade,* op. cit., p. 192.
112. *Folha da Tarde,* Porto Alegre, 2/9/1961, p. 3.
113. *Jornal do Brasil,* Rio de Janeiro, 20/8/2001, p. 3.
114. Citado em Vivaldo Barbosa, op. cit., p. 267.
115. Argelina Figueiredo, op. cit., pp. 45-46.
116. Depoimento de João José Fontella ao autor, Rio de Janeiro, 2000.
117. *Última Hora,* Rio de Janeiro, 6/9/1961, p. 2.
118. *Tribuna da Imprensa,* Rio de Janeiro, 4/9/1961, p. 1, e 5/9/1961, p. 1. A citação seguinte é da mesma fonte.
119. Hélio Silva, op. cit., pp. 144-145.
120. Idem, pp. 149-150.
121. Vivaldo Barbosa, op. cit., p. 338.
122. Flávio Tavares, op. cit., p. 215.

CAPÍTULO 7   O difícil caminho do meio

No dia 7 de setembro, com apenas 43 anos, João Goulart tomou posse no Congresso Nacional em clima de grande entusiasmo. Seu discurso, interrompido inúmeras vezes por aplausos prolongados e gritos de "viva" e "bravo", foi um apelo à união, à democracia e às reformas. Lembrando sua eleição duas vezes para a vice-presidência, chegou à presidência "em impressionante manifestação de respeito pela legalidade e pela defesa das liberdades públicas".[1] Definindo-se como guardião da unidade nacional, alegou que não havia razões para pessimismo, sobretudo "diante de um povo que soube impor a sua vontade, vencendo todas as resistências para que não se maculasse a legalidade". Da crise da posse, ressaltou, formou-se uma união nacional que dissiparia todos os ódios e ressentimentos pessoais, beneficiando a soberania nacional e o desenvolvimento do país. Ao longo daqueles dias críticos, seu pensamento era "evitar, enquanto com dignidade pudesse fazê-lo, a luta entre irmãos. Tudo fiz para não marcar com o sangue generoso do povo brasileiro o caminho que me trouxe a Brasília." Mais contundente, ainda afirmou: "Sabem os partidos políticos, sabem os parlamentares, sabem todos que, inclusive por temperamento, inclino-me mais a unir do que a dividir, prefiro pacificar a acirrar ódios, prefiro harmonizar a estimular ressentimentos". A paz interna, a garantia dos direitos democráticos, o respeito à vontade do povo e à inviolabilidade da soberania nacional guiariam seus atos na presidência da República. Portanto, a única luta interna na qual o país deveria se empenhar era a luta pela "emancipação econômica, contra o pauperismo e o subdesenvolvimento". Por fim, agradeceu ao presidente do Congresso, aos parlamentares, à Igreja Católica e a outras religiões, aos estudantes, aos empresários, aos meios de comunicação, aos trabalhadores, às Forças Armadas, aos governadores e ao Poder Judiciário, lembrando que "o destino, numa advertência significativa, conduziu-me à presidência da República na data da independência do Brasil. Vejo na coincidência um simbolismo que me há de inspirar e orientar na mais alta magistratura da Nação".

Goulart assumiu o poder em uma conjuntura muito difícil. Embora defendesse um programa reformista desde meados dos anos 1950, assumiu a presidência em uma situação emergencial. Saiu do país como vice e voltou como presidente, sem saber se assumiria. Nem mesmo tempo para o necessário planejamento de seu governo encontrou. Tornou-se presidente da República sob gravíssima crise militar, com as contas públicas descontroladas, tendo que administrar um país endividado interna e externamente, além da delicada situação política. Ainda mais grave, Jango não tinha como implementar seus projetos reformistas. O sistema parlamentarista, implantado às pressas, visava, na verdade, a impedir que ele exercesse seus poderes. Assim, por imposição dos ministros militares, um dispositivo na legislação parlamentarista impedia que o presidente dissolvesse o Congresso e convocasse novas eleições. Os chefes militares impuseram a cláusula que permitia que, sob o "risco de segurança nacional", Goulart pudesse sofrer processo de *impeachment*. Suas atribuições e a do primeiro-ministro não eram definidas com clareza e, em alguns casos, se sobrepunham. Se o primeiro-ministro exercia o Poder Executivo, cabia ao presidente nomear os ministros e vetar projetos de leis, para citar dois exemplos. Sob um parlamentarismo "híbrido", o governo de Goulart não tinha instrumentos que lhe dessem eficiência e agilidade. Tratou-se de uma solução que resultou de uma ampla coalizão para impedir o golpe militar, isolando os grupos civis e militares que não se conformaram com sua posse a fim de preservar as instituições democráticas. Contudo, a coalizão democrática, formada por diferentes correlações de forças, não chegou a um consenso no sentido de manter as regras constitucionais em relação à manutenção do presidencialismo. A solução de compromisso foi restringir os poderes de Goulart com o parlamentarismo, impedindo o golpe, mas, ao mesmo tempo, frustrando os grupos nacionalistas e de esquerda que lutavam pelas reformas de base.[2]

Goulart continuava simbolizando a unidade do partido e a herança de Getulio Vargas para os trabalhistas. No entanto, segundo Maria Celina D'Araujo, era evidente o descompasso entre o líder e o próprio PTB naquele momento — o que impedia, de certa maneira, a implementação das reformas.[3] Jango assumiu a presidência da República com estratégias

O DIFÍCIL CAMINHO DO MEIO

políticas definidas. Primeiro, queria desarmar seus opositores conservadores, procurando ampliar sua base política com o apoio do centro, sobretudo com o PSD, mas, ao mesmo tempo, sem abrir mão de suas relações com as esquerdas. A estratégia presidencial era, a seguir, sabotar o sistema parlamentarista, demonstrando sua inviabilidade política e administrativa. Goulart, como veremos adiante, tudo fez para desmoralizar o sistema parlamentar de governo. Ele estava determinado a implementar uma política de diálogo e de entendimento com os partidos políticos, em particular com as duas agremiações que, até então, haviam sustentado a República: o PSD e o PTB. Unindo o centro e a esquerda, reforçando a tradicional aliança entre pessedistas e petebistas, Goulart, com maioria no Congresso Nacional, acreditava que poderia implementar as reformas de base a partir de acordos, pactos e compromissos entre as partes. As mudanças econômicas e sociais surgiriam das negociações políticas entre o centro e a esquerda. Reformas que não poderiam ser tão tímidas, como queriam os pessedistas, nem tão radicalizadas como defendiam as esquerdas, incluindo setores consideráveis do trabalhismo.

O primeiro gabinete, denominado "conciliação nacional", nomeado em 8 de setembro, foi chefiado por Tancredo Neves, do PSD, partido de maior representação na Câmara. Os pessedistas ficaram responsáveis por três ministérios, os petebistas por duas pastas, a UDN também com duas, enquanto o PDC e o PSP, cada um deles, com um único ministério.[4] O banqueiro Walter Moreira Salles passou a chefiar a pasta da Fazenda. Para Hugo de Faria, o primeiro gabinete parlamentar era uma verdadeira colcha de retalhos dos partidos políticos, um regime em que o rei não governava, mas o "duque da Viação e das Obras Públicas", o "conde do Trabalho" e o "barão das Relações Exteriores" mandavam em seus territórios, embora o elemento unificador fosse o ministro da Fazenda, que não tinha partido.[5] O plano geral do gabinete apresentado ao Congresso baseava-se em quatro princípios: desenvolvimento, estabilidade, integração e justiça social, tentando combinar medidas ortodoxas para controlar a inflação com políticas que dessem resolução aos problemas estruturais do país, a exemplo da reforma agrária. Nesse último aspecto, Tancredo Neves, cauteloso, afirmava que a reforma agrária não poderia apenas distribuir terras aos camponeses, mas devia implementar medidas fiscais que punissem o latifúndio improdutivo. Em seu primeiro dia de trabalho como presidente da República, Jango, acompanhado do amigo e piloto

Manoel Leães, saiu cedo da Granja do Torto para o Palácio do Planalto. O automóvel presidencial era precedido por batedores do Exército. No Palácio, Jango determinou que os batedores fossem dispensados — para ele, tratava-se de ostentação de poder. Ao chegar, ainda antes das 8h da manhã, deparou com o Palácio completamente vazio: "Não tem ninguém neste troço, tchê?" Logo em seguida chegaram assessores e funcionários.[6] As primeiras semanas foram dedicadas a formular o programa de governo, com ênfase no reajuste dos salários de acordo com os índices inflacionários, na política externa independente, na nacionalização de algumas empresas estrangeiras e nas reformas de base, como a agrária, bancária, administrativa, fiscal, eleitoral e urbana, bandeira maior dos trabalhistas.

Nas semanas iniciais de seu governo também começou a conspiração civil-militar articulada pelos grupos políticos conservadores e direitistas. Os três ministros militares de Jânio Quadros, logo ao entregarem os cargos, passaram a tramar a destituição de Goulart, principalmente o marechal Odílio Denys, com o apoio de alguns empresários cariocas. Nesse momento, os conspiradores enfrentavam as mesmas dificuldades de episódios anteriores: convencer e arregimentar a maioria da oficialidade a aderir ao golpismo. Segundo o próprio Denys, o sentimento legalista dentro das Forças Armadas dificultava qualquer mobilização mais ampla para golpear a legalidade e a democracia.[7] De fato, para grande parte da oficialidade, uma coisa era não gostar de Goulart e de sua política reformista; outra, muito diferente, era derrubar um governo legítimo que alçara o poder dentro das regras democráticas e constitucionais. Na verdade, a popularidade de Jango era, naquele momento, imensa. Em fins de setembro, em viagem ao Rio de Janeiro, foi recepcionado no aeroporto por 63 generais, 12 brigadeiros, um almirante e cerca de 80 mil pessoas.[8]

Uma semana após tomar posse, Jango convidou o amigo e deputado petebista Wilson Fadul para uma pescaria na ilha de Bananal, em Goiás. Com eles iria o chefe da Casa Militar, general Amaury Kruel. Em certo momento na pescaria, Fadul, homem sensível, percebeu que Jango o convidara a ouvir porque sabia que o general seria o que falaria. Segundo versão de Fadul, Kruel simplesmente propôs que Jango fechasse o Congresso Nacional, restituísse seus poderes presidenciais e decretasse as reformas de base. Aproveitando a presença de Fadul, o general su-

O DIFÍCIL CAMINHO DO MEIO

geriu que ele, no golpe, assumisse o governo de Brasília. O cenário era sugestivo: enquanto Jango segurava uma vara de pescar, Kruel portava uma espingarda. Era sábado e o general planejava o golpe para dois dias depois: "Segunda-feira eu tenho as tropas todas na mão. Nós fechamos o Congresso e estabelecemos as reformas por decreto." Jango permanecia em silêncio enquanto Kruel, insistindo no plano, mostrava os mapas das tropas, com que comando poderia contar, entre outros assuntos relacionados com o golpe. Ao voltarem ao hotel, Jango convidou Fadul a ir ao seu quarto. Deitou-se na cama ainda de botas, a mão na cabeça e, antes de dizer o que pensava, perguntou: "O que é que tu achas desse negócio?" Fadul dissertou longamente em defesa da legalidade, reforçando um argumento: o país se levanta em defesa da Constituição e da democracia para dar posse a um presidente que, uma semana depois de assumir, fecha o Congresso Nacional. Jango, com seu jeito paciente, demorou alguns minutos para responder: "Você tem razão. E vou lhe dizer mais uma coisa, o dia em que um general sentar nessa cadeira [presidencial], não levanta mais."[9] As propostas golpistas de Kruel foram ignoradas.

Um dos problemas enfrentados por Goulart foi o acirramento das lutas no campo. Procurando formas de organização, já no governo Kubitschek os trabalhadores rurais de Pernambuco organizaram-se em Ligas. No Rio Grande do Sul, Brizola desapropriou duas fazendas, a título de reforma agrária, com indenizações irrisórias em dinheiro. Ao assumir o poder, Jango teve que lidar com invasões de terras no Maranhão, na Paraíba, em Goiás, na Bahia, no Rio de Janeiro e no Rio Grande do Sul. Com um mês na presidência, criou a Superintendência da Política Agrária, a SUPRA. Dois meses depois, realizou-se, em Belo Horizonte, o I Congresso Camponês, com cerca de 1.600 delegados. O lema "reforma agrária na lei ou na marra" já era uma proposta do movimento. Prestigiando o evento, Goulart, na Assembleia Legislativa mineira, recebeu do governador Magalhães Pinto o título de "Cidadão Honorário de Minas Gerais". Em seu discurso, o presidente advertiu os "eternos descontentes" que, através de notícias falsas, vinham intranquilizar o país. Lembrou a difícil situação com que assumira a presidência e, particularmente, o processo inflacionário. Na crise da posse, disse ele, mais de 70 bilhões de cruzeiros foram emitidos, resultando no descontrole da alta do custo de vida. Era preciso que as elites econômicas colaborassem no sentido de ajudar o governo a vencer as dificuldades. O Congresso Camponês, no entanto, exigia sua posição sobre a reforma agrária, em particular sobre o princípio constitucional que exigia indenização prévia em dinheiro em casos de desapropriação. Tocando no assunto, Goulart afirmou: "Adversário de todos os extremismos, isso não me impede de apoiar, e de apoiar com lealdade, reformas que constituem o aperfeiçoamento das instituições democráticas, e que venham em benefício do povo."[10]

Os 1.600 delegados no Congresso, vindos de todo o país, apresentavam propostas mais radicais. Francisco Julião, discursando no encerramento do encontro, afirmou: "A reforma agrária será feita na lei ou na marra, com flores ou com sangue." Os congressistas defendiam a desapropriação de terras improdutivas superiores a 500 hectares, o pagamento de indenização com títulos da dívida pública, a concessão das terras devolutas aos camponeses sem custos, a entrega do título de propriedade aos posseiros e o estímulo às cooperativas. O Congresso Camponês e as propostas de Julião distanciavam-se do PCB que hegemonizava a União dos Lavradores e Trabalhadores Agrícolas do Brasil, a ULTAB. Assim, enquanto os julianistas pregavam a reforma agrária radical, acelerando a implantação do socialismo, os comunistas escolheram a estratégia de aprofundar a luta pela sindicalização rural e negociar com o governo a ampliação dos direitos trabalhistas no campo.[11]

A alteração da estrutura agrária impunha problemas de difícil solução, como a definição do tipo de reforma que deveria ser implementado, quais os beneficiados e os prejudicados e quais os instrumentos políticos para viabilizá-la. O presidente incumbiu o ministro da Agricultura de organizar um grupo de trabalho para elaborar um anteprojeto sobre o tema. Obedecendo à orientação do gabinete, a comissão procurou alternativas à emenda constitucional que previa indenizações com títulos da dívida pública. Goulart também adiantou-se, criando, em abril de 1962, o Conselho Nacional de Reforma Agrária, integrado por Dom Hélder Câmara, Pompeu Acióli Borges, Paulo Schilling e Edgar Teixeira Leite. As iniciativas do presidente não avançaram, principalmente pelo artigo 141 da Constituição, que previa pagamento prévio em dinheiro por desapropriações por interesse público. Esse, aliás, era o ponto central do conflito entre as esquerdas e os conservadores. Para as esquerdas, indenizações à vista e em dinheiro aos latifundiários eram recusadas terminantemente. Admitiam, no máximo, o pagamento em títulos da dívida pública resgatáveis em muitos anos. Os conservadores não aceitavam a alteração

O DIFÍCIL CAMINHO DO MEIO

do artigo constitucional. Na disputa entre os dois grupos, Goulart não encontrou condições políticas para enviar ao Congresso Nacional um projeto de reforma agrária. Como afirma Argelina Figueiredo, o parlamentarismo foi um arranjo institucional que excluía o programa de reformas, assim como era exigido pelos setores nacionalistas e de esquerda. O regime de gabinete, naquelas circunstâncias, foi implementado para controlar o presidente e aumentar a influência do Congresso, de perfil conservador. Segundo a autora, mudanças graduais, moderadas e negociadas poderiam ser implementadas. A grande dificuldade enfrentada por Jango em seu governo era o fato de as esquerdas estarem empenhadas em uma estratégia maximalista, descartando concessões ou compromissos.[12] Leonel Brizola, despontando como grande liderança no campo da esquerda, afirmava que o Congresso não aprovaria a reforma agrária. Ao aceitar a emenda do parlamentarismo, argumentava o líder gaúcho, os parlamentares perderam a legitimidade política. Assim, ele incitava Goulart a fechar o Congresso, a assumir seus poderes de fato e a realizar as reformas, sobretudo a agrária, desconhecendo a Constituição.

O controle do capital estrangeiro no país foi outra preocupação do governo. Em outubro de 1961, o gabinete aceitou a proposta do Ministério das Minas e Energias para cancelar as concessões de exploração de minério de ferro em Minas Gerais ao grupo norte-americano Hanna Company, nacionalizando as minas.

Goulart deu continuidade à política externa independente, iniciada por seu antecessor. Visando a ampliar os mercados para exportação, estabeleceu relações diplomáticas com os países do bloco socialista e, em novembro de 1961, com a União Soviética. Coerente com a nova política externa, o governo brasileiro rechaçou as sanções que os Estados Unidos propuseram contra Cuba, bem como a intervenção militar na ilha, com o aval da Organização dos Estados Americanos. Na Conferência de Punta del Este, em janeiro de 1962, o chanceler San Tiago Dantas defendeu a neutralidade em relação a Cuba, opondo-se aos Estados Unidos, que pretendiam impor sua política aos países latino-americanos. Em clima tenso, o secretário de Estado norte-americano Dean Rusk disse a San Tiago Dantas não compreender o significado da expressão "não intervenção". Afinal, uma potência como os Estados Unidos sempre se intrometia nos assuntos internos de outros países. Afirmou, em tom de ameaça, que seu país utilizaria a força militar contra os governos que não acompanhassem seu voto contra Cuba. O ambiente de intimidações repercutiu negativamente no Brasil. O embaixador norte-americano, Lincoln Gordon, teve que dar explicações. Diversos órgãos da imprensa, sindicatos, entidades estudantis, câmaras municipais, entre outros, protestaram contra a arrogância do secretário de Estado, fortalecendo o gabinete de Tancredo Neves.[13] A posição brasileira criou tensões entre Washington e Brasília. Em março do mesmo ano, em Genebra, na Conferência de Desarmamento, a delegação brasileira definiu o Brasil como país não alinhado a nenhum dos dois blocos político-militares.

Dias depois do término da Conferência de Punta del Este, o governador do Rio Grande do Sul, Leonel Brizola, desapropriou os bens da Companhia Telefônica Nacional, subsidiária da International Telephone & Telegraph, acirrando ainda mais a crise entre o governo brasileiro e o norte-americano. Em 1959, Brizola havia encampado a Companhia de Energia Elétrica Rio-grandense, subsidiária da American & Foreign Power, grupo ligado à Bond & Share. Como a empresa de energia elétrica, a de comunicações negava-se a investir na infraestrutura e na expansão da telefonia, comprometendo as possibilidades de desenvolvimento do estado, embora continuasse a remeter seus lucros para o exterior. Para o governo dos Estados Unidos, a expropriação não passava de um confisco ilegal das autoridades brasileiras. Em fevereiro do ano seguinte, o governo federal apoiou as nacionalizações da Companhia Telefônica do estado do Rio Grande do Sul e, nesse mesmo mês, Goulart instituiu uma comissão de trabalho para promover a implantação da Eletrobras.

Enquanto isso, o grupo minoritário de golpistas civil-militares históricos continuava suas articulações visando a desferir um golpe nas instituições. Em março, estavam envolvidos na conspiração o almirante Sílvio Heck, o marechal Odílio Denys, o general Cordeiro de Farias e o general Olímpio Mourão. Em São Paulo, entraram em contato com vários coronéis, a exemplo de Jaime Portela, e políticos conservadores, como Herbert Levy e Abreu Sodré. Uma das alternativas era tomar o estado de São Paulo e, com a vitória, depor o governador Leonel Brizola.[14] Contudo, o grupo sabia que não tinha bases políticas, sociais nem militares para levar adiante os planos. A ampla maioria de oficiais das três Forças Armadas não estava interessada em golpes de Estado.

Jango teve que enfrentar outro problema. Ele foi morar no Palácio da Alvorada com a família, permanecendo ali por três meses. A arquitetura

O DIFÍCIL CAMINHO DO MEIO

do Palácio incomodava Goulart e Maria Thereza. "Uma construção grande, muito quente, algo estranho", dizia ela. Aquilo não era uma "casa de verdade, mais parecia uma ficção de concreto e vidro". Então, retornaram à Granja do Torto, lugar mais acolhedor.[15] Foi nesse governo que Brasília, um lugar isolado, com muita poeira, obras inacabadas e comunicações difíceis, abrigou, na verdade, seu primeiro presidente da República, que teve de deixar o Rio de Janeiro. O grande problema enfrentado pelo presidente era Carlos Lacerda, que governava o estado da Guanabara. Com a mudança da capital para Brasília, a Guanabara tornou-se o estado líder da Federação. Nela estavam o maior agrupamento de tropas militares, o mais significativo centro universitário, a imprensa mais atuante, o melhor serviço de rádio e televisão, a sede das confederações patronais e de trabalhadores, o maior porto, a grande concentração urbana e a tradição de comando na vida política do país. Lacerda também herdou um eficiente quadro policial.

Enquanto isso, o presidente da República estava isolado em um descampado onde foram construídos alguns prédios de arquitetura moderna. As comunicações eram difíceis e o governo dependia da boa vontade da 2ª Secção do Exército para obter informações sobre o que se passava no restante do país. Instruídos para levantar informações sobre os comunistas, os oficiais da 2ª Secção não estavam familiarizados com questões importantes da política nacional. Certa vez, Jango confidenciou a Abelardo Jurema: "Seu Jurema, se me deixo ficar em Brasília, esvaziam-me inteiramente no Rio, o que significa o esvaziamento em todo o país, e, se me deixo ficar no Rio para refazer o tempo perdido, acusam-me de estar esvaziando Brasília."[16]

Além desses problemas, Goulart herdou uma pesadíssima crise econômico-financeira. Entre a posse de Jânio Quadros e a dele, foram emitidos 87 bilhões de cruzeiros. Desse total, 58 bilhões apenas nas duas semanas em que os ministros militares tomaram o poder. O reflexo imediato foi o crescimento dos índices de inflação, que, em 1961, alcançou a casa dos 45%. No dizer de Amir Labaki, "a batata quente que JK passara a JQ chegaria ainda mais pelando às mãos de JG. No governo deste, ficaria estorricada".[17] Recebendo de seu antecessor uma difícil situação econômica, marcada por grave crise financeira, que já vinha do final do governo Kubitschek, Goulart viajou, em abril de 1962, para os Estados Unidos. Os objetivos eram buscar recursos financeiros e discutir temas que dificultavam as relações entre os dois países, sobretudo no tocante às nacionalizações e à questão cubana. O ministro da Fazenda, Walter Moreira Salles, implementando uma política econômico-financeira ortodoxa, com um programa rígido de combate à inflação, esforçava-se para ganhar a credibilidade dos banqueiros internacionais. A viagem de Goulart aos Estados Unidos, portanto, tinha por objetivo apoiar as medidas de seu ministro.

Ao desembarcar na base aérea de Andrews, Jango foi recebido pessoalmente por John Kennedy.[18] Sua mulher, Jacqueline, acabara de ter uma gravidez interrompida. Desse modo, o cerimonial da presidência norte-americana avisou que a primeira-dama brasileira não seria recebida por Jacqueline nem poderia participar de eventos oficiais. Assim, Maria Thereza preferiu não viajar com o marido. Após as solenidades formais, como passar em revista tropas perfiladas, foram de helicóptero para a Casa Branca. A conversa entre os dois presidentes foi franca e direta. Em declaração conjunta, afirmaram a dedicação ao sistema interamericano, os valores da democracia e da dignidade humana e a importância dos capitais privados para o desenvolvimento econômico. A grande questão, a desapropriação de empresas norte-americanas, foi discutida também com franqueza. Goulart reafirmou a necessidade de encampação, mas ressaltou que as indenizações pagas não deveriam sair do país. Kennedy alegou as dificuldades que encontraria no Congresso e perante a opinião pública e aos acionistas das empresas. Ao final, aventaram uma forma conciliatória: os ressarcimentos ficariam no Brasil sob a forma de reinvestimentos.

Sobre a posição brasileira em Punta del Este e a questão cubana, Jango, com habilidade política, continuou a defender a não intervenção na ilha, mas declarou intransigência absoluta com regimes marxistas. Alguns projetos da Aliança para o Progresso também foram discutidos. A conversa inicial que, pelo protocolo, deveria durar 15 minutos, alongou-se por horas. Os norte-americanos defenderam com veemência a aplicação das medidas preconizadas pelo FMI, com a resistência da comitiva de Goulart. O presidente, mais adiante, encontrou-se com banqueiros e grandes empresários norte-americanos, a exemplo de David Rockefeller. Deles ouviu comentários positivos sobre a economia brasileira, alegando que, mesmo com as dificuldades, triplicariam seus investimentos no país.

Kennedy recebeu o presidente brasileiro de maneira calorosa. Na Casa Branca, diante de Jango, dirigiu-se aos jornalistas e declarou: "Diga-me do que está precisando, com sinceridade e sem limitações, pois é ponto de honra do meu governo ajudar a fazer do Brasil, nestes próximos quatro anos, uma grande e poderosa Nação." Também na presença de jornalistas, comentou: "Hoje, de uma vez por todas, cessam os nossos desentendimentos." Por fim, despediu-se: "Até logo mais no Brasil, meu grande amigo."[19] Kennedy, segundo gravações feitas por ele mesmo, comentou a boa impressão que teve do presidente brasileiro.[20] Muitos anos depois, Jango deixou suas próprias impressões sobre aquele encontro: "A ideia que me ficou é que Kennedy, honestamente, tinha boa vontade com o meu governo, mas era pressionado e forçado a agir de outra forma."[21]

No Congresso norte-americano, Goulart discursou analisando os problemas enfrentados pelo Brasil e pelos países latino-americanos. Não era comum governantes de outros países discursarem naquela casa legislativa. Tratava-se de um privilégio concedido ao presidente brasileiro pela segunda vez — a anterior fora em sua visita aos Estados Unidos em 1956 como vice-presidente. No Congresso norte-americano, ele foi recebido com uma ovação de um minuto e meio. Iniciou seu discurso dizendo que os desajustes nas relações comerciais entre países de desenvolvimento econômico desigual resultam em "reflexos prejudiciais para as nações mais fracas".[22] A inflação brasileira não era fenômeno local, mas coincidira com a economia de guerra. "Durante os anos de conflagração", avaliou, "os preços dos nossos produtos de exportação permaneceram congelados em níveis muito inferiores ao seu valor real." Com o fim do conflito, enquanto a Europa obtinha auxílio financeiro norte-americano, o que permitiu eliminar a inflação e restaurar a prosperidade, "os países latino-americanos, com uma inflação de guerra, ficaram sem qualquer plano de cooperação internacional, dispondo apenas, para a restauração de seu comércio, da exportação de produtos primários". Assim, "a história da deterioração crescente dos termos de troca entre produtos primários e manufaturados é bem conhecida de todos. De ano para ano, o mesmo número de sacas de café, ou de cacau, ou de algodão, compra menor quantidade do mesmo tipo de equipamento e produtos manufaturados". Jango tocava em assuntos que desagradavam ao governo norte-americano. As reformas, principalmente a agrária, disse aos congressistas, eram outra questão bastante viva na consciência da população e das elites dirigentes brasileiras. Era preciso implementá-las.

Um assunto de interesse direto dos norte-americanos eram as encampações. Segundo Jango, "reconhecemos a importância da contribuição estrangeira no processo de nosso desenvolvimento. Tenho dito e repetido que não alimentaremos nenhuma prevenção contra o capital externo e a colaboração técnica, os quais asseguramos dentro dos limites legais estabelecidos e sob a inspiração dos interesses brasileiros", minimizando, porém, o problema das nacionalizações de empresas de serviços públicos.

Reiterando a política externa independente de seu governo, declarou que "o Brasil não integra bloco político-militar algum, sendo que o objetivo maior da sociedade brasileira é o fortalecimento da paz. Acreditamos que o conflito ideológico entre o Ocidente e o Oriente não poderá e não deverá ser resolvido militarmente, pois se numa guerra nuclear salvássemos nossa vida, não lograríamos salvar, quer vencêssemos, quer fôssemos vencidos, a nossa razão de viver". Pregando o desarmamento progressivo, Goulart disse que "o Brasil entende que a convivência entre o mundo democrático e o mundo socialista pode ser benéfica ao conhecimento e à integração das experiências comuns", embora a democracia representativa seja o regime mais compatível com a liberdade humana. Por fim, terminou seu discurso dizendo que, unidos, o Brasil e os Estados Unidos poderiam "contribuir para a paz e a felicidade do mundo eliminando a servidão econômica, o despotismo e o medo, garantindo as liberdades populares e a segurança pessoal dentro de um sistema político democrático representativo". Para alguns analistas norte-americanos, nenhum outro presidente estrangeiro proferiu, no Congresso norte-americano, um discurso tão duro e direto como aquele.

Na ONU, respondendo a jornalistas sobre a política nacionalista de seu governo, afirmou: "A necessidade que nós sentimos em pôr em pauta a desapropriação das companhias, dentro das formas de entendimento, foi exatamente pelas dificuldades que elas estavam criando em meu país. Podemos estimular o investimento de capital estrangeiro se dermos a esse mesmo capital uma compensação justa. Elas não podem obter também lucros excessivos. Lucros que as enriqueçam muito depressa em detrimento do interesse nacional, ou à custa do empobrecimento do país. Por isso desejamos um outro termo justo, em que elas tenham a remuneração justa, razoável, pelo seu capital, que possam obter lucros, mas que, se dedicando a atividades de interesse nacional, esses lucros possam também trazer benefícios ao país."[23]

O DIFÍCIL CAMINHO DO MEIO

Goulart ainda foi convidado a visitar o Comando Aéreo Estratégico, centro de defesa de todo o Hemisfério Ocidental, situado em Omaha, Nebraska. Jango desceu os subterrâneos secretos da base de Offurt. O Comando controlava os mísseis nucleares de longo alcance e os bombardeiros B-52, que, em alternância, voavam 24 horas pela Europa e Ásia carregando ogivas nucleares. Por duas horas andou pelos subterrâneos, conhecendo inúmeras salas repletas de telas e aparelhos modernos, completamente desconhecidos. Do comandante da base, ouvia explicações de como, com um simples telefonema, o mundo poderia ser destruído. Em certo momento, o general Thomas Power mostrou-lhe um gigantesco mapa do mundo, repleto de pontos luminosos, sobretudo na Europa e Ásia. Ao querer demonstrar a capacidade ofensiva da base acionando um mecanismo qualquer, Jango, irônico, comentou: "Não precisa acionar, general, eu acredito no que vocês estão me dizendo!" O general mostrava-se cada vez mais entusiasmado com o poder de deflagrar o apocalipse. Pôs o presidente brasileiro em um helicóptero e logo chegaram a um silo subterrâneo onde estava estacionado um míssil balístico Atlas. Jango olhava o gigante enquanto o general, com muita naturalidade, explicava que a carga da ogiva mataria, no ato da explosão, 500 mil pessoas em Moscou; outras tantas morreriam horas depois; e, ao final, milhões ficariam gravemente feridos. Se a ogiva explodisse em Pequim, os mortos instantâneos seriam 700 mil, mas se fosse em Xangai somariam um milhão, entre outras cifras macabras. Jango ouvia assustado enquanto o general falava com absoluto entusiasmo. Mais adiante, o presidente foi apresentado a um computador — coisa de que só se ouvia falar em revistas científicas. Jango saiu daquele lugar sem entender por que o haviam levado ali, por que tantas horas gastas nos subterrâneos, por que tantos números minuciosos sobre mortes instantâneas e mortes lentas. Segundo Flávio Tavares, tudo isso faria sentido dois anos depois.[24]

Em sua visita aos Estados Unidos, Jango não se apresentou como o presidente de um país submisso e sem personalidade. Embora buscasse recursos e financiamentos, até mesmo para a estabilidade de seu governo, não se omitiu diante de questões controversas, mesmo aquelas que desagradavam ao governo e ao Congresso norte-americanos. Seus esforços nos Estados Unidos renderam poucos resultados. A ajuda de 131 milhões de dólares ao Nordeste foi retida, com a insistência norte-americana em controlar sua aplicação. Os diretores do FMI não acreditaram que Goulart levasse adiante um duro programa de combate à inflação.[25]

Dos Estados Unidos, ele foi ao México. Em carro aberto, foi saudado em festa pelo povo nas ruas. Entre os mexicanos, Jango descobriu que seu coração não ia bem. Em uma sessão de gala em um teatro, sofreu um desmaio. Tratava-se do sintoma de uma insuficiência cardíaca que o acompanharia até a morte. Seu medo de médicos foi revelado ao comentar a reação ao exame de eletrocardiograma: "Foi com pavor que vi o funcionamento daquele sismógrafo." Apesar dos conselhos do médico mexicano para que repousasse por 10 dias, ele não considerou o aviso. Alguns assessores próximos insistiram para que ele desembarcasse no Rio de Janeiro, onde poderia consultar alguns cardiologistas. Apavorado com médicos, ele se recusou a qualquer consulta e ordenou ao piloto que o levasse direto para Brasília, mesmo contrariando a opinião de toda a comitiva.[26]

Goulart retornou ao Brasil com grande prestígio pelo encontro com Kennedy, reduzindo as apreensões dos grupos conservadores. Contudo, sem os recursos externos tão esperados, a situação econômica deteriorou-se ainda mais com o aumento da inflação. Os conflitos de terras no interior aumentaram, principalmente com o assassinato do líder camponês João Pedro Teixeira e com a invasão de cidades de Pernambuco por multidões famintas, com saques a mercados e armazéns.

Logo ao assumir o governo, Goulart se viu diante das demandas históricas das esquerdas, na verdade, pregadas ao longo dos anos por ele mesmo: as reformas de base. Para os grupos nacionalistas e de esquerda, tratava-se de um conjunto de medidas que visava a alterar as estruturas econômicas, sociais e políticas do país, permitindo um desenvolvimento econômico autônomo e o estabelecimento da justiça social. Entre as principais reformas, constavam a bancária, administrativa, fiscal, urbana, agrária e universitária, além da extensão do voto aos analfabetos e aos oficiais não graduados das Forças Armadas, e a legalização do PCB. O controle do capital estrangeiro e o monopólio estatal de setores estratégicos da economia também faziam parte do programa reformista dos nacionalistas.

Embora heterogêneos e nem sempre unidos, os grupos de esquerda e nacionalistas formaram, logo no início do governo Goulart, o que Argelina Figueiredo chamou de "coalizão radical pró-reformas":[27] eram eles o

O DIFÍCIL CAMINHO DO MEIO

PCB, as Ligas Camponesas, o bloco parlamentar autodenominado Frente Parlamentar Nacionalista, o movimento sindical representado pelo CGT, organizações de subalternos das Forças Armadas, como sargentos da Aeronáutica e do Exército e marinheiros e fuzileiros da Marinha, os estudantes, por meio da UNE, e um pequeno partido trotskista — o Partido Operário Revolucionário Trotskista (POR-T). Leonel Brizola, que surgia como a grande liderança popular, nacionalista e de esquerda, passou a pressionar Goulart para agilizar as reformas prometidas. Para os grupos que formavam a "coalizão radical pró-reformas", a palavra de ordem tornou-se "reforma agrária na lei ou na marra".

O Partido Comunista Brasileiro, desde meados dos anos 1950, conheceu e participou de experiências que mudaram suas concepções de política e de sociedade, superando o radicalismo da linha inaugurada pelo Manifesto de Agosto de 1950.[28] No documento intitulado "Declaração de Março" de 1958, o partido reconheceu a importância da questão democrática e a formulação de um "caminho pacífico para o socialismo", relativizando a clássica imagem da revolução proletária violenta.

Avaliando o gabinete de Tancredo Neves como "reacionário e entreguista", o PCB declarou-se na oposição. Segundo José Antonio Segatto, "embora Goulart fizesse alguns acenos favoráveis às reformas, sua maneira de governar não conseguia convencer o PCB a sair da oposição". As negociações com os Estados Unidos e a busca de acordos com o PSD seriam as razões básicas – pelo menos esse é o argumento usado, afirma Segatto – para o PCB fazer oposição e caracterizar o governo de "conciliador com a reação e o imperialismo". Com o tempo, os atritos entre os comunistas e Goulart aumentariam.[29]

A União Nacional dos Estudantes conheceu um processo de politização crescente desde o início do governo Kubitschek. Como os camponeses julianistas, os estudantes da UNE radicalizavam à esquerda. As expressões revolução e união operário-estudantil-camponesa eram frequentes em seus textos. No XXV Congresso da entidade, no ano seguinte, o texto que sintetizou os debates defendia "a adesão do universitário brasileiro à luta de libertação nacional e com a consolidação da Aliança Operário-Estudantil-Camponesa".[30] As reformas de base eram consideradas apenas uma etapa da revolução brasileira.

Embora o governo tenha conseguido aprovar no Congresso a Lei de Diretrizes e Bases da Educação, obrigando os estados a assumir o sistema público de educação, e a si próprio a transferir 9% da receita federal para os ensinos básico, médio e superior, além de executar o Plano Nacional de Educação, com uma campanha de alfabetização em massa utilizando o método Paulo Freire, o movimento estudantil apresentou outra pauta de reivindicações, como a reforma universitária, limitações ao capital estrangeiro, combate ao imperialismo, política externa independente, defesa de Cuba contra a ameaça norte-americana e a participação dos trabalhadores nas decisões do poder público.[31] A princípio, nada que os afastasse de Goulart. No entanto, por não executar tais medidas, a UNE, como outras correntes de esquerda, criticava o presidente e sua "política de conciliação". Hegemonizada pela Juventude Universitária Católica (JUC), depois rebatizada de Ação Popular (AP), mas aliada aos comunistas do PCB, a UNE desencadeou, em maio de 1963, a chamada "greve do um terço", exigindo que os estudantes participassem dos órgãos colegiados das universidades naquela medida. Os três meses de greve não foram suficientes para dobrar a estrutura universitária, nem o governo. Mesmo com a derrota do movimento, a UNE, na gestão de José Serra, na época ligado à AP, atuou nos programas de alfabetização do MEC e nas campanhas sanitárias para a erradicação de doenças no campo. O lema da entidade era "A hora é de ação".[32]

Entre os estudantes mais politizados, a participação e o engajamento na militância eram obrigatórios. Uma das iniciativas mais marcantes no período foi a criação do Centro Popular de Cultura, o CPC. O texto fundador da organização, redigido por Carlos Estevam Martins, refletia uma orientação radical e sectária, contrapondo a arte popular, a arte para o povo, a arte revolucionária, a qualquer outra manifestação artística, definida como alienada. Mais adiante, na gestão de Cacá Diegues e, por fim, na de Ferreira Gullar, o sectarismo foi sendo questionado aos poucos, embora o CPC não abrisse mão da defesa de uma arte nacional e popular voltada para a conscientização política do povo.[33] Como uma proposta de estudantes mais politizados atuando dentro do PCB, embora preservando sua autonomia, muitos nomes, mais tarde bastante conhecidos, se destacaram a partir das propostas do CPC no teatro, no cinema, nas artes plásticas, na literatura, na música e na poesia. *Cinco vezes favela*, de Cacá Diegues, e o início de *Cabra marcado para morrer*, de Eduardo Coutinho, surgiram por iniciativa da organização cultural. O Quarteto do CPC mais tarde tornou-se o MPB-4. Com o apoio da Editora Civilização

O DIFÍCIL CAMINHO DO MEIO

Brasileira, o CPC publicou a coleção *Violão de rua*. Joaquim Cardoso, Ferreira Gullar, Vinícius de Moraes, entre outros poetas, denunciaram a desumanização da vida dos pobres, a alienação das elites intelectuais, a exploração dos trabalhadores no campo e na cidade. Na estação da Central do Brasil, estudantes liam os poemas para as pessoas que saíam de lotados trens vindos dos subúrbios.[34] Nos congressos de camponeses, nos sindicatos e mesmo nas associações de sargentos, os estudantes-artistas do CPC apresentavam sua arte revolucionária. A aproximação deles com trabalhadores rurais, sindicalistas e sargentos, bem como, mais adiante, com cabos, marinheiros e fuzileiros navais estava coerente com a proposta da aliança operário-camponesa-estudantil-militar.

O clima de efervescência artística e intelectual tomou a sociedade brasileira. Nunca se produziu tanto como no início dos anos 1960, coincidindo com a presidência de Goulart. Oriundos ou não do CPC, diversos nomes de artistas, títulos de obras ou organizações surgiram nessa época. No campo da reflexão intelectual, a editora e a revista Civilização Brasileira, de Ênio Silveira, estavam orientadas no sentido de pensar a realidade brasileira pela ótica marxista. Na revista, escreviam Moacyr Felix, Dias Gomes, Cavalcanti Proença, Octávio Ianni, Caetano Veloso, Jaguar, Otto Maria Carpeaux, Roberto Schwarz, Sérgio Cabral, Paulo Francis, Thiago de Melo, Luiz Carlos Maciel, Álvaro Vieira Pinto, Nélson Werneck Sodré, Leandro Konder, Carlos Nelson Coutinho, entre outros. Traduções de pensadores marxistas eram publicadas pela editora. O público tinha acesso às obras de Gramsci, Adam Schaft e Lefèbvre, e aos frankfurtianos. O Cinema Novo, com a proposta de recuperar a autêntica identidade do brasileiro, apresentava nomes de importância, como Nelson Pereira dos Santos, Joaquim Pedro de Andrade, Walter Lima Jr., Eduardo Coutinho, Paulo César Saraceni, Glauber Rocha, Cacá Diegues, Leon Hirszman, Ruy Guerra, Luiz Carlos Barreto, Gustavo Dahl, David Neves, Zelito Viana. Nas artes cênicas, havia o Teatro Paulista do Estudante, com Raul Cortez, Beatriz Segall e Oduvaldo Vianna Filho, que, mais tarde, se associou ao Teatro de Arena. Em seminários, os atores do Arena pretendiam definir "uma dramaturgia autêntica, verdadeiramente brasileira", no dizer do ator Edizel Brito.[35] Saindo de São Paulo e estabelecendo-se no Rio de Janeiro, o grupo teatral, agora com a inclusão de Tereza Raquel e Francisco Milani, procurou popularizar-se, inserindo-se na campanha de alfabetização de adultos pelo método de Paulo Freire.

JOÃO GOULART – UMA BIOGRAFIA

Vianinha, escrevendo a peça *A mais-valia vai acabar, seu Edgar*, procurou assessoria no ISEB.[36] A intelectualidade se engajou no processo nacional-revolucionário. A edição dos *Cadernos do Povo Brasileiro* surgia como uma proposta de conscientizar o povo e, assim, contribuir para a eclosão da revolução brasileira. Intelectuais ligados ao ISEB, mas, ao mesmo tempo, engajados em outros grupos, como as Ligas Camponesas, o PCB e a AP, escreveram textos de divulgação nos *Cadernos*.

No campo, as lutas se acirravam, sobretudo no Nordeste com a formação das Ligas Camponesas. Em Pernambuco, a grande liderança do movimento era Francisco Julião. Não foi difícil o movimento se aproximar politicamente da Cuba revolucionária. Em janeiro de 1961, Francisco Julião visitou a China e, segundo relato de Luís Mir, a cúpula dirigente chinesa ofereceu treinamento militar a camponeses das Ligas. Três instrutores chineses chegaram a visitar o Brasil. Julião passou a identificar a realidade do sertão pernambucano com o processo revolucionário cubano. A miséria dos camponeses, a economia açucareira e o latifúndio permitiam a Julião comparar o interior do estado de Pernambuco com a Cuba pré-revolucionária. Ao viajar para a ilha e encontrar-se com Fidel Castro, ele sedimentou ainda mais suas comparações, principalmente devido ao fato de a revolução cubana ter partido do campo para a cidade. A determinação de Julião foi transformar as Ligas em uma organização revolucionária, o Movimento Revolucionário Tiradentes (MRT), estendendo-o também às cidades. Assim, até o golpe militar, Julião teve ajuda e treinamento militar dos cubanos com o apoio dos chineses.[37] Em 9 de outubro de 1962, o programa da organização era publicado no jornal *A Liga*: "É hora da aliança operário-camponesa, reforçada pelo concurso dos estudantes, dos intelectuais revolucionários e outros setores radicais da população." A aliança realizaria a "libertação nacional e social" com a reforma agrária radical. O processo de radicalização avançaria com a influência cubana. Com Francisco Julião responsável pelo setor de Organização de Massas e Clodomir de Morais na estrutura militar da Organização Política, as Ligas romperam com o modelo do PCB de revolução democrático-burguesa. A revolução seria de caráter socialista, com os camponeses atuando como os verdadeiros revolucionários. O projeto era ambicioso. Segundo Luís Mir, o plano era desencadear a guerrilha rural no Nordeste ao mesmo tempo que movimentos revolucionários colombianos e venezuelanos se levantariam em armas em seus países. Che

282

Guevara lideraria uma força internacionalista na Amazônia, interligando as três revoluções camponesas.

O movimento de organização dos subalternos das Forças Armadas, sargentos em particular, havia começado no governo de Juscelino, com a disseminação de clubes de suboficiais e sargentos das três Forças por todo o país. A luta inicial era pela estabilidade funcional. Em um regime arbitrário de trabalho, sem estabilidade, a cada três anos eles tinham que pedir ao comandante o reengajamento. Se o superior negasse, mesmo com mais de 20 anos de serviço, eles iriam para a rua. Casar, somente após cinco anos de serviço. Lutando por seus direitos, tiveram o apoio do vice-presidente João Goulart e do ministro da Guerra de Juscelino, Henrique Teixeira Lott. Depois de muitas lutas e articulações políticas em seus clubes, eles conseguiram a tão almejada estabilidade e o direito de casar. Com a crise política de agosto de 1961, os sargentos entraram no cenário político como força atuante no campo da esquerda. Das reivindicações corporativas, passaram à luta política.[38]

O processo de politização, após a Campanha da Legalidade, foi crescente. Narciso Júlio Gonçalves, sargento-fuzileiro-naval e secretário da revista *Âncora*, publicação da Associação dos Sargentos da Marinha, para citar um exemplo, participava de grupos de estudos com outros colegas, lendo Marx, Lenin, Josué de Castro, Paulo Freire, entre outros. O ISEB oferecia cursos voltados exclusivamente para os suboficiais.[39] Apresentando-se como o "povo em armas", eles, afinados com as demandas de democratização que se abriam para os "de baixo", aprofundaram suas reivindicações, como o acesso à universidade, a possibilidade de ingressar na Academia Militar de Agulhas Negras e, em particular, de eleger e serem eleitos para cargos legislativos. Em seus clubes e associações, passaram a indicar candidatos ao Congresso Nacional — algo que, na Constituição, como estava redigida, podia levar a interpretações dúbias, tanto a favor quanto contra. Com o slogan "sargento também é povo", diversos deles concorreram a cargos eletivos em vários estados. Em panfleto distribuído na Cinelândia, o sargento Antônio Sena Pires, candidato a deputado estadual, dizia que deveriam ser eleitos "não só o fazendeiro mas também o camponês, não só o patrão mas também o operário, não só o general mas também o sargento. Basta de deputados que protelam as reformas de base que o povo exige".[40] No primeiro semestre de 1962, os sargentos que serviam na Guanabara realizaram uma convenção, indicando o nome de

Antônio Garcia Filho para a Câmara Federal, pela legenda do PTB. Nas eleições legislativas daquele ano, Garcia Filho só teve menos votos que Leonel Brizola e, na contagem geral, ficou muito acima do general Juarez Távora. Os sargentos entraram na política partidária com muito sucesso. A quantidade de votos que Garcia Filho recebeu demonstrava que ele não fora eleito apenas pelos sargentos, mas também por outras categorias de trabalhadores. O eleitorado se identificou com a luta dos subalternos das Forças Armados. Afinal, eles também lutavam pelas reformas de base. Apesar da reação desfavorável de vários setores da oficialidade, Garcia Filho tomou posse, integrando-se na Frente Parlamentar Nacionalista.

Em 1963, a aproximação do movimento dos sargentos com o estudantil e o sindical era uma realidade. Homenageando o comandante do I Exército, general Osvino Ferreira Alves, que não compareceu, os sargentos, em maio daquele ano, promoveram um evento na sede do IAPC. No auditório, estavam quase 2 mil deles, com delegações de vários estados, líderes sindicais dos têxteis, portuários, marítimos, serviços postais e funcionalismo público, o representante do CGT, Hércules Corrêa, bem como líderes da UNE e da UBES. A aliança operário-estudantil-militar se fortalecia. Os oradores ressaltaram o apoio às reformas de base e o repúdio ao imperialismo e ao FMI. Em certo momento, o subtenente paraquedista Gelcy Rodrigues Correia pronunciou um discurso radical: "Quem são os trabalhadores que nos oferecem apoio? São irmãos, pais, cunhados e primos nossos, enfim, é a família brasileira, é o povo brasileiro que vem a público dizer em alto e bom som que todos são iguais perante a fome!" Continuando, disse que a união entre trabalhadores e militares aumentava e, em tom de ameaça, afirmou: "Pegaremos em nossos instrumentos de trabalho e faremos as reformas juntamente com o povo, e lembrem-se os senhores reacionários de que o instrumento de trabalho do militar é o fuzil."[41]

No dia seguinte, com o apoio de 51 generais, o ministro da Guerra ordenou a prisão de Gelcy. Mais tarde, foi transferido para Ponta Porã, em Mato Grosso. Outras lideranças de sargentos também foram mandadas para lugares distantes. Os sargentos punidos tiveram a solidariedade do comandante do I Exército, Osvino Ferreira Alves, do CGT e da UNE. Em nome da FPN, Leonel Brizola, Neiva Moreira, Sérgio Magalhães e Max da Costa Santos enviaram telegrama a Gelcy: "Sejam quais forem as perseguições movidas a patriotas e as violências e sofrimentos que tenham de enfrentar, estará aberto o caminho de libertação de nossa

O DIFÍCIL CAMINHO DO MEIO

pátria."[42] Com o tempo, o movimento somente cresceria, radicalizando à esquerda. No fim, muitos sargentos entraram para o PCB, outros continuaram simpáticos a Goulart e diversos tornaram-se adeptos de Francisco Julião. A maioria passou a seguir a liderança de Leonel Brizola. Cálculos sugerem que, dos 40 mil sargentos na ativa, 22 mil deles eram brizolistas.[43] A popularidade de Brizola entre os subalternos das Forças Armadas era imensa.

A aliança que se estabelecia entre o CGT, as Ligas Camponesas, a UNE e as organizações de esquerda revolucionária com os sargentos abria novas perspectivas para o movimento reformista, nacionalista e popular. Para os militantes operários, camponeses, estudantes, nacionalistas e revolucionários, surgia a oportunidade de terem o que ainda faltava para o embate com os conservadores: militares em armas. Para os sargentos, o apoio das esquerdas os ajudaria a pressionar a cúpula militar na supressão de arbitrariedades e discriminações que sofriam nos quartéis, "democratizando" as Forças Armadas. Afinal, para todos eles, "sargento também é povo".[44] Para as chefias militares, tudo aquilo surgia como algo intolerável.

Outros grupos de esquerda, menos conhecidos pela sociedade, a maioria seguindo a tradição marxista, defendiam propostas de revolução seguindo os modelos em voga, fosse o soviético, fosse o chinês, fosse o cubano. O PCdoB, fundado em fevereiro de 1962, passou a ter como modelo revolucionário a China, sobretudo o culto ao camarada Mao, retomando a antiga idolatria a Stalin. Com pouca ressonância nos movimentos sociais, o PCdoB criticava duramente o governo de João Goulart.

Na mesma linha de organização de vanguarda, o Partido Operário Revolucionário (Trotskista) pregava a formação de um governo operário e camponês. Fundado em 1953, logo se vinculou ao grupo do trotskista argentino J. Posadas (Homero Cristali), interpretando o processo revolucionário mundial a partir de uma perspectiva terceiro-mundista. Segundo Jacob Gorender, em fins de 1963 Posadas compareceu no congresso nacional do POR-T e ficou impressionado com a força do nacionalismo brasileiro, cuja expressão maior era Leonel Brizola. A partir daí, a organização passou a integrar a frente liderada pelo político gaúcho.[45]

Também sob a influência das leituras de Trotski, mas igualmente de Rosa Luxemburg e Bukharin, um grupo de intelectuais e estudantes, questionando as teses do PCB sobre a aliança com a burguesia, fundou, em fevereiro de 1961, a Organização Revolucionária Marxista, editando o jornal *Política Operária*, e daí ORM-POLOP. Sem penetração entre operários, intelectuais da organização defenderam a formação de uma frente de esquerda revolucionária integrada por trabalhadores do campo e da cidade visando a alcançar o socialismo.

No âmbito das esquerdas, a que conseguiu alguma penetração no movimento estudantil foi a Ação Popular, conhecida como AP. Grande parte da juventude católica, até junho de 1962, atuava na Juventude Universitária Católica, organização vinculada à hierarquia eclesiástica. Insatisfeitos com o controle exercido pelos bispos, muitos daqueles jovens fundaram naquele mês a AP. No ano seguinte, optaram pelo socialismo, embora recusassem o marxismo como ideologia. Definiam-se como mais revolucionários que os partidários do PCB, defendendo a aliança operário-camponesa-estudantil contra a burguesia e o imperialismo. Com ampla aceitação entre os estudantes universitários, a AP assumiu três gestões seguidas a presidência da UNE, entre 1961 e 1964, em aliança com o PCB. Na avaliação de Darcy Ribeiro, as pequenas esquerdas radicais não toleravam o governo de Goulart. Lutavam pela revolução socialista imediata e "seu propósito era derrubar o governo".[46]

Por fim, os nacional-revolucionários, maneira como os seguidores de Leonel Brizola se autodefiniam. Brizola, desde o início de sua carreira, mantinha relações de amizade, política e parentesco com João Goulart. Na verdade, é difícil compreender um sem o outro. Segundo Maria Celina D'Araujo, Jango, quando assumiu a presidência do PTB, teve o apoio decisivo da seção gaúcha do partido, naquele momento sob a liderança do jovem deputado estadual Leonel Brizola. Para a autora, Goulart, nos momentos decisivos, como na crise de 1961 ou na campanha do plebiscito, contou com a presença de Brizola. Desse modo, enquanto a seção gaúcha lhe dava sustentação política nacional, Jango cedia ao cunhado total autonomia em suas campanhas de mobilização popular. Surgindo como o petebista mais ousado e radical na defesa dos direitos de Goulart, Brizola ganhou grande legitimidade no partido. "Nesse ritmo", diz a autora, "o prestígio e a popularidade de Goulart tinham como contrapartida o crescimento da liderança de Brizola."[47]

As medidas que tomou à frente do executivo gaúcho projetaram Leonel Brizola como liderança no campo das esquerdas. Quando foi prefeito

O DIFÍCIL CAMINHO DO MEIO

de Porto Alegre, levou água encanada a todos os bairros da cidade. Com o slogan "nenhuma criança sem escola", criou dezenas de grupos escolares, principalmente nos bairros pobres. Com grande apoio popular, elegeu-se governador do estado, enfatizando o binômio "educação popular e desenvolvimento econômico". No executivo estadual, Brizola recorreu aos métodos de Getulio em seu segundo governo: criou o Gabinete de Planejamento e Administração, órgão vinculado diretamente ao governador e formado por técnicos e administradores. Coube ao grupo formular políticas de desenvolvimento econômico e social para o estado. Entre 1959 e 1962, Brizola construiu no estado 5.902 escolas primárias, 278 escolas técnicas e 131 ginásios, colégios e escolas normais. Quase 700 mil matrículas foram abertas no período e 42 mil professores foram contratados. A criação da Caixa Econômica Estadual e o fortalecimento do Banco do Estado do Rio Grande do Sul permitiram ao governador o necessário apoio financeiro. Brizola ainda queimou os fichários da polícia política do DOPS e incentivou a distribuição de terras aos camponeses pobres.[48]

Contudo, iniciativas ousadas na agenda nacionalista — como a encampação de empresas norte-americanas — e sua coragem e determinação de enfrentar a direita civil-militar na crise de agosto de 1961 lançaram seu nome como líder da facção mais esquerdista dos petebistas. Mesmo personalidades pertencentes a outras organizações, inclusive revolucionárias, passaram a reconhecer sua liderança. Em 1962, a seção carioca do PTB procurou-o propondo sua candidatura a deputado federal pela Guanabara. O objetivo era enfrentar a rival UDN, que, no estado, tinha maioria na Câmara de Vereadores, a maior bancada de deputados federais e o governo estadual com Carlos Lacerda. Dominando com desenvoltura os meios de comunicação, Brizola fez sua campanha falando na rádio Mayrink Veiga, na época com grande audiência, e comprando horários na televisão. Nas eleições legislativas daquele ano, obteve a maior votação proporcional já registrada no país: 269 mil votos.[49] Seu prestígio político entre as esquerdas era imenso. Seu nome passou a rivalizar com o do próprio presidente da República no campo popular, nacionalista e de esquerda. Para o presidente, tratava-se de algo perigoso para sua liderança no trabalhismo brasileiro, ou melhor, verdadeiramente ameaçador. Segundo Darcy Ribeiro, ele era "ciumentíssimo de quem ousasse desafiá-lo nesse campo com pretensões de comando".[50] E seu cunhado desafiava.

Brizola unificava as esquerdas, daí sua ousadia no desafio. Visando a unir grupos nacionalistas e a eleger uma numerosa bancada de parlamentares nas eleições legislativas de outubro de 1962, Brizola e Mauro Borges, governador de Goiás, se aliaram para formar a Frente de Libertação Nacional. Os objetivos da organização eram nacionalizar as empresas estrangeiras, impor o controle da remessas de lucros para o exterior e lutar pela reforma agrária. A Frente foi recebida com entusiasmo por partidos políticos e organizações de esquerda, bem como por líderes reformistas. A ela aderiram Miguel Arraes, Barbosa Lima Sobrinho, o secretário do Movimento Nacionalista Brasileiro, coronel Oscar Gonçalves, e Aldo Arantes, presidente da UNE. A Frente, no entanto, foi extinta logo após as eleições. Ao cumprir sua meta, a de eleger uma bancada significativa de parlamentares nacionalistas, a Frente de Libertação Nacional deixou de existir quando o PTB quase dobrou a sua bancada na Câmara dos Deputados.

O nome de Brizola passou a significar o que de mais à esquerda havia no trabalhismo brasileiro, expressando e unificando ideias e crenças de grupos esquerdistas heterogêneos e muitas vezes divergentes. Brizola, antes de tudo, era um nacionalista. Em conferência na sede da UNE, em junho de 1961, afirmou: "Se nada temos com a Rússia, devemos ter a coragem de dizer que nada temos com os Estados Unidos. Tudo o que temos é com o nosso próprio país."[51]

O Brasil necessitava enfrentar uma situação dramática, as origens de suas mazelas econômicas e sociais: "O governo e os homens públicos dos Estados Unidos", afirmou, "dando cobertura ao capitalismo cruel, sem alma, estão esmagando, destruindo, desvitalizando as populações da América Latina." Portanto, não bastaria apenas implementar as reformas de base e enfrentar as injustiças estruturais da sociedade brasileira. Seria necessário reformular as relações com os Estados Unidos. Sem um novo pacto comercial com os norte-americanos, as reformas de base teriam efeitos reduzidos. Para Brizola, "eliminar a interferência dos interesses privados, de trustes e monopólios na nossa vida econômica, constitui uma espécie de pré-requisito para o desenvolvimento". Em entrevista a uma revista empresarial, ele denunciou que na crise de agosto de 1961 existira a influência do imperialismo norte-americano, cujo interesse era manter em funcionamento as "bombas de sucção" que os capitais estrangeiros exerciam sobre a economia do país, empobrecendo-o. "Não

O DIFÍCIL CAMINHO DO MEIO

é possível", afirmou, "obter as reformas internas em nossos países da América Latina sem atingirmos o processo espoliativo que mina nossas energias."[52] A solução seria a expropriação das empresas estrangeiras no Brasil. Não seria o caso, como o de Cuba, de implementar "medidas totais". Bastaria indenizá-las descontando os lucros que obtiveram à custa do trabalho dos brasileiros, por meio de fraudes. "O leitor conhece alguma parte do mundo que assegure o seu desenvolvimento se está submissa ao imperialismo?", perguntou Brizola.

Além das encampações e da independência nas relações com os Estados Unidos, Brizola pregava as reformas reclamadas pelas esquerdas. A rapidez com que os grupos políticos radicalizaram suas posições no governo Goulart permitiu que Brizola, acompanhando-os, avançasse nas suas proposições. Se, inicialmente, ele pregava uma revolução que obedecesse aos trâmites institucionais, na "paz", como dizia, logo passou a defender a insurreição popular se as reformas fossem proteladas. Ainda em 1960, declarava: "Só um inconsciente não vê que estamos vivendo o desenvolvimento de um processo revolucionário. De início, a ordem será mantida. Mas, se as coisas continuarem como vemos, a inconformidade popular, depois de alcançar a classe média e a chamada pequena burguesia, atingirá os próprios quartéis."[53] Em um folheto distribuído a uma organização de estudantes, ele dizia: "Tenho certeza inabalável de que amanhã não seremos apenas nós, mas milhões de outros brasileiros que não hesitarão em trilhar os caminhos da revolução, se os caminhos das reformas não levarem o nosso país à posse de seu destino." A estudantes da UNE, defendeu "a receita que aplicaram a Cuba". O chamado "caso cubano", alegou Brizola, pode ser "um espelho que, desditosamente, venha ser o nosso futuro, se os termos de nossas relações com os Estados Unidos continuarem como até agora".[54] Seu prestígio no campo nacionalista, popular e de esquerda era muito grande. O próprio Luís Carlos Prestes, em entrevista na televisão, perguntado se Brizola poderia desempenhar no Brasil o papel que Fidel Castro representou em Cuba, disse: "Creio que pode. As condições brasileiras são tais que um homem que tenha visão política, que não esteja preso por interesses a grupos monopolistas estrangeiros e ao latifúndio, pode ser o chefe da revolução brasileira."[55]

A comparação com Fidel não era destituída de sentido. De acordo com a avaliação de Luís Mir, Brizola, na crise da renúncia, realizou um feito extraordinário e insuperável na história militar brasileira: destruiu a imagem do monolitismo do Exército — e a facção vencedora em 1964 jamais o perdoaria por isso. Os militares que, mais tarde, assumiriam o poder com a derrubada de Jango, presenciaram, pela primeira vez na história do Brasil, uma intervenção na vida política do país impedida por um civil. Dispondo apenas de uma rádio, uma brigada militar e voluntários civis, Brizola imobilizou o Exército, a Aeronáutica e a Marinha de Guerra. Na avaliação de Luís Mir, ele "tinha aptidões de líder e caminhara na beira do abismo com a tranquilidade de um passeio doméstico". Por isso, a comparação com o líder cubano. Na verdade, o próprio Fidel acreditou que Brizola poderia fazer no Brasil o que ele próprio fizera em Cuba. Daí que as comparações não podem ser avaliadas como exageradas ou equivocadas. Ambos, inclusive, partilhavam o discurso nacionalista e anti-imperialista. O próprio governo norte-americano identificou em Brizola uma ameaça desestabilizadora do continente. O jornal *New York Times*, em editorial, identificava nele a maior ameaça aos Estados Unidos após a Revolução Cubana. Os norte-americanos não estavam equivocados. Brizola radicalizava suas posições muito rapidamente e, ainda em fins de 1961, convenceu-se da necessidade de criar uma organização revolucionária, dispondo, para isso, de oficiais nacionalistas, sargentos e marinheiros. Fidel Castro encontrou em Brizola aquele que poderia seguir o modelo cubano adaptado à realidade brasileira.[56] Na verdade, o apoio mútuo abriria opções para ambos. Brizola não dispunha de um partido político. O PTB, embora com posições cada vez mais à esquerda, não seguiria um projeto revolucionário de tipo fidelista. Além disso, a maioria dos membros do partido seguia a liderança de João Goulart. Desse modo, dispor de um partido próprio com o apoio cubano era uma alternativa que Brizola não poderia declinar. Fidel Castro via sua influência no Brasil bloqueada por Luís Carlos Prestes. Ambos, dispondo de imenso prestígio, concorriam como lideranças esquerdistas latino-americanas. Fidel encontrava em Brizola um interlocutor importante no Brasil.

Cabe, por fim, uma ressalva. Muitas interpretações, com tendências a personalizar a História, culpam a atuação de Leonel Brizola pelo desgaste político de João Goulart e pela deflagração do golpe militar. Seu radicalismo, sua intolerância, seu sectarismo e sua pregação revolucionária teriam minado a autoridade do presidente e aberto caminho para sua

O DIFÍCIL CAMINHO DO MEIO

deposição. Ora, analisando as esquerdas naquela época, ali estavam presentes líderes sindicais, camponeses, estudantis e subalternos das Forças Amadas, grupos marxistas-leninistas, políticos nacionalistas. Essa era a esquerda da época que reconheceu em Leonel Brizola a liderança do movimento. Ele, naquele momento, interpretava suas ideias, suas crenças e seus projetos e, exatamente por isso, teve a liderança reconhecida. Se era radical, sectário, pregador revolucionário, defensor da ruptura institucional, era porque as esquerdas igualmente eram radicais, sectárias, pregavam a revolução e defendiam a ruptura institucional. Ambos falavam a mesma linguagem e tinham projetos em comum. Essa era a esquerda brasileira em época de radicalização.

Jango queria manter suas bases de apoio à esquerda. Havia chegado à presidência da República com um país dividido e sob gravíssima crise militar e política. Como afirmei anteriormente, escolhera a estratégia política de desarmar seus opositores da direita civil e militar, esforçando-se para ampliar sua base política com o apoio do centro, sobretudo com o PSD. Sua estratégia de governo era unir o centro pessedista e a esquerda trabalhista e, com a maioria no Congresso Nacional e o reforço da tradicional aliança entre o PSD e o PTB, implementar reformas negociadas e pactuadas pela via parlamentar. Jango esforçava-se no sentido de manter a aliança partidária que, no Congresso Nacional, dera estabilidade política ao governo de Juscelino Kubitschek. Para o presidente, homens como JK, Tancredo Neves, Amaral Peixoto e Ulysses Guimarães, todos do PSD, poderiam ser considerados conservadores, mas não eram reacionários e estavam dispostos a discutir as reformas, inclusive a agrária. O campo da direita golpista não era o PSD, mas a UDN — em particular a ala de extrema direita liderada por Carlos Lacerda. Além disso, a experiência republicana pós-Estado Novo demonstrava que, para ter estabilidade política, o regime presidencialista no Brasil exigia maioria parlamentar: Dutra e Juscelino a tiveram e completaram seus mandatos; Vargas e Jânio Quadros, com dificuldades nas relações com o Congresso Nacional, não terminaram seus governos. Jango tinha exemplos muito recentes para comprovar a necessidade de aliança com o PSD. Para Lucia Hippolito, o presidente tinha consciência de que sem o apoio da bancada majoritária na Câmara formada pelo PSD não teria seus projetos aprovados, incluindo as reformas de base.[57] Para as esquerdas, a estratégia presidencial era recusada e condenada: pactos, acordos e negociações com os pessedistas não passavam de "política de conciliação".

A euforia inicial das esquerdas com a posse logo foi transformada em impaciência. Estudantes, sindicalistas e intelectuais acreditavam que chegara a hora das reformas. Goulart, no primeiro ministério parlamentarista, o qualificou de "gabinete da conciliação". As esquerdas partiram da impaciência para a acusação. A diretoria da UNE, os militantes do CPC, a intelectualidade marxista, as organizações revolucionárias, os ativistas sindicais e muitos sargentos, maneira similar aos outros grupos esquerdistas, passaram a exigir de Jango o fim da "política de conciliação" com os pessedistas. Conciliação, aliás, era o termo mais insultuoso entre as esquerdas naquele momento. Em uma conjuntura política de crescente radicalização, aquele que não fosse radical era considerado conservador ou, mesmo, reacionário.[58] Além disso, as esquerdas acreditavam que o presidente poderia governar apenas com elas, sem o apoio do PSD. Desde que Goulart tomara posse, Brizola o aconselhava a dar um golpe de Estado: "se não dermos o golpe, eles o darão contra nós".[59] A alternativa, no entanto, era descartada pelo presidente. Não estava em seus planos tornar-se um ditador.

Para a coalizão radical pró-reformas, o Congresso Nacional tinha um perfil nitidamente conservador e, desse modo, não aprovaria as reformas. A estratégia adotada pelas esquerdas foi a de pressionar o legislativo, mobilizando trabalhadores, camponeses e estudantes nas ruas. Desprezando a atuação parlamentar, a opção foi pela ação direta. O conflito entre as esquerdas e a maioria conservadora no Congresso girava em torno de como implementar a reforma agrária. Para os grupos esquerdistas, a alteração da estrutura fundiária não poderia acarretar indenizações prévias em dinheiro, como exigia a Constituição, sob o risco de se tornar, como se dizia na época, uma "negociata rural". O PSD, com maioria no Congresso e fiel da balança política, concordava que parte do ressarcimento ao latifundiário fosse com títulos da dívida pública e, avançando para o perfil conservador do partido, aceitava que o princípio das desapropriações por interesse social atingisse apenas o latifúndio improdutivo ou inadequadamente cultivado. Para a coalizão radical pró-reformas, qualquer proposta que incluísse indenizações era inaceitável. Mais ainda, não fazia distinção entre latifúndios produtivos ou improdutivos. Minimizando o poder de veto da maioria parlamentar pessedista do Congresso Na-

O DIFÍCIL CAMINHO DO MEIO

cional, as esquerdas partiram para a estratégia de pressionar o governo com manifestações dos trabalhadores nas ruas, excluindo, nas palavras de Argelina Figueiredo, concessões ou compromissos políticos.[60] Atacando o Congresso Nacional e cobrando Jango, as esquerdas exigiam medidas radicais e imediatas.

Goulart, procurando ser fiel aos seus compromissos reformistas e nacionalistas, não abria mão das reformas. De acordo com seus planos, naquele momento seu objetivo mais imediato era recuperar seus poderes. Somente em um regime presidencialista, acreditava ele, as mudanças econômicas e sociais poderiam ser implementadas.

A estratégia foi mantida até as comemorações do 1º de maio de 1962. Ao falar para os operários da cidade de Volta Redonda, o presidente mudou o tom de seu discurso desde que assumira o poder, inaugurando, segundo algumas análises, sua "virada à esquerda". Após lembrar a criação da primeira usina siderúrgica no país e Getulio Vargas, "o comandante das primeiras batalhas pela libertação econômica do Brasil, criador da legislação social, o estadista sereno e amigo do povo", [61] Goulart historiou sua subida ao poder, enfatizando a crise militar e a solução parlamentarista. Disse aos operários que, naquele momento, seria a ocasião de perguntar se o povo, as classes médias e os trabalhadores do campo e da cidade estavam satisfeitos, usufruindo a tranquilidade e o bem-estar. "Minha opinião sincera é de que não." Denunciando o aumento do custo de vida e insistindo que as soluções não poderiam tardar, disse: "Chegou o momento de uma tomada de posição mais enérgica." Para o presidente, "há medidas providenciais e especialmente reformas — que o povo se habituou a identificar como reformas de base — que estão sendo reivindicadas pelos trabalhadores e impostas pelo interesse nacional e que continuam indefinidamente no plano dos debates, das conferências e da propaganda eleitoral": a reforma agrária, permitindo que a população participe dos "benefícios da civilização industrial"; a do sistema bancário, assegurando uma "organização de crédito e de financiamento capaz de alimentar o progresso econômico do país"; a eleitoral, "evitando injunções estranhas e inadmissíveis — demagógicas ou financeiras — na formação das Assembleias populares"; a regulamentação da lei de remessa de lucros para o exterior, disciplinando a aplicação interna do capital estrangeiro, entre outras medidas que permitiriam instaurar no Brasil "uma ordem social mais justa".

O presidente mostrava impaciência com as amarras do parlamentarismo, que tolhiam suas ações, impedindo-o de realizar as reformas de base. Embora algumas delas dependessem apenas de leis ordinárias, outras, afirmou, para surpresa de muitos analistas da época, não se efetivariam "se antes não se reformar parcialmente a Constituição de 1946". Alegando que não haveria tempo para que o atual Congresso realizasse mudanças constitucionais, apelou, então, para que os parlamentares tomassem "a iniciativa de outorgar aos mandatários que a Nação vai eleger em 7 de outubro poderes que lhes permitam promovê-la". Jango sugeria a convocação de uma Assembleia Nacional Constituinte. Finalizando seu discurso, disse que os candidatos que concorreriam nessas eleições deveriam ser representativos dos anseios e das aspirações do povo. "Nessa escolha, os trabalhadores — sempre vanguardeiros das justas reivindicações da nacionalidade — precisam ter papel preponderante, já que deles, de sua unidade, de sua luta e de seu voto podem depender as tendências do futuro Congresso Nacional." Goulart não foi compreendido pelas esquerdas, pois a convocação de uma Constituinte implicaria adiar por quase um ano qualquer reforma. Os grupos de direita receavam que mudanças constitucionais permitissem a ampliação do direito ao voto — aos analfabetos, por exemplo — e a reeleição do presidente da República.[62]

Goulart procurou aproximar-se dos setores nacionalistas e de esquerda, afastando-se do conselho de ministros, cuja maioria não compactuava com ideias reformistas. Com as novas determinações presidenciais, o "gabinete da conciliação" — com sua política de compromisso e de união nacional — perdeu o sentido. O presidente implementava sua estratégia de desgastar o gabinete de Tancredo Neves, demonstrando a inviabilidade do parlamentarismo no Brasil e a necessidade de um Executivo forte. Assim, ele deu início à campanha de retorno ao presidencialismo. Com o pretexto de que precisavam se desincompatibilizar para concorrerem às eleições de outubro de 1962, todos os ministros pediram demissão em 26 de junho.[63]

Na presidência da República, somente pessoas muito próximas conseguiam decifrar seu jeito de lidar com o mundo à sua volta. Segundo Raul Ryff, uma de suas características era ouvir muitas opiniões para, mais adiante, tomar decisões. Com simpatia e simplicidade, ele se dirigia a uma pessoa próxima dizendo: "Vem cá! Senta aí! Vamos conversar. O

O DIFÍCIL CAMINHO DO MEIO

que é que tu achas desse assunto?"[64] Jango perguntava reiteradamente sobre um mesmo tema. "Às vezes a gente até ficava admirado com a paciência dele", diz Ryff. Por vezes, convidava Wilson Fadul a passear de automóvel por Brasília à noite. Desarmado e sem seguranças, dirigia e conversava, falava de seus projetos e ouvia conselhos. Segundo Fadul, "ele não criava fantasmas, era um homem de convivência extremamente fácil e agradável".[65] Para Hugo de Faria, Goulart tinha "uma capacidade cavalar de escutar e de não dar opinião".[66] Para alguém de fora, ficava a impressão de que ele não tinha opinião formada, que acatava as indicações de seu pessoal mais próximo. A imagem de homem indeciso era reforçada por ele ser muito reservado. Seu jeito também permitia descrevê-lo como tímido. "O Jango dava essa impressão de timidez", avalia Ryff.[67] Na verdade, ele queria ouvir avaliações diferentes e, com ponderação, formar a sua opinião. Possivelmente foi algo que aprendeu com Vargas. Ser cauteloso e somente tomar decisões definitivas quando soubesse, com exatidão, suas repercussões. Ainda segundo Ryff, o estilo de perguntar, ouvir, dar assunto e demonstrar interesse pela opinião do outro era uma maneira de angariar simpatias e apoios pessoais. Afinal, trata-se de algo lisonjeiro ser consultado pelo próprio presidente da República.

Na percepção de Abelardo Jurema, Goulart tinha um estilo curioso, algo "malandro": aceitava a imposição, mas não fazia o que lhe era imposto. Podia, por exemplo, ceder à pressão de Brizola e demitir alguém, mas não nomeava gente indicada pelo cunhado.[68] Reservado em suas opiniões, fechado em seus sentimentos, Jango, para João Pinheiro Neto, durante toda a sua vida, foi um enigma: "Ninguém jamais conseguiu penetrar em seu mundo interior, nem mesmo os seus amigos mais chegados."[69] Ele não tinha confidentes, mas sabia ouvir e tinha a prudência de calar. Embora tivesse muitos amigos, a nenhum confiou seus segredos e sua vida interior. "Tal maneira de ser, introspectiva, fechada, fazia de Jango o senhor absoluto e exclusivo dos seus sentimentos e de suas ideias." Mesmo convivendo com ele durante anos, Raul Ryff não conseguia entender muito bem sua personalidade. Homem sem exaltações, sempre falando com tranquilidade e sem alterar a voz, Jango mudava quando discursava. De repente, ali estava outro homem, com oratória inflamada, falando com energia, conseguindo "transmitir esse calor humano à população, aos que o ouviam". Para Ryff era um mistério. Um homem quieto, "meio mineiro, um homem do campo, falando calmamente, gestos lentos e caminhada lenta. De repente, ia para uma tribuna e se exaltava, botava calor e alma nas palavras".[70] Evandro Lins e Silva ressalta que Jango não tinha erudição proveniente dos livros, mas era um homem de intuição, de uma arguta e viva inteligência. "Você ia explicar uma coisa qualquer, e ele já chegava ao fim rapidamente. Tinha uma agilidade intelectual muito grande para compreender os problemas que lhe eram explicados."[71]

Em outro aspecto, diz João Pinheiro Neto, "Jango era um homem extremamente educado, incapaz de indelicadezas e de exercitar qualquer espécie de autoritarismo. Nunca escutei sua voz alterada pela rispidez, pela impaciência ou pela gravidade dos enormes problemas que teve de enfrentar. Jamais se referia negativamente a quem quer que fosse, mesmo aos seus desafetos mais exaltados e mais intolerantes".[72] O sargento José Maria dos Santos define Jango como "uma figura cativante, deixando todo o mundo à vontade" com sua simpatia e simplicidade. Quando era apresentado a um sindicalista, trabalhador ou sargento, era comum ouvir dele: "Tem um cigarrinho aí?" Para José Maria, possivelmente era um elemento de seu estilo, um mecanismo para tornar-se próximo do inter-locutor.[73] Raul Ryff também afirma que, convivendo com Jango desde 1953, "nunca ouviu dele uma palavra de amargura ou ódio de quem quer que seja", nem mesmo de Lacerda.[74] Somente uma vez ele ouviu uma palavra negativa. Quando Ryff lhe mostrou um exemplar da *Tribuna da Imprensa* com a denúncia, em letras garrafais, da Carta Brandi, Goulart, ao ver a manchete, xingou: "Filho da puta." Contudo, imediatamente voltou ao seu estado normal, convidando Ryff a entrar no carro: "Entra aí para a gente conversar." Depoimento similar é o de Wilson Fadul, que diz ter visto Jango enfrentar situações muito complicadas "sem nenhum receio, sem levantar a voz, gritar ou reclamar. Ele não fazia reclamações de ninguém. Nunca ouvi dele uma palavra grosseira em relação aos ini-migos, mesmo no exílio. Tratava-se de uma pessoa extremamente bem educada".[75]

Mesmo na presidência da República, conservou os hábitos simples. Recusava-se, por exemplo, a fazer as refeições no salão de jantar do Pa-lácio Laranjeiras. Descobrira, no andar térreo, um pequeno gabinete. Ali almoçava e recebia as pessoas mais próximas. Quando estava no Rio de Janeiro, jantava e dormia no próprio apartamento da avenida Atlântica. Segundo João Pinheiro Neto, "Goulart era um homem de hábitos só-brios, tinha horror às pompas do poder".[76] Para outros, a simplicidade era traduzida na sinceridade de seus propósitos. Para Osvaldo Lima Filho, Jango, nascido na fortuna e grande estancieiro, surgia, para muitos, como um homem contraditório ao pregar a reforma agrária. No entanto, "ele era absolutamente sincero no seu esforço pela reforma social. Ele pode não ter sido hábil no governo, pode ter cometido erros, mas da sinceridade dele eu sempre estive convencido."[77] Miguel Arraes igualmente aponta algumas qualidades na personalidade de Jango, quando na presidência da República: "Jango era um homem extremamente hábil, uma pessoa capacitada para a condução do governo. Não era um intelectual, mas era um homem inteligente, afável, que tinha condições de numa roda de debates cativar e convencer as pessoas. Não era fraco, era um homem naturalmente humilde, do ponto de vista da sua postura diante dos fatos. Não era arrogante."[78]

Jango continuou o mesmo quando atuou no ministério do Trabalho — evitava qualquer tipo de discriminação. Raul Ryff comenta que, na Secretaria de Imprensa, os funcionários se queixavam fortemente de um colega, acusando-o de ser espião da UDN. Tantas foram as queixas que Ryff levou o problema a Goulart. "Mas ele é competente? Trabalha direitinho?", perguntou o presidente. Com a resposta afirmativa, ele completou: "Então, deixa lá. Ele é UDN, mas está na conversa." Em outra situação, Jango, em pleno voo para Porto Alegre, ouviu o seguinte comentário de seu ministro da Aeronáutica: "Olha, presidente, tenha um pouco de cuidado. É preciso um pouco de cuidado com o pessoal de esquerda, que se infiltra muito." Visivelmente insatisfeito, Jango imediatamente perguntou a Ryff por onde andava um antigo amigo que residia em Uruguaiana. Ao saber que ele ingressara na UDN, respondeu ao ministro: "Bem, ele era até um homem sério, um homem correto. Era até do Partido Comunista; agora virou UDN. Mas que queda violenta, não é?" Muito constrangido, o ministro da Aeronáutica nada respondeu. Na verdade, o tipo de conversa que desagradava a Jango era acusar as pessoas de "comunistas", "udenistas" ou outras classificações. Delações o incomodavam. Nessas horas, ele respondia com um misto de ironia e contrariedade. Assim, quando visitou os Estados Unidos, os jornalistas perguntaram se um assessor próximo a ele, chamado *Raife*, era do PCB. Mesmo sabendo que o tal *Raife* era Ryff, Jango se fez de desentendido: "*Raife?* Não, não conheço. Nunca ouvi esse nome. Aliás, é a primeira vez que estou ouvindo esse nome aqui. Não tenho nenhum auxiliar com esse nome, não. Além do mais, não faço distinção desse gênero no meu governo. Apenas me preocupo com o patriotismo e a capacidade de meus auxiliares. Não é esse o tipo de discriminação que faço."[79]

Outra característica que chamava a atenção das pessoas próximas era, no dizer de Hugo de Faria, a sua humanidade — o que havia de melhor nele, ressalta o auxiliar.[80] Quando não podia dar solução legal para ajudar alguém, ele metia a mão no bolso e dava o próprio dinheiro. Diante de um garoto pobre e com fome, ele não esperava muito: "Está aqui, duzentos cruzeiros, vai comer..." Segundo Hugo de Faria, mesmo como presidente da República, Jango não perdeu o lado humano. "Sendo um homem rico, podia ter-se apartado da pobreza ou dos trabalhadores. (...) bem-sucedido politicamente, podia se fechar em copas na presidência. O que acontecia era o contrário."

Como chefe da Casa Civil, Hugo de Faria, em algumas ocasiões, subia a rampa do Palácio com o presidente. Era o momento em que pessoas necessitadas se aproximavam para pedir alguma coisa. Jango mandava um ajudante de ordens ver o que queriam. A seguir, repassava os papéis com os pedidos para o chefe da Casa Civil: "Hugo, leva isso para o seu gabinete, veja e dê um jeito."

Certa vez, Jango o chamou em seu gabinete. Preocupado, disse que uma família vinda do Rio Grande do Sul chegara a Brasília em um carroção puxado por burros, mas, sem encontrar emprego, resolvera retornar. O problema é que os burros morreram e as pessoas necessitavam de outros. "Você podia comprar pela Casa Civil?" A resposta foi imediata: "Não posso, porque é ilegal comprar pela Casa Civil." Além disso, insinuou que desconfiava da veracidade daquela história. O presidente retrucou: "Não, coitado, ele está no carroção com a mulher, com os filhos... nós temos que dar um jeito." Ao final, um amigo empresário comprou os burros. Atitudes como essa, alega Hugo de Faria, "não eram demagógicas, porque ele não concorria a eleição alguma. Não podia ser reeleito. Aquilo era bondade, que nele extravasava por todos os poros".

Mesmo os inimigos declarados ele era incapaz de prejudicar. Impediu, por exemplo, que o Banco do Estado da Guanabara fosse à falência, o que prejudicaria a imagem de Lacerda como bom administrador. No Banco do Brasil, Hugo de Faria, por determinação do presidente, aumentou os redescontos para o Banco do Estado da Guanabara. Quan-

O DIFÍCIL CAMINHO DO MEIO

do entrou no Palácio do Planalto como presidente pela primeira vez, na mesa presidencial, Jango, junto a Hugo de Faria, encontrou um cheque de 50 milhões de cruzeiros emitido em favor de uma alta personalidade política que fazia o gênero puritano. Goulart, com o cheque nas mãos, confidenciou: "Esse cheque é uma prova de que o sujeito não é isso que dizem." A seguir, rasgou o documento. "Quer dizer, ele não queria perseguir ninguém."

Os depoimentos coincidem no sentido de afirmar que o presidente agia com lealdade, tanto na administração pública quanto com seus auxiliares. Evandro Lins e Silva comenta que, ainda na chefia da Casa Civil, Jango entregou-lhe um papel com reivindicações importantes. Pelos trâmites normais, o documento deveria ter passado pela Casa Civil. O presidente, ao entregar-lhe o documento, disse-lhe: "Isso aqui me foi trazido por companheiros do partido, amigos meus, que querem que eu despache esse processo em favor do interesse que eles pleiteiam. Peço que tu estudes esse processo e prepares o despacho como se tu fosses juiz decidindo uma causa." No dia seguinte, Evandro voltou com sua decisão, indeferindo o pedido. Jango assinou os termos da decisão e comentou: "Manda publicar. Mas não manda pelos escaninhos comuns, porque isso baterá em algum lugar onde a burocracia poderá travar. Chama alguém da Imprensa Nacional e manda diretamente fazer a publicação." De acordo com Evandro Lins e Silva, Jango poderia atender ao pedido dos amigos de seu partido sem nem mesmo a Casa Civil saber. Para ele, o presidente agia "como um magistrado, como chefe de governo. O interesse público é que devia prevalecer. Eu trabalhava com ele o dia inteiro e jamais ele me pediu para atender a um assunto que não fosse rigorosamente legal, correto e de acordo com o interesse público".[81] Celso Furtado também ressalta a maneira leal de Jango ao lidar com seus auxiliares. Quando esteve à frente da Sudene, durante a fase parlamentarista, Furtado ouviu do ministro da Viação e Obras Públicas que, com a proximidade das eleições parlamentares de 1962, ele deveria mudar sua maneira de administrar, atendendo a interesses eleitorais, ou então entregar o cargo. Furtado procurou Jango e explicou que sua situação na Sudene era insustentável. Como não mudaria seus métodos, teria que deixar o cargo. O presidente perguntou se ele queria continuar na luta pelo Nordeste. Ao perceber o interesse de Celso Furtado, disse-lhe: "Bem, para tirá-lo da Sudene são necessárias duas assinaturas — a do primeiro-ministro e a minha. E a mim cortam-me a mão, mas não assino a sua demissão."[82] A partir daí, o poder de Furtado na Sudene cresceu consideravelmente, não tendo que fazer concessões a ninguém.

Jango recebeu forte influência de Getulio. Como o mestre, evitava afoitezas, rompantes e a palavra solta.[83] O líder sindical Clodsmidt Riani, no entanto, percebeu com maior nitidez a diferença no estilo dos dois. Para ele, Getulio foi um nacionalista, e Jango, um progressista. Na relação com trabalhadores e sindicalistas percebia-se a marca de cada um. Com Getulio, havia cerimônia. Ele recebia os sindicalistas com simpatia e amabilidade, mas com a devida distância, marcando a diferença entre a autoridade pública e o interlocutor. No Palácio do Catete, os sindicalistas entregavam o memorial a Vargas e logo se despediam. Com Jango, era diferente. "Ele tinha um dom de ser dócil, de receber as nossas reclamações, os nossos protestos veementes, ele tinha paciência." Com Jango, os sindicalistas discordavam sem muita cerimônia. Além disso, "ele concedia audiência a qualquer hora, a qualquer momento que pudesse. Jango tinha uma natureza democrática e social. E muito humano. Democrata mesmo".[84]

A influência política de Getulio sobre Jango foi marcante. Na opnião de Leonel Brizola, entre as características da personalidade de Goulart que mais se destacaram, estavam sua dedicação, lealdade e fidelidade a Vargas.[85] "Quanto mais precária, mais difícil a situação do presidente Vargas, mais solidariedade ele tinha do João Goulart." Mais um traço marcante de sua personalidade: o nacionalismo. "Ele era um nacionalista inato."

Na avaliação final de Hugo de Faria, a maneira de Jango lidar com trabalhadores e sindicalistas revelava outra face de sua personalidade: a de "sonhar o impossível", algo que vem da área missioneira do Rio Grande do Sul. "O Dr. João Goulart queria fazer uma república como o Brasil funcionar, às vezes, no sistema missioneiro. Não era possível. Ele recebia os dirigentes sindicais sem horário; atendia às reivindicações impossíveis de ser atendidas ou tentava mandar-me atender. Acho que a maior característica dele era sonhar o impossível, politicamente falando."[86] Jango, contudo, não era muito dedicado à burocracia de Estado. Evandro Lins e Silva, quando chefiava a Casa Civil, percebia que o presidente manifestava grande interesse por assuntos que tratassem das reformas de base, mas mostrava-se entediado quando tinha que assinar processos. "Tinha horror a assinar papel, detestava a parte burocrática. Muitas vezes eu botava no avião aquelas malas com os processos para ele assinar, e era uma dificuldade."[87]

O DIFÍCIL CAMINHO DO MEIO

Na verdade, o ritmo de trabalho na política e na administração do país era cansativo. Além dos problemas políticos, Goulart tinha que administrar seus negócios. Ao tornar-se presidente, ele já era o maior invernador do estado do Rio Grande do Sul. Com os lucros, investia em terras. Apesar de envolvido completamente nas atividades políticas, sempre que tinha um tempo livre, estava em casa junto dos filhos. Para um observador atento, parecia que ao lado de João Vicente e de Denize ele encontrava a tranquilidade e a paz que faltaram durante o dia. As fotografias, hoje, revelam sempre o mesmo semblante ao lado dos filhos: olhando para eles com ternura e um sorriso de felicidade. Os poucos momentos de lazer eram desfrutados em um sítio no bairro de Jacarepaguá, na localidade conhecida atualmente como Gardênia Azul, Rio de Janeiro. Quando podia, nos finais de semana, ele viajava com a família para uma de suas fazendas. Podia ser a de São Borja, uma perto de Brasília ou mesmo a do Pantanal, mas sempre estava com a mulher e os filhos; essa era a grande alegria de Jango. Pescar era o de que ele mais gostava, principalmente nas terras que tinha em Goiás e Mato Grosso.[88] Com mais frequência, passava os finais de semana na fazenda Três Marias, no Pantanal matogrossense, a 130 quilômetros de Rondonópolis, às margens do rio Itiquira. Jango chegava na fazenda em seu avião particular, pilotado por Manoel Leães.[89] Geralmente iam Jango, Leães e o filho Laquito, além de dois ajudantes de ordens que levavam pilhas de processos para o presidente avaliar com mais calma. Os seguranças eram dispensados nesses dias. No sábado pela manhã, ele lia os processos e conversava com os peões sobre sua criação de gado nelore. Após a sesta, pegava um barco com Laquito e, no rio, pescava e caçava — de patos a jacarés. Sua predileção, no entanto, era pescar pacus e dourados para depois cozinhá-los.

Jango tinha outras fazendas em Mato Grosso, no Rio das Mortes e em Barro Alto, mas não escondia sua predileção pela Três Marias, justamente pela simplicidade do lugar: geladeira a querosene e gerador de luz desligado à noite.

Um momento de alegria para Jango na presidência da República foi quando a seleção brasileira de futebol ganhou a Copa do Mundo em 1962. Ele recebeu os jogadores para um banquete na Granja do Torto e abriu a residência para receber populares que se aglomeravam nos portões.

* * *

Maria Thereza criou uma rotina para a família. Inicialmente, matriculou João Vicente e Denize em uma escola. Para ela e Jango, os filhos tinham que conviver com outras crianças;[90] não havia sentido protegê-los do mundo. João Vicente ficava feliz em levar os amiguinhos para o Palácio, especialmente em dias de festa. Eles ainda não percebiam o significado do cargo do pai, embora, certa vez, João Vicente tenha chegado em casa magoado porque, na escola, um menino o chamara de "filho do presidente". Ele não gostou. Sentiu-se discriminado.

Maria Thereza assumiu a tarefa de implantar a Legião Brasileira de Assistência (LBA) em Brasília. Primeiro, conseguiu uma casa pequena. Nela, fundou a instituição e organizou uma equipe de funcionários. Em pouco tempo, a LBA já atendia a pessoas na capital do país. A prima Iara a ajudou bastante com orientações na parte política e na administrativa. Logo ela conheceu um novo ritmo de vida. Saía de casa às 9h e trabalhava até a hora do almoço. Ia rapidamente até a casa. Após cuidar da alimentação das crianças, retornava ao trabalho e ficava até as oito da noite. A equipe de funcionários era muito dedicada. Além de Iara Vargas e da amiga Maria Moreira, Maria Thereza era assessorada por vários diretores. Empresários do Rio de Janeiro e de São Paulo colaboraram nas atividades sociais. Envolvida pelo trabalho, ela viajou por vários estados em busca de apoio político para a entidade, articulando um movimento com as primeiras-damas para amparar os menores carentes. Todas elas deram total apoio às iniciativas da LBA — à exceção de uma, que não quis receber Maria Thereza. Ao final, o entrosamento entre elas permitiu à instituição uma série de programas de assistência social para as crianças nos estados. No cargo, ela percebeu quanto era possível fazer para minorar o sofrimento dos setores mais desamparados da sociedade e canalizar as iniciativas daqueles que queriam ajudar. Segundo Maria Thereza, essa foi a parte mais rica de sua experiência à frente da LBA: "Se você mobiliza, as pessoas se apresentam para ajudar." Muitos empresários fizeram doações sem necessidade de muita insistência. Recursos privados não lhe faltaram.

Como primeira-dama, a relação com a imprensa foi tensa. Maria Thereza percebeu, cedo, que ser famosa tinha um custo — e não apenas no Brasil. Fica-se muito exposto às críticas. Além disso, a mídia necessita de notícias que chamem a atenção do público. E pode haver algo mais chamativo que uma primeira-dama muito bonita, com apenas 25 anos?

O DIFÍCIL CAMINHO DO MEIO

Assim, ela recebeu muitos e exaustivos elogios. Falavam de sua aparência física, das feições de seu rosto, de sua dedicação como esposa e mãe. Foi capa várias vezes das revistas *Manchete, Fatos e Fotos, Stern, Life*, entre outras. Ela também foi objeto de todo o tipo de comentários, muitos deles extremamente maldosos. Eram comuns as aleivosias sobre sua vida privada, em especial seu casamento. Um estilo lacerdista que misturava agressividade, calúnia e difamação. Embora Maria Thereza não entendesse os motivos de tanto ódio, sabia que os ataques à sua conduta moral visavam a atingir muito mais a Jango do que a si mesma.

Mesmo assumindo o papel de primeira-dama, com todos os rituais e formalismos do cargo, não abriu mão de sua privacidade. A "casa", o "lar", no sentido afetivo, era dela. Ali viviam seus filhos, sua família e seus objetos particulares. Ela soube separar o papel de mãe e de esposa do de primeira-dama. Assim, para que uma não atrapalhasse a outra, ela seguia à risca o mundo perfeito da primeira-dama do país. O protocolo dizia quais os compromissos do dia, da semana, do mês, tudo por escrito. Ali estavam indicados o tipo de roupa a usar, se deveria falar ou ficar quieta, tudo previsto minuciosamente. Com tudo planejado em detalhes, o ritual ficava fácil de ser cumprido. Maria Thereza seguia à risca o que o cerimonial lhe pedia, mas preservava sua vida privada, criando um esquema diferenciado do palaciano. Ela manteve o apartamento na avenida Atlântica, deu um toque pessoal na Granja do Torto e continuou com o mesmo motorista e os mesmos empregados. Desse modo, Maria Thereza e a primeira-dama conviveram sem conflitos.

Com a renúncia de Tancredo Neves, San Tiago Dantas, por defender a política externa independente, recebeu o apoio das forças de esquerda, dos grupos nacionalistas e do movimento sindical, surgindo como o nome natural do PTB para assumir o cargo de primeiro-ministro. Goulart o indicou para assumir a chefia do gabinete, embora imediatamente passasse a trabalhar contra a sua própria indicação. Segundo Argelina Figueiredo, San Tiago Dantas, por suas posições moderadas a favor das reformas e o seu comprometimento com o sistema parlamentarista, surgia como uma ameaça ao seu objetivo de recuperar os poderes presidenciais.[91] Os conservadores não viram a escolha de San Tiago Dantas como a mais sensata, particularmente devido a sua atuação progressista à frente do Ministério das Relações Exteriores — a exemplo do reatamento de relações com a

União Soviética e da posição assumida, em janeiro, na Conferência de Punta del Este, contrária aos interesses dos Estados Unidos. Assim, udenistas e pessedistas vetaram sua indicação. Não foi preciso, na verdade, muito esforço do presidente.

Em sua estratégia de desgastar o parlamentarismo, Goulart, diante do veto dos conservadores, nomeou um deles para o cargo: Auro Moura Andrade, presidente do Senado. A aprovação de seu nome ocorreu sem problemas no Congresso, com grande votação dos parlamentares do PSD, da UDN, do PDC, do PSP e do PRP. Somente o PTB votou contra. A reação das esquerdas foi imediata, como esperava Jango. Um grupo de sindicalistas, entre eles Dante Pellacani, Domingos Álvares e Luís Tenório Lima, reuniu-se com os dirigentes da Federação dos Metalúrgicos de São Paulo e do Fórum Sindical de Debates. Os objetivos eram deflagrar uma greve geral em desagravo a San Tiago Dantas e permitir que Jango organizasse um gabinete progressista favorável às reformas. A Confederação Nacional dos Trabalhadores na Indústria (CNTI) fez o mesmo. A greve permitiu a criação do Comando Geral da Greve, embrião do Comando Geral dos Trabalhadores (CGT). Auro Moura Andrade renunciou imediatamente. A manobra de Goulart, nesse episódio, foi bem-sucedida. Sua intenção era criar um impasse. Não podendo indicar um nome progressista, optou pelo de um conservador, despertando reações das esquerdas. Além de buscar apoio em sua base política, o presidente procurava limitar a atuação dos partidos políticos na escolha do gabinete e ainda desmoralizava o sistema parlamentarista.[92]

Mesmo com a renúncia de Auro Moura Andrade a greve foi realizada em 5 de julho. Goulart imediatamente convocou os líderes grevistas para uma audiência em Brasília, inaugurando algo novo na política brasileira até então: negociações diretas entre o presidente e os líderes sindicais.[93] A atitude, em nível presidencial, sem dúvida, foi uma novidade. Não para João Goulart, cujas iniciativas para conversar e tecer acordos com sindicalistas vinham desde a época em que assumira o Ministério do Trabalho. Ele transferia práticas já tradicionais do âmbito ministerial para a esfera da presidência. Jango, nesse momento, procurou aproximar-se do movimento sindical para compensar a oposição udenista. Com as bandeiras das reformas, bem como benefícios aos trabalhadores, como a instituição do 13º salário, o presidente aprofundava suas relações com os sindicalistas.

O DIFÍCIL CAMINHO DO MEIO

A questão da sucessão do gabinete foi resolvida com a indicação de Francisco de Paula Brochado da Rocha, ex-secretário do Interior e Justiça do governo de Leonel Brizola no Rio Grande do Sul, aprovado pelo Congresso Nacional em 10 de julho. Na opinião de Hugo de Faria, o novo primeiro-ministro foi "um dos homens mais puros que já vi na minha vida, mais corajosos e mais corteses. Era de uma polidez extraordinária, de uma coragem tremenda e de uma limpeza moral, de uma probidade extraordinária".[94] Seu nome foi aprovado com ampla maioria de votos; somente o desaprovaram a UDN e setores do PSP. Segundo Maria Celina D'Araujo, o novo primeiro-ministro pertencia ao círculo de homens de confiança de Brizola.[95] O PTB radical encontrou, assim, meios de se impor no cenário político nacional. O movimento sindical, no entanto, vetou a indicação de dois ministros do novo gabinete. Ao saber que o presidente da Varig seria indicado para a pasta da Viação e Obras Públicas e Hugo de Faria para a do Trabalho, um grupo de sindicalistas, liderados por Clodsmidt Riani, foi até o Palácio Laranjeiras para falar com o presidente. Estafado pelas longas negociações para a indicação do primeiro-ministro, sem ter dormido na noite anterior, Goulart pediu para não ser incomodado. Foram recebidos pelo general Amaury Kruel, que se prontificou a encaminhar as reivindicações. Riani e os colegas não concordaram. Por fim, Jango os recebeu. Eles não aceitavam que Hugo de Faria assumisse o Ministério do Trabalho, como também argumentaram não ser correto nomear o presidente de uma empresa aérea para a pasta da Viação. Goulart, paciente, pediu-lhes que esperassem. Após levar o problema a Brochado da Rocha, parlamentares do PTB e do PSD foram consultados por telefone. Depois, voltou a conversar com os sindicalistas e garantiu que eles não seriam nomeados.[96]

Com um novo ministério,[97] Jango assumiu o compromisso de adotar um programa de combate à inflação. Uma das primeiras medidas do novo primeiro-ministro foi solicitar ao Congresso delegação de poderes ao governo para legislar sobre o monopólio da importação de petróleo e derivados, o comércio de minérios e materiais nucleares, o controle da moeda e do crédito, o Estatuto do Trabalhador Rural, os arrendamentos rurais, a desapropriação por interesse social e a criação de um órgão estatal para viabilizar a reforma agrária.[98] A solicitação, polêmica, logo sofreu oposição do Conselho Superior das Classes Produtoras. Os partidos formaram comissões para estudar as medidas. O CGT, mesmo exigindo a volta do presidencialismo, declarou seu apoio ao novo gabinete, desde que algumas exigências fossem cumpridas, como a supressão da Lei de Segurança Nacional, o aumento de 100% para o salário mínimo e a implantação das reformas de base.

Jango também avançou na estratégia de reaver seus poderes presidenciais. O Ato Adicional que havia instaurado o sistema parlamentarista, em seu artigo 25, dizia que o Congresso Nacional poderia aprovar a realização de um plebiscito para confirmar a manutenção do regime de gabinete ou o retorno ao regime presidencialista. No caso de convocação da consulta popular, ela deveria ocorrer nove meses antes do término do atual mandato presidencial. A estratégia de Jango era que o Congresso aprovasse o plebiscito e o antecipasse para dezembro.

A crise econômica e financeira se agravava. No primeiro semestre de 1961, antes da renúncia de Jânio Quadros, o produto interno bruto havia crescido 7,2% em relação ao ano anterior; a balança de pagamentos apresentava um déficit de 14 milhões de dólares, cifra tímida diante dos 430 milhões de 1960; a produção de petróleo subira de 78 mil barris para 95 mil, enquanto as atividades agropecuárias cresceram 10,2% comparadas a 1960. No entanto, após a crise da renúncia, os índices começaram a piorar. Assim, em 1962 a inflação no estado da Guanabara chegou a 47,2%, quando em 1960 havia sido de 23,7%. Para Goulart, os índices negativos e a instabilidade financeira e econômica resultavam da dinâmica do parlamentarismo, regime que impedia a implantação das reformas de base. A radicalização política fragilizava ainda mais o governo. Em setembro, Leonel Brizola, falando em nome das esquerdas, defendeu o fechamento do Congresso Nacional e pediu que o Exército restaurasse os poderes presidenciais de Goulart. Lacerda, mais uma vez, denunciou o perigo de golpe comunista prestes a ocorrer.

As difíceis negociações políticas mexiam com a saúde de Goulart. Na verdade, ele estava preocupado com o distúrbio cardíaco ocorrido poucos meses antes no México. Em julho, o cardiologista norte-americano John La Due, considerado um especialista na área, examinou o presidente e sugeriu mudanças em seu estilo de vida. Que Jango evitasse o sedentarismo, a alimentação pouco saudável e a ingestão de bebidas alcoólicas, pois estava com 92 quilos, acima do peso ideal.[99]

Apesar dos avisos médicos, Goulart manteve os mesmos hábitos e vícios, dedicando-se cada vez mais à política. Sua estratégia de governo

O DIFÍCIL CAMINHO DO MEIO

continuava sendo implementada. Segundo Mário Victor, a proposta de retorno ao presidencialismo tomou corpo, especialmente, nos meios militares. O marechal Henrique Teixeira Lott, por exemplo, alegou que "no Brasil, com um ano de parlamentarismo na República, o país já experimentou a ação de dois Conselhos de Ministros e um interregno de governo de quase três semanas, numa acefalia que causou grandes prejuízos à Nação".[100] Em agosto, os ministros militares se manifestaram, pedindo a antecipação do plebiscito. Brochado da Rocha, em discurso no Congresso, igualmente se manifestou favorável à medida. Contrariando a bancada udenista, a maioria dos parlamentares aprovou a antecipação para até 30 de abril de 1963. As pressões dos setores nacionalistas do Exército e das lideranças sindicais levaram Brochado da Rocha a pedir nova delegação de poderes ao Congresso e a propor a data do plebiscito para 7 de outubro de 1962.

O movimento pelo retorno ao regime presidencialista tornou-se majoritário dentro do Exército. Em novembro, Jango mandou chamar Wilson Fadul às pressas. Em campanha eleitoral em Mato Grosso, Fadul largou tudo e encontrou o presidente na Granja do Torto. Jango mostrou-lhe uma carta que acabara de receber do comandante do III Exército, general Jair Dantas Ribeiro, com assinaturas de apoio dos comandantes do I e II Exércitos, generais Osvino Ferreira Alves e Peri Bevilacqua. Na carta ao presidente, com cópias para o primeiro-ministro Brochado da Rocha e para o ministro da Guerra, general Nelson de Melo, o comandante do III Exército dizia: "Encontro-me sem condições de assumir com segurança e êxito a responsabilidade do cumprimento da missão, se o povo se insurgir contra o fato de o Congresso recusar o plebiscito. O povo é soberano no regime democrático. Negar-lhe o direito de pronunciar-se sobre o sistema de governo que lhe foi imposto é abominar o regime ou querer destruí-lo." O texto era um ultimato ao Congresso Nacional e, embora não estivesse escrito, havia velada ameaça de seu fechamento. Os ministros da Marinha e da Aeronáutica, diante da carta, manifestaram opinião favorável pela antecipação da consulta popular. O ministro da Guerra, Nelson de Melo, embora partidário do plebiscito, mostrou-se indignado: acusou Leonel Brizola de instigar a indisciplina do general Jair Dantas Ribeiro e tomou a decisão de punir o comandante do III Exército. A Fadul, Jango perguntou: "O que você acha disso?" Fadul preferiu perguntar: "Presidente, de onde surgiu esse documento, de onde surgiu essa ideia de levar o país a esse grau de tensão?" Para desarmar uma grave crise que se anunciava, Jango foi incisivo: "Nós temos que dar uma solução a esse problema. E a solução é uma solução difícil, porque, do ponto de vista político, depende da oposição. Nada posso fazer sem a oposição." Pediu, então, que Fadul procurasse o deputado udenista Pedro Aleixo para que, com o apoio da oposição, o plebiscito fosse antecipado. Os udenistas pediram que o plebiscito não coincidisse com as eleições parlamentares, evitando a vitória esmagadora do governo. Com o aval de Jango, o plebiscito foi marcado para 6 de janeiro de 1963, desarmando grave crise política e militar. Segundo Fadul, restava impedir que o general Nelson de Melo punisse o general Jair. A solução foi que Brochado da Rocha renunciasse ao cargo de primeiro-ministro, obrigando todo o ministério a acompanhá-lo. Ainda segundo versão de Fadul, Brochado da Rocha renunciou contrariado.[101]

O episódio merece esclarecimentos mais seguros. Contudo, as várias versões apontam para a participação de Leonel Brizola como figura central daquele episódio. Jorge Otero, por exemplo, afirma que Brizola teria planejado a crise junto com o general Jair e com o primeiro-ministro Brochado da Rocha. O objetivo era que essa crise promovesse a renúncia do primeiro-ministro e, consequentemente, a do general Nelson de Melo, de quem Brizola era adversário político.[102] Paulo Schilling, homem ligado a Brizola naquela época, afirma que Brizola e os generais Jair Dantas Ribeiro e Osvino Ferreira Alves planejaram pressionar o Congresso pela via militar e "popular", sobretudo com greves lideradas pelo CGT. O Poder Legislativo teria a alternativa de aprovar a delegação de poderes pedida por Brochado da Rocha ou ser fechado pela facção nacionalista do Exército liderada pelos generais Jair e Osvino e pelo próprio Brizola.[103] Luís Mir, todavia, tem uma versão diversa. Segundo ele, Brizola e os dois generais tramaram fechar o Congresso Nacional e dar a Goulart poderes excepcionais para decretar as reformas de base. O pedido de delegação de poderes faria parte do plano: se o Congresso não aprovasse o pedido e as reformas de base em 30 dias, seria fechado por um golpe militar liderado pelos generais que apoiavam Brizola. Jango, no entanto, tinha conhecimento de todas as articulações fornecidas pelos setores de informações do Exército. Segundo Luís Mir, o presidente sabia que, com um golpe, ele cederia seu lugar a Brizola. Chamou Brochado da Rocha e garantiu que se o Congresso Nacional fosse fechado haveria resistência

O DIFÍCIL CAMINHO DO MEIO

armada e a deflagração de uma guerra civil no país. Que ele arcasse com as consequências. Brochado da Rocha recuou da sua parte do plano. No pronunciamento que faria no Congresso Nacional, o primeiro-ministro leu um discurso que ressaltava a necessidade das reformas de base, mas omitiu a parte em que dava um ultimato ao Congresso — parte do plano golpista. A seguir, renunciou. Jango imediatamente afastou os generais próximos a Brizola de cargos de comando de tropa, desarticulando o esquema militar brizolista.[104]

Jango recebeu diversas propostas para tornar-se um ditador com o apoio do Exército. Segundo Hugo de Faria, na presença de Hermes Lima e de Raul Ryff, Goulart comentou que vários generais propuseram a ele um golpe para acabar com o parlamentarismo, restabelecendo o pre-sidencialismo, alternativa que se recusou a considerar. Hugo de Faria, brincando, disse-lhe: "Olha, presidente, nós somos muito jovens para terminarmos como o coronel Busch, que foi enforcado numa sacada do palácio em La Paz. Quer dizer, fazer isso é nos entregarmos aos militares e depois haver uma rebordosa. Não é a solução. A solução é a consulta ao povo, coisa que o senhor quer fazer."[105] De acordo com Moniz Bandeira, o general Amaury Kruel, na época chefe da Casa Militar, pregava o golpe de Estado liderado por Goulart, enquanto os comandantes do I, II e III Exércitos, generais Osvino Ferreira Alves, Peri Bevilacqua e Jair Dantas Ribeiro, queriam intervir na questão. Conforme o depoimento de San Tiago Dantas, o presidente resistiu a qualquer saída extralegal, obrigando o Congresso a aprovar a emenda do plebiscito.[106] A partir daí, e com o apoio militar, Jango se lançou com maior determinação para antecipar a consulta popular.

O gabinete de Brochado da Rocha renunciou em 14 de setembro. O CGT imediatamente decretou greve geral, com o apoio discreto da ala nacionalista do Exército. Leonel Brizola, em Proclamação ao Povo Brasileiro, acusou o general Nelson de Melo de golpista por desautorizar o comandante do III Exército a se pronunciar sobre o plebiscito, e de-nunciou o Poder Legislativo: "O povo não poderia esperar outra coisa de um Congresso constituído, em sua maioria, de latifundiários, financistas, ricos comerciantes e industriais representantes da indústria automobilís-tica, empreiteiros e integrantes das velhas oligarquias brasileiras."[107] Sob pressão do movimento sindical, das esquerdas e dos próprios militares, o Congresso aprovou a antecipação do plebiscito para 6 de janeiro de 1963.

As esquerdas avaliaram a queda do gabinete como uma derrota para o governo, sobretudo com a questão da delegação de poderes. No entanto, otimistas, interpretaram como avanços a antecipação do plebiscito e a saída do general Nelson de Melo do Ministério da Guerra, definido pelos sindicalistas como homem reacionário, bem como a sua substituição pelo general Amaury Kruel, amigo pessoal do presidente. Depois de assumir a pasta, Kruel atacou duramente o regime parlamentarista: "O sistema em vigor veio instaurar na República o reinado da irresponsabilidade, impedindo o governo de governar; gerou o estado de perplexidade da opinião pública, emperrando o mecanismo da administração e suscitando o enfraquecimento do ritmo vital do país."[108] Com o apoio militar, Goulart foi vitorioso em sua estratégia de desacreditar o parlamentarismo.

A coalizão radical de esquerda, avançava em sua estratégia do confronto. Um episódio é revelador do clima de radicalização no país. Segundo Flávio Tavares, o coronel Nicolau José de Seixas, nomeado por Goulart para chefiar o Serviço de Repressão ao Contrabando, obteve informações de que enormes caixas de geladeiras teriam chegado em Dianópolis, no interior de Goiás, cidade, na época, desprovida de energia elétrica. Desconfiado de que se tratava de contrabando de armas pelos fazendeiros da região, o coronel montou uma verdadeira operação de guerra. Um grupo de policiais rapidamente tomou o local. Embora não conseguisse prender os homens do acampamento, encontraram as "geladeiras". Para seu espanto, o coronel percebeu que o lugar era um campo de treinamento militar das Ligas Camponesas. As caixas continham muitas bandeiras cubanas, retratos e textos de Fidel Castro e de Francisco Julião, manuais de instrução de combate, planos de implantação de outros futuros focos de sabotagem, descrição dos fundos financeiros enviados pelo governo cubano para montar diversos acampamentos guerrilheiros, bem como esquemas para sublevação armada das Ligas Camponesas em outras regiões do país. Para Flávio Tavares, em pleno regime democrático, "uma agrupação de esquerda preparava a derrubada pelas armas de um governo no qual, pela primeira vez na História do Brasil, havia ministros de esquerda, socialistas e comunistas".[109] O coronel Seixas, precavido, entregou o material diretamente a Jango. Espantado, o presidente soube da participação cubana para derrubar seu governo. Imediatamente chamou o embaixador cubano e disse que se sentia traído. Afinal, sob sua determinação, o representante brasileiro na OEA manifestou-se contra

O DIFÍCIL CAMINHO DO MEIO

a intervenção militar em Cuba. Dias depois, Fidel Castro enviou um de seus ministros para falar diretamente com o presidente. No Palácio do Planalto, Goulart entregou a ele todos os documentos apreendidos em Dianópolis. Dessa maneira, dava o episódio por encerrado. Contudo, o avião da Varig que levou o ministro cubano para o seu país sofreu uma pane antes de aterrissar em Lima, no Peru, vindo a cair. A pasta do ministro com todos os documentos foi parar nas mãos de agentes da CIA. Os norte-americanos, deste modo, tiveram acesso a materiais que comprovavam a intervenção cubana nas Américas, permitindo uma série de acusações a Fidel Castro.

Desde a posse de Goulart na presidência da República que as teses de luta armada se fortaleciam de maneira acelerada entre os setores das Ligas Camponesas e entre os nacional-revolucionários brizolistas. Com Jânio, os cubanos ainda tiveram certos cuidados. Afinal, o presidente brasileiro reconhecia a revolução e até condecorara Che com a mais importante insígnia do país. Com a renúncia, os cubanos se sentiram livres para ajudar grupos que se propunham a implantar guerrilhas no Brasil. Assim, o projeto militar das Ligas começou a ser implementado ainda antes do Congresso Camponês de Belo Horizonte, em outubro de 1961. Segundo o responsável pelo setor militar das Ligas, Clodomir Santos de Morais, diversas bases foram implantadas no país: na divisa do Piauí com Bahia, no sul da Bahia, em Mato Grosso, no interior do estado do Rio de Janeiro, em Goiás, no oeste do Paraná, Maranhão e na fronteira do Acre com a Bolívia.[110] A base de Rio Preto, interior do estado do Rio, visava a sabotar as vias rodoviárias, ferroviárias e energéticas entre São Paulo, Rio de Janeiro e Belo Horizonte, enquanto a do Acre tinha como objetivo estocar armas compradas na Bolívia. Segundo versões, nunca confirmadas, o regime cubano financiou a implantação das bases. No entanto, a queda do grupo guerrilheiro em Dianópolis desarticulou todo o esquema.

A imagem de Francisco Julião era a de um fenômeno latino-americano. O governo norte-americano, o PCB, a Igreja no Brasil e o Exército brasileiro o vigiavam de perto, enquanto Pequim e Havana acreditavam que a América Latina vivia um processo revolucionário.[111] Porém, muito de perto, a imagem era outra. Leonel Brizola, sem querer, foi um dos que se desiludiram com o líder pernambucano. Ambos se reuniram no Rio de Janeiro e concluíram que, na revolução brasileira, a insurreição civil-militar do primeiro e a guerra camponesa do segundo não se excluíam.

311

JOÃO GOULART – UMA BIOGRAFIA

Brizola colocou à disposição de Julião alguns homens da Brigada Militar gaúcha dispostos a dar treinamento e assessoria militar a militantes camponeses. Com a aliança estabelecida, oficiais da Brigada foram para o Nordeste com a tarefa de treinar milhares de homens. Depois de três meses sem nada fazer, eles voltaram indignados. O exército de camponeses só existia na imaginação de Francisco Julião. Sem ter a intenção, Brizola provou que muitas afirmações de Julião não passavam de bravatas.

A situação política no Brasil começou a preocupar o governo norte-americano. Em meados de 1962, o embaixador dos Estados Unidos no país, Lincoln Gordon, relatou a Kennedy suas impressões. Inicialmente, denunciou as atividades de Leonel Brizola, cujos discursos na televisão foram qualificados de "corrosivos". Em conversa com o presidente norte-americano, Gordon disse que a tônica das declarações de Brizola, com base em um forte antiamericanismo, era a de dizer que "os Estados Unidos estão exaurindo o país; as empresas americanas estão esgotando o país; somos responsáveis pela mortalidade infantil, por todas as mazelas que há debaixo do sol. Essas coisas... totalmente irracionais e altamente emocionais".[112] Kennedy perguntou ao seu embaixador se as acusações contra as empresas norte-americanas eram verdadeiras. Tratava-se, na avaliação do embaixador, de um mito dizer que as remessas de lucros drenavam a economia brasileira. Segundo suas contas, saíam por ano do Brasil cerca de 60 milhões de dólares, sendo que 40% eram lucros do setor privado. "Uma mixaria", segundo Gordon. Era necessário considerar, em outro aspecto, que os investimentos norte-americanos no Brasil contrabalançavam os dólares que saíam. Além disso, as negociações para indenizar as empresas que Brizola nacionalizou não avançavam. No momento, a política de Kennedy para o Brasil, continuou o embaixador, deveria limitar-se a incentivar os setores identificados com o centro político, a apoiar com dólares candidaturas de conservadores nas próximas eleições legislativas.

Em certo momento da conversa com o presidente norte-americano, Lincoln Gordon referiu-se a uma possível intervenção dos militares brasileiros. "Gostaria de alertar o senhor sobre a possibilidade de uma ação militar. Há uma grande probabilidade de isso acontecer." Mas não era o momento de incentivar golpes. Devia-se, sim, aproveitar o respeito que Goulart dedicava a Kennedy e o orgulho que sentia por ter estabelecido relações positivas com os Estados Unidos para obter indenizações das

O DIFÍCIL CAMINHO DO MEIO

empresas expropriadas e evitar novas nacionalizações de empresas norte-americanas. Ao mesmo tempo, seria preciso organizar e apoiar forças políticas e militares conservadoras para diminuir o poder do presidente Goulart "ou, num caso extremo, para derrubá-lo, se for preciso". Kennedy e seu embaixador no Brasil tinham as mesmas preocupações. Eles não eram contra golpes militares, desde que fossem contra a esquerda, sobretudo no caso de Jango entregar o Brasil aos comunistas. "Noto que os militares são muito afáveis conosco; são tremendamente anticomunistas e suspeitam de Goulart", completou o embaixador. Entretanto, continuou em seu argumento, "os militares não estão unidos. Por isso, as coisas se tornam mais complicadas. Alguns deles são decididamente de esquerda, inclusive certos oficiais de alta patente".

A Agência de Desenvolvimento Internacional (Usaid) enviou ao Brasil, a partir do primeiro semestre de 1962, milhares de cidadãos norte-americanos no projeto conhecido como Corpos da Paz (*Peace Corps*). Distribuindo alimentos, roupas e remédios, preferencialmente para a população miserável do Nordeste brasileiro, eles também atuariam na possibilidade de um plano de ocupação do país. Segundo o depoimento de Lincoln Gordon, junto aos Corpos da Paz estavam infiltrados 40 mil soldados e agentes norte-americanos. "Número suficiente para, com o recebimento de armas e suprimentos por via marítima, intervir militarmente em 48 horas depois de os militares derrubarem Goulart e iniciarem a guerra civil."[113] Naquele momento, a estratégia de Washington não era derrubar Goulart do poder, mas cerceá-lo politicamente, fortalecendo os grupos conservadores e de direita e reforçando suas posições no Brasil, inclusive militares. Por enquanto.

Com Hermes Lima no cargo de primeiro-ministro, o novo ministério foi empossado em 18 de setembro de 1962.[114] Nesse momento, o parlamentarismo era um regime em absoluto descrédito. Goulart, que tudo fazia para inviabilizá-lo, passou a realizar uma intensa campanha para retornar ao presidencialismo. Grupos conservadores, as esquerdas e mesmo o empresariado uniram-se pela volta ao antigo regime. Concomitantemente ao movimento pela restauração dos poderes do presidente, ocorreu a campanha eleitoral de 1962.

Enquanto Jango se preparava para assumir seus poderes, setores políticos, empresariais e militares articulavam-se em instituições para conspirar contra o governo de maneira mais organizada. A primeira delas foi o Instituto de Pesquisas e Estudos Sociais, o IPES. Fundado no início de 1962, inicialmente publicava livretos, patrocinava palestras, financiava viagens de estudantes aos Estados Unidos e ajudava a sustentar organizações estudantis, femininas e operárias conservadoras. Em fins do mesmo ano, setores mais conservadores e anticomunistas reorientaram o órgão no sentido de derrubar o governo. Para isso, aproximaram-se de setores militares, recrutando muitos oficiais reformados das Forças Armadas para criar um serviço de inteligência. Com a atuação decisiva de Julio de Mesquita Filho, o IPES passou a estocar armas.[115] Desde sua fundação até março de 1964, gastou cerca de 200 mil a 300 mil dólares por ano a propagar mensagens contra o governo na sociedade e entre os militares. Com verbas de grandes empresas estrangeiras, europeias e norte-americanas, a organização estendeu sua influência aos jornais e às agências de publicidade, orientada, segundo Moniz Bandeira, pela CIA. Sempre batendo na tecla do anticomunismo, assustando os quartéis com a suposta infiltração comunista no governo, o IPES, sob a orientação do general Golbery do Couto e Silva, aproximou-se da Escola Superior de Guerra.

Outra organização que procurou desestabilizar o governo foi o Instituto Brasileiro de Ação Democrática, o IBAD. Igualmente sob a orientação da CIA, subvencionou diretamente candidaturas conservadoras no pleito eleitoral de 1962, todas comprometidas em defender o capital estrangeiro, condenar a reforma agrária e recusar a política externa independente. Nessas eleições, os gastos no financiamento de candidatos alcançaram, segundo informações do embaixador norte-americano no Brasil, a cifra de 5 milhões de dólares. O IBAD tornou-se uma *holding* de diversas outras organizações, a exemplo da Ação Democrática Parlamentar (ADP), da Campanha da Mulher Democrática (CAMDE), da Frente da Juventude Democrática (FJD), da Resistência Democrática dos Trabalhadores Livres (REDESTRAL) e do Movimento Sindical Democrático (MSD), os dois últimos ligados à AFL-CIO.[116] Diversos outros grupos se formaram para combater Goulart, entre eles o Grupo de Atuação Patriótica, o GAP, formado por jovens ricos, com idades entre 17 e 26 anos, todos sob a liderança do almirante Sílvio Heck. Com propostas baseadas no mais radical anticomunismo e com o apoio dos jornais dos Diários Associados e *O Globo*, o GAP combatia a UNE, chegando a estocar armas em um sítio em Jacarepaguá, no Rio de Janeiro.[117] Por meio dessas organizações, o IPES e o IBAD, dispondo de grandes recursos financeiros, desenvolveram

O DIFÍCIL CAMINHO DO MEIO

ampla campanha anticomunista. Segundo René Dreifuss, as duas instituições atuaram como espécie de "Estado-Maior da burguesia multinacional-associada". Recorrendo à propaganda política, o objetivo era convencer as classes médias de que Goulart tinha intenções de comunizar o país.[118] Na avaliação de Rodrigo Patto Sá Motta, são diversos os autores que consideram a propaganda anticomunista uma manobra para acobertar golpes de Estado. No caso do IPES e do IBAD durante o governo Goulart, o anticomunismo não passaria de simples "fachada" para legitimar o golpe e o regime autoritário. Segundo o autor, "uma análise mais nuançada do fator manipulatório produziria uma avaliação mais próxima da verdade. Há algum exagero na suposição de que o temor ao comunismo fosse, meramente, uma manobra utilizada por conspiradores ocultos, visando a conduzir uma massa de tolos em direção ao golpe. Na verdade, a hipótese de que os grupos conservadores tinham no golpe sua opção primordial possui alguns pontos fracos. (...) O comportamento de alguns segmentos conservadores em relação a Goulart não foi, todo o tempo, de oposição sistemática. Durante uma primeira fase do governo, e inclusive durante o início do período presidencialista, João Goulart contou com a simpatia de parcelas importantes do campo conservador. Antes da opção definitiva pelo golpe, houve tentativas de afastar o presidente dos aliados de esquerda, numa demonstração de que a solução golpista não era o principal horizonte. Foi somente no início de 1964 que a coalizão conservadora, majoritariamente, inclinou-se pela ruptura institucional. Até então a direita radical, mais especificamente, os anticomunistas extremados, encontravam-se numa posição isolada em relação à opinião conservadora".[119]

Mesmo com o financiamento empresarial aos candidatos da direita, nas eleições de 1962, o PTB aumentou a sua bancada no Congresso, passando de 66 para 104 deputados, embora a UDN e o PSD, juntos, alcançassem 54% das cadeiras. Leonel Brizola, candidato a deputado federal pelo estado da Guanabara, obteve uma votação extraordinária, surgindo, assim, como a grande liderança no campo das esquerdas. No entanto, para os executivos estaduais, à exceção da vitória de Miguel Arraes em Pernambuco, a direita conseguiu governos importantes, como Ademar de Barros em São Paulo e Ildo Meneghetti no Rio Grande do Sul. Em termos gerais, o resultado foi avaliado por Jango e pelas esquerdas com otimismo, como um avanço na luta nacionalista e pelas reformas de base.

315

Goulart, entre as eleições e a realização do plebiscito, adiou qualquer medida de impacto. Mas, em busca de recursos, criou a tarifa fiscal e o empréstimo compulsório sobre a energia elétrica, permitindo a rápida implantação da Eletrobras. O ministro da Fazenda anunciou um plano para estabilizar a moeda e diminuir os déficits do Tesouro, medidas, contudo, sem os resultados esperados. Outras iniciativas foram a criação do Grupo de Coordenação do Comércio com os Países Socialistas (COLESTE) e a formação da Zona de Livre Comércio, como recomendava o Tratado de Montevidéu, que instituiu a Associação Latino-Americana de Livre Comércio (ALALC). Na área trabalhista, o primeiro-ministro atendeu ao pedido de líderes sindicais de rever o salário mínimo. João Pinheiro Neto propôs o reajuste em 55,25%, medida aprovada pelo conselho de ministros, embora o movimento sindical reivindicasse um índice bem mais elevado. Inovações verdadeiramente impactantes foram implementadas no campo da Educação. Sem contar com a Universidade de Brasília, uma reviravolta no academicismo estéril que dominava o sistema universitário brasileiro, Darcy Ribeiro, no Ministério da Educação, publicou a Enciclopédia da Professora Primária, em nove volumes. Além de uma gramática e um atlas, manuais pedagógicos foram publicados — *Como alfabetizar, Como ensinar a ler, a escrever e a contar, Como ensinar aritmética, Como ensinar ciências naturais, Como ensinar história, Como organizar a recreação e os desportos na escola*. Outra iniciativa foi o lançamento da Biblioteca Básica Brasileira, em 10 volumes, com 15 mil exemplares cada, enviada para escolas secundárias e universidades, cobrindo os clássicos brasileiros da literatura, história, língua, entre outras áreas. A Lei de Diretrizes e Bases da Educação, finalmente, foi efetivada, exigindo que 12,45% do orçamento federal fossem investidos exclusivamente no setor. Outras experiências, também inovadoras, foram testadas com grande sucesso. O prefeito de Natal, Djalma Maranhão, patrocinou a campanha "De pé no chão também se aprende a ler". Nas praias da capital, armaram-se imensos barracões que, enfileirados, serviam como salas de aula. Dali, as crianças saíam para brincar na areia, no mar e, quando sentiam fome, entravam em um dos barracões para se servir de farta comida.[120]

Miguel Arraes assumiu o governo de Pernambuco em outubro de 1962, com grande apoio popular. Desde a segunda metade dos anos 1950, os trabalhadores rurais procuravam organizar-se na luta contra a

O DIFÍCIL CAMINHO DO MEIO

dura exploração que sofriam nos canaviais. Quando ele chegou ao governo, as Ligas já tinham formado comitês em dez estados do Nordeste. Miguel Arraes, portanto, tinha que lidar com um quadro social explosivo. Seus primeiros atos foram garantir o pagamento do salário mínimo ao trabalhador rural e estimular o diálogo entre camponeses e proprietários. Miguel Arraes "revolucionou" a política do estado com uma medida muito simples: o cumprimento da lei. Impondo a obediência à legislação em vigor, os camponeses passaram a ter direito ao salário mínimo e ao 13º salário, e os latifundiários não mais disporiam, de maneira arbitrária, do apoio da polícia estadual para reprimir e prender grevistas ou manifestantes. O simples cumprimento da lei beneficiou amplamente o movimento camponês, dinamizando as lutas sociais no campo. Em grande parte, a oposição das elites rurais a Miguel Arraes se apoiava no fato de que, em seu governo, a polícia não estava mais à disposição delas, como fora até então. Ele também articulou a Frente Unida de Governadores no Norte na luta pelo desenvolvimento econômico da região.[121] A defesa da reforma agrária alimentou ainda mais seu prestígio no campo popular e, a partir daí, passou a concorrer com Prestes, Goulart e Brizola na liderança do movimento reformista.

Novos problemas surgiram para Jango — a deterioração das relações com os Estados Unidos foi um dos mais difíceis. Inicialmente, quando o Congresso Nacional aprovou, em setembro de 1962, a Lei de Remessa de Lucros para o exterior.[122] A nova legislação era bastante severa quando comparada com a anterior. Depois, a questão cubana, com a crise dos mísseis soviéticos. Kennedy escreveu uma carta a Goulart propondo a invasão da ilha, com a participação de militares brasileiros, caso o governo soviético não desmontasse a base de mísseis em território cubano. Jango, em resposta, mostrou-se contrariado com a proposta, afirmando a oposição do Brasil à invasão de Cuba, bem como insistindo no princípio de autodeterminação dos povos. Na minuta da carta a Kennedy, Jango, em texto ainda manuscrito, afirmou que "sempre nos manifestamos contra a intervenção militar em Cuba porque sempre reconhecemos a todos os países, independentes de seus regimes ou sistemas de governo, o direito de soberanamente se autodeterminarem".[123] Mais ainda, insistiu no "legítimo direito de Cuba de se defender de possíveis agressões, partissem de onde partissem e que visassem pela força ou pela violência a subjugar a sua soberania ou a impedir o direito de autodeterminação do povo cubano". Por fim, sobre as ameaças norte-americanas de invasão da ilha, alegou que "nunca reconheceremos a guerra como instrumento capaz de resolver conflitos entre nações". Ao mesmo tempo, enviou carta a Fidel Castro manifestando as mesmas preocupações de Kennedy, sobretudo com a instalação de mísseis nucleares, embora fosse contra a intervenção de tropas norte-americanas. Instruiu o representante brasileiro na OEA a aprovar o bloqueio naval à ilha, mas se opor a qualquer invasão militar. A medida permitiu que as esquerdas formulassem contundentes críticas a Jango. Kennedy igualmente o criticou, lembrando a questão das encampações de empresas norte-americanas, assunto que não fora resolvido.[124] Então, o presidente norte-americano cancelou a viagem que faria ao Brasil em abril, combinada quando Goulart esteve em Washington. O motivo alegado foi a existência de "sinais de esquerdização" do governo brasileiro. Enviou, porém, seu irmão Robert para negociar pessoalmente com Jango.

O secretário de Justiça norte-americano, Robert Kennedy, já era conhecido no Brasil por suas declarações insultuosas contra Goulart e Brizola. Além de qualificar o primeiro como chefe de um governo "desastroso", acusou ambos de enriquecerem no exercício do poder. John Kennedy, por diversas vezes, passou a se referir de maneira muito negativa ao Brasil, ressaltando a inflação descontrolada, o descalabro econômico-financeiro, a pobreza no Nordeste do país, o perigo de "soluções totalitárias", entre outros comentários depreciativos. Assim, sem ser convidado oficialmente, Robert Kennedy chegou ao Brasil para conversar com Goulart. Entre as esquerdas, difundiu-se a notícia de que o secretário de Justiça viria cobrar indenizações da ITT e da American and Foreign Power Company (AMFORP). Esta última tivera a sua subsidiária brasileira no Rio Grande do Sul, a Companhia de Energia Elétrica Rio-Grandense, expropriada por Leonel Brizola. Outros boatos também corriam, como o que tratava da desaprovação ao aumento do comércio exterior brasileiro com os países do leste europeu.

A chegada de Robert Kennedy ao Brasil foi inesperada, pretendendo ser mesmo sigilosa. Segundo documentos norte-americanos liberados ao público em 2001, sua missão era pressionar Goulart, exigindo dele uma definição ideológica clara a favor dos Estados Unidos em troca de empréstimos em dólar.[125] Na verdade, o governo norte-americano preocupava-se com o plebiscito que, em algumas semanas, poderia devolver

O DIFÍCIL CAMINHO DO MEIO

a Jango seus poderes. Com o retorno do sistema presidencialista, visto como praticamente certo pelos analistas, surgiu, no grupo mais próximo a Kennedy, o receio de que, sob a liderança do presidente brasileiro, o país se aproximasse do bloco soviético ou, na pior das hipóteses, implantasse um regime similar ao cubano. Acompanhado de um tradutor e do embaixador norte-americano no Brasil, Lincoln Gordon, Robert Kennedy foi recebido por Goulart e, durante três horas e quinze minutos, mantiveram conversações marcadas por momentos de tensão e de cordialidade. Indo direto ao assunto principal, Robert propôs financiamentos em troca do alinhamento político. Jango garantiu que seu governo não tinha uma diretriz antinorte-americana, mas lembrou que os ataques que sofria dos grupos conservadores brasileiros, inclusive contra ele pessoalmente, o levaram a aliar-se com as esquerdas e com o movimento sindical. Sem essa base, garantiu, já teria sido derrubado. Um momento tenso, que gerou irritação no presidente, foi a acusação de que haveria comunistas no governo. Segundo Robert, "não temos problema com a independência política brasileira, mas nos opomos a que essa independência se torne sistematicamente antiamericana". Goulart reagiu com indignação. Tratava-se, alegou, de um exagero dizer que havia elementos de extrema esquerda em seu governo e afirmou que ele, pessoalmente, nunca permitira que membros da administração pública atacassem os Estados Unidos. A seguir, o presidente pediu nomes. O irmão de Kennedy, diante da reação de Jango, recuou, pedindo ao embaixador norte-americano que se manifestasse. Gordon também se recusou a citar nomes, mas fez referências a atividades esquerdistas na Petrobras, no Ministério de Minas e Energia, na Sudene e no BNDE. Com habilidade, o presidente, insistindo na liberação de empréstimos para investimentos na infraestrutura do país, perguntou aos norte-americanos se Celso Furtado poderia ser qualificado de comunista. Eles não souberam responder. Outro assunto tocado por Kennedy foi o radicalismo de Leonel Brizola. Goulart, nesse aspecto, fez questão de se distanciar politicamente dele, reconhecendo que, em termos de política externa, o cunhado era uma "pedra no sapato". Frisou que a encampação das empresas norte-americanas no Rio Grande do Sul não fora resultado do radicalismo de Brizola, mas, sim, da intransigência das companhias em relação às indenizações. Em seguida, fez uma afirmação desconcertante para os norte-americanos: "O embaixador Roberto Campos, por exemplo, culpa os termos de comércio por grande parte dos problemas do balanço de pagamentos. Se ele critica os Estados Unidos, o que poderíamos esperar de elementos de esquerda como o grupo de Brizola, definitivamente ávido por criar atritos entre nós?"

Na versão do próprio Jango, em depoimento concedido a Moniz Bandeira, a conversa foi "um pouco dura". Robert Kennedy mostrou-se preocupado com a presença de comunistas no governo e nos sindicatos, insinuando que o Brasil poderia ter problemas ainda maiores com os Estados Unidos se não reprimisse o movimento operário. O presidente, repelindo as insinuações, disse que o assunto era de foro interno do país, não comportando interferência de nações estrangeiras. O enviado norte-americano igualmente mostrou-se preocupado com o aumento do comércio exterior brasileiro com o bloco socialista. Goulart lembrou que os soviéticos estavam dispostos a negociar seus produtos por mercadorias brasileiras, e não por dólares, mas que daria preferência aos norte-americanos, se eles oferecessem as mesmas condições, sem dispêndio de divisas. E sobre os interesses da Hanna, o presidente disse que não se tratava de discriminar empresas norte-americanas, mas que ela se submetesse ao plano siderúrgico do Ministério das Minas e Energia. Algo, no entanto, ficou claro para Goulart: o governo Kennedy estava disposto a negociar financiamentos com o governo brasileiro desde que o Brasil se alinhasse, de maneira incondicional, com a política externa norte-americana, particularmente na questão cubana.[126] Por fim, Robert prometeu que a visita do irmão ao Brasil poderia ser novamente agendada, desde que Jango se livrasse dos "elementos antiamericanos" de seu governo. Um almoço, com a participação do suposto "comunista" Celso Furtado, encerrou as conversações.

A posição brasileira na crise dos mísseis cubanos foi intolerável para Kennedy. A disposição que, até então, o presidente norte-americano demonstrava em negociar com Goulart as indenizações das empresas expropriadas e em apoiar políticas de desenvolvimento para o Brasil cessou, dando lugar a uma hostilidade pessoal contra o presidente brasileiro. Para Kennedy, os governos cubano e brasileiro, de maneira indiscriminada, surgiam como ameaças aos Estados Unidos. A estação geradora de energia elétrica movida a óleo diesel que Goulart presenteara os cubanos, levada até a ilha por um avião da FAB logo a seguir, somente reforçou em Kennedy o sentimento de que Goulart representava um perigo para a segurança nacional de seu país.[127]

O DIFÍCIL CAMINHO DO MEIO

No início de dezembro, Jango viu-se envolvido em nova crise governamental. João Pinheiro Neto, ministro do Trabalho, acusou, pela televisão, o embaixador norte-americano no Brasil, Lincoln Gordon, o embaixador brasileiro nos Estados Unidos, Roberto Campos, e o diretor da Superintendência da Moeda e Crédito, Otávio Gouveia de Bulhões, de submeterem o Brasil ao programa de estabilização do FMI. Para o presidente, a declaração de seu ministro foi desastrosa. No plano externo, Goulart tentava renegociar empréstimos norte-americanos e, no plano interno, agia no sentido de ampliar o apoio social e político para a volta do presidencialismo. Então, procurando evitar um desgaste maior, solicitou que João Pinheiro Neto se demitisse. Mas, sentindo-se respaldado pelo CGT, o ministro negou-se a entregar o cargo.[128] Sem alternativa, o presidente viu-se obrigado a demitir o amigo da pasta do Trabalho, mesmo sob protestos dos sindicalistas. Certamente não foi fácil para Jango demiti-lo, sobretudo pela fidelidade que dedicava aos amigos. Sabendo que João Pinheiro estava magoado, ele telefonou para Samuel Wainer pedindo a sua intervenção. O diretor da *Última Hora* chamou o ex-ministro em sua residência e lhe disse: "Jango quer falar com você. Vá, converse com ele, e em seguida pegue sua mulher, desapareça uns dias, volte e recomece a escrever sua coluna lá na *Última Hora*. Muita gente quer intrigar você com o Jango. Não faça o jogo dessa turminha.(...) Vá, vá falar com o Jango." Goulart já o esperava no Palácio Laranjeiras. Sorridente, ele recebeu João Pinheiro com a simpatia de sempre. Ao ser perguntado se estava zangado, o presidente respondeu: "Não sou um gênio, muito longe disso. Nem sequer sou um grande político ou um estadista como o Dr. Getulio, mas de uma coisa não abro mão: a minha dedicação e lealdade aos pequenos, aos deserdados da sorte, aos milhões de brasileiros que vegetam na miséria, maltratados e explorados por essa nossa elite egoísta." Após uma pausa, recostou-se no sofá, esticou a perna e continuou: "Tudo o que sou e fui na política devo a eles, aos humildes e explorados. É uma gente grata, reconhecida ao quase nada que se faz por elas. Por isso chamei-te aqui. Cultiva essa boa gente, eles gostam de ti, tu és moço. Quanto a mim, sinto-me cansado, não tenho nenhuma preocupação especial com o poder, estou nisso apenas para ser fiel às ideias do Dr. Getulio. Não demora muito e passo a bola." Esboçando um meio sorriso, apontou, então, para um ponto do sofá de luxo, de aparência heráldica. Nele havia um buraco feito por um descuidado fumante. Apontou também para um tapete caro, manchado por cinzas de cigarros e café. "Estás vendo, isto é o poder quando alicerçado na confiança dos humildes." Ao se despedirem, Goulart estendeu-lhe a mão e, quase num sussurro, disse: "Ah, as nossas elites... Quanto a mim, tenho por elas o maior desprezo. E digo mais: não troco um único trabalhador por cem grã-finos arrumadinhos."[129] Para Darcy Ribeiro, que convivia com ele no Palácio, Jango exercia o poder como um fardo pesado, não sabia tirar prazer ou gratificações dele, exatamente o contrário de Juscelino Kubitschek, que gostava de ser presidente da República e vivia intensamente o cargo. Goulart, diversamente, parecia assumir tudo aquilo como uma missão a ser cumprida. O que o fazia suportar tantas pressões era sua determinação em implementar as reformas defendidas pelos trabalhistas desde meados dos anos 1950. Era como se fosse uma destinação, concluía Darcy Ribeiro.[130]

Embora convivesse com sucessivas crises, o debate sobre o plebiscito estava nas ruas. O comitê da campanha favorável ao presidencialismo foi indicado pelo próprio Goulart. José Luiz Magalhães Lins, diretor do Banco Nacional de Minas Gerais, encarregou-se de arregimentar profissionais em publicidade; Antônio Balbino, do PSD, assumiu a parte política; Hugo de Faria ficou responsável pela arrecadação de fundos. Após alugarem um conjunto de salas no centro da cidade do Rio de Janeiro, começaram a trabalhar. A grande dificuldade era explicar ao eleitor que, para permitir que Goulart exercesse poderes no sistema presidencialista, tinha que votar "não". Na FIESP, Hugo de Faria, com a presença da imprensa, de rádios e de emissoras de televisão, explicou por que os industriais deveriam apoiar financeiramente a campanha pelo retorno do presidencialismo. Após a palestra, arrecadou mais de 100 milhões de cruzeiros. Um empresário procurou-o oferecendo um cheque de 20 milhões: "Ótimo, mas não é para mim. Deposite na conta do plebiscito." O dono do cheque argumentou: "Ah, mas eu gostaria de pedir a sua atenção para o preço do leite..."[131] Hugo de Faria, indignado, respondeu: "Estás vendo aquela porta ali? Pode sair. Não estou trocando favores de governo, não. Estou querendo que a indústria dê os recursos, porque é do interesse da indústria a estabilidade nacional, mais nada." Sem opções, o empresário do leite recuou: "Está bem. Então eu dou os 20 milhões assim mesmo." Ao final da campanha, Hugo de Faria arrecadara 183 milhões de cruzeiros.

Não faltou o apoio da maior parte da imprensa ao presidente. Com exceção de O Globo e O Estado de S. Paulo, a maioria dos jornais do Rio

O DIFÍCIL CAMINHO DO MEIO

e de São Paulo apoiara sua posse na crise de agosto de 1961. Os mesmos jornais, incluindo *O Globo*, inclinaram-se pela emenda parlamentarista. Na campanha do plebiscito, esses jornais mostraram-se favoráveis ao retorno ao presidencialismo, incluindo *O Globo*. Em um de seus editoriais, Roberto Marinho, referindo-se a Jango, definiu-o como uma "revelação de comedimento, moderação e prudência".[132]

Em 6 de janeiro, a população foi às urnas manifestar-se sobre a forma de governo. A vitória de Goulart foi avassaladora: dos 11,5 milhões de eleitores, quase 9,5 milhões, ou cinco em cada seis, aprovaram o retorno do regime presidencialista.[133]

Goulart assumiu seus poderes com a aprovação maciça da população. O plebiscito, na verdade, era a sua eleição para a presidência da República. Seu prestígio, naquele momento, era imenso. Seu programa era, como todos sabiam, o das reformas de base. Com tamanha legitimidade e apoio popular, ele poderia implementar o programa reformista até mesmo contra o Congresso Nacional. Conversando com Waldir Pires e Darcy Ribeiro no terraço dos fundos do Palácio da Alvorada, ambos insistiram com o presidente que o plebiscito fora ganho em nome da implementação das reformas de base. Irredutível, ele contestou: "Essa coroa eu não ponho na minha cabeça."[134]

Em 24 de janeiro de 1963, Goulart empossou o novo ministério. Os nomes refletiam uma nova tentativa de procurar apoio no centro político, como fizera com Tancredo Neves, evitando a radicalização.[135] Em sua estratégia de governo, a primeira etapa fora vitoriosa: ele havia conseguido desarmar seus opositores conservadores e, com grande esforço, ampliara sua base política com o apoio do centro, sobretudo com o PSD, embora com o custo de ser acusado de "conciliador" por suas bases de esquerda. Além disso, seguindo sua estratégia, ele também fora vitorioso ao sabotar o sistema parlamentarista, tornando-o inviável em termos políticos e administrativos. Restava, agora, dar continuidade a seus planos: implementar uma política de diálogo e de entendimento com os partidos políticos, em particular com as duas agremiações que, até então, haviam sustentado a República: o PSD e o PTB. Unindo o centro e a esquerda, reforçando a tradicional aliança entre pessedistas e petebistas, Goulart, com maioria no Congresso Nacional, acreditava executar as reformas de base a partir de acordos, pactos e compromissos entre as partes. Nesse sentido, seu governo, em termos de política econômica, procurou conciliar medidas de estabilização econômica com propostas reformistas. Ao mesmo tempo, Jango não descuidou do respaldo militar: além do amigo pessoal Amaury Kruel na pasta da Guerra, contava com o apoio declarado dos comandantes do I e III Exércitos, generais Osvino Ferreira Alves e Jair Dantas Ribeiro. O general Amaury Kruel mostrou-se a mais leal e dedicada liderança militar do presidente. Com os governadores dos estados mais importantes hostis a Goulart, como Lacerda na Guanabara, Magalhães em Minas Gerais, Ademar em São Paulo e Meneghetti no Rio Grande do Sul, o ministro da Guerra, segundo Jorge Otero, incentivava o presidente a intervir nesses estados. Diante dos argumentos de Jango de que o Congresso não permitiria, Amaury Kruel incitava o presidente a dissolver o parlamento. "É meu dever suportar todos os inconvenientes do regime para garantir, também, a permanência das mudanças", argumentava o presidente. Na lógica de Goulart, ele alcançara a presidência da República em nome da democracia e da legalidade. Como, agora, investir contra tudo isso? As reformas seriam realizadas pelas vias democráticas. Somente assim elas teriam a legitimidade necessária para transformar a sociedade brasileira. Para Kruel, tratava-se de uma atitude ingênua, embora merecedora de respeito.[136]

O ministério formado após o plebiscito era um conjunto de nomes importantes: João Mangabeira, Hermes Lima, Antônio Balbino, José Ermírio de Moraes, Celso Furtado, Darcy Ribeiro, San Tiago Dantas, Evandro Lins e Silva, entre outros. Segundo Hugo de Faria, Goulart tinha uma certa fascinação por pessoas de brilho intelectual. Assim, ele ouvia com atenção Hermes Lima, Evandro Lins e Silva e Waldir Pires. No entanto, a parte crítica de seu governo, como San Tiago Dantas, Antônio Balbino e o próprio Hugo de Faria, causava-lhe contrariedades. Segundo este último, "inúmeras vezes tive que criticar o presidente em coisas que ele fazia". E isso, continua Hugo de Faria, o irritava, porque quando se sobe ao poder as sensibilidades se alteram, principalmente uma vez que a vitória de Jango com a consulta popular fora avassaladora. Basta lembrar que, enquanto Jânio Quadros foi eleito com 6 milhões de votos, Goulart obteve 11 milhões favoráveis no plebiscito.[137] Mas, após essa vitória, ainda na avaliação de Hugo de Faria, começou o processo de radicalização política. "O pessoal de esquerda resolveu ficar como dono da vitória."[138]

O DIFÍCIL CAMINHO DO MEIO

No início de 1963, sob a liderança de Leonel Brizola, surgiu a Frente de Mobilização Popular, qualificada por Ruy Mauro Marini como um "parlamento das esquerdas".[139] Ali estavam reunidas as principais organizações de esquerda que lutavam pelas reformas de base, inclusive a Frente Parlamentar Nacionalista. A FMP esforçava-se para que João Goulart assumisse imediatamente o programa reformista, especialmente na estrutura agrária, mesmo à custa de uma política de confronto com a direita e os conservadores, incluindo o PSD. Ao mesmo tempo, procurava se impor como força viável às reformas diante das posições do PCB, interpretadas como moderadas. Apresentando-se como uma espécie de Frente Única de Esquerda, a Frente liderada por Brizola procurava convencer Goulart a implementar as reformas de base unicamente com o seu apoio político, desconhecendo outras organizações do leque partidário brasileiro, inclusive as de centro. Na FMP estavam representados os estudantes, por meio da UNE; os operários urbanos, com o CGT, a Confederação Nacional dos Trabalhadores na Indústria (CNTI), o Pacto de Unidade e Ação (PUA) e a Confederação Nacional dos Trabalhadores das Empresas de Crédito (CONTEC); os subalternos das Forças Armadas, como sargentos, marinheiros e fuzileiros navais com suas associações; facções das Ligas Camponesas; grupos de esquerda revolucionária como a AP, o POR-T e segmentos de extrema esquerda do PCB; a intelectualidade de esquerda com o Comando Geral dos Trabalhadores Intelectuais (CGTI), bem como políticos do Grupo Compacto do PTB e da Frente Parlamentar Nacionalista; a esquerda do PSB; o grupo político de Miguel Arraes e os nacional-revolucionários, que, no PTB, seguiam a liderança de Leonel Brizola. Segundo Herbert de Souza, o Betinho, na época militante da AP, a FMP foi uma vivência rica para as esquerdas. "Foi uma experiência aberta, um fórum de debates, de articulação, de politização."[140]

Defendendo o programa máximo de reformas, os grupos e partidos políticos reunidos na FMP recusavam a estratégia de atuar no parlamento e exigiam de Jango a implementação imediata de um governo nacionalista e de esquerda. Insistindo que o Congresso Nacional era formado por "latifundiários" e que, portanto, não aprovaria a reforma agrária, recusavam, de maneira contundente, a estratégia de Jango de ter maioria parlamentar com o apoio do PSD. Tendo o apoio do povo, dos trabalhadores e das esquerdas, todos pressionando nas ruas o Congresso Nacional, Jango poderia aprovar as reformas de base. Ao recusar a estratégia do presidente de aliar-se ao PSD, qualificada pejorativamente de "política de conciliação", as esquerdas agrupadas na FMP apostavam na "política do confronto".

O Partido Comunista Brasileiro não ingressou na FMP. Apesar de manter o diálogo com a organização liderada por Leonel Brizola e partilhar das mesmas preocupações políticas, o PCB era, naquele momento, o maior e mais importante partido de tradição marxista do país. Mas a posição do PCB em relação a João Goulart era similar à da FMP, acusando-o de "conciliar com os inimigos do povo". Até fins de 1963, o Partido Comunista denunciou sistematicamente a política "conciliatória" de Jango com o PSD de emperrar o avanço da revolução brasileira. O PCB também partilhava das teses da FMP de que o Congresso Nacional, pelo seu caráter conservador, não aprovaria as reformas de base, sendo necessárias pressões sobre o governo. Goulart, para os comunistas do PCB e para a FMP, deveria governar apenas com as esquerdas.[141]

Nesse momento a crise econômica e financeira do país era extremamente preocupante. O crescimento da produção nacional em 1962 foi de 3,7%, mas, em 1961, tinha sido de 7,7%. No mês de dezembro de 1962, a inflação alcançara a casa dos 8%, mas a anual foi de 52,7%. As emissões de papel-moeda chegaram a Cr$ 508 bilhões em 1962, quando, no ano anterior, foram de 313 bilhões.[142] A balança de pagamentos apresentou déficit de 400 milhões de dólares, sendo que os serviços da dívida externa e as remessas de lucros para o exterior foram de 596 milhões de dólares. Para manter o fluxo das importações eram necessários novos empréstimos, subordinando ainda mais o país aos banqueiros internacionais.[143]

Goulart, na avaliação de Moniz Bandeira, tinha o projeto de retomar o modelo de desenvolvimento getulista, com investimentos na infraestrutura econômica, em bens de produção e na ampliação dos direitos sociais dos trabalhadores. Até o final de seu governo, incentivou a Companhia Vale do Rio Doce a construir o porto de Tubarão, inaugurou as usinas siderúrgicas de Cosipa, Cariacica, Usiminas e Aço de Vitória, além da Eletrobras. Estabeleceu ainda as bases para a criação da Embratel, com a regulamentação do Código Brasileiro de Telecomunicações e a criação do Conselho Nacional de Telecomunicações. Em outro aspecto, executou o Plano Nacional de Educação, investindo dezenas de bilhões de cruzeiros, financiou apartamentos em conjuntos habitacionais, inaugurou hospitais regionais da Previdência Social, incentivou a sindicalização rural e re-

O DIFÍCIL CAMINHO DO MEIO

gulamentou o Estatuto do Trabalhador Rural.[144] Enviou, ainda, mensagem ao Congresso Nacional propondo a criação do 13º salário para os trabalhadores.[145]

Uma semana antes do plebiscito, Goulart anunciou ao país seu plano de governo: o Plano Trienal. Formulado por Celso Furtado, ministro extraordinário do Planejamento, e pelo ministro da Fazenda San Tiago Dantas, o plano, segundo análise de Argelina Figueiredo, visava a um duplo objetivo: de um lado, obter o apoio político dos grupos conservadores e da opinião pública em um momento de transição para o regime presidencialista; de outro, procurava ganhar a confiança dos credores externos, em especial os norte-americanos, assegurando o refinanciamento da dívida externa e permitindo ajuda financeira adicional.[146] As metas principais eram combater a inflação sem comprometer o desenvolvimento econômico e, em um passo seguinte, implementar reformas no aparelho administrativo, no sistema bancário, na estrutura fiscal e, em particular, fazer a reforma agrária. Seu programa de governo incluía medidas ortodoxas, como o plano de estabilização negociado com o FMI, e a alternativa estruturalista, como a reforma agrária. Embora os objetivos traçados por Celso Furtado fossem praticamente consensuais, avalia Argelina Figueiredo, eles implicavam restrição salarial, limitação do crédito e dos preços, bem como cortes nas despesas governamentais, afetando, assim, interesses de capitalistas e de trabalhadores. Desse modo, ele deveria ser viabilizado a partir de acordos entre industriais e comerciantes, por um lado, e assalariados representados por seus sindicatos, por outro. O sucesso do plano, portanto, dependia da capacidade do governo de formar uma coalizão multiclassista, com base em acordos e concessões entre as partes. O argumento governamental para a cooperação era o das consequências em longo prazo. Com o estado debilitado da economia, o país não suportaria elevações salariais e lucros elevados.

O Plano Trienal, concordam vários analistas, era uma inovação. Pela primeira vez o país enfrentaria um processo inflacionário sem apelar, unicamente, para o equilíbrio financeiro, com medidas estritamente monetaristas. Sem deixar de recorrer ao receituário monetarista, Celso Furtado adotou também a estratégia estruturalista para solucionar os problemas que o país enfrentava. Inicialmente, o plano tinha como meta assegurar uma taxa de crescimento da renda nacional, estimada em 7% ao ano, correspondendo a 3,9% de crescimento *per capita*. Depois, reduzir, por

327

meio de corte nos créditos e contenção salarial, a espiral inflacionária. A seguir, renegociar os prazos de pagamento da dívida externa. Além dessas medidas iniciais, também almejava reduzir as disparidades regionais com o incentivo de atividades que se adequassem a cada região, assimilação de novas tecnologias etc. Com a inflação controlada e o crescimento assegurado, a reforma agrária daria impulso a um ciclo de crescimento. Ao mesmo tempo, o plano procurava valorizar o capital humano, com investimentos em educação, saúde pública, pesquisa científica e habitação.[147]

A estratégia de Goulart era a do convencimento, por isso foram convocadas as lideranças sindicais e empresariais.[148] No entanto, logo no final de janeiro, Luís Carlos Prestes atacou duramente o Plano Trienal, acusando-o de preservar os interesses dos capitais internacionais e da burguesia associada a ele, privilegiando o capital imperialista e os grupos agrário-exportadores. Segundo a interpretação oficial do PCB, o governo se submetera às exigências dos monopólios norte-americanos: "A verdade", disseram os dirigentes comunistas, "é que o governo continua na sua política de conciliar com os inimigos da Nação." Leonel Brizola passou a liderar a oposição ao Plano Trienal: "A política financeira do atual governo, que tem como mentor o Sr. San Tiago Dantas, não tem nada de original, sendo apenas uma repetição do que já foi preconizado e executado tradicionalmente." O CGT, inicialmente sem uma definição clara, aderiu aos argumentos de Prestes e Brizola, manifestando oposição, sobretudo no tocante às restrições aos reajustes salariais. Para os sindicalistas, o plano, de "caráter reacionário", deveria ser abandonado e, em seu lugar, deveria ser adotada a política nacionalista e reformista, como a nacionalização das empresas estrangeiras, a expansão dos monopólios estatais, a reforma agrária, entre outras medidas. Francisco Julião exigiu a revogação do Plano Trienal, definindo-o como "antipopular, antinacional e pró-imperialista". A UNE, por meio de seu presidente, Vinícius Brant, foi enfática: "O plano não se volta contra o latifúndio nem contra o imperialismo; ao contrário, serve aos interesses dos monopólios estrangeiros, e por isso conta com o apoio das autoridades e da imprensa norte-americana." Celso Furtado, cansado das críticas formuladas pelas esquerdas, declarou com certa irritação: "Devo esclarecer que não me encomendaram um projeto de revolução, mas um plano de governo."

Os capitalistas mostraram-se divididos. Enquanto a Confederação Nacional da Indústria (CNI), a Federação das Indústrias do Estado de

O DIFÍCIL CAMINHO DO MEIO

São Paulo (FIESP) e a Federação das Indústrias do Estado do Rio Grande do Sul (FIERGS) apoiaram o plano de estabilização, as Associações Comerciais, a Confederação Nacional do Comércio (CNC) e a Federação das Indústrias do Estado da Guanabara (FIEGA) demonstraram franca oposição, apegando-se a um liberalismo exacerbado, defendendo o "livre câmbio e o não intervencionismo estatal".[149]

Durante os três meses seguintes, Celso Furtado e San Tiago Dantas puseram em ação as medidas contidas no Plano Trienal, com o apoio ativo de lideranças industriais, sobretudo as de São Paulo. Uma série de iniciativas foram tomadas para estabilizar a moeda. As primeiras foram a implementação da reforma fiscal aprovada anteriormente pelo Congresso e a uniformização das taxas cambiais para equilibrar a balança de pagamentos, por exigência do FMI. Também foram suprimidos os subsídios ao trigo e ao petróleo. San Tiago Dantas, em março, foi a Washington renegociar as dívidas brasileiras. Obteve um novo empréstimo de 398 milhões de dólares, sendo que 84 milhões seriam utilizados imediatamente, e a liberação do restante ficaria condicionada ao cumprimento das metas de estabilização da moeda, das medidas anti-inflacionárias determinadas pelo FMI, e na solução do problema das indenizações das empresas expropriadas por Brizola. Em abril, o ministro da Fazenda, seguindo os acordos firmados, desvalorizou o cruzeiro em 30%, aproximando o câmbio oficial do mercado negro. Foi criada também uma comissão interministerial para avaliar as indenizações às empresas encampadas.[150]

O Plano Trienal enfrentou dificuldades para a sua implementação, principalmente na área sindical. De acordo com os compromissos com o FMI, os salários do funcionalismo deveriam ser reajustados, no máximo, em 40%. Assim, San Tiago Dantas, em abril, estipulou aumentos salariais entre 40% e 56% para a área civil e de 25% a 55% para os militares. O CGT, por sua vez, defendia um reajuste de 70%. O ministro do Trabalho, Almino Afonso, criticou as restrições, defendendo o reajuste pretendido pelos sindicalistas, e também afirmou ser favorável ao reconhecimento das organizações sindicais paralelas, que, embora proibidas pela legislação, atuavam livremente. Uma vitória do programa reformista de Goulart foi a aprovação, em março, pelo Congresso Nacional, do Estatuto do Trabalhador Rural, anteriormente proposto por ele. A nova legislação estendia aos trabalhadores rurais os mesmos direitos que os assalariados urbanos usufruíam desde a década de 1930, como carteira de trabalho assinada, férias, salário mínimo, repouso semanal remunerado, entre outros benefícios. A legislação igualmente reconhecia as organizações sindicais rurais.[151]

Em abril, no entanto, as medidas restritivas do Plano Trienal começaram a ser sentidas. Com o corte nos créditos e a contenção salarial, capitalistas e trabalhadores demonstraram contrariedades. O plano de estabilização da moeda e a consequente queda da inflação eram uma necessidade, alegavam os grupos envolvidos, mas desde que não os atingissem diretamente. As associações de empresários passaram a criticar qualquer reivindicação de aumento salarial dos trabalhadores, embora a FIESP defendesse o reajuste do soldo dos militares. Segundo Argelina Figueiredo, o Plano Trienal, como tentativa de pacto, mostrava-se frágil.[152] Para a autora, o sucesso de uma negociação dessa modalidade dependia do comprometimento voluntário das partes e da existência de uma estrutura institucional capaz de forçá-los a cumprir o que foi acordado. No primeiro caso, a disposição era mínima. De um lado, a forte oposição dos sindicatos; de outro, a divisão do empresariado, com o apoio dos paulistas e a recusa dos cariocas e de outros estados. No segundo, a máquina governamental era frágil, para não dizer incapaz, no sentido de fiscalizar os preços dos produtos, embora contasse com um aparato institucional eficiente para controlar os salários, como a legislação herdada do Estado Novo. Contudo, em um governo que buscava apoio do movimento sindical para implementar as reformas de base, a repressão era impensável.

A via encontrada por Goulart para diminuir sua dependência do CGT e encontrar meios para levar adiante o Plano Trienal e a sua política de centro foi apoiar a recém-fundada União Sindical dos Trabalhadores (UST), organização fundada em 1962 pela Federação dos Metalúrgicos de São Paulo. Liderada por sindicalistas moderados, a UST não concordava com a linha de atuação política do CGT e fazia oposição ao PCB. As pressões que o movimento sindical exerceu sobre Goulart obrigaram-no a recuar. Sua estratégia foi desastrada, e a consequência foi o aumento de sua dependência do CGT. Saindo reforçados do episódio, os sindicalistas comunistas e trabalhistas passaram a atacar ainda mais a "política de conciliação" do presidente com o PSD.

Nesse momento, Jango encontrava-se em uma situação difícil. Seus compromissos com os trabalhadores o impediam de levar adiante as medidas do Plano Trienal, especialmente a política salarial restritiva. A po-

O DIFÍCIL CAMINHO DO MEIO

lítica de austeridade monetária, visando a debelar a inflação por meios ortodoxos, particularmente comprimindo os salários, certamente seria bem recebida pelas elites nacionais e pelos banqueiros internacionais. Toda a pregação trabalhista seria contrariada, penalizando exatamente os assalariados que formavam a base social do PTB. Desta forma, a missão do FMI, em visita ao país em maio, presenciou as campanhas de aumento salariais e as críticas contundentes das esquerdas a Celso Furtado e a San Tiago Dantas. A inflação, na casa dos 25%, ultrapassara as metas negociadas. Ao deixarem o Brasil, os técnicos do Fundo, pessimistas, emitiram conclusões negativas sobre as possibilidades de êxito do plano de estabilização, o que criou novos empecilhos para o refinanciamento da dívida externa.

Ao mesmo tempo, as esquerdas criticavam duramente as iniciativas de San Tiago Dantas, avaliadas como submissão às exigências norte-americanas. O CGT, a FPN e a FMP criticavam com contundência o Plano Trienal e a "política de conciliação" de Goulart. No campo oposto, as articulações dos golpistas liderados pelo marechal Odílio Denys avançavam, agora com a adesão de um grupo de empresários paulistas herdeiros das tradições criadas pela revolução constitucionalista de 1932. Eles se sentiram com mais liberdade de ação devido à atitude do governador do estado, Ademar de Barros, que tomara posse em outubro do ano anterior. Sem conspirar abertamente, o governador paulista fechara os olhos para os grupos golpistas que passaram a agir em São Paulo. Assim, políticos conservadores, empresários, militares, como o marechal Cordeiro de Farias e o brigadeiro Márcio de Mello e Souza, e um contingente expressivo de coronéis do Exército, a exemplo de Erasmo Dias, ampliaram suas articulações.[153]

Diante das pressões das esquerdas, do movimento sindical e de setores do empresariado, o presidente não estava disposto a arcar sozinho com os custos políticos do Plano Trienal. No final de maio autorizou o aumento do crédito e do salário para o funcionalismo público em 70%. Além disso, a Companhia Siderúrgica Nacional pleiteou, e conseguiu, um reajuste de 20% nos preços do aço, encarecendo um produto industrial básico. A capitulação do plano, finalmente, veio com as violentas pressões da indústria automobilística. Ameaçando deixar o país, as montadoras exigiram o aumento das linhas de crédito. Com anúncios de fechamento de fábricas e de demissões em massa, o governo recuou. Por fim, o

FMI, avaliando negativamente a capacidade governamental de controlar a inflação, junto a pressões do governo norte-americano, recuou nas negociações para refinanciamento da dívida.[154]

O plano de estabilização elaborado por Celso Furtado esgotara-se muito rapidamente. Esgotara-se também o plano de governo do próprio presidente. Goulart, então, voltou-se para as reformas.

NOTAS

1. *Tribuna da Imprensa*, Rio de Janeiro, 8/9/1961, p. 3.
2. Argelina Cheibub Figueiredo, op. cit., p. 51.
3. Maria Celina D'Araujo, op. cit., p. 143.
4. O ministério foi constituído por Walter Moreira Salles, na Fazenda; Armando Monteiro Filho, na Agricultura; Antônio de Oliveira Brito, na Educação; Ulysses Guimarães, na Indústria e Comércio; Estácio Souto Maior, na Saúde; San Tiago Dantas, nas Relações Exteriores; Franco Montoro, no Trabalho e Previdência Social; Gabriel Passos, nas Minas e Energia; Virgílio Távora, na Viação e Obras Públicas; Alfredo Nasser, na Justiça; Hermes Lima, na Casa Civil; general Amaury Kruel, na Casa Militar; almirante Ângelo Nolasco, na Marinha; brigadeiro Clóvis Travassos, na Aeronáutica; general João Segadas Viana, na Guerra.
5. Hugo de Faria, op. cit., p. 115.
6. Manoel Leães, op. cit., pp. 23 e 27.
7. Citado em Hélio Silva, op. cit., p. 203.
8. Marco Antônio Villa, op. cit., p. 64.
9. Depoimento de Wilson Fadul ao autor, Rio de Janeiro, 2002.
10. *Tribuna da Imprensa*, Rio de Janeiro, 18-19/11/1961, p. 4.
11. Denis de Moraes, *A esquerda e o golpe de 64*, Rio de Janeiro, Espaço e Tempo, 1989, pp. 45-46. A Ultab surgiu em meados dos anos 1950 com a participação decisiva dos comunistas do PCB. Enquanto as Ligas Camponesas tinham suas bases no Nordeste do país, a Ultab tinha expressão nacional. As Ligas receberam militantes dissidentes do PCB próximos da linha chinesa, bem como os de inserção trotskista. Mais radicais que o PCB, os integrantes das Ligas pregavam a reforma agrária "na lei ou na marra", ou seja, com a aprovação ou não do Congresso Nacional. No Congresso Camponês, embora tivesse sido o PCB a organizar o evento, foram as Ligas que deram o tom radical. Ver Mário Grynszpan in Marieta de Moraes Ferreira (coord.), op. cit., p. 64.
12. Argelina Cheibub Figueiredo, op. cit., p. 53.

O DIFÍCIL CAMINHO DO MEIO

13. Moniz Bandeira, op. cit., pp. 47-48.
14. Citado em Hélio Silva, op. cit., pp. 220-221.
15. Entrevista de Maria Thereza Goulart ao autor e a Angela de Castro Gomes, Rio de Janeiro, 2003.
16. Abelardo Jurema, *Sexta-feira, 13. Os últimos dias do governo João Goulart*, Rio de Janeiro, Edições O Cruzeiro, 1964, p. 33.
17. Amir Labaki, op. cit., pp. 142-143.
18. As informações que se seguem estão em O *Cruzeiro*, Rio de Janeiro, 25/4/1962, pp. 6-13.
19. Citado em Marco Antônio Villa, op. cit., pp. 70-71.
20. *Valor Econômico*, 19/10/2001.
21. Citado em Flávio Tavares, op. cit., p. 219.
22. *Diário de Notícia*, Rio de Janeiro, 5/4/1962, pp. 1 e 7.
23. Ver o filme *Jango*, de Silvio Tendler.
24. Flávio Tavares, op. cit., pp. 220-222.
25. Marieta de Moraes Ferreira e César Benjamin, op. cit., p. 1512.
26. O *Cruzeiro*, Rio de Janeiro, 25/4/1962, pp. 6-13.
27. Argelina Cheibub Figueiredo, op. cit., p. 66.
28. José Antonio Segatto, *Reforma e revolução. As vicissitudes políticas do PCB (1954-1964)*, Rio de Janeiro, Civilização Brasileira, 1995, p. 33.
29. Idem, pp. 152-153.
30. José Alberto Saldanha Oliveira, O *mito do poder jovem*: *a construção da identidade da UNE*, Niterói, tese de doutorado, Programa de Pós-Graduação em História da Universidade Federal Fluminense, 2001, p. 100.
31. Denis de Moraes, op. cit., p. 48.
32. Idem, p. 49.
33. Marcelo Ridenti, *Em busca do povo brasileiro. Artistas da revolução, do CPC à era da TV*, Rio de Janeiro, Record, 2000, pp. 76 e 108.
34. Idem, p. 114.
35. Idem, p. 105.
36. Idem, p. 107.
37. Luís Mir, *A revolução impossível. A esquerda e a luta armada no Brasil*, São Paulo, Editora Best Seller/Círculo do Livro, 1994, pp. 42-43 e 59.
38. A plataforma política dos sargentos não se diferenciava dos outros movimentos de esquerda, como reforma agrária, nacionalização de empresas estrangeiras, política externa independente, entre outros. No entanto, as reivindicações da categoria continuaram na ordem do dia. Eles exigiam mais vagas nos cursos de especialização, permitindo, com isso, promoções, reajustes salariais e "humanização" dos regulamentos. Neste último aspecto, lutavam contra arbitrariedades que julgavam, com razão, intoleráveis, como a de se casar com a licença do superior hierárquico, proibição de sentar-se, em público, à mesma mesa em que estivesse um oficial, ou a de dançar em clubes na presença de superiores.

39. Denis de Moraes, op. cit., pp. 94-95.
40. Citado em Paulo Eduardo Castello Parucker, *Praças em pé de guerra. O movimento político dos subalternos militares no Brasil, 1961-1964,* Niterói, PPGH/ICHF/UFF, dissertação de mestrado, 1992.
41. Citado em idem, pp. 69-70.
42. Citado em Denis de Moraes, op. cit., p. 95.
43. Idem, p. 97.
44. Paulo Eduardo Castello Paruker, op. cit., pp. 85-86.
45. Jacob Gorender, *Combate nas trevas. A esquerda brasileira: das ilusões perdidas à luta armada,* São Paulo, Ática, 1990, p. 35.
46. Darcy Ribeiro, op. cit., p. 297.
47. Maria Celina D'Araujo, op. cit., pp. 93-94.
48. Moniz Bandeira, op. cit., pp. 58-59, 69 e 71.
49. Somente nas eleições de 1978, Miro Teixeira, na época candidato do MDB chaguista, conseguiu superar Brizola, com 560 mil votos.
50. Darcy Ribeiro, op. cit., p. 294.
51. Moniz Bandeira, op. cit., p. 115 e seguintes.
52. Citado em *Política e negócios,* Rio de Janeiro, 25/1/1962, pp. 6-8.
53. Citado em Denis de Moraes, op. cit., p. 78.
54. Citado em Moniz Bandeira, op. cit., p. 130.
55. Citado em idem, p. 120.
56. Luís Mir, op. cit., pp. 57-58.
57. Lucia Hippolito, op. cit., p. 219.
58. Mário Victor, op. cit., p. 9.
59. Moniz Bandeira, op. cit., p. 131.
60. Argelina Cheibub Figueiredo, op. cit., p. 73.
61. As citações que se seguem estão em *Correio da Manhã,* Rio de Janeiro, 3/5/1962, p. 4.
62. Argelina Cheibub Figueiredo, op. cit., p. 74.
63. Marieta de Moraes Ferreira e César Benjamin, op. cit., p.1513.
64. Raul Ryff (depoimento), op. cit., pp. 251 e 260-263, 221-222.
65. Wilson Fadul, depoimento ao autor, Rio de Janeiro, 2002.
66. Hugo de Faria (depoimento), op. cit., p. 235.
67. Raul Ryff (depoimento), op. cit., pp. 221-222.
68. Abelardo Jurema, op. cit., p. 339.
69. João Pinheiro Neto, op. cit., pp. 25-26 e 11.
70. Raul Ryff (depoimento), op. cit., p. 262.
71. Evandro Lins e Silva, op. cit., p. 374.
72. João Pinheiro Neto, op. cit., p. 11.
73. Depoimento de José Maria dos Santos ao autor e a Angela de Castro Gomes, Rio de Janeiro, 2000.

74. Raul Ryff (depoimento), op. cit., pp. 259-260.
75. Depoimento de Wilson Fadul ao autor, Rio de Janeiro, 2002.
76. João Pinheiro Neto, op. cit., pp. 56-57.
77. Osvaldo Lima Filho (depoimento), op. cit., p. 117.
78. *Jornal do Comércio*, Recife, 24/9/2000.
79. Raul Ryff (depoimento), op. cit., p. 220.
80. As citações que se seguem estão em Hugo de Faria (depoimento), op. cit., pp. 265-266.
81. Evandro Lins e Silva, op. cit., p. 350.
82. Celso Furtado, in Lourenço Dantas Mota (coord.), *A História vivida (II)*, São Paulo, O Estado de S. Paulo, 1981, p. 146.
83. João Pinheiro Neto, op. cit., p. 226.
84. Clodsmidt Riani, Programa de História Oral, Centro de Estudos Mineiros da FFCH-UFMG, 1985.
85. Leonel Brizola, depoimento concedido no IFCS/UFRJ, Rio de Janeiro, 2001.
86. Hugo de Faria (depoimento), op. cit., p. 267.
87. Evandro Lins e Silva, op. cit., p. 349.
88. Depoimento de João José Fontelle Goulart ao autor, Rio de Janeiro, 2000.
89. Manoel Leães, op. cit., pp. 26-27 e 30-31.
90. Depoimento de Maria Thereza Goulart ao autor e a Angela de Castro Gomes. Rio de Janeiro, 2003.
91. Argelina Cheibub Figueiredo, op. cit., p. 76.
92. Vale citar outra versão do episódio, a de Flávio Tavares. Auro Moura recebeu o convite com tanta ansiedade que assinou uma carta-renúncia, sem data, entregando-a ao presidente. Jango, pelo acordo, poderia usá-la no caso de divergência insanável entre eles. Logo após receber o convite e assinar a carta, Auro começou a sondar nomes para compor o ministério sem consultar o presidente. Goulart, suspeitando da lealdade do novo primeiro-ministro, usou a carta sem avisar Auro. Ele soube de sua própria renúncia por um discurso de Almino Affonso na Câmara dos Deputados. Jamais perdoaria Jango. Flávio Tavares, op. cit., p. 225.
93. Marieta de Moraes Ferreira e César Benjamin, op. cit., p. 1513.
94. Hugo de Faria, op. cit., p. 209.
95. Maria Celina D'Araujo, op. cit., p. 144.
96. Clodsmidt Riani, Programa de História Oral, Centro de Estudos Mineiros da FFCH-UFMG, 1985, 6A-CR-5-6-7.
97. O novo ministério foi constituído por Walter Moreira Salles na Fazenda; Cândido de Oliveira Neto na Justiça; Afonso Arinos de Melo Franco nas Relações Exteriores; Roberto Lira na Educação; Hélio de Almeida na Viação; Marcolino Candau na Saúde; Renato Costa Lima na Agricultura; João Mangabeira nas Minas e Energia; Ulysses Guimarães no Trabalho, Indústria e Comércio;

general Nelson de Melo na Guerra; almirante Pedro Paulo Suzano na Marinha; brigadeiro Reinaldo de Carvalho na Aeronáutica; Amaury Kruel no Gabinete Militar; e Hugo de Faria no Gabinete Civil.

98. Mário Victor, op. cit., p. 440.
99. Marco Antônio Villa, op. cit., p. 80.
100. Citado em Mário Victor, op. cit., p. 441.
101. Depoimento de Wilson Fadul ao autor, Rio de Janeiro, 2002.
102. Jorge Otero, op. cit., p. 129.
103. Paulo Schilling, *Como se coloca a direita no poder, Os protagonistas*, vol. 1, São Paulo, Global, 1979, pp. 234-9.
104. Luís Mir, op. cit., pp. 77-84.
105. Hugo de Faria, op. cit., p. 207.
106. Moniz Bandeira, op. cit., pp. 61-62.
107. Citado em Mário Victor, op. cit., p. 444.
108. Citado em idem, p. 445.
109. Flávio Tavares, *Memórias do esquecimento*, São Paulo, Editora Globo, 1999, pp. 77-79.
110. Para informações mais precisas, veja Denis de Moraes, op. cit., pp. 83-93.
111. Luís Mir, op. cit., pp. 71-74.
112. Citado em *Valor Econômico*, 19/10/2001.
113. Citado em Luís Mir, op. cit., p. 69.
114. O novo ministério foi constituído por João Mangabeira na Justiça; João Pinheiro Neto no Trabalho; Hermes Lima acumulando as Relações Exteriores; Eliseu Paglioli na Saúde; Miguel Calmon na Fazenda; Eliézer Batista nas Minas e Energia; Hélio de Almeida na Viação; Otávio Dias Carneiro na Indústria e Comércio; Renato Costa Lima na Agricultura; Darcy Ribeiro na Educação; general Amaury Kruel na Guerra; almirante Pedro Paulo de Araújo Suzano na Marinha; brigadeiro Reinaldo de Carvalho na Aeronáutica; general Albino Silva no Gabinete Militar; e Hugo de Faria, no Gabinete Civil.
115. Hélio Silva, op. cit., pp. 253-256. Sobre o IPES, ver René Dreifuss, 1964: *A conquista do Estado. Ação política, poder e golpe de classe*, Petrópolis, Vozes, 1987.
116. Moniz Bandeira, op. cit., pp. 65-70.
117. Hélio Silva, op. cit., pp. 257-258.
118. René Armand Deifuss, op. cit.
119. Rodrigues Patto Sá Motta. Em guarda contra o "perigo vermelho". O anticomunismo no Brasil (1917-1964). São Paulo: Perspectiva/Fapesp, 2002, p. 273.
120. Darcy Ribeiro, op. cit., pp. 265-266. Sobre o tema, ver Wagner da Silva Teixeira, *Educação em tempos de luta: história dos movimentos de educação e cultura popular (1958-1964)*, Niterói, UFF, tese de doutorado em História, 2008.
121. Veja Hélio Silva, op. cit., pp. 281-290.

O DIFÍCIL CAMINHO DO MEIO

122. Lei nº 4.131, de 3/9/1962.
123. Citado em Moniz Bandeira, op. cit., p. 79.
124. Marieta de Moraes Ferreira, e César Benjamin, op. cit., p. 1514.
125. As informações que se seguem estão em *Folha de S. Paulo*, São Paulo, 12/8/2001, Folha Mundo, pp. A17-A18.
126. Moniz Bandeira, op. cit., pp. 83 e 86.
127. Luís Mir, op. cit., pp. 90-91.
128. Marieta de Moraes Ferreira, e César Benjamin, op. cit., p. 1514.
129. João Pinheiro Neto, op. cit., pp. 43-45.
130. Darcy Ribeiro, op. cit., p. 289.
131. Hugo de Faria, op. cit., pp. 211-212.
132. Ver Alzira Alves de Abreu em Marieta de Moraes Ferreira (coord.), op. cit.
133. Os números totais foram 9.457.488 votos a favor do presidencialismo e 2.073.582 contra.
134. Citado em Darcy Ribeiro, op. cit., p. 300.
135. O primeiro ministério sob o governo presidencialista de Goulart foi constituído por Almino Afonso no Trabalho; João Mangabeira na Justiça; Teotônio Monteiro de Barros na Educação; San Tiago Dantas na Fazenda; Hermes Lima nas Relações Exteriores; Hélio de Almeida na Viação e Obras Públicas; Paulo Pinheiro Chagas na Saúde; Eliézer Batista nas Minas e Energia; Antônio Balbino na Indústria e Comércio; José Ermírio de Moraes na Agricultura; Ernâni do Amaral Peixoto no Ministério Extraordinário para a Reforma Administrativa; Celso Furtado no Ministério Extraordinário para Assuntos do Desenvolvimento Econômico; general Amaury Kruel na Guerra; brigadeiro Reinaldo de Carvalho na Aeronáutica; almirante Pedro Paulo de Araújo Suzano na Marinha; general Albino Silva no Gabinete Militar; e Evandro Lins e Silva no Gabinete Civil.
136. Jorge Otero, op. cit., p. 136.
137. Hugo de Faria (depoimento), op. cit., pp. 215-216.
138. Idem, p. 215.
139. Citado em Lucilia de Almeida Neves, op. cit., p. 236.
140. Citado em Denis de Moraes, op. cit., p. 259.
141. José Antonio Segatto, op. cit., pp. 153 e 156.
142. Mário Victor, op. cit., p. 551.
143. Moniz Bandeira, op. cit., pp. 89-90.
144. Idem, pp. 116-117.
145. A lei que regulamentou o 13º salário é a Lei n.º 4.090, de 13/7/1962.
146. Argelina Cheibub Figueiredo, op. cit., pp. 91-94.
147. Hélio Silva, op. cit., pp. 166-168.
148. As citações que se seguem estão em Denis de Moraes, op. cit., p. 115.
149. Argelina Cheibub Figueiredo, op. cit., p. 102.

150. Marieta de Moraes Ferreira e César Benjamin, op. cit., pp.1515-6.
151. Mario Grynszpan in Marieta de Moraes Ferreira (coord.), op. cit., p. 67.
152. Argelina Cheibub Figueiredo, op. cit., pp. 110-112.
153. Hélio Silva, op. cit., p. 248.
154. Idem, pp. 170-171.

CAPÍTULO 8   De março a março: os caminhos da radicalização

O presidente vivia um momento difícil em relação às bases políticas e sociais que sustentaram toda a sua trajetória: trabalhadores e sindicalistas, castigados pela inflação, demonstravam descontentamento; as esquerdas, contrariadas, denunciavam com críticas duríssimas o que chamavam de "política de conciliação". Procurando mudar o quadro, Goulart, em março de 1963, voltou-se para seu programa histórico: as reformas de base, a agrária, em particular. Com as lideranças políticas no Congresso Nacional, o governo propôs a aprovação da emenda constitucional que alterava o parágrafo 16 do artigo 141 da Constituição, que exigia o pagamento prévio em dinheiro para a desapropriação de terras, como também a regulamentação do artigo 147, que tratava da desapropriação por interesse social. Esse, sem dúvida, foi o ponto nodal de seu governo, pois, para o sucesso da reforma agrária, o dispositivo que exigia a indenização prévia em dinheiro deveria ser suprimido. Pela proposta governamental, o proprietário seria ressarcido com títulos da dívida pública. Pela primeira vez, um presidente da República encaminhava ao Congresso Nacional um projeto que visava a alterar profundamente a estrutura agrária do país.

Em abril, o líder do PTB na Câmara, Bocayuva Cunha, apresentou ao Congresso a proposta de emenda constitucional. Sob o patrocínio de Jango, a coalizão de esquerda tentou aprovar a reforma agrária, mas sem considerar a maioria conservadora dos parlamentares. Como foi apresentado pelos trabalhistas, o projeto era inaceitável para os grupos conservadores, visto como uma ameaça ao direito de propriedade. Segundo Argelina Figueiredo, "a radicalização e a intransigência prevaleceram durante o período em que o projeto estava sendo considerado pela comissão".[1] A UDN, majoritariamente, rejeitou a proposta do governo. O PSD aceitava os termos da emenda, desde que houvesse correção monetária dos títulos que os proprietários viessem a receber pelas terras desapropriadas. O PTB, mesmo sabendo que necessitaria dos votos pessedistas, não aceitou negociar nenhuma alteração na proposta inicial, rejeitando qualquer acordo. Nas ruas, uma intensa campanha foi deflagrada, com comícios, passeatas e ameaças de greve geral. Liderados por Brizola, o CGT, a UNE, a FPN e a FMP, entre outros grupos de esquerda, pressionavam o Congresso. Em um desses comícios, ainda em março, Brizola deu um ultimato aos parlamentares: eles teriam que aprovar a emenda em um prazo de 40 dias ou outros meios seriam encontrados para implementá-la. Apesar da mobilização nas ruas, a comissão parlamentar recusou o projeto de reforma agrária do PTB por sete votos a quatro.[2]

Nesse momento, o presidente não havia percebido um processo que ocorrera no período parlamentarista e que se aprofundaria daí em diante: a aproximação entre o PSD e a UDN. Segundo Abelardo Jurema, "Goulart não tinha mais um PSD homogêneo a seu favor, porque a área conservadora estava aliada à UDN".[3] Apesar das negociações iniciais, foram os votos pessedistas junto com os dos udenistas que rejeitaram a emenda de Bocayuva Cunha. As consequências da derrota foram decisivas para os rumos políticos do país. Primeiro, o projeto de Jango de conciliar medidas ortodoxas e estruturalistas fracassou. O Plano Trienal não mais se sustentava e a possibilidade de negociar a reforma agrária no Congresso Nacional mostrava-se inviável. Segundo, a derrota governamental deu argumentos para que as esquerdas negassem qualquer possibilidade de implementar as reformas pela via parlamentar. Por fim, tornou-se visível o rompimento da histórica aliança entre trabalhistas e pessedistas.

Goulart passou a enfrentar crises consecutivas. Ainda em maio, tornaram-se públicos os acordos entre a AMFORP e a comissão governamental constituída pelos ministros San Tiago Dantas, Amaury Kruel e Antônio Balbino. Concluídas no mês anterior, as negociações previam a compra, por 135 milhões de dólares, dos bens da empresa norte-americana, envolvendo 12 subsidiárias, todas voltadas para serviços públicos. Ainda pelo acordo, 75% do montante seria reinvestido em empresas que não fossem de utilidade pública, enquanto o restante seria pago em dólares.[4] No final do mês, Leonel Brizola, em pronunciamento na rádio Mayrink Veiga e na TV-Rio, acusou os ministros de cometer "crime de lesa-pátria". Com números, o deputado demonstrou que a AMFORP,

DE MARÇO A MARÇO: OS CAMINHOS DA RADICALIZAÇÃO

por meios ilegais, faturara lucros altíssimos, recuperando, muito além do esperado, seus investimentos iniciais. Para Brizola, "além dos aspectos lesivos à economia popular, e aos interesses nacionais, há também o aspecto moral".[5] As denúncias logo se transformaram em um verdadeiro escândalo. O deputado João Agripino afirmou que o governo compraria usinas térmicas obsoletas que apenas distribuíam energia produzida pelos complexos hidrelétricos do estado.[6] Goulart procurou eximir-se de culpa sobre os resultados do acordo, alegando que fora o embaixador Roberto Campos, sem o seu consentimento, o responsável pelos números finais das negociações. Jango desautorizou qualquer indenização e nomeou uma comissão de técnicos para avaliar o patrimônio contábil da empresa. Contudo, o episódio enfraqueceu politicamente seu governo.

Brizola, também em maio de 1963, acarretaria outro problema sério ao presidente. Convidado pela Frente Parlamentar Nacionalista do Rio Grande do Norte para falar no Fórum de Debates, em Natal, o líder trabalhista discursou por quase duas horas, com transmissão nacional pela rádio Mayrink Veiga. Em certo momento, acusou o comandante da guarnição local, general Antônio Carlos Muricy, de "gorila" e "golpista", lembrando que, durante a Campanha da Legalidade, ele "fugira de Porto Alegre para não ser preso". Além de apelar para que os soldados do Exército, da Marinha e da Aeronáutica pegassem em armas para pressionar a aprovação das reformas de base, declarou a necessidade de "colocar mais fogo na fogueira e aumentar a pressão contra o Congresso para conseguir a aprovação das reformas indispensáveis à vida brasileira".[7] Também convocou a população a se unir em grupos de cinco pessoas para, em milhares de células, resistirem às "insolências e abusos" dos gorilas que estavam armando um golpe. Por fim, desqualificou o embaixador norte-americano no Brasil, chamando-o de "inspetor de colônias", e atacou a Aliança para o Progresso, incitando o povo a expulsar do país os "agentes do imperialismo ianque". A oficialidade do Exército em Natal ficou profundamente irritada com o discurso de Brizola. Não só se sentiram atacados, mas também ficaram revoltados com a tentativa de jogar os soldados contra os superiores, em incitação à quebra da hierarquia. Alguns sugeriram um revide, mas foram contidos pelo próprio general Muricy. Apesar das repercussões negativas, dias depois, em Recife, Brizola reafirmou o caráter golpista do general. O discurso foi gravado pelo Serviço de Informações da Guarnição. O comandante do IV Exército, general

Castelo Branco, mandou relatório ao ministro da Guerra, protestando. Cartas e telegramas de oficiais de todo o país, enviados a Muricy, solidarizaram-se com ele. Personalidades civis também apoiaram o general. Contudo, o CGT, em nota, deu apoio irrestrito a Brizola e garantiu que "não mais tolerará os sucessivos adiamentos das reformas". Declarou ainda que "há militares que não aprendem a se comportar devidamente na caserna e vão a público ditar normas". Diante da crise aberta, o ministro da Guerra, Amaury Kruel, procurou Goulart pedindo providências para que Brizola não continuasse com seus ataques aos comandantes militares. As consequências do episódio foram as piores para Jango, com a crise aberta no campo militar. Muitos oficiais, profundamente irritados, passaram a simpatizar com o grupo golpista. Além disso, o general Osvino Ferreira Alves, legalista e nacionalista, não tinha mais condições políticas de pleitear o cargo de ministro da Guerra. Os grupos reformistas na área militar saíram enfraquecidos com o episódio.

Paciente na política, Goulart era também com sua mulher. Com 24 anos, quando o marido assumiu a presidência da República, Maria Thereza era capa das principais revistas do país. Certa vez, seu nome surgiu em uma lista das 10 mulheres mais bonitas do mundo. Em uma entrevista, ela declarou ao repórter que seu cantor preferido era Frank Sinatra. Poucos dias depois, chegou às suas mãos um disco do cantor norte-americano com uma dedicatória em que o próprio Sinatra elogiava a sua "beleza selvagem". Encantada com o presente, ela não se conteve e saiu pelos corredores do Palácio à procura do marido. Ao abrir uma porta, deparou com uma reunião ministerial. Goulart, paciente, perguntou: "O que foi, Maria Thereza?" Diante do silêncio, e do olhar de todos os ministros, ela respondeu: "Acabei de receber uma carta de Frank Sinatra." O presidente limitou-se a responder que depois leria o texto.

Mas a paciência de Jango teria que ir mais longe com as aleivosias que levantavam sobre sua mulher. Além de jovem e bela, ela era casada com um rico fazendeiro ainda presidente da República. A inveja que pesava sobre ela era imensa. Boatos maldosos a desqualificavam moralmente, sobretudo no tocante à fidelidade conjugal. Certa vez, com Goulart viajando, foi ao cinema acompanhada por um casal de secretários, o irmão e um amigo, sob os olhares de diversos seguranças da presidência da República. Após a sessão, foram a um piano-bar. Maria Thereza limitou-se a tomar um único drinque e, acompanhada por todos, foi embora. No dia

DE MARÇO A MARÇO: OS CAMINHOS DA RADICALIZAÇÃO

seguinte, em um veículo de comunicação, foi publicada a insinuação de que ela "estaria muito bem acompanhada".[8] Por vezes, a simples galhofa de um programa cômico de televisão lançava a dúvida aos espectadores e o constrangimento para quem era caricaturizado. Era o caso do personagem do comediante Chico Anísio, o "coronel Limoeiro", homem casado com a namoradeira "Maria Tereza".[9]

A paciência de Goulart, contudo, também se estendia a outros níveis de maldade. Versões de que ele a espancava eram constantes. Em uma das vezes, fontes nunca identificadas asseguraram que a surra fora tão violenta que Maria Thereza havia sido internada em uma casa de saúde. Nenhum jornal ousou publicar o boato, mas, segundo Batista de Paula, um deputado trabalhista teria montado toda a farsa. Diante de repórteres, desmentiu os rumores, mas, pedindo segredo, relatou, em detalhes, como teria sido a surra. No dia seguinte, coincidência ou não, Goulart convidou o jornalista de Paula para um passeio em Petrópolis para estrear uma Mercedes-Benz esporte que comprara recentemente. Na cidade serrana, foram até uma casa de religiosas. Ali, de Paula viu Maria Thereza sorridente, sem o menor vestígio de violência. Alegre, ao lado das freiras, o jornalista ainda presenciou cenas carinhosas entre o casal.[10]

Na verdade, Maria Thereza dedicava-se exclusivamente aos dois filhos, na época com 5 e 6 anos. Com sua maneira de moça do interior, ela em nenhum momento demonstrou estar deslumbrada com o poder.[11] O que causava problemas era sua juventude, que beirava o jeito de menina, no dizer de Flávio Tavares, permitindo que gente com má intenção inventasse as mais infundadas fantasias e intrigas. "Se fosse deselegante, feia e desajeitada, não despertaria nada do que desperta, nem inveja, e dela — no máximo — iriam rir com piedade", alegava o jornalista. Mas, por ingenuidade, ela dava motivos para as futricas. Quando, por exemplo, em três ou quatro ocasiões, desfilou no saguão do Hotel Nacional com o costureiro Denner. Aquilo escandalizou a todos. No entanto, Denner, para ela, era como um irmão. Segundo Flávio Tavares, as fantasias em torno de Maria Thereza começaram quando a revista *Manchete* publicou uma matéria sobre Jango ainda no governo de Juscelino. Enquanto o vice-presidente era descrito como um pai dedicado aos filhos, Maria Thereza não aparecia na reportagem. Bastou para que fortes preconceitos enraizados na imaginação brasileira se manifestassem: mãe jovem e bonita não cuida dos filhos etc. Em 1967, Carlos Lacerda revelou que adversários de Jango inventavam intrigas sobre sua vida conjugal que o serviço secreto do Exército se encarregava de divulgar na mídia. Embora as fofocas aborrecessem profundamente Jango, o casal muitas vezes se divertia com determinadas situações. Em uma festa protocolar, o presidente da antiga Iugoslávia, marechal Tito, encantado com a beleza da primeira-dama brasileira, passou todo o evento tentando cortejá-la. Goulart, de longe, divertia-se dizendo: "Lá vai ele." Maria Thereza ainda brincava com o tradutor, insistindo para que ele reproduzisse, com fidelidade as palavras do marechal. Absolutamente constrangido, o funcionário limitava-se a dizer que algumas frases eram impublicáveis.[12]

Diante de uma situação política adversa, Goulart reorganizou outro ministério, tentando reativar a aliança entre o PTB e o PSD.[13] O presidente manteve sua estratégia de formar maioria no Congresso Nacional, unindo os trabalhistas aos pessedistas, e, desse modo, aprovar as reformas de maneira consensual. Apesar de as esquerdas agrupadas na FMP e o PCB o acusarem de "conciliador" por querer governar com o PSD, Jango insistia em sua estratégia. A composição do novo ministério, segundo análise de Marieta de Moraes Ferreira e César Benjamin, indicava quais eram as estratégias do presidente de aliar o centro com a esquerda. Assim, Abelardo Jurema, do PSD, na pasta da Justiça, buscava viabilizar entendimentos no Congresso para a aprovação da reforma agrária; João Pinheiro Neto, indicado para a SUPRA, igualmente visava a facilitar a medida junto aos pessedistas mineiros; Paulo de Tarso e Darcy Ribeiro indicavam sua tentativa de aproximação com o CGT, a intelectualidade, o movimento estudantil e as esquerdas.[14] A substituição de Amaury Kruel no Ministério da Guerra foi uma atitude desafiadora de Jango e, segundo o jornalista Carlos Castelo Branco, se o general atendesse aos numerosos e insistentes apelos para não passar a chefia do ministério, poderia ter havido um segundo "novembro", como em 1955. As esquerdas tinham como candidato o general Osvino Ferreira Alves. Contudo, assumiu a pasta da Guerra o general Jair Dantas Ribeiro, que, meses antes, no comando do III Exército, dissera não ter condições de manter a ordem se o Congresso Nacional não marcasse a data do plebiscito. Carvalho Pinto, na Fazenda, expressava as demandas das elites industriais e financeiras paulistas. No conjunto, avalia o jornalista, o ministério sugeria que Goulart procurava se forta-

DE MARÇO A MARÇO: OS CAMINHOS DA RADICALIZAÇÃO

lecer politicamente, tentando se afastar do radicalismo de Brizola e da Frente de Mobilização Popular.[15]

Na montagem do ministério, Goulart certamente ouviu os conselhos de San Tiago Dantas. Aliás, Dantas não só era o seu melhor conselheiro, mas também aquele que escrevia seus discursos. Em sua carta a Jango, o ministro demissionário sugeriu que ele tomasse uma decisão que restabelecesse o espírito de iniciativa. Somente com medidas de impacto, profundas e sem paliativos, o governo superaria a crise. "O país inteiro", insistiu, "está em suspenso à espera dessa decisão e, se ela não provocar o impacto a que (...) me refiro, a crise estará apenas adiada, mas desta vez com perigos infinitamente maiores quando voltar a eclodir, pois então talvez já não haja mais tempo para uma nova experiência."[16] San Tiago Dantas igualmente advertia para as influências negativas da esquerda e da direita que procuravam impedir o presidente de formar um governo forte, definitivo e nacionalmente respeitável. A esquerda, aparentemente liderada por Brizola, garantiu Dantas, tinha o objetivo de envolvê-lo e dominá-lo; a direita visava a minar o governo, enfraquecê-lo, abrindo caminho para o golpe. Após alertá-lo sobre as movimentações dos golpistas, aconselhou-o a formar um governo com homens da "esquerda mais responsável", com apoio de políticos de centro.

No Ministério da Agricultura, Osvaldo Lima Filho procurou realizar um trabalho de conscientização dos trabalhadores rurais para a reforma agrária. Criou três centros-pilotos, sendo um deles no Rio de Janeiro, com o apoio do padre Antônio Melo, outro em Natal, com o arcebispo Eugênio Sales, e um terceiro em Pelotas, assessorado por professores da universidade local. Nos centros, cerca de 100 camponeses ficavam internos em uma escola por três meses, garantidos por um salário mínimo. Ali, eles debatiam os problemas básicos de sua sobrevivência: como organizar um sindicato, por que se filiar, entre outras questões. Além disso, eram alfabetizados pelo método Paulo Freire, aprendiam rudimentos de matemática, práticas agrícolas, tratamento de animais. Os resultados, na avaliação de Osvaldo Lima Filho, foram excepcionais. "O camponês teria que ser conscientizado para se organizar numa força social que reclamasse a reforma. A reforma não poderia vir nunca de cima, porque não teria apoio popular — como não teve."[17] Na pasta da Educação, Paulo de Tarso encampou as propostas pedagógicas de Paulo Freire. A alfabetização seria, também, um processo de conscientização da realidade social. Milhares de pessoas, muitas delas voluntários, engajaram-se no Movimento de Educação de Base.

Porém, a situação do governo tornara-se muito difícil. O Plano Trienal já não se sustentava, tornando-se peça fictícia. A dívida externa chegou à cifra de 3 bilhões de dólares, sendo que o pagamento de juros, por ano, alcançava 150 milhões de dólares, ou seja, 15% da receita cambial. Considerando que metade da dívida venceria entre 1963 e 1965, acrescida dos juros, o país teria que pagar cerca de 43% da receita de suas exportações. O governo norte-americano e o FMI, em atitude intransigente, bloquearam todos os créditos ao Brasil, exigindo um duro plano de estabilização da moeda e o pagamento de indenizações a AMFORP. Assim, para impor à sociedade rigorosas medidas de estabilização exigidas pelos banqueiros internacionais, Goulart, diante das demandas operárias e camponesas que explodiram em seu governo, com um movimento sindical e camponês em ascensão aliado a esquerdas que radicalizavam, somente com a repressão aberta aos trabalhadores poderia, por meio do arrocho salarial, sanar os problemas da inflação e da dívida externa. Definitivamente, tal alternativa era inconcebível para Jango, sobretudo por sua trajetória como líder nacionalista e trabalhista. O ministro da Fazenda, embora sofresse ataques sistemáticos das esquerdas, se opôs às exigências do FMI para renegociar a dívida externa e chegou mesmo a cogitar sobre a moratória unilateral. O presidente, à procura de saídas para o estrangulamento financeiro do país, regulamentou a Lei de Remessa de Lucros, aprovada anteriormente pelo Congresso, e determinou a Carvalho Pinto que readaptasse o Plano Trienal às novas circunstâncias.[18] Embora só entrasse em vigor em janeiro de 1964, a nova lei que regulamentava as remessas dos lucros das empresas estrangeiras, de fato, era uma inovação e respondia a uma demanda histórica das esquerdas brasileiras. A legislação distinguia dois tipos de capital estrangeiro. O primeiro, os capitais que entravam como divisas, investimentos produtivos, maquinarias etc. Para esse, era reconhecido o direito de enviar lucros ao exterior equivalentes a até 10% ao ano. O segundo, capitais nacionais que pertenciam a estrangeiros, mas que se reproduziam dentro do próprio país, com o apoio do sistema bancário nacional, de incentivos governamentais ou do próprio mercado interno. Nesse caso, era proibido enviar lucros ao exterior. O governo norte-americano reagiu imediatamente. Ao mesmo tempo que

DE MARÇO A MARÇO: OS CAMINHOS DA RADICALIZAÇÃO

suspendeu todos os créditos para o governo federal, apoiou financeiramente alguns governadores de estados e municípios, mas somente os adversários de Goulart.

Em sua primeira audiência com Jango, o novo ministro da Justiça, Abelardo Jurema, recebeu do presidente instruções para dialogar — sem preconceitos ou prevenções — com diversos setores políticos, a exemplo de sindicalistas, estudantes, empresários, militares, imprensa e partidos políticos, incluindo a UDN.[19] O objetivo era formar um campo de conciliações, abrindo caminho para as reformas. Deveria, no entanto, isolar do entendimento Carlos Lacerda. Tratava-se, para Goulart, de um homem que conspirava contra as instituições do país. Um dos primeiros a ser procurados pelo ministro foi Leonel Brizola. Afinal, ele liderava uma importante e influente corrente política. Recebido com educação e sobriedade, Brizola, inicialmente, analisou a situação do país, insistindo na espoliação do capital estrangeiro e criticando duramente a indicação de alguns nomes, especialmente o de Carvalho Pinto para o Ministério da Fazenda. Com homens assim, disse Brizola, de índole conciliatória e/ou vinculados a forças reacionárias, seria impossível ao presidente realizar a emancipação econômica do Brasil. Brizola insistiu em uma política de confronto com o capital estrangeiro e com a imprensa subordinada a ele, a exemplo dos Diários Associados. Jurema defendeu Jango com o seguinte argumento: "A posição do presidente era muito diferente da dele, líder popular. Não havia sido eleito por uma facção apenas. Tinha compromissos com uma frente política ampla, na qual se achava o PSD." O tom conciliatório de seu governo resultava de uma realidade política e econômica independente de sua vontade. Além disso, "não poderia o presidente deixar-se levar pelo sectarismo de uma corrente, nem tampouco teria condições de governar democraticamente sem contar com o apoio de uma frente parlamentar heterogênea". Brizola, no entanto, continuou a criticar Jango. Através da rádio Mayrink Veiga e do jornal Panfleto, porta-voz da Frente de Mobilização Popular, Brizola fazia duras críticas ao presidente. Certa vez, com seu ministro da Justiça, Abelardo Jurema, Goulart, com um exemplar de Panfleto nas mãos, confidenciou: "Pois é, seu Jurema, o Brizola em vez de se atirar contra nossos inimigos comuns, contra a oposição e os nossos adversários pessoais, dispersa o seu tempo, e as suas tintas, o seu papel e os seus adjetivos comigo. Logo comigo!"

As tensas relações entre Goulart e Brizola eram em grande parte amenizadas por Dona Vicentina, a Dona Tinoca, mãe do primeiro e sogra do segundo. Agindo no sentido de moderar os ânimos, ela, ainda com autoridade, conseguia, de alguma maneira, "enquadrar" os choques entre os dois. Seu falecimento, em junho daquele ano, causou uma profunda tristeza em Jango. A ligação entre eles era muito forte. No governo, Goulart por várias vezes buscava conselhos com a mãe.[20] Desapareceu, com ela, a voz que evitava o afastamento definitivo dos dois políticos. A partir daí, os mal-entendidos e as desavenças aumentaram em tamanho e em duração. Segundo Abelardo Jurema, uma diferença marcante entre eles era que Jango "nunca extravasava os seus sentimentos, as suas mágoas, as suas indisposições e os seus ressentimentos".[21] Brizola agia de maneira diferente, muito duro na crítica, criando um imenso mal-estar. Situação tensa foi vivida pelo ministro da Justiça quando recebeu a recomendação de Jango de fechar a Rádio Mayrink Veiga. Ele recebeu notícias de que, à noite, Brizola faria um discurso duríssimo de rompimento com o presidente, com críticas contundentes e de caráter pessoal. Acompanhado do almirante Aragão, Jurema conversou com Brizola. Magoadíssimo, ele desabafou dizendo que estava brigando sozinho com inimigos poderosos, como os Diários Associados, enquanto o Ministério da Fazenda e o Banco do Brasil financiavam o conglomerado de comunicação. Dessa forma, enquanto a cadeia de rádios e jornais de Chateaubriand o atacava de maneira cruel e demolidora, Jango protegia os "inimigos do povo". Após a conversa, Jurema ficou convencido de que Brizola romperia com o presidente, mas sem insultos pessoais. De fato, seu discurso foi em tom de mágoa; fez críticas veementes a Jango, mas nada de ataques pessoais. No entanto, tudo ficou montado para o fechamento da emissora, se preciso fosse.

Jango parecia compreender Brizola, mas o inverso não ocorria. Ao seu ministro da Justiça, o presidente confidenciou que, no fundo, entendia o drama do cunhado: tratava-se de um proscrito. Sendo Goulart presidente da República, Brizola não poderia aspirar sucedê-lo ou a concorrer a qualquer outro cargo no Executivo ou no Legislativo. Por dispositivo da Constituição de 1946, os parentes consanguíneos ou afins de quem exercia cargos executivos estavam impedidos de se candidatar à presidência da República, aos governos estaduais, às prefeituras e ao Legislativo federal. Por seu parentesco com Jango, Brizola não tinha alternativas

VISTA PARCIAL DA CASA em que Jango morou durante a infância em São Borja.

Jango na **JUVENTUDE.**

Ainda muito jovem em **FOTOGRAFIA DESCONTRAÍDA**.

AO LADO DE UM AMIGO em São Borja.

Propaganda eleitoral, possivelmente para deputado federal nas eleições de outubro de 1950.

Arquivo Nacional/Fundo Agência Nacional

Jango recebe amigos para **CHURRASCO EM SUA CASA** em São Borja, em 29 de setembro de 1952. Ao lado do presidente Getúlio Vargas, ele sorri.

Fundação Getulio Vargas - CPDoc/Arquivo João Goulart

Em 17 de junho de 1953 (data provável), aos 34 anos, João Goulart **TOMA POSSE COMO MINISTRO DO TRABALHO**. Ao transmitir o cargo, Segadas Vianna abraça o novo ministro.

Filhos de trabalhadores se mobilizam pela **DUPLICAÇÃO DO SALÁRIO MÍNIMO** proposta por Goulart quando ministro do Trabalho.

Jango **NO FUNERAL DE VARGAS** no Palácio do Catete. A morte do amigo o abalou profundamente.

PROPAGANDA ELEITORAL DE JANGO, possivelmente para senador nas eleições de outubro de 1954.

NO RANCHO EM SÃO BORJA, acompanhado de Maria Thereza, em 1º de abril de 1955. No mês seguinte, eles se casariam. Na fotografia, ela está com 17 anos.

JUSCELINO KUBITSCHEK e João Goulart aguardam a contagem de votos das eleições presidenciais de outubro de 1955.

Juscelino Kubitschek e João Goulart tomam posse, respectivamente, na presidência e na vice-presidência da República, em solenidade no Palácio do Catete em 31 de janeiro de 1956.

Kubitschek e Goulart durante a **primeira missa** em Brasília, em 3 de maio de 1957.

Campanha eleitoral de Henrique Teixeira Lott à presidência da República e de João Goulart a vice-presidente da chapa PSD-PTB nas eleições de 1960.

O presidente Jânio Quadros e o vice João Goulart são **diplomados no Superior Tribunal Eleitoral** em 31 de janeiro de 1961.

O vice-presidente é **saudado pelo povo** em 22 de julho de 1961.

EM VIAGEM À CHINA, em agosto de 1961, Jango é homenageado por uma menina.

REUNIÃO COM JORNALISTAS no Palácio Piratini logo após chegar a Porto Alegre, vindo de Montevidéu, em 1º de setembro de 1961.

EMPOSSADO na presidência da República em 7 de setembro de 1961, Jango recebeu diversas homenagens.

FESTA DE CASAMENTO DO MORDOMO de Jango, do qual o presidente foi padrinho.

Cena do I Congresso Camponês, ocorrido em novembro de 1961, em Belo Horizonte. O primeiro à esquerda é Francisco Julião, seguido de Tancredo Neves e João Goulart. O primeiro à direita é o governador de Minas Gerais, Magalhães Pinto.

Em 18 de dezembro de 1961, o presidente participa de **solenidade no Rio de Janeiro**.

Em visita aos Estados Unidos em abril de 1962, João Goulart passa as tropas em revista.

Campanha pelo **PRESIDENCIALISMO**.

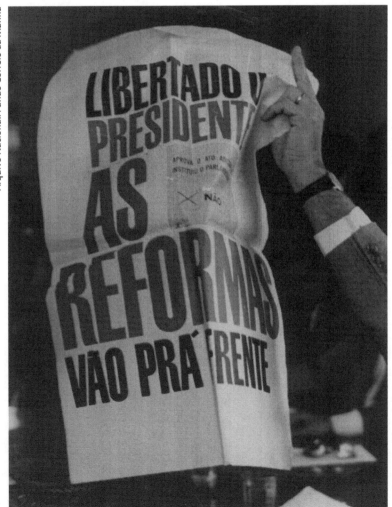

João Goulart e Maria Thereza votam no plebiscito de 6 de janeiro de 1963, em São Borja.

Arquivo Nacional/Fundo Agência Nacional

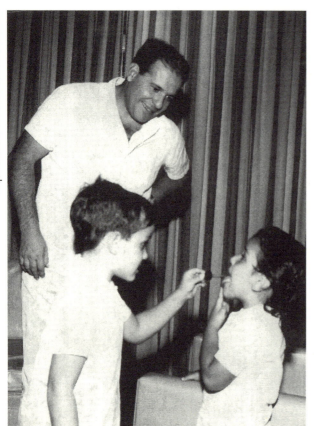

João Goulart observa **João Vicente aplicando a vacina Sabin** em Denize.

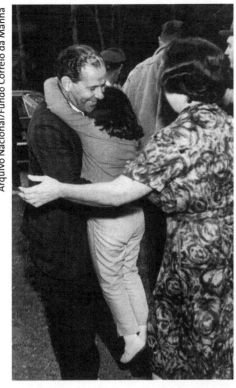

Goulart é recebido com **ABRAÇO AFETUOSO DA FILHA DENIZE**.

EM ALMOÇO COM OS FILHOS em restaurante em Copacabana.

COM A MÃE, DONA TINOCA, em 1º de março de 1963.

Arquivo Nacional/Fundo Correio da Manhã

SOLENIDADE MILITAR em Brasília.

Na sede da fazenda em São Borja, Maria Thereza e Jango em **MOMENTO DE DESCONTRAÇÃO**.

Jango preside **TENSA REUNIÃO MINISTERIAL** ao lado do filho João Vicente em 12 de novembro de 1963.

Racionamento para compra de açúcar no Rio de Janeiro, com restrição de 1 kg por pessoa.

Trabalhadores das empresas de energia elétrica e gás da Guanabara declaram greve em solidariedade aos trabalhadores dos bondes, também em greve, em outubro de 1963.

Jango, de terno preto, almoça com generais promovidos em novembro de 1963 no **PALÁCIO LARANJEIRAS**.

Discurso durante o **COMÍCIO DE 13 DE MARÇO DE 1964**. Ao seu lado, a mulher, Maria Thereza.

Cenas do **comício da Central do Brasil**.

Goulart fala durante o evento promovido pelos sargentos no **Automóvel Clube**, em 30 de março de 1964.

No exílio, Jango toma chimarrão em sua fazenda El Rincón, em **Tacuarembó, no Uruguai**.

Na fazenda **El Rincón**, Jango vive o exílio no Uruguai.

Em **El Rincón**, 1967.

Em conversa **COM O AMIGO OTILIO BRUM NUNES** em El Rincón.

Nos anos **1970**, envelhecido e com sintomas de depressão, Jango não suporta o longo exílio.

O povo carrega o **CAIXÃO COM O CORPO DE JANGO** pelas ruas de São Borja.

No velório, em São Borja, **TANCREDO NEVES, PAULO BROSSARD E PEDRO SIMON** prestam as últimas homenagens a Jango.

DE MARÇO A MARÇO: OS CAMINHOS DA RADICALIZAÇÃO

políticas. As relações entre eles eram de grande tensão. No Rio Grande do Sul, por exemplo, Brizola expurgou da cúpula do PTB gaúcho todos os homens que seguiam a liderança de Jango. O presidente não retaliou e ainda dizia-se agradecido a ele por sua intervenção corajosa na crise da renúncia de Jânio. Para Jango, governar o país com Brizola era muito trabalhoso, mas, pela proximidade política e pessoal que mantinham, era difícil se libertar dele. Era uma relação embaraçosa porque Brizola concorria na mesma faixa que Jango: a de líder popular nacionalista e reformista. Por vezes, o presidente deixava escapar sua insegurança diante do crescimento político do cunhado. A Abelardo Jurema, por exemplo, pediu para dizer ao almirante Aragão que não se deixasse influenciar por Brizola e que sua promoção a almirante fora resultado "da sua confiança e da sua amizade". Qualquer outro militar que tivesse conversado com o cunhado, Jango o convidava para churrascos em seu sítio em Jacarepaguá para mantê-lo sob sua influência. Para Jurema, "era uma vigília permanente na defesa de sua posição de comando".

Em junho, ele viajou para a Itália. No Vaticano, participou da cerimônia de inauguração do pontificado de Paulo VI. A viagem foi uma oportunidade para encontrar-se com Kennedy — um católico na presidência do Estados Unidos.[22] Na residência do embaixador norte-americano, reuniu-se com Kennedy. As relações tornavam-se difíceis porque os procedimentos da Aliança para o Progresso consistiam em enviar verbas diretamente para as prefeituras e os governos estaduais. Não casualmente o dinheiro chegava apenas para os prefeitos de direita e, em especial, para o governador Carlos Lacerda. A reunião durou cerca de três horas e Kennedy se queixou muito de dores na coluna. Novamente os temas referentes a empréstimos para saldar parte da dívida brasileira e as indenizações das empresas expropriadas no Rio Grande do Sul foram o assunto principal entre os dois presidentes. Impaciente, Kennedy, sem rodeios, perguntou quando Goulart daria "solução adequada" para o problema, lembrando que seria "adequada" uma indenização justa e rápida. Mais incisivo, lembrou que, pela emenda Hickenlooper, votada pelo Congresso norte-americano, países que expropriassem empresas norte-americanas sem "correta e adequada compensação" poderiam ser excluídos de qualquer tipo de ajuda dos Estados Unidos — era o caso do Brasil. Segundo Flávio Tavares, Jango defendeu-se bem, alegando que a AMFORP e o governo federal haviam acertado um acordo e que a situação da ITT estava sendo avaliada pela Justiça brasileira. Kennedy, pouco cordial, afirmou: "Temos informações, Sr. Presidente, de que há comunistas no seu governo! O Sr. Lins e Silva e o Sr. Riff, por exemplo!" Raul Ryff, assessor de imprensa, tinha saído do PCB havia muito tempo; Evandro de Lins e Silva, ministro das Relações Exteriores, era um eminente advogado criminalista que se declarava socialista.

De volta ao Brasil, Goulart insistiu no tema das reformas, mas sem descuidar de uma ampla base de centro no Congresso, aproximando-se do PSD. Embora entre os pessedistas existisse uma ala direitista que se opunha a qualquer tipo de reforma, outros setores no partido, como o "grupo agressivo", e mesmo lideranças expressivas como Tancredo Neves e Juscelino Kubitschek, apoiavam mudanças na estrutura fundiária. Assim, sob a inspiração de Goulart, os líderes pessedistas apresentaram o seu projeto de reforma agrária. Mesmo que moderado, tratava-se de encontrar uma fórmula viável, que fosse aceita pela maioria do Congresso. O próprio presidente assumiu as negociações de um novo acordo, esforçando-se para isolar a ala mais radical do PTB. Em junho, Oliveira Brito apresentou uma emenda constitucional. Cedendo ao PTB, o projeto limitava a 50% a correção monetária dos títulos do governo, mas impunha limites para as terras a serem desapropriadas — latifúndios produtivos ou com menos de 50% de área economicamente explorada. Além disso, nas desapropriações, o proprietário asseguraria metade da terra expropriada até o limite de 500 hectares. Bastante limitada, a proposta do PSD, inicialmente, provocou resistência entre os trabalhistas. Ao final, prevaleceu a ala radical do partido, que recusou qualquer negociação com os pessedistas, derrotando, no Congresso, a emenda de Oliveira Brito.[23] Enquanto a esquerda petebista no Congresso e a FMP se esforçavam para romper a aliança de Jango com o PSD, a UDN assumiu o lema lacerdista: "a Constituição é intocável", adotando posição intransigente contra qualquer emenda constitucional.[24]

A emenda do PTB ainda seria votada. Mesmo sabendo que seu destino seria a derrota, os trabalhistas preferiram ir até a votação em plenário. O objetivo era desgastar o Congresso, apresentando-o ao público como um "antro de reacionários". Goulart, sem se aproximar da ala radical de seu partido, passou a endossar a estratégia da FMP de mobilizações de rua com o objetivo de pressionar o Congresso. Brizola, em comício, argumentou que "havia uma correlação entre o clamor popular, um certo tilintar das espadas e a sensibilidade do Congresso". Segundo Argelina

DE MARÇO A MARÇO: OS CAMINHOS DA RADICALIZAÇÃO

Figueiredo, as esquerdas, que, em passado recente, presenciaram a mobilização popular respaldada pelo Exército, como nas campanhas pela posse de Goulart e a do plebiscito, acreditaram que poderiam continuar investindo na estratégia.[25]

Apesar dos novos esforços, os grupos de direita e esquerda radicalizavam ainda mais suas posições. O movimento conspiratório tomou novo fôlego com as atividades do IBAD e do IPES. Além do sindicalismo, em franca ascendência, também assustou os conservadores o avanço das Ligas Camponesas. Militares se articulavam a grupos civis e, sem discrição, tramavam a derrubada do governo. Homens vinculados ao marechal Odílio Denys armavam fazendeiros no Sul do país; o almirante Sílvio Heck, com o apoio de Ademar de Barros e empresários paulistas, fazia o mesmo com latifundiários do Rio de Janeiro e de Minas Gerais.

Diversas análises concordam em uma questão: faltou a Jango o que Juscelino teve e que o ajudou a obter grande êxito em seu governo: um Jango na vice-presidência. JK encontrou em seu vice-presidente alguém que dialogava com o movimento sindical, muitas vezes negociando o fim de greves que incomodavam o governo. Na área sindical, Jango atuou como uma espécie de anteparo presidencial. Não foi o caso quando estava na presidência. Ele mesmo tinha que atuar e negociar nessa área. Por diversas vezes, os sindicalistas, em vez de conversarem com o ministro do Trabalho, procuravam o presidente. As greves tornaram-se constantes e sucessivas em seu governo. Muitas delas ocorriam devido à queda do poder aquisitivo dos trabalhadores. Outras, eram de caráter político e visavam a pressionar o governo. Algumas eram condenadas pela própria elite sindical. Segundo Hércules Corrêa, um episódio é revelador: ainda de madrugada foi acordado por Roberto Morena, que o avisou da greve dos ferroviários. Hércules se assustou com uma greve não planejada. Ao chegar à sede do Sindicato dos Ferroviários, soube, pelo líder da categoria, Batistinha, que a diretoria decretara greve devido ao falecimento do papa. Irritado, Hércules exigiu que a categoria voltasse ao trabalho. Além de uma greve fora de propósito, Hércules Corrêa, na época dirigente do CGT, era o homem que tinha as "senhas" que deflagravam as greves — várias delas por regiões do país. Batistinha, naquele episódio, rompeu o acordo com a central sindical ao decretar uma greve desconhecendo a "senha".[26] O esquema das "senhas" não era segredo e, junto com as greves, desgastava bastante o governo de Jango.

Além disso, havia outra agravante: o presidente da República era, também, presidente do PTB. Nesse sentido, além de ter que negociar com os trabalhadores, Jango tinha que lidar com os próprios correligionários. Não havia alguém, nas duas áreas, que, mesmo à custa de desgastes políticos, tivesse a incumbência de dizer "não" — como no caso de Juscelino. O "não" teria que ser pronunciado por ele mesmo.[27] No fim, eram a imagem e o desempenho de Jango na presidência que saíam arranhados com o acúmulo de cargos e funções. Com Abelardo Jurema, certa vez comentou, em tom de lamento, que tudo recaía sobre ele, desde o problema do reescalonamento da dívida externa até o empréstimo pela Caixa Econômica Federal a um modesto servidor público; da crise do petróleo à falta do trigo; da composição da mesa da Assembleia do Rio de Janeiro às audiências com os mais necessitados; do desabastecimento do açúcar aos problemas com os governadores; da falta de chuvas no Nordeste aos incêndios de cafezais no Paraná. Além disso, ele não sabia lidar com o ritmo lento do Poder Legislativo e, muito menos, com o conjunto sistemático de intrigas que se abria em um campo político competitivo como esse. Desse modo, evitava audiências com parlamentares, recebendo somente aqueles mais próximos em termos pessoais e políticos. Jango parecia confiar mais na força dos trabalhadores e no esquema militar de seus generais. Sua maneira de lidar com deputados e senadores somente aumentava a tensão e o afastamento entre o Executivo e o Legislativo. Segundo Abelardo Jurema, muitas vezes ele viu Jango, em meio a audiências que se estendiam pela madrugada, cochilar de tão cansado. Nas viagens no velho Viscount presidencial, dormia sem preocupação com os solavancos. "Inúmeras vezes", relatou, "saí na ponta dos pés do quarto do presidente, deixando-o estirado na cama, de roupa, gravata e sapato, exausto, adormecido profundamente."

Mesmo lidando com as difíceis negociações políticas e com as dificuldades no plano econômico-financeiro, Goulart deu continuidade ao projeto desenvolvimentista. Aumentou 20% a capacidade de geração de energia elétrica; elaborou os planos para Sete Quedas, que, posteriormente, serviria de base para a hidrelétrica de Itaipu; a Petrobras passou a contar com as refinarias Alberto Pasqualini, no Rio Grande do Sul, Gabriel Passos e Artur Bernardes, em Belo Horizonte, Landulfo Alves, na Bahia, e Duque de Caxias, no Rio de Janeiro. Oleodutos, como os de Belo Horizonte e Porto Alegre, foram construídos, bem como unidades

DE MARÇO A MARÇO: OS CAMINHOS DA RADICALIZAÇÃO

industriais que permitiram ao país contar com um polo petroquímico genuinamente nacional.

Quando Goulart vinha ao Rio de Janeiro, ficava em seu apartamento no edifício Chopin, em Copacabana. Em sua residência, recebia amigos e participava de reuniões políticas. Não poucas vezes ali esteve o então coronel João Baptista Figueiredo, acompanhando o ajudante de ordens do presidente, o também coronel Ernane Azambuja. Uma noite, por volta das 23h, o embaixador Lincoln Gordon ligou para Jango pedindo que ele o recebesse imediatamente. Goulart lembrou os trâmites legais, mas o representante norte-americano insistiu, alegando urgência. Algum tempo depois, ele chegava ao apartamento acompanhado de outra pessoa. Recebido pelo presidente com frieza, Gordon ainda teve que ouvir uma reprimenda por vir acompanhado sem aviso prévio. Inicialmente tenso, logo o embaixador se acalmou. Jango olhou-o fixamente nos olhos, coisa não muito habitual, e perguntou, afinal, qual era o assunto urgente. Gordon apresentou o visitante inesperado. Tratava-se do diretor de uma das mais importantes empresas norte-americanas instaladas no Brasil. Seu objetivo, com a ajuda de Gordon, era convencer o presidente a adotar medidas políticas mais flexíveis, sobretudo após o anúncio da regulamentação da Lei de Remessas de Lucros. Em silêncio, Goulart continuou ouvindo. O embaixador garantiu que era favorável à experiência trabalhista no Brasil. No entanto, nas próximas eleições, o PTB, "espinha dorsal do Brasil moderno", disse, passaria por dura prova, necessitando de financiamento eleitoral. Nesse momento, Goulart levantou-se e convidou os dois a sair de seu apartamento.[28]

Para Jango, a presidência da República foi "pura tensão", diz Maria Thereza. "Problemas e mais problemas. Tudo era difícil, complicado."[29] Muitos o ajudaram durante todo o mandato. San Tiago Dantas surgia como uma espécie de fortaleza na defesa do presidente. Tancredo Neves era o grande amigo da família, sempre presente. Darcy Ribeiro era pessoa da máxima confiança. Também amigo de todas as horas, com quem conversava muito, era Waldir Pires. Este jamais abandonou Jango, mesmo no exílio. O general Amaury Kruel era muito próximo — padrinho de batizado de João Vicente.

Segundo Maria Thereza, Jango sentia muito os ataques dos amigos de esquerda. Brizola, falando em nome da Frente de Mobilização Popular, em algumas ocasiões o ofendia. Certa vez, referiu-se a Jango como o Belo Antônio. Aludia ao filme italiano de 1960 protagonizado por Marcelo Mastroianni. O personagem central da trama era um homem bonito, mas com problemas de impotência. Jango, portanto, era isso: bonito, mas não funcionava — não realizava as reformas de base. À mulher, Goulart dizia que Brizola tinha que apoiá-lo e prestigiá-lo em um momento difícil como aquele. Diante da radicalização das esquerdas e das direitas, o presidente tinha poucos ao seu lado. Com as críticas que sofria, diz Maria Thereza, "ele ficava triste, deprimido, mas não se abria, não se queixava de nada. Eu mesma perguntava, mas ele continuava no seu estilo caladão". Conversando com a sogra, ouviu dela o seguinte: "Maria Thereza, se ele não conta para você o que ele sente, ele não vai contar para ninguém, porque nem para mim que sou mãe ele conta." Jango era muito reservado. "Não era difícil para mim perceber que ele estava triste, mas ele era incapaz de se abrir, de desabafar." E isso nem mesmo nos últimos dias de seu governo, quando a situação era delicadíssima.

Jango tinha uma maneira de ser própria e resistia a mudanças, sobretudo no tocante à sua liberdade individual. Seu comportamento abria brechas para possíveis atentados, embora os militares responsáveis por sua segurança o alertassem constantemente. Nas imediações de seu sítio em Jacarepaguá, o Exército encontrou grande número de armas e munições. Os agentes militares desarticularam um atentado contra o presidente e sua família planejado por um grupo militar-lacerdista composto por oficiais da Marinha e do Exército. Darcy Ribeiro, na Casa Civil, várias vezes o alertou sobre a necessidade de se cuidar mais.[30] Contudo, não havia como dissuadi-lo a mudar seu comportamento, principalmente a maneira que encontrava para fugir, ainda que momentaneamente, das tensões que sofria cotidianamente na presidência da República. Ele gostava de ir até uma fazenda no interior de Goiás. Ao chegar, obrigava os seguranças a regressar, inclusive o encarregado da caixa-preta, um dispositivo de comunicação que sempre deveria estar com ele. Seu desejo era ficar isolado. Assim, ele podia acompanhar de perto os trabalhos de construção na fazenda, andar a pé ou pescar durante horas. Outra maneira de escapar das tensões era, em Brasília ou no Rio de Janeiro, pegar o carro e, sozinho, dar longos passeios ou visitar, de surpresa, amigos com quem gostava de conversar.

DE MARÇO A MARÇO: OS CAMINHOS DA RADICALIZAÇÃO

Com Goulart, o cerimonial da presidência pouco valia, sobretudo para os amigos, os trabalhadores e as pessoas humildes. Certo dia, na entrada da residência oficial, uma delegação de sindicalistas ferroviários tentava obter a permissão dos seguranças para falar diretamente com o presidente. Inflexíveis, como determinavam as regras, os guardas, armados, barravam a entrada. De repente, uma caminhonete se aproximou da guarita, parou e, de dentro do carro, uma voz indagou: "Qual o problema, tchê?" O segurança partiu para a caminhonete pronto para recriminar a insolência do motorista. Para sua surpresa, porém, percebeu que era Jango, sozinho, quem estava ao volante. O presidente, ao saber do que se tratava, disse para os sindicalistas: "Que falta de flexibilidade! Entrem aí e conversaremos no caminho." Assim, da portaria até a residência da Granja do Torto, eles tiveram tempo de expor suas reivindicações a Goulart.[31]

A conspiração já ocorria abertamente. O Serviço Federal de Informações e Contrainformações (SFICI), órgão do Conselho de Segurança Nacional, informava ao presidente as movimentações dos golpistas. Os sargentos da Aeronáutica, interceptando mensagens de telex trocadas entre oficiais, igualmente denunciavam a Goulart o crescimento dos círculos conspiratórios. No entanto, o presidente estava cercado por pessoas que desconsideravam qualquer informação que aludisse a golpes ou a insatisfações nos meios militares com seu governo. Pessoas que insistissem no assunto eram qualificadas de conservadoras.

Jango acreditava que o sentimento legalista da maioria da oficialidade do Exército impediria golpes de Estado. O apoio popular seria fator decisivo para desarticular qualquer atentado à democracia. Outros depoimentos igualmente ressaltam que Jango não acreditava em conspirações militares. Evandro Lins e Silva, quando ministro das Relações Exteriores, levou ao presidente informações de que o general Castelo Branco estaria conspirando contra o governo. O presidente não levou a sério a notícia. Para Evandro, ele não acreditava em conspirações, preferindo confiar nos generais de esquerda, como Assis Brasil, Osvino Ferreira Alves, entre outros.[32]

O general Jair Dantas Ribeiro já era o quarto ministro da Guerra, sucedendo Segadas Viana, Nelson de Melo e Amaury Kruel. Segundo Carlos Castelo Branco, nenhum deles teve tempo de armar um sistema próprio de segurança do governo. O general Osvino Ferreira Alves, no I

Exército, Amaury Kruel no II Exército e o próprio Jair Dantas Ribeiro, anteriormente no comando do III Exército, davam a impressão de um dispositivo militar "progressista". Além disso, havia uma massa de sargentos, cabos, marinheiros e fuzileiros navais sugerindo que os comandos seriam impotentes sem o apoio dos subalternos. Os deputados e militantes da FMP interpretavam a situação militar partindo do princípio de que a tradicional estrutura das Forças Armadas havia ruído.[33]

Segundo Abelardo Jurema, um dos fatores que contribuíram para o golpe foi Goulart ter mudado várias vezes seu ministro da Guerra. Enquanto Vargas manteve Góes Monteiro e Eurico Dutra durante todo o seu primeiro governo e Juscelino prestigiado unicamente Henrique Teixeira Lott, Jango teve quatro, impedindo, desse modo, que o ministro da Guerra tivesse tempo para montar um esquema militar confiável.[34] Cada vez que assumia um ministro, diversos comandos militares eram substituídos. Descontentes com a perda do posto, eles, muitas vezes contrariados, tornavam-se receptivos à pregação dos grupos golpistas.

Eduardo Chuay, na época capitão do Exército servindo no Gabinete Militar, insiste que, no ambiente militar, a autoridade para comandar é fundamental. Contudo, os ministros da Guerra nomeados por Goulart não tinham autoridade ou, então, não eram confiáveis. O primeiro deles, Segadas Viana, transferiu o coronel Nélson Werneck Sodré para Belém por sua posição a favor da legalidade em 1961. Diante do pedido do presidente para voltar atrás em sua decisão, Segadas Viana respondeu: "Não. Eu não vou anular a transferência." Goulart aceitou, fazendo concessões desnecessárias. Jango não necessitava disso, avalia Chuay. Ele tinha sido vitorioso na luta pela posse, todo o III Exército estava com ele, enquanto o I e o II estavam esfacelados. "Para que ele tinha que negociar?"[35] Segundo Chuay, Amaury Kruel foi um dos que assinaram o "Manifesto dos Coronéis" contra Goulart em 1952, mas bastou Vargas promovê-lo a general para ele tornar-se getulista. O último ministro, Jair Dantas Ribeiro, continua em sua avaliação, "era um homem fraco e, sendo assim, perdeu a autoridade. Se o presidente tivesse um ministro com a autoridade de Henrique Teixeira Lott, por exemplo, não teria cometido tantos erros". Chuay também se refere a promoções equivocadas nas Forças Armadas. Goulart preteriu dois coronéis de esquerda, mas promoveu José Horácio Coelho Garcia, homem de ultradireita que, no passado, tinha sido o responsável pelo "inquérito do pinho", indiciando Jango por corrupção,

DE MARÇO A MARÇO: OS CAMINHOS DA RADICALIZAÇÃO

e que depois, em 1964, estaria ao lado dos golpistas. Na Casa Militar, Chuay conseguiu impedir a promoção a general de Orlando Geisel, um homem sabidamente de direita. Poucos dias antes do golpe, Orlando, jurando fidelidade ao presidente, pediu que Assis Brasil o levasse até ele. Sua ascensão ao generalato saiu imediatamente. Castelo Branco e Mourão Filho também foram promovidos em seu governo. Na avaliação de Chuay, Goulart foi um grande presidente, "mas, no setor militar, foi muito fraco". Darcy Ribeiro, da mesma maneira, avalia que "a política de promoções do presidente não podia ser mais desastrosa". Promovendo militares sabidamente de direita, muitos reacionários, ele "decepcionava nossos aliados e demonstrava a inépcia de um governo que obedecia à oficialidade de direita, desprezando seus aliados".[36]

Para Rui Moreira Lima, na época coronel-aviador, Goulart demonstrava não compreender a lógica militar. Casos assim eram comuns: quando um sargento era preso, na maioria das vezes por razões disciplinares e muito raramente por implicações políticas, ele escrevia para o presidente. Quando Jango se reunia com o ministro da Força à qual pertencia o sargento, mostrava a carta e mandava apurar. O comandante da base tinha que dar satisfações ao ministro, explicando que não se tratava de perseguição política, como denunciava o sargento, invertendo, assim, toda a hierarquia militar. "O presidente Goulart recebia sargentos no Palácio! Não tinha capacidade de distinguir as coisas."[37] Se o subalterno pedia transferência, Jango deferia o pedido sem consultar o comando. Para Rui Moreira Lima, Goulart "era um homem boníssimo", mas primário em assuntos militares. Em outras ocasiões, ele tentava interferir diretamente na nomeação de um oficial para posto de comando, mas sem medir sua própria força para impor sua vontade. Esse foi o caso de Pedro Alvarez, tenente-coronel do Exército em 1963, conhecido por suas posições de esquerda. Ao perder o filho de maneira trágica, o oficial, desgostoso, tomou a decisão de passar para a reserva. Dias depois, recebeu recado para comparecer no apartamento de Goulart em Copacabana. Para a sua surpresa, o presidente lhe disse: "Alvarez, meus pêsames por você ter perdido o filho... Mas o que é que está acontecendo que chegou para eu assinar a sua passagem para a reserva? Não quis assinar. Se companheiros como tu e os outros vão para a reserva, como está indo muita gente... Vocês querem me deixar sozinho no meio desses 'gorilas'?" O oficial, ainda abatido, argumentou: "Não... É que perdi o filho... E quero ir para

Porto Alegre. Minha esposa não quer mais ficar naquela casa, porque o menino morreu ali... Então, estou numa situação que preciso ir para a reserva..." Goulart, no entanto, insistiu: "Não. Vou fazer o seguinte: terça-feira tenho uma reunião com o Estado-Maior, que faz as transferências dos oficiais superiores, de major para cima. Vou propor a tua e no sábado tu vens aqui." No dia marcado, Alvarez retornou. Goulart relatou que, na reunião, sugerira que ele assumisse o subcomando do 2º REC-MEC. "Os generais só faltaram me matar!", disse. "Eu fiquei numa situação difícil... Francamente, Alvarez, sou teu amigo, o que posso fazer por ti?" O oficial respondeu repetindo o que queria realmente: "Tu és meu amigo, Jango? Então, faz um favor: assina minha passagem para a reserva." O que foi feito.[38]

No campo militar, as críticas ao presidente são várias, até daqueles que mais o defendem, como Eduardo Chuay. Contudo, Jango tinha a estratégia deliberada de evitar o surgimento de nomes fortes no meio militar. Seu grande receio era se tornar refém civil de um comando militar. Então, desgastou a liderança de um general, como Amaury Kruel, e nada fez para a ascensão de um general de esquerda, como Osvino Ferreira Alves, e recusou-se, até o momento final, a nomear para o comando do Exército o marechal Henrique Teixeira Lott.[39]

Algo tinha mudado entre a oficialidade das Forças Armadas, mas que ainda não era percebido com clareza. Em setembro, com a multiplicação das greves, os militares tomaram uma nova postura. Se, até então, os oficiais do Exército mostravam certa indiferença diante delas, ou mesmo as apoiavam, como na paralisação do plebiscito, nesse momento passaram a demonstrar contrariedades, quando não as reprimiam abertamente, como ocorreu com a greve no porto de Santos, cujo desfecho foi a intervenção militar por ordem do ministro da Guerra.

Com todas as dificuldades que enfrentava, ainda em setembro Goulart viveria uma nova crise em seu governo, agora de repercussão extremamente negativa na área mais delicada: no setor militar.

Em 11 de setembro de 1963, o Supremo Tribunal Federal julgou e considerou inelegíveis os sargentos eleitos no ano anterior.[40] Todos os que assumiram cargos eletivos, como Garcia Filho, teriam seus mandatos suspensos. O sargento do Exército Prestes de Paula, presidente do Clube dos Suboficiais, Subtenentes e Sargentos das Forças Armadas e Auxiliares

DE MARÇO A MARÇO: OS CAMINHOS DA RADICALIZAÇÃO

do Brasil, com sede em Brasília, convocou seus colegas para uma reunião à noite com o objetivo de discutirem formas de protesto. O resultado da Assembleia foi a realização de um "protesto armado", mas que, na prática, traduziu-se na tentativa de desencadear uma insurreição armada de âmbito nacional. Tomar o poder pelas armas, eis a decisão que tomaram. Como a maioria era de sargentos da Aeronáutica e da Marinha, eles resolveram tomar de assalto a Base Aérea e o Grupamento de Fuzileiros Navais (GFN). Convocando e armando soldados e cabos, seus subordinados, eles partiram para a ação. Imediatamente obstruíram as rodovias estratégicas, bem como o aeroporto civil, e tomaram o Serviço de Radiopatrulha do Departamento Federal de Segurança Pública no Ministério da Justiça e a Central Telefônica. Na Base Aérea, como fora planejado, assumiram o comando. Por volta de 1h30 do dia 12, no Grupamento de Fuzileiros Navais, os oficiais, apanhados de surpresa, fugiram ou foram presos. Após tomarem o paiol de armamentos, impuseram aos outros sargentos, cabos e soldados a "Lei de Dantas": ou adere ou é fuzilado. O poder de fogo de que dispunham, naquele momento, era considerável: fuzis, metralhadoras ponto 45, lança-rojões, granadas, entre outros. A seguir, rumaram para o Ministério da Marinha. Com as armas apreendidas no GFN, prenderam as sentinelas e tomaram o prédio. A facilidade com que tomavam pontos vitais da capital da República era impressionante. Assumir o Batalhão da Guarda Presidencial (BGP), comandado pelo Exército, parecia ser questão de tempo, já que a Marinha e a Aeronáutica estavam sob controle. Além disso, invadiram o Congresso Nacional, prendendo o presidente da casa. Tomaram o Supremo Tribunal Federal (STF), detendo o ministro Victor Nunes Leal. Todos foram confinados, junto aos oficiais das bases e dos ministérios militares, no Cassino dos Oficiais da Base Aérea. Alguns militares graduados, vendo chegar preso o ministro do STF, reagiram de maneira violenta, o que obrigou os revoltosos a libertar o magistrado. Dominando Brasília, os rebeldes passaram para a segunda parte do plano: sublevar o país. Através da Estação Rádio do Serviço de Rotas de Brasília, transmitiram quatro comunicados. Neles, diziam que haviam tomado a capital reagindo à decisão do STF, que, ao tornar inelegíveis os sargentos, atentara contra a democracia. Depois, convocaram todas as unidades militares do país a aderir ao movimento. Os comunicados eram assinados pelo "Comando Revolucionário de Brasília". Cabe ressaltar que, dos quatro comunicados, apenas dois foram transmitidos. Os sargentos que operavam o rádio se recusaram a enviar os de números 1 e 3, discordando do teor deles. Os de números 2 e 4 foram transmitidos, embora com os dizeres "Nota sob coação". Logo que as autoridades tomaram conhecimento da rebelião, articularam a repressão contra os rebeldes. O Batalhão da Guarda Presidencial tornou-se a fortaleza da resistência aos sargentos. A chegada de reforços para o Batalhão começou a minar a confiança dos amotinados. Do Rio de Janeiro, vieram 280 homens da Companhia de Paraquedistas. Os comandantes das três Forças uniram seus esforços no Ministério da Guerra, o único que não foi atacado. Por volta das 5h, sargentos e fuzileiros, sem condições de tomar o BGP, resolveram agir defensivamente na conquista mais importante: o Ministério da Marinha. As posições se definiram: os revoltosos no prédio da Marinha e as forças legalistas concentradas no Ministério da Guerra. O enfrentamento armado ocorreu quando um ônibus repleto de homens que reforçariam as posições rebeldes não obedeceu às ordens de um oficial legalista para parar. Ao disparar contra o veículo, começou intenso tiroteio entre as partes que durou cerca de 10 minutos. Ao final, quatro soldados, todos fuzileiros navais, estavam caídos. Um deles não resistiu aos ferimentos e acabou morrendo. Foi a primeira vítima fatal. A segunda, um funcionário do DNER, levou um tiro na cabeça. Na parte da tarde, com a chegada de mais reforços legalistas, o movimento foi derrotado. No total, foram presos 536 militares rebeldes. Goulart desembarcou em Brasília por volta das 21h45 e procurou tranquilizar o país: "Quero afirmar, nesta hora, que o governo será sempre inflexível na manutenção da ordem e na preservação das instituições, respeitando e fazendo respeitar as decisões dos poderes da República."[41] Jango apoiou as medidas repressivas e a apuração das responsabilidades. Aos três ministros militares endossou as medidas que prevenissem outros motins.

A insurreição dos sargentos limitou-se a Brasília e, possivelmente, a algumas articulações em São Paulo. No Rio de Janeiro, os líderes da Associação dos Suboficiais e Sargentos da Aeronáutica, uma das mais politizadas do país, receberam a notícia com a mais absoluta surpresa.[42] Alguns líderes nacional-revolucionários de Brizola estiveram envolvidos na insurreição. Eduardo Chuay, na Casa Militar, recebendo relatórios secretos, constatou a participação de Neiva Moreira e Max da Costa Santos.[43] No IPM instaurado, os nomes dos dois deputados igualmente

DE MARÇO A MARÇO: OS CAMINHOS DA RADICALIZAÇÃO

foram citados, junto com o de Sérgio Magalhães. Para Chuay, defensor intransigente da disciplina militar, o movimento dos sargentos perdeu o rumo com a radicalização política. Após a eleição de Garcia Filho, eles pensaram em eleger o próprio presidente da República, assustando os oficiais politicamente neutros. Apesar do perigo para as instituições, as esquerdas, logo após o motim, passaram a defender os sargentos detidos pelas forças militares. Em *Novos Rumos*, jornal do PCB, as manchetes diziam: "Os sargentos são nossos irmãos" e "Anistia para os sargentos". Em *A Liga*, Francisco Julião declarou que "os rígidos preceitos militares estão sendo quebrados, desmoralizados pelos soldados, que, sentindo-se povo, já não aceitam a condição histórica de instrumentos do antipovo". A FPN, o CGT e a UNE, em nota conjunta, manifestaram "integral apoio à causa dos sargentos, que lutam pelo direito de ter seus representantes nas casas do Legislativo do país".[44]

Embora as esquerdas defendessem os sargentos rebeldes, as consequências políticas da insurreição em Brasília foram as piores. Disseminou-se, nos quartéis, a desconfiança da oficialidade contra eles. Para uma instituição baseada na hierarquia e na disciplina, o episódio era insuportável, verdadeiramente intolerável. Muitos oficiais que simpatizavam com a causa nacionalista recuaram, exigindo que a disciplina e a hierarquia fossem mantidas de maneira rigorosa. Os líderes mais destacados do movimento, ou apenas aqueles conhecidos por suas posições reformistas, principalmente os adeptos de Leonel Brizola, foram transferidos para regiões longínquas do país. A luta dos sargentos, que se fortalecia e ganhava a simpatia popular e apoio em suas demandas, enfraqueceu-se consideravelmente. Como avalia Parucker, o movimento entrou na sua fase terminal, deixando o cenário político, mas logo substituído pelo dos marinheiros.[45] Mais grave ainda, setores civis conservadores e de direita ficaram impressionados com o episódio e as comparações foram inevitáveis. Se um grupo mal articulado de sargentos, cabos e soldados tomou a capital da República com facilidade, o que poderia acontecer se a rebelião fosse liderada por oficiais da ala janguista do Exército? Além disso, parcelas significativas da oficialidade impressionaram-se com o levante de subalternos, o que permitiu que muitos concordassem com os argumentos dos conspiradores no meio militar.

O movimento enfraqueceu politicamente o governo, desgastando-o profundamente. Em 18 de setembro, o comandante do II Exército, general Peri Bevilacqua, divulgou nota nos quartéis condenando a ação dos revoltosos de Brasília. Segundo sua análise, era preciso "estar em guarda contra a solidariedade dos malfeitores sindicais, CGT, Pacto de Unidade e Ação e Fórum Sindical de Debates" pela solidariedade que dedicaram aos sargentos que, com a revolta na capital da República, desonraram a dignidade das Forças Armadas.[46] No dia 23, o CGT, a FPN, a FMP e a UNE, em nota conjunta, repudiaram as declarações do general e apoiaram as reivindicações dos sargentos. No texto, lembraram ao comandante do II Exército a afirmação de Goulart meses antes: "O Comando Geral dos Trabalhadores é o organismo superior da classe trabalhadora brasileira." Dias depois, Miguel Arraes também criticou as declarações do general. A diretoria do CGT, com o apoio da FPN, FMP e UNE, exigiu de Goulart a imediata exoneração do comandante de seu posto. O PCB defendeu o CGT e atacou duramente o general. Jango esperou alguns meses e nomeou Peri Bevilacqua para a Chefia do Estado-Maior das Forças Armadas — um cargo sem comando de tropas.

No caso da imprensa, o episódio marcou uma inflexão nas relações com o governo. Até então, os donos de jornais haviam apoiado a posse de Jango e apostaram na saída parlamentarista. A seguir, deram novamente apoio a Goulart em sua campanha para o retorno ao sistema presidencialista. Com a insurreição dos sargentos, a maioria dos jornais afastou-se do governo e aumentou suas críticas ao presidente. Intensificaram-se, em particular, as mensagens sobre o perigo do comunismo e o risco de cubanização do país. O discurso anticomunista tornou-se a tônica na imprensa a partir do episódio da tomada de Brasília pelos sargentos.[47]

Pessoalmente, Goulart ficou inconformado com o episódio da rebelião em Brasília. Logo após a prisão de todos os rebelados, ele convocou Batista de Paula, na época jornalista especializado na vida militar, ao Palácio da Alvorada. Visivelmente contrariado, queria saber as razões para a revolta, já que ele sempre fora um defensor das conquistas sociais e políticas dos sargentos. "Confesso, tchê, que não entendi o objetivo dessa reação. Por que a manifestação não foi contra a Justiça Eleitoral, que votou contra a eleição de sargentos?",[48] lamentou-se.

No dia 1º de outubro, a *Tribuna da Imprensa* publicou a entrevista concedida por Carlos Lacerda ao correspondente no Brasil do *Los Angeles Times*, Julien Hart, gerando uma nova e grave crise política. Lacerda voltou a criticar a "agitação trabalhista", referindo-se sobretudo à ação dos

DE MARÇO A MARÇO: OS CAMINHOS DA RADICALIZAÇÃO

comunistas no Comando Geral dos Trabalhadores, que, infiltrados no governo, apoiavam politicamente Goulart. No entanto, alegou, ninguém poderia chamar o presidente da República de comunista. Para o governador da Guanabara, ele "poderia ser chamado de homem de direita, pois é na realidade um totalitário, à moda sul-americana. Ele é um caudilho com todos os recursos dos tempos modernos".[49] Assim, na conjugação do caudilhismo com o comunismo, o Brasil vivia uma guerra ideológica. No poder, os governantes pretendiam paralisar o país, cortar as alianças com o mundo livre, parar os transportes, tornando o trabalho difícil, irritar os trabalhadores, degenerar a economia. Os Estados Unidos, assim, deveriam ter um papel decisivo naquele momento: "Há uma atitude que os Estados Unidos poderão tomar em relação à crise aqui." O Departamento de Estado, depois de tantos anos, deveria mudar sua atitude e procurar saber "quem está governando o Brasil". Para Lacerda, "não interferir é uma coisa, mas outra é ignorar o que se está passando". A situação no país era tão grave que os militares ainda não tinham intervindo no processo político para evitar uma confusão nacional ainda maior, o que "só depõe a favor deles". Contudo, alegou, tinha informações seguras de que os militares debatiam se, com relação a Goulart, "era melhor tutelá-lo, patrociná-lo, pô-lo sob controle até o fim de seu mandato ou alijá-lo imediatamente".

A entrevista atingiu duramente o governo. Os ministros militares, ofendidos e indignados, reagiram imediatamente no sentido de preservar a autoridade do presidente da República. Em nota oficial, o general Jair Dantas Ribeiro, o almirante Sílvio Mota e o brigadeiro Anísio Botelho denunciaram que, mais uma vez, o governador da Guanabara lançava injúrias contra o governo federal, apresentando o "nosso país como qualquer republiqueta subcolonial, mendigando esmolas, e nosso povo, um povo desfibrado, incapaz de orientar-se sem tutelas estrangeiras, entregue a um bando de saqueadores comunistas".[50] Para eles, a atitude de Lacerda não foi isolada. Fazia parte de uma vastíssima campanha para desorientar o país, com *lockout*, fechamento das indústrias e do comércio, inclusive de medicamentos e gêneros de primeira necessidade. A entrevista seria o estopim para desencadear a desordem no país. Indignados, os ministros militares denunciaram: "Um brasileiro, exercendo honroso cargo público em sua pátria, dá-se ao desplante de, utilizando correspondentes estrangeiros em meios de divulgação estrangeiros, investir caluniosamente, em

365

país estrangeiro, contra as autoridades de seu país, escolhidas livremente pelo povo, atribuindo-lhes insultos maliciosos e impatrióticos; investir contra as Forças Armadas de seu país, atribuindo-lhes predicados de subserviência, de ignorância, de incapacidade para lutar pela emancipação de sua Pátria." Com sua atitude impatriótica, ele feriu os brios do povo brasileiro e atingiu a dignidade das Forças Armadas. As provocações partiam também de outros governadores, como o de São Paulo. Para os ministros militares, as dificuldades enfrentadas pelo país eram agravadas por manobras extremistas, de direita e esquerda. De um lado, os que pregavam a revolução e a luta de classes; de outro, os interessados em conter o desenvolvimento e regredir a evolução social e a emancipação econômica do Brasil. Assim, defendendo a autoridade presidencial, disseram que, "orientada pela clarividência e espírito público de Sua Excelência o Sr. Presidente da República — um brasileiro que é o presidente de todos os brasileiros, e não apenas o porta-voz de pretensas elites nacionais —, a Nação clama ansiosamente por paz e harmonia para trabalhar e progredir". Mais ainda, com o objetivo de repudiar a ação desse "mau cidadão", os ministros militares conclamaram as forças vivas da Nação a "cerrar fileiras em torno das autoridades constituídas". Por fim, terminaram a nota: "Na preservação da autoridade do presidente da República, da ordem, da lei e do regime, as Forças Armadas advertem que serão inflexíveis, rigorosas e decididas na ação preventiva e eficaz da Nação."

A repulsa à atitude de Lacerda foi geral. A UDN e até mesmo o setor empresarial conservador desaprovaram a entrevista. Atônito e perplexo com o que fizera, Lacerda, mesmo assim, polemizou com os ministros militares, respondendo a eles. Segundo o governador, "em declarações de natureza política e deplorável cunho pessoal, três ministros do governo federal procuraram, pateticamente, atirar sobre terceiros a culpa da desordem, do empobrecimento e da desmoralização a que está sendo condenado o povo inocente". Ademar de Barros declarou em nota: "Estranhamos, isto sim, que essa declaração não tenha partido do ministro da Justiça, a quem compete, no ministério presidencialista, falar pelo governo."[51]

Os ministros militares, indignados com os ataques sistemáticos de Lacerda e Ademar, afrontando de maneira insultuosa o governo federal, pediram a Goulart a decretação do estado de sítio. O objetivo deles era invadir a Guanabara e prender Lacerda. O presidente reuniu o minis-

DE MARÇO A MARÇO: OS CAMINHOS DA RADICALIZAÇÃO

tério para decidir que atitude tomar, pois estava predisposto a enviar uma mensagem ao Congresso Nacional. Na reunião, após ouvir todos os seus ministros, inclusive os militares que insistiam na prisão dos governadores da Guanabara e de São Paulo, pediu a Abelardo Jurema, da Justiça, que fizesse a exposição de motivos para o estado de sítio.[52] O ministro concordou com o envio do pedido ao Congresso. Contudo, alegou que o decreto somente seria aceito como um fato consumado. Mandar uma mensagem para a Câmara seria algo difícil de aprovar: o governo não contaria com o apoio do PSD nem do PTB. Mas, se as tropas ocupassem as ruas em São Paulo, Minas Gerais e na Guanabara, em 24 horas os parlamentares aprovariam a solicitação presidencial. Darcy Ribeiro, que redigiu o texto, foi da mesma opinião, declarando que "estado de sítio não se pede. Se toma".[53] Por fim, pesou a decisão do presidente. Pouco tempo depois, o pedido de estado de sítio chegaria ao Congresso.

As reações vieram de todas as partes. Em nota, o presidente da Associação Comercial de São Paulo criticou a iniciativa presidencial, lembrando o dia 10 de novembro de 1937. Também em comunicado oficial, o CGT criticou Jango: "O povo exige e os trabalhadores defendem medidas concretas contra o imperialismo e o latifúndio e seus agentes internos." Miguel Arraes também negou apoio a Goulart.[54] Os estudantes, intelectuais, a imprensa e até mesmo suas bases partidárias no Congresso negaram apoio à medida. O PCB também declarou-se contra.

Jango vivia dias tensos, sobretudo pelas dificuldades em tomar decisões que atingiriam aliados da esquerda. Interessava aos militares restaurar a disciplina nas Forças Armadas após o episódio da revolta dos sargentos em Brasília, bem como conter a agitação sindical. Além disso, o presidente sabia que os ministros militares queriam prender não apenas as lideranças conservadoras, como Lacerda e Ademar, mas também políticos progressistas, como Miguel Arraes. Na versão de Osvaldo Lima Filho, o presidente relutava em levar adiante a decretação do estado de sítio, alegando que Miguel Arraes lutara por sua posse na presidência. Além disso, não concordava com os ministros militares de que haveria "excessos políticos" no governo de Pernambuco, por isso não encontrava razão para prendê-lo. Para Lima Filho, "Jango era um homem que às vezes se perturbava, titubeava, demorava muito a tomar decisões, mas era incapaz de tomar uma posição contra um companheiro. Ele considerava que o Arraes tinha lutado pela posse dele, pela legalidade".[55] Possivelmente, Goulart procuraria evitar sua prisão, mas estava decidido a seguir os conselhos de seu ministro da Justiça.

Antes de enviar a mensagem ao Congresso, em uma misteriosa reunião noturna no Palácio Laranjeiras, setores não identificados, com ordem presidencial, determinaram que o corpo de paraquedistas prendesse Carlos Lacerda. O país, desse modo, amanheceria sob forte tensão: o governador da Guanabara preso e o estado de sítio decretado de fato.

Contudo, o cuidado que dedicava aos companheiros de esquerda, a exemplo de Miguel Arraes, o levou a chamar Leonel Brizola às pressas no Palácio Laranjeiras. Rompidos desde maio, Goulart expôs o plano de prender Lacerda e intervir na Guanabara. Com isso, o presidente queria tanto conseguir o apoio das esquerdas para as medidas quanto tranquilizá-las sobre a decretação do estado de sítio. Brizola, após ouvi-lo, disse que estava enquadrado em um esquema político composto pela FMP, pelo FPN e pelo PTB gaúcho, negando-se a tomar qualquer decisão naquele momento. Darcy Ribeiro alegou que os comunistas, como Oswaldo Pacheco, e os seguidores de Miguel Arraes convenceram os grupos da FMP de que, depois da prisão de Lacerda, o próprio governador de Pernambuco seria detido. Para eles, o plano de Jango era derrotar a direita e, em seguida, a esquerda.[56] Segundo a versão de Paulo Schilling, Brizola pediu um prazo e convocou as organizações que compunham a FMP. Aos representantes do CGT, camponeses, UNE, UBES, FPN, PCB, sargentos e marinheiros, apresentou os planos do presidente. Entretanto, concordando com os comunistas e os partidários de Miguel Arraes, manifestou suas dúvidas sobre os verdadeiros objetivos de Goulart. As esquerdas, reunidas naquele momento, não confiavam no presidente. Ao iniciar o dia, ainda discutindo, alguém ouviu nas rádios que Jango pediria o estado de sítio ao Congresso. A surpresa foi grande no grupo, porque esse detalhe, disse Brizola, não havia sido comentado pelo presidente. A conclusão a que chegaram foi que o estado de sítio seria mais uma manobra, mais uma armadilha que resultaria na prisão de Arraes, de Prestes, do próprio Brizola e na dizimação da esquerda.[57]

O grande receio das esquerdas era de que as leis de exceção se voltassem contra elas e o movimento sindical. Miguel Arraes temia que o estado de sítio pudesse levar à própria ditadura. Para ele, as medidas deveriam ser restritas a algumas regiões, como São Paulo, onde Ademar de

DE MARÇO A MARÇO: OS CAMINHOS DA RADICALIZAÇÃO

Barros conspirava abertamente. Com relação ao CGT, o próprio Goulart saiu de Brasília e recebeu, em seu apartamento em Copacabana, dirigentes sindicais, com o objetivo de explicar as razões para o estado de sítio. A Clodsmidt Riani disse não compreender por que o movimento sindical se opunha a uma medida que visava a impedir a conspiração da direita e o próprio golpe. Muitos anos depois, Riani lembrou-se de que, na ocasião, as esquerdas não compreendiam ou não confiavam em Goulart, e, enquanto isso, a direita avançava sem o menor escrúpulo.[58]

No momento em que os grupos reunidos na FMP discutiam, alguns sargentos entraram em contato com a brigada de paraquedistas. A orientação era que eles fizessem "corpo mole", atrasassem ao máximo a operação "pega Lacerda", embora a ordem já houvesse sido dada. Para Paulo Schilling, os sargentos estavam comprometidos com as esquerdas, dispostos a ir até as últimas consequências, mas se recusavam a ser utilizados como instrumentos para uma manobra que poderia resultar em um golpe. Enquanto os paraquedistas atrasavam quanto podiam, alegando motivos diversos, os próprios oficiais passaram a discutir a ordem com os superiores. Alguns recusavam a operação, outros, aliados aos sargentos, retardavam ainda mais a implementação da ordem. Finalmente, o coronel Mafra, comandando um grupo de paraquedistas, chegou ao hospital onde Lacerda tinha dormido naquela noite. Mas o governador, já informado, fugira. A operação ficou desmoralizada. Segundo Carlos Castelo Branco, no exílio Goulart percebeu que, nesse episódio, já tinha perdido o poder, já tinha sido deposto. Afinal, como presidente da República, apertara o botão para impor a força militar, mas ela não lhe obedecera.[59]

Na noite seguinte, Leonel Brizola e outros líderes de esquerda falaram na rádio Mayrink Veiga denunciando e condenando Goulart pelo pedido de estado de sítio. A Comissão de Constituição e Justiça da Câmara votou contra. Consciente da gravidade da situação, o presidente confidenciou ao deputado Doutel de Andrade: "Nesta madrugada começou a minha deposição."[60] O próprio PTB, no Congresso, alinhou-se com o PSD e a UDN contra a medida, incluindo os deputados da Frente Parlamentar Nacionalista e do Grupo Compacto. Mesmo entre a oficialidade das Forças Armadas o estado de sítio não era bem-visto. No dia 7, o presidente retirou a mensagem do Congresso. Naqueles dias, em conversas privadas com Jango, Raul Ryff percebeu o dilema no qual ele vivia. Sem o consentimento do Congresso para decretar o estado de sítio por vias legais e sem o apoio das próprias esquerdas, sofrendo a desconfiança de seus antigos aliados e a oposição férrea dos conservadores, Goulart não encontrou meios para levar adiante a proposta de seus ministros militares. A situação era muito difícil porque seus auxiliares militares queriam medidas duras, visando a preservar a autoridade política de Jango. Para eles, não era possível governar o país com governadores de estado conspirando e desafiando, a exemplo de Ademar de Barros, e insultando freneticamente, como fazia Carlos Lacerda, o presidente da República. Em reunião na Granja do Torto, Jango convocou seus ministros militares e alguns generais para explicar as razões que o levaram a retirar o pedido de estado de sítio. Segundo Raul Ryff, a situação vivida por Jango era de grande constrangimento. Afinal, os ministros não sugeriram a medida sem o apoio e sem o seu consentimento. Agora, ele iria ter que explicar o recuo, ou melhor, seria obrigado a recusar o apoio que os próprios ministros militares lhe deram. Reunidos, o clima era carregado, a decepção estava estampada nos rostos de todos os oficiais. Em dado momento, de grande tensão, João Vicente, ainda muito criança, chegou correndo, suado e ofegante. Quase sem fôlego, queixou-se: "Pai, o puto do cozinheiro não quer me dar pastel." Todos começaram a rir e o menino, na sua inocência, não soube que acabara de desfazer um ambiente extremamente carregado.[61]

Para Abelardo Jurema, o presidente perdeu a oportunidade de transformar-se em líder absoluto do país, sem concorrentes, se instaurasse o estado de sítio de fato e prendesse Lacerda e Ademar com o apoio do Exército. No entanto, por seu temperamento, Goulart negou-se a tomar uma atitude de força que contrariasse as regras democráticas. Assim, teve que continuar convivendo com o governador de São Paulo, que o desafiava abertamente, declarando que dispunha de 60 mil homens armados para enfrentar seu governo, bem como Lacerda que, via de regra, utilizava a televisão para insultá-lo.[62] As esquerdas que formavam a FMP afastaram-se ainda mais do presidente. Ao mesmo tempo, em outubro, o minoritário grupo civil-militar golpista começou a ganhar terreno no plano conspiratório. Procurado por um emissário do marechal Odílio Denys, o governador Magalhães Pinto, após conversações, passou a integrar o movimento. Cauteloso, depois de avaliar os riscos, Magalhães Pinto decidiu apoiar a conspiração na "defesa das instituições democráticas". Uma de suas primeiras medidas foi duplicar o efetivo da Polícia Militar do estado,

DE MARÇO A MARÇO: OS CAMINHOS DA RADICALIZAÇÃO

passando para 20 mil homens, bem armados, municiados e dispondo de eficientes meios de transporte.[63] Seu plano era, em momento oportuno, declarar Minas Gerais como estado beligerante. Com a ajuda norte-americana, o governo Jango se desestabilizaria.

Desarmado contra os governadores mais poderosos do país, sem o apoio das esquerdas, atacado pela direita e perdendo o controle sobre os militares, o presidente saiu daquele episódio completamente enfraquecido. Diversos oficiais, até então legalistas, passaram a apoiar, ainda que de maneira passiva, o grupo de conspiradores, enquanto outros se integravam ativamente ao movimento. Armas pesadas e modernas entravam no país clandestinamente. Em um sítio, no Rio de Janeiro, de propriedade de um amigo de Lacerda, metralhadoras de último tipo, munição e granadas foram descobertas; um submarino norte-americano desembarcou no Recife pesadas armas de guerra, entre elas algumas bazucas; campos de pouso de helicóptero foram instalados em Teresina e na Guiana Inglesa; 4.969 cidadãos norte-americanos desembarcaram no país somente no ano de 1962.[64]

Após o episódio dramático do estado de sítio, Jango, sem o formalismo presidencial, abriu-se com Abelardo Jurema. Ao seu ministro da Justiça revelou o tédio com o cargo. Dizia-se cansado, esgotado com tudo aquilo. "Não sei, Seu Jurema", confidenciou certa vez, "como o Juscelino ainda quer voltar para isto aqui!".[65] Queixava-se da incompreensão e da injustiça que sofrera das esquerdas e do PSD com a falta de apoio ao pedido de estado de sítio. Em sua avaliação, fora uma burrice de seus amigos e companheiros negar-lhe o apoio naquela hora difícil. Jurema percebia, ainda sem muita certeza, que o presidente perdera o encanto pelo poder.

O clima era de radicalização crescente. As esquerdas estavam certas de sua superioridade sobre as direitas e da necessidade de um confronto com elas. Cobravam de Goulart seu afastamento do PSD e do PTB fisiológico, com a implantação de um governo nacionalista e popular. Neiva Moreira, escrevendo no *Panfleto*, jornal do grupo brizolista e porta-voz da Frente de Mobilização Popular, assegurou: "O risco da contrarrevolução é imenso, mas esse perigo desaparecerá rapidamente se o presidente, com a visão do apoio nacional a um programa novo e dinâmico, marchar para o governo popular e nacionalista e para um programa claro e coerente."[66] O PCB seguiu o mesmo projeto. Em editorial em *Novos Rumos*, os comunistas defenderam que "a formação de um novo governo, apoiado nas forças nacionalistas e democráticas e formado por homens a elas vinculados é, hoje, uma exigência irrefreável da esmagadora maioria da Nação".[67]

Brizola já tinha um horário cativo na rádio Mayrink Veiga, de onde pregava as reformas imediatas. Pelos microfones, falava durante quatro, cinco ou mesmo seis horas seguidas. A reação veio com o acordo entre Roberto Marinho, Nascimento Brito e João Calmon. Unificando suas rádios, a Globo, a Jornal do Brasil e a Tupi, eles criaram a "Rede da Democracia". Com discursos unificados, denunciavam o perigo comunista, a política econômica do governo e o próprio Goulart. Logo adiante, uniformizaram também suas mensagens na rede de jornais. Os parlamentares de centro, a exemplo dos pessedistas Tancredo Neves e Ulysses Guimarães, assustados com a escalada de radicalização das esquerdas, saudaram a formação da "Rede da Democracia".[68]

Ainda em outubro, João Pinheiro Neto compareceu a uma reunião sindical no Teatro Castro Alves, em Salvador. Era mais uma Assembleia de lideranças sindicais de todo o Brasil, ali reunidas com o objetivo de apresentar suas reivindicações ao novo ministro do Trabalho. O teatro estava lotado: integrantes do CGT, líderes de esquerda, como Miguel Arraes e Francisco Julião, camponeses com faixas, gritando sem parar slogans como "reforma agrária", "regulamentação da remessa de lucros para o exterior", "nacionalização das refinarias" etc. Julião abriu a sessão e, como de costume, pregou o radicalismo agrário com a "reforma na marra". "Baixinho, cara de índio mexicano, olhos apertados, pensamento ágil, sincero na sua pregação socialista de que a terra deveria pertencer a todos", Julião, diz Pinheiro Neto, era "uma fera na tribuna e nos comícios, pregava com ardor de incendiário o fim do direito da propriedade". Num determinado momento, o coro de centenas de vozes começou a entoar um hino, que não era o Nacional, mas cujos acordes e palavras não eram estranhos para o ministro. "Olhei para minha mulher, de pé ao meu lado, num espanto que logo se desvaneceu, já que não tardei a identificar o que a multidão cantava com toda a força dos pulmões. E tremi. E meu tremor tinha suas razões, pois o que camponeses e operários estavam entoando era nada menos que a velha Internacional Comunista."[69]

DE MARÇO A MARÇO: OS CAMINHOS DA RADICALIZAÇÃO

Em 7 de outubro de 1963 a intelectualidade brasileira de esquerda fundou o Comando Geral dos Trabalhadores Intelectuais. Em seu manifesto de fundação, a nova organização se propunha, em um aspecto, apoiar as reivindicações específicas de cada setor cultural; em outro, "participar da formação de uma frente única nacionalista e democrática com as demais forças populares arregimentadas na marcha por uma estruturação melhor da sociedade brasileira".[70] A diretoria, composta por Alex Viany, Álvaro Lins, Álvaro Vieira Pinto, Barbosa Lima Sobrinho, Dias Gomes, Édson Carneiro, Ênio Silveira, Jorge Amado, M. Cavalcanti Proença, Moacyr Félix, Nélson Werneck Sodré, Oscar Niemeyer e Osny Duarte Pereira produziu, a partir daí, inúmeros manifestos defendendo as reformas de base. Moacyr Félix, secretário geral do Comando, diz que, entre outras atividades, "produzimos um sem-número de manifestos a favor das reformas e de mudanças sociais. Procurávamos manter o equilíbrio, mas, se necessário, metíamos o pau no Jango quando ele conciliava".[71] Quando do lançamento da lista de adesão à organização, cerca de 400 pessoas compareceram ao evento para se associarem, entre elas Paulo Mendes Campos, Carlos Heitor Cony, Vianinha, Ferreira Gullar, Flávio Rangel, Gianfrancesco Guarnieri, Tereza Raquel, Agildo Ribeiro, Di Cavalcanti, Iberê Camargo, Djanira, Joaquim Pedro de Andrade, Cacá Diegues, Nelson Pereira dos Santos, Leon Hirszman, Glauber Rocha, Walter Lima Jr., Chico Anísio, Janete Clair, Nara Leão, Carlos Lyra.

As esquerdas, naqueles anos, fabricaram, disseminaram e tornaram comuns imagens que agiram no sentido de sedimentar ideias, crenças e comportamentos coletivos. Traduzido por meio da linguagem, o conjunto de representações auxiliava no processo de alimentar certezas, arregimentar adeptos e reforçar utopias. Uma das imagens que atuou com força incomum entre as esquerdas, nos discursos de Brizola em particular, era a que aludia ao "desfecho". A palavra era recorrente nos argumentos das esquerdas, sempre no sentido de que o fim de um ciclo estaria se aproximando: "Todos sentem que vivemos uma véspera", dizia o editorial de *Panfleto*. "Os espíritos estão inquietos, o Poder Público vacilante, as contradições sociais aguçadas, um processo inflacionário arrasta o povo ao desespero."[72] Brizola garantia: "Aproximamo-nos, rapidamente, de um *desfecho*" (grifo no original).

Na lógica do "desfecho", outro jogo de imagens era formulado. De um lado, havia o "povo" — constituído por trabalhadores urbanos e rurais, e também por estudantes, militares nacionalistas, intelectuais comprometidos, entre outros. Em suas lutas, o "povo" manifestava seu inconformismo com "protestos, lutas por reajustamento de salários e vencimentos, greves, choques no campo, alastramento da luta nacionalista" contra o "saque internacional que leva para fora de nossas fronteiras os frutos do trabalho e da produção". Mas, de outro, ainda nas palavras de Brizola, existia o "antipovo": "Uma minoria de brasileiros egoístas e vendilhões de sua Pátria, minoria poderosa e dominante sobre a vida nacional — desde o latifúndio, a economia e a finança, a grande imprensa, os controles da política até os negócios internacionais —, associou-se ao processo de espoliação de nosso povo. Essa minoria é que chamamos de antipovo, de antinação." Portanto, o momento era de decisão. Aproximava-se a hora da opção. "Ou estaremos com o povo ou com o antipovo; ou seremos patriotas ou traidores." Assim, para a vitória das forças populares no "desfecho" que se aproximava, era necessária a organização do povo.

Em fins de 1963, o clima de radicalismo avançava e, para isolar Goulart ainda mais, as esquerdas romperam com ele. Logo após a retirada do pedido de estado de sítio, representantes de diversas tendências reuniram-se em Brasília para debater a conjuntura. Representantes da Frente de Mobilização Popular, Leonel Brizola, Miguel Arraes, delegados da UNE e do CGT, além de organizações menores, concluíram, em conjunto, que "o presidente João Goulart estava realizando apenas um governo de interesse exclusivo das classes conservadoras, distanciando-se dos grupos que haviam assegurado a sua posse na crise de 1961. Logo, as esquerdas deveriam romper com o governo".[73] Desta maneira, Paulo de Tarso, integrante da FMP, deixou a pasta da Educação. A Ação Popular, que o indicara para o ministério, não queria participar de um governo "conciliador". Nunca, em toda a sua carreira política, João Goulart alcançou tamanha solidão política como naquele momento.

Na manhã de 15 de novembro de 1963, o velho Electra que servia à presidência da República seguia para a Colônia Agrícola de Dourados, em Mato Grosso.[74] Além da tripulação, o avião, sacolejando muito, levava Jango, Wilson Fadul, João Pinheiro Neto, o fiel secretário do presidente Eugênio Ferreira Caillard e dois ajudantes de ordens. Na pequena cidade, iriam entregar títulos de propriedades a mais de 2 mil colonos. Assentados havia mais de 40 anos naquelas terras, ainda no governo de Getulio Vargas, somente agora teriam a documentação que os garantiria legalmente em seus lotes. Como era de praxe, na solenidade, o presidente iria, em público, assinar simbolicamente alguns títulos. Pinheiro Neto, apavorado com o estado da aeronave, recebeu um chamado de Caillard: o presidente queria conversar com ele. Em suas viagens no Electra, Goulart tinha o costume de sentar-se na primeira poltrona, resguardando sua privacidade com uma cortina surrada. Após acomodar-se ao seu lado, Pinheiro Neto ouviu dele: "Como sabes, vou assinar simbolicamente meia dúzia de títulos de terra. Então resolvi: tu falas por mim. O Fadul é político, fala se quiser. Naturalmente irão falar o prefeito e também o representante dos colonos. Logo em seguida voltaremos." Pinheiro Neto retrucou: "Presidente, o que devo dizer em meu discurso?" Goulart, um tanto enfastiado, respondeu: "Tu sabes, não preciso te ensinar." Mudando de assunto, disse: "Olha lá embaixo. Está vendo aquela boiada?" Com o avião em baixa altitude, preparando-se para aterrissar, o presidente da SUPRA, lutando contra o enjoo e o medo dos sacolejos, arriscou um olhar. "Tu sabes quantas cabeças tem lá embaixo?" Para Pinheiro Neto, era impossível responder. Para Jango, no entanto, tratava-se de algo fácil. "Pois eu digo: lá embaixo estão de 300 a 320 cabeças de gado, todas da raça zebu."

Logo a seguir, ao descerem do avião, viram milhares de pessoas que os esperavam no pequeno aeroporto, principalmente os colonos, ansiosos por seus títulos de propriedade. Após a solenidade, Jango, ao lado de Pinheiro Neto, chamou o prefeito da cidade e perguntou: "Me tire uma dúvida: quantas cabeças de gado tem aquela boiada que vimos há pouco quando o avião sobrevoava a pastagem?" O prefeito logo respondeu: "A boiada é minha, presidente, e de mais um amigo. Temos ali pouca coisa, em termos de Mato Grosso, umas 320 cabeças, por aí." Com um sorriso vaidoso, Goulart voltou-se para Pinheiro Neto: "Que tal? Agora ficas sabendo que sou mesmo um fazendeiro. Que sou apenas um estancieiro, nada mais."

As lutas sociais avançavam em um ritmo que assustava os capitalistas. A partir de novembro, no Rio de Janeiro e em São Paulo, diversas categorias declararam-se em greve, como os petroleiros, petroquímicos, telegrafistas e radiotelegrafistas, carregadores e ensacadores de café, funcionários estaduais, ferroviários, previdenciários, eletricitários, trabalhadores do Arsenal de Marinha, do serviço de gás, entre outras. No campo, apesar dos assassinatos de líderes rurais, as invasões de terras improdutivas continuavam, sobretudo em Pernambuco, na Paraíba, em Minas Gerais e em Goiás.[75] O governo chegou ao final de 1963 em situação de grande dificuldade: inflação anual de 78% e crescimento econômico de 1%. O aumento acelerado dos preços, o desabastecimento de mercarias e as sistemáticas greves de trabalhadores atuavam no sentido de desgastar o governo perante a opinião pública.

Foi nos últimos meses desse ano que o discurso anticomunista se alastrou pelo país, tornando-se a tônica entre várias instituições privadas. O anticomunismo durante o governo Goulart deve ser analisado com a devida cautela, evitando as interpretações que valorizam excessivamente seu peso na crise e na desestabilização do governo. O clima de Guerra Fria, as injunções internacionais com a revolução cubana, entre outros conflitos entre os blocos ocidental e oriental teriam sido, nessa interpretação, decisivos para o golpe militar no Brasil. Sem dúvida, foram várias as organizações anticomunistas que agiram durante o governo Goulart, sendo as mais conhecidas a Ação Democrática Parlamentar (ADP), o Instituto Brasileiro de Ação Democrática (IBAD), o Instituto de Pesquisas e Estudos Sociais (IPES), o Movimento Anticomunista (MAC) e o Comando de Caça aos Comunistas (CCC). No entanto, como afirma Rodrigo Sá Motta, tais organizações conseguiram mobilizar apenas os setores de extrema direita até fins de 1963. Foi somente a partir daí, e em um crescente até março de 1964, que o argumento anticomunista se alastrou pela sociedade, conseguindo grande sucesso. Nesse sentido, não se deve tomar alguns meses do governo Goulart (do fim de 1963 até março de 1964) por todo seu período à frente do Poder Executivo. Mesmo os setores mais direitistas sabiam que Jango não era comunista. O presidente foi poupado das críticas, inclusive dos anticomunistas, na campanha do plebiscito e nas eleições parlamentares de 1962. Segundo o autor, "a observação é interessante por colocar em questão a crença de que a derrubada de Jango era um processo inexorável". Não era. O discurso anticomunista, até então, não tinha força diante do prestígio do presidente — visto como homem "moderado, prudente e comedido", segundo editorial de O Globo, como vimos anteriormente. Para Rodrigo Motta, Jango teria apoio político, mesmo dos conservadores, desde que a esquerda radical estivesse afastada das cadeias de decisões.[76] As ideologias anticomunistas das organizações de direita começaram a ganhar espaço e cada vez mais

DE MARÇO A MARÇO: OS CAMINHOS DA RADICALIZAÇÃO

adeptos diante das exigências do PCB e das esquerdas agrupadas na FMP por medidas reformistas e nacionalistas, do crescente movimento grevista, da revolta dos sargentos e do pedido de estado de sítio ao Congresso Nacional. A partir desse conjunto de eventos, os grupos direitistas conseguiram fazer ecoar com maior amplitude o discurso atemorizador do anticomunismo.

Após a derrota do pedido de estado de sítio, Goulart, uma vez mais, procurou reconstituir sua base política de centro, reaproximando-se do PSD, contrariando as esquerdas radicais. Retomava, assim, sua estratégia de realizar as reformas, sobretudo a agrária, pela via da negociação. Isolado à direita, à esquerda e ao centro, Jango tentou um último esforço para estabilizar a inflação por meios ortodoxos. Em outubro, o ministro da Fazenda Carvalho Pinto propôs combater a alta dos preços através da Instrução 255 da Sumoc, autorizando o Banco do Brasil a emitir letras que captassem recursos não inflacionários no mercado de capitais, direcionando-os para projetos de desenvolvimento econômico. As iniciativas do ministério, duramente criticadas pelos banqueiros, não surtiram os efeitos desejados.

Com o novo fracasso das medidas ortodoxas, o presidente, no fim de novembro, deu uma entrevista à revista *Manchete*. Em linguagem franca, direta, incisiva e por vezes em tom de desabafo, ele expôs a situação crítica a que o país chegara. Rebatendo as críticas de que ele seria o principal responsável pela crise, alegou que "o presidente não governa sozinho, mas se dispersa e se distribui por numerosos setores".[77] Responsabilizá-lo individualmente era cômodo. "O que não nos parece justo nem razoável", alegou, é que o Congresso, os governadores e os empresários, que também são responsáveis pelos destinos do país, continuem lutando uns contra os outros, "numa estéril dispersão de esforços, ou que descarreguem toda a sorte de acusações apenas e principalmente sobre a presidência da República. A continuar como vamos, o caos poderá sobrevir — e a todos atingirá indistintamente". Após lembrar que assumira o poder consciente das dificuldades econômicas, sociais e políticas que iria enfrentar, disse que o país estava vivendo diversas crises: industrial, social, política, da estrutura agrária e do Estado. Assim, se o país crescera muito rapidamente, permitindo que o parque industrial brasileiro fosse mais diversificado que o da União Soviética, por outro, existem problemas que são muito mais internos do que externos, por exemplo, a dívida externa, de 3,8 bilhões, poderia ser paga em um período superior a 100 anos. O problema é que mais da metade dela venceria em um ano. E o país não suportava o encargo. Goulart voltou a insistir na desigualdade nas relações comerciais entre os países capitalistas avançados e os do terceiro mundo. Após a Segunda Guerra, os preços dos produtos agrícolas exportados ficaram estagnados e até mesmo diminuíram no mercado externo, enquanto as manufaturas importadas não pararam de aumentar de valor. Entre 1954 e 1963, por exemplo, o preço do café caiu 50%. No mesmo período, as exportações de café triplicaram, mas a receita, mesmo exportando três vezes mais, caiu. "Sem essa malfadada deterioração", afirmou, "o Brasil já não teria dívida internacional a pagar." As grandes potências, portanto, tinham que considerar esse processo. Elas também eram responsáveis pela crise brasileira. "Triplicamos os nossos fornecimentos, equilibramos nossa balança comercial, realizamos esforços extraordinários dentro do regime democrático. Convivemos e dialogamos, sem interrupção, com essas potências a que destinamos o fruto de nosso trabalho e, apesar de tudo, sofremos as consequências iníquas do fenômeno da deterioração dos preços, o qual nos é imposto sem alternativa." Para Goulart, "não pedimos apenas compreensão. Merecemos o reconhecimento".

A reforma agrária surgia como medida imprescindível para solucionar a crise industrial. Com a população crescendo em um ritmo maior que o das cidades, e vivendo em condições miseráveis, o processo resultaria em um estrangulamento da produção industrial, correndo o risco de estagnar-se por falta de mercado interno. "Nessas condições, era fácil prever o que ocorreu: a produção industrial, desperdiçando grande parte de sua capacidade, passou a crescer em ritmo inferior ao aumento da população." Era preciso "estender ao camponês os benefícios que a justiça social lhe pode e lhe deve assegurar". Lembrando que 2,2% das propriedades rurais ocupam 58% das terras no Brasil, a reforma agrária era uma necessidade premente. Era preciso avançar com uma reforma administrativa: "A velha máquina estatal que nos foi legada montou-se com o simples objetivo de despachar processos burocráticos." A duplicidade de órgãos, a irracionalidade, o empirismo, bem como a multiplicidade de sociedades mistas, estatais, paraestatais e autárquicas, todas sem estatuto jurídico definido, exigiam mudanças urgentes. Outra reforma era a tributária, que permitia uma política de distribuição da renda. A reforma bancária, igualmente, era uma exigência. "Temos que partir do princípio

DE MARÇO A MARÇO: OS CAMINHOS DA RADICALIZAÇÃO

de que o Estado não dispõe, hoje, de uma política nacional de crédito. O Banco do Brasil funciona como a caixa geral da Nação, mas continua a ser, do ponto de vista de seu funcionamento e de sua estrutura administrativa, uma verdadeira colcha de retalhos." A rede privada, um verdadeiro arquipélago descoordenado, crescia sob o arbítrio do interesse particular, à custa de regiões menos desenvolvidas. A reforma orçamentária era também imperativa, impedindo que os estados do centro-sul do país funcionassem como uma bomba de sucção das outras regiões do país, sobretudo do Nordeste, enriquecendo os ricos e empobrecendo ainda mais os pobres. Nesse aspecto, lembrou que, no seu governo, a Sudene aplicara no Nordeste 206 bilhões de cruzeiros, permitindo que a renda *per capita* dos estados da região crescesse mais rapidamente que em qualquer outro ponto do país. Por fim, a reforma eleitoral, que resguardou a lisura e impediu as deformações da vontade popular. A CPI do IBAD, lembrou, demonstrou o "papel nefasto que desempenhou um organismo a serviço da manutenção de privilégios intoleráveis".

Falando com franqueza, esforçando-se para convencer principalmente as elites empresariais e políticas, Goulart afirmou: "Não é possível que continuemos indiferentes a viver lado a lado com a miséria. O Brasil deve deixar de ser o país dos contrastes, onde basta abrir a janela de um apartamento para contemplar a mais negra miséria, oferecida aos olhos de todos nas ultrajantes condições em que se vive nas favelas. Temos hoje a sétima indústria automobilística do mundo. Não é admissível que continuemos a sofrer o vexame de sabermos que, em nossa terra, crianças morrem de fome, mergulhadas na miséria que desce aos mais baixos índices do mundo. O nível de vida do nordestino é ainda inferior, e coloca-se no plano mais baixo do mundo." Mais ainda, afirmou, o operário dos grandes centros urbanos "sai às vezes de casa de madrugada para só voltar de madrugada, e leva consigo, para o trabalho duro e mal remunerado, a angústia de deixar os filhos sem garantia de sobrevivência. Será preciso lembrar que esse operário, que todos conhecemos, é um homem como nós, com os mesmos direitos à vida digna e proveitosa? São milhões e milhões os nossos concidadãos que vivem marginalizados". No caso de líderes sindicais que atuavam politicamente, e eram criticados por isso, o presidente argumentou que "eles, os operários, não são apenas assalariados. São brasileiros". O que era de espantar não era o fato de sindicalistas participarem do debate político, mas sim o fato de "líderes conservadores, senhores de velhas e nobres tradições liberais" combaterem a intervenção política das classes populares. "Considero uma vitória do Brasil humano e cristão vermos os nossos operários desejando o diálogo, em vez de caminharem para a revolução." Consciente dos perigos que corria a democracia brasileira, Goulart denunciou as forças reacionárias que se uniram contra o programa reformista, pretendendo destruir a ordem jurídica, econômica e social do país. Embora tenha reiterado várias vezes que as reformas não visavam a subverter a ordem nacional, mas garantir e ampliar o progresso ordenado do país, permitindo iguais oportunidades ao bem-estar social e econômico, "reacionários empedernidos" insistiam em combatê-las, movidos "por mero espírito de oposição destrutiva" criticando o presidente da República.

Ao final da entrevista, Jango alertou para o perigo da inflação, que ameaçava devorar a todos em curto prazo. Somente naquele ano, o meio circulante aumentou 70%. "Não tenho dúvida", disse, "de que o vertiginoso processo inflacionário a que estamos agora submetidos irá fatalmente arrastar o país à bancarrota, com todo o sinistro cortejo de um desastre social de proporções catastróficas." Assim, finalizou: "O que desejo evitar é que a crise caminhe para um desfecho caótico e subversivo."

Goulart chegara ao final de um ciclo. Sua estratégia de unir politicamente o PTB e o PSD não dera resultados. Mas o malogro resultara não de sua incapacidade de negociar, atividade que ele dominava com maestria, mas da recusa das partes a pactuarem acordos. O clima era de radicalização. As esquerdas negavam-se a compromissos com o PSD e tinham como estratégia o confronto. Jango, no linguajar esquerdista da época, era um "conciliador". Os pessedistas, assustados com o clima de radicalização, aproximavam-se dos udenistas. Jango, até então, procurara conciliar o inconciliável, sobretudo quando, para os grupos de esquerda reunidos na Frente de Mobilização Popular, as palavras conciliar, acovardar e trair eram tidas como expressões sinônimas.

Consciente de que o centro, especialmente o PSD, e as esquerdas, em particular o PTB radical, não estavam dispostos a acordos e compromissos, o presidente começou a avançar, ainda que de maneira tímida, para os grupos que, ao longo do tempo, sustentaram sua trajetória política: os sindicatos, as esquerdas reunidas na FMP, o PTB e o PCB. Nesse momento ele somente poderia obter apoio político exatamente nos partidos, nos sindicatos e nos setores de esquerda, apesar de que, naquela conjuntura,

DE MARÇO A MARÇO: OS CAMINHOS DA RADICALIZAÇÃO

as esquerdas tivessem escolhido a estratégia do confronto com os conservadores, opção que nunca fizera parte dos planos de Goulart. Suas alternativas eram muito limitadas.

Em início de dezembro, restabeleceu diálogo com Brizola e nomeou o almirante Cândido Aragão, militar ligado ao grupo do ex-governador do Rio Grande do Sul, para o comando do Corpo de Fuzileiros Navais, mesmo à custa da grande insatisfação que tomou a oficialidade da Marinha. Na época, os oficiais de infantaria da Marinha não eram oriundos da Escola Naval, mas ascendiam na própria carreira. Daí o desprezo que a oficialidade que cursou a Escola Naval dedicava aos colegas oficiais-fuzileiros. Aragão foi um deles. Fez carreira militar sem o curso superior e, por influência política, chegou ao almirantado. De acordo com Abelardo Jurema, Aragão chegou a almirante por influência de Brizola.[78] O brigadeiro Francisco Teixeira concorda que Aragão era malvisto na Marinha sobretudo porque era de origem humilde e mulato. Ele crescera politicamente porque a oficialidade da Marinha evitava fazer política, enquanto Aragão era um homem político. Não por acaso o auge de sua carreira foi no governo de Jango, quando chegou a comandante do Corpo de Fuzileiros Navais, influenciando até mesmo a promoção de almirantes. Segundo Teixeira, ele não usava de discrição: "Passava por cima dos ministros da Marinha e ia diretamente ao Jango."[79] Hostilizado na Marinha e acusado injustamente de comunista pela direita, Aragão passou a ser chamado pela militância de esquerda de "almirante do povo".

Ao mesmo tempo que se aproximava das esquerdas nomeando Aragão, Goulart estendeu os benefícios da Previdência Social aos trabalhadores rurais; determinou a obrigatoriedade de que empresas com mais de 100 empregados oferecessem o ensino elementar gratuito aos funcionários, bem como instituiu a escala móvel de seus vencimentos. Além disso, determinou a revisão das concessões de exploração das jazidas minerais e cancelou aquelas que não foram exploradas, contrariando os interesses da São João Del Rei Mining Co., de propriedade da Hanna Co.[80]

As medidas nacionalistas e de ampliação de benefícios sociais tomadas por Goulart não estavam de acordo com as diretrizes conservadoras do ministro da Fazenda. Desse modo, Carvalho Pinto, a última ligação do governo com o empresariado, renunciou em 20 de dezembro. Também contribuíram para sua saída do ministério os ataques virulentos que

Leonel Brizola, a FMP, a FPN, o CGT, a UNE e o PCB dirigiam à política econômica que ele implementava. Embora o ministro demissionário fosse aquele que preparara a regulamentação da lei de Remessa de Lucros e se negara a aceitar as condições impostas pelo FMI para negociar a dívida externa, pensando mesmo em declarar moratória unilateral, ele não resistiu aos ataques que as esquerdas lhe desferiam. Próximo ao presidente, José Gomes Talarico alertou Jango para os problemas que teria com a saída do ministro da Fazenda. Carvalho Pinto tinha grande prestígio nos meios empresariais e financeiros no Brasil e nos Estados Unidos. O episódio de sua demissão poderia, em suas palavras, "ser a gota d'água de seu governo".[81] De fato, a partir daí, no setor empresarial, somente apoiariam o governo os donos de empreiteiras, praticamente subornados.[82]

O empresariado paulista e o carioca decidiram pela saída golpista no final do ano. Segundo Hugo de Faria, eles estavam acostumados a dividir o movimento operário. Com Goulart, no entanto, determinadas lideranças sindicais, mais à esquerda e combativas, ascenderam em razão do clima de liberdade política. Os capitalistas, acostumados a outro estilo, se assustaram. Hugo de Faria chegou a conversar com vários industriais e quase 20 dirigentes de bancos para que se manifestassem pela manutenção do regime democrático, dando apoio, ainda que razoável, ao governo. A princípio, eles concordaram, mas, em dezembro de 1963, com a eleição para a presidência da Confederação Nacional dos Trabalhadores na Indústria, eles reagiram de maneira negativa quando venceu o candidato apoiado pela chapa PTB-PCB, Clodsmidt Riani. No início do mês seguinte, em São Paulo, ouviu de um dos principais líderes empresariais do estado o seguinte: "Olhe, Hugo, eu não posso mais apoiar o presidente da República. Não posso mais apoiar esse governo que está aí." Ao ouvir que o presidente teria que tomar conhecimento da decisão, o empresário reafirmou: "Não, você pode dizer que eu e todos os elementos da Federação das Indústrias de São Paulo e de bancos estamos contra o governo." Para Hugo de Faria, não havia mais sinal da prudência política, tão comum ao empresariado. "O medo é um fenômeno muito sério", completa.[83]

As esquerdas, mesmo antes da queda de Carvalho Pinto, reclamavam para si o Ministério da Fazenda, indicando o nome de Leonel Brizola. Em solenidade de homenagem ao almirante Aragão, com a presença do próprio Carvalho Pinto, o sargento Luiz Carlos Prazeres defendeu a no-

DE MARÇO A MARÇO: OS CAMINHOS DA RADICALIZAÇÃO

meação de Brizola para o ministério "para que ele dê um jeito na Cacex e em outros órgãos que estão entravando a libertação econômica do Brasil". Marinheiros e fuzileiros navais foram à residência de Leonel Brizola e apoiaram seu nome para o cargo. No Rio de Janeiro e no Recife, pichações nos muros diziam: "Contra a inflação, Brizola é a solução."[84] A indicação de Brizola foi decidida em uma reunião na casa de Ênio Silveira, com a participação de mais de 140 pessoas representantes dos vários partidos e organizações que formavam a Frente de Mobilização Popular. Para a maioria, Brizola deveria substituir Carvalho Pinto. O CGT, no entanto, destoou do conjunto dos participantes. Anteriormente, a central sindical havia votado uma moção que indicava para o Ministério da Fazenda o nome de um grande intelectual, a exemplo de San Tiago Dantas ou Celso Furtado. Para Hércules Corrêa, representante do CGT na reunião, a indicação de Brizola contribuiria para o acirramento do processo de radicalização política. O Comando Geral dos Intelectuais seguiu o CGT. Os deputados da FMP ficaram divididos. No final da reunião, a maioria dos partidos e organizações indicou o nome de Brizola para assumir o Ministério da Fazenda.[85]

Em 17 de dezembro, a Frente de Mobilização Popular divulgou um manifesto com o mesmo objetivo. Assinaram a nota deputados e oficiais militares nacionalistas, delegados da UNE, das Ligas Camponesas, da Ação Popular, da Confederação Nacional dos Servidores Públicos, além de representantes dos sargentos. Luís Carlos Prestes igualmente apoiou a indicação de Brizola para o ministério. De fato, o que as esquerdas pediam não era pouco. Na época, o Ministério da Fazenda exercia uma função política reitora, com o comando total da economia, controlando o BNDE, a Sumoc, a Cacex, o Banco do Brasil, e outros. Assim, pergunta com razão Almino Afonso: "A que título o presidente João Goulart daria essa soma toda de poderes a uma pessoa? Se desse, estaria, na prática, renunciando ao próprio poder." Segundo depoimento de Brizola, Goulart o chamou em seu gabinete e sugeriu nomeá-lo para o Ministério da Viação. Após discutirem a proposta, que não interessava às esquerdas, Brizola disse ao presidente: "Há uma maneira de eu ir para o ministério." Jango, em silêncio, levantou os olhos. "Nós", continuou Brizola, "de comum acordo, chegaríamos a uma conclusão sobre o nome que deveria ocupar o ministério da Guerra. Uma vez nomeada essa pessoa, eu aceitaria ser indicado para o governo." Goulart, conhecendo o cunhado e com a experiência política de anos, deu um discreto sorriso e perguntou: "Quem seria o nome para o Ministério da Guerra?" Brizola disse ainda não ter um nome, mas que poderia ser o marechal Lott, homem acima de qualquer suspeita, honrado, digno, correto. Com Lott, argumentou, haveria a devida cobertura para que o ministro da Fazenda executasse o programa econômico reclamado pelas esquerdas. Na lógica de Brizola, ele, na Fazenda, e Lott, na Guerra, poderiam dar estabilidade ao país.

Jango não poderia aceitar a proposta do cunhado. Afinal, nomeá-lo ministro da Fazenda significava abdicar de seus poderes. Ainda mais com Lott no Ministério da Guerra, com toda a sua autoridade no meio militar. Com Lott aliado a Brizola, Goulart voltaria ao papel de presidente da República em regime parlamentarista. A Pinheiro Neto, confidenciou o desejo de Brizola de assumir a Fazenda e perguntou: "Afinal, o que ele quer?" A resposta de seu auxiliar foi imediata: "O poder, o seu lugar."[86]

O presidente, embora disposto a adotar o programa reformista, nomeou para a pasta o desconhecido Nei Galvão, diretor do Banco do Brasil, decepcionando novamente as esquerdas. Sua escolha foi uma última tentativa de unir o PSD ao PTB no Congresso. Contudo, a medida foi desastrosa, afastando ainda mais os trabalhistas dos pessedistas e, ao mesmo tempo, aprofundando a aliança informal entre os últimos e os udenistas. Goulart avançava para a esquerda, mas recusou-se a nomear Brizola para o ministério, insistindo na estratégia de união com o centro. A escolha tomada por Jango gerou as piores consequências para seu governo. A Frente de Mobilização Popular declarou sua oposição sistemática e agressiva "ao governo como um todo e ao presidente em particular".[87]

Goulart, atacado pelas esquerdas, não se voltou para o PSD. Passou, ao contrário, a fustigar os pessedistas com medidas nacionalistas e de cunho reformista. Então, em 24 de dezembro, véspera de Natal, assinou um decreto que fazia parte das reivindicações das esquerdas: o monopólio da Petrobras na importação de petróleo e derivados. A medida era importante para a economia nacional por vários motivos. Um deles era que a empresa estatal poderia obter petróleo por meio da troca por produtos agrícolas, a exemplo do café, ou minerais, permitindo, com isso, poupar divisas em moeda estrangeira, em particular o dólar. Outro motivo era que as quatro refinarias privadas existentes no país — Capuava, Manguinhos, Sabá e Ipiranga — obtinham dólares para importar óleo cru, aumentando seus lucros com a prática do subfaturamento. Mais ainda,

DE MARÇO A MARÇO: OS CAMINHOS DA RADICALIZAÇÃO

as empresas inglesas e norte-americanas tinham acesso a dólares oficiais para importar derivados pelos preços que suas matrizes determinavam. O decreto impedia uma sangria considerável de divisas, o que contrariou interesses norte-americanos. Em 17 de janeiro, Jango assinou outra medida igualmente reclamada pelas esquerdas: a regulamentação final da Lei de Remessa de Lucros para o exterior, que entraria em vigor naquele mês — descontentando os investidores estrangeiros.[88] Rumores haviam de que outro decreto, estabelecendo o monopólio do câmbio, seria assinado em breve, apavorando o empresariado.[89] O presidente tentava transformar não apenas um quadro político delicado, mas também uma crise econômica que continuava a se agravar desde a falência do Plano Trienal. Comparado ao ano anterior, 1963 tinha terminado com números absolutamente preocupantes: a produção agropecuária recuou de 6% para 0,1%; a de matérias-primas industriais de 11% para 4%; a indústria retrocedeu de 8% para 2,8%, entre outros números em descenso.[90]

Dando continuidade à sua estratégia, a iniciativa que mais assustaria os pessedistas estava por ser anunciada, sobretudo por dispensar medidas legislativas a serem implementadas. O presidente da SUPRA, João Pinheiro Neto, foi convocado por Jango para uma reunião. Do presidente, ouviu as novas determinações: "Pinheiro, mandei chamá-lo a Brasília porque tenho um assunto muito importante para tratar. Tu vais redigir um decreto desapropriando 20 quilômetros de cada lado das rodovias federais, das ferrovias, dos açudes e dos rios navegáveis."[91] Pinheiro Neto, surpreso com as instruções, lembrou que um decreto de desapropriação seria inócuo. O Congresso não aprovaria a medida, mesmo no caso de terras mal-aproveitadas. A Constituição pressupunha a indenização prévia em dinheiro ao latifundiário. "Como costumamos dizer", lembrou o auxiliar, isso "não é reforma agrária, é negociata agrária, bom negócio que qualquer fazendeiro topa." A saída, continuou, seria um Decreto Executivo, para efeito de desapropriação, imobilizando a terra. Embora o latifundiário não a perdesse, ele estaria sob a ameaça de perder a propriedade, impossibilitando-o de especular e ganhar dinheiro fácil. "Acho que assim dá", concluiu. Goulart o ouvia em silêncio e bastante atento. Sentindo ter convencido o presidente, Pinheiro Neto garantiu que o Departamento Jurídico da SUPRA poderia preparar a minuta do decreto imediatamente. Contudo, alegou: "Presidente, isso vai ser uma bomba, ainda que não tenha efeito prático imediato. De qualquer maneira, vai ser uma explosão política, e não das menores." Jango, que depositava grande confiança em Pinheiro Neto, respondeu: "Eu sei." No entanto, disse que guardou o *Diário Oficial* onde se lia que muitos deputados do PSD mineiro, que conheciam o traçado da rodovia Belém-Brasília, requereram enormes levas de terras nas margens da futura estrada, pagando por elas "mil-réis de mel coado". Segundo o presidente, "eram terras devolutas, sem maior valor, até a construção da estrada. No caso do açude de Orós foi a mesma coisa. A terra estava lá imobilizada pelos latifundiários, enquanto na região vegetavam e mourejavam centenas e centenas de agricultores sem terra, todos praticamente passando fome às margens do grande açude". Assim, disposto a ir para o confronto, concordou com o auxiliar: "Acontece, Pinheiro, que não conto mais com essa gente, de uma avidez sem limites. É gente completamente insensível. Ao menos criamos um fato político novo, malgrado o Congresso ou apesar dele, já que com o Congresso não podemos contar para estabelecermos no país as reformas de base. Vá em frente." Quando Pinheiro Neto pensou que as medidas terminariam no decreto, ouviu de Goulart outra iniciativa que tomaria: "Já falei com os três ministros militares. Vá procurá-los. O Exército pode fornecer sargentos para o que diz respeito à topografia; a Marinha dispõe de um excelente corpo que pode ser utilizado no que se refere à oceanografia, enquanto a Aeronáutica pode cuidar da aerofotogrametria. Assinas um convênio com as Forças Armadas, de modo que quando precisares o assunto já está resolvido."

Ainda em janeiro, Goulart presidiu a cerimônia de assinatura do convênio entre a SUPRA e os ministérios militares. Em seu discurso, ele afirmou que a colaboração vinha "confirmar que o governo considera inadiáveis as modificações de estrutura reclamadas pelos anseios de desenvolvimento e de justiça social do povo brasileiro".[92] Lembrando que a indústria nacional não pode utilizar plenamente a sua capacidade produtiva devido a forças econômicas e sociais arcaicas que impedem a ampliação do mercado interno, disse, ainda, não ser casual que as agitações contra seu governo aumentem após a regulamentação da Lei de Remessa de Lucros e do estabelecimento do monopólio estatal do petróleo. As duas últimas medidas conjugadas ao convênio da SUPRA e as Forças Armadas desencadearam ondas de protestos nos meios conservadores, particularmente entre os empresários. Em 11 de março, diversas entidades empresariais, reunidas em Convenção Nacional no estado da Guanabara,

DE MARÇO A MARÇO: OS CAMINHOS DA RADICALIZAÇÃO

romperam com Goulart. Em mensagem ao público, acusavam o governo de cumplicidade com grupos organizados que, de maneira solerte, estavam levando o país à desordem generalizada. "O país assiste estarrecido ao permanente desrespeito à Constituição e às leis. Deturpa-se o direito de greve com o aliciamento ostensivo à desordem em reivindicações comandadas quase sempre por organismos espúrios. É profundamente estranho que o Sr. Presidente da República atue mais como chefe de partido do que como supremo magistrado." Enquanto isso, os proprietários rurais começaram a se armar.

Goulart, porém, estava decidido. Sabia que o tempo era curto, seu governo estava no fim. A pregação das reformas, defendida durante tantos anos, não poderia ser abandonada. Aquela era a oportunidade. O decreto da SUPRA, como ficou conhecido, tornou-se a grande medida de seu governo. Em algumas ocasiões, ele brincava com seus auxiliares mais próximos. A Raul Ryff, disse: "O meu decreto está aí?"[93] O secretário de imprensa respondeu rápido: "Está." Sorrindo, o presidente pediu: "Então deixa eu dar uma olhada." Após conferir novamente o conteúdo do projeto, sempre cauteloso, comentou em tom irônico: "Não vai perder o decreto, hein?" Enquanto Goulart esperava o momento propício para anunciá-lo, técnicos da SUPRA vasculhavam a legislação para impedir qualquer contestação que inviabilizasse a medida. Os aliados mais próximos do presidente igualmente analisavam o texto. Certo dia, João Pinheiro Neto recebeu um telefonema em seu gabinete. Surpreso, logo percebeu que do outro lado da linha estava Luís Carlos Prestes: "Sim, senador", respondeu. "Estou às suas ordens." Prestes queria que Pinheiro Neto levasse ao presidente sua opinião sobre o decreto. Para o líder comunista, a medida que desapropriava 20 quilômetros ao lado das ferrovias, dos açudes e dos rios navegáveis pecava pelo excesso. Ela iria pegar não só latifundiários, mas também pequenos proprietários, complicando ainda mais o problema da reforma agrária. "Como sei que essa não é a intenção do governo", disse Prestes, "peço que leve ao presidente a sugestão de reduzir para 10 quilômetros a faixa de terra a ser desapropriada." Pinheiro Neto, após ouvir os argumentos de Prestes, disse que os levaria a Goulart, com a certeza de que o "presidente dispensará, como sempre, toda a sua atenção às ponderações que o senhor faz".[94]

Para os comunistas do PCB, o caminho da revolução brasileira parecia se consolidar. A via da luta armada camponesa, defendida pelos cubanos, fora esvaziada com o aniquilamento das Ligas Camponesas a partir de fins de 1963. Uma ofensiva católico-comunista, com a fundação da Confederação Nacional dos Trabalhadores na Agricultura (Contag), em 20 de dezembro, tomou os sindicatos rurais, inclusive os pernambucanos. Luís Carlos Prestes e Dom Eugênio Salles, cada um com seus motivos, uniram-se em torno de uma causa comum: acabar com a proposta insurrecional camponesa apoiada pelos cubanos. Os comunistas do PCB, desse modo, conseguiram retomar o modelo de revolução que parecia ser vitorioso com o programa de governo de Jango: um governo democrático e anti-imperialista com o apoio de importantes setores nacionalistas do Exército.[95]

No final de 1963, a avaliação que o PCB fazia do governo sofreu uma inflexão, afirma José Antonio Segatto. Com a disposição de Jango de promover as reformas, os comunistas se reaproximaram do presidente, apoiando o governo.[96]

No início de 1964, a conspiração avançava de maneira acelerada. Aos empresários, irritava o poder de decisão exercido pelo CGT nas políticas governamentais; aos militares assustava a participação de comunistas em cargos federais; aos políticos do PSD, amedrontavam as greves de trabalhadores e, em particular, as invasões de terras no interior do país; aos parlamentares da UDN, havia o temor de uma derrota nas eleições presidenciais de 1965. A todos, no entanto, causava pânico a implementação de reformas que, ao distribuir melhor a renda, retirariam deles privilégios seculares.

Com a hostilidade crescente do PSD às medidas do presidente, a oposição agressiva das esquerdas ao governo e a crescente conspiração das direitas, San Tiago Dantas, liderando um grupo de políticos moderados do PTB, do PSD e de outros partidos, formou a Frente Progressista de Apoio às Reformas de Base. A Frente Progressista, qualificada pelo próprio San Tiago Dantas de "esquerda positiva", para diferenciá-la da "esquerda negativa", referindo-se, certamente, à Frente de Mobilização Popular de Leonel Brizola, procurava impedir o crescimento da conspiração da direita civil-militar, reagrupando as forças de centro no sentido de apoiar o governo. San Tiago Dantas tinha razões para preocupar-se. Por um lado, ele e o grupo de políticos que aderiu à Frente Progressista percebiam o isolamento do presidente; por outro, queriam sustar o processo de radi-

DE MARÇO A MARÇO: OS CAMINHOS DA RADICALIZAÇÃO

calização. Na formação da Frente, San Tiago Dantas buscou o apoio do PSD, do PCB, do PTB que não seguia a liderança de Brizola, do governador de Pernambuco Miguel Arraes e dos sindicalistas "não contagiados pelo anarquismo". O conjunto de forças deveria garantir a preservação do calendário eleitoral, repudiar qualquer interrupção do processo democrático, opor-se ao imperialismo, defender o direito de greve, seguir uma política externa independente, garantir a sindicalização rural e lutar pelas reformas de base. Além disso, repudiar candidaturas reacionárias, recusar medidas excepcionais, como o *impeachment* e o fechamento do Congresso, e unir as esquerdas. Isolar a direita golpista e a esquerda radical, garantir a estabilidade do regime democrático, bem como realizar as reformas por vias democráticas, unindo o centro e a esquerda moderada, eram os objetivos de San Tiago Dantas. Para Argelina Figueiredo, a Frente Progressista procurava apresentar as medidas como um programa mínimo, incorporando apenas os objetivos em que seria possível encontrar um consenso geral. "Mas, de fato, o programa exigia mudanças tão amplas nas políticas governamentais, bem como mudanças estruturais, que era substancialmente idêntico à pauta de reformas apresentada no início da administração de Goulart."[97] Um exemplo era a necessidade de mudança da Constituição de forma a permitir a desapropriação de terras sem pagamento prévio em dinheiro, o voto dos analfabetos, a legalização do Partido Comunista, entre outras medidas defendidas pelo presidente.

A proposta mais geral, portanto, não era a defesa de Jango, mas do regime democrático. Dantas deixava a direita golpista e as esquerdas radicais em situação embaraçosa: a não adesão à Frente Progressista significava que apoiavam soluções golpistas. Mais ainda, Dantas, naquele momento, sofria de um câncer, que era do conhecimento de muitos. Em sua proposta não havia interesses de ordem pessoal. Sua preocupação era com a estabilidade do regime democrático. Para ele, no mínimo, era necessário chegar às eleições presidenciais de 1965.

San Tiago Dantas e sua Frente Progressista tornaram-se, desse modo, os concorrentes mais imediatos a Leonel Brizola e da Frente de Mobilização Popular. Na avaliação de Angela de Castro Gomes, ambas organizações "pressionavam Jango, uma lutando pela legalidade e outra por sua ruptura".[98]

Contudo, San Tiago Dantas não conseguiu unir as esquerdas. O Partido Comunista, embora inicialmente apoiasse a Frente Progressista, mais adiante a abandonou. Dividido internamente, o grupo de sindicalistas comunistas não aceitava nenhuma moderação em termos políticos. O PSD, alegaram, deveria ser excluído da Frente, como também o presidente deveria tomar "medidas concretas" no sentido das reformas. Brizola e a Frente de Mobilização Popular igualmente repudiaram alianças com os pessedistas e não acreditavam em reformas que dependessem de aprovação do Congresso. Todo apoio a Goulart dependia da mudança da política econômica. A estratégia da FMP, nessa altura, era o confronto. Escrevendo no *Panfleto*, Max da Costa Santos declarou, em nome da FMP, que a Frente proposta por San Tiago Dantas não passava de conciliação. "Insistir na conciliação é fugir à luta, é debilitar o ânimo do povo, é ajudar Lacerda, que não cessa de lutar." Para ele, "a hora da conciliação já passou".[99] Optando pela atuação extraparlamentar, a estratégia era a da ação direta, com comícios, manifestações, passeatas e greves, pressionando o Congresso "reacionário" e o presidente "conciliador". Contra a Frente Progressista, Brizola pregava a formação da Frente Única de Esquerda. O editorial do *Panfleto* dizia que San Tiago Dantas pretendia criar uma coligação "absurda", juntando o que de mais autêntico havia no quadro político brasileiro com "as velhas raposas do PSD". João Goulart, continuou o texto, tendo livre acesso à área popular, não escolheria a alternativa proposta por San Tiago Dantas, um "político mineiro" com "formidável capacidade de manobra e engodo". Ao presidente, "o apoio das forças populares será total, incondicional, não terá preço e se manifestará por todas as maneiras, em praças públicas e de armas nas mãos, se necessário".[100]

Em sua estratégia de luta extraparlamentar, Brizola, em fins de novembro de 1963, pregava a organização de "grupos de onze companheiros" ou "comandos nacionalistas" que, unificando as forças populares, teriam como objetivos a "defesa das conquistas democráticas de nosso povo, a realização imediata das reformas de base (principalmente a agrária) e a libertação de nossa pátria da espoliação internacional, conforme a denúncia que está na carta-testamento de Getulio Vargas".[101] No manifesto em que defendeu a formação dos grupos de onze companheiros, Brizola fez uma analogia com um time de futebol: "Todos sabem que um time de futebol é composto por onze integrantes, cada um com suas funções de equipe; todos sabem que neste caso deve haver uma ação coordenada entre todos e que a equipe pouco significa se cada um de seus integrantes age por si, isoladamente, sem comando, sem unidade de conjunto, sem adequada

DE MARÇO A MARÇO: OS CAMINHOS DA RADICALIZAÇÃO

combinação entre todos." Com forte influência da Revolução Cubana, os "grupos de onze companheiros" seriam a maneira de organização das forças populares. Seriam as forças do "povo" organizadas e atuando em conjunto contra os "gorilas" e o "antipovo". Em sua avaliação, embora milhões de brasileiros estivessem conscientes, estavam desorganizados, tornando-se, assim, presas fáceis "da exploração de minorias dominantes e privilegiadas". A tarefa era difícil devido às dimensões continentais do Brasil e ao tempo muito curto de que o povo dispunha para se organizar "à medida que a crise brasileira se aproxima do seu desfecho". Era necessário, portanto, organizar "todos os brasileiros, homens e mulheres, que se disponham a lutar em defesa de nossas conquistas democráticas por uma democracia autêntica, pela realização imediata das reformas de base e pela libertação do nosso povo da espoliação internacional". Os objetivos eram a defesa das conquistas democráticas do povo, a resistência contra tentativas de golpe, a luta pelas reformas de base, a determinação em libertar a Pátria da espoliação estrangeira e a "instauração de uma democracia autêntica e nacionalista".

A proposta de criação do "grupo dos onze" foi recebida de maneira positiva pela AP, pela POLOP, pelas tendências trotskistas, pelos deputados do Grupo Compacto e pelo movimento dos sargentos. Os comunistas do PCB criticaram duramente a iniciativa. Hércules Corrêa, por exemplo, alegou que criar grupos paramilitares era uma atitude irresponsável. A criação dos "comandos" gerou medo-pânico entre os conservadores e a direita civil-militar. Mesmo que o projeto de Brizola não tivesse tido tempo de prosperar, a imprensa supervalorizou o movimento, publicando notícias assustadoras sobre supostas ações, na maioria das vezes imaginadas pelos donos dos jornais, dos "comandos nacionalistas". Comunismo e guerra revolucionária eram as imagens mais disseminadas.

O "grupo dos onze" era uma resposta de Leonel Brizola ao crescimento de suas bases de apoio cada vez mais à esquerda. Vários deputados do PSD transferiram-se para o PTB, permitindo que os trabalhistas formassem a primeira bancada na Câmara dos Deputados. A maioria dos parlamentares seguia a liderança de Goulart. Brizola não tinha como concorrer pelo controle do partido. A alternativa era construir o seu próprio, de viés nacional-revolucionário. A estratégia era, com o crescimento e o fortalecimento dos "comandos nacionalistas", formar, em período muito curto, o embrião de um partido revolucionário. Suas pregações na rádio Mayrink Veiga cativavam milhares de pessoas que não paravam de telefonar ou mandar telegramas de apoio. Segundo cálculos de Neiva Moreira, cerca de 60 mil a 70 mil militantes se organizaram em grupos de onze companheiros. O próprio Leonel Brizola avalia que 24 mil deles se formaram em todo o país.[102]

O PSD, movido por sua "vocação governista", no dizer de Argelina Figueiredo, relutava em romper definitivamente com Goulart. Além disso, o apoio popular às reformas impedia que o partido se apresentasse como oposição às mudanças. Lideranças pessedistas chegaram mesmo a manifestar publicamente simpatia pelas reformas para garantir as próximas eleições presidenciais, procurando buscar a adesão do PTB para a candidatura de Juscelino Kubitschek. Outros líderes, no entanto, não aceitavam a legalização do PCB ou negavam qualquer apoio à reforma agrária. Em janeiro e no início de fevereiro, a direção do PSD conseguiu superar suas divisões e propôs não apenas participar da Frente Progressista, mas também negociar pontos do programa mínimo. Exigia dois pré-requisitos: definir claramente os limites das reformas e a posição de Goulart perante a candidatura de Juscelino. A negativa do presidente de aceitar qualquer exigência provocou o afastamento dos pessedistas das negociações.[103]

As esquerdas que compunham a FMP repudiavam qualquer aproximação com o PSD. O PTB gaúcho, seguindo a orientação do grupo brizolista, publicou nota rechaçando a candidatura de Juscelino Kubitschek à presidência da República por várias razões, entre elas "pelo que o PSD representa de reacionarismo e antirreforma no país" e "pelas suas origens de vinculações com as velhas oligarquias, cuja ação política só visa a defender odiosos privilégios antipopulares".[104] As tentativas do presidente João Goulart de unir o PSD com o PTB e, com a maioria no Congresso, implementar as reformas eram recusadas. "Preso a um esquema de conciliação", dizia o editorial do *Panfleto*, "mobilizando tudo, desde a habilidade política até a 'fisiologia' mais desenfreada, o presidente da República não quis entender que é impossível conciliar um PSD decadente e esclerosado com as impetuosas forças de vanguarda que surgem no cenário do país".[105] O PCB partilhava das teses da FMP. Em *Novos Rumos*, a direção do Partido Comunista denunciou "o papel que a cúpula retrógrada do PSD representa no governo se torna indisfarçável. Trata-se de impedir que se realize qualquer transformação de estrutura na sociedade

DE MARÇO A MARÇO: OS CAMINHOS DA RADICALIZAÇÃO

brasileira. Este é o preço da conciliação, cobrado pelo PSD na aliança com o PTB".[106] A aliança política que sustentou a democracia brasileira inaugurada em 1946 se desfazia, mesmo com os esforços de Jango para mantê-la. Assustados com o sectarismo e a radicalização das esquerdas, os pessedistas se aproximavam da UDN. No Congresso, de maneira informal, formava-se uma bancada unindo pessedistas e udenistas.

No início de 1964, a FMP passou a defender a realização de um plebiscito em que o povo seria consultado sobre a necessidade da convocação de uma Assembleia Nacional Constituinte. Sem a influência do poder econômico, o povo elegeria operários, camponeses, sargentos e oficiais militares nacionalistas. O Congresso Constituinte, ao mesmo tempo que escreveria uma nova Constituição, aprovaria o conjunto das reformas de base. A estratégia era desmoralizar o Congresso Nacional, comprovando que se tratava de uma instituição ultrapassada, formada por "raposas" políticas distantes do povo. As imagens projetadas sobre o legislativo eram sempre negativas. Para as esquerdas, "o Congresso é o grande mudo, enrolado no varejo da pequena legislação ou fazendo o jogo de aparências e farisaísmo que nada tem de comum com as angústias do povo". Desse modo, a proposta de convocação de plebiscito para que o povo julgasse pela conveniência da convocação de uma Assembleia Nacional Constituinte tornou-se a principal bandeira das esquerdas agrupadas na Frente de Mobilização Popular a partir daí. Com a aprovação popular no plebiscito, o Congresso Nacional seria fechado.

Os fundamentos da democracia liberal, instituídos pela Constituição de 1946, começaram a ser questionados pelas esquerdas. O regime político surgia como um empecilho às reformas, estando a serviço dos privilégios de classe — e daí a necessidade de uma nova Constituição. Severino Schnnaipp, presidente da Federação Nacional dos Trabalhadores no Comércio Armazenador, afinado com o discurso radical das esquerdas agrupadas na FMP, alegou que não se podia compreender a legalidade democrática como uma ordem jurídica "obsoleta, aviltante da condição humana", tornando-se, assim, "imoral e perniciosa".[107] Portanto, é necessária a "revisão do conceito de democracia", uma vez que alguns dispositivos constitucionais servem apenas para "manter os privilégios de uma minoria". Para o líder sindical, "a maioria do povo brasileiro evoluiu o suficiente para entender que as classes dominantes estão comprometidas com interesses escravistas, impostos pelos testas de ferro do capitalismo internacional, particularmente o norte-americano, que suga, como um polvo insaciável, as nossas riquezas". Luís Carlos Prestes já admitia o rompimento constitucional. Em janeiro de 1964, declarou a possibilidade da reeleição de Goulart ou de que ele e Brizola desempenhassem, no Brasil, o mesmo papel de Fidel Castro em Cuba.[108] Em entrevista na TV Tupi, admitiu apoiar a candidatura de Jango para a próxima eleição presidencial.[109] A declaração foi recebida nos meios políticos com grande impacto. Afinal, não era segredo que Goulart mantinha conversações com o líder comunista e, no caso de reeleição do presidente da República, a Constituição deveria ser alterada.

Em artigos e editoriais de *Panfleto* e *Novos Rumos*, bem como em entrevistas a rádios e televisões e em comícios, líderes das esquerdas exigiam mudanças na Constituição, enquanto as instituições da democracia liberal eram questionadas. Para Daniel Aarão Reis, as esquerdas durante o governo Goulart adquiriram um perfil reformista revolucionário. Trata-se de um movimento comprometido com as reformas, mas as suas realizações implicavam rupturas revolucionárias. Nos primeiros meses de 1964, afirma o autor: "configurava-se uma clara ofensiva reformista-revolucionária dos movimentos mais radicalizados. Crescia a descrença na possibilidade de que as reformas pudessem ser conquistadas nas margens legais".[110]

Enquanto as esquerdas radicalizavam, Jango mostrava-se ambíguo com relação à Frente Progressista. Ao mesmo tempo em que negociou com diversos grupos o apoio à organização proposta por San Tiago Dantas, declarava publicamente que não acreditava que uma coalizão de centro-esquerda viabilizasse as reformas de base. Mais ainda, concordou com Brizola: dificilmente elas seriam aprovadas pelo Congresso. Goulart, na avaliação de Argelina Figueiredo, procurava libertar-se de um equilíbrio instável. Ao não nomear Brizola seu ministro da Fazenda, frustrou a esquerda com a possibilidade de mudanças na política econômica; ao anunciar o decreto da SUPRA, assustou os pessedistas. Então, isolado, mas ao mesmo tempo pressionado pelas esquerdas e pelo PSD, negava-se a ser refém de um deles: radicalizar, no primeiro caso, aceitar os limites, no segundo. Assim, sua hesitação "pode ser interpretada como uma tentativa de ganhar tempo para formar uma base de apoio político independente".[111]

A direita fez nova investida contra o governo, trazendo, dos Estados Unidos, o padre Payton que, com o lema "a família que reza unida con-

DE MARÇO A MARÇO: OS CAMINHOS DA RADICALIZAÇÃO

tinua unida", promovia grandes concentrações de público. A estratégia dos homens próximos ao presidente era não hostilizar o padre, mas, ao contrário, fazer o jogo dele. Darcy Ribeiro argumentou com Payton que Goulart estava muito contente com sua iniciativa e que queria rezar o terço com a própria família. Com todo um esquema armado, Goulart, Maria Thereza e as crianças, diante das câmaras de televisão, representaram o teatro com perfeição.[112]

Em fevereiro, Jango implementou nova investida para tirar o país da crise, insistindo em um conjunto de medidas econômicas ortodoxas e heterodoxas. Por um lado, o governo passou a controlar diretamente os preços dos artigos de primeira necessidade, como remédios, calçados, alimentos e vestuário. Por outro, com o crescente déficit na balança de pagamentos, estabeleceu que os produtos de exportações seriam transacionados na cotação do câmbio livre. Fixou, também, os novos níveis do salário mínimo, insistindo que era preciso elevá-lo a um patamar "justo, que atenda a todas as necessidades dos brasileiros".[113] No final do mês, com certo entusiasmo, comunicou que as negociações com o FMI haviam sido restabelecidas, sendo marcada, para o mês seguinte, uma primeira rodada de contatos e conversas com os credores europeus. Mais ainda, empresas europeias e japonesas estavam dispostas a investir no Brasil. Contudo, tratava-se de acordos isolados. O problema central da crise econômica, o refinanciamento da dívida externa, dependia do governo norte-americano que se mostrava intransigente em negociar com Goulart. Aliás, qualquer iniciativa nesse sentido seria fortalecer o seu governo, o que, decididamente, o Departamento de Estado dos Estados Unidos não faria.

As esquerdas tinham seu programa econômico. Diante das medidas implementadas por Jango, o secretário-geral do CGT Oswaldo Pacheco declarou que "o melhor caminho para acabar com a inflação é realizar as reformas de estrutura reclamadas por todo o nosso povo, a começar pela reforma agrária, pelo monopólio do câmbio e pela liquidação dos privilégios desfrutados pelas empresas estrangeiras".[114] Qualquer alternativa, continuou, não passará de paliativo, adiando o "desfecho" da crise por "alguns meses ou alguns dias". Na mesma linha política, Marcelo Cerqueira, vice-presidente de Assuntos Nacionais da UNE, reafirmou as teses da entidade que defendia a aliança operário-estudantil-camponesa para a implementação das reformas de base. Recorrendo às imagens que contrapunham o "povo" com o "antipovo", Marcelo foi enfático: "Os setores antinacionais, aliados a certos elementos do governo, entravam essas medidas e fortalecem a política de conciliação."

Enquanto isso, a conspiração das direitas avançava. Diversos personagens, desde ministros de Estado até sargentos, sabiam das movimentações de grupos civis e militares. Nos círculos mais próximos a Goulart bastava denunciar o perigo dos conspiradores para ser qualificado de "conservador", "traidor" ou "inimigo do presidente".

O general Assis Brasil assumiu a chefia da Casa Militar em fins de outubro de 1963. Coube a ele o planejamento de um "dispositivo militar" que isolaria, dentro do Exército, os militares conspiradores. Segundo Abelardo Jurema, Assis Brasil não foi promovido a general por mérito, mas porque Jango, por amizade, o queria na chefia da Casa Militar. Era muito mais visto como coronel do que propriamente como general.[115] Homem de confiança de Goulart, destacou-se por sua participação na Campanha da Legalidade, quando ainda era coronel, servindo de elo entre o III Exército e o Palácio Piratini. Brizola foi contra a sua indicação para o cargo. Embora o considerasse um homem de valor e leal, faltavam-lhe malícia e vivência política. Mesmo assim, o presidente o nomeou para a Casa Militar.[116] Segundo Raul Ryff, o general, otimista inveterado, costumava dizer: "Deixa esse pessoal levantar a cabeça porque assim é melhor. Eles botam a cabeça de fora, a gente dá uma paulada e acaba com isso de vez."[117] João Pinheiro Neto descreve Assis Brasil como uma figura curiosa. Muito claro, pele avermelhada que ficava corada após algumas doses de uísque, que tanto apreciava. Inteligente, mas completamente fora da realidade, vivia de utopias, sempre defendendo um socialismo romântico. Leitor de Saint-Simon e de Proudhon, admirava também Bakunin e via no anarquismo o caminho para a libertação total do homem.[118] Batista de Paula, embora concordando que "a cabeça privilegiada de Assis Brasil, naquela fase conturbada, não estava funcionando muito bem", garante que ele era de uma convivência agradável, portador de uma cultura geral sólida, homem politizado, mas dominado por espírito boêmio. Ainda segundo de Paula, Assis Brasil, na época, bebia muito, começando logo pela manhã, com doses de uísque servidas em xícaras de chá sobre a mesa de trabalho, sob a vista de seus auxiliares.[119] Em depoimento a Moniz Bandeira, Assis Brasil revelou que se deixou enredar pela espionagem norte-americana, aceitando morar em um apartamento no Rio de Janeiro

DE MARÇO A MARÇO: OS CAMINHOS DA RADICALIZAÇÃO

oferecido por um empresário. Mesmo alertado pelo Serviço Federal de Informações e Contrainformações (SFICI), viajou em um avião da FAB com dois agentes da CIA. Muitos relatórios do SFICI que chegavam às suas mãos, denunciando o avanço dos conspiradores, não eram repassados ao presidente, ora porque contrariavam as opiniões do general, ora para evitar alimentar a "indústria do medo".[120]

Embora Jango soubesse do alastramento da conspiração civil-militar contra seu governo, parecia acreditar no "dispositivo militar" de seu chefe da Casa Militar. A maneira segura e otimista com que Assis Brasil falava da impossibilidade de golpe o contagiava. Em janeiro, por exemplo, ele entrou no gabinete de Goulart e, em tom de brincadeira, perguntou ao presidente da SUPRA: "Como é, Pinheiro, essa reforma agrária sai ou não sai?" A resposta foi firme: "General, a reforma sai." Jango aparteou: "Mas se apertarmos muito quem acaba saindo somos nós." Raul Ryff ponderou: "O presidente tem razão. Já se fala até em conspiração em Minas, em Juiz de Fora." Assis Brasil, com tranquilidade, retrucou: "Mas, Ryff, quantas vezes já lhe disse que os generais Guedes e Mourão Filho são dois velhinhos gagás? Não são de nada. E não se iluda: o nosso dispositivo militar é imbatível."[121] Sempre que podia, o chefe da Casa Militar exortava otimismo a Jango. Dias antes do comício na Central do Brasil, Assis Brasil ofereceu um churrasco a Goulart na granja de um amigo. Os objetivos do encontro eram apresentar ao presidente os oficiais da Casa Militar e expor seu trabalho. Em certo momento, estendeu mapas na mesa e explicou a distribuição das tropas e dos comandos, aqueles que eram fiéis ao governo, bem como os que eram hostis ou duvidosos, embora devidamente controlados, cercados ou isolados. O esquema, insistiu, era invulnerável. Exortou Goulart a continuar a política de reformas e terminou com o incentivo que se tornou sua marca: "Manda brasa, presidente."[122] Para Eduardo Chuay, capitão que servia na Casa Militar, a situação era inversa, pois não havia "dispositivo militar" algum. Logo na primeira semana de trabalho, ele presenciou uma bebedeira de Assis Brasil. Por mais que insistisse, denunciando o avanço da direita e a ausência de um plano militar ao governo, nada adiantava: "Estão assustando o presidente! Não há nada! O esquema militar está cem por cento", respondia Assis Brasil. "Pura jactância", diz Chuay.[123] Na chefia da Casa Civil, Darcy Ribeiro recebia os militares que trabalhavam na Casa Militar, como Chuay, que não mais acreditavam na chefia de Assis Brasil. Darcy Ribeiro começou realmente a se preocupar ao testemunhar o apoio que

Goulart dedicava a Assis Brasil. Oferecendo churrascos ao presidente, acompanhado de outros oficiais, ele continuava insistindo na solidez do "dispositivo".[124]

Apesar de muitos depoimentos convergirem no sentido de que não havia "dispositivo militar" algum, Jango tinha chefias confiáveis em postos-chaves. O I Exército era comandado pelo general Armando de Moraes Âncora, amigo do presidente, conhecido por suas posições legalistas. Ainda no Rio de Janeiro, o general Oromar Osório chefiava a 1ª Divisão de Infantaria, na Vila Militar. O II Exército era comandado pelo general Amaury Kruel, amigo e compadre do presidente. O III Exército tinha no comando o general Benjamin Rodrigues Galhardo, militar leal e disciplinado. Na Marinha de Guerra, os oficiais nada podiam fazer sem os marinheiros e fuzileiros, a maioria simpática ao governo. Na Força Aérea, nenhum avião levantava voo sem autorização dos sargentos, também com ampla maioria governista. Além disso, Jango tinha a lealdade do brigadeiro Francisco Teixeira, comandante da III Zona Aérea, no Rio de Janeiro. Sem contar um número considerável de oficiais das três Forças Armadas que defendiam posições políticas reformistas, nacionalistas e legalistas. Portanto, Goulart tinha garantias importantes no setor militar. No dia a dia da vida militar, havia uma insatisfação silenciosa entre a oficialidade das três Forças. Após a rebelião militar em Brasília, os sargentos demonstravam maior autonomia em relação aos comandos. Nas bases da FAB, em Natal, Salvador, Belém, Recife e Porto Alegre, a oficialidade presenciava atos de insatisfação, indisciplina e, até mesmo, de rebeldia dos sargentos. Em algumas situações, os superiores dormiam em dependências isoladas dos alojamentos e quartéis, abraçados a metralhadoras. Na Marinha, a situação era a mesma, com cenas de insatisfação e desconfiança entre oficiais e marinheiros.[125]

Jango, porém, confiava na tradição de legalidade do Exército. E tinha razões para isso. Além de uma ampla base de oficiais e subalternos nacionalistas e legalistas, ele teve, historicamente, provas de que os militares, nos momentos mais decisivos, defenderam a saída constitucional. Assim ocorreu em 1955 com a intervenção militar liderada pelo general Henrique Teixeira Lott. Novamente em 1961 na Campanha da Legalidade. Em seu governo, dois episódios demonstraram que a alta cúpula militar estava ao seu lado: a pressão dos generais pela antecipação do plebiscito e o episódio que resultou no pedido de estado de sítio. São vários os perso-

DE MARÇO A MARÇO: OS CAMINHOS DA RADICALIZAÇÃO

nagens que presenciaram a confiança de Jango no "dispositivo militar". Talvez tenha sido Wilson Fadul, na época seu ministro da Saúde, que tenha decifrado o mistério. Ao ouvir do presidente que o "dispositivo" era confiável, Fadul retrucou dizendo que "o dispositivo do Exército é a opinião pública".[126]

Embora vivendo situações tensas, nas comemorações de seus 46 anos, em 7 de março, o presidente demonstrava tranquilidade. Para festejar o aniversário, toda a oficialidade da Guarnição de Brasília compareceu para cumprimentá-lo, oferecendo-lhe como presente uma bandeja de prata.[127] O comandante da Guarnição, general Nicolau Fico, caloroso, declarou a "imensa alegria" dos oficiais pela data. Goulart, no entanto, já decidira abandonar Brasília. Para ele, Jânio Quadros tinha razão. Não poderia governar o Brasil de um deserto. A tranquilidade do presidente tinha origem em uma certeza que a própria solenidade de aniversário confirmava: não havia o que temer. O "dispositivo militar" surgia como imbatível. As apreensões de algumas chefias e, principalmente, dos sargentos pareciam não ter fundamento.

Algumas lideranças tinham outras certezas. Dois dias depois, Miguel Arraes, após conversar com setores das esquerdas e grupos conservadores, esperava um avião no aeroporto Santos Dumont, no Rio de Janeiro. Um amigo perguntou se voltava para seu estado tranquilo. Demonstrando contrariedade, respondeu: "Volto certo de que um golpe virá. De lá ou de cá, ainda não sei. O que sei é que, venha de onde vier, eu serei a primeira vítima dele." Politicamente, a situação do governador não era das melhores: com o impedimento de Brizola de concorrer à presidência da República e de Jango de reeleger-se, institucionalmente, no campo das esquerdas, seu nome não tinha impedimento. Mas, em contrapartida, ele tornava-se um concorrente desconfortável para brizolistas e janguistas. No campo das direitas, era visto como insuflador de insurreições camponesas.

Apesar das dificuldades, Goulart mostrava-se confiante. No dia 9, em cadeia de rádio e televisão, durante 31 minutos, anunciou um plano para sanear as finanças, conter a inflação e reescalonar o pagamento da dívida externa. No fim do pronunciamento, perguntou a um jornalista presente no estúdio como se saíra. "Muito bem, presidente. Apenas o senhor precisa aprender a olhar nos olhos da câmara. Mas esteja certo de que, hoje, o senhor se saiu muito bem mesmo." Confiante, Goulart retrucou: "É. Com este meu discurso, mostrei a esses Schmidts que o meu governo tem prestígio."[128] Sem dúvida, o discurso foi bem recebido pelo empresariado. No dia seguinte, o dólar sofreu uma grande queda. A imprensa, inclusive a conservadora, elogiou o plano e a fala presidencial.

No entanto, a crise em que o país vivia se agravava tanto no plano externo quanto no interno. No primeiro caso, o presidente não contava mais com as relações que mantinha com Kennedy, assassinado em novembro. Se o presidente norte-americano assassinado em Dallas, desde a crise dos mísseis cubanos, afastara-se de João Goulart, por considerá-lo um perigo à segurança nacional dos Estados Unidos, seu sucessor, Lyndon Johnson, manteve idêntica avaliação. Para eles, a recusa de Goulart em apoiar a intervenção militar em Cuba, bem como em romper relações diplomáticas e comerciais com a ilha, foi imperdoável. Os métodos de ambos foram os mesmos em relação ao Brasil: a hostilidade política, sobretudo a intransigência em renegociar a dívida externa brasileira, levando o país à bancarrota. Jango tentara de tudo para sanar o problema, sem resultado. A política externa norte-americana era a de estrangular financeiramente o país para desgastar o governo, obtendo, nesse sentido, grande sucesso. Bastava observar os números deficitários que o Brasil apresentava.

No plano da política interna, a estratégia de Jango de aliar o centro com a esquerda também se mostrara um fracasso. Não por incapacidade dele, mas porque as partes, repetidamente, negavam-se a pactos e a compromissos. O PTB, especialmente a ala radical, bem como o PCB e a FMP, apostavam na "política do confronto". O PSD, temeroso com o radicalismo das esquerdas, aproximava-se cada vez mais da UDN. Todas as iniciativas de Goulart para aproximar politicamente pessedistas de trabalhistas, buscando manter a coligação que sustentou o regime democrático desde 1945, mostraram-se infrutíferas. Repudiado pela direita, visto com suspeição pelo centro e isolado pelas esquerdas, Jango aproximava-se do final de seu governo com resultados pífios. Passaria a faixa presidencial como a maior liderança trabalhista, depois de Getulio Vargas, sem ter realizado as reformas que pregava desde o início dos anos 1950. O tempo era muito curto para ele. Convenceu-se, finalmente, de que a radicalização impediria qualquer reforma, de maneira pactuada entre o centro e a esquerda. As alternativas para o entendimento eram mínimas, se não nulas. Sua grande qualidade, a capacidade de costurar acordos, tecer negociações, buscar o entendimento, era repudiada pelas

DE MARÇO A MARÇO: OS CAMINHOS DA RADICALIZAÇÃO

suas próprias bases de sustentação: as esquerdas. Para elas, tudo não passava de "política de conciliação", cujo significado, naquele momento, exprimia o que havia de pior em uma liderança popular. Para o PTB radical, o sindicalismo, as ligas de camponeses, o movimento estudantil, as organizações de subalternos das Forças Armadas e a militância de esquerda, somente a "política do confronto" poderia levar a resultados promissores para as forças populares, somente o embate com as direitas, sem recuo, poderia implementar, verdadeiramente, as reformas de base. Na imaginação política das esquerdas, elas teriam acumulado força suficiente para o confronto com as direitas e os pessedistas. A hora final, acreditavam, sem a menor dúvida, havia chegado. Bastava que o presidente da República se decidisse pelo embate. Com sectarismo e, no jargão comunista, "baluartismo", ou seja, a crença desmedida em suas forças, as esquerdas provocaram Goulart a embarcar no projeto radical desde a vitória do plebiscito. Estavam certas de sua superioridade e da necessidade de um confronto com a direita. Cobravam de Goulart seu afastamento do PSD e do PTB fisiológico, com a implantação de um governo nacionalista e popular.

Na avaliação de Lucia Hippolito, Goulart abria espaços para a radicalização, causando no PSD movimentos contrários que paralisavam o partido: os pessedistas não apoiavam integralmente o governo, mas também não rompiam para assegurar a estabilidade do regime democrático. Em nota, a cúpula partidária "aconselhou" as esquerdas e o próprio presidente a não testarem em demasia o partido, sobretudo sua tolerância e sua tendência à conciliação. Para a autora, "de outubro de 1963 a março de 1964 verifica-se a acelerada agonia do regime, provocada por uma falsa demonstração de força das esquerdas, que gera como reação o recrudescimento da conspiração civil e militar. Tudo isso assistido por um Executivo errático, que ora fortalece as esquerdas, ora corteja as já fugidias forças de centro. Corte inútil, a esta altura, porque as forças de centro se esvaem rapidamente, optando por um ou outro polo da radicalização político-ideológica.[129]

Em fins de fevereiro de 1964, o presidente encontrava-se diante de alternativas muito restritas, percebendo que os norte-americanos iriam continuar, de maneira sistemática e coordenada, a apertar o torniquete financeiro sobre o país, cujo resultado seria o agravamento da crise econômica. Uma opção seria nada fazer até o final de seu governo, deixando o país afundar no total descontrole monetário e financeiro, desmoralizando o projeto reformista e a si mesmo; outra implicaria aliar-se ao PSD e à UDN, aceitar as condições do FMI e implementar uma política conservadora, à custa de repressão ao movimento operário e do rebaixamento dos salários dos trabalhadores; uma terceira incluiria apoiar incondicionalmente a Frente Progressista de San Tiago Dantas, subordinando-se aos limites impostos às reformas pelo PSD e afastando-se, definitivamente, dos grupos mais à esquerda e de seu próprio partido; por fim, aliar-se às esquerdas, acreditar na força de que elas diziam dispor, e, embora contrariando o seu estilo, partir para a radicalização, o embate e o confronto. Essa foi a sua opção. Assim, por meio de Raul Ryff e Darcy Ribeiro, autorizou a formação de uma frente de esquerda, composta por CGT, FPN, FMP, UNE, PCB e outras organizações menores. Aderiu à Frente Única de Esquerda sugerida por Leonel Brizola, abortando a Frente Progressista proposta por San Tiago Dantas. Ao tomar a atitude, Goulart, na avaliação de Argelina Figueiredo, estreitou consideravelmente suas margens de escolha, elegendo a radicalização e a alternativa do "risco sem previsão". Ao mesmo tempo, a opção pelo radicalismo permitiu que os grupos legalistas de oposição ao seu governo passassem a alimentar suspeitas sobre suas verdadeiras intenções, cedendo aos apelos dos setores da direita golpista, que viam, desse modo, diminuírem os custos de romper com as regras democráticas.[130]

Goulart acreditou — ou disse acreditar — nas forças que as esquerdas diziam ter. Seu caminho, agora, não tinha mais volta.

NOTAS

1. Argelina Cheibub Figueiredo, op. cit., p. 117.
2. Idem, pp. 118-119.
3. Abelardo Jurema (depoimento), op. cit., p. 326.
4. Marieta de Moraes Ferreira e César Benjamin, op. cit., p. 1516.
5. *Correio da Manhã*, Rio de Janeiro, 29/5/1963, 1ª página.
6. Moniz Bandeira, op. cit., p. 100.
7. Citado em Hélio Silva, op. cit., p. 269.
8. Maria Thereza Goulart, Revista *Caras*, op. cit.
9. Flavio Tavares, op. cit., p. 248.

DE MARÇO A MARÇO: OS CAMINHOS DA RADICALIZAÇÃO

10. Batista de Paula, op. cit., p. 58.
11. Flávio Tavares, op. cit., pp. 247-250.
12. Maria Thereza Goulart, Revista *Caras*, op. cit.
13. O novo ministério foi constituído por Carlos Alberto Carvalho Pinto, na Fazenda; Paulo de Tarso Santos, na Educação; Abelardo Jurema, na Justiça; Egídio Michaelsen, na Indústria e Comércio; Amaury Silva, no Trabalho; Antônio Ferreira de Oliveira Brito, nas Minas e Energia; Evandro Lins e Silva, nas Relações Exteriores; Wilson Fadul, na Saúde; Expedito Machado, na Viação; Osvaldo Lima Filho, na Agricultura; general Jair Dantas Ribeiro, na Guerra; almirante Sílvio Mota, na Marinha; brigadeiro Anísio Botelho, na Aeronáutica; Darcy Ribeiro, no Gabinete Civil e general Albino Silva, no Gabinete Militar, sendo este último substituído por Argemiro de Assis Brasil, em outubro.
14. Marieta de Moraes Ferreira e César Benjamin, op. cit., p. 1517.
15. Carlos Castelo Branco, "Da conspiração à revolução", in Alberto Dines et al., *Os idos de março e a queda de abril*, Rio de Janeiro, José Álvaro, 1964, p. 280.
16. Citado em Moniz Bandeira, op. cit., pp. 104-105.
17. Osvaldo Lima Filho (depoimento), Rio de Janeiro, FGV/CPDOC — História Oral, 1981, pp. 108-109.
18. Marieta de Moraes Ferreira e César Benjamin, op. cit., p. 1517.
19. Abelardo Jurema, *Sexta-feira, 13*, op. cit., pp. 20-21, 68-69 e 77-78.
20. Depoimento de Denize Goulart ao autor e Angela de Castro Gomes, Rio de Janeiro, 2002.
21. Abelardo Jurema, op. cit., pp. 72-75.
22. Flávio Tavares, op. cit., pp. 232-236.
23. Argelina Cheibub Figueiredo, op. cit., pp. 120-121.
24. Lucia Hippolito, op. cit., pp. 221 e 228.
25. Argelina Cheibub Figueiredo, op. cit., p. 127.
26. Hércules Corrêa, depoimento ao autor e a Angela de Castro Gomes, Rio de Janeiro, 2004.
27. Abelardo Jurema, op. cit., pp. 59 e 135.
28. Jorge Otero, op. cit., pp. 133-134.
29. Depoimento de Maria Thereza Goulart ao autor e a Angela de Castro Gomes, Rio de Janeiro, 2003.
30. As informações que se seguem estão em Darcy Ribeiro, op. cit., pp 284-285.
31. Jorge Otero, op. cit., pp. 81-82.
32. Evandro Lins e Silva, op. cit., p. 369.
33. Carlos Castelo Branco, op. cit., p. 282.
34. Abelardo Jurema (depoimento), op. cit., pp. 274-275.
35. Citado em Andréa de Paula dos Santos, *À esquerda das Forças Armadas brasileiras. História oral de vida de militares nacionalistas de esquerda*, São Paulo, FFLCH-USP, dissertação de mestrado, 1998, pp. 339, 342, 348, 353.

36. Darcy Ribeiro, op. cit., p. 313.
37. Citado em Denis de Moraes, op. cit., p. 313.
38. Citado em Andréa Paula dos Santos, op. cit., p. 204.
39. Esse aspecto na estratégia de Goulart foi pouco observado pelos analistas, mas não passou despercebido por Darcy Ribeiro, op. cit., p. 295.
40. As informações que se seguem estão em Paulo Eduardo Castello Parucker, op. cit.
41. Citado em Mário Victor, op. cit., p. 451.
42. Depoimento de José Maria dos Santos ao autor e a Angela de Castro Gomes, Rio de Janeiro, 2000.
43. Citado em Andréa de Paula dos Santos, op. cit., p. 348.
44. Textos citados em Denis de Moraes, op. cit., pp. 97-98.
45. Paulo Eduardo Castello Parucker, op. cit., pp. 247.
46. Mário Victor, op. cit., pp. 452-454.
47. Ver Alzira Alves Abreu em Marieta de Moraes Ferreira (coord.), op. cit., pp. 117-118.
48. Batista de Paula, op. cit., pp. 57-58.
49. *Tribuna da Imprensa*, Rio de Janeiro, 1º/10/1963, p. 12.
50. Idem.
51. Citado em Mário Victor, op. cit., p. 457.
52. Abelardo Jurema, op. cit., p. 328.
53. Darcy Ribeiro, op. cit., p. 345.
54. Mário Victor, op. cit., p. 459-460.
55. Osvaldo Lima Filho, op. cit., p. 103-104.
56. Darcy Ribeiro, op. cit., p. 345.
57. Paulo Schilling. *Como se coloca a direita no poder*, II — os acontecimentos, São Paulo, Global, 1979, p. 17-19.
58. Citado em Denis de Moraes, op. cit., p. 139.
59. Carlos Castelo Branco, op. cit., p. 283.
60. Moniz Bandeira, op. cit., p. 133.
61. Raul Ryff, op. cit., pp. 233-235.
62. Abelardo Jurema, op. cit., p. 392.
63. Hélio Silva, op. cit., p. 240.
64. Moniz Bandeira, op. cit., pp. 133-137.
65. Abelardo Jurema, *Sexta-feira...*, op. cit., pp. 133-134.
66. *Panfleto*, Rio de Janeiro, 23/3/1964, nº 6, p. 6.
67. *Novos Rumos*, Rio de Janeiro, 20 a 26/12/1963, p. 1.
68. Denis de Moraes, op. cit., pp. 146-147.
69. João Pinheiro Neto, op. cit., pp. 101-103.
70. Denis de Moraes, op. cit., pp. 51-52.
71. Idem, p. 52.

DE MARÇO A MARÇO: OS CAMINHOS DA RADICALIZAÇÃO

72. As citações que se seguem estão em *Panfleto*, Rio de Janeiro, 16/3/1964, p. 8, e 9/3/1964, p. 34.
73. Citado em Marieta de Moraes Ferreira e César Benjamin, op. cit., p. 1518.
74. As informações que se seguem estão em João Pinheiro Neto, op. cit., pp. 40-42.
75. Moniz Bandeira, op. cit., pp. 154-155.
76. Rodrigo Patto Sá Motta, in Marieta de Moraes Ferreira (coord.), op. cit, pp. 135-136.
77. As citações que se seguem estão em *Revista Manchete*, Rio de Janeiro, 30/11/1963, pp. 16-20.
78. Abelardo Jurema (depoimento), op. cit., pp. 530-533.
79. Francisco Teixeira (depoimento), op. cit., p. 243.
80. Citado em Marieta de Moraes Ferreira e César Benjamin, op. cit., p. 1518.
81. José Gomes Talarico (depoimento), op. cit., p. 146.
82. Darcy Ribeiro, op. cit., p. 347.
83. Hugo de Faria, op. cit, pp. 247 e 189.
84. Os depoimentos que se seguem estão em Denis de Moraes, op cit., pp. 117-121.
85. Hércules Corrêa, Depoimento a Jorge Ferreira e Angela de Castro Gomes Rio de Janeiro, 2004.
86. João Pinheiro Neto, op. cit., p. 162.
87. Argelina Cheibub Figueiredo, op. cit., p. 138.
88. Decreto nº 53.451, de 20/1/1964.
89. Mário Victor, op. cit., pp. 466-467.
90. Hélio Silva, op. cit., p. 172.
91. As citações que se seguem estão em João Pinheiro Neto, op. cit., pp. 72-74.
92. Citado em Mário Victor, op. cit., p. 468.
93. Raul Ryff, op. cit., p. 270.
94. Citado em João Pinheiro Neto, op. cit., pp. 80-81.
95. Luís Mir, op. cit., p. 112.
96. José Antonio Segatto, op. cit., pp. 162-163.
97. Argelina Cheibub Figueiredo, op. cit., pp. 144 e 145-146.
98. Angela de Castro Gomes, "Trabalhismo e democracia: o PTB sem Vargas", in: Angela de Castro Gomes (org.), *Vargas e a crise dos anos 50*, Rio de Janeiro, FGV, 1994, p. 160.
99. *Panfleto*, Rio de Janeiro, 2/3/1964, p. 7.
100. Idem, 17/2/1964, p. 8.
101. As citações que se seguem estão em idem, 17/2/1964, pp. 14-15.
102. Denis Moraes, op. cit., pp. 329 e 353.
103. Argelina Cheibub Figueiredo, op. cit., p. 152-165.
104. *Panfleto*, Rio de Janeiro, 9/3/1964, p. 33.

JOÃO GOULART – UMA BIOGRAFIA

105. Idem, 16/3/1964, p. 8.
106. *Novos Rumos*. Rio de Janeiro, 20/12/1963, p. 3.
107. *Panfleto*, Rio de Janeiro, 30/3/1964, p. 30.
108. José Antônio Segatto, op. cit, p. 164.
109. Dulce Pandolfi, *Camaradas e companheiros. História e memória do PCB*, Rio de Janeiro, Relume-Dumará, 1995, p. 195.
110. Daniel Aarão Reis, "Ditadura e sociedade: as reconstruções da memória", in Daniel Aarão Reis, Marcelo Ridenti e Rodrigo Patto Sá Mota (orgs.), *O golpe e a ditadura militar 40 anos depois (1964-2004)*, Bauru/São Paulo, Edusc, 2004, p. 35.
111. Argelina Cheibub Figueiredo, op. cit., pp. 166-167.
112. Darcy Ribeiro, op. cit., p. 348.
113. *Correio da Manhã*, Rio de Janeiro, 23/2/1964, p. 3.
114. As citações que se seguem estão em *Panfleto*, Rio de Janeiro, 24/2/1964, p. 6; 9/3/1964, p. 31; 24/2/1964, p. 3.
115. Abelardo Jurema, op. cit., p. 341.
116. Moniz Bandeira, op. cit., p. 129.
117. Raul Ryff, op. cit., p. 216.
118. João Pinheiro Neto, op. cit., p. 78.
119. Batista de Paula, op. cit., pp. 62-63 e 66.
120. Moniz Bandeira, op. cit., pp. 129-130.
121. João Pinheiro Neto, op. cit., p. 78.
122. Carlos Castelo Branco, op. cit., pp. 295-296.
123. Citado em Andréa de Paula dos Santos, op. cit., p. 249.
124. Darcy Ribeiro, op. cit., p. 313.
125. Abelardo Jurema, op. cit., p. 119.
126. Depoimento de Wilson Fadul ao autor, Rio de Janeiro, 2002.
127. As informações que se seguem estão em Araújo Neto, "A paisagem", in Alberto Dines et al., *Os idos de março...*, op. cit., pp. 27-32.
128. Citado em idem, p. 32.
129. Lucia Hippolito, op. cit., pp. 238-239.
130. Argelina Cheibub Figueiredo, op. cit., p. 169.

CAPÍTULO 9   Rumo ao desastre

No dia 25 de janeiro de 1964, alguns minutos antes das 21h, João Pinheiro Neto entrava no Edifício Chopin, ao lado do Copacabana Palace.[1] Convocado por João Goulart para uma reunião em seu apartamento, o presidente da SUPRA, com alguma ansiedade, parou em frente à porta e tocou a campainha. Quem o recebeu foi um dos mais devotados aliados de Jango, José Gomes Talarico. No sofá da ampla sala, Jango, como de costume, mostrava o colarinho solto, a gravata caída ao lado da camisa, as pernas esticadas e o cigarro entre os dedos. Segundo Pinheiro Neto, ele o recebeu com o mesmo sorriso, humilde e cordial, que dedicava a todos. Como a sala estava cheia, bastou um rápido olhar para o presidente da SUPRA identificar um grupo de sindicalistas, bastante conhecidos quando exercera a pasta do Trabalho.

Goulart, sem muito esperar, comunicou uma decisão: "Pinheiro, estamos aqui para decidir algumas providências com relação ao comício da Central do Brasil, no próximo dia 13 de março, quando vamos assinar em público os decretos da SUPRA, das refinarias, da remessa de lucros, congelamento de aluguéis etc." Diante da reação de absoluta surpresa do interlocutor, o presidente completou: "É. Está resolvido. Vamos fazer uma grande manifestação popular em frente ao Ministério da Guerra. O Jair [general Jair Dantas Ribeiro, ministro da Guerra] já está de acordo. E tudo está sendo preparado: palanque, tanques do Exército, tudo programado. Que é que tu achas?" Ainda assustado com a notícia, Pinheiro Neto pensou: "Quem sou eu para discordar de um fato consumado." E limitou-se a responder com um tímido "bom". Na verdade, sua resposta foi sincera. Com a situação delicada do governo federal, talvez o apoio do ministro da Guerra, com seus tanques, reforçasse a autoridade presidencial. Seu otimismo, no entanto, foi sustado quando José Talarico disse existir um problema, o da ordem dos oradores. "Que ordem?", perguntou Pinheiro Neto. "Todos os líderes, políticos e sindicais", respondeu Talarico, "querem falar logo em seguida ao presidente. O Brizola não abre mão dessa prerrogativa, o Arraes também não, e o Eloy Dutra [vice-governador do então estado da Guanabara] também. Todos eles, intransigentes, estão criando caso. Sugeri até um sorteio, falando pelo telefone com Brizola e o Eloy, que não aceitaram. Só não consegui falar com o Arraes." Diante do silêncio de Goulart, um sindicalista perguntou: "E agora presidente?" "Não opino. Vocês que decidam", respondeu.

Passando da surpresa para a preocupação, Pinheiro Neto avaliou: exatamente quando no barco do governo começava a entrar água, ameaçando afundar tragado pelo golpismo em plena marcha, líderes populares tarimbados, ao longo de tormentosa vida pública, estavam empenhados em saber quem teria direito a um realce maior. Enquanto a discussão se alongava, ele percebeu que o presidente, com semblante carregado, se levantara para ir ao banheiro. Com discrição, Pinheiro Neto aproximou-se e sugeriu alternativas: "Presidente, o senhor não acha que em vista de toda essa confusão, de toda essa disputa, seria mais aconselhável transferir a assinatura dos decretos para o Palácio da Alvorada, em cerimônia solene na qual o senhor, e mais ninguém, fosse o orador?" Após pensar por alguns instantes, Goulart respondeu: "Boa ideia. Vamos voltar para a sala. Mas por enquanto não digas nada." Conhecedor da personalidade de Jango, Pinheiro Neto, alegando cansaço, desculpou-se e retirou-se para casa. No dia seguinte, o jornal *Última Hora* anunciava: "Dia 13 de março na Central do Brasil. Grande comício pelas Reformas de Base. Falarão Jango, Brizola, Arraes, Eloy Dutra, líderes sindicais e estudantis. São esperadas mais de 100 mil pessoas. TODOS À CENTRAL COM O PRESIDENTE JOÃO GOULART."

Após um longo período durante o qual tentou implementar as reformas a partir de negociações, pactos e compromissos entre o PTB e o PSD, sem sucesso, Goulart decidira-se pela estratégia da esquerda radical. Acuado pela direita e perdendo o controle de seu partido, ele aliou-se aos grupos de esquerda da FMP, ao PCB e ao movimento sindical.

Em 6 de março, ao receber 300 prefeitos em cerimônia no Palácio do Planalto, afirmou que o país não necessitava de nenhum figurino estrangeiro para melhorar o nível de vida da população: "Não basta falarmos em democracia para o povo", alegou, "é preciso que ele possa senti-la. A paz verdadeira é a paz que promove o progresso, a paz que assegura a justiça social. A paz para as minorias não resolveria o problema de nosso país. A paz que nós desejamos não é apenas a que aparece nas ruas asfaltadas, mas a que leve a justiça social aos nossos caboclos do interior, que entre no lar humilde dos trabalhadores e incorpore todo o povo à sociedade que nós todos desejamos, à sociedade cristã de um país livre e independente."[2] Após entregar aos prefeitos tratores importados e anunciar um plano para suplementar os salários dos professores de todo o país, completou: "O que nós desejamos com essas reformas é integrar na sociedade brasileira mais de quarenta milhões de irmãos nossos, também brasileiros, que precisam participar da vida de seu país e da riqueza nacional."

Dias depois, em 11 de março, antevéspera do comício, o presidente falou aos trabalhadores do Arsenal de Marinha. Conduzido ao palanque pelo ministro da Marinha e pelos almirantes, Goulart disse que as grandes ameaças à democracia eram as estruturas econômicas e sociais inteiramente superadas. Ao discursar aos operários, disse que, nas próximas 48 horas, encontraria os trabalhadores na praça pública para dialogar com eles, garantindo o direito legítimo do povo em qualquer democracia: o "de dizer o que pensa e o que sente, inclusive o de falar com o presidente da República".[3] Para Jango, os trabalhadores não deveriam se preocupar com "certas camadas da reação brasileira" que insistem em mistificar e aterrorizar o povo com notícias alarmantes sobre o comício. Quem ameaça o regime democrático, alegou, não é a voz do povo nas ruas. "O que ameaça a democracia é a fome, é a miséria, é a doença dos que não têm recursos para enfrentá-la. Esses são os males que podem ameaçar a democracia, mas nunca o povo na praça pública no uso dos seus direitos legítimos e democráticos."

Nas duas primeiras semanas de março, culminando no comício do dia 13, a coalizão pró-reformas formada pelo CGT, PCB e FMP acreditou na possibilidade de alterar as estruturas econômicas e sociais do país, apostando no confronto, embora não percebesse suas próprias limitações. O comício de 13 de março de 1964 repercutiu de maneira impactante no quadro político brasileiro da época. Para as esquerdas, a notícia do evento surgiu como a vitória dos grupos reformistas que, desde a posse de Goulart na presidência da República, procuravam tê-lo como aliado exclusivo nas mudanças econômicas e sociais que defendiam; para as direitas e os conservadores, ao contrário, a manifestação atuou como um alerta, como uma senha que unificou grupos e propostas heterogêneas no sentido de romper com o jogo democrático. Nas palavras de Argelina Figueiredo, o comício desencadeou forças "à esquerda e à direita que o governo não mais podia controlar".[4] Ao se comprometer com a coalizão pelo programa máximo de reformas, Goulart passou a compartilhar as mesmas crenças de seus aliados de esquerda: em um confronto com as direitas e os conservadores, ele sairia vitorioso. Ao fazer tal escolha política, suas opções futuras tornar-se-iam bastante restritas.

Até os primeiros dias de março de 1964, nos grandes meios de comunicação, a imprensa em particular, não havia unanimidade sobre o governo Goulart. Assustados com a radicalização das esquerdas, os proprietários de jornais, embora não dessem apoio irrestrito ao presidente, não patrocinavam uma oposição sistemática — como ocorrera com Vargas em seu segundo mandato. O discurso proferido por Goulart no dia 10 de março, em cadeia de rádios, foi interpretado de diferentes maneiras nas páginas de opinião dos jornais. Sobre as medidas anunciadas para conter a inflação, solucionar a crise cambial, incrementar as exportações, intervir no mercado de títulos, combater a sonegação de impostos e reescalonar os compromissos externos para equilibrar a balança de pagamentos, liam-se no editorial de O Dia palavras elogiosas ao presidente: "Em nenhum outro ensejo o presidente João Goulart se dirigiu ao povo brasileiro com tanta oportunidade. Disse precisamente aquilo que a Nação precisava ouvir do seu primeiro magistrado, do principal responsável pela condução dos seus destinos no momento em que as forças de subversão se empenham em colocá-los em mau caminho."[5] Outros jornais avaliaram de maneira bastante negativa o discurso presidencial. Para O Estado de S. Paulo, "nunca houve no Brasil, antes do Sr. João Goulart, um presidente da República que falasse tanto e realizasse tão pouco. Raro é o dia em que o chefe do Executivo Nacional não deita a fala, quer em comícios de sabor revolucionário, quer através da televisão e do rádio para expor planos e projetos à Nação. De uma forma ou de outra, porém, os pronunciamentos do Sr. João Goulart têm a rara particularidade de não adiantarem coisa nenhuma".[6]

O Correio da Manhã avaliou o discurso presidencial dizendo que "as reformas de base se impõem por si mesmas. Não é possível adiá-las por muito tempo. Já deveriam ter sido aprovadas".[7] Não há razões, afirmou o

RUMO AO DESASTRE

editorial, para acreditar que o Brasil "se encontra à beira do abismo", pois sua indústria é capaz de satisfazer 85% das necessidades do país, a balança comercial está equilibrada, e os credores estrangeiros aceitaram receber as parcelas atrasadas da dívida externa. Havia a inflação: "mas a inflação dos países na fase do desenvolvimento não é igual à dos países desenvolvidos. Não se pode combatê-la drasticamente com rigorosas medidas deflacionárias. Por meio de decretos e portarias de natureza teórica. Num país como o nosso a inflação só será vencida com o acréscimo racional da produção". Mais ainda, argumentou o *Correio da Manhã*, existem ameaças ao regime democrático. No entanto, o amadurecimento político do país, o clima de confiança na legalidade constitucional e a fidelidade do povo à democracia, comprovados em 1955 e 1961, permitem afirmar que o Brasil não é uma republiqueta sul-americana de caudilhos. Ninguém, continuou o editorial, deseja uma quartelada, um *putsch* ou uma convulsão sangrenta que venham prejudicar o desenvolvimento nacional. "As conspirações provocam outras conspirações, os golpes geram outros golpes, as desordens trazem consigo o germe de futuras desordens." Assim, concluiu o editorial, a ameaça de radicalização da esquerda ou da direita ocupa uma pequena área da superfície política, sem grande aprofundamento social: "Os radicais da direita e da esquerda não sensibilizam as grandes massas da população brasileira." Com exceção dos donos de jornais que assumiram claramente seu repúdio a Jango, a exemplo de *O Estado de S. Paulo* e *da Tribuna da Imprensa*, a imprensa, de maneira geral, o apoiava, desde que ele se mantivesse afastado das esquerdas. Foi o caso do *Jornal do Brasil, O Globo* e *O Jornal* que, a partir de outubro de 1963, se uniram formando a chamada Rede da Democracia. Os jornais e rádios das três organizações, a partir daí, unificaram suas críticas ao governo.

Embora não enfrentasse uma imprensa majoritariamente hostil, no início de março de 1964 o clima político tornar-se-ia bastante difícil para o governo de Jango. A radicalização, que vinha tomando formas mais delineadas desde meados do ano anterior, assumiu proporções preocupantes para a manutenção da ordem democrática, particularmente com o anúncio da realização do comício. Com o evento, a aliança do governo com o movimento sindical urbano, os trabalhadores rurais e as esquerdas, notadamente o PCB, a FMP e a ala radical do PTB, foi selada.

Um restrito grupo de sindicalistas comunistas e trabalhistas tomou a frente da organização do evento, desde as medidas de segurança, em acordo com o Exército, até mesmo as difíceis negociações para que subissem, no mesmo palanque, Goulart, Brizola e Arraes. Até o último momento corriam notícias de que outro tablado seria armado ao lado do oficial para receber o ex-governador gaúcho. Por trás da comissão, apoiando-a e assinando as notas convocatórias para o evento, existia um amplo leque de organizações sindicais, políticas, estudantis e femininas.[8] Interessadas na implementação das reformas, elas publicaram um manifesto convocando a população para o comício. Defendendo a reformulação da política econômico-financeira do país, sindicalistas, grupos nacionalistas e estudantes exigiram a manutenção do monopólio estatal do petróleo e a reforma agrária. Compete ao povo "legitimamente traçar os rumos definitivos dos destinos nacionais", sobretudo recorrendo às mobilizações na defesa das alternativas populares e nacionalistas.[9] "Tudo pela unidade do povo e a ampliação da democracia brasileira", afirmaram. "Tudo pela concretização das Reformas de Base", pregaram eles. Outras notas foram publicadas, sempre em tom mobilizador. Com o desenho de uma mão segurando uma enxada, o texto dizia:

VOCÊ DEVE ESTAR PRESENTE AO COMÍCIO DAS REFORMAS
Dia 13, às 17:30 horas
Estação Pedro II, Central do Brasil
Você também está convocado a participar desta jornada cívica em favor da concretização imediata das REFORMAS que o Brasil reclama! E, como ponto de partida, vamos realizar a REFORMA AGRÁRIA para dar ao Brasil mais proprietários de terras produtivas para ampliar o mercado consumidor, para criar mais empregos na indústria e acelerar o progresso econômico do País!
POR VOCÊ E PELO BRASIL
Compareça dia 13, às 17:30 horas
GRANDE COMÍCIO DAS REFORMAS
COM JANGO
FALANDO AO POVO![10]

Com o anúncio do comício, o PSD havia chegado ao seu limite. Segundo Lucia Hippolito havia entre os pessedistas a consciência de que o apoio ao governo era fator de estabilidade para o regime democrático. "Enquanto pode", diz a autora, "o PSD realizou todos os esforços, absorveu todos os ataques para conduzir o governo João Goulart até o final." Somente quando suas bases entraram em rebelião aberta e a continuação do apoio a Jango levaria ao suicídio político é que a direção do partido rompeu com o governo. O rompimento ocorreu no dia 10 de março, três dias antes do comício. [11]

O comício mobilizou o movimento sindical e as esquerdas, mas acirrou os ânimos da direita. No Recife, uma comissão intitulada Mulheres pela Liberdade prestou homenagens ao comandante do IV Exército. No estado da Guanabara, as lideranças da Campanha da Mulher pela Democracia, da Rede das Entidades Democráticas e dos Círculos Operários da Guanabara convidaram o povo para um comício em defesa dos princípios democráticos. Para mobilizar a população, os líderes pregavam: "Estudante, defende o teu futuro. Compareça à concentração contra a legalização do Partido Comunista. Operários, não permitas que te escravizem. Carioca, siga o exemplo dos mineiros. Comerciante, defende a tua liberdade de trabalho. Trabalhador, lute por um sindicato livre e democrático. Bancário, defende a tua pátria. Cidadão, defende o direito de família. Mulher brasileira, de tua bravura depende o futuro de seus filhos."[12] Outros setores se mobilizaram contra as reformas. Afirmando que a causa principal dos males do país reside na política governamental que "faz o jogo da investida totalitária, transigindo, ostensivamente, com os comunistas", os representantes dos empresários de todo o país, em uma "Mensagem ao Povo Brasileiro", denunciaram que o Brasil "assiste estarrecido ao permanente desrespeito à Constituição e às leis. Deturpa-se o direito de greve, com o aliciamento ostensivo à desordem, em reivindicações comandadas, quase sempre, por organismos espúrios". Além de um manifesto à Nação, os empresários fundaram o Comando Nacional das Classes Produtoras, com sede no estado da Guanabara.[13]

O governador da Guanabara, Carlos Lacerda, inimigo declarado do presidente, também contra-atacou, decretando ponto facultativo para o funcionalismo público e determinando que o dia 13 não contaria nos prazos fixados nos contratos assinados com as empreiteiras. Segundo os argumentos do governador, o povo está "desejoso de paz e saudoso do amparo da Lei e do uso legítimo das Forças Armadas para defender a Lei e a Ordem e não a subversão, o poder pessoal". A Central do Brasil ficaria entregue aos promotores da desordem, "cujo agente direto é o deputado Hércules Corrêa e cujo orador oficial é o presidente da República".[14]

A realização do comício em um estado chefiado por um governo hostil, dispondo de amplos efetivos de policiais civis e da Polícia Militar, requeria medidas para proteger o presidente da República. O dispositivo militar para preservar a ordem no ato público e a segurança física de João Goulart mobilizou milhares de homens. Sob as ordens do general Moraes Âncora, comandante do I Exército, foram empregadas as tropas dos Dragões da Independência, do Batalhão de Guardas, do 1º Batalhão de Carros de Combate, do 1º Batalhão de Polícia do Exército, do Regimento de Reconhecimento Mecanizado e uma Bateria de Refletores da Artilharia da Costa. No interior do Ministério da Guerra, uma tropa do Batalhão de Guardas ficaria em alerta para reforço eventual. Nove carros de combate e três tanques cercaram a Praça Duque de Caxias, enquanto seis metralhadoras estavam assentadas no Panteão de Caxias. Carros de choque do Exército perfilaram-se em funil no acesso ao palanque.[15]

O ambiente político era de radicalização. Todavia, com o anúncio do comício do dia os conflitos se acirraram ainda mais. Em São Paulo, proprietários rurais pediram proteção à polícia contra as invasões de terras.[16] Em Minas Gerais, o líder camponês de Governador Valadares, conhecido por Chicão, convidou o deputado Leonel Brizola para uma grande concentração de trabalhadores rurais naquela cidade. No mesmo dia, Josafá Macedo, presidente da Federação das Associações Rurais de Minas Gerais, adiou o encontro de fazendeiros do estado. Em Magé, estado do Rio de Janeiro, camponeses se apossaram de terras desocupadas, mesmo com o cerco da Polícia Militar. Em Niterói, a polícia vigiava dois prédios vazios, ameaçados de invasão por bancários da cidade.

A radicalização avançava à medida que se aproximava o evento. No dia 12 de março, véspera do comício, na Praça Sete, centro de Belo Horizonte, partidários do IBAD conclamavam as pessoas a assinar um documento ofensivo contra o arcebispo Dom João de Resende da Costa, outro contra a Ação Católica e outro ainda contra o clero progressista, repudiando o apoio que eles deram às reformas de base. Por volta das 10h, com suas mesas e cartazes, eles abordaram um homem, pedindo sua assinatura. Diante da recusa, sob a alegação de que apoiava o arcebispo, os ibadianos começaram a agredi-lo verbalmente. Imediatamente formou-se uma aglomeração em volta das mesas. Muitos se manifestaram contra o abaixo-assinado, demonstrando indignação

RUMO AO DESASTRE

com os termos ofensivos do documento. Pressionados, os partidários do IBAD recolheram todo o material e fugiram pelas ruas próximas. No entanto, cerca de 5 mil pessoas já tomavam a praça, discutindo política e repudiando as agressões ao arcebispo. A Polícia Militar e os agentes do DOPS, recém-chegados, investiram contra o povo na tentativa de dispersá-lo. Durante as cinco horas seguintes, o centro da capital mineira assistiu ao conflito entre policiais e populares.[17]

Um grupo de coronéis, convencidos de que seus superiores dificilmente tomariam a iniciativa de conspirar contra o presidente, decidiram tomar para si a tarefa. O líder era o coronel João Baptista Figueiredo. Junto a eles estavam os "coronéis de 1954", agora generais, como Golbery do Couto e Silva e Ernesto Geisel. Todos ficaram convencidos de que somente um general de grande prestígio poderia reunir diversos outros pequenos movimentos conspiratórios isolados e, ao mesmo tempo, se impor aos outros generais. Para eles, o escolhido foi Castelo Branco, chefe do Estado-Maior do Exército. Assumindo a liderança do movimento, ele transformou o Estado-Maior no centro da conspiração. No início de 1964, os contatos entre grupos civis, alguns governadores de estados e parlamentares conservadores já estavam bem articulados. O anúncio do comício transformou uma ação inicialmente defensiva em ofensiva. "Já não se tratava de resistir, mas de intervir no processo para liquidar uma situação tida como intolerável", diz o jornalista Carlos Castelo Branco.[18]

Nesse clima de radicalização crescente, aproximava-se o grande dia.

No início da tarde, por volta das 14h, cerca de 5 mil pessoas já se concentravam nas imediações da Central do Brasil e do Ministério da Guerra.[19]

Por volta das 16h, Clodsmidt Riani, deputado estadual por Minas Gerais e ex-presidente do CGT, comunicou ao militante comunista Hércules Corrêa, um dos organizadores do evento, que Goulart acabara de lhe dizer que não compareceria ao evento, alegando falta de segurança.[20] Riani e Corrêa, juntamente a outros membros do PCB, como Oswaldo Pacheco, Paulo Melo Bastos e Roberto Morena, àquela altura, tinham trabalhado incansavelmente para a realização do comício. O próprio ministro do Exército garantiu que distribuiria soldados em todas as janelas do Ministério. "Não é possível!", exclamou alarmado Hércules Corrêa

417

com a decisão presidencial. Decidido, entrou em um tanque de guerra estacionado ali perto e, pelo rádio do blindado, ouviu do próprio Goulart que havia informações seguras do pessoal militar de que um tiro poderia ser disparado do prédio da Central do Brasil. "E se a gente colocar um companheiro nosso ao seu lado, cobrindo o ângulo do prédio da Central?", apelou o sindicalista. Com a concordância de Jango, Oswaldo Pacheco foi escolhido para a "tarefa de honra", para usar o jargão partidário. Horas mais tarde, no palanque, as pessoas veriam o presidente acompanhado, de um lado, por Maria Thereza e, de outro, por um homem de alta estatura e com o rosto cerrado.

Enquanto Hércules Corrêa tentava convencer Goulart, o trânsito na avenida Presidente Vargas, entre a Candelária e a Central do Brasil, tornou-se lento e difícil devido às inúmeras caravanas de trabalhadores que se dirigiam para o local do comício. Caminhando de braços dados, de uma calçada a outra, atravessando as pistas, as delegações de operários e algumas de estudantes e intelectuais impediam o tráfego de veículos. A primeira a chegar nas imediações do prédio do Ministério da Guerra, a da Associação dos Carregadores e Ensacadores de Café, trazia um cartaz: "No dia 13 de maio de 1888, os pretos tiveram sua liberdade; no dia 13 de março de 1964 os pretos-trabalhadores terão a sua independência." Logo depois chegaram os primeiros tanques do I Exército, enquanto pelotões dos Fuzileiros Navais e da Polícia do Exército ocuparam pontos estratégicos.

Nesse mesmo momento, entravam no Ministério da Guerra os ministros da Marinha, Sílvio Mota, o da Aeronáutica, Anísio Botelho, e o da Justiça, Abelardo Jurema. Recebidos pelo ministro da Guerra, Jair Dantas Ribeiro, que os esperava em seu gabinete com 13 generais com comando de tropa, todos ouviram de Abelardo Jurema o plano reformista do presidente da República, em particular sobre o decreto da SUPRA e a encampação das refinarias particulares. Após tomarem conhecimento das medidas que Goulart anunciaria no comício, eles se dirigiram para a sala de refeições do Ministério. O ministro da Justiça observou a satisfação dos militares quando, da janela, olhavam o povo na praça: "Povo e Exército confraternizados!", declarou com contentamento um deles. De fato, a cena era inusitada. Milhares de trabalhadores concentrados em frente ao Ministério da Guerra aguardavam o início do evento, e muitos conversavam ao mesmo tempo em que descansavam, apoiando as costas e os pés na blindagem dos tanques. Segundo Abelardo Jurema, os gene-

RUMO AO DESASTRE

rais ficaram entusiasmados com o cenário de aproximação dos populares com o Exército.[21] Também das janelas, podia-se ler os dizeres de algumas faixas: "Nacionalização para os laboratórios farmacêuticos"; "Jango, pedimos cadeia para os exploradores do povo"; "Jango, defenderemos suas reformas. Volta Redonda"; "Jango, assine a reforma agrária que nós cuidaremos do resto".

O trabalho de mobilização para que os trabalhadores comparecessem ao comício ficou a cargo das organizações sindicais. Convocados nas fábricas, empresas e cais do porto, a resposta aos sindicalistas foi muito positiva. Segundo José Gomes Talarico, muitas delegações não compareceram graças às medidas tomadas pelo governador do estado, Carlos Lacerda, que proibiu que as empresas de transportes cedessem coletivos para levar os trabalhadores à Central do Brasil e ergueu barreiras policiais nas estradas do interior, impedindo a passagem de ônibus especiais. "Quem veio", afirma o velho trabalhista, "veio por vontade própria, por meios próprios."[22]

Às 18h teve início o comício. José Lellis da Costa, presidente do Sindicato dos Metalúrgicos da Guanabara e membro da Comissão Permanente das Organizações Sindicais, defendeu os direitos do povo de reclamar, em praça pública, a satisfação de seus anseios e de suas pretensões, entre os quais citou as reformas de base.[23] A seguir, Olímpio Mendes, presidente da União Brasileira de Estudantes Secundaristas, protestou contra a discriminação política e ideológica nas escolas e solidarizou-se com João Goulart pela assinatura do decreto da SUPRA. Nesse instante, o coronel José de Almeida Ribeiro, chefe do Posto de Comando do Policiamento, recebeu, por telefone, a notícia de que o presidente acabara de assinar o decreto no Palácio Laranjeiras. Ao tomar conhecimento, a multidão irrompeu em aplausos demorados.

Às 18h20, o deputado Sérgio Magalhães, em nome da Frente Parlamentar Nacionalista, tomou a palavra. Além de defender a mobilização das forças democráticas e populares, reconheceu que "o atual governo federal tem sido sensível" a essas reivindicações. Mas enquanto o parlamentar falava ao povo, o Sr. Jair Ribeiro, representante de 15 mil terreiros de umbanda no Brasil, dizia, no corredor que levava ao palanque, que o presidente João Goulart era protegido pelo caboclo Boiadeiro, que Dona Maria Thereza tinha como guia a cabocla Jurema, enquanto o deputado Leonel Brizola era filho de Xangô — orixá que, segundo ele, regia o ano de 1964. O líder umbandista também afirmou que, naquele momento, dois grupos de médiuns realizavam uma sessão na Praça da República pedindo a proteção do presidente.

A seguir, o governador do Sergipe, Seixas Dória, afirmou a necessidade e a extraordinária importância da encampação das refinarias particulares e exaltou as reformas de base. O governador, no palanque, podia ler outras mensagens nas faixas empunhadas pelos trabalhadores: "Reforma Agrária já"; "A Reforma é a solução para o desemprego"; "Para salvar, só reformar"; "Fora com os tubarões"; "Jango, a ilha das Flores é um paraíso. Ilha Grande para os tubarões". Eram 18h30 quando o senador Artur Virgílio, líder do PTB no Senado, iniciou seu discurso, afirmando que o Congresso não poderia desconhecer os trabalhadores que, no comício, apoiavam as reformas: "Escute o Congresso esta advertência e o clamor deste povo", concluiu. Nesse momento, os archotes conduzidos por operários da Petrobras caíram no chão junto a algumas faixas. As chamas, que logo se espalharam, provocaram um início de tumulto. Os soldados da Polícia do Exército tentaram conter o avanço da multidão que, em pânico, avançou para o palanque. Na confusão, mais de uma centena de pessoas se feriram. Dante Pellacani, presidente do Comando Geral dos Trabalhadores, fez um apelo para que todos mantivessem a tranquilidade. Com o controle das chamas e a execução de uma marcha militar por uma das bandas presentes, a calma se restabeleceu.

Às 18h50, o Sr. João Pinheiro Neto, dirigente da SUPRA, iniciou seu discurso explicando o teor das medidas assinadas por João Goulart. A seguir, com uma intervenção inflamada, o Sr. José Serra, presidente da União Nacional dos Estudantes, exigiu a extinção da "política de conciliação" para se efetivarem todas as medidas de amparo e garantia às classes populares. Após ressaltar a importância do fim da vitaliciedade das cátedras, contida na reforma universitária, Serra atacou, em tom agressivo e contundente, aqueles que defendiam o fechamento do CGT e exaltou, como uma realidade animadora no quadro político brasileiro, a presença da "classe dos sargentos que emerge para as lutas populares".

Miguel Arraes foi esperado com muita expectativa. "O decreto elaborado pela SUPRA", disse ele, "é um passo ainda débil em relação à Reforma Agrária, na extensão que o povo deseja", embora, avaliou o governador de Pernambuco, se trata de uma conquista concreta que justifica o comício. Para Arraes, "o povo exige atos e definições cada vez mais concretos. Ninguém se iluda, este país jamais será governado sem o povo. O povo está de olhos abertos, não suporta mais a manutenção dos privilégios das minorias. A unidade das forças populares é consciente, apesar das divergências de superfície. Toda a nação tem que estar unida no sentido de assegurar as medidas que redundem na conquista da independência econômica definitiva e na liquidação dos grupos internacionais que nos esmagam. Nossa posição é irredutível. Pernambuco, unido ao povo brasileiro, exige as reformas". Depois de Arraes encerrar sua intervenção no evento, às 19h32, Hemílcio Fróis, presidente do Sindicato dos Radialistas e diretor da Rádio Nacional, anunciou que Jango acabara de assinar o decreto de encampação das refinarias particulares. Minutos depois, chegavam ao palanque os três ministros militares, motivo de aplausos demorados dos trabalhadores.

As pessoas aplaudiam fortemente os oradores. Mas o que pensavam aqueles milhares de trabalhadores que foram ao comício? Como conhecer suas expectativas políticas e avaliar o grau de autonomia em relação aos líderes trabalhistas? Os dizeres estampados nas faixas certamente oferecem algumas respostas. No entanto, para a sorte do historiador, o governador Carlos Lacerda teve a mesma curiosidade. Utilizando as modernas técnicas de pesquisa de opinião, ele infiltrou na multidão uma grande e experiente equipe de pesquisadores profissionais, utilizando a metodologia do flagrante. O resultado estarreceu os próprios patrocinadores da pesquisa. Ali não estavam, como se supunha, uma maioria de janguistas e comunistas atuando como claque. Esses, na verdade, compunham apenas 5% do público. O restante, os 95%, demonstrava um pensamento legalista, reformista e portador de um alto grau de politização: queria eleições presidenciais em 1965, bem como as reformas de base, mas não admitia o fechamento do Congresso nem a reeleição de Goulart.[24]

Hélio Ramos, deputado baiano que se apresentou em nome da "ala agressiva do PSD", tomou a palavra destacando o caráter de urgência das reformas como imperativo para a afirmação nacional.[25] Doutel de Andrade, líder do PTB na Câmara, acrescentou que a solução para a crise brasileira era a "união do povo com o governo contra a burguesia reacionária e vingativa que está aniquilando os recursos do país, levando o povo para a miséria e para a fome". Eram 19h45 quando Doutel de Andrade interrompeu seu discurso para saudar a chegada do presidente João Goulart no palanque, qualificando-o como o "seguidor fiel do idealismo de Getulio Vargas". O presidente, nesse momento, podia passar os olhos pela multidão e ler algumas mensagens que as faixas lhe dirigiam: "Encampação das refinarias"; "Cadeia para os tubarões"; "Legalidade para o PCB"; "Voto para os soldados, cabos e sargentos". Algumas, em particular, chamavam a atenção: "Jango, prepare a caneta para assinar o atestado de óbito do Lacerda"; "Solidariedade a Cuba"; "O povo de quem fui escravo não será mais escravo de ninguém"; "Brizola 65". O encontro de Goulart com o ex-governador do Rio Grande do Sul foi, para a curiosidade de muitos, de extrema afetividade. Após trocarem um longo abraço, eles conversaram, um no ouvido do outro, terminando com sorrisos e novos abraços.

Um dos oradores mais esperados, o deputado Leonel Brizola discursou por quase 20 minutos. Falando em nome da Frente de Mobilização Popular, ele iniciou denunciando que sua palavra e sua presença no evento tinham sido impugnadas, mas que ele se apresentava como representante do mesmo povo que reagira com armas nas mãos em 1961 e dissera não no plebiscito que devolvera os poderes ao presidente João Goulart. O decreto da SUPRA e a encampação das refinarias, definidos como "bons atos do governo", poderiam surgir como o início da libertação do povo brasileiro da espoliação estrangeira. Depois de dizer que "o povo não é um rebanho de ovelhas que tem de concordar com tudo", Brizola elogiou a atitude de Goulart de comparecer em praça pública, "onde certamente dialogará com os trabalhadores". No entanto, defendeu medidas mais definidas, como o fim da "política de conciliação" do presidente, bem como a formação de um governo popular e nacionalista que representasse a vontade do povo e atendesse as suas aspirações. Para isso, seria preciso o fechamento do Congresso Nacional e a convocação de uma Assembleia Nacional Constituinte como soluções para o "impasse entre o povo e o atual Congresso reacionário". O novo parlamento deveria ser constituído por operários, camponeses, oficiais militares nacionalistas e sargentos, todos "autênticos homens públicos, para eliminar as velhas raposas do Poder Legislativo". Visivelmente contrariados com o que ouviram, os ministros Oliveira Brito e Expedito Machado abandonaram o evento. Mais contundente, continuou o deputado, "irão dizer que a minha proposta é ilegal, que é inconstitucional. Por que então não resolvem o problema através da realização de um plebiscito em torno da questão da Constituinte?" Com eleições realmente democraticas, com o voto dos analfabetos e sem a influência do poder econômico e da imprensa alienada, "o povo votaria em massa pela derrubada do atual Congresso e pela convocação da Assembleia Constituinte". Pedindo que levantassem os braços aqueles que desejavam um governo popular e nacionalista, a resposta foi milhares de mãos voltadas para cima. Também ao levantar os braços, via-se, na cintura do deputado, um Taurus 38. Mais enfático ainda, Leonel Brizola afirmou: "Na verdade, precisamos romper esse impasse pernicioso. O Congresso não dará mais nada ao povo brasileiro. O Congresso não está identificado com o povo. A verdade, meus patrícios, é que o Brasil e os brasileiros não podem continuar assim. Aqui vai a palavra de quem só deseja uma saída para essa situação, que deseja ver o país reestruturado e reformado, como rezava a Carta de Getulio Vargas. Se os poderes da República não decidem, por que não transferirmos essa decisão para o povo brasileiro, que é a fonte de todo o poder?"

A proposta das esquerdas agrupadas na FMP era reiterada no comício: um plebiscito sobre a convocação de uma Assembleia Nacional Constituinte que, substituindo o atual Congresso Nacional, formulasse uma nova Constituição e aprovasse as reformas de base. Ao final, Brizola concluiu seu discurso com uma advertência: "O nosso caminho é pacífico, mas saberemos responder à violência com violência. O nosso presidente que se decida a caminhar conosco e terá o povo ao seu lado. Quem tem o povo ao seu lado nada tem a temer."

Embora Goulart já estivesse no palanque pronto para falar, outros oradores ainda se manifestaram. Nesse meio-tempo, ele recebeu daqueles que ali estavam 20 pedidos de emprego. Maria Thereza corria os olhos pela massa humana, calculada, nesse momento, em 200 mil pessoas, com indisfarçável espanto. Do alto, ela podia ver, além da multidão, as centenas de faixas e algumas figuras caricaturizadas, a exemplo de um gorila de óculos com a corda no pescoço, com o rosto estilizado de Carlos Lacerda, acompanhado dos dizeres: "Este é o destino dos gorilas." Outra figura, a do governador, era ilustrada com a frase: "Sexta-feira 13 não é de agosto." Sem que os seguranças percebessem, um repórter se aproximou e perguntou à primeira-dama: "A senhora também é a favor das reformas?" Sem entender as palavras do jornalista devido aos fortes aplausos, logo foi socorrida pelo marido. Goulart, transmitindo as sensações de sua mulher, respondeu que ela classificava o comício de "maravilhoso, muito bom". Mais ainda, disse Jango ao repórter: "Ela disse que é reformista e pergunta se você é também."

Dias antes, Maria Thereza aconselhou o marido a não participar do comício. O Dr. Zerbini, médico muito amigo da família, disse-lhe que Jango não deveria enfrentar um evento daquele porte. Outro cardiologista, o Dr. Moacyr Santos, repetiu o argumento: "Maria Thereza, eu acho que o Jango não deve se emocionar. Eu estou tratando dele e estou vendo que ele está muito nervoso."[26] Ao saber das palavras do médico, Jango repetiu para ele a resposta que, anteriormente, dera à sua mulher: "Aconteça o que acontecer, eu vou. Eu já programei o comício. É uma questão de honra. Eu já fiz o convite e, agora, tenho que comparecer. Não tem problema nenhum." Contudo, no dia 12, a situação se inverteu: Goulart passou a insistir para que a mulher não o acompanhasse. Os motivos eram sérios e graves. Começaram a chegar ao Palácio ameaças de atentado. Cartas anônimas garantiam que tiros seriam disparados do prédio da Central do Brasil ou que bombas explodiriam o palanque. Assessores do presidente também receberam mensagens de intimidação. Diante das ameaças, Maria Thereza reafirmou a decisão já tomada, a de acompanhar o marido: "Então eu vou!" Momentos antes de sair para a Central do Brasil, Jango ainda confidenciou com a mulher: "A situação é muito grave, mas o pior é que nós estamos sujeitos a um atentado." Maria Thereza respondeu: "Eu já sei, eu já sabia." Ele então pediu: "Eu acho melhor você ficar." A mulher não cedeu: "Não, eu vou." Segundo a própria Maria Thereza: "Eu não poderia faltar. Tinha que estar no palanque para ver o que aconteceria. Mas eu estava muito assustada. Primeiro, a minha fobia de multidão. E ali havia muita gente. Depois, ameaças de tiros e bombas. Por fim, medo de que Jango passasse mal. Para mim foi muito difícil, mas eu tinha que estar ao lado dele. Eu estava certa de que ao terminar o discurso aconteceria um atentado. Eu rezava para que nada acontecesse. Assim, estive do lado direito dele e, do outro lado, um homem alto e forte. Estávamos ali, digamos assim, para atrapalhar a pontaria de um possível criminoso. Todos no palanque sentiam-se ameaçados. Eu comentei com Darcy Ribeiro: "Estou em pânico." Ele procurou me acalmar, dizendo que estava tudo bem. Mas a verdade é que ele também estava amedrontado." Com um vestido azul e penteado "bolo de noiva", à moda da época, ela, no palanque, esforçava-se para disfarçar a tensão.

Goulart, enquanto esperava sua vez de falar, demonstrou consciência do significado da presença popular no evento. Reconheceu, para um jornalista, que "aquela massa não estava ali por sua causa": "Eu passo, você também passa. A única coisa que continua é o povo, o Brasil. Os políticos passam sempre. E, passam logo, quando esquecem e desprezam os problemas do povo e do país."[27]

Eram 20h46 quando João Goulart tomou a palavra. Imediatamente foram acesos os poderosos holofotes do Exército, que, além do palanque, iluminaram, por medida de segurança, todas as janelas do prédio da Central do Brasil. Sob forte calor e grande tensão emocional, Jango falou durante uma hora e cinco minutos, bebeu dois copos de água mineral e passou o lenço no rosto 35 vezes.

"Dirijo-me a todos os brasileiros, e não apenas aos que conseguiram adquirir instruções nas escolas. Dirijo-me também aos milhões de irmãos nossos que dão ao Brasil mais do que recebem e que pagam em sofrimento, pagam em miséria, pagam em privações o direito de ser brasileiros e o de trabalhar de sol a sol pela grandeza deste país."[28]

Escolhendo seus interlocutores, Goulart iniciou seu discurso afirmando que usaria uma linguagem franca, que poderia parecer rude para muitos, mas seriam palavras sinceras, de esperança e de coragem. Muitos setores tentaram impedir o comício, utilizando-se do terror ideológico, denunciou. Declararam que o ato seria um atentado ao regime democrático: "Desgraçada democracia a que tiver de ser defendida por esses democratas", ironizou. "A democracia que eles desejam impingir-nos é a democracia do antipovo, a democracia antirreformas, a democracia do antissindicalismo, a democracia dos privilégios, a democracia da intolerância e do ódio. A democracia que eles querem, trabalhadores, é para liquidar a Petrobras, é a democracia dos monopólios nacionais e internacionais."

Jango falou de improviso. Segundo testemunhas, ele utilizou, com brilhantismo, os recursos oferecidos pela oratória, infundindo-lhes emoção. É verdade que, anteriormente, chegou a preparar um discurso, ditando algumas notas para seu secretário de imprensa, Raul Ryff.[29] Combinou com Maria Thereza para que ela, discretamente, lhe passasse, um a um, os papéis.[30] Porém, ele não pegou mais as folhas e passou a pronunciar "frases certas e certeiras", na avaliação de um jornalista.[31] Depois de denunciar a indústria do anticomunismo, o presidente citou a doutrina social do papa João XXIII para negar que o cristianismo pudesse ser utilizado como escudo para garantir os privilégios de alguns. A paz social, garantiu, somente seria conquistada com a justiça social, e não com medidas repressivas contra o povo, contra seu direito de reivindicar. Ressaltou a necessidade de revisar a Constituição, pois ela não mais atendia aos anseios do povo e às exigências do desenvolvimento do país. Poderiam chamá-lo de subversivo, mas, realmente, o texto constitucional estava antiquado e superado, legalizando uma estrutura socioeconômica injusta e desumana: "O povo quer que se amplie a democracia, quer que se ponha fim aos privilégios de uma minoria; que a propriedade da terra seja acessível a todos; que a todos seja facultado participar da vida política do país, através do voto; que se impeça a intervenção do poder econômico nos pleitos eleitorais e que seja assegurada a representação de todas as correntes políticas, sem quaisquer discriminações, ideológicas e religiosas."

Ao seu lado, Maria Thereza, algumas vezes, parecia imóvel, quase paralisada. Ela continuava assustada, esperando a qualquer momento um atentado, embora procurasse disfarçar o medo. Também estava preocupada com o marido e acuada diante de um comício tão grandioso como aquele. À sua esquerda, o alto e forte sindicalista Oswaldo Pacheco continuava na difícil missão de escudo humano, protegendo o presidente de um possível tiro vindo das janelas da Central do Brasil. Prestando contas de seu governo aos trabalhadores, Goulart referiu-se a sua luta contra forças poderosas, embora estivesse confiante na "unidade do povo e das classes trabalhadoras, unidade que irá encurtar o caminho de nossa emancipação". Por isso, era preciso lamentar a cegueira de certas parcelas da sociedade de instrução superior que continuavam insensíveis à realidade nacional. O governo, ao lado do povo, dos operários, dos camponeses, dos militares, dos estudantes, dos intelectuais e dos empresários patriotas, prosseguirá na luta pela emancipação econômica e social do país. "O nosso lema, trabalhadores do Brasil, é progresso com justiça, e desenvolvimento com igualdade." Lembrando os milhões de brasileiros inconformados com a ordem social imperfeita, injusta e desumana, o presidente afirmou: "Sabemos muito bem que de nada vale ordenar a miséria neste país. Nada adianta dar-lhe aquela aparência bem-comportada com que alguns pretendem iludir e enganar o povo brasileiro. Meus patrícios, a hora é a hora das reformas."

RUMO AO DESASTRE

Jango explicou as medidas do decreto da SUPRA, da especulação de terras com as obras governamentais, a exemplo da construção de estradas, ferrovias, açudes e irrigação, além dos lucros que os latifundiários obteriam com a indenização prévia em dinheiro. Assim, para realizar a reforma agrária, seria preciso alterar a Carta constitucional. Tratava-se de uma necessidade do país, que beneficiaria milhões de camponeses explorados e miseráveis, e também industriais e comerciantes com o aumento do mercado interno. A reforma agrária "só prejudica uma minoria de insensíveis, que deseja manter o povo escravo e a Nação submetida a um miserável padrão de vida". O ministro Darcy Ribeiro aproveitava as pausas no discurso, em que o presidente passava o lenço no rosto, para sussurrar observações e até frases feitas. Em certo momento, ao falar perto do microfone, ouviu-se a voz do ministro: "Fale mais devagar, presidente."[32]

Goulart falou da encampação das refinarias particulares e referiu-se à Mensagem que enviaria, nos próximos dias, ao Congresso Nacional. A Mensagem continha a reforma universitária, que eliminava as cátedras vitalícias, e a eleitoral, que permitia que todo alistável fosse também elegível, bem como o decreto que regulamentaria os aluguéis de imóveis urbanos e rurais: "Sei das reações que nos esperam, mas estou tranquilo, acima de tudo porque sei que o povo brasileiro já está amadurecido, já tem consciência de sua força e de sua unidade, e não faltará com o seu apoio às medidas de sentido popular e nacionalista."

Após agradecer aos trabalhadores pela presença, afirmou que nenhuma força seria capaz de impedir que o governo assegurasse a liberdade ao povo, contando, para isso, com a compreensão e o patriotismo das Forças Armadas. Com a solidariedade dos trabalhadores, reafirmou o propósito inabalável de lutar pelas mudanças econômicas e sociais: "Não apenas pela reforma agrária, mas também pela reforma tributária, pela reforma eleitoral, pelo voto do analfabeto, pela elegibilidade de todos os brasileiros, pela pureza da vida democrática, pela emancipação econômica, pela justiça social e pelo progresso do Brasil."

Ao encerrar o discurso, o presidente e Maria Thereza, sob forte escolta policial, cercados por uma multidão de seguranças, foram literalmente carregados até o automóvel. Absolutamente estafado e cambaleante, Goulart, ao procurar forças para entrar no carro, bateu fortemente com a cabeça no teto do veículo. Com a mão protegendo o ferimento, o presidente ensaiou deitar-se no banco, sendo socorrido por sua mulher, que logo soltou-lhe a gravata e, com um leque, esforçou-se para levar ar ao marido.[33] A multidão cercou o carro e, pelas janelas, viam-se dezenas de rostos colados nos para-brisas. Apavorada, Maria Thereza perguntou: "Jango, o que é isso?"[34] Com algum esforço, ele procurou acalmá-la: "Fica tranquila que nós vamos chegar em casa." No entanto, muito emocionado, ele chegou a assustá-la pelo súbito mal-estar.[35] A multidão que o aplaudiu com entusiasmo, o forte calor, as potentes luzes dos holofotes, o cerco dos soldados da PE, o inflamado discurso que proferiu, a pouca comida e o muito uísque atuaram como fatores que o perturbaram emocionalmente. A sensação de indisposição se manifestou fortemente ao entrar no carro. Mas bastou o automóvel se movimentar para o presidente demonstrar rápida recuperação. O ar que entrava pelas janelas o revigorou. Possivelmente, ajudaram-no a se restabelecer as manifestações de apoio popular que recebeu no trajeto da Central do Brasil ao Palácio Laranjeiras. Ao ouvirem as sirenes dos batedores, as pessoas saíam de suas casas e se aglomeravam nas calçadas, formando imensos cordões humanos. Pelas ruas, Goulart assistia a milhares de pessoas batendo palmas e gritando "Jango, Jango". Novamente ele voltou a se emocionar, sem, no entanto, se sentir mal, respondendo às manifestações com acenos da janela do automóvel.

Ao chegar ao Palácio, estava irreconhecível: o terno amarrotado e a camisa sem botões eram provas do grande cansaço, embora, mesmo assim, tivesse o semblante tranquilo. Dos vários funcionários que serviam no Palácio, um, em especial, veio receber Jango. O velho Braguinha, de 85 anos, responsável pela alimentação de diversos outros presidentes, aproximou-se e, em gesto afável, perguntou: "Que foi que lhe aconteceu, presidente? O senhor parece que está vindo de uma guerra." Goulart respondeu com um sorriso e, rapidamente, subiu aos seus aposentos acompanhado por Maria Thereza, que, nesse momento, não escondia a preocupação com a saúde do marido.[36] Muito cansado, o médico já o esperava. Segundo sua mulher, muitos anos depois, Jango, no comício, "falou com muita sinceridade, disse o que pensava. Mas, para mim, aquilo foi uma despedida. Acho que ele já sabia o que aconteceria dias depois".[37]

Daquela sexta-feira 13 até 1º de abril, o conflito político entre os grupos antagônicos se redimensionou. Não se tratava mais de medir forças com o objetivo de executar, limitar ou impedir as mudanças, mas, sim, da tomada do poder e da imposição de projetos. As direitas tentariam impedir as alterações econômicas e sociais, excluindo, se possível, seus adversários da vida política do país, sem se preocupar em respeitar as instituições democráticas. O PTB cresceu e se confundiu com os movimentos sociais que defendiam as reformas. As esquerdas marxistas, socialistas, trabalhistas e cristãs exigiam as reformas, mas, igualmente como seus adversários, sem valorizar as instituições liberal-democráticas. Na avaliação de Maria Celina D'Araujo, com a mobilização popular cada vez mais próxima do Estado, o projeto reformista incluía a tomada do poder pelos setores mais radicais do PTB.[38] Como conclui Argelina Figueiredo, a questão democrática não estava na agenda da direita nem da esquerda. A primeira sempre esteve disposta a romper com tais regras, utilizando-as para defender seus interesses. A segunda lutava pelas reformas a qualquer preço, mesmo com o sacrifício da democracia liberal.[39]

O comício de 13 de março unificou os conspiradores de direita, civis e militares, em suas ações para depor o presidente, e também atuou entre os liberais, lançando entre eles sérias desconfianças sobre as reais intenções de Goulart. As direitas, portanto, passaram a ter os liberais como fortes e importantes aliados no processo de desestabilização do governo.

De acordo com um jornalista que viveu aqueles dias, quando Goulart finalizou seu discurso, os decretos da SUPRA, da encampação das refinarias e, na manhã seguinte, o anúncio da reforma urbana pareciam ter transformado o país, no campo e na cidade. "Os latifundiários e os proprietários de imóveis sentiam-se profundamente atingidos. Os camponeses teriam o seu pedaço de terra, os inquilinos não seriam mais explorados pelos aluguéis escorchantes. Um comício bastou", alegou Araújo Neto.[40]

No dia seguinte, Jango acordou cedo e, com a família, ele mesmo ao volante do automóvel, partiu para um passeio, há muito prometido e adiado. Nada de jornais, nada de política. Antes, porém, assinou o decreto que congelou os aluguéis e determinou que João Pinheiro Neto desapropriasse duas de suas fazendas: Uruaçu, em Goiás, a um quilômetro da rodovia Belém – Brasília, e Maragato, em São Borja. As duas propriedades estavam enquadradas na legislação da SUPRA. Goulart demonstrava não apenas sua determinação em levar adiante a reforma agrária, também queria ter condições morais para isso. As esquerdas agrupadas na Frente de Mobilização Popular reconciliaram-se com o presidente. A nota de protesto da UDN, escrita pelo deputado Pedro Aleixo, sequer foi objeto de consideração no Congresso Nacional. Vinte e quatro horas depois do comício, tudo parecia muito natural, lógico e coerente. A velha estrutura econômica e social do país acabara de sofrer um forte abalo, lembra Araújo Neto: "As surpresas da véspera pareciam ter embotado a sensibilidade e o raciocínio de quase todos." Goulart foi ao comício, explicou as reformas ao povo, voltou para casa e, na manhã seguinte, viajou com a família.

No dia 14 de março, entre as esquerdas, a sensação, praticamente unânime, era a de que tinha acabado a "política de conciliação". O PSD, finalmente, estava alijado dos planos do presidente. Após o almoço, deputados trabalhistas conversaram com sindicalistas. O objetivo era articular uma Frente Popular que sustentaria a política de Goulart. Brizola, um dos articuladores do encontro, argumentou que o momento exigia concentrar esforços na Frente Popular, com ações de rua em volume crescente. O Congresso Nacional, pressionado pelo povo, abriria caminho para uma Assembleia Constituinte. Miguel Arraes, no entanto, tinha outros planos, mais moderados. Embora concordasse com a mobilização popular nas ruas, defendia a manutenção da Constituição. Sua defesa da Carta de 1946 tinha objetivos claros. Por ela, Goulart e Brizola não poderiam concorrer à presidência da República em 1965, abrindo espaço para uma única candidatura de esquerda, a do próprio Arraes. As desconfianças entre os três não eram recentes, mas, após o comício, aumentaram.[41]

Unidos na Frente de Mobilização Popular, transformada em Frente Única de Esquerda, os grupos e partidos sob a liderança de Brizola passaram a exigir um plebiscito sobre a necessidade de convocação de uma Assembleia Nacional Constituinte para realizar as reformas de base. A estratégia era enfraquecer o Congresso, incitando a população contra ele. Como afirmavam, o Congresso Nacional era reacionário e não aprovaria as mudanças exigidas pelos trabalhadores. Portanto, era preciso encontrar amplo respaldo popular para alterar a Constituição. Em editorial, o *Panfleto* dizia: "Quando o povo luta pela revisão constitucional está certo. O fetichismo da ordem jurídica intocável é absurdo. O nosso compromisso é o da democracia verdadeira, que é o regime do povo. Uma

Constituição pode ou não ser popular e, se não for, deixará necessariamente de ser democrática." Assim, continuava o texto, a consulta popular sobre a convocação da Constituinte pode não ser constitucional, mas é democrática, "uma saída contra a guerra civil". De acordo com a imaginação das esquerdas, "o povo quer as reformas. O Congresso as recusa. Diante do impasse, esta é a hora de definição e de luta. O povo deve vigiar e agir".[42]

O comício da Central despertou o medo em muitas personalidades importantes e em diversos grupos políticos e sociais. Para muitos deles, tudo estava perdido e custaram a recobrar a lucidez. Para Araújo Neto, a carga detonada no dia anterior fora devastadora.[43] Os velhos conspiradores da ordem democrática viram o comício como a senha para a união com outros setores que ainda vacilavam em romper com as instituições. O Congresso Nacional e a imprensa levaram três dias para se recompor. Tornou-se comum dizer que "o comício havia acoelhado todos os inimigos de Jango". A conspiração, a partir daí, avançou de maneira acelerada. À paisana, militares golpistas viajavam de uma capital para outra. O governador Magalhães Pinto, ao chegar à Guanabara por esses dias, disse ao sobrinho: "Vamos acabar com isso!" "Com o quê?", perguntou o jovem. Esfregando as mãos, o governador respondeu: "Com o governo Jango." Juscelino comentou com um amigo: "Ele passou dos limites. Saiu da legalidade, que o sustentava. Vou romper com ele, publicamente. Não me interessa o apoio de Jango nesses termos."[44] Em São Paulo, Ademar de Barros e personalidades políticas, empresariais e religiosas passaram a ocupar rádios e televisões criticando Goulart e pregando sua queda. O presidente, no entanto, contava com um aliado fundamental naquele estado: o general Amaury Kruel, comandante do II Exército. Mesmo conhecido por seu anticomunismo, Kruel era compadre e amigo pessoal de Jango. Sobre ele, o general Castelo Branco comentou com os conspiradores mineiros: "Em Estado-Maior admite-se o risco calculado. Jamais a aventura. Sem a adesão de Kruel, tudo será uma aventura."[45]

Dois dias depois, o presidente enviou uma Mensagem ao Congresso. O texto era, ao mesmo tempo, uma prestação de contas e um pedido de providências. Referindo-se a todos os brasileiros lúcidos e progressistas, pediu a união para a "transformação de uma sociedade arcaica em uma nação moderna, verdadeiramente democrática e livre".[46] Assim, alegou o presidente, "optei pelo combate aos privilégios e pela iniciativa das reformas de base". Para ele, o grande problema daqueles tempos era o fosso crescente entre países ricos e pobres. Nesse sentido, medidas seriam tomadas para eliminar "as desigualdades que violentam o próprio conceito de soberania nacional". Propondo obras de infraestrutura, por exemplo, hidrelétricas como a que mais tarde geraria Itaipu, termelétricas, rodovias, ferrovias, equipamentos para os portos e disseminação de escolas e hospitais. Outros capítulos da Mensagem falavam em investimentos em recursos minerais, petróleo, habitação, agricultura, abastecimento, desenvolvimento regional, planejamento econômico e reescalonamento da dívida externa. Os déficits no orçamento da União e na balança de pagamentos também eram analisados pelo presidente.

Redigida por Darcy Ribeiro, a Mensagem dava conta das obras administrativas, mas tinha o objetivo de implementar as tão esperadas reformas. Propunha a supressão da vitaliciedade das cátedras nas universidades e o direito de voto dos analfabetos, sargentos e praças. Sobre a reforma agrária, a Mensagem propunha incluir na Constituição o princípio de que a ninguém era lícito deixar a terra improdutiva "por força do direito de propriedade". Mas o que viabilizaria a reforma agrária eram as alterações que o presidente propunha nos artigos 141 e 147 da Constituição, modificações reivindicadas pelos esquerdas. O parágrafo 16 do artigo 141 estabelecia o seguinte: "É garantido o direito de propriedade, salvo o caso de desapropriação por necessidade ou utilidade pública, ou por interesse social, mediante prévia e justa indenização em dinheiro." Na Mensagem, Jango propunha suprimir do texto a palavra "prévia" e a expressão "em dinheiro". Tratava-se, na verdade, da mais importante reivindicação das esquerdas: reforma agrária sem indenização prévia em dinheiro. A Mensagem ainda propunha um plebiscito para que o povo se manifestasse sobre as reformas de base e a delegação das prerrogativas do Legislativo ao Executivo, revogando, na prática, o princípio de indelegalibilidade de poderes. Nesse aspecto, o texto alegava que "o cumprimento dos deveres do Estado moderno não se concilia com uma ação legislativa morosa e tarda", com "normas anacrônicas" oriundas "dos arroubos de fidelidade dos ilustres constituintes de 1946 a princípios liberais do século XVIII".[47] Por fim, a revisão do capítulo das inelegibilidades, sendo substituído apenas pela frase "são elegíveis os alistáveis", o que permitia que concorressem para cargos executivos os parentes consanguíneos e afins, como Leonel Brizola, e instituía, na prática, a reeleição, beneficiando o próprio Goulart.

Com a Mensagem, cumpria-se o programa político de seu governo, que se baseava em duas grandes medidas: a primeira, a Lei de Remessa de Lucros, já em vigor; a segunda, a reforma agrária, que agora procurava implementar. O presidente e as esquerdas apostaram na estratégia do confronto, como admite o próprio Darcy Ribeiro: uma série de comícios seriam realizados até "acionar, a 1º de maio, um movimento grevista operário e camponês que unificasse o povo e forçasse o Congresso a aprovar o projeto de reforma agrária que havíamos apresentado a 15 de março. E sua resultante, que seria um governo reestruturado para implantar essa reforma e o controle do capital estrangeiro, já estatuído em lei".[48] Jango adotou a estratégia das esquerdas: pressionar o Congresso Nacional com a mobilização dos trabalhadores nas ruas.

As propostas do plebiscito, da delegação de poderes e da revisão no capítulo das elegibilidades contidas na Mensagem criaram dúvidas e temores entre os grupos de centro e os liberais sobre as intenções do governo, bem como convenceram as direitas de que um golpe liderado por Jango e Brizola estaria sendo planejado. Afinal, qual o objetivo do governo em ter, além das prerrogativas do Poder Executivo, também as do Legislativo? Além disso, era sabido que um plebiscito sobre as reformas de base seria aprovado com votação esmagadora, dando a Goulart a legitimidade para impor sua vontade sobre o Congresso Nacional. Mais ainda, a mudança na lei de elegibilidades permitiria sua continuidade por mais cinco anos ou a eleição de Leonel Brizola. E a extensão do direito de voto aos analfabetos beneficiava diretamente o PTB, partido muito popular naquele momento. Grupos civis e militares de direita estavam decididos a golpear as instituições, sobretudo após o comício de 13 de março. Mas com a Mensagem presidencial, as lideranças direitistas ficaram convencidas de que "estava em andamento um plano continuísta acoplado a um projeto de concentração de poderes excepcionais por parte do Executivo", no dizer de Maria Celina D'Araujo.[49] Também na análise de Carlos Fico, "o presidente dava sinais dúbios de suas verdadeiras intenções, havendo forte suspeita de que ele estaria urdindo um golpe que lhe permitisse um segundo mandato, proibido pela Constituição". Fico ainda lembra que "o líder comunista Luís Carlos Prestes apoiava uma reforma constitucional nesse sentido".[50]

Não se pode afirmar que um golpe de Estado liderado por Jango e pelas esquerdas estaria em curso. Ninguém, com segurança, pode fazer tal declaração. Mas é inegável que a Frente de Mobilização Popular manifestava desprezo pelas instituições liberais democráticas. Nos discursos das lideranças de esquerda e do próprio governo, principalmente com a Mensagem presidencial, o regime político era descrito com imagens bastante negativas: a Constituição de 1946 estava ultrapassada, o Congresso Nacional era um antro de latifundiários, e novas formas de governabilidade deveriam ser implementadas — a exemplo de plebiscitos, delegação de poderes e uma Constituinte formada por operários, camponeses, sargentos e oficiais militares nacionalistas. As mudanças nas regras eleitorais, beneficiando a candidatura de Brizola à presidência da República e permitindo a reeleição de Jango, somente contribuíam para criar mais suspeições. A Frente de Mobilização Popular e o PCB não escondiam que seu projeto era governar o país com exclusividade, impondo seu programa de governo e não considerando outras tendências políticas do quadro nacional — vistas como conservadoras, decadentes, reacionárias, entreguistas etc.

Empolgadas com o processo político em andamento, as esquerdas, na avaliação de José Antonio Segatto, passaram "a utilizar um discurso de crescente radicalização". Até mesmo a legalidade, argumento enfatizado de maneira contundente, em 1961, "agora parecia ignorada". Enquanto a FMP, o PCB e o CGT acreditavam nas suas forças, as direitas intensificavam suas articulações golpistas. Os grupos direitistas se beneficiaram do triunfalismo esquerdista naquele momento. Para Segatto, "dentro de um quadro de extrema radicalização de forças, que tem como pano de fundo uma grave crise político-institucional e econômica, qualquer solução negociada vai aos poucos inviabilizando-se – a polarização chega a tal ponto que o 'centro político' vai perdendo a força, isolando-se ou tendo, em diversos casos, que optar pela direita".[51] É nesse contexto de grande radicalização que as medidas propostas na Mensagem alimentaram hipóteses de que um golpe estava sendo planejado por Jango e Brizola. Diversos grupos liberais e conservadores que defendiam a legalidade foram tomados por receios e temores com as propostas de Goulart. Assustados, cederam aos argumentos da direita golpista. A Mensagem presidencial gerou desconfianças generalizadas, beneficiando líderes de direita e grupos de conspiradores civis e militares que necessitavam de aliados para desferir o golpe de Estado. Considerando ainda o anticomunismo, os argumentos que defendiam o combate à corrupção, a busca de estabilida-

RUMO AO DESASTRE

de econômica e a preservação da hierarquia nas Forças Armadas, o campo conservador, na avaliação de Gunter Axt, "convergiu e se fortaleceu. Dessa união brotou a insurreição".[52]

Jango estava disposto a levar adiante as reformas em aliança com as esquerdas. No dia 16 de março, reunido durante duas horas e meia com integrantes da FPN, programou, com eles, a ação conjunta para aprovar a Mensagem no Congresso.[53] Enquanto isso, sua assessoria redigia os decretos que extinguiam o exame vestibular na Universidade de Brasília (UnB), fixavam preços para os produtos industriais que saíam das fábricas e tabelavam gêneros de consumo popular. As novas medidas seriam anunciadas em futuros comícios. Goulart e as esquerdas queriam aproveitar o sucesso da manifestação do dia 13 para acelerar a ofensiva reformista, impedindo que os conservadores tivessem tempo para reagir. Representantes do CGT, reunidos, igualmente traçaram um plano de ação. A estratégia era promover assembleias em todos os sindicatos, endossando a proposta presidencial de aprovar novos decretos em comícios em várias capitais de estado. Nesse mesmo dia, no Congresso, os parlamentares receberam uma publicação intitulada *Você sabia, trabalhador?*, escrita por Orlando Campos. Nas 40 páginas, os congressistas eram apresentados como "latifundiários e pessoas ligadas a grupos econômicos". Enquanto isso, Miguel Arraes encontrou-se com os líderes de esquerda em Brasília. Dos contatos estabelecidos, ficou ainda mais certo de que suas desconfianças em relação a Goulart e Brizola tinham fundamento. Certificou-se de que o PCB definitivamente havia se rendido ao presidente. Jango, porém, chamou o governador de Pernambuco para conversar. Durante toda a madrugada, Arraes ouviu seus argumentos no sentido de diminuir suas desconfianças.[54]

As esquerdas continuaram a avançar em suas articulações. Logo pela manhã do dia 17 de março, parlamentares do PTB exigiram que o presidente destituísse de seus cargos os ministros Oliveira Brito e Expedito Machado, ambos do PSD. Cobraram uma política econômica nacionalista, com a substituição do ministro da Fazenda, Nei Galvão. Durante a conversa, um deputado sugeriu ao presidente que fechasse o Congresso Nacional. Goulart repeliu a proposta com indignação. A estratégia, para ele, já estava traçada: convencer os parlamentares a aprovar as reformas pela pressão popular. Na parte da tarde, recebeu 22 deputados do PSD, todos da ala "agressiva" do partido. Embora fossem receptivos às

435

reformas, Jango os convenceu, em definitivo, da necessidade urgente de aprová-las. Ali mesmo, os parlamentares escreveram uma carta ao presidente do partido, Amaral Peixoto, comunicando a decisão de integrarem a Frente Popular. No mesmo momento, Luís Carlos Prestes, falando na ABI, qualificou o presidente como um líder à frente do processo revolucionário brasileiro. Com o comício da Central do Brasil, disse, os "resultados se farão sentir nos próximos meses ou nas próximas semanas e, por que não dizer, nos próximos dias?". Prestes não escondia seu total apoio a Jango. Ainda na ABI, atacou o Congresso: "Não podemos ficar encerrados no 'círculo de giz' da legalidade."[55]

As esquerdas, excessivamente confiantes, tomadas por um sentimento de euforia, acreditavam que, após acumularem forças, havia chegado a hora do confronto. Brizola, a jornalistas, declarou: "Vejam como andam as formigas da reação. Parecem formigas de asas, traçando de lá para cá, querendo levantar voo. A situação se aproxima rapidamente de um desfecho. Em breve atingirá os quartéis. Admito até a possibilidade de o Sr. João Goulart não chegar ao término do seu mandato."[56] O "desfecho" era ansiado pelas esquerdas. O presidente sentia-se de volta ao ambiente em que se movimentava politicamente desde o período em que assumira o ministério do Trabalho: às esquerdas e ao movimento sindical. Mesmo sob a tensão daqueles dias, parecia reencontrar-se consigo mesmo. Mas não era ingênuo. Ele confiava, particularmente, no "dispositivo militar". Com a sustentação política das esquerdas e o apoio militar, Goulart esperava implementar as reformas.

No dia 18, o país acordou com algumas manchetes nos jornais que chamavam a atenção. Brigitte Bardot, musa daquela geração, passeava em Cabo Frio. A notícia, amena naqueles momentos de tensão, não foi suficiente para acalmar o clima político. Enquanto muitos se deslumbravam com a atriz francesa nas praias de Búzios, outros voltavam sua atenção para o discurso que Jango havia pronunciado na pequena cidade de Itabapoana, interior do estado do Rio de Janeiro. Insistindo na estratégia que assumira, disse que não havia "nada mais legítimo numa democracia autêntica e verdadeira do que o povo pressionar democraticamente as instituições, o presidente e o Congresso para que eles sejam sensíveis às suas reivindicações, para que sejam sensíveis aos sentimentos do povo, porque o povo é a alma da democracia, o povo é a fonte de todo o poder democrático". Além disso, garantiu que, enquanto estivesse no poder, o povo poderia se pronunciar livremente nas praças e ruas. "Isto eu prometo aos trabalhadores."[57] Contudo, outra entrevista, publicada no *Jornal do Brasil*, atingiu diretamente Goulart. Rompendo um silêncio de 13 anos, Eurico Gaspar Dutra advertiu sobre a gravidade do momento político brasileiro. Para o ex-presidente, "não se constrói na desordem, nem se prepara no sobressalto. Nada de bom se resolve no clima do desentendimento, e é impossível sobreviver democraticamente na subversão".[58] Segundo Alberto Dines, Dutra, naquela entrevista, representava o "soldado-apenas-soldado falando para a maioria dos soldados-apenas-soldados". Era o Exército "diligente e sacrificado" que começava a reagir.[59] As esquerdas ridicularizaram o depoimento do ex-presidente. Muitos perguntavam, em tom irônico, se não haveria um general mais novo para dizer tudo aquilo.

No dia 19 de março, dedicado a São José, padroeiro da família, foi realizado, na cidade de São Paulo, um ato que novamente mereceu o desprezo das esquerdas, mas que foi profundamente significativo ao demonstrar a divisão e a radicalização política do país: a Marcha da Família com Deus Pela Liberdade. A manifestação foi concebida, inicialmente, por uma anônima freira paulista, irmã Ana de Lourdes, logo após o comício da Central. Para a freira, Jango teria atacado a fé católica quando, no discurso na Central, dissera que "não é com rosários que se combatem as reformas". Diversas reuniões de líderes e organizações de direita foram realizadas, com a presença da Fraterna Amizade Urbana e Rural, da Sociedade Rural Brasileira, da União Cívica Feminina, e outras. Surgiu, daí, a proposta da Marcha.[60] Concentrados na Praça da República, às 16h os manifestantes desfilaram pela rua Barão de Itapetininga, pela Praça Ramos de Azevedo, pelo Viaduto do Chá, pela Praça do Patriarca, pela rua Direita e pela Praça da Sé. Na frente, abrindo a Marcha, os cavalarianos dos Dragões da Força Pública; a seguir, na primeira fila, o deputado udenista Herbert Levy e o general Nelson de Melo. Seguindo-os, milhares de paulistanos e delegações de cidades do interior. Muitos carregavam faixas. Uma que chamou a atenção dizia: "Trinta e dois mais trinta e dois, sessenta e quatro." Nos cartazes, a tônica era o anticomunismo: "Verde e amarelo, sem foice e sem martelo"; "Abaixo os pelegos e os comunistas". Vez por outra, os manifestantes, em coro, gritavam: "Um, dois, três, Brizola no xadrez." Ou então: "Tá chegando a hora de Jango ir embora." Após 55 minutos de marcha, a Banda da Guarda Civil executou "Paris

Belfort", hino da Revolução de 1932. Os discursos contra Goulart foram a tônica do comício que se seguiu, no qual falaram Auro Moura Andrade, presidente do Senado e os deputados Herbert Levy, Plínio Salgado, entre outros. Cálculos falam em 500 mil pessoas presentes à marcha. Outros, considerando os que assistiram a ela nas ruas de acesso, chegaram à cifra de 800 mil.[61] Em cidades do interior, as marchas também foram realizadas com o mesmo objetivo: repudiar Jango e Brizola. Algumas delas concentraram pessoas em ginásios esportivos para ouvir os discursos.

As esquerdas não levaram o ato a sério por duas razões. Primeira, por se tratar de uma manifestação de classe média. "Isso não é povo", disseram alguns com irreverência. Segunda, pelo caráter religioso do movimento, algo merecedor do desprezo. As esquerdas, marcadas por concepções fortemente introjetadas em sua cultura política, não tinham como levar em consideração os interesses da "pequena burguesia", setor visto como "vacilante", e daquilo que, no jargão da ortodoxia, ficou conhecido como "ópio do povo". Dona Neuza Brizola imediatamente convocou uma reunião conjunta da Liga Feminina da Guanabara e do Movimento Nacionalista Feminino para planejarem uma manifestação de mulheres. No entanto, setores da própria Igreja perceberam os perigos. A Ação Católica de São Paulo, em documento público, manifestou sua disposição de lutar pelas reformas, condenando a exploração da fé e do sentimento religioso do povo, além do risco de divisão interna da Igreja. A polarização política atingia também a hierarquia católica.

No dia 20 de março, os dois partidos que, juntos, deram estabilidade à República fundada em 1946, PTB e PSD, realizaram suas Convenções Nacionais. Os pessedistas lançaram Juscelino como candidato à presidência em 1965, desconhecendo os contatos com os trabalhistas para atuarem em conjunto. Pessedistas e petebistas, a partir dali, seguiriam caminhos distintos. O PTB estava em difícil situação: não tinha um nome de peso para concorrer às eleições presidenciais de 1965. Pela Constituição, Jango e Brizola, os maiores líderes do partido, estavam impedidos de se candidatar. O presidente, por sua vez, discursou defendendo a tese de que "jamais poderia o Partido Trabalhista Brasileiro aceitar o princípio da intocabilidade de uma Constituição. As Constituições devem ser tocadas sempre pela vontade popular". Mais tarde, conversando com alguns convencionais, confidenciou: "Não sei o que vai acontecer, mas recuo não pode haver. Eu sei que até alguns burgueses já aderem ao meu governo." Na sua percepção, "não importa que as reformas sacrifiquem o Congresso. Ou que sacrifiquem o próprio governo. Cair lutando pelas reformas é cair bem, com saldo político positivo".[62]

Nos dois dias que antecederam a Semana Santa, Goulart e seus aliados de esquerda continuaram avançando na estratégia que adotaram. A programação dos novos comícios foi fechada, todos para abril: dia 3, em Santos, 10 em Santo André; 11, em Salvador; 17, em Ribeirão Preto; 19, homenageando Vargas, em Belo Horizonte; 21, em Brasília. O último, marcado intencionalmente para 1º de maio, seria na capital paulista, deflagrador de uma greve geral visando a pressionar o Congresso Nacional.

O general Castelo Branco escreveu várias cartas ao ministro da Guerra, Jair Dantas Ribeiro, alertando-o contra a política de Goulart. Seu argumento central era que o Exército não poderia se envolver no esquema janguista. Uma delas foi entregue ao presidente, que, em reunião no apartamento de Brizola, a exibiu a líderes sindicais. O general Amaury Kruel, por diversas vezes, saiu de São Paulo e foi conversar pessoalmente com Jair Dantas Ribeiro, reiterando os apelos de Castelo Branco. O ministro da Guerra, no entanto, não dava ouvidos aos dois colegas, mas também não se sentia em condições de destituí-los dos cargos. Acreditava na tradição do chefe do Estado-Maior, sempre ausente das conspirações. Confiava também nos laços de amizade de Goulart com Kruel.[63] No governo, poucos conheciam Castelo Branco. Ele começou a aparecer no noticiário emitindo informes com denúncias de infiltração comunista e subversão. Mas como não comandava tropa, minimizaram sua atuação política. Ainda no dia 20, Castelo Branco, em documento aos generais do Exército, referiu-se ao clima de intranquilidade nas tropas após o comício de 13 de março, sobretudo devido a duas ameaças vistas por ele: a primeira, a convocação da "Constituinte como caminho para a consecução das reformas de base"; a segunda, "o desencadeamento em maior escala de agitações generalizadas do ilegal poder do CGT". O mais grave, a seu ver, era que as Forças Armadas estavam sendo invocadas para apoiar tais propósitos. Argumentou, então, que as três Forças eram instituições nacionais e permanentes, com o objetivo de garantir os poderes constitucionais, não estando a serviço de programas de governo. Não podem se solidarizar com programas de governo ou movimentos políticos — porque poderiam, também, se opor. Para Castelo Branco, "não sendo milícia, as

Forças Armadas não são armas para empreendimentos antidemocráticos. Destinam-se a garantir os poderes constitucionais e a sua coexistência". Desse modo, a defesa da legalidade não se coaduna com a "ambicionada Constituinte", um objetivo revolucionário que, pela violência, visa ao fechamento do atual Congresso Nacional e à instituição de uma ditadura. Os meios militares também não podem se omitir diante da promessa do CGT de paralisar o país. Portanto, insistiu o general, as Forças Armadas devem ser "contra a revolução, a ditadura e a Constituinte, contra a calamidade pública a ser promovida pelo CGT e contra o desvirtuamento do papel histórico das Forças Armadas".[64] As esquerdas pareciam não ouvir as ameaças feitas de maneira ostensiva pelos conspiradores. Decididamente, elas não acreditavam na possibilidade de um golpe da direita, mas, sim, do seu maior aliado, o presidente da República.

Darcy Ribeiro, em suas articulações, encontrou-se com Luís Carlos Prestes. Seu objetivo era comunicar ao líder comunista sobre os comícios programados. O último, em São Paulo, deveria ser o auge na estratégia de pressionar o Congresso Nacional para a aprovação da reforma agrária, com manifestações camponesas e operárias, não descartando a hipótese de greve tão ampla quanto fosse possível realizar. Para isso, era necessária a atuação do Partido Comunista. Prestes, segundo relato de Darcy Ribeiro, parecia entender mal as propostas, respondendo que Goulart poderia ficar tranquilo em relação aos comunistas. "Nós não faltaremos a ele, professor. Só exigimos que dê uma formalização legal ao que venha a fazer",[65] dando aval a um golpe de Estado. Darcy Ribeiro argumentou que estava se referindo ao golpe da direita, e não ao do governo. Na verdade, nunca ficou claro se Prestes entendeu mal, ou se, ao contrário, entendeu muito bem o recado.

As esquerdas fizeram novas exigências a Goulart para integrarem a Frente Popular e apoiarem seu governo.[66] Os diversos grupos divergiam: quem deveria integrar a Frente? Brizola e a UNE defendiam que somente as organizações de esquerda poderiam atuar nela. O PCB afirmava que a burguesia progressista deveria ser aceita. Todos, porém, queriam que o presidente revogasse o artigo da Lei de Segurança Nacional que impedia a legalização do Partido Comunista e exigiram, ainda, o monopólio do câmbio e das exportações de café. O monopólio do comércio exterior seria a medida a ser adotada mais tarde. As exigências soavam como algo estranho. Afinal, Goulart já havia atravessado seu Rubicão e não poderia

RUMO AO DESASTRE

mais retornar. No entanto, as demandas por estatizações continuavam. Melo Bastos, dirigente do CGT, advertiu os diretores da Aeronáutica Civil de que os aeroviários preparavam uma greve para forçar o governo a encampar imediatamente as linhas aéreas internacionais e, mais adiante, as domésticas. Lembrou que a medida seria coerente com a tradição do país, já que as empresas de navegação e as ferrovias eram estatais. Disse que as distribuidoras de petróleo seriam igualmente nacionalizadas. A estatização da economia tornou-se o grande programa das esquerdas.

Apesar das muitas divergências, as esquerdas chegaram a um programa comum. Com data de 23 de março, João Goulart recebeu um documento intitulado Programa da Frente Popular — nova denominação da FMP. O objetivo da Frente era assegurar "apoio parlamentar e popular" ao programa de reformas do governo. A tomada de posição de João Goulart, com o comício de 13 de março e o envio da Mensagem presidencial ao Congresso Nacional logo a seguir, abriu perspectivas para as forças reformistas. A Frente defendia a instauração de um governo nacionalista e democrático e a "consolidação da atual política das Forças Armadas" com o objetivo de garantir ao povo a emancipação nacional. Inicialmente, a Frente Popular apoiava as emendas à Constituição propostas na Mensagem presidencial, mas apontava inúmeras outras medidas que deveriam ser tomadas pelo governo. Entre elas estavam a nacionalização da exploração do subsolo, das empresas de publicidade e propaganda, dos bancos e das empresas concessionárias de serviços públicos; a legalização do PCB; a democratização dos regulamentos militares; anistia e promoções dos sargentos e direito de associação para cabos; soldados e marinheiros; o imposto de renda progressivo sobre o patrimônio; reajustes salariais, particularmente do funcionalismo público civil e militar; reforma agrária com base no uso antissocial da terra; a criação de condições para a rentabilidade dos novos estabelecimentos agropecuários; o monopólio do câmbio e do comércio do café e da borracha; a decretação unilateral da moratória da dívida externa; a aplicação da lei de remessa de lucros ao exterior; a imposição de limites para os investimentos estrangeiros; a eliminação dos monopólios; investimentos em obras públicas; estímulo à exportação e defesa da indústria nacional; a limitação dos aluguéis residenciais; investimentos em educação; a criação de Agência Nacional para o controle e a divulgação de notícias para o exterior e do exterior, entre outras medidas.[67]

João Pinheiro Neto, na véspera da Semana Santa, fez a primeira desapropriação de acordo com o decreto da SUPRA. A fazenda Javaezinho, em Cristalândia, Goiás, de uma empresa agropecuária paulista, teve seu valor fixado em 5 milhões de cruzeiros, quantia declarada no imposto de renda do proprietário, e o dinheiro foi depositado no Banco do Brasil. O presidente, para dar o exemplo, informou a Pinheiro Neto que queria receber sua indenização pelas duas fazendas em títulos públicos. No dia 24, terça-feira, realizou-se outra Marcha da Família com Deus Pela Liberdade, em Santos, com cerca de 150 mil pessoas. As esquerdas, em revide, distribuíram um manifesto dizendo que "com Deus pela Liberdade foram os atos do Sr. João Goulart, no memorável comício do dia 13, atendendo ao povo".[68]

Apesar do clima de radicalização e de instabilidade política, Jango chegava ao final de março de 1964 com índices que apontavam ampla aprovação popular. Pesquisa realizada pelo Ibope em três cidades do estado de São Paulo — a capital, Araraquara e Avaí — demonstrava números positivos sobre o governo. Para 15% dos entrevistados, o desempenho do governo era ótimo, 30% o consideravam bom, 24% o avaliavam como regular e apenas 16% o acusavam de péssimo. Realizada entre 20 e 30 de março, a pesquisa, muito significativamente, foi encomendada pela Federação do Comércio do Estado de São Paulo. Outra pesquisa, realizada entre os dias 9 e 26 de março, mostrava que 48,9% dos entrevistados admitiram votar em Jango se ele pudesse concorrer à reeleição, enquanto 41,8% rejeitavam a alternativa. O Ibope também garantia que 59% da população era favorável às medidas anunciadas no comício da Central do Brasil.[69] Goulart e suas propostas reformistas, portanto, tinham grande aceitação popular.

Embora Jango soubesse que a estratégia de confronto com o Congresso Nacional acarretaria perigos, certamente apostou em riscos calculados. Mas, ainda naquela semana, pequenos acontecimentos, aparentemente irrelevantes, iriam detonar a maior crise de seu governo, minando a sustentação em que mais apostava: os militares. Enquanto o presidente se ocupava das estratégias para implementar as reformas, negociando com diversos grupos de esquerda, o ministro da Marinha, Sílvio Mota, telefonou para o presidente da Petrobras, marechal Osvino Ferreira Alves.[70] A preocupação do ministro era com o ato que os subalternos da Marinha de Guerra preparavam para comemorar o segundo aniversário de fundação da Associação dos Marinheiros e Fuzileiros Navais do Brasil. Dos festejos, na sede da Petrobras, participariam os operários da empresa, com a presença de Osvino Ferreira Alves e do almirante Aragão, comandante do corpo de Fuzileiros Navais. Além da comemoração do aniversário da entidade, os subalternos queriam manifestar o apoio ao governo pelas encampações das refinarias particulares — e daí a homenagem conjunta com os trabalhadores da Petrobras. O ministro, interpretando o ato como uma manifestação política, incompatível com os regimentos militares, alertou o marechal para a inconveniência de sua presença. Comentou que prenderia o almirante Aragão se ele participasse do evento. Cedendo aos argumentos de Sílvio Mota, Osvino alegou estar gripado, motivo para sua ausência e para o impedimento da realização da festa na sede da empresa.

Sem poderem realizar o ato na sede da Petrobras, os subalternos da Marinha de Guerra, contrariados, transferiram a festa para o Sindicato dos Metalúrgicos do Rio de Janeiro. De uma simples comemoração, o evento tomou rumos reivindicatórios: na pauta, exigiram o reconhecimento oficial da entidade, a melhoria das condições de vida e alimentação digna nos navios. Sílvio Mota, determinado, ordenou, no dia 24, a prisão de 12 dirigentes da Associação de Marinheiros e Fuzileiros Navais por terem participado de reuniões no Sindicato dos Bancários. Depois, no dia 25, data marcada para festejar a fundação da entidade no Sindicato dos Metalúrgicos, mandou prender outros 40 marinheiros e cabos que organizaram o encontro. A ordem de prisão deveria ser executada no final do evento. A preocupação do ministro da Marinha não era destituída de fundamentos. Dias antes, marinheiros e fuzileiros navais foram convidados pelo ministro Júlio Sambaqui a assistir no auditório do Ministério da Educação um clássico do cinema mundial: *O encouraçado Potemkim*, de Eisenstein. A exibição do filme era constantemente interrompida por explicações de cunho histórico, relacionando a conjuntura da Rússia tzarista com a do Brasil naquele momento. Ao tomar conhecimento do episódio, o ministro da Marinha escreveu uma nota de protesto, embora de pouca repercussão.

A situação na Marinha de Guerra era explosiva, sobretudo devido às péssimas condições profissionais dos marinheiros: além dos salários miseráveis, regulamentos absurdos impediam os subalternos de se casarem, impossibilitando-os de, legalmente, constituir família.[71] A alimentação, péssima, foi definida por um marinheiro nordestino: "Nem cachorro consegue engolir." Nos navios ocorriam greves de fome. Os códigos, arcaicos, vinham do tempo do Império, como a lei da chibata. Quando em alto-mar, o comandante tinha poderes absolutos. Os maus-tratos criaram condições para, em conjunto, os marinheiros lutarem por suas reivindicações e pela humanização da profissão. As demandas por melhor tratamento profissional eram interpretadas pela oficialidade como quebra da hierarquia. Inicialmente, criaram uma associação de marinheiros e fuzileiros navais, a "Fuzinauta". Cursos de alfabetização e de noções políticas permitiram-lhes politizar as lutas. Calcula-se que 70% dos praças da Marinha se associaram à organização. Milhares deles ouviam, pela rádio Mayrink Veiga, os discursos de Leonel Brizola, transmitidos às sextas-feiras. Uma banca de jornais, perto do Arsenal de Marinha, certa vez vendeu 6 mil exemplares de uma edição do *Panfleto*, publicação da FMP. Ao mesmo tempo, desde o ano anterior, desenvolvia-se um relacionamento muito próximo dos praças da Marinha com o movimento estudantil. Muitos marinheiros e fuzileiros frequentavam escolas secundárias e cursos de nível superior. A politização crescente logo os aproximou da UNE, da UBES e da AMES.[72]

Não era incomum a prática de os subalternos das Forças Armadas criarem suas associações. Os sargentos, primeiro da Aeronáutica, mais tarde do Exército e das Polícias Militares, criaram suas organizações ainda na década de 1950. Também não era nenhuma novidade, nas suas reuniões, convidarem lideranças políticas para participar das atividades. Goulart, quando vice-presidente de Juscelino, por diversas vezes discursou nas solenidades programadas pelos sargentos. Então, quando os praças da Marinha organizaram a manifestação, nada havia de surpreendente. Muito menos clandestino. Tratava-se, tão somente, de uma festa para comemorarem o segundo aniversário de sua organização. Jango, antes de viajar para descansar na Semana Santa, indicou seu ministro da Justiça, Abelardo Jurema, para representá-lo. O ministro da Marinha desconhecendo as ordens do próprio presidente, expediu a ordem de prisão dos marinheiros.

Enquanto a ordem de Sílvio Mota era despachada, Goulart, naquela quarta-feira, véspera do feriado da Semana Santa, partia com a família para descansar em São Borja. Antes, porém, assinou a lei que regulamen-

RUMO AO DESASTRE

tou a profissão de jogador de futebol. Pela legislação, o atleta receberia 30% pela venda de seu passe e não poderia ser negociado contra a sua vontade. A seguir, convocou Abelardo Jurema ao seu gabinete para dar-lhe algumas instruções antes de viajar. Ao ministro da Justiça, Goulart explicou a crise na Marinha e suas recomendações a Sílvio Mota para que não entrasse em conflito com a Associação dos Marinheiros. Caberia a Jurema contornar a crise. Se o governo não contava com o apoio dos almirantes, não queria perder o dos marinheiros e fuzileiros navais. Disse-lhe que haveria uma solenidade e que ele, como ministro da Justiça, iria representar o presidente da República no evento. Fez-lhe diversas recomendações e partiu. Jurema imediatamente procurou o almirante Aragão e pediu-lhe que convencesse os marinheiros a não realizarem o evento. Eles nada ganhariam e ainda poderiam prejudicar o governo. Aragão disse que não tinha como impedir a festa. Jurema procurou o ministro da Marinha. Sílvio Mota explicou que as reivindicações dos subalternos — direito de casar e de sair à rua à paisana, melhoria salarial e reconhecimento da entidade — seriam atendidas, mas que, primeiro, a disciplina deveria ser obedecida. Jurema tentou, por todos os meios, impedir a reunião, inutilmente. Ao obter informações de que, na solenidade, haveria discursos violentos contra o governo, Jurema enviou emissários aos líderes dos marinheiros. Garantiu que as reivindicações seriam atendidas e que o governo não toleraria a indisciplina. "Não houve jeito. Os ouvidos estavam fechados à razão."[73] Enquanto Jango viajava, os marinheiros se dirigiam para a sede do sindicato certos de que contariam com a presença do presidente, do general Assis Brasil, do almirante Aragão e do marechal Osvino. Tudo deu errado para todos eles.

Na viagem, Jango pretendia, junto com a família, desligar-se das tensões diárias que vinha sofrendo. Ao desembarcar em São Borja, ele assumiu o volante do automóvel rumo à sua fazenda. Ao chegarem, Jeeves, o mordomo que os acompanhava, percebeu a falta d'água na residência. Rumaram, então, para a casa da Granja São Vicente. Querendo se livrar das obrigações, ansioso para aproveitar os dias de descanso para pescar, Jango acelerou o carro até chegar a velocidade de 120 quilômetros por hora. Maria Thereza, indignada, chamou-lhe a atenção, dizendo ser um absurdo arriscar a vida de todos em troca de alguns peixes. Após a chegada, perceberam que uma das malas se perdera na viagem. Sem se importar, o presidente, decidido a relaxar, foi exercer um de seus hobbies prediletos: cozinhar. Combinaram, então, dormir cedo para, no dia seguinte, pescarem. Depois do jantar, um automóvel parou em frente à casa. Surpreso, Jango viu o semblante tenso do general Assis Brasil. O chefe da Casa Militar, logo ao sair do carro, disse-lhe: "Presidente, os marinheiros estão amotinados."[74]

A crise eclodiu na quinta-feira, dia 25. Certos de que o almirante Aragão, o marechal Osvino e o general Assis Brasil compareceriam às comemorações do aniversário de sua entidade, cerca de 2 mil marinheiros e fuzileiros navais, alguns com ordem de prisão, esperaram na sede do Sindicato dos Metalúrgicos do Rio de Janeiro em vão.

Durante os discursos, quando o nome de Jango, convidado especial, era mencionado, todos aplaudiam. O cabo José Anselmo dos Santos, presidente da Associação, declarou que "dar assistência médica e jurídica, visitar a Petrobras, convidar o presidente da República para dialogar com o povo fardado" não se tratava de subversão. O ministro da Marinha, então, enviou uma tropa de 500 fuzileiros navais, apoiados por 13 tanques, para invadir o prédio do sindicato e retirar de lá os marinheiros, vivos ou mortos. Diante das ordens absurdas de Sílvio Mota, que certamente resultariam em tragédia, o almirante Aragão renunciou ao comando do Corpo de Fuzileiros, assumindo o almirante Luís Felipe Sinai. A tensão alcançou um nível muito perigoso. De um lado, o almirante Sinai continha os oficiais da Marinha que, diante do sindicato, exigiam que a tropa de choque invadisse o prédio imediatamente, sem medir as consequências. De outro, Dante Pellacani, Hércules Corrêa e o comandante Melo Bastos intermediavam as negociações entre os revoltosos e Goulart.[75] Parte da tropa de choque negou-se a atacar os colegas, aderindo à revolta. Jogando capacetes, cinturões e armas no chão, cerca de 30 fuzileiros entraram no prédio sob os aplausos e gritos dos marinheiros entrincheirados no Palácio do Aço. Mais indignados ficaram os oficiais da Marinha quando chegaram ordens de Goulart para que os marinheiros não fossem atacados. O ministro da Marinha, sentindo-se desprestigiado, renunciou ao cargo.

Os familiares dos marinheiros e as esquerdas participaram ativamente do motim. Mulheres e crianças, muitas de aparência humilde, traziam nas mãos sacos de arroz, feijão, açúcar, café, pão, queijo e galinhas vivas. Estudantes da UNE percorreram as ruas, de casa em casa, recolhendo 400 mil cruzeiros, depositados em uma conta bancária, para ajudar os rebelados. Na rua Ana Néri, sede do Sindicato dos Metalúrgicos, ninguém dormiu por 48 horas. A demissão de Sílvio Mota foi recebida com festejos.[76] A crise tinha versões diferentes: os marinheiros alegavam que estavam apenas realizando uma comemoração; os oficiais, ao contrário, viam uma grave quebra da disciplina e da hierarquia. Elas, de fato, foram rompidas quando a tropa de fuzileiros, com ordem para prender os colegas, também se rebelou.

As esquerdas atuaram no sentido de apoiar o movimento.[77] Em nota, a UNE defendeu o "direito de organização dos valorosos companheiros da Marinha", afirmando que "somente a reação se sente ameaçada com o movimento dos marujos". No *Panfleto*, as manchetes diziam: "Regime feudal na Marinha vai acabar" e "Marujos venceram primeira batalha". Na verdade, as esquerdas estavam divididas entre apoiar ou não a revolta. Na noite anterior, em longa reunião na casa de Brizola, no Leblon, a cúpula das esquerdas discutira, muitas vezes de maneira acirrada, a posição a tomar. Ênio Silveira, representante do Comando Geral dos Trabalhadores Intelectuais, defendeu que a causa era justa, que os marinheiros eram tratados como párias, mas se posicionou contra a insurreição. Miguel Arraes, também cauteloso, disse que tudo que desse pretexto para o golpe deveria ser recusado. Contudo, os grupos nacionalista e nacional-revolucionário brizolista defenderam o apoio irrestrito ao movimento dos marujos, sobretudo Almino Afonso, Max da Costa Santos, Bocayuva Cunha, Paulo Schilling e Leonel Brizola. Depois, em reunião na Confederação Nacional dos Trabalhadores na Indústria, o debate continuou, com a participação de líderes sindicais. Enquanto Max da Costa Santos, representando os nacional-revolucionários, defendeu o apoio ao motim, Moacyr Félix, em nome dos intelectuais, pediu ponderação. Hércules Corrêa, respondendo ao líder do grupo brizolista, posicionou-se contra o apoio à revolta, dizendo: "Homens como o senhor eu conheço bem. Assim que for desfechado o golpe, o senhor pega um avião e vai para Paris. Eu e meus operários vamos ser presos e perderemos o emprego." Os sindicalistas pediram que os coronéis nacionalistas Joaquim Ignácio Cardoso e Kardec Leme dessem suas opiniões. Ambos garantiram que os comandos militares, em poder da direita, dariam o golpe em 24 horas se a hierarquia fosse rompida. Apesar dos apelos de setores mais moderados, os radicais venceram, dando apoio ao motim. Kardec Leme, logo ao chegar em casa, recebeu um telefonema de Carlos Marighella: "Kardec, vem para o Sindicato dos Metalúrgicos.

Aqui está se decidindo o destino do Brasil." O clima era o do encouraçado *Potemkim*, da união operário-militar. O coronel respondeu: "Se você ainda fosse marinheiro, eu poderia perder um minuto. Mas, como você é uma pessoa informada politicamente, não vou te dar uma aula por telefone. Vou descer, tomar uma Coca-cola e depois dormir." Ao final, venceu a proposta de apoio aos insurrectos. Setores de extrema esquerda ao PCB, como Marighella, já estavam ao lado dos marinheiros. O partido apoiou o movimento, pesando, para isso, a concorrência com Leonel Brizola. A manchete do jornal comunista *Novos Rumos*, em 27 de março, dizia: "A nação inteira ao lado dos marinheiros e fuzileiros". Contra a luta dos praças, "só se colocam os inimigos da pátria, os gorilas com ou sem farda". O CGT ameaçou a deflagração de uma greve geral se os marujos sofressem represálias. Hércules Corrêa, mesmo tendo se oposto ao movimento, foi obrigado a apoiá-lo publicamente.

No dia 28 de março, Abelardo Jurema, Raul Ryff e Darcy Ribeiro tentavam se comunicar com Goulart. O ministro Sílvio Mota, sem condições de prender os subalternos, vendo parte da tropa que enviara passar para o lado dos rebeldes, encaminhou seu pedido de demissão ao Palácio Laranjeiras, onde se encontravam os três auxiliares do presidente. Naquele momento, a rebelião não era apenas dos subalternos da Marinha, mas também dos oficiais. Reunida no Clube Naval, a oficialidade deliberou que não embarcaria nos navios enquanto o almirante Aragão não fosse punido. Jango, agora, teria que lidar com duas rebeliões.

Ao desembarcar no aeroporto Santos Dumont, o presidente e o general Assis Brasil foram recebidos por Raul Ryff.[78] No automóvel, Jango perguntou: "Como está a situação, Ryff?" Após alertá-lo sobre a gravidade da crise, Ryff acrescentou: "Há um descontrole aí no comando das Forças Armadas. Estou informado de que quem está mandando no Ministério da Guerra não é o ministro interino, o general Bontempo, mas sim o chefe do Estado-Maior, o general Castelo Branco." Assis Brasil imediatamente reagiu: "Não, Ryff, tu estás mal informado. Que é isso? Não pode ser." O secretário de Imprensa foi enfático: "Eu não estou mal informado. Se estiver mal informado, mal informados estão os seus colegas. Eu não andei no Ministério da Guerra, mas a informação que colhi foi através dos seus colegas no Ministério. Quem está no comando lá no Ministério da Guerra, quem está dando as ordens é o general Castelo Branco."

As esquerdas não se deram conta da gravidade da crise, incentivando o motim. Os principais líderes do CGT, Oswaldo Pacheco e Dante Pellacani, aconselharam os rebeldes a continuar a manifestação porque poderiam contar com a solidariedade dos trabalhadores. Oswaldo Pacheco, certamente com informações seguras, garantiu que o almirante Aragão voltaria ao seu posto e todos os marinheiros seriam anistiados. Em nota, o CGT tomou a defesa dos praças e articulou uma greve geral de solidariedade. Denunciou que a elite da Marinha tramava um golpe contra o povo, contra as reformas de base e contra o presidente da República. Leonel Brizola interpretou a revolta como uma atitude de "grande significação democrática" dos marinheiros e recomendou aos brasileiros que ficassem atentos e "prontos para repelir por todos os meios qualquer tentativa golpista dos inimigos do povo". Também em nota, Brizola denunciou "as intenções golpistas que movem os comandos da Marinha de Guerra, e sua perseguição aos marinheiros e fuzileiros navais".[79] Na avaliação de Wilson Figueiredo, testemunha daqueles acontecimentos, as esquerdas tentavam dar um significado político à rebelião. Mas, para os militares, tratava-se da quebra definitiva da disciplina e de um rompimento da hierarquia.[80]

Goulart, logo ao chegar de São Borja, reuniu-se com seu grupo político e militar mais próximo. Por meio de Jorge Serpa, fez um apelo para que o *Jornal do Brasil* evitasse atacá-lo em seus editoriais. Bastavam as notícias, que já eram péssimas. Os dirigentes do CGT, que representavam os marinheiros, negociaram com o presidente durante a madrugada da sexta-feira. Jango argumentou com os sindicalistas que a rebelião estava fomentando uma grave crise militar e que, por isso, o movimento deveria terminar imediatamente. No jargão militar, começava a "guerra de saliva". As reivindicações dos rebelados, apresentadas ao presidente pelos líderes sindicais, eram não punição dos manifestantes, reconhecimento à Associação, direito de reunião, libertação dos presos, humanização da Marinha e melhoria na alimentação. Goulart, mais uma vez, queria superar a crise pela negociação. Reunido com um grupo de pessoas próximas, ouviu de João Etcheverry, jornalista e seu amigo, que ele tivesse cuidados com as questões de disciplina nas Forças Armadas: "Eu tenho um filho na Marinha", argumentou, "e sei o que é essa coisa de hierarquia. Não há milico que não lhe dê importância." Alegou que o momento exigia a substituição do ministro da Marinha, mas continuando: "O senhor não poderá deixar de prender a marujada que está no sindicato, presidente. Não se pode brincar com a hierarquia militar." O coronel Lino Teixeira, um "juscelinista doente e um janguista ortodoxo", na definição de Abelardo Jurema, comentou com decisão: "Qualquer que seja a solução, não esqueçam, é sagrada, e até rudimentar, a disciplina."[81] Outras vozes se repetiram, todas no sentido de preservar a disciplina nas Forças Armadas. Voltando ao seu argumento, Etcheverry propôs que Jango prendesse os revoltosos em uma unidade do Exército, evitando represálias dos oficiais da Marinha, e que fosse aberto um inquérito militar com punição rigorosa para os líderes do motim. "Tudo para impressionar", disse. "Depois, serenados os ânimos, passada a raiva, a brasileiríssima anistia contemplaria os rapazes atingidos pelas duras sanções." Goulart demonstrou gostar da proposta. Contudo, mais tarde, confidenciou sua insatisfação com outros amigos: "Ainda é injusta. Eu não posso esquecer que tinha ordenado ao ministro da Marinha que permitisse a reunião da Associação dos Marinheiros. Que deixasse os rapazes fazerem a sua festa."[82] A Hugo de Faria, o presidente confidenciou: "Hugo, por que é que eu não posso anistiar os marinheiros?" Afinal, em todas as rebeliões militares na República, desde a de 1922 até a de 1961, todos os oficiais rebelados foram anistiados. "Será que sargento e marinheiro não é cidadão brasileiro? Só oficial é que é cidadão brasileiro?" Para Hugo de Faria, Jango estava correto, mas naquela conjuntura política era impossível pensar dessa maneira.[83]

Segundo o jornalista Carlos Castelo Branco, Jango voltou de São Borja e, de imediato, confirmou o almirante Sílvio Mota em seu posto e, aparentemente, deu-lhe apoio em suas medidas.[84] Com sua atitude, tudo indicava que a crise seria superada, com o sacrifício dos marinheiros, embora Goulart não visse razões para puni-los.

Durante a madrugada, ocorreram novas negociações com os sindicalistas. A "copa e cozinha" influenciaram nas decisões do presidente. Os dirigentes do CGT asseguravam aos deputados da FMP que o ministro da Marinha seria demitido e que os marinheiros não sofreriam punições. O Conselho do Almirantado não aceitava a demissão de Sílvio Mota e alguns oficiais da Marinha se declararam dispostos a levar os navios de guerra, inclusive o porta-aviões *Minas Gerais,* para fora da barra. Goulart, indignado, declarou: "Não mandei consultar, mas ordenei que se cumprissem determinações, usando das minhas atribuições constitucionais de comandante-chefe das Forças Armadas." E sobre a disposição da oficialidade de embarcar, acrescentou: "Digam a esses oficiais que os navios poderão sair da barra afora, mas não voltarão."[85] A confirmação da saída de Sílvio Mota do Ministério e sua substituição pelo almirante Paulo Márcio Rodrigues demonstraram a influência dos sindicalistas. Algo, sem dúvida, ocorreu durante a madrugada. Mesmo cedendo à pressão para substituir o ministro, Jango tinha intenção conciliatória. Segundo Carlos Castelo Branco, o presidente esperava que o novo ministro prendesse o almirante Aragão, e também que mantivesse os praças detidos, embora bem tratados. Pela manhã, a Marinha tinha um novo comandante, o almirante Paulo Márcio Rodrigues, de 69 anos, presidente do Tribunal Marítimo, homem de esquerda e de confiança do CGT. Nesse momento, as versões foram diversas. Para grande parte dos analistas, o novo ministro apenas cumpriu o acordo estabelecido entre Goulart e os sindicalistas: os marinheiros foram levados para o I Batalhão de Guardas do Exército, evitando retaliações da Marinha, e, no fim da tarde, libertados. Aragão retornou ao seu posto. Para Carlos Castelo Branco, Paulo Márcio, seja por falta de clareza do presidente, seja por acreditar que havia uma revolução em marcha, desconheceu as ordens de Jango e agiu por conta própria.[86] Goulart, em depoimento prestado a Jorge Otero anos depois, garantiu: "Foi o ministro que decidiu anistiar os culpados, como tradicionalmente acontece no país."[87] Abelardo Jurema, que viveu intensamente aqueles episódios, endossa as palavras de Jango. Tratou-se de iniciativa de Paulo Márcio.

Ao meio-dia, caminhões do Exército saíram com os marinheiros do Sindicato dos Metalúrgicos e, conforme o combinado, mais tarde foram postos em liberdade. Em fila, lado a lado e abraçados pelos ombros, eles passaram pela avenida Rio Branco em direção à Candelária e, dali, resolveram ir até o Ministério da Guerra. Goulart enviou o general Assis Brasil para dissuadi-los da provocação, inutilmente. Pararam junto ao busto de Marcílio Dias, na Praça XI, homenageando o herói com flores, e se posicionaram para os fotógrafos dos jornais. Ao passarem pela sede do Ministério da Guerra, na avenida Presidente Vargas, as luzes do gabinete do ministro foram acesas, enquanto centenas de oficiais olhavam, em silêncio, a passeata. Ao chegarem à Candelária, viram o almirante Aragão. Ele e o almirante Pedro Paulo de Araújo Suzano queriam convencê-los a não marcharem para o Ministério, também sem sucesso. Com gritos de "Viva Jango" e "Viva Aragão", eles carregaram o comandante nos ombros até a sede da Associação, onde foi homenageado. Na avenida Rio Branco, em frente ao Clube Naval, eles vaiaram os oficiais que assistiam à passeata na sacada do prédio. Tudo aquilo atingiu profundamente o governo. A repercussão da passeata foi a pior possível. Segundo Abelardo Jurema, "ninguém entendia a pressa na libertação dos marinheiros que não chegaram a passar mais que horas nos quartéis do Exército. Muito menos compreendia que tudo fosse comemorado festivamente".[88] O cabo Anselmo, logo depois, foi conversar com o novo ministro da Marinha. As palavras de Paulo Márcio ao líder dos praças foram, como disse Araújo Neto, as de um pai preocupado com a saúde do filho: "Rapaz, vá para casa e descanse. Só se apresente na segunda-feira, quando a situação estiver mais calma."[89] Enquanto isso, em palestra na ABI, Luís Carlos Prestes garantia não haver condições políticas para um golpe de direita. Contudo, se houvesse a tentativa, "os golpistas teriam suas cabeças cortadas".[90]

A anistia aos marinheiros e ao almirante Aragão atingiu profundamente a integridade profissional das Forças Armadas. Todo o conjunto de ideias, crenças, valores, códigos comportamentais e a maneira como eles davam significado às suas instituições encontravam-se subvertidas. A disciplina e a hierarquia, os fundamentos básicos que exprimiam o que era "ser militar" se esfacelaram. Ao coronel Kardec Leme, um amigo de farda disse: "Olha, lamento muito, mas não podemos manter a legalidade se os que querem a legalidade estão agindo assim, quebrando a hierarquia e a disciplina."[91]

No sábado, os oficiais da Marinha, ainda reunidos no Clube Naval, souberam que o CGT havia influenciado na escolha do novo ministro. Embora a notícia tivesse sido desmentida pelo governo, os dirigentes sindicais, com o objetivo de comprometer Goulart com suas propostas, confirmaram o boato.[92] De fato, o almirante Paulo Márcio não apenas anistiou os marinheiros e o almirante Aragão, como também recebeu, em seu gabinete, o cabo Anselmo. Em declaração à imprensa, o ministro disse ser favorável à emancipação nacional "com os meios que forem eficazes" e que "marinheiro não pode ser um eterno raspador de ferrugem: ele tem direito à politização". Por suas atitudes e declarações, a oficialidade da Marinha ficou convencida de que o almirante de fato tinha sido escolhido por Jango a partir de uma lista tríplice indicada pelo CGT. Eles não estavam completamente errados em suas avaliações. O almirante, um homem de esquerda, após conversar com o cabo Anselmo, confidenciou a um colega da Casa Militar: "Meu Deus, como é dura a luta contra o imperialismo agonizante." Para os oficiais da Marinha de Guerra, tudo não passava de subversão de valores, hierarquias e códigos longamente estabelecidos e compartilhados. Feridos de morte em sua dignidade profissional, declararam-se em assembleia permanente, recusando-se a entrar nos navios. Sem dúvida, tinham suas razões. Embarcados em alto-mar, a relação numérica entre oficiais e marinheiros era grande em favor dos subalternos. Rebeldias em tal situação significavam perigo de vida. O exemplo do *Potemkim* não os desmentia. A maioria da oficialidade das três Forças, até então relutante em golpear as instituições, começou a ceder aos argumentos da minoria golpista. Para eles, estava em risco a própria corporação militar.

Goulart, o CGT e as esquerdas não perceberam a gravidade do episódio. Acreditaram ser algo sem importância. A esquerda radical do PTB, que há muito mantinha relações políticas com os marinheiros e fuzileiros, tinha incentivado o motim. No dia seguinte, a reação seria violenta. Magalhães Pinto lançou manifestos e os altos escalões das Forças Armadas e parlamentares cobravam de Goulart a manutenção da ordem. O general Castelo Branco reuniu-se com o Alto-Comando do Exército. Centenas de oficiais da Marinha e do Exército, no Clube Naval, congratularam-se com o chefe do Estado-Maior pela sua defesa da disciplina. Em nota, afirmaram que, "no Brasil hodierno (...) assistimos ao domínio de sindicatos de trabalhadores por atuante minoria de comunistas. Ousam, agora, senhores, penetrar a caserna, o navio, os esquadrões da Força Aérea".[93] Em rebelião passiva, a oficialidade da Marinha continuou a recusar-se a voltar às embarcações. Inúmeros oficiais legalistas e janguistas das três Forças demonstraram, de maneira contundente, a contrariedade com a situação. O coronel Lino Teixeira, declaradamente um juscelinista e janguista, manifestou a Abelardo Jurema sua revolta e seu mal-estar com a anistia aos marinheiros. Ele, que lutara pela posse de Jango e apoiava de maneira irrestrita as reformas de base, passaria para o lado de Carlos Lacerda para manter a disciplina e a hierarquia nas Forças Armadas, se preciso fosse.[94] Foi nesse momento que Goulart e as esquerdas perceberam a gravidade da situação e o agravamento da crise político-militar.

A imprensa interpretou a rebelião dos marinheiros como o início de um processo revolucionário, especialmente quando as esquerdas reunidas na FMP e, em particular, os comunistas do PCB apoiaram o motim. Os jornais que, desde a revolta dos sargentos, alertavam para o perigo comunista, mas defendiam o regime constitucional, passaram a clamar pela intervenção das Forças Armadas no sentido de restabelecer a hierarquia militar. Os editoriais dos jornais, a partir daí, passaram a atacar duramente o presidente.[95] No *Jornal do Brasil*, o texto afirmava que "o estado de direito submergiu no Brasil". Assim, "não voltaremos à legalidade enquanto não forem preservadas a disciplina e a hierarquia das Forças Armadas. Primeiro vamos recompor os alicerces militares da legalidade — a disciplina e a hierarquia — para depois, e só depois, perguntarmos se o presidente da República tem ou não condições pra 'exercer' o Comando Supremo das Forças Armadas".[96]

Até fins de 1963, segundo Rodrigo Patto Sá Motta, a conspiração contra o governo Jango era confabulações de grupos radicais marginalizados do processo político, mas em meados de março de 1964 o movimento golpista formava um amplo leque de alianças. Ao final do mês, as condições para a deposição do presidente estavam dadas: "faltava apenas a fagulha, o elemento para detonar o mecanismo golpista e empurrar à ação os que ainda hesitavam ante a hipótese de rompimento institucional". O elemento detonador foi a rebelião dos marinheiros. [97]

Na noite do dia 29 de março, Juscelino visitou o general Jair Dantas Ribeiro no hospital. Internado para uma cirurgia na próstata, ao ministro da Guerra o ex-presidente formulou um quadro sombrio: o país estava em pânico. O general não concordou com a avaliação pessimista, garantindo que os comunistas estavam sob controle. Juscelino insistiu: Goulart perdera o controle da situação, estava cercado por gente de esquerda e o único que poderia impor a ordem era ele, o ministro da Guerra.[98] A CIA gravou a conversa entre eles.

Com estimativas distintas, direitas, esquerdas e o próprio presidente avaliavam a situação do país na virada do dia 29 para o dia 30 de março.

A festa da posse da nova diretoria da Associação dos Sargentos, no Automóvel Clube, no dia 30 de março, já estava marcada com bastante antecedência, como também o convite para Goulart discursar na cerimônia. Não era a primeira vez que os sargentos faziam atividades como essa, que haviam se tornado, na verdade, uma tradição. Também não era nenhuma novidade o comparecimento de autoridades públicas. Contudo, o presidente da República comparecer a uma festa de subalternos das Forças Armadas ainda sob as cinzas de um motim de marinheiros, com a oficialidade da Marinha em rebelião passiva, era, no mínimo, imprudente. Para algumas pessoas próximas a Jango, a atitude era verdadeiramente insensata.

De fato, ninguém podia sondar o que se passava na mente de Goulart. Ele ouvia, perguntava, sondava, muitas vezes com a decisão já tomada. Pesava em sua estratégia política o apoio dos movimentos populares e das esquerdas — incluindo os sargentos. Na avaliação de José Gomes Talarico, o presidente, naquele momento, não podia recuar. Já perdera o apoio do poder econômico, dos partidos conservadores, como o PSD, a UDN, o PSP, o PR, entre outros; como, então, recusar a aprovação popular? "Ele teria que marchar cada vez mais ao encontro desse apoio."[99] Para Raul Ryff, os sargentos, na política militar da época, tinham certa tradição. Além do mais, Henrique Teixeira Lott tinha grande prestígio entre eles. Goulart, portanto, não poderia desprezar a categoria.[100]

A oficialidade das Forças Armadas estava assustada. Mesmo os oficiais legalistas não concordavam com um comício de sargentos com a presença do presidente da República, acompanhado da cúpula governamental. O brigadeiro Francisco Teixeira foi um deles. Em reunião com Assis Brasil e Darcy Ribeiro, chefes das casas Militar e Civil, ele soube da solenidade no Automóvel Clube. Sua reação foi imediata: "Olhe, Assis, sou virtualmente contra. Sou contra pelo seguinte: você é militar, mas o Darcy não é obrigado a saber que isso não acrescenta um milímetro à força militar do Jango. Ao contrário, nós, que já estamos cheios de dificuldades para manter os oficiais numa função, vamos ter mais dificuldades ainda, porque eles têm horror a essa quebra de hierarquia." Darcy Ribeiro tentou convencer Francisco Teixeira com outros argumentos: "Não, Teixeira, você está enganado! Tem que haver a manifestação, porque se o Jango não aceitar essa manifestação, o Brizola aceita, o Arrais aceita, e eles vão capitalizar a força..." O brigadeiro, contrariado, retirou-se da reunião.[101]

Algumas pessoas amigas tentaram, inutilmente, convencer Jango a não comparecer à festa. Colaboradores mais próximos sugeriram que os sargentos tomassem posse na diretoria e, depois, visitassem o presidente. Na tarde do dia 30, Doutel de Andrade, de Brasília, telefonou para Talarico, no Palácio Laranjeiras, transmitindo apreensões de diversos círculos civis e militares com a ida de Goulart ao evento. Lembrou que a festa no Automóvel Clube contaria com a presença não apenas de sargentos, mas também de marinheiros e fuzileiros navais, mistura, naquele momento, explosiva. O general Assis Brasil insistia com Jango que não haveria problema. Mesmo que chefias de diversas unidades tivessem declarado estado de prontidão, impedindo que muitos sargentos comparecessem à cerimônia, o chefe da Casa Militar garantiu que o comandante da Vila Militar dispensara os daquela guarnição.[102]

Enquanto se arrumava em seu quarto, acompanhado por Tancredo Neves, Assis Brasil e Raul Ryff, Goulart, embora já tivesse decidido, perguntou-lhe: "O que é que vocês acham? Vou ou não ao comício?"[103] Tancredo Neves foi enfático: "Politicamente não é aconselhável." Seria uma provocação às Forças Armadas, sobretudo depois dos episódios com os marinheiros. Sua atitude, naquele momento, era a de somar, nunca a de criar mais polêmicas que pudessem ser exploradas pela imprensa. Jango deveria enviar um representante, mas jamais ir pessoalmente. Comparecer a um evento como aquele somente se o presidente estivesse às vésperas de uma luta armada e dali saíssem tropas para o combate. Fora isso, não era sensato comparecer ao Automóvel Clube.[104] Voltando-se para Assis Brasil, cuja opinião pesava em suas avaliações, ouviu dele: "Não, acho que não pode deixar de ir, porque seria uma falta de consideração, de atenção com os sargentos que promoveram essa reunião." Por fim, a resposta de Raul Ryff: "Acho que não é oportuno."[105] Jango, no entanto, já estava decidido.

Poucos minutos antes de o presidente sair do Palácio Laranjeiras para o Automóvel Clube, o deputado udenista Tenório Cavalcanti chegou e insistiu com Talarico para falar com Goulart. Ao vê-lo descer as escadas, agarrou seu braço e, muito nervoso, disse: "Presidente, não vá ao Automóvel Clube. É uma atitude que vai provocar a reação da oficialidade das Forças Armadas. Os seus inimigos estão à espera disso para explorar o desrespeito à hierarquia militar. Estou aqui contrafeito e ruminando uma situação delicada. O meu genro, comandante de uma unidade do Exército, foi convocado e recebeu ordens da chefia do Estado-Maior para colocar a sua tropa de prontidão."[106] O apelo dramático de Tenório foi interrompido pelo general Assis Brasil: "Presidente, tudo pronto. O esquema entrou em execução. É preciso apressar a ida, devido ao horário da televisão. O carro já está a sua espera." Jango, despedindo-se de Tenório com um olhar, partiu. Completamente perplexo, o deputado procurou uma cadeira e sentou-se em busca não tanto do repouso físico, mas psíquico. Quem o via de longe, percebia nele uma pessoa desolada, falando sozinho, parecendo ver imagens em forma de sombras. Tancredo, com Abelardo Jurema, confidenciou: "Deus faça com que eu esteja enganado, mas creio ser este o passo do presidente que irá provocar o inevitável, a motivação final para a luta armada!"[107] Enquanto isso, ao entrar no automóvel, Goulart ouviu de Assis Brasil: "Manda brasa, presidente." Até hoje é difícil entender a atitude de Jango de contrariar o bom-senso político e comparecer no evento dos sargentos. Para Flávio Tavares, a explicação não é de caráter político, mas psicológico: "O ímpeto o levou à reunião, confundindo as consequências, tomando a euforia como vitória." Da reunião também participavam sargentos da Polícia Militar da Guanabara. Como os militares janguistas viam em Lacerda o grande, se não o único, adversário do presidente, ser aplaudido pela polícia subordinada ao governador era uma vitória de Jango.[108]

Alguns minutos antes das oito da noite, o presidente, acompanhado de Maria Thereza e dos ministros Abelardo Jurema, Wilson Fadul, Amaury Silva, Expedito Machado e Assis Brasil, chegou à sede do Automóvel Clube para ser homenageado pela Associação dos Sargentos e Suboficiais da Polícia Militar, entidade que completava 40 anos de fundação. Ao entrar, uma banda tocou o Hino Nacional, enquanto populares gritavam: "Jan-go! Jan-go!" À sua espera estavam o ministro interino da Guerra, o da Marinha, o da Aeronáutica, o almirante Aragão, o cabo Anselmo, diversos marinheiros, cabos e fuzileiros navais, além de aproximadamente 2 mil sargentos. De um universo de 26 mil sargentos na cidade do Rio de Janeiro, os organizadores do evento aguardavam 10 mil deles. A presença de 2 mil apenas demonstrou que os comandantes das unidades, declarando estado de prontidão, impediram que grande parte deles comparecesse. Era visível o constrangimento de alguns homens do governo com a presença do cabo Anselmo. O incômodo foi tanto que ele foi levado para o fundo do palco. Fora isso, avaliou Abelardo Jurema, "tudo tinha o calor e o aspecto de uma marcha para a vitória".[109]

Inicialmente, os sargentos discursaram. O subtenente Antônio Sena Pires afirmou: "Lutamos contra a exploração alienígena e concorremos para a politização do povo brasileiro, que não tolera mais o capital estrangeiro colonizador ou os trustes estrangeiros e os nacionais." O sargento e deputado Garcia Filho disse que era preciso "rejeitar as cúpulas alienadas e reacionárias".[110] Abelardo Jurema e o cabo Anselmo também falaram. No momento em que Goulart entrou no auditório, o sargento da FAB José Maria dos Santos decidiu ir para sua residência, ao lado do Automóvel Clube, na rua do Passeio. Sua gastrite exigia um copo de leite. Precavido, ligou a televisão e percebeu que Jango começava a falar. Surpreso, não o reconhecia. Não estava ali o orador seguro, mas, sim, um homem de semblante carregado, como se soubesse que algo grave estivesse para acontecer. José Maria dos Santos estava ciente das razões para a mudança do presidente: Goulart sabia que o golpe iria acontecer.[111]

Abandonando o texto contemporizador, o presidente improvisou, tentando convencer o país de que não era um comunista, mas um nacionalista. Denunciou que uma minoria de privilegiados e eternos inimigos da democracia provocara a crise em que o país vivia. Com cinismo, recorriam aos sentimentos católicos, misturando fé e política. A aliança entre "políticos que mais pregaram o ódio neste país" e "os políticos mais corruptos da história brasileira" — referindo-se, certamente, a Carlos Lacerda e a Ademar de Barros —, visava a manipular a religiosidade da população, mesmo que sofressem oposição do Cardeal de São Paulo, do Arcebispo do Recife e da Ação Católica de Minas Gerais e de São Paulo. "Aconselho, portanto, a todo o brasileiro que hoje esteja envolvido, por motivos religiosos, em comícios políticos que medite um pouco se está realmente defendendo a doutrina daquele que pela salvação da humanidade morreu na cruz, ou apenas os interesses de alguns grupos financeiros ou eleitorais." Goulart também denunciou o dinheiro espúrio do IBADE, das empresas estrangeiras prejudicadas pela Lei de Remessa de Lucros, dos interesses contrariados das refinarias particulares, dos comerciantes desonestos que exploravam a economia popular e dos proprietários de apartamentos que cobravam aluguéis em dólar. Todos prejudicados por medidas anteriores e pela Mensagem presidencial ao Congresso instituindo as reformas de base. Sobre a questão tão esperada, a crise militar, o presidente apelou para que os sargentos continuassem unidos na disciplina consciente, "fundada no respeito mútuo entre comandantes e comandados". Aqueles que tanto falam em disciplina foram os mesmos que, em 1961, prenderam oficiais, sargentos e o marechal Henrique Lott por defenderem a lei e a legalidade. "Com fé em Deus e confiança no povo", disse, "quero afirmar, claramente, nesta noite, na hora em que, em nome da disciplina, se estão praticando as maiores indisciplinas, que não admitirei que a desordem seja promovida em nome da ordem; não admitirei que o conflito entre irmãos seja pregado e que, em nome de um antirreformismo impatriótico, se chegue a conclamar as forças da reação para se armarem contra o povo e os trabalhadores."

No episódio da revolta dos marinheiros, Goulart insistiu que não permitiria jamais que forças militares massacrassem brasileiros desarmados na sede de um sindicato. Por fim, mais uma vez, o presidente voltou a definir como entendia a disciplina nos quartéis. Para ele, a disciplina não se construía sobre o ódio e a exaltação. "A disciplina se constrói sobre o respeito mútuo entre os que comandam e os que são comandados."[112] Sua definição, no entanto, deu ainda mais argumentos aos militares insatisfeitos com Goulart.

As esquerdas pareciam não se dar conta da gravidade da situação. Os militares, sim. A oficialidade legalista e nacionalista, depois de tantos atentados à disciplina e à hierarquia, começou a ficar seriamente preocupada. Os militares que serviam na Secretaria Geral do Conselho de Segurança Nacional e no Gabinete Militar, a maioria deles de esquerda, acreditavam que as reformas seriam implementadas, sobretudo devido ao apoio da população. Porém, após o comício de 13 de março, ficaram temerosos. Chegaram mesmo a redigir um documento desaconselhando outro evento como aquele. Depois, ocorreu a revolta dos marinheiros. Por fim, o discurso no Automóvel Clube. O tenente-coronel Alfredo Arraes de Alencar, que servia na Secretaria do Conselho de Segurança Nacional, ouviu, junto a outros colegas militares, a fala de Goulart para os sargentos. No fim do evento, comentou: "Acabou-se. Não temos saída. Nós não temos mais sustentação. Eles vão dar o golpe." Um outro concordou: "E nós não temos mais condições de impedir."[113]

Nesse momento, em Porto Alegre, Leonel Brizola foi aconselhado por alguns amigos a viajar para o Rio de Janeiro, por causa da delicada conjuntura política. Por telefone, conversou com o coronel Dagoberto Rodrigues, diretor do Departamento dos Correios e Telégrafos. Da Guanabara, ele mostrava-se muito apreensivo com a situação política e insistia para que Brizola fosse imediatamente para o Rio de Janeiro. Ainda em casa, com tudo preparado para embarcar no avião, despedindo-se da família, ele recebeu um grupo de correligionários, entre eles alguns oficiais do Exército. Após as conversas, Brizola convenceu-se de que era melhor ficar em Porto Alegre. Com informações seguras de que o general Ladário Telles assumiria o comando do III Exército, Brizola receava que o comandante da 6ª Divisão de Infantaria, general Adalberto Pereira dos Santos, pudesse criar problemas para o general Ladário. Assim, apesar de o coronel Dagoberto ligar novamente insistindo para que fosse para o Rio de Janeiro, Brizola preferiu continuar em Porto Alegre.[114]

O evento foi transmitido em cadeia de rádio e televisão, mas as imagens televisionadas do Rio de Janeiro não chegavam diretamente a outros estados — somente as de rádio. Portanto, Brizola não pôde observar que Goulart, quando discursou aos sargentos, revelou uma fisionomia preocupada, cansada, constrangida. Falou durante uma hora e vinte minutos, mas suas palavras não tinham mais a precisão e o tom sedutor bastante conhecidos. Eram articuladas com indecisão, ora falando com clareza e boa dicção, ora emitindo sons confusos e inaudíveis. Ali não estava o mesmo homem do comício de 13 de março. Além disso, amplos setores da sociedade brasileira, assustados com o radicalismo político, não queriam mais ouvir o presidente.

Quando João Goulart e seus ministros saíram da sede do Automóvel Clube naquela segunda-feira, dia 30 de março, a crise política chegou ao seu auge. Para Raul Ryff, a ida de Jango à solenidade chocou a oficialidade das Forças Armadas.[115] Mas, ao mesmo tempo, estimulou as esquerdas a tomar uma série de iniciativas. A UNE denunciou que o golpe de direita estava em execução, enquanto as entidades estudantis do Rio de Janeiro, de São Paulo e Minas Gerais lançaram manifestos pregando a greve geral. Líderes sindicais, nos mesmos estados, deram início à organização do movimento de paralisação nas empresas. O sindicalista e deputado Sinval Bambirra declarou: "Ainda desta vez, a greve — como arma de classe — poderá ser usada contra os golpistas." Os dirigentes sindicais dos ferroviários telegrafaram às bases do interior convocando toda a categoria à ação "a todo o custo, com as armas que o momento exige". Em manifesto à Nação, o CGT acusou os governadores Magalhães Pinto, Carlos Lacerda, Ademar de Barros e Ildo Meneghetti de articularem o golpe e, reconhecendo a delicada situação do governo, denunciou que "as forças reacionárias, inconformadas com o avanço democrático do nosso povo e com os recentes decretos patrióticos do presidente da República", articularam-se visando a sua deposição. A nota terminava conclamando os trabalhadores do campo e da cidade a preparar a greve geral em defesa das liberdades democráticas. Em entrevista, o porta-voz da organização declarou que os marinheiros, naquele momento, dominavam os navios da Marinha de Guerra e os depósitos de armamentos.[116]

Também no dia 30, saía às ruas mais uma edição do *Panfleto*, a última. Em sua coluna, "Trincheira dos sargentos", Paulo Lemos comentava o projeto que anistiava os sargentos que participaram da insurreição de 11 de novembro, em Brasília, e que estava sendo apreciado pelo Congresso Nacional. Aos deputados e senadores, o sargento Paulo Lemos escreveu: "Vós representais o passado, o velho, o obsoleto. Eles [os sargentos] representam o novo, o futuro de um povo, a esperança da pátria. Vós terminais. Eles começam. Eles vencerão. Vós sereis os derrotados. E o tratamento que recebemos agora vos será retribuído em dobro, no alvorecer do novo dia, que não está longe, pois, já vivemos a aurora feliz e radiante deste amanhecer." E em tom de ameaça, concluiu o texto: "Os trabalhadores, os camponeses, os estudantes, os sargentos, cabos, soldados e marinheiros são o povo e a nós sobra-nos ainda muita resistência, capaz de enfrentar a luta e vencê-la. Aí a justiça popular será implacável."[117]

A disciplina e a hierarquia nas Forças Armadas encontravam-se sob a ameaça de ruptura. Mesmo os oficiais legalistas mostravam-se absolutamente insatisfeitos e contrariados. O ministro da Aeronáutica, brigadeiro Anísio Botelho, homem fiel a Jango e que o acompanhara no evento do Automóvel Clube, ao chegar a casa ligou para o brigadeiro Francisco Teixeira e, bastante aborrecido, comentou que um dos sargentos fizera um discurso radical e subversivo. As ordens do ministro foram as seguintes: "Como você é o comandante da guarnição do Rio de Janeiro, chame esse sargento e prenda-o por 30 dias por ordem do ministro." Francisco Teixeira conhecia o sargento, que, segundo sua avaliação, "era um maluco mesmo".[118]

Ainda no mesmo dia, o secretário de Estado norte-americano, Dean Rusk, de Washington, telefonou para o presidente Lyndon Johnson, no Texas. Com informações recentes da CIA sobre a situação no Brasil, ele foi preciso: "A crise vai chegar ao auge nos próximos um ou dois dias, talvez até mesmo de hoje para amanhã." Assim, ele pedia a autorização

JOÃO GOULART – UMA BIOGRAFIA

presidencial para que o secretário de Defesa, Robert MacNamara, enviasse uma força-tarefa naval, com navios-tanque, para a costa brasileira.[119] Na noite de 30 de março de 1964, o "desfecho" aproximava-se.

NOTAS

1. As citações que se seguem estão em João Pinheiro Neto, op. cit., pp. 84-86.
2. *O Jornal*, Rio de Janeiro, 7/3/1964, p. 3.
3. Idem, 12/3/1964, p. 3.
4. Argelina Cheibub Figueiredo, op. cit., p. 198.
5. *O Dia*, Rio de Janeiro, 11/3/1964, p. 2.
6. *O Estado de S. Paulo*, São Paulo, 11/3/1964, p. 3.
7. *Correio da Manhã*, Rio de Janeiro, 11/3/1964, 1ª página.
8. Os manifestos de convocação ao comício eram assinados pelo presidente do Comando Geral dos Trabalhadores, Dante Pellacani, pelos dirigentes das confederações dos trabalhadores na indústria, no comércio, na agricultura, dos servidores públicos, dos jornalistas, dos trabalhadores em transportes terrestres, marítimos, fluviais e aéreos, bem como em empresas telegráficas, radiotelegráficas e radiotelefônicas. Assinavam também os dirigentes das uniões dos portuários, dos previdenciários, dos servidores postais e telegrafistas, além da União Nacional dos Estudantes e da União Brasileira de Estudantes Secundaristas. A Federação dos Portuários, o Comando dos Trabalhadores Intelectuais, o Pacto de Unidade e Ação, a Comissão Permanente das Organizações Sindicais, a Frente Parlamentar Nacionalista e a Liga Feminina da Guanabara igualmente referendavam os documentos.
9. *Novos Rumos*, Rio de Janeiro, 6 a 12/3/1964, p. 8.
10. *Última Hora*, Rio de Janeiro, 13/3/1964, p. 4.
11. Lucia Hippolito, op. cit., p. 233.
12. *O Jornal*, Rio de Janeiro, 7/3/1964, p. 5.
13. Idem, 12/3/1964, 1ª página.
14. Idem, 8/3/1964, 1ª página.
15. *Correio da Manhã*, Rio de Janeiro, 14/3/1964, pp. 2 e 5.
16. *O Jornal*, Rio de Janeiro, 3/3/1964, p. 4.
17. *Última Hora*, Rio de Janeiro, 12/3/1964, p. 2.
18. Carlos Castelo Branco, op. cit., pp. 287-290.
19. *Jornal do Brasil*, Rio de Janeiro, 14/3/1964, p. 5.
20. Hércules Corrêa, op. cit., pp. 89-90.
21. Abelardo Jurema (depoimento), op. cit., pp. 335-336.

RUMO AO DESASTRE

22. José Gomes Talarico (depoimento), op. cit., p. 153.
23. As fontes que se seguem são: *Jornal do Brasil*, Rio de Janeiro, 14/3/1964, pp. 4-5; *O Jornal*, Rio de Janeiro, 14/3/1964, p. 6; *Correio da Manhã*, Rio de Janeiro, 14/3/1964, p. 14.
24. Araújo Neto, op. cit., pp. 37-38.
25. As fontes que se seguem são: *Jornal do Brasil*, Rio de Janeiro, 14/3/1964, pp. 4-5; *O Jornal*, Rio de Janeiro, 14/3/1964, p. 4; *Correio da Manhã*, Rio de Janeiro, 14/3/1964, p. 14.
26. Depoimento de Maria Thereza Goulart ao autor e a Angela de Castro Gomes, Rio de Janeiro, 2003.
27. Araújo Neto, op. cit., p. 37.
28. A íntegra do discurso está em João Pinheiro Neto, op. cit.
29. Raul Ryff, op. cit., p. 273.
30. Depoimento de Maria Thereza Goulart ao autor e a Angela de Castro Gomes, Rio de Janeiro, 2003.
31. Alberto Dines, "Debaixo dos deuses", in Vários autores, *Os idos de março...* op. cit., p. 311.
32. *O Jornal*, Rio de Janeiro, 14/3/1964, p. 6.
33. *Jornal do Brasil*, Rio de Janeiro, 14/3/1964, p. 5.
34. Depoimento de Maria Thereza Goulart ao autor e a Angela de Castro Gomes, Rio de Janeiro, 2003.
35. *Última Hora*, Rio de Janeiro, 16/3/1964, p. 3.
36. Depoimento de Denize Goulart a João Pinheiro Neto, op. cit., p. 28.
37. Depoimento de Maria Thereza Goulart ao autor e a Angela de Castro Gomes, Rio de Janeiro, 2003.
38. Maria Celina D'Araujo, op. cit., p. 146.
39. Argelina Cheibub Figueiredo, op. cit., p. 202.
40. Araújo Neto, op. cit., p. 41-43.
41. Wilson Figueiredo, in Vários autores, *Os idos de março...*, op. cit., pp. 199-200.
42. *Panfleto*, Rio de Janeiro, 23/3/1964, p. 8.
43. Araújo Neto, op. cit., pp. 44-46.
44. Citado em Claudio Bojunga, op. cit., p. 804.
45. Araújo Neto, op. cit., pp. 44-46.
46. Citado em Hélio Silva, op. cit., pp. 326-327.
47. Citado em idem, op. cit., pp. 329-330.
48. Darcy Ribeiro, op. cit., p. 527.
49. Maria Celina D'Araujo, op. cit., p. 157.
50. Carlos Fico, *Além do golpe. Versões e controvérsias sobre 1964 e a Ditadura Militar*, Rio de Janeiro, Record, 2004, p. 17.
51. José Antonio Segatto, op. cit., pp. 168-169.

52. Gunter Axt (org.), *As guerras dos gaúchos. História dos conflitos no Rio Grande do Sul*. Porto Alegre: Nova Prova Editora, 2008, p. 453
53. Wilson Figueiredo, op. cit., pp. 203-205.
54. Idem, pp. 207-208.
55. Paulo Schilling, op. cit., p. 41.
56. Citado em Araújo Neto, op. cit., p. 50.
57. Citado em Mário Victor, op. cit., pp. 485-486.
58. Citado em idem, p. 485.
59. Alberto Dines, op. cit., p. 317.
60. Hélio Silva, op. cit., pp. 336-337.
61. Eurílio Duarte, op. cit., pp. 132-134.
62. Citado em Antonio Callado, "Jango ou suicídio sem sangue", in Vários autores, *Os idos de março...*, op. cit., p. 261-262.
63. Carlos Castelo Branco, op. cit., pp. 284 e seguintes.
64. www.cebela.com.br, acessado em 23 de março de 2004.
65. Citado em Darcy Ribeiro, op. cit., p. 343.
66. Wilson Figueiredo, op. cit., p. 221.
67. CPDOC/FGV, Arquivo João Goulart, JG pr. 1964.02.19.
68. Eurílio Duarte, op. cit., pp. 139-140.
69. *Folha de S. Paulo*, São Paulo, 9/3/2003.
70. Eurílio Duarte, op. cit., p. 216.
71. Paulo Schilling, op. cit., p. 59, e Abelardo Jurema, op. cit., pp. 528 e seguintes.
72. José Gomes Talarico, *O presidente João Goulart...*, op. cit., p. 85.
73. Abelardo Jurema, op. cit., pp. 152-157.
74. Antonio Callado, op. cit., pp. 264-265.
75. Mário Victor, op. cit., pp. 495-498.
76. Araújo Neto, op. cit., p. 51.
77. As informações que se seguem estão em Denis de Moraes, op. cit., pp. 101-104.
78. Raul Ryff, op. cit., pp. 264-265.
79. Mário Victor, op. cit., pp. 496-497.
80. Wilson Figueiredo, op. cit., p. 229.
81. Abelardo Jurema, op. cit., p. 159.
82. Citado em Araújo Neto, op. cit., pp. 57-58.
83. Hugo de Faria (depoimento), op. cit., pp. 268-269.
84. Carlos Castelo Branco, op. cit., p. 297.
85. Antonio Callado, op. cit., 1964, p. 265.
86. Carlos Castelo Branco, op. cit., p. 297.
87. Citado em Jorge Otero, op. cit., p. 154.
88. Abelardo Jurema, op. cit., pp. 161-162.
89. Citado em Araújo Neto, op. cit., p. 58.
90. Citado em Denis de Moraes, op. cit., p. 163.

91. Citado em idem, p. 103.
92. Segundo depoimento de Hércules Corrêa ao autor, foi mesmo o CGT que indicou o nome do ministro da Marinha.
93. Citado em Mário Victor, op. cit., p. 505.
94. Abelardo Jurema, op. cit., pp. 162-163.
95. Alzira Alves Abreu, in Marieta de Moraes Ferreira (coord.), op. cit., pp. 123-124.
96. Citado em Mário Victor, op. cit., p. 502.
97. Rodrigo Patto Sá Motta, op. cit., p. 268.
98. Claudio Bojunga, op. cit., p. 808.
99. José Gomes Talarico (depoimento), op. cit., p. 155.
100. Raul Ryff, op. cit., pp. 159-160.
101. Francisco Teixeira (depoimento), Rio de Janeiro, FGV/CPDOC, 1983-1984, pp. 223-234.
102. José Gomes Talarico, op. cit., pp. 72-73.
103. Raul Ryff, op. cit., pp. 159-160.
104. Abelardo Jurema, op. cit., p. 169.
105. Raul Ryff, op. cit., p. 170.
106. José Gomes Talarico, op. cit., pp. 72-73.
107. Abelardo Jurema, op. cit., p. 171.
108. Flávio Tavares, op. cit., p. 258.
109. Abelardo Jurema, op. cit., p. 173-174.
110. Citado em Mário Victor, op. cit., pp. 506-507.
111. Depoimento de José Maria dos Santos ao autor e a Angela de Castro Gomes, Rio de Janeiro, 2000.
112. Citado em Mário Victor, op. cit., pp. 507-508.
113. Citado em Andréa de Paula Santos, op. cit., p. 264.
114. Bandeira Moniz Brizola..., op. cit., pp. 94-95.
115. Raul Ryff (depoimentos), op. cit., p. 128.
116. Wilson Figueiredo, op. cit., p. 199 e seguintes.
117. *Panfleto*, Rio de Janeiro, 30/3/1964, p. 7.
118. Francisco Teixeira, op. cit., p. 247
119. Citado em *Folha de S. Paulo*, São Paulo, 10/9/1999, p. 8.

CAPÍTULO 10 Dois dias finais

No dia 31 de março, Goulart acordou cedo no Palácio Laranjeiras, cansado de tudo aquilo. Estava convencido de que seu discurso no Automóvel Clube não conseguira unir as Forças Armadas nem persuadi-las a apoiarem seu governo. Após a rebelião dos sargentos, dos marinheiros e sua fala no dia anterior, a oficialidade das três Forças, mesmo a que defendia a legalidade, tinha a certeza de que o presidente incentivava a indisciplina, instigando os subalternos contra seus superiores. Ao ler os jornais, Jango se assustou: o editorial do *Jornal do Brasil* lhe desferia duras críticas. O texto, sem rodeios, pregava sua deposição. No *Correio da Manhã*, o título era "Basta". O editorial de um dos mais importantes jornais da República começava com uma série de perguntas: "Até que ponto o presidente da República abusará da paciência da Nação? [...] Até que ponto quer desagregar as Forças Armadas por meio da indisciplina, que se torna cada vez mais incontrolável?" Os editorialistas do *Correio da Manhã* foram contundentes em suas críticas:

> Basta de farsa. Basta da guerra psicológica que o próprio Governo desencadeou com o objetivo de convulsionar o país e levar avante a sua política continuísta. Basta de demagogia, para que, realmente, se possam fazer as reformas de base. (...) Não contente de intranquilizar o campo, com o decreto da Supra, agitando igualmente os proprietários e os camponeses, de desvirtuar a finalidade dos sindicatos, cuja missão é a das reivindicações de classe, agora estende a sua ação deformadora às Forças Armadas, destruindo de cima a baixo a hierarquia e a disciplina (...). Queremos o respeito à Constituição. Queremos as reformas de base votadas pelo Congresso. Queremos a intocabilidade das liberdades democráticas. Queremos a realização das eleições em 1965. A Nação não admite nem golpe nem contragolpe. Quer consolidar o processo democrático para a concre-

tização das reformas essenciais de sua estrutura econômica. Mas não admite que seja o próprio Executivo, por interesses inconfessáveis, quem desencadeie a luta contra o Congresso, (...) abrindo o caminho à ditadura. (...) Os Poderes Legislativo e Judiciário, as classes armadas, as forças democráticas devem estar alertas e vigilantes e prontos para combater todos aqueles que atentarem contra o regime. O Brasil já sofreu demasiado com o governo atual. Agora, basta!

A primeira atitude de Jango foi ligar para Samuel Wainer: "Que está acontecendo no *Correio*, Samuel? Procura o Serpa, procura ver qual é a profundidade desse editorial, Samuel!"[1] Mais grave, o presidente do Senado, Auro Moura Andrade, lançou um manifesto à Nação declarando o rompimento daquela Casa com o governo, apelando, ainda, para que as Forças Armadas interviessem no processo político para restabelecer a ordem.[2] Somente naquela manhã Goulart se deu conta de que a estratégia de confronto das esquerdas não encontraria a mínima sustentação política.

Algo estranho estava acontecendo no país, embora poucos soubessem. Ninguém podia garantir o que ocorria e os boatos circulavam pela cidade. Os diretores das escolas mandavam os alunos de volta para suas residências. Caminhões do governo do estado bloquearam várias ruas do Flamengo, de Botafogo e Laranjeiras. A Polícia Militar estava com todo o efetivo nas ruas.[3] Na Cinelândia, na Galeria dos Empregados do Comércio, no Largo da Carioca e nos bares próximos, as pessoas perguntavam umas às outras o que estava acontecendo. Muito comum nessa época era telefonar para as sedes dos jornais em busca de notícias mais precisas. Contudo, ninguém sabia ao certo o que informar. Horas mais tarde, os rumores seriam confirmados: um golpe militar para destituir Goulart estava em curso. O estado de Minas Gerais levantara-se contra o presidente e, de Juiz de Fora, o comandante da 4ª Região Militar, general Olímpio Mourão Filho, em contato com o general Luís Carlos Guedes, comandante do IV Regimento Divisionário, sediado em Belo Horizonte, marchava para a Guanabara. Tratava-se da "Operação Popeye". O objetivo era entrar na Guanabara e tomar o prédio do Ministério da Guerra. Sua atitude, pensava Mourão, atrairia o apoio de diversas chefias militares, desestabilizando o governo.

Um dos primeiros a saber da marcha foi o chefe do Estado-Maior do Exército, general Castelo Branco. Às 5h, por telefone, o deputado

DOIS DIAS FINAIS

Armando Falcão disse-lhe que as tropas já estavam na estrada União-Indústria, ligação entre Juiz de Fora e Petrópolis. Castelo Branco, líder de um dos focos da conspiração, assustou-se. Cauteloso, esperava que a revolta fosse no dia 21 de abril. Além disso, não acreditava no general Mourão, visto como desequilibrado e pouco confiável. Então, foi para o Ministério da Guerra e comunicou-se com o general Guedes, alegando que "não foi possível fazer nenhuma articulação" no Rio de Janeiro. Portanto, continuou, "a solução é vocês voltarem, porque, senão, vão ser massacrados". Depois, conversou com Magalhães Pinto. "Se não voltarem agora, voltarão derrotados."[4] Castelo Branco, cercado por coronéis e majores que seguiam sua liderança, relatou a situação aos oficiais conspiradores: Cordeiro de Farias, Ademar de Queirós, Antônio Carlos Muricy, Ernesto Geisel, entre outros. Até o início da tarde debateram os rumos a tomar, sendo muitos deles contra e outros a favor da continuação do movimento. Ao final, Castelo Branco determinou que o general Antônio Carlos Muricy, em seu próprio automóvel, fosse ao encontro de Mourão e assumisse o comando das tropas.[5]

Ao saber da movimentação militar, Jango avaliou a situação junto aos seus ministros. O presidente e os militares que o apoiavam interpretaram a atitude de Mourão como uma simples rebelião que se esgotaria por si mesma, assim que faltassem suprimentos e apoio logístico. Irritado, mas sem se desesperar, Goulart acreditou que muito rapidamente arrasaria com Magalhães Pinto. Ele estava determinado a tomar medidas enérgicas para acabar com a rebelião em Minas Gerais. Com seus auxiliares diretos, nomes foram sondados para assumir o governo mineiro como interventor. Mas San Tiago Dantas alertou o presidente. Em tom professoral, advertiu-o: "Não devemos nos deixar perturbar pelas emoções. É hora de manter a cabeça fria. Não podemos nos dar ao luxo de sermos imprudentes." Goulart ouvia San Tiago Dantas com atenção. Tratava-se de um homem bem informado e seu ex-ministro das Relações Exteriores. "Como o senhor deve saber, presidente, o Departamento de Estado norte-americano hoje não sofre mais a influência da política de Kennedy. Sofre outras influências bem diversas. Não é improvável que esse movimento em Minas Gerais venha a ser apoiado pelo Departamento de Estado. Não é impossível que ele não tenha se deflagrado com o conhecimento e a concordância do Departamento de Estado. Não é impossível que o Departamento de Estado venha a reconhecer a existência de outro governo no território livre do Brasil." Jango, assustado com a avaliação de San Tiago Dantas, perguntou se ele estava apenas especulando. Em tom grave, ele respondeu com um lacônico "não". Na verdade, do gabinete presidencial, Dantas telefonara para Afonso Arinos, auxiliar administrativo de Magalhães Pinto. Dele, ouviu que o governo norte-americano apoiava a sublevação e que não apenas reconheceria o "estado de beligerância"[6] de Minas Gerais com apoio diplomático, como também interviria militarmente no país, se fosse preciso. Chocado com o que ouvia, Dantas o advertiu sobre a gravidade e as consequências da intervenção militar estrangeira, com o risco de secessão do Brasil, agravada com a internacionalização do conflito. Dantas ainda comunicou ao presidente que navios militares norte-americanos se dirigiam para a costa do Espírito Santo.[7] Certamente essas informações pesaram sobre a decisão de Goulart de não resistir.[8] A perspectiva de invasão norte-americana, de guerra civil, de secessão do país e de mortes — aliás, muitas mortes — o horrorizava.

Abelardo Jurema e Assis Brasil insistiram para que o presidente não se preocupasse, insuflando-lhe otimismo. Além de contar com o "patriotismo" das Forças Armadas, garantiram eles, bastaria movimentar as tropas do I Exército para esmagar os rebeldes. Eles contavam, também, com o comandante do II Exército, Amaury Kruel, um general em quem podiam confiar. No Nordeste, o general Justino Alves Bastos, comandante do IV Exército, sempre fora prestigiado pelo governo. Para Abelardo Jurema e Assis Brasil, com os três comandos, Minas seria esmagada em "48 horas".[9] Segundo informações do jornalista Carlos Chagas, o ministro da Aeronáutica, Anísio Botelho, pediu autorização ao presidente para bombardear a tropa de Mourão com napalm. Horrorizado, Jango respondeu: "Vai queimar gente? De jeito nenhum."[10] Darcy Ribeiro ligou para o presidente várias vezes, insistindo: "O brigadeiro Teixeira, aí no Rio, tem aviões e já está com metralhadoras colocadas neles. E se lamber a tropa de Mourão com rajadas de metralhadoras, a tropa volta para o quartel."[11] Para Jango, ordenar abrir fogo contra pessoas era algo muito difícil. Na verdade, segundo Darcy Ribeiro, algo impossível, mesmo que custasse a sua deposição.

No entanto, militares leais ao governo receberam a missão de impedir que Mourão avançasse sobre a Guanabara. Ao meio-dia, a avenida Brasil, na Guanabara, era tomada por duas colunas de caminhões militares que

DOIS DIAS FINAIS

se dirigiam a Juiz de Fora. Uma delas, a do Grupamento de Obuses, era constituída por 25 carros repletos de soldados e rebocavam canhões de 120 mm. Na outra, com 22 veículos, seguia o melhor contingente de infantaria da Vila Militar, o Regimento Sampaio. Além disso, de Petrópolis, partia o 1º Batalhão de Caçadores.[12] Embora a reação do governo fosse decidida, com o envio de tropas profissionais para deter os recrutas do general Mourão, Jango parecia querer evitar, a qualquer custo, soluções radicais.

O brigadeiro Francisco Teixeira, comandante da III Zona Aérea, no Rio de Janeiro, ligou para o Palácio Laranjeiras à procura do ministro da Aeronáutica. Sem encontrá-lo, falou com Abelardo Jurema de maneira enfática: "Jurema, esta é uma situação em que o governo precisa tomar uma decisão; e se tomar uma decisão, como uma ação militar de porte aqui no Rio, ele ganha essa parada, porque está todo mundo indeciso." O comandante do II Exército, Amaury Kruel, ainda não tinha aderido. Sua sugestão foi a seguinte: "Pegue um pelotão de fuzileiros do Aragão ou a PE do Exército, não precisa de tropa, apenas um pelotão, uma companhia, e prenda o Lacerda. Ataque o Palácio Guanabara e nem precisa prender o Lacerda. Ele foge e fica tudo resolvido porque desmoraliza e mostra uma decisão do governo."[13] Embora o ministro da Justiça demonstrasse gostar da proposta, nenhuma providência foi tomada pelo presidente. Em iniciativa individual, o comandante da Base Aérea de Santa Cruz e herói do Grupo de Caças que lutou na Itália, coronel-aviador Rui Moreira Lima, por conta própria, decolou em um jato de caça. Com o tempo fechado por grossas nuvens, ele voou por instrumentos por longo tempo. Em dado momento, por uma nesga clara das nuvens, mergulhou e observou a tropa em marcha. Os voos rasantes assustaram os recrutas de Mourão. Muitos deles, apavorados, embrenharam-se na mata ao largo da estrada, abandonando os caminhões repletos de armamentos. Sem mais nada que fazer, sem ordens para atirar, retornou para a Base Aérea.[14]

Enquanto isso, nos Estados Unidos, o subsecretário de Estado, George Ball, telefonava para o presidente Lyndon Johnson. Seu objetivo era repassar informações fornecidas pelo embaixador no Brasil, Lincoln Gordon. Além da movimentação de tropas de Minas para a Guanabara e das iniciativas de parlamentares em Brasília no sentido de depor Goulart, Ball informou as orientações que dera ao embaixador: "Não faça mais contato com os brasileiros até vermos como a situação vai evoluir. Acho que tem que haver mais movimentação em São Paulo para garantir que essa coisa vá adiante, porque não queremos nos comprometer antes de saber que rumo a coisa vai tomar."[15] Atuando de maneira conjunta com o secretário de Defesa Robert McNamara, o chefe do Estado-Maior Conjunto, o diretor da CIA e o comandante do Comando Sul, Ball também comunicou ao presidente o envio da força-tarefa naval para o litoral brasileiro. Além disso, navios-tanque foram deslocados de Aruba para o Brasil. "O de que eles mais vão precisar em algum momento se tiverem uma revolta bem-sucedida por lá provavelmente será gasolina para os veículos motorizados e para a aviação." Mais ainda, havia o planejamento de enviar munição para o Brasil, "mas isso terá que esperar para começarmos a enviá-la, porque provavelmente terá que ser transportada de avião, e isso só poderá ser feito depois que a situação ficar clara e tomarmos uma decisão quanto a assumir um engajamento na situação". O presidente norte-americano, após ouvir o auxiliar, respondeu: "Acho que devemos tomar todas as medidas que pudermos e estar preparados para fazer tudo que for preciso, exatamente como faríamos no Panamá — desde que seja viável de alguma maneira." A posição norte-americana, portanto, era a de esperar os acontecimentos e, se necessário, intervir militarmente no Brasil, apoiando os golpistas com armas, munição e combustível. O comandante em chefe da Esquadra do Atlântico recebeu ordens para que um porta-aviões guiasse uma força-tarefa para estacionar nas vizinhanças da cidade de Santos. Liderada pelo porta-aviões *Forrestal*, a Esquadra era composta por seis contratorpedeiros, um porta-helicópteros, quatro petroleiros e um posto de comando aerotransportado, e estava carregada com 110 toneladas de munição e 553 mil barris de combustível. Tratava-se da Operação Brother Sam. O envio da frota, no entanto, já havia sido acertado pela embaixada norte-americana no Brasil com alguns generais brasileiros. O embaixador Lincoln Gordon e o adido militar Vernon Walters, em confabulações com os generais Castelo Branco e Cordeiro de Farias, se comprometeram, no caso de deflagração de guerra civil, a abastecer os golpistas com combustíveis e a trazer para o litoral brasileiro uma força naval dos Estados Unidos para demonstração "simbólica" de poderio militar.[16]

Jango convocou o chefe do Estado-Maior das Forças Armadas, general Peri Bevilacqua ao Palácio. O militar chegou munido de um documento que, segundo ele, após consulta, expressava a opinião dos chefes dos

DOIS DIAS FINAIS

Estados-Maiores do Exército e da Aeronáutica, bem como dos oficiais-generais das três Forças Armadas subordinados a ele.[17] A avaliação era que havia um clima de apreensão e intranquilidade no país devido à ação desenvolvida por alguns políticos e organizações comunistas, cujo objetivo era pressionar os Poderes da República a partir da coação sindical, a exemplo de ameaças de greves. Ultimatos eram dados ao Congresso Nacional para aprovar a Mensagem presidencial, "sob ameaça de tomarem 'medidas concretas', segundo a expressão dos dirigentes do famigerado CGT, não excluindo a hipótese de uma paralisação geral das atividades em todo o país". O país, segundo o general, vivia sob o perigo de uma "ditadura comuno-sindical". Em sua avaliação, os inimigos das reformas são, na verdade, aqueles que "exigem em tom de ameaça de fechamento do Poder Legislativo", são os "autores intelectuais da intentona de Brasília e da recente rebelião de marinheiros e fuzileiros navais". Para o chefe do EMFA, órgãos como o CGT, a PUA, o CPOS, o FSD, entre outros, não passavam de "peçonhentos inimigos da democracia, traidores da consciência democrática nacional". O presidente, no entanto, ainda estava em tempo "de resguardar a hierarquia e a disciplina militares, alicerces das Forças Armadas, da ação maléfica dos seus inimigos, que são inimigos mortais das instituições democráticas". Os autores intelectuais da insurreição dos sargentos em Brasília eram os mesmos que se solidarizaram com a insubordinação dos marinheiros, insultando e caluniando autoridades da Marinha de Guerra. Bevilacqua reiterou que as Forças Armadas apoiavam as reformas de base em benefício do povo brasileiro. Mais ainda, as três Forças continuariam a cumprir seu dever e o presidente encontraria nelas todo o apoio, mas dentro dos limites da lei e de suas atribuições constitucionais. A preocupação do chefe do EMFA era a quebra da disciplina e da hierarquia. Foi nesse sentido que ele expressou a má repercussão nos meios militares com o evento do Automóvel Clube, "a qual degenerou, através de alguns discursos, em verdadeira apologia da indisciplina e da rebeldia". O general, por fim, garantiu que ainda era possível restabelecer a necessária confiança entre o presidente da República e as Forças Armadas, bastando que ele tomasse algumas providências. "Dentre estas, permita-me Vossa Excelência lembrar a principal: uma formal declaração de Vossa Excelência de que se oporá à deflagração de greves políticas, anunciadas pelo CGT." Jango estava recebendo um ultimato de seus generais. Aceitar a "sugestão" de seu chefe do EMFA se-

475

ria o mesmo que abrir mão de suas prerrogativas presidenciais. Seria um presidente da República dependente e obediente da cúpula militar.

No meio da tarde, Hércules Corrêa e o presidente do sindicato dos aeroviários entraram no Palácio Laranjeiras. Aos berros, o líder comunista exigiu que o Exército libertasse o dirigente do CGT, Oswaldo Pacheco, preso horas antes pelos agentes do DOPS. Um oficial disse-lhe: "Vamos com calma."[18] Hércules Corrêa, revoltado, respondeu: "Não tem calma. Nosso sindicato foi cercado. Se o Exército não quer ir que nos passe as metralhadoras." O ministro do Trabalho, Amaury Silva, interveio com tranquilidade: "Acabo de telefonar ao coronel Borges para que solte o Pacheco." A seguir, outros líderes sindicais e estudantis chegaram ao Palácio. Com a confirmação da rebelião militar, queriam armas para agir por conta própria. Goulart, por diversas vezes, respondeu a eles: "Não entrego armas a quem não sabe usá-las." Em texto manuscrito, já no exílio, ele alegou que não assumiria "a responsabilidade por massacre popular, especialmente no Rio de Janeiro, pois nos conduziria a uma situação caótica e de consequências imprevisíveis".[19]

O PSD não apoiou o golpe que estava em curso. Segundo Lucia Hippolito, o partido, ao longo de sua história, "jamais contribuiu para o rompimento da normalidade constitucional". Sentindo-se responsável pela estabilidade do regime democrático, o PSD acompanhou Jango até o final, somente rompendo com o governo em 10 de março, dias antes do comício da Central. O rompimento do PSD com o presidente foi "o sinal esperado pelos vários grupos golpistas e conspiradores civis e militares". De acordo com a autora, "o PSD – isto é, o comando nacional – passou para a oposição e não para a conspiração". [20]

Juscelino Kubitschek não participou da conspiração ou do golpe. Também não apoiou publicamente a deposição de Jango, mas, segundo Flávio Tavares, soube, com antecedência, que o movimento civil-militar ocorreria. Naquela manhã, esteve com o segundo homem da embaixada norte-americana, garantindo que estava rompendo com Goulart.[21] No final da tarde, divulgou uma nota afirmando que "a legalidade está onde estão a disciplina e a hierarquia". Depois, foi conversar com o presidente no Palácio Laranjeiras. Para evitar o golpe, propôs a Jango uma solução política: nomear um novo ministério, de caráter conservador, punir os marinheiros e lançar um manifesto de repúdio ao comunismo.[22] Ao retirar-se do encontro, nada declarou à imprensa, mas à noite encontrou-

DOIS DIAS FINAIS

se com o embaixador Lincoln Gordon, afirmando sua solidariedade ao movimento liderado pelo general Mourão.

Ainda no final da tarde, chegavam ao Palácio Laranjeiras dezenas de soldados da Polícia do Exército. O objetivo era aumentar a segurança presidencial. Em outro Palácio próximo, o Guanabara, sede do governo estadual, homens da Polícia Militar reforçavam a proteção de Carlos Lacerda. Por volta das 16h, tanques do Regimento de Reconhecimento Mecanizado cercaram o Ministério da Guerra, enquanto diversos oficiais do Exército eram convocados para se apresentarem em suas unidades. Junto a integrantes do Alto-Comando, Castelo Branco recebia colegas das outras Forças.

O ministro da Guerra, Jair Dantas Ribeiro, estava convalescendo de uma cirurgia na próstata. A princípio, tratava-se de uma operação simples, que o obrigaria a ausentar-se do Ministério por três dias apenas. Ele não sabia que seu caso era grave. Assumiu seu lugar, interinamente, o general Genaro Bomtempo, chefe de gabinete que fora promovido ao generalato recentemente, sem nenhuma intimidade com os militares mais graduados. Ao eclodir a crise, comandantes de diversas unidades, em busca de instruções, telefonaram para o gabinete do ministro. Muitos não sabiam que o general Jair estava hospitalizado. O ministro interino não se via em condições de assumir o comando, desorientando ainda mais a cadeia de comando.[23] O Ministério da Guerra, nesse dia, encontrava-se acéfalo. Sem dúvida, esse foi um problema central na crise política enfrentada pelo presidente no dia 31. Afinal, quem daria ordens para os quatro Exércitos? Não foram poucos os que sugeriram que Goulart nomeasse outro nome para o ministério. Um grupo de generais, por intermédio de Abelardo Jurema, propôs a nomeação imediata de Henrique Teixeira Lott, ainda com grande prestígio no Exército. Mas Jango não aceitou. Afinal, argumentou, o general Jair se ausentaria apenas dois ou três dias e demitir um homem hospitalizado, ameaçado de morte, além de ser uma desconsideração, poderia magoá-lo. Darcy Ribeiro insistiu, propondo a indicação de Lott. O presidente respondeu: "Como é que eu vou demitir o ministro Jair Dantas, que está de barriga aberta numa sala de operações?"[24] Os mesmos generais, então, propuseram a Jango que fosse para o Ministério da Guerra, assumisse a chefia suprema das Forças Armadas e fizesse uma proclamação ao país. O presidente também recusou a proposta, alegando que a atitude daria início à guerra civil.

Para Abelardo Jurema, Goulart estava avaliando a situação, pensando em golpes militares do passado, como o de 29 de outubro de 1945, que destituiu Vargas do poder e cujo final resultou em composições políticas.[25]

A cidade estava sob o domínio das polícias estaduais, a civil e a militar. As tropas do Exército continuavam nos quartéis. As perseguições do governo do estado da Guanabara aos sindicalistas, sobretudo lideranças do CGT, começaram no dia 30. A Polícia Civil do estado invadiu a sede da entidade e prendeu vários membros da diretoria. Clodsmidt Riani, ao perceber a chegada da polícia, desceu pelas escadas e, sem ser reconhecido, passou pelos policiais na porta do prédio. De um táxi, ainda viu os colegas serem empurrados para dentro dos camburões. De um telefone público, ligou para Francisco Plácido Chagas, tesoureiro do CNTI. Em um hotel, os dois telefonaram para o Ministério do Trabalho e para o Palácio Laranjeiras, conseguindo libertar os companheiros. No dia seguinte, com o movimento golpista em marcha, vários sindicalistas já estavam novamente presos. Ao tentarem reunir as diretorias do CGT e do CNTI, os desfalques eram imensos. Riani não conseguiu falar com nenhum líder sindical em Minas Gerais. Em outros estados, dirigentes de sindicatos igualmente foram detidos pelas polícias civis e entregues ao Exército. Com poucas opções, decretaram greve geral no país. Conseguiram paralisar os transportes urbanos, principalmente os trens suburbanos, impedindo que a população saísse de suas casas. A repressão da polícia estadual desarticulou os sindicalistas. Riani, durante a assembleia dos marítimos, recebeu um chamado pelo telefone. Goulart queria falar com ele. O presidente pedia aos sindicalistas que evitassem a deflagração de greves. Alegou que o problema em Minas Gerais seria logo contornado, sobretudo com as negociações que manteria com o comandante do II Exército, Amaury Kruel. Riani, contrariado, retrucou: "Presidente, o senhor vai me desculpar, mas o que pode manter um governo agora é só o povo na rua e nós vamos decretar a greve e está decidido."[26] Enquanto isso, nos bairros, as pessoas, impedidas de trabalhar pela falta de transportes, procuravam os mercados próximos, preocupadas em abastecer suas casas com alimentos diante da possibilidade de guerra civil.

Iniciativas de resistência ocorreram em vários pontos do país. Em Vitória de Santo Antão, em Pernambuco, militantes das Ligas Camponesas ocuparam a prefeitura, a delegacia, os correios e as estações de rádio, telefone e ferroviária, esperando as armas prometidas pelas lideranças.

DOIS DIAS FINAIS

Militantes da AP foram para o interior da Bahia com o objetivo de interditar a rodovia que liga o Rio de Janeiro ao Nordeste, separando, desse modo, o Norte do Sul do país. Esperavam pela resistência de Arraes em Pernambuco e a de Brizola no Rio Grande do Sul. Mas suas esperanças foram frustradas pelos acontecimentos. Segundo o presidente do CGT, Clodsmidt Riani, os correios e as rádios foram imediatamente tomados. Os empresários cederam automóveis e a gasolina confiscada nos postos. "Como é que o povo ia reagir? Não teve condições. Enquanto nós estávamos decidindo a greve, os outros sindicalistas nos outros estados já estavam sendo presos pela polícia civil e entregues ao Exército."[27] Em Brasília, um grupo de 35 comunistas decidiu resistir e, no dia 1º de abril, em uma fazenda próxima da capital, aprenderam a atirar com alguns revólveres. Quando se deram conta de que eram poucos, que estavam isolados e sem contato com o partido, desistiram de qualquer iniciativa de resistência. Em diversas cidades do país, o quadro se repetiu, com comunistas à procura de armas e sendo procurados pela polícia.[28]

A Diretoria da Associação dos Marinheiros e Fuzileiros Navais reuniu-se rapidamente e aguardou as ordens para resistir. Como já haviam acertado entre si as forças de esquerda, na eventualidade de golpe caberia aos fuzileiros navais neutralizar a Marinha. De fato, os líderes da Associação conseguiram, entre 25 e 31 de março, acuar a oficialidade. O novo ministro, homem de esquerda e legalista, mudara o comando das principais unidades, isolando os conspiradores. O almirante Aragão fora confirmado no comando do Corpo de Fuzileiros Navais e a maioria dos marinheiros estava em seus postos com a orientação de ficarem vigilantes. O tempo passava e nenhuma ordem de resistência chegava à Associação. Resolveram agir por conta própria: controlaram o armamento nos quartéis, aproximaram-se dos oficiais legalistas e impediram que qualquer navio levantasse âncora. Segundo Avelino Bioen Capitani, um dos líderes da Associação, "as ordens que esperávamos nunca chegaram. A sucessão rápida dos acontecimentos fugia à nossa compreensão".[29] Como Carlos Lacerda passasse a incentivar o movimento golpista pelas rádios e televisões, os fuzileiros resolveram constituir uma força para cercar o Palácio e prender o governador. Para Capitani, a tarefa seria realizada com certa facilidade. A Polícia Militar, que protegia Lacerda, estava sendo instruída pela sua Associação a resistir ao golpe. Os fuzileiros acreditavam que não encontrariam resistência. "Faltava só a ordem de João Goulart", alega. Sem as ordens, resolveram ir para as ruas, prendendo camionetes de lacerdistas e resgatando sindicalistas presos pela polícia fiel a Lacerda. Protegeram também a rádio Mayrink Veiga, que apoiava o governo. Na sede dos Correios e Telégrafos, na Praça XI, formou-se o "Comando de Resistência". Centralizando a resistência, lideranças civis e militares chamavam os fuzileiros para proteger entidades ameaçadas pelos golpistas. A multiplicação de solicitações obrigou-os a convocar marinheiros, formando unidades mistas. Ao saberem que o *Jornal do Brasil* preparava uma edição conclamando o golpe, um destacamento invadiu a gráfica e empastelou o material.

Carlos Lacerda, entrincheirado no Palácio Guanabara, estava acompanhado pelo almirante Amorim do Vale e pelo brigadeiro Eduardo Gomes, os protagonistas da tentativa de golpe de novembro de 1955. O coronel João Paulo Burnier reconciliou-se com Lacerda e, com o grupo de choque, montou um conjunto de bazucas para proteger o bunker que se formava. Generais e marechais reformados foram para a sede do governo estadual solidarizarem-se com o governador. Por alto-falantes colocados em frente ao Palácio, ele passou a fazer apelos dramáticos, retransmitidos por rádios de São Paulo.[30]

Goulart optou pela estratégia de, por telefone, tentar convencer os comandantes dos quatro Exércitos a manterem fidelidade ao governo. Ao general Justino Alves Bastos, comandante do IV Exército, perguntou como estava a situação. Ele respondeu que suas tropas estavam de prontidão, nada além disso. Contudo, o comandante apenas aguardava o desenrolar dos acontecimentos para prender Miguel Arraes e desencadear a repressão contra os movimentos de esquerda.[31] Por mais que Darcy Ribeiro, de Brasília, insistisse com o presidente para enfrentar os golpistas com armas, dispensando o telefone, ele não cedeu.[32] Na parte da tarde, Jango distribuiu aos repórteres um texto intitulado "Comunicado da Presidência da República". Após confirmar o levante dos generais Guedes e Mourão, ambos insuflados pelo governador de Minas Gerais, a nota informava que o ministro da Guerra já havia enviado tropas do I Exército para debelar a rebelião. "O movimento subversivo", dizia o comunicado, "que se filia às mesmas tentativas anteriores de golpe de Estado, sempre repudiadas pelo sentimento democrático do povo brasileiro e pelo espírito legalista das Forças Armadas, está condenado a igual malogro, esperando o Governo Federal poder comunicar oficialmente, dentre em pouco, o restabelecimento total da ordem no Estado." No

DOIS DIAS FINAIS

momento em que o governo, o povo e as Forças Armadas procuravam, pacificamente, através do Congresso Nacional, efetivar as reformas, o movimento sedicioso, tumultuando a vida do país, merecia o repúdio da Nação. Além disso, era de lamentar que o estado de Minas Gerais, depositário das melhores tradições cívicas do povo brasileiro, tenha sido escolhido como palco para uma nova aventura golpista. Por fim, em tom seguro e otimista, o comunicado finalizava: "A Nação pode permanecer tranquila. O Governo Federal manterá intangível a unidade nacional, a ordem constitucional e os princípios democráticos e cristãos em que ele se inspira, pois conta com a fidelidade das Forças Armadas e com o patriotismo do povo brasileiro."[33]

O comunicado serviu muito mais para tranquilizar Goulart que o país. Assim, diante da gravidade da situação, o general Jair Dantas Ribeiro, embora debilitado fisicamente, reassumiu o Ministério da Guerra. Inicialmente, manteve contatos com o comandante do I Exército, general Armando de Moraes Âncora, despachando ordens.[34] A seguir, distribuiu uma nota aos comandantes dos quatro Exércitos declarando que a ordem seria preservada a qualquer preço. Para garantir suas determinações, transferiu o general Benjamin Galhardo do comando do III Exército para a chefia do Estado-Maior do Exército, no lugar de Castelo Branco, acusado de conspiração. Por esse motivo, ele deveria ser preso na Fortaleza de Laje. Na Marinha, o almirante Aragão mobilizou as tropas dos fuzileiros e, na Vila Militar, o general Oromar Osório determinou que os soldados ficassem de prontidão. Em Brasília, o general Nicolau Fico, junto a Darcy Ribeiro, ordenou o mesmo para as tropas da 11ª Região Militar. Mas a iniciativa de maior impacto foi o envio do Regimento Sampaio e do 1º Grupamento de Obuses para barrar a marcha de Mourão. O desequilíbrio bélico entre as duas tropas era imenso. Diante do Regimento Sampaio, os recrutas de Mourão não teriam a menor chance. Até aquele momento, o golpe parecia condenado ao fracasso. O I e o III Exércitos confirmaram fidelidade ao governo. O general Amaury Kruel, comandante do II Exército ainda não tinha se manifestado. Castelo Branco, com ordem de prisão, deixou o prédio do Ministério da Guerra por volta das 16h e, junto com o general Ernesto Geisel, escondeu-se em um apartamento em Copacabana. Além disso, um avião T-6 da FAB jogou dois tipos de panfletos sobre Juiz de Fora. O primeiro era o "Comunicado da Presidência da República"; o segundo, uma nota oficial do ministro da

481

Guerra. No documento, ele exonerava os generais Guedes e Mourão e garantia: "Não hesitarei em sacrificar minha própria saúde para cumprir este dever que tenho para com minha pátria e para com o regime democrático que defendo. Haveremos de cumprir nossa missão haja o que houver, custe o que custar."[35]

Convocado ao Palácio Laranjeiras, o general Ladário Telles recebeu de Goulart a ordem para assumir o comando do III Exército. Um avião já estava pronto para levá-lo a Porto Alegre. O general, reconhecidamente disciplinado e legalista, perguntou qual seria o tratamento a ser dado ao governador do estado Ildo Meneghetti. "Tratamento duro", respondeu, "e faça-lhe sentir que o meu mandato é intocável, porque é delegação da maioria do povo brasileiro." Mas o general não recebeu nenhuma ordem no sentido de quebra dos preceitos constitucionais. Ele assumia o cargo para garanti-los.

As medidas, porém, não surtiriam efeito. Não se tratava, naquele momento, de um levante promovido por facções minoritárias das Forças Armadas em aliança com grupos civis golpistas descontentes com derrotas eleitorais, ambos desconhecendo o conjunto da sociedade, como ocorrera na crise de agosto de 1954, na crise sucessória de 1955, em Aragarças e Jacareacanga no governo Juscelino ou na luta pela posse de Goulart em agosto de 1961. Tratava-se do conjunto da oficialidade das três Forças, temendo a integridade das próprias corporações, com o apoio de amplos grupos sociais e de instituições da sociedade civil.

O *Jornal do Brasil* defendeu a marcha do general Mourão. Segundo o texto, "a legalidade está conosco. Estamos lutando por ela e vamos restabelecê-la. O Congresso será chamado a dizer quem substituirá o caudilho até às eleições de 1965. A legalidade está conosco e não com o caudilho aliado ao comunismo. As opções estão feitas e vamos para a vitória".[36]

Em Minas Gerais, o comandante da Base Aérea aderiu ao movimento. Líderes estudantis foram presos. Tropas de São João del-Rey e Belo Horizonte deslocaram-se para Juiz de Fora para se encontrarem com os revoltosos. Magalhães Pinto lançou um novo manifesto. O governador de Goiás, Mauro Borges, que, em 1961, se insurgira contra os ministros militares para garantir a posse de Goulart, defendeu o levante. Por meio de uma nota, condenou o presidente por desprestigiar o ministro da Marinha para agradar os comunistas, além de promover a quebra da disciplina e da hierarquia nas Forças Armadas. Em São Paulo, as esquer-

DOIS DIAS FINAIS

das se desarticularam diante do golpe. O Fórum Sindical de Debates e o Comando Estadual dos Trabalhadores, diante da repressão, não encontraram meios para reagir. A greve geral deflagrada pelo CGT não obteve repercussão. A sociedade estava cansada.

Enquanto as tropas do Regimento Sampaio, do 1º Grupamento de Obuses e do 1º Batalhão de Caçadores de Petrópolis se movimentavam em direção a Juiz de Fora, Goulart e seus auxiliares começaram a mostrar preocupações. Notícias vindas de São Paulo e do Recife eram desencontradas. No entanto, o ministro da Guerra, diante das grandes tensões e ainda convalescente da cirurgia, teve uma recaída e foi novamente internado no Hospital dos Servidores. Ali foi submetido a uma segunda cirurgia. Os médicos descobriram que seu caso era muito grave: câncer na próstata. Jango nomeou o general Moraes Âncora para substituí-lo. A indicação, contudo, veio tarde demais.

Na verdade, a grande preocupação de Jango era com São Paulo, especialmente com o general Amaury Kruel. A Marinha estava completamente dominada pelos marinheiros e a Aeronáutica paralisada pela ação dos sargentos. A questão final seria resolvida pelas forças de terra. O comandante do III Exército, general Ladário Telles, fora nomeado para o cargo exatamente por sua lealdade. O silêncio do comandante do IV Exército significava que estava esperando o momento oportuno para aderir à rebelião. Porém a postura do comandante do II Exército, amigo pessoal do presidente, era preocupante. Para Mário Victor, "Goulart tinha a certeza de que o general Kruel não o deixava abandonado". Jango estava enganado, ou necessitava se enganar. Ainda no dia 31, as tropas, os tanques, materiais de artilharia, jipes e carros blindados do II Exército estacionaram no Ibirapuera. Segundo Elio Gaspari, Amaury Kruel não estava traindo, apenas não sabia bem o que fazer. No início da tarde deixou o posto no centro da cidade e, receoso de um ataque de grupos golpistas, refugiou-se no prédio da 2ª Divisão de Infantaria, no Ibirapuera, mas à noite retornou ao Quartel-General. Ao tentar adiar as decisões, ele começou a perder sua autoridade sobre a oficialidade. O general Carlos Alberto Cabral Ribeiro, comandante do 4º Regimento de Infantaria, guarnição importante no II Exército, por exemplo, estava alinhado com os golpistas. Amaury Kruel tinha poucas opções. Assim, por volta das 22h, Ademar de Barros assumiu os microfones das rádios. "Mineiros", disse o governador, "vocês contarão conosco, pois os paulistas estão unidos, todos os poderes, todas as forças. Venho dizer-lhes que estamos unidos, não apenas nós, civis, nós, paisanos, mas também o glorioso Exército Nacional, em São Paulo, sob o comando de um dos mais bravos militares, o general Amaury Kruel." Logo depois, o comandante declarou: "O II Exército, sob o meu comando, coeso e disciplinado, unido em torno de seu chefe, acaba de assumir atitude de grave responsabilidade, com o objetivo de salvar a Pátria, livrando-a do jugo vermelho."[37] Reunindo seus generais, ele alegou que o movimento não visava à derrubada da democracia, mas tão somente ao restabelecimento da ordem, da disciplina e da hierarquia nas Forças Armadas, afastando os comunistas do governo. O único general que não o seguiu foi Euryclides de Jesus Zerbini. Vários generais, todos do Rio de Janeiro, por telefone, fizeram um apelo a Amaury Kruel para que recuasse de sua decisão. Alguns lembraram sua amizade com Goulart. Sua resposta era a mesma. Por diversas vezes, como amigo, aconselhara o presidente a abandonar a companhia dos comunistas, porque eles levariam o país a uma guerra civil. "Agora já é tarde demais, porque a guerra civil já vai eclodir."[38] Mais adiante, ele passou a receber telefonemas do Palácio Laranjeiras. Primeiro foi o do secretário do presidente, Eugênio Caillard, querendo saber sua posição. Depois, de Abelardo Jurema. Aos dois declarou que apoiava Mourão. Mais tarde, Abelardo Jurema ligou outra vez, mas o general não atendeu. Por fim, o próprio Goulart o procurou. Ao presidente e amigo, Amaury Kruel disse que não queria derrubar ninguém, mas que lutava pela vida institucional das Forças Armadas, "que começa a ser minada por organismos espúrios". Com frases reticentes, Jango se despediu. À noite, ele voltou a ligar para Kruel. A conversa foi difícil. Kruel fez um apelo para que Jango abandonasse os comunistas, senão ele próprio é que seria abandonado. O diálogo entre os dois foi definitivo:

> — Presidente, o senhor é capaz de prometer-me que vai se desligar dos comunistas e decretar medidas concretas a esse respeito?
> — General, sou um homem político. Tenho compromisso com os partidos e não posso abandoná-los ante a pressão dos militares. Não posso também deixar de lado as forças populares que me apoiam.
> — Então, presidente, nada podemos fazer. E isto é a opinião dos generais aqui presentes.

DOIS DIAS FINAIS

Goulart tentou enfrentar a situação negociando, insistindo no entendimento, não percebendo que se tratava de um confronto inegociável, assim como desejavam as esquerdas e as direitas:

— Por que o general não vem ao Rio, conferenciar comigo e com os demais comandantes do Exército? Creio que arranjaremos as coisas.

— Não posso atender, presidente. Tenho compromissos com a linha de conduta que tracei para mim desde quando ministro da Guerra, contra o comunismo e em defesa do Exército, e não posso traí-la.

Ambos defendiam princípios inegociáveis. Kruel corria o risco de perder a legitimidade de seu comando e, no limite, era fiel à sua instituição, mesmo que com o sacrifício da democracia; Goulart igualmente mantinha fidelidade às suas bases — as esquerdas e os sindicatos — embora, com isso, arriscasse as instituições democráticas. Sem entendimento, desligaram os telefones. À meia-noite, por sugestão do general Aluízio Mendes, Kruel novamente ligou para o presidente, insistindo no afastamento dos comunistas do governo. Jango recusou. Ele sabia que a democracia já estava condenada. Mesmo que cedesse aos seus apelos e conseguisse se manter na presidência, seria um homem tutelado por generais, impedido de realizar as reformas e, mais grave, compactuando com a repressão sobre os sindicatos e as esquerdas. Um testa de ferro a serviço de setores reacionários e de direita. Para ele, isso seria inadmissível. Preferia cair de pé a assumir um papel tão triste.

Sem conseguir dobrar o presidente, Kruel deslocou as tropas do II Exército e da Força Pública do estado para o vale do Paraíba, em direção à Guanabara. Oficiais e cadetes da Academia Militar de Agulhas Negras, na cidade de Resende, a meio caminho entre o Rio e São Paulo, sob o comando do general Médici, cavaram trincheiras e dominaram a rodovia Dutra, em apoio às tropas de Kruel.[39] Para a Guanabara marchavam as colunas vindas de Minas Gerais e de São Paulo. Ao mesmo tempo, as tropas leais ao governo, comandadas pelo general Cunha Melo, avançavam para deter Mourão. Contudo, o general Odílio Denys, apoiando Mourão, assumiu a missão de convencer o general Cunha Melo a trocar de lado. Em Três Rios, cidade do Rio de Janeiro próxima à divisa de Minas Gerais, o Regimento Sampaio uniu-se às tropas do 1º Batalhão de Caçadores. Naquela pequena cidade, sem dificuldades, eles poderiam derro-

485

tar a "Operação Popeye". Quando as tropas se encontraram, o general Cunha Melo, que já havia conversado com Denys, declarou para seus oficiais: "Aqueles que querem aderir à revolução têm que fazê-lo agora, porque vamos acabar brigando." A maior parte passou para o lado da "revolução".[40] O combate não ocorreu porque, após a rebelião dos marinheiros e o discurso presidencial no Automóvel Clube, interessava aos dois lados a manutenção da disciplina e da hierarquia, reforçada, segundo análise de Pedro Gomes, pelo sentimento anticomunista. A questão deixou de ser a lealdade ou a insubordinação ao presidente da República para se tornar um problema de identidade da categoria.[41] Acrescentaria, ainda, de defesa e de sobrevivência da própria instituição militar.

No Palácio Laranjeiras, Goulart, Assis Brasil, Abelardo Jurema e Raul Ryff recebiam, a cada hora, notícias desanimadoras. No Recife, os comandantes do IV Exército e do 3º Distrito Naval aderiram aos rebeldes. Em Barra Mansa, Rio de Janeiro, o Grupo de Artilharia da Vila Militar, cujo objetivo era deter o avanço das tropas de Kruel, igualmente apoiou o movimento. A IX Região Militar, em Mato Grosso, e a VI Região Militar, na Bahia, também se solidarizaram com a rebelião. No Rio Grande do Sul, o general Ladário Telles controlava Porto Alegre, mas as unidades de Uruguaiana, Santa Maria e Cruz Alta não mais lhe obedeciam. O governador Ildo Meneghetti, refugiado em uma cidade do interior, ordenou, com sucesso, que a Brigada Militar apoiasse a revolta. Um manifesto assinado pelos generais Castelo Branco, Costa e Silva e Décio Palmeira Escobar, conclamando todos os militares a apoiarem o movimento, foi lançado ainda no dia 31.

No comando do IV Exército, o general Justino Alves Bastos, percebendo que os conspiradores venceriam, tomou posição ao lado deles, ordenando a prisão de Arraes.[42] Com uma pequena tropa, um coronel encontrou o governador solitário em seu gabinete: "V. Exa. está preso e deposto. Está preso em sua residência, para onde deverá ser recolhido", disse o oficial. Arraes limitou-se a responder: "Não tenho casa. Moro no Palácio." Com serenidade, ainda afirmou: "Estranho esse desfecho." Recolheu-se, então, ao seu quarto. Na primeira oportunidade, telefonou para Assis Brasil. Dele, ouviu o seguinte incentivo: "Resista, governador, porque estamos vencendo em todas as frentes." Certamente as palavras do chefe da Casa Militar não surpreenderam Arraes, mas, sim, a pouca resistência oferecida pelos movimentos populares e grupos de esquerda.

DOIS DIAS FINAIS

No porto do Recife, o início de uma greve foi reprimido pela Marinha. Gregório Bezerra incentivou uma revolta camponesa no sul do estado. Preso, foi arrastado pelas ruas do Recife em um carro do Exército. Uma rádio e uma estação ferroviária foram tomadas por populares, mas logo invadidas por forças da repressão. Miguel Arraes foi levado para o quartel da 14ª Região Militar e, mais tarde, confinado em Fernando de Noronha, onde permaneceu durante um ano. Na avaliação de Elio Gaspari, "a cúpula militar manteve um olho para cima, esperando pela ação do governo, e outro para baixo, esperando a reação dos oficiais. A inércia do governo exacerbou-lhe as vulnerabilidades, tanto no sentido vertical — da linha de comandos — como no horizontal — na base da oficialidade". A tomada de posição de Kruel, após um dia de silêncio, e a espera prudente de Justino resultaram da decomposição das bases militares do governo. Os dois generais esperaram para ver para que lado o vento sopraria.[43]

Enquanto Jango e seus auxiliares acompanhavam os acontecimentos, uma senhora, cuja filha estava noiva de um funcionário que trabalhava na presidência da República, preocupada com os acontecimentos, foi até o Palácio Laranjeiras. Sem ser notada pelos sentinelas, atravessou a portaria e entrou no prédio. Quando seu futuro genro a viu, levou um susto. Percebeu, naquele instante, quanto o Palácio estava desprotegido. Para complicar ainda mais a dramática situação no Laranjeiras, Braguinha, chefe dos cozinheiros, sofreu um infarto fulminante, vindo a falecer. Ele já havia servido a muitos presidentes, presenciara várias crises políticas, mas não resistiu àquele dia.[44]

Passava da meia-noite, e Goulart chegava nas primeiras horas do dia 1º de abril. Nesse momento, já fora informado de que o Regimento Sampaio aderira aos revoltosos. A notícia foi recebida como sinal de evidente derrota. Mourão agora marchava para a Guanabara com militares profissionais. Com a greve decretada pelo CGT, o Rio de Janeiro amanheceu sem transportes e com uma chuva fina. Os mercados, logo ao abrirem, ficaram lotados de pessoas que, preocupadas com a possibilidade de guerra civil, queriam se abastecer de mantimentos. Kruel movimentava suas tropas com o objetivo de tomar a Guanabara e, depois, Brasília. Ao mesmo tempo, o comandante do Forte de Copacabana e alguns oficiais também se rebelaram. O general Henrique Almeida de Morais, comandante do Gru-

JOÃO GOULART – UMA BIOGRAFIA

po de Artilharia da Costa, acompanhado de alguns homens, se dispôs a resistir. No entanto, o general César Montana de Souza, da Escola de Comando do Estado-Maior, com 20 oficiais, prendeu o general Henrique.[45] Para o presidente e seus amigos mais próximos, era desconcertante como uma pequena tropa, mal armada e municiada, liderada por um general sem grande prestígio, pudesse ter arregimentado, em menos de 24 horas, a maioria da oficialidade do Exército. Desesperado, o capitão Eduardo Chuay perguntava ao general Assis Brasil onde estava o tal "dispositivo militar". O dispositivo não existia, souberam todos naqueles dias. Mas a questão fundamental não era essa. O importante era que a revolta dos marinheiros e a ida de Jango à solenidade do Automóvel Clube desestabilizaram as Forças Armadas. Como afirma Elio Gaspari, "a organização militar, baseada em princípios simples, claros e antigos, estava em processo de dissolução. Haviam sido abaladas a disciplina e a hierarquia".[46] Desde 1961, algumas unidades militares viviam sob uma espécie de duplo comando, entre oficiais e sargentos. Marinheiros utilizavam a rede de transmissão dos navios para divulgar palavras de ordem. Oficiais simpáticos ao governo, sem contar os "generais do povo", protegiam os diversos atentados à disciplina, enquanto outros, com receio de enfrentar o "dispositivo militar" e sofrer punições, toleravam tudo aquilo. No entanto, "a revolta dos marujos ofendeu a grande massa politicamente amorfa. O levante de Mourão sugeriu-lhe a possibilidade do desafio. A inércia do governo incentivou-a a mover-se ou, pelo menos, a não fazer nada".

Em Porto Alegre, no comando do III Exército, Ladário Telles organizou grupos táticos que tomaram estradas e ferrovias, evitando o avanço de tropas que viessem de São Paulo. Na manhã do dia 1º de abril, Leonel Brizola o procurou com o objetivo de formar uma rede de rádio, reeditando a Rede da Legalidade. O general, imediatamente, tomou todas as emissoras da capital, entregando-as ao líder trabalhista. A partir daí, o general e o deputado passaram a trabalhar juntos. Porém, muitas guarnições, como a 3ª Divisão de Infantaria e Guarnição de Santa Maria, declararam-se rebeldes, apoiando a deposição de Goulart. A chefia da Brigada Militar gaúcha não reconheceu a autoridade do comandante do III Exército e manteve sua fidelidade ao governador Meneghetti. Ladário tentava, com dificuldades, manter a solidez da hierarquia ao lado da legalidade.[47] Em Brasília, Maria Thereza aguardava os acontecimentos. Somente no dia 1º ela recebeu um telefonema do marido: "Você aguarda

488

DOIS DIAS FINAIS

aí que alguém vai entrar em contato contigo. Eu estou aqui no Palácio Laranjeiras, ainda não sei bem o que fazer."[48]

Embora fosse um governo com base nos fundamentos legais e constitucionais, Jango perdia muito rapidamente a capacidade de exercer a sua autoridade. De diversas frentes surgiam ataques à sua legitimidade no cargo. O *Correio da Manhã* saiu das rotativas com um editorial ainda mais agressivo que o do dia anterior. Com o título "Fora", o jornal publicou:

> Art. 83. Parágrafo único. O Presidente da República prestará, no ato da posse, este compromisso: "Prometo manter, defender e cumprir a Constituição da República, observar as suas leis, promover o bem geral do Brasil, sustentar-lhe a união, a integridade e a independência."
>
> Este foi o juramento prestado pelo Sr. João Goulart no dia 7 de setembro de 1961, perante o Congresso Nacional.
>
> Jurou e não cumpriu.
>
> Não é mais presidente da República.
>
> Fora!
>
> A Nação não mais suporta a permanência do Sr. João Goulart à frente do Governo. Chegou ao limite final a capacidade de tolerá-lo por mais tempo. Não resta outra saída ao Sr. João Goulart senão a de entregar o Governo ao seu legítimo sucessor. Só há uma coisa a dizer ao Sr. João Goulart: saia. (...)
>
> O Sr. João Goulart iniciou a sedição no País. Não é possível continuar no poder. Jogou os civis contra os militares e os militares contra os próprios militares. É o maior responsável pela guerra fratricida que se esboça no território nacional. (...)
>
> Nós do *Correio da Manhã* defendemos intransigentemente em agosto e setembro de 1961 a posse do Sr. João Goulart, a fim de manter a legalidade constitucional. Hoje, como ontem, queremos preservar a Constituição. O Sr. João Goulart deve entregar o Governo ao seu sucessor, porque não pode mais governar o País.[49]

Nesse momento, o governo de Jango já estava condenado, embora uma cadeia de rádios formada pela Nacional, Mayrink Veiga, Continental e Ministério da Educação se esforçasse para criar a imagem de que as esquerdas, o movimento sindical e os estudantes iriam reagir. Sozinho, o presidente começou a receber ultimatos de seus generais. Do hospital, o ministro da Guerra, por telefone, declarou: "Presidente, eu ainda me proponho a garanti-lo na presidência da República se houver de sua parte uma declaração rompendo com o Comando Geral dos Trabalhadores." A resposta foi imediata: "Não posso abrir mão de nenhuma força que esteja me apoiando, general." O ministro respondeu: "Pois então, a partir deste momento, não sou mais seu ministro da Guerra." Goulart retrucou: "Nesse caso o senhor está me abandonando, general." Jair Dantas Ribeiro foi categórico: "Não, presidente, o senhor é quem está fazendo uma opção", e desligou o telefone. Dirigindo-se ao general Moraes Âncora, Jango perguntou se podia contar com ele. O comandante do I Exército respondeu: "Eu fico com o senhor, presidente, mas para cair sozinho ao seu lado."[50] Goulart, então, o nomeou ministro da Guerra e o incumbiu de ir ao encontro do general Kruel para demovê-lo de continuar ao lado das tropas insurgentes. O general Âncora aceitou a ordem de procurar Kruel, mas aconselhou o presidente a sair da Guanabara, já contando com a tomada do Palácio Laranjeiras, seguida de sua detenção e das humilhações que sofreria. Jango concordou.

O almirante Aragão esperava ordens de Goulart para prender Lacerda. Ele estava disposto a invadir o Palácio Guanabara, travar batalha com as polícias militares e civis do estado e deter o governador. Para as forças legalistas, a prisão de Lacerda poderia impedir o golpe, ou pelo menos sustar o movimento de adesão que avançava em muitos comandos. Mas a ordem não veio. Às 2h do dia 1º, Aragão foi convocado pelo general Moraes Âncora, que respondia pelo ministério da Guerra. Dele, recebeu a instrução de não prender Lacerda. Decepcionado, o almirante, ao sair, comentou com dois outros militares: "Estamos sendo traídos."[51] A resistência não ocorreu, segundo Aragão, pela falta de uma voz de comando. A cadeia de comando, de fato, não respondia. O sargento-fuzileiro naval Narciso Júlio Gonçalves, por exemplo, saiu da Associação dos Sargentos e pediu orientações ao seu comandante imediato. Segundo ele, "havia um acordo tácito entre a oficialidade progressista e os sargentos para que a reação ao golpe fosse comandada por oficiais, por uma questão de respeito à hierarquia". Seu superior, almirante Washington Frazão Braga, respondeu que estava esperando ordens de seu superior, o almirante Aragão. Acima dele, o general Âncora não permitiu a resistência, obedecendo ao comandante em chefe das Forças Armadas: João Goulart.

DOIS DIAS FINAIS

Diversos grupos se mobilizaram para a resistência. O CGT, o PUA, o CPOS, a União dos Portuários, o Sindicato dos Ferroviários da Leopoldina, a UNE, a UME, a UBES, o CACO, ex-pracinhas, sargentos, fuzileiros navais, organizações populares, comunistas, brizolistas, entre outros. Contudo, nenhuma ordem vinha do Palácio Laranjeiras. Enquanto isso, as polícias militar e civil do governo do estado tomaram pontos estratégicos, como estações ferroviárias, rodovias e aeroportos, bem como entradas de acesso da cidade. A Polícia Militar ocupou a Federação Nacional dos Estivadores, prendendo Hércules Corrêa e Oswaldo Pacheco, imediatamente soltos por um contingente da 1ª Zona Aérea. Além disso, o governo perdeu os meios de comunicação.[52] Sem ordens de comando, a desorientação tomou conta dos legalistas. Na verdade, mesmo que as comunicações fossem mantidas, as ordens não viriam.

Lacerda, em seu bunker no Palácio Guanabara, desafiava abertamente o governo. Pelos alto-falantes em frente ao Palácio, com retransmissão pelas rádios paulistas, vociferava: "Meus amigos de Minas, meus patrícios, ajudem-me, ajudem o governo da Guanabara, sitiado, mas indômito, cercado, mas disposto a todas as resistências. O Brasil não quer Caim na presidência da República. Que fizeste de teus irmãos? De teus irmãos que iam ser mortos por teus cúmplices comunistas, de teus irmãos que eram roubados para que tu te transformasses no maior latifundiário e ladrão do Brasil? Abaixo João Goulart." Sobre o suposto ataque ao Palácio pelas tropas de fuzileiros navais chefiadas pelo almirante Aragão, Lacerda gritava nos microfones: "O Palácio Guanabara está sendo atacado, neste momento, por um bando de desesperados. Fuzileiros, deixem suas armas, porque vocês estão sendo 'tocados' por um oficial inescrupuloso. Aragão, covarde, incestuoso, deixe os seus soldados e venha decidir comigo essa parada. Quero matá-lo com o meu revólver! Ouviu, Aragão? De homem para homem. Os soldados nada têm que ver com isto."[53] Na verdade, não havia ataque algum.

Novamente o comandante Aragão, junto a majores e capitães, procurou o presidente e pediu autorização para prender Lacerda e tomar o Palácio Guanabara. A resposta foi outra recusa. A atitude de Goulart de não prender Lacerda, sem dúvida, foi decisiva para o avanço dos golpistas. Evitar a guerra civil, que sempre norteou seu comportamento naqueles dias, contou em sua decisão. Algo a mais certamente pesou para que ele impedisse Aragão de prender o governador da Guanabara. Segundo depoimento de Darcy Ribeiro, Jango, com base em informações prestadas por San Tiago Dantas, disse ao seu chefe da Casa Civil que havia uma frota norte-americana no litoral brasileiro se aproximando do Rio de Janeiro. Se Lacerda fosse preso os navios de guerra entrariam na baía de Guanabara.[54] O presidente sabia da presença da esquadra norte-americana. Ao cunhado João José Fontella, anos mais tarde, confidenciou que, se "abrisse fogo" contra Lacerda, os marines desembarcariam.[55] O banho de sangue seria inevitável, de consequências imprevisíveis. A prisão do governador da Guanabara, portanto, significaria o desencadear da guerra civil e a invasão de tropas estrangeiras no país.

Ainda na manhã do dia 1º, Moraes Âncora e outros generais foram ao Palácio Laranjeiras expor o quadro político ao presidente, sugerindo que deixasse a Guanabara, por falta de segurança. Convencido por eles a deixar a cidade, Jango ligou para Francisco Teixeira, comandante da III Zona Aérea: "Olhe, Teixeira, estou telefonando pelo seguinte: eu vou a Brasília." Assustado, o comandante não se conteve: "Mas, presidente, o senhor vai a Brasília? O negócio é aqui!" Goulart desconversou: "Não, eu vou a Brasília, tenho que pegar uns papéis muito reservados, mas volto. Estou lhe telefonando porque, como vocês na Aeronáutica têm umas comunicações boas com Brasília, é para você ficar atento."[56] Por volta das 13h saiu do Palácio, segundo depoimento de Raul Ryff, com calma, pelo menos aparente. Em uma Mercedes com chapa fria, acompanhado pelo secretário Caillard, um ajudante de ordens e o motorista, sem seguranças, dirigiu-se ao aeroporto. Antes de entrar no automóvel, confidenciou a Raul Ryff: "Vamos. Vou sair daqui. Vou a Brasília. Isto aqui está se transformando em uma armadilha."[57] Também foi à capital federal para buscar sua família e colocá-la, a salvo, em um avião cujo destino era São Borja. Para facilitar a saída de Goulart da Guanabara, ferroviários da Leopoldina atravessaram um trem na avenida Francisco Bicalho, impedindo o acesso à avenida Presidente Vargas. A estação Barão de Mauá ficou ocupada até o presidente sair a salvo.[58] Com Jango, seguiram para Brasília os ministros Amaury Silva, Osvaldo Lima Filho, Wilson Fadul, o general Assis Brasil, o secretário Caillard e Oliveira, chefe do cerimonial da presidência.

Logo depois, Iara Vargas e Tenório Cavalcanti chegaram ao Palácio. Ao descobrir que o presidente tinha partido, Iara, do andar de cima, gritou para todos: "O Jango foi embora!" Era hora de debandar. "Sem o

DOIS DIAS FINAIS

chefe", perguntou João Pinheiro Neto, "o que poderíamos fazer?" Goulart foi a Brasília, mas instruiu o ministro da Guerra, Moraes Âncora, a procurar o general Kruel e negociar com ele. Tratava-se de um último esforço para demovê-lo da ideia de se aliar aos rebeldes. No fusca de Tenório Cavalcanti, Pinheiro Neto e Expedito Machado foram para a Terceira Zona Aérea. Ali, o brigadeiro Francisco Teixeira os protegeria, além de dispor de rádios para comunicação.

Na sede dos Correios e Telégrafos, o Comitê de Resistência continuava atuando. Sindicalistas, políticos, estudantes e fuzileiros lideravam a resistência. Diante da determinação dos fuzileiros de não recuarem, o coronel Dagoberto Rodrigues, diretor dos Correios, com apoio de alguns deputados, disse-lhes: "Vocês já cumpriram sua parte e agora devem aguardar as ordens do presidente ou as nossas antes de tomar qualquer outra iniciativa. O presidente Goulart está se dirigindo a Brasília e de lá comandará a liquidação do golpe."[59] Contrariados, os líderes dos fuzileiros se reuniram e concluíram que o Comando de Resistência não comandava nada. Discretamente, saíram do prédio e organizaram algumas missões. O cabo Anselmo formaria um batalhão com operários e marítimos, conseguindo 300 pessoas. O tenente-fuzileiro Arinos, instruído a ir até a sede da UNE convocar estudantes, encontrou 50 deles assistindo ao golpe pela televisão, acreditando que as tropas do I Exército bateriam o general Mourão. Frustrados, os fuzileiros não conseguiram mobilizá-los. "Na tentativa de organizar outras forças", diz Capitani, "a diretoria acabou dispersando. As notícias continuavam chegando confusas e desencontradas, mas sempre alarmantes..."

Enquanto Goulart estava no Palácio Laranjeiras, ainda havia uma atmosfera de otimismo. A Polícia do Exército, os Fuzileiros Navais e os tanques defendiam o presidente. Sua ida a Brasília, no entanto, desorientou a todos, sendo interpretada como uma fuga, como se ele houvesse renunciado. Os soldados ficaram confusos com o desaparecimento do tenente que os comandava. Um sargento, irritado com a falta de ordem da tropa, gritou: "Por que estão esperando? Reajam!" Um deles respondeu: "Reagir como, sargento? Contra quem?" Eles viam ministros, garçons e mesmo alguns soldados abandonarem o Palácio.[60]

A notícia de que Jango deixara o Rio de Janeiro e fora para Brasília logo correu a cidade. A atitude do presidente foi interpretada como uma fuga, como se houvesse capitulado ou, talvez, renunciado. Nos bairros ricos, muitos comemoraram com festas. De Copacabana à Tijuca, lençóis brancos eram estendidos nas janelas dos edifícios. Os gritos de vitória se misturavam ao eco dos tiros de canhão do Forte de Copacabana. As chuvas de papel picado caíam sobre os carros que desfilavam com a bandeira nacional. Em São Paulo e em Belo Horizonte, manifestações similares ocorreram. No Palácio Guanabara, o governador Carlos Lacerda, acompanhado do brigadeiro Eduardo Gomes e dos almirantes Amorim do Vale e Pena Boto, líderes do movimento golpista de novembro de 1955, esperavam o desenrolar dos acontecimentos, protegidos pela Polícia Militar e por um corpo de voluntários. Como observou Mário Victor, parecia a desforra do que sofreram nove anos antes.[61]

Ao confirmar a notícia de que Goulart deixara o Palácio Guanabara, Lacerda liberou as forças golpistas no estado. Carlos Vereza, nesse momento na Cinelândia, onde haveria uma manifestação, viu que, das janelas do Clube Militar, militares atiravam contra o povo. Para Vianinha, que o acompanhava, comentou: "Que loucura é essa? Estavam protegendo a gente no comício do dia 13! Hoje estão atirando em nós?" Viu um jovem cair com um tiro na testa. Foram, então, para a Praia do Flamengo. Lá, os colegas montavam uma barricada. Um homem, na calçada, com um revólver na mão, começou a insultar os estudantes. Pelas costas, Vereza derrubou-o, tomando-lhe a arma. Ao entrarem nas dependências da UNE, começaram a ouvir pelo rádio que as adesões ao golpe eram contínuas. Procurados por um grupo de fuzileiros navais oferecendo-lhes armas, os estudantes, vendo tudo perdido, disseram: "Nessa altura, não adianta, vai ser um massacre."[62] A seguir, dezenas de lacerdistas saíram de alguns carros, espancaram os jovens e incendiaram o prédio da UNE.

Grupos paramilitares, partidários do governador, também invadiram e depredaram as oficinas da *Última Hora*. A Federação Nacional dos Estivadores, dos Marítimos e outras organizações sindicais foram tomadas pelas forças golpistas. O Ministério do Trabalho, com sede na Guanabara, foi cercado pelos bandos lacerdistas. Nesse momento, milhares de pessoas foram presas. Na Cinelândia, centenas de estudantes e populares aguardavam os acontecimentos. Ao perceberem a chegada das tropas militares, começaram a aplaudir, pensando tratar-se da cobertura enviada por Goulart. No entanto, segundo José Gomes Talarico, logo as ilusões foram desfeitas.[63] Enfileirados, os soldados empurraram os manifestantes até a avenida Beira-Mar, deixando um saldo de muitos estudantes presos

DOIS DIAS FINAIS

e feridos. A embaixada da Bélgica foi invadida e os representantes da Missão Comercial chinesa foram presos. Ao lado das viaturas militares, automóveis de partidários de Carlos Lacerda participaram das perseguições a parlamentares trabalhistas, a exemplo da depredação da casa de Talarico.

Por volta das 17h, um general do Exército que também conspirava contra Jango, mas não fazia parte do círculo de Castelo Branco, saiu de seu gabinete no Departamento de Produção e Obras, repartição que chefiava, e, determinado, foi para o prédio do Ministério da Guerra. Antecipando-se a Castelo Branco, em atitude ousada, Artur da Costa e Silva, aproveitando que Moraes Âncora estava em Resende, entrou nas dependências do Ministério da Guerra e, alegando ser o general mais antigo naquele momento, nomeou-se ministro. Pouco depois, instituiria o "Comando Supremo da Revolução", nomeando-se chefe.

Duas batalhas estavam sendo travadas naquela hora. A primeira, pelas ondas dos rádios. Nesse caso, enquanto as emissoras de São Paulo garantiam a legalidade do levante, enumerando, seguidamente, as tropas que aderiam, as do Rio de Janeiro defendiam a legalidade do governo de Goulart, mas limitando-se a lançar apelos isolados a personalidades políticas para que defendessem o mandato do presidente. Se essa batalha já estava perdida para defensores de Jango, a derrota foi total quando, às 14, a rádio Nacional saiu do ar. A segunda batalha, mais importante, ocorria pelo telefone. O general Moraes Âncora, seguindo as ordens de Goulart, procurou Amaury Kruel propondo conversarem. O comandante rebelado do II Exército concordou, desde que fosse em área de sua jurisdição. Âncora, confiando no colega de farda, aceitou. O encontro seria na Academia Militar de Agulhas Negras, dirigida pelo general Garrastazu Médici, nesse momento igualmente rebelado. A Academia estava ameaçada pela proximidade do poderoso Grupamento de Unidade Escola da Vila Militar do Rio de Janeiro, comandada pelo general Afrísio da Rocha Lima — fiel a Goulart. Na defesa da AMAN, apenas os cadetes entrincheirados. Quando o general Aluízio Mendes, subordinado a Kruel, propôs retirar os jovens e substituí-los por tropas da 2ª Divisão de Infantaria, Médici protestou: "Não faça isso!" Explicou, então, que, até aquele momento, o general Anfrísio não havia passado porque os cadetes, entrincheirados, gritavam para as tropas leais a Goulart: "Somos cadetes. Vocês vão nos matar?"[64]

Na AMAN, o general Moraes Âncora esperava o general Kruel, mas o comandante do II Exército não chegaria. Na rodovia Rio-São Paulo, ele vinha em um cortejo de três viaturas, a dele por último. O carro em que viajava, em certo momento, parou devido a um defeito. Os dois motoristas da frente não o viram e continuaram. Kruel ficou na estrada com seu uniforme de campanha. Nervoso com a demora, Âncora pediu ao general Aluízio Mendes para ligar o rádio. De uma emissora do Rio de Janeiro, ouviu notícias que o deixaram pálido. O locutor, sem saber que Goulart apenas tinha ido a Brasília, informou que ele teria renunciado. Mais ainda, em Copacabana, a multidão improvisou um carnaval fora de época. Âncora, surpreso, disse: "Não é possível, Mendes. Vê se pega São Paulo." Atônito, ouviu notícias de festas na capital paulista. Sintonizando rádios de Belo Horizonte, novos informes sobre a renúncia do presidente. Desalentado, comentou: "Como é possível que ele me tenha feito isso. Mandar-me aqui para acertar as coisas e, depois, toma uma atitude dessas." Kruel somente chegou no início da noite. Nessa altura, para o general Âncora, a negociação tinha perdido o sentido. Os dois generais fizeram um lanche, praticamente um encontro de paz. Contudo, o general Aluízio Mendes ordenou que um oficial continuasse ouvindo as notícias das rádios. Enquanto Kruel e Âncora lanchavam, o oficial procurou Mendes para dar-lhe informações mais precisas: "O presidente não renunciou. Está em Brasília para organizar a resistência."

Ao chegar ao Palácio do Planalto, Goulart foi recebido por um grupo de militares do Exército e por seu mais fiel auxiliar, Darcy Ribeiro. Por telefone, conversou com o general Ladário Telles. O comandante do III Exército deu-lhe as informações necessárias sobre a situação militar no Rio Grande do Sul, garantindo que ainda havia possibilidades de resistir.[65] No Palácio, todos sabiam que sua presença era uma despedida. Muitos funcionários, tristes, começaram a esvaziar suas gavetas. O comandante da Guarnição de Brasília, general Nicolau Fico, disse ao presidente que não poderia garantir sua segurança na capital da República porque seus oficiais haviam se rebelado.

Chegando a pé do prédio do Congresso Nacional, dois jornalistas, Fernando Pedreira, de *O Estado de S. Paulo*, e Flávio Tavares, da *Última Hora*, entraram no Palácio do Planalto. O primeiro era crítico do governo, acusando-o de avançar demais no programa de reformas; o segundo

DOIS DIAS FINAIS

também criticava Jango, mas por avançar de menos. Casualmente, eles encontraram o presidente saindo às pressas. Jango, tratando os dois de maneira igual, falou apenas duas frases lacônicas, mas ditas de maneira tranquila, o que confundiu os dois repórteres: "Acabo de falar com o comandante do III Exército. Vou instalar o governo no Rio Grande do Sul e viajo hoje mesmo para Porto Alegre."[66] A outros jornalistas que o esperavam declarou: "A situação em São Paulo está confusa, mas tenho ao meu lado noventa e nove por cento do povo brasileiro."[67]

De helicóptero, o presidente foi para a Granja do Torto, permanecendo toda a tarde com Darcy Ribeiro, Waldir Pires, Doutel de Andrade, Almino Afonso e Tancredo Neves. Assis Brasil também o acompanhava. Segundo Tancredo Neves, Jango confidenciou a situação em que se encontrava naquele momento: "Tranquilo, tranquilo mesmo, só tenho o Rio Grande. Com o mais não posso contar."[68] Com aparência de grande cansaço, disse que a revolta não era contra ele, mas contra as reformas que promovera. Se renunciasse a elas e restringisse as liberdades sindicais, continuaria no governo. Para o presidente, a lei que regulamentou a remessa de lucros ao exterior fora o motivo central da conspiração que resultou na insurreição. Pediu, então, que Tancredo Neves, Almino Afonso e Doutel de Andrade redigissem uma declaração ao povo, garantindo que lutaria enquanto tivesse forças. Sem um datilógrafo, foi Almino Afonso, cuja letra era mais legível, quem redigiu o texto, trocando ideias com os outros dois. Goulart achou que o manifesto lembrava muito a carta-testamento de Vargas e sugeriu modificações. Depois, lendo, gravou, com sua própria voz, pensando em transmitir a mensagem pela rádio Nacional, o que não ocorreu.

No manifesto, ele denunciou as forças reacionárias que atacavam as instituições democráticas e a libertação econômica da pátria, sobretudo os poderes legítimos que a ele o povo outorgara. Reafirmou a decisão de "defender intransigentemente, numa luta sem tréguas, esse mesmo povo contra as arremetidas da prepotência da pressão do poder econômico".[69] A seguir, Jango historiou a trajetória do seu governo. "Sei que o povo ignora o verdadeiro significado das pressões a que meu governo está sendo submetido, desde que, para salvaguardar os mais legítimos interesses da Nação, tive que adotar no plano internacional uma política externa independente e, no plano interno, medidas inadiáveis de proteção à sua espoliada economia, arrastei a fúria insensata e odienta dos impatrióticos interesses contrariados." Ao regulamentar a Lei de Remessa de Lucros, "fui ameaçado e intimidado"; ao pregar a reforma agrária, "negaram-me os meios legais para efetivá-la"; ao assinar o decreto da SUPRA, o resultado foi o "recrudescimento de ódios e paixões"; ao implementar o monopólio de importação de óleo cru e encampar as refinarias particulares, nova frente de luta se abriu; "quando meu governo se impunha, vitoriosamente, na repressão à ganância dos exploradores da economia popular, quando meu governo se levantou contra a exploração dos preços, da distribuição dos gêneros de primeira necessidade, quando se levantou em defesa do povo, tabelando medicamentos, fixando aluguéis, assisti mancomunarem-se contra mim numa ação insidiosa dos que sempre se locupletaram com a miséria do povo". Quanto à inflação, cuja alta não se pode responsabilizar seu governo, tudo tentou para debelá-la, procurando atacar as causas estruturais por meio das reformas de base. Não deixou, contudo, de recompor os salários. Nesse caso, ao propor ao Congresso a escala móvel, "levantou-se a grita da incompreensão e do egoísmo, do capitalismo intolerante, desumano e anticristão". As medidas que tomou, inspiradas em uma política autenticamente popular, nas lutas nacionalistas do passado e na fidelidade a Getulio Vargas, uniram as forças políticas e econômicas que, de maneira impatriótica, tentaram "impedir que ao povo brasileiro fossem assegurados melhores padrões de cultura, de segurança econômica e de bem-estar social". O texto ainda denunciou a propaganda mistificadora que o acusava de comunista e de atentar contra os valores cristãos. Embora fizesse um balanço de seu governo, sugerindo que ali se encerrava seu mandato, Goulart terminou, novamente, em tom otimista: "Estou firme na defesa do povo. Do povo em que acredito e em quem deposito a certeza da vitória da nossa causa. Não recuarei, não me intimidarão. Reagirei aos golpes reacionários, contando com a lealdade, a bravura e a honra das forças militares e com a sustentação das forças populares do nosso país."

Ainda na Granja do Torto, o grupo discutiu o que fazer. Duas possibilidades surgiram: ficar em Brasília ou partir para Porto Alegre onde teria melhores condições para resistir militarmente. Goulart chamou o general Fico, comandante militar de Brasília. Queria saber sobre a situação militar na capital da República e, principalmente, de que lado ele ficaria. Segundo versões, o general jurou fidelidade ao presidente e à ordem constitucional: "Eu sou seu amigo, presidente, eu fico com o senhor."

DOIS DIAS FINAIS

Mas alguns personagens presentes duvidavam da afirmação. Vinculado politicamente ao general Kruel, ele não inspirava confiança. Houve quem sugerisse nomear Assis Brasil para o Comando Militar da capital, substituindo o general Fico. O chefe da Casa Militar, porém, relutou, defendendo a tese de que o presidente deveria resistir, com o apoio do III Exército, em Porto Alegre. Outros partiram do princípio de que Jango deveria ficar em Brasília. Mesmo que não tivesse poder militar, garantiria a legalidade de seu governo. Com o apoio do Comando Militar de Brasília, ainda pressionaria o Congresso para não aprovar o *impeachment*.[70] Goulart, após refletir, preferiu embarcar para Porto Alegre.

Maria Thereza e os filhos estavam na Granja do Torto. Depois de algumas instruções, Jango se despediu, dizendo que se encontrariam na capital gaúcha. "Eu o conhecia", pensou Maria Thereza. "Sabia que ele não tentaria armar resistências ao golpe. Ele já estava convencido de que seria deposto." Seja como for, ela não tinha o que fazer a não ser esperar. O movimento golpista avançava e ela não escondia o medo. A residência tinha vários seguranças comandados por um capitão, que, em dado momento, a procurou dizendo: "Dona Maria Thereza, vou lhe pedir um favor. A senhora não saia daqui porque nós estamos protegendo a senhora e aqui não pode entrar mais ninguém."[71] No entanto, ela pediu para que pessoas próximas pudessem entrar na casa. Com a concordância do capitão, entraram duas primas, o marido de uma delas, uma amiga e a secretária.

Goulart tomou um avião com destino a Porto Alegre, acompanhado do general Assis Brasil — que não o abandonou. Mas o Coronado da Varig que ele havia requisitado teve uma pane quando se preparava para decolar. Por duas angustiantes horas, ele esperou o reparo, ouvindo uma série de desculpas. O ministro da Saúde, Wilson Fadul, no passado oficial médico da Aeronáutica, foi categórico: "Jango, esse avião está sabotado, ele não vai decolar, você vai ser preso aqui. Vamos pegar outro avião que eu mandei reabastecer."[72] Um Avro turboélice da FAB estava pronto. Nele, partiram para a capital gaúcha.[73] Tancredo Neves, que o acompanhara até esse momento, saiu do aeroporto desolado. Dois quilômetros depois, cruzou com tanques que rumavam para a Base Aérea, certamente para prender o presidente.[74]

Para o jornalista Flávio Tavares, Goulart, desde 13 de março, tinha avançado demais para um país despreparado e temeroso de qualquer mu-

JOÃO GOULART – UMA BIOGRAFIA

dança. "Mas naquele 1º de abril", completa, "Jango recuou até o limite do retrocesso absoluto."[75] Evitando, com razão, personalizar um processo muito mais amplo, alegou que "todos tiveram responsabilidades no desastre". No Congresso Nacional, ele testemunhou as sessões que ocorreram dois dias antes do golpe. Os chamados "cardeais" da UDN, como Adauto Lúcio Cardoso, Aliomar Baleeiro, Bilac Pinto e Pedro Aleixo, atiçaram fogo contra o governo, com um desfile de bravatas contínuas. Do lado do governo, o grande orador que poderia enfrentar a oratória udenista era Almino Afonso. No entanto, afônico, praticamente não podia falar. Tancredo Neves, embora um hábil e correto articulador, não era homem com vocação para o debate áspero. Diante da minoria udenista que pedia a derrubada de João Goulart, Tancredo esforçava-se para convencer o plenário de que, primeiro, era necessário unir o parlamento contra as tropas golpistas para, depois, tratar da figura do presidente. A oposição apostava no golpe e, segundo Flávio Tavares, "a audácia transformou pouco a pouco a minoria parlamentar em maioria". Praticamente sem vozes para defendê-lo, o governo contou com o deputado Francisco Julião, que, pela primeira vez desde sua eleição, aparecia no Congresso para evitar a perda de seu mandato por faltas acumuladas. Até então ferrenho opositor de Goulart, a quem chamava de "latifundiário e lacaio do latifúndio", Julião ameaçou deter o golpe mobilizando 60 mil homens armados das Ligas Camponesas, 5 mil deles perto de Brasília. Os homens armados, na verdade, não existiam. Pura bravata, mas a ameaça aterrorizou os indecisos. Em um momento em que a guerra civil era vista no horizonte, as supostas milícias rurais assustaram os parlamentares que ainda não tinham se decidido em apoiar o golpe.[76]

Enquanto Jango viajava para Porto Alegre nas primeiras horas do dia 2, Tancredo Neves foi para o Congresso Nacional e encontrou as cúpulas do PSD e da UDN reunidas. Os trabalhistas, equivocadamente, estavam se preparando para a batalha do *impeachment*. O deputado udenista Adauto Lúcio Cardoso, confabulando com o presidente do Senado, Auro Moura Andrade, sugeriu que ele precipitasse os acontecimentos, depondo Goulart. O deputado Pedro Aleixo apoiou a estratégia. A seguir, Cardoso cercou a mesa com alguns corpulentos e fortes deputados.[77] Logo após a abertura dos trabalhos, o presidente do Senado, às 2h, em tom dramático, declarou vago o cargo de presidente da República e convocou o presidente da Câmara, Ranieri Mazzilli, a assumir a chefia do governo.

DOIS DIAS FINAIS

Antes, porém, Tancredo Neves leu a carta redigida por Darcy Ribeiro informando ao Congresso que Goulart e seu ministério estavam em Porto Alegre — portanto, no território nacional.[78] Não adiantou. Impedindo qualquer debate ou votação, Auro Moura Andrade mandou desligar os microfones e as luzes do plenário, negando-se a reabrir a sessão. Ao deixar a mesa, foi esbofeteado pelo deputado Rogê Ferreira. Refugiou-se em seu gabinete, cercado de seguranças. Enquanto isso, também nas primeiras horas da madrugada, 6 mil soldados, liderados pelos generais Mourão e Muricy, entravam na avenida Brasil, no estado da Guanabara. Durante o dia, marchando pelas ruas, as tropas eram aplaudidas com entusiasmo por multidões de homens, mulheres e crianças. O objetivo era se apresentarem ao general Costa e Silva, autonomeado ministro da Guerra.

Testemunha das movimentações políticas no Congresso Nacional, Flávio Tavares, que cresceu ouvindo falar em liberdade e em pluralismo, sentiu sua geração ser esbofeteada pelos parlamentares. Em sua avaliação, se o governo estava desgastado e o empresariado se sentia ameaçado, os problemas provinham da própria dinâmica da sociedade em que trabalhadores e capitalistas reivindicavam às claras, à luz do dia, permitindo que os conflitos fossem transparentes. Se as reformas de base assustavam os conservadores, era até compreensível que um setor militar se rebelasse, mas, para ele, era inconcebível que o Congresso Nacional se antecipasse à decisão militar e apoiasse o golpe. O Judiciário também foi conivente com os golpistas, na avaliação de Flávio Tavares. O presidente do Supremo Tribunal Federal, Álvaro Ribeiro da Costa, em vez de dizer que tudo aquilo era uma usurpação, foi ao Palácio do Planalto, como chefe do Poder Judiciário, para legitimar a posse de Mazzilli. Um deputado do PSD, pouco antes, lembrou que faltava um general na cerimônia. Por telefone, localizaram o general André Fernandes, oficial sem comando e sem prestígio no almanaque militar, mas o único disponível na capital da República. Sem saber muito bem o porquê, ele foi o centro das atenções políticas.[79]

Darcy Ribeiro ainda tentou um plano para resistir. Planejava impedir a entrada de Mazzilli no Palácio e isolar o Congresso, cortando a água e a luz. No entanto, a indecisão dos últimos militares a serviço do governo impediu que o chefe da Casa Civil fosse adiante com suas intenções. Mazzilli entrou pelos fundos, ao lado do presidente do Supremo Tribunal Federal. Despertando garções e copeiros que dormiam em cadeiras, ele tomou posse no terceiro andar. No andar de cima, Darcy Ribeiro, indignado, insultava os militares que não obedeceram, chamando-os de covardes.[80] Após tomar posse, Mazzilli ligou para o general Costa e Silva pedindo garantias. Duas horas mais tarde, um grupo de paraquedistas descia na Praça dos Três Poderes em apoio ao novo governo.[81]

Na Guanabara, ainda na tarde do dia 1º de abril, os sargentos Deodoro da Rocha Bugarin e Hélcio Tavares dirigiam-se para a Base Aérea de Santa Cruz, onde trabalhavam. No caminho, pararam o carro em frente à residência do também sargento Luiz Dantas Pimenta, do Corpo de Fuzileiros Navais. Com ele, os dois queriam notícias sobre a movimentação de tropas em Minas Gerais. "Tem alguma novidade?", perguntou Hélcio Tavares.[82] Luiz Dantas respondeu: "Só o que as estações de rádio falam, mas a minha impressão é que não temos mais chance. O que achas, Bugarin?" Otimista, ele negou-se a acreditar em derrota fácil: "Ainda temos Santa Cruz, será o fiel da balança, temos o melhor comandante e a melhor tropa, não acredito na entrega da rapadura!" Na entrada da Base, logo no portão da guarda, o sargento Agra parou os dois: "A situação está feia", comentou com discrição. Segundo informações, disse Agra, os golpistas, de madrugada, tentaram tomar o comando da Base, mas o comandante, coronel-aviador Rui Barbosa Moreira Lima, negou-se a passar o comando, alegando que só o faria diante da tropa perfilada. "Ainda de madrugada", continuou, "o coronel Rui percorreu os alojamentos dos sargentos pedindo que não deixassem armar os jatos porque queriam bombardear Porto Alegre." Bugarin logo lembrou dos episódios de 1961 e novamente reafirmou com otimismo: "Ainda temos Santa Cruz." Conhecido entre os sargentos como um herói de guerra, pregador nacionalista e duro no cumprimento dos regulamentos militares, Rui Moreira Lima também tinha um extraordinário senso de humanidade e uma capacidade incomum de reconhecer e reparar erros cometidos em momentos de infelicidade. Admirado e respeitado na tropa, os sargentos contavam com ele na resistência ao golpe.

Os sargentos logo se reuniram para decidir formas de resistência, sobretudo porque o comandante da base estava ao lado das forças nacionalistas. Para eles, era fundamental que Rui Moreira Lima não passasse o comando. Bugarin pediu ao oficial que lhe desse um recado: "Capitão, diga ao coronel Rui que não passe o comando da Base, que a tropa o irá garantir." E completou: "Diga ao coronel que morreremos juntos se for

DOIS DIAS FINAIS

o caso e que aguardamos a resposta no hangar, no momento da passagem do comando." Os sargentos, não sabiam que o comandante já havia feito voos rasantes sobre as tropas de Mourão. Desconheciam, também, que Goulart negara qualquer atitude da Força Aérea para reagir ao avanço dos rebeldes. O coronel-aviador Rui Moreira Lima nada mais tinha que fazer. Qualquer atitude de resistência, naquele momento, seria insubordinação individual.

No imenso hangar de Santa Cruz, os homens perfilaram-se para a cerimônia. A tensão era grande. A maioria não acreditava que o coronel passaria o comando. Nem os nacionalistas, nem mesmo os golpistas. Ao longo de seu discurso, parecia que o comandante se recusaria a entregar o cargo. No entanto, ao pronunciar a frase "Passo o comando da Base Aérea de Santa Cruz", uma grande decepção tomou os sargentos. Aturdidos e chocados, eles, naquele momento, perderam as referências. No final da cerimônia, a ordem que receberam foi lacônica: "Todos aos seus locais de trabalho." Caminhando em direção à porta dos fundos do hangar, Bugarin parecia ter voltado à realidade, muito dura para ele. Logo avistou um grupo de vários companheiros que o esperavam, muitos ainda esperançosos de mudar a situação, a maioria de sargentos de armamento de aviões caça. Ao chegar perto deles, sentiu que todos o olharam fundo nos olhos. Um deles perguntou: "E agora, Bugarin, o que vamos fazer?" A resposta foi simples: "Amigos, desde que o Congresso Nacional considerou vago o cargo de presidente da República, tudo o que fizermos contra a atual situação será subversão." Nada mais disse, indo para casa, sabendo das perseguições que, certamente, sofreria mais adiante.

Nesse momento, o líder da Associação dos Marinheiros e Fuzileiros Navais, Avelino Capitani, agia praticamente sozinho, pois perdera o contato com os outros membros da diretoria. Em atitude desesperada, enviou mensageiros a todas as unidades apelando para que marinheiros e fuzileiros pegassem as armas e se concentrassem no Ministério da Marinha. Pouco tempo depois, eles chegaram, alguns com metralhadoras portáteis, outros com fuzis FO, da Primeira Guerra. Como alguns navios de guerra ficaram com poucos marinheiros, eles, receosos de que os golpistas os tomassem, colocaram areia nas caldeiras e retiraram as agulhas percutoras dos canhões, jogando-as ao mar. Com cerca de 3 mil marinheiros, Capitani, único líder da diretoria presente, deu as ordens para a resistência, formando pelotões, companhias e batalhões. Dispondo so-

503

mente de alguns sargentos, a organização foi difícil e improvisada. "O marinheiro entende de navio, mas muito pouco de combate terrestre", alega.[83] Ao final da tarde, junto com um contingente de fuzileiros comandados pelo almirante Aragão, eles viram chegar uma tropa do Exército, reforçada com tanques e canhões, exigindo a rendição. Com poucas armas e mal preparados, alguns sugeriram utilizar os navios de guerra, ideia descartada, pois significava bombardear a cidade. Logo o ministro da Marinha, Paulo Márcio, enviou ordens para que eles se rendessem. Nesse momento, o silêncio transformou-se em gritaria geral, com os fuzileiros exigindo lutar. Muitos marujos, chorando, gritavam: "Capitani, vamos lutar, vamos resistir, vamos morrer juntos!" Nesse momento, o almirante Aragão o pegou pelo braço e chamou-o de volta à realidade: "Capitani, não faça isso. Perdemos uma batalha, mas não a guerra. Vai ser um massacre!" Um grupo de sargentos o rodeou, convidando-o a ir até a sede do Comando dos Fuzileiros Navais para conversarem. No automóvel, todos seguravam as lágrimas. Ao chegarem, Aragão disse-lhe: "Tu ouviste as notícias e as informações. O presidente nos abandonou. Entregou tudo, está no Uruguai ou dirigindo-se para lá. Brizola deverá acompanhá-lo em seguida. Sem o presidente é impossível qualquer resistência. Ficamos sós. Não vou te deixar sair daqui, tu vais levar todos à morte." Um sargento completou: "Capitani, vai ser um banho de sangue." Determinado, ele retrucou, argumentando que um movimento de resistência no Rio de Janeiro poderia desencadear ações similares em diversos estados. No entanto, outro sargento insistiu: "Não sem o presidente. O povo está desmobilizado e desorganizado. Os sindicalistas que deveriam comandar a mobilização sumiram e nem vieram buscar as poucas armas que colocamos à disposição. Com o presidente comandando a resistência e os sindicalistas a mobilização popular, tudo era possível. Nós seríamos os primeiros a ir contra esses canhões e tanques que estão aí à nossa frente porque haveria esperança. Assim não vale a pena." Capitani, mais calmo, percebeu que eles tinham razão. Estavam certos. Combinaram, então, pedir que os marinheiros voltassem para suas unidades. Todos, cabisbaixos, obedeceram, esperando, porém, as punições que sofreriam.[84]

No início da noite, Abelardo Jurema, no aeroporto Santos Dumont, esperava que um Avro estivesse em condições para levá-lo a Brasília. Ali mesmo recebeu voz de prisão. Três oficiais do Exército, portando metralhadoras, foram buscá-lo no aeroporto. Até a Escola do Estado-Maior do

DOIS DIAS FINAIS

Exército, na Praia Vermelha, Jurema passou por várias barreiras militares, todas elas formadas por oficiais. O ódio estava estampado na face de cada um deles. Ali Abelardo Jurema compreendeu que a vitória do governo seria impossível. "Aquela oficialidade estava disposta a tudo. Não se entregaria nem se renderia, fosse qual fosse a sorte da luta."[85]

Porto Alegre, nesse momento, era reduto trabalhista. Ladário Telles e Leonel Brizola dominavam a capital. O governador Ildo Meneghetti, sem condições de permanecer no Palácio Piratini, praticamente deposto do cargo por Brizola, refugiou-se na cidade de Santa Maria. O comandante do III Exército, ao saber que Goulart chegaria em poucas horas, convocou diversos generais para saber das condições de resistência. Alguns não lhe obedeceram, alegando que, naquele momento, somente recebiam ordens do ministro da Guerra, general Costa e Silva. No aeroporto, Ladário, Brizola, muitos políticos e amigos de Jango o esperavam. A chegada, marcada para as 22h, atrasou muito. Brizola e Ladário, estafados com a tensão, descansaram no armazém de cargas da Varig. Pouco depois da meia-noite, dois generais procuraram Ladário Telles confirmando que Costa e Silva era, no momento, o ministro da Guerra. Estavam, na verdade, se declarando desautorizados a obedecer ao próprio comandante do III Exército. Ladário, determinado, disse que desconhecia o fato e que estava aguardando o presidente da República.[86]

Às 2h do dia 2, enquanto Jango ainda voava para Porto Alegre, na Granja do Torto o capitão convocou Maria Thereza a embarcar em um Avro da FAB. Acompanhada das crianças e da governanta, com uma pequena valise apenas, alguns objetos pessoais de uso mais imediato e a roupa do corpo, partiu no avião que decolou da pequena pista da Granja do Torto. "Eu estava convencida de que iria retornar e, com calma, fazer minhas malas, embalar com maior cuidado tudo o que era meu, das crianças e de Jango. Eu estava certa de que iria para Porto Alegre, mas que logo estaria de volta."[87] Nada disso aconteceu. Documentos importantes foram abandonados, bem como objetos pessoais, obras de arte, sua foto com Che Guevara, os cães e os dois cavalos, estes presenteados pelo general Amaury Kruel.

Enquanto isso, no pequeno Avro, Wilson Fadul observava que Jango demonstrava tranquilidade. Logo, o presidente o chamou para sentar-se ao seu lado. A seguir, perguntou: "O que é que você está achando disso tudo?" Fadul respondeu: "Bom, disso tudo não resta grande coisa. Resta você chegar ao Rio Grande do Sul e examinar a situação do estado. Se o Rio Grande estiver unido em torno do seu nome, que é um problema a ser verificado, você só tem um caminho, que é resistir. Porque não pode abandonar o povo e o Exército do Rio Grande. Aí você tem que resistir. Mas se o Rio Grande estiver dividido eu acho que você não deve resistir, porque nós vamos ser esmagados aqui como o último reduto comunista do país."[88]

O Avro com Jango levou cinco horas para chegar a Porto Alegre, pousando no aeroporto minutos antes das 4h. Em uma crise política daquela envergadura, era um tempo demasiadamente longo. Goulart desembarcou na capital gaúcha e foi recepcionado pelo general Ladário Telles, por Leonel Brizola e muitos amigos. Ao passarem pelo largo da Prefeitura, tomado pela multidão que atendera aos apelos de resistência, Brizola saiu do carro, pegou o microfone de um orador e, em momento de exaltação, pronunciou um discurso agressivo, convocando os sargentos a tomar os quartéis e pedindo que a população se manifestasse contra os "gorilas".[89]

Estafado por dois dias de grande tensão, Jango, na residência de Ladário Telles, disse que dormiria um pouco. Algum tempo depois, o avião que trazia Maria Thereza chegava a Porto Alegre. Antes mesmo que ela desembarcasse, uma pessoa, a mando de Brizola, disse-lhe que o presidente estava em reunião e que não poderia se encontrar com ela. Maria Thereza deveria continuar viagem para São Borja. "Mas o que é que eu vou fazer em São Borja?", perguntou.[90] "Eu quero voltar para pegar as minhas coisas em Brasília, meus bichos, meus objetos pessoais..." A resposta foi fria: "Não, a senhora vai para São Borja." Sem alternativa, ela seguiu viagem.

Às 8h, Goulart convocou o comandante do III Exército. Logo, ele estaria reunido com Ladário Telles, quatro generais e Leonel Brizola. Jango pediu a avaliação da situação militar de todos. O comandante do III Exército iniciou dizendo que as condições eram favoráveis à resistência, mas que, igualmente, queria ouvir os outros comandantes. O general Floriano Machado, inicialmente, julgou ser uma aventura qualquer atitude de resistência. O Rio Grande do Sul já não tinha meios para isso, com tantas deserções, sem contar a situação política no resto do país, controlada pelas forças golpistas. Lembrou que Jango era jovem, com grande

DOIS DIAS FINAIS

futuro político. Brizola, no entanto, discordou, insistindo que ainda havia possibilidade para o revide. A seguir, o general João de Deus Nunes Saraiva igualmente manifestou pessimismo. Goulart perguntou-lhe sobre a tropa de São Borja. Saraiva respondeu que a guarnição era fiel, mas insuficiente para uma luta em grande escala. O general Otomar Soares de Lima concordou com os colegas. Ladário Telles discordou de todos, acreditando ainda ter meios suficientes para iniciar a resistência. Lembrou-se das guarnições de Porto Alegre, São Leopoldo e Vacaria. Poderia também convocar, por decreto presidencial, a Brigada Militar. Dispondo de 20 mil armas e 6 milhões de cartuchos, além de 5 mil voluntários civis liderados por Brizola, Goulart ainda poderia mobilizar a opinião pública do país.[91] Um dos generais presentes, profundamente contrariado, interveio: "Presidente, presidente, por favor. Isto é uma loucura. Loucura, Ladário! O que vocês estão propondo é uma loucura. Militarmente a situação é muito grave. Faço um apelo a ti, Ladário, não podemos pensar de maneira nenhuma em guerra."[92] Ladário, porém, estava determinado a resistir. Brizola apoiou o general com veemência, sugerindo a Goulart que o nomeasse seu ministro da Guerra, a ele próprio ministro da Justiça, além de confirmar os ministros que o acompanharam até Porto Alegre nas pastas da Agricultura, do Trabalho e da Saúde, e que fosse para São Borja aguardar os acontecimentos. Com o presidente em São Borja, Brizola e o general Ladário Telles ficariam à frente das operações militares e da mobilização civil. O comandante do III Exército, mais incisivo, utilizou um último argumento: "presidente, devo, finalmente, afirmar-lhe que minha mentalidade de soldado é de que enquanto se dispõe de um punhado de homens se resista, até esperar que a vitória se conquiste por milagre..."[93] Para Goulart, Ladário Telles acabara de admitir a impossibilidade de resistência. Tentando convencer o cunhado, Brizola ainda argumentou: "Presidente, se vencermos, nós o levaremos de volta ao palácio, a Brasília, para que retome o poder; se formos derrotados, o senhor não terá problema, o senhor ingressará no Uruguai."[94] Por fim, manifestaram-se os ministros Wilson Fadul, Osvaldo Lima Filho e Amaury Silva. Os dois últimos concordaram integralmente com as palavras de Fadul: "Se o Exército do Rio Grande estiver unido, a nossa obrigação é resistir aqui com o povo do Rio Grande do Sul. Mas se houver divisão, e a nossa luta tiver que começar aqui dentro do Rio Grande, a minha opinião é que nós devemos, em face das circunstâncias, dar o nosso papel por encerrado nesse processo."[95]

Segundo o relato de Osvaldo Lima Filho, embora Ladário estivesse disposto a resistir, as opiniões dos generais presentes eram pessimistas — ou realistas: o general Ladário Telles estava isolado, dispondo apenas de uma única unidade, um regimento mecanizado com mil homens. Os golpistas, entretanto, tinham 50 mil soldados dentro do estado marchando para a capital, a aviação e os portos tomados pela Marinha de Guerra. A tentativa de resistência, disseram os militares, seria sufocada em poucos dias. Goulart avaliou a situação militar, percebeu o risco praticamente certo de guerra civil e já possuía informações sobre as articulações norte-americanas no golpe. Não se tratava apenas de um movimento militar, mas, sim, de uma ampla coalizão civil-militar brasileira com o apoio de forças estrangeiras.[96] O presidente, depois de pesar a disposição de forças, não aceitou a proposta de resistir. A resistência jogaria o país em uma guerra civil de consequências imprevisíveis, foi a sua avaliação. Segundo a versão de Brizola, Goulart teria dito: "Eu verifico o seguinte: que a minha permanência no governo terá que ser à custa de derramamento de sangue. E eu não quero que o povo brasileiro pague esse tributo. Então eu me retiro. Peço a vocês que desmobilizem que eu vou me retirar."[97] Apesar dos apelos insistentes de Ladário e de Brizola, a decisão foi tomada: "Agradeço sua lealdade, general Ladário. Não desejo derramamento de sangue em defesa do meu mandato. Seguirei para algum lugar do país, onde aguardarei os acontecimentos. Não renunciarei, entretanto. Mande tomar as providências para me dirigir ao aeroporto."[98] Levantou-se, despediu-se de todos. Ainda descendo as escadas, ele ouviu de Leonel Brizola uma frase, pronunciada aos gritos, que, mais tarde, seria profética: "Tu nunca mais vais voltar para o Brasil deste jeito!"[99]

Jango, naquele momento, sabia da amplitude do golpe que o estava depondo. Apoiando as Forças Armadas estavam os presidentes dos Poderes Legislativo e Judiciário, bem como os governadores dos estados mais importantes do país, como a Guanabara, São Paulo, Minas Gerais e o Rio Grande do Sul — todos eles dispondo de importante poder político e de efetivos policiais. A imprensa e os meios de comunicação não apenas apoiavam, mas também incentivavam o golpe. Não se tratava só do apoio de empresários e latifundiários, mas de amplas parcelas das classes médias. Enfim, o que estava ocorrendo não era um golpe liderado por uma minoria isolada de militares insatisfeitos, mas, sim, por uma ampla coalizão civil-militar. Um dado foi importante na decisão de Jango ao recusar a resistência oferecida em Porto Alegre: a possibilidade de intervenção no Brasil de forças militares dos Estados Unidos. Ele sabia que o porta-aviões *Forrestal* estava se dirigindo ao porto de Santos. Mas se usasse esse argumento, poucos acreditariam. No dizer de Flávio Tavares, soaria como uma mentira em momento de desespero. Ele preferiu se calar.[100]

Goulart ainda recebeu vários amigos para conversar, mas, em certo momento, o general Floriano Machado comunicou-lhe: "Tropas de Curitiba estão marchando sobre Porto Alegre. O senhor tem duas horas para deixar o país se não quiser ser preso." Às 11h30 do dia 2 de abril, com Assis Brasil, o secretário Caillard e ajudantes de ordens, partiu para o interior do Rio Grande do Sul. Ladário Telles, por rádio, entregou o cargo ao general Costa e Silva, solicitando a nomeação de um novo comandante, comunicando, ainda, que regressaria ao Rio de Janeiro, onde se apresentaria no Ministério da Guerra.[101] Leonel Brizola teve esperanças de resistir ao golpe. Ele ainda ficaria um mês em Porto Alegre, tentando organizar a resistência na clandestinidade, escondendo-se em casa de amigos. Com sua residência tomada pelo Exército, Neuza e as crianças ficaram hospedadas na casa da irmã, Landa. O filho mais velho de Landa acordava cedo e escondia os jornais da tia. Os textos diziam que Brizola seria encontrado vivo ou morto. Boatos de que haveria perseguições aos parentes dele assustaram Landa, mas o governador Ildo Meneghetti deu garantias de que não haveria retaliações.[102] Um jipe repleto de policiais armados com metralhadoras parou em frente ao prédio e chamou por Landa. A empregada disse que ela estava ocupada, dando banho no neto. Os policiais foram embora e todos ficaram sem saber se eles queriam proteger ou perseguir a família. Todos sabiam que estavam sendo vigiados.

Algumas perguntas, sem dúvida inquietantes, ainda estão à espera de respostas. Entre elas, a mais importante: por que o golpe civil-militar foi vitorioso? Sobretudo por que foi vitorioso com tanta facilidade? Mais ainda: como uma sociedade tão sensível ao tema da legalidade, com organizações de esquerda atuantes e com um movimento operário e sindical mobilizado, não reagiu à altura, levando-se em consideração as fortes bases de apoio militar a Goulart?

As explicações são várias. Os trabalhistas partidários do presidente João Goulart não têm dúvidas. Uma conjugação de fatores culminou em sua deposição. O primeiro deles partiu do princípio de que "Jango caiu porque foi traído", diz José Gomes Talarico.[103] O traidor, nesse tipo de avaliação, tem nome: o general Amaury Kruel. Amigo e compadre de Jango, Kruel, ao passar para o outro lado, teria traído o presidente, retirando-lhe a força mais importante para impedir o golpe. Juscelino Kubitschek também teria participado da traição. Raul Ryff acredita que Jango estava condenado à queda porque havia iniciado um "processo nacionalista, independente e popular no Brasil". Na sua avaliação, "um processo até certo ponto revolucionário".[104] Entre os trabalhistas, uma outra questão é fundamental para entender o golpe militar. Trata-se da tese que alude à Grande Conspiração, da aliança entre grupos sociais conservadores brasileiros — empresários, latifundiários, políticos reacionários, militares golpistas e da Igreja tradicionalista — com a CIA e com o Departamento de Estado norte-americano. A conspiração direitista interna-externa teria sido o fator fundamental para a crise política de 1964.[105] Em avaliações como essas, muito disseminadas entre os partidários do antigo PTB, os trabalhistas, incluindo Goulart, caíram não por seus defeitos, mas por suas virtudes, como diz Darcy Ribeiro. Eles se apresentam como vítimas de traidores, conspirados nacionais e estrangeiros, vítimas do reacionarismo de grupos poderosos da sociedade brasileira. Na avaliação dos trabalhistas, a culpa é dos outros.

Os comunistas partidários de Luís Carlos Prestes recorrem à ortodoxia marxista-leninista para explicar a paralisia diante do golpe. Segundo a versão do líder comunista, a educação que os trabalhistas "recebiam não era uma educação de comunistas, mas de nacional-libertadores. Quando chegou a hora da decisão, vacilaram. E vacilaram porque tinham uma orientação pequeno-burguesa". Nesse tipo de argumento, Prestes vai muito além da lógica explicativa dos trabalhistas que, ao menos, culparam apenas os traidores, os conspiradores e os direitistas. Para Prestes, a culpa era de todos, não apenas da direita, mas também, e sobretudo, das esquerdas que não conheciam as verdades contidas nos compêndios marxistas-leninistas. Em outro depoimento, ele perfila-se ao lado daqueles que personificam a História: "Acho que Jango é o maior responsável pelo golpe de 64."[106]

A bem da verdade, a tese que personaliza a crise política de 1964, responsabilizando e culpando o presidente João Goulart, simplifica ao extremo uma conjuntura extremamente complexa. É o caso de Marco Antônio Villa, para quem Jango era "fraco", "conciliador", "inconsequente" e "incapaz" de administrar o país. Além disso, ressalta "o vazio

DOIS DIAS FINAIS

de realizações e de ideias" em toda a carreira política de Jango, afirmando ainda que, para o ex-presidente, "a política sempre foi uma forma de ter poder, de favorecer os amigos, como se o governo fosse apenas uma extensão das suas estâncias em São Borja". Villa também chama a atenção para o gosto presidencial pelo uísque, pelos cabarés, por prostitutas e vedetes. O colapso da democracia brasileira, assim, foi de sua responsabilidade: "João Goulart, pela posição que ocupava, poderia ter impedido que tal ocorresse, caso tivesse um papel construtivo, materializado em um projeto de governo que obtivesse a hegemonia política, que desse sustentação à sua presidência."[107] O golpe militar surge como uma intervenção necessária das Forças Armadas em resposta às insatisfações da sociedade com um presidente inepto, golpista, bêbado, que despachava em cozinhas de bordéis e pouco se preocupava com as reformas econômicas e sociais. Com uma personalidade desse tipo no poder, o melhor teria sido, como ocorreu, os militares darem um golpe de Estado. "Jango não pode ser tão imenso a ponto de ser o grande responsável pelo golpe", diz, com razão, Carlos Haag.[108] Para Marieta de Moraes Ferreira, "as acusações feitas a Goulart e as insuficiências atribuídas a ele, que fazem dele o responsável maior pelo golpe de 1964 e pelos 21 anos de ditadura que se seguiram, devem ser estendidas aos demais atores sociais da época. Limitações e defeitos de uma geração, de uma cultura política, não podem ser atribuídos exclusivamente a um indivíduo".[109]

As explicações das direitas, das esquerdas e dos liberais convergem para uma mesma apreciação: o comportamento, a personalidade e a incapacidade política de um único indivíduo atuaram como os fatores decisivos, se não determinantes, para o colapso da democracia no Brasil. Em uma análise tradicional, superada na historiografia e teoricamente inaceitável, o regime instaurado em março de 1964, que durante duas décadas mudou a face do país, gerando um processo político, econômico, social e cultural de grandes proporções, teria ocorrido em razão da falta de talento de um indivíduo.

Outra versão que também personaliza a História é a de muitos personagens que viveram o golpe militar e que militavam na esquerda: os golpistas encontraram campo livre para avançar pela determinação de João Goulart em não resistir. O depoimento de Brizola, muito tempo depois, nesse aspecto, é exemplar. Segundo sua avaliação, Jango "estava enojado de tudo. Ele tinha temperamento para a política do cochicho.

Era bom negociador, mas tinha dificuldade de assumir situações de risco, audácia".[110] Nas páginas passadas, foram vários os depoimentos que alegaram a falta da voz de comando na hierarquia dos setores legalistas nas três Forças Armadas. Faltou a ordem presidencial que unificaria os diversos grupos de esquerda e nacionalistas no sentido de resistir e de mobilizar a população na luta contra os golpistas. A voz de comando não veio e o tempo, muito precioso nesses momentos, passava rapidamente, permitindo que muitos militares, ainda indecisos, aderissem ao lado que crescia. Jango negou-se a resistir, a emitir qualquer orientação, permitindo o avanço do golpe. Mas a explicação tem dois pontos fracos: o primeiro é a personalização do processo. Como sustentar que organizações sindicais, estudantis, camponesas, nacionalistas, de sargentos, de esquerda, entre diversas outras que, desde os anos 1950, mobilizavam a sociedade brasileira com um grau importante de autonomia, pudessem depender da ordem de um indivíduo? Segundo, o processo ocorreu nos dois lados com resultados absolutamente diversos. Os partidários das reformas não resistiram por falta de instruções que viessem de um único comando, mas como explicar que, do lado dos golpistas, igualmente não existisse nenhuma voz unificadora, nenhuma liderança centralizada, e mesmo assim, de um dia para o outro, diversas iniciativas tivessem sido tomadas por inúmeros comandos militares? Desse modo, é necessário relativizar a explicação: se, de um lado, não houve ordem para resistir, também, do outro, não houve ordem para golpear as instituições.

Da explicação individual, outras análises voltam-se para as grandes estruturas. Primeiro, a mais conhecida e disseminada: março de 1964 significou o "colapso do populismo no Brasil". O enfoque estrutural obteve grande aceitação nas reflexões de diversos estudiosos. Segundo a crítica de Argelina Figueiredo, Guillermo O'Donnell, por exemplo, aproximou excessivamente estágios de industrialização e regimes autoritários. Para o autor, o processo de industrialização por substituição de importações, em um certo estágio, atinge um nível em que o crescimento econômico exige governos autocráticos na regulação dos conflitos. Para Fernando Henrique Cardoso, em visão ainda mais determinista — continua a autora em sua crítica —, a acumulação de capital necessita de formas autoritárias de gestão, desarmando as classes populares e reestruturando os mecanismos de acumulação para o desenvolvimento das forças produtivas. Na avaliação de Argelina Figueiredo, em interpretações como essas, o

DOIS DIAS FINAIS

determinismo econômico é evidente. As análises "presumem uma coincidência perfeita entre requisitos estruturais e ações individuais ou grupais, sem especificar o mecanismo através do qual a 'necessidade' se realiza na ação".[111] A concepção de que estruturas econômicas, independentemente da própria sociedade que as produziu, tornem-se sistemas fechados, com poder de autorregulação, dominando as iniciativas e as crenças das pessoas, não é levada mais a sério. Por essa interpretação, travestida de marxismo, mas de evidente enfoque estruturalista, não teria havido o golpe militar ou o acirramento das lutas sociais no Brasil. Teria havido, simplesmente, "crise de acumulação", ou "do populismo".

As inovações vieram com dois cientistas políticos. O primeiro, Wanderley Guilherme dos Santos, que, em trabalho clássico, inovou ao incluir variáveis políticas para a compreensão do golpe militar, tornando relativo o determinismo econômico.[112] O colapso da democracia em 1964 resultou daquilo que o autor definiu como "paralisia de decisão", processo composto de quatro combinações: fragmentação de recursos de poder, radicalização ideológica, fluidez nas coalizões partidárias no Congresso Nacional e rotatividade nos ministérios, resultando na instabilidade do governo.

Argelina Figueiredo foi aquela que, em período mais recente, ofereceu uma contribuição inovadora para o debate. Recusando as interpretações individualistas, deterministas e conspiratórias, a autora procura na própria dinâmica política explicações para o desempenho do governo, a crise política e o próprio golpe. Para ela, entre 1961 e 1964, "escolhas e ações específicas solaparam as possibilidades de ampliação e consolidação de apoio para as reformas, e, dessa forma, reduziram as oportunidades de implementar, sob regras democráticas, um compromisso sobre essas reformas".[113] A radicalização das direitas e das esquerdas desestabilizou o governo. Nesse sentido, a questão democrática não estava na agenda das partes em conflito. Para garantir seus privilégios, as direitas sempre estiveram dispostas a romper com as regras democráticas — se não fossem garantidos, era preferível sacrificar a democracia. As esquerdas, por sua vez, lutavam pelas reformas a qualquer preço e custo. As reformas não avançavam porque tinham como empecilho as instituições da democracia liberal. O Congresso Nacional, alegavam, era conservador; a Constituição, diziam, estava ultrapassada. Portanto, para viabilizar as reformas era necessário atropelar as instituições. Direitas e esquerdas, diz a autora, "subscreviam a noção de governo democrático apenas no que servisse às suas conveniências. Nenhum deles aceitava a incerteza inerente às regras democráticas".[114]

Acredito que acontecimentos marcantes vividos pelas próprias esquerdas as incentivaram a avaliar a conjuntura política que abria no governo Goulart com grande otimismo. Em agosto e setembro de 1961, os grupos e partidos de esquerda sob a liderança de Leonel Brizola mobilizaram a sociedade brasileira no sentido de resistir e recusar o golpe patrocinado pelas direitas civis e militares golpistas, impingindo a elas uma grande derrota. As esquerdas igualmente foram vitoriosas no plebiscito que devolveu os poderes presidenciais a João Goulart. Essas vitórias incentivaram-nas a acreditar que bastava mobilizar a sociedade na luta pelas reformas para terem seu apoio e, desse modo, grande sucesso.

Em março de 1964, as esquerdas pensaram repetir agosto e setembro de 1961. A crise aberta com a renúncia de Jânio incitou a sociedade civil brasileira a resistir contra o golpe dos ministros militares, exigindo que o vice-presidente tomasse posse. Mas a luta era pela manutenção da ordem jurídica e democrática. Nesse sentido, as esquerdas e os grupos nacionalistas defenderam, em 1961, não reformas econômicas e sociais, mas, sim, a ordem legal. O movimento, portanto, era defensivo. Os setores direitistas, ao pregarem abertamente o golpe de Estado e a alteração da Constituição pela força, perderam a legitimidade. Ou seja, a vitória foi das esquerdas, mas a luta era pela legalidade. Em março de 1964, os sinais se inverteram. O lema que pregava ser "a Constituição intocável" passou a ser defendido pelos conservadores. Para impedirem as reformas, eles proferiam discursos de defesa da ordem legal. As esquerdas, diversamente, pediam o fechamento do Congresso, a mudança da Constituição e questionavam os fundamentos da democracia liberal instituídos pela Carta de 1946. Inebriadas pelas vitórias de 1961 e de 1963, as esquerdas acreditaram que poderiam repeti-las em 1964. Não perceberam a importância da questão democrática para a sociedade brasileira. As esquerdas conseguiram mobilizar a sociedade em agosto/setembro de 1961 e janeiro de 1963, mas, em março de 1964, elas não encontraram apoio social para resistir ao golpe.

Interpretação diversa é a de René Dreifuss. Como vimos anteriormente, o autor interpreta o IPES e o IBAD como o "Estado-Maior da burguesia multinacional-associada". Recorrendo a vários recursos, como livros, cinema, rádio, simpósios etc., o "complexo IPES-IBAD"

DOIS DIAS FINAIS

elaborou e difundiu ampla campanha anticomunista, convencendo empresários, políticos, jornalistas, religiosos, profissionais liberais, militares e trabalhadores, sobretudo as classes médias, de que Goulart teria intenções de comunizar o país. A estratégia empresarial implementada pelo IPES e pelo IBAD durou anos seguidos e mobilizou muito dinheiro. Para Dreifuss, a campanha ideológica desestabilizou o governo e, com o apoio dos militares, um novo grupo – formado por interesses financeiros e industriais multinacionais em associação com empresários brasileiros – tomou o poder no país. Nessa interpretação, o golpe militar foi inevitável.[115]

A análise que privilegia a ação empresarial e a propaganda anticomunista como elementos centrais da crise política de 1964 é criticada por vários autores. Para Daniel Aarão Reis Filho, a grande fragilidade do trabalho de Dreifuss é superestimar o controle e o domínio do IPES e do IBAD sobre o curso dos acontecimentos. Além disso, embora a propaganda anticomunista não possa ser desconsiderada, "seria simplório imaginar que tudo se limitou a manobras de manipulação", como se os receptores das mensagens, em particular as classes médias, recebessem de maneira passiva a propaganda ideológica.[116] Para Argelina Figueiredo, "a conspiração foi uma condição necessária mas não suficiente para o sucesso do golpe de 1964".[117]

Rodrigo Patto Sá Motta também avalia criticamente as interpretações que acentuam o papel do anticomunismo na crise e no colapso do governo Goulart. Com razão, o autor afirma: "Há algum exagero na suposição de que o temor ao comunismo fosse meramente uma manobra utilizada por conspiradores ocultos, visando a conduzir uma massa de tolos em direção ao golpe."[118] Para o autor, é exagerada a hipótese de que os grupos conservadores tinham no golpe a sua principal opção política. Como explicar, por exemplo, a grande mobilização e a quantidade de dinheiro investido pelos direitistas do IPES-IBAD nas eleições parlamentares de outubro de 1962? Se a opção era pelo golpe, não haveria motivo para tantos investimentos no pleito. Para Rodrigo, a extrema direita anticomunista estava isolada no espectro político do país. Os próprios setores conservadores nos meios militares, políticos e empresariais não se animavam em romper com o processo eleitoral — meio privilegiado, porque legítimo, para alcançar o poder. Assim, o que unificou as elites contra o presidente foi o temor da aliança entre

Jango e as esquerdas, abrindo possibilidades para a ascensão ao poder dos comunistas. A insegurança aumentou com a Mensagem presidencial e os consequentes boatos de que instituiria uma ditadura de caráter nacionalista e de esquerda, caminhando em direção ao comunismo. A aliança de Jango com as esquerdas no comício da Central do Brasil e a revolta dos marinheiros — a fagulha que detonou o mecanismo golpista, na avaliação do autor — permitiram que instituições que até então defendiam o regime, à exemplo da imprensa, aderissem à mobilização anticomunista. O medo do comunismo unificou as elites. O objetivo não era instituir uma ditadura, mas afastar Goulart e, com isso, a ameaça de um processo revolucionário. Para Rodrigo Motta, o anticomunismo não era um recurso demagógico e fantasioso, mas um efetivo temor de que a radicalização esquerdista beneficiasse os comunistas. "O objetivo principal não era dar um golpe, mas combater os comunistas e a ameaça revolucionária. O recurso à solução autoritária era um meio para eliminar tais perigos, não um fim."[119]

Interpretação que necessita ser considerada é a de Jacob Gorender. Para ele, nos dias de hoje é fácil dizer que o golpe militar era "inevitável" pela simples razão de ele ter acontecido. No entanto, ao analisar os acontecimentos, afirma que, até dezembro de 1963 ou mesmo em janeiro de 1964, o golpe não era inevitável. Segundo suas palavras: "a partir de novembro de 1963, Goulart deu uma guinada e passou a se entender com as forças de esquerda, com o PCB em particular, germinando também uma ideia golpista. Esta inspiração golpista está visível nos documentos que temos à disposição. Jango se preparava francamente para o que se chama de continuísmo. Luís Carlos Prestes declarou, numa entrevista à televisão, em janeiro de 1964, que a Constituição deveria ser reformada para possibilitar a reeleição do presidente. Era um convite ao golpe, neste caso já com motivação esquerdista aparente. Havia, pois, golpismo, não só da direita, mas também da esquerda." Portanto, para Gorender, "o golpe não era inevitável". Mas se tornou no início de 1964. Outra questão reiterada por ele é a ideia, interpretada como falsa, de que os golpistas estariam fortemente articulados: "não corresponde à realidade a ideia de que os conspiradores golpistas possuíam planos perfeitamente elaborados para tudo".[120]

As pesquisas convergem no sentido de que não houve um centro unificado articulador da conspiração. Os próprios militares usam a expressão "ilhas de conspiração". Nos depoimentos à Maria Celina D'Araujo, Celso Castro e Glaucio Ary Dillon Soares, "a opinião militar dominante define o golpe como o resultado de ações dispersas e isoladas, embaladas, no entanto, pelo clima de inquietação e incertezas que invadiu a corporação militar". A interpretação contraria as versões de que o golpe "teria sido produto de um amplo e bem-elaborado plano conspiratório que envolveu não apenas o empresariado nacional e os militares, mas também forças econômicas multinacionais".[121] Nesse último aspecto, Glaucio Soares é taxativo: "o economicismo do pensamento político e social na América Latina fez com que se fosse buscar nas elites econômicas os responsáveis pelo golpe. O golpe, porém, foi essencialmente militar: não foi dado pela burguesia nem pela classe média, independentemente do apoio que lhe prestaram".[122] Para o autor, o golpe resultou da conspiração militar com apoio de grupos empresariais brasileiros e não, como é comum supor, uma conspiração das elites dominantes com o apoio dos militares.[123]

A pesquisa de Antonio Lavareda indica algumas linhas interpretativas que minimizam a capacidade de manipulação da propaganda direitista e antirreformista durante o governo Goulart. Trabalhando com pesquisas de opinião pública do Ibope, Lavareda apresenta dados expressivos e reveladores. Em pesquisa realizada entre 9 e 26 de março de 1964, em oito capitais brasileiras, a seguinte pergunta foi formulada: "Na sua opinião, é ou não é necessária a realização de uma reforma agrária no Brasil?[124] Para 72% dos entrevistados, a resposta foi positiva; para 11% foi negativa; 16% não souberam responder. É importante observar que a opinião favorável à reforma agrária foi positiva em todas as classes sociais, incluindo os ricos e as classes médias (64% na cidade de São Paulo). Em outra pesquisa, realizada nos meses de junho e julho de 1963, em dez capitais do país, os pesquisadores do Ibope ofereceram três opções políticas aos entrevistados. A pergunta era a seguinte: "Destas três hipóteses, qual é, a seu ver, a mais indicada para ser adotada pelo governo do Brasil?"[125]. A primeira opção era chamada de "direita" e seus representantes eram Carlos Lacerda e Ademar de Barros. A segunda era chamada de "centro", e os nomes relacionados eram Magalhães Pinto e Juscelino Kubitschek. A terceira era chamada de "esquerda" e os nomes citados eram Leonel Brizola e Miguel Arraes. Do total de entrevistados, 45% se identificaram com o "centro", 23% com a "direita", 19% com a "esquerda" e 13% não souberam responder. Respaldado por múltiplos dados, Lavareda afirma que, em meio à crescente polarização das lideranças de esquerda e de direita, "a opinião pública brasileira estava ancorada, em sua maioria, ao centro". Centro que, para o autor, apoiava políticas reformistas: "o governo gozava de simpatia e razoável credibilidade. As principais reformas poderiam vir a ser viabilizadas com seu apoio."[126]

A grande mobilização pela defesa da Constituição na Campanha da Legalidade em 1961 e a vitória do presidencialismo no plebiscito em 1963, bem como as pesquisas do Ibope, apontam para duas questões valorizadas pela sociedade brasileira da época: a necessidade de reformas e a preservação da legalidade democrática – dimensões que não eram compreendidas como excludentes entre si. Quando, no fim de 1963 e início de 1964, as esquerdas passaram a menosprezar e a questionar os fundamentos da democracia liberal, instituídos pela Constituição de 1946, seus apelos não encontraram respaldo na sociedade. Para Antonio Lavareda, o acirramento dos conflitos ideológicos não teve força suficiente para cindir a sociedade brasileira em polos antagônicos, esvaziando o centro político. "A radicalização, que terminaria por destruir a ordem constitucional, era apenas uma opção estratégica das elites desinteressadas no jogo democrático."[127]

Maria Celina D'Araujo diz que o golpe militar foi contra o PTB, sua prática política e suas lideranças. O partido surgiu aos olhos dos militares como um inimigo a ser combatido. A ruptura constitucional foi uma reação aos compromissos dos trabalhistas com as esquerdas no clima da Guerra Fria, às alianças que tentaram com setores militares, às propostas de fazer dos trabalhadores o sustentáculo privilegiado do poder e à estratégia de atuar pela via da participação direta. Além disso, o PTB era o partido que estava no poder.[128] Não casualmente a queda de Goulart foi seguida pelo declínio político dos trabalhistas, com vários parlamentares cassados e, mais tarde, com a própria extinção do partido, bem como pela grande repressão ao movimento sindical, com intervenções em diversas entidades, prisões e cerceamento das liberdades básicas, como o direito de greve.

Muitos anos depois de março de 1964, com o devido distanciamento, protagonistas da época reavaliaram os acontecimentos e tocaram em questões delicadas para as esquerdas, principalmente no que concerne ao desprezo que tinham pela democracia liberal. Waldir Pires, na época consultor-geral da República, talvez tenha sido aquele que chamou a

DOIS DIAS FINAIS

atenção para algo pouco ressaltado nas análises. Se as reformas de base eram aceitas como necessárias por muitos grupos e setores da sociedade, não se tratava da implantação do socialismo. Muitos grupos de esquerda apresentavam posições radicais." Desse modo, com as reformas de base na ordem do dia, com as esquerdas radicalizadas e com um presidente reformista, mas não revolucionário, os grupos interessados nas mudanças econômicas e sociais não tiveram clareza para definir um projeto que as tornasse viáveis politicamente: "Não se construiu uma estratégia nítida como o que seria reformar a sociedade brasileira." Goulart, Brizola, Arraes, Prestes, entre outros, não implementaram uma ação em comum. Nesse sentido, o mais importante na avaliação de Waldir Pires, ponto nevrálgico para as esquerdas da época, era a questão democrática. Com as reformas de base, pergunta, o Estado democrático se consolidaria e se fortaleceria? Ou seria necessário abrir mão do projeto de Estado democrático? "Havia dúvidas", alega, "não na minha cabeça, mas na de outros companheiros sobre a possibilidade de a solução não ser institucional." Questionar a viabilidade da democracia para a implementação das reformas desencadeou grande agressividade da direita e amedrontou as classes médias.[129]

O brigadeiro Francisco Teixeira, integrante do PCB, diz que se a esquerda tivesse tido uma compreensão da importância da manutenção da democracia, "nós teríamos vencido aquela etapa e teríamos saído para outra. Continuava o processo. Quer dizer, tudo isso ocorreria dentro de um procedimento democrático de valorização da sociedade civil". Ele defende a tese de que as Forças Armadas têm a tendência de defender a legalidade, porque a instituição militar é constituída para essa finalidade. No entanto, os militares são sensíveis ao pensamento dominante na sociedade civil. Assim, não adianta discutir o que ocorreria se Jango tivesse decidido pela resistência. Talvez ocorressem algumas lutas, mas nada que pudesse sustar o movimento pela sua deposição. Tratava-se de um governo isolado e condenado. Jango poderia transformar o processo se reagisse com um programa democrático, garantindo que as eleições iriam ocorrer sem alterações na legislação vigente."[130]

Hércules Corrêa, militante comunista e líder sindical de projeção, nesse ponto é taxativo: admite que "a questão democrática não era a menina dos olhos do PCB naquela época. Negócio de democracia, para nós, era um negócio tático. Nós jogávamos muito na ideia do quanto pior, melhor. Achávamos que a revolução vinha por aí".[131] Darcy Ribeiro corrobora a tese. Para ele, a teoria em que as esquerdas se baseavam "era a teoria catastrofística, segundo a qual se você cria o caos, o caos é tão grande que do caos você sai para a utopia. Eles queriam sair do caos para o socialismo".

Na área militar, Eduardo Chuay defende argumentos na mesma linha interpretativa. As esquerdas deram armas para os golpistas, insuflando a quebra da hierarquia e da disciplina. Seja na insurreição dos sargentos, seja na revolta dos marinheiros, as esquerdas, sem medir consequências, incutiram medo na maioria da oficialidade das Forças Armadas. Para Chuay, 90% dos oficiais do Exército eram, em termos políticos, tidos como neutros. A eles interessava ir para o trabalho e, ao final do expediente, retornar para suas casas e estar com a família. Estavam longe, e assim queriam estar, da política. O restante do Exército era composto por 5% de militares golpistas históricos de direita e outros 5% de nacionalistas, esquerdistas, reformistas ou janguistas. Diante de tantas quebras das regras de hierarquia e disciplina, os 90% passaram a dar razão aos 5% golpistas, isolando os 5% reformistas. Segundo Chuay, as provocações patrocinadas pelas esquerdas empurravam "cada vez mais os oficiais para a ruptura institucional. Nós levamos a oficialidade à ruptura institucional. A mesma que em 61 defendeu a Constituição, três anos depois rasgou-a". Além disso, embora elogie muito a atuação de Goulart na presidência, identifica nele fraqueza na área militar. Promovendo militares conhecidamente de direita à custa dos partidários da esquerda, cedendo a pressões da alta oficialidade, sem nenhum esquema militar defensivo, Jango não teve como se defender diante do golpe.[133]

Na avaliação do jornalista Carlos Castelo Branco, o número de oficiais destituídos de comando e transferidos para a reserva após o golpe indica que Goulart tinha um apoio militar considerável, apesar dos seguidos erros que cometeu nessa área, sobretudo com nomeações sucessivas de ministros da Guerra. "Parece fora de dúvida que o episódio que fez pender a balança em favor dos seus adversários foi a crise da Marinha", alega.[134] A anistia aos marinheiros foi desastrosa para o governo, principalmente quando era público o aliciamento deles por líderes sindicais e esquerdistas, esfacelando os princípios básicos da hierarquia e disciplina. O erro quebrou o moral dos partidários do governo e permitiu que um número imenso de oficiais indecisos concordasse com os argumentos dos

DOIS DIAS FINAIS

golpistas. O comício de 13 de março e a maneira como o presidente resolveu a insubordinação dos marinheiros convenceram a grande massa de militares de que ele havia quebrado as regras do jogo.

É verdade que a conspiração avançava desde que Goulart assumira o poder. Contudo, os conspiradores, minoria nas Forças Armadas, promoviam atentados contra o regime democrático desde que Getulio Vargas ganhara as eleições em 1950. Havia um sentimento legalista na maioria das tropas que impedia a efetivação dos golpes. Mesmo que grande parte da oficialidade não simpatizasse com Jango, o sentimento negativo necessariamente não significaria que dessem um passo adiante no sentido de destituí-lo do poder. Foi a revolta dos marinheiros o momento em que a maioria legalista nas Forças Armadas cedeu aos argumentos dos grupos golpistas, situação agravada pela ida do presidente ao Automóvel Clube, ao lado de sargentos, marinheiros, fuzileiros navais e, inclusive, do cabo Anselmo. Tratou-se, para a oficialidade, de uma questão de sobrevivência da própria instituição. O general Mourão, sem o aval dos conspiradores, desencadeou o processo golpista. Como Goulart não reagiu, como não houve manifestações de defesa do governo, as defecções, inicialmente tímidas, avolumaram-se em ritmo crescente em poucas horas. No dizer de Raul Ryff, "como se deu bem, todo mundo aderiu".[135]

Mesmo aqueles que militavam no campo brizolista e, portanto, eram críticos ácidos de Goulart admitem que a radicalização política não tinha bases reais. Neiva Moreira, na época partidário de Leonel Brizola e entusiasmado com a formação do "grupo dos onze", avalia que se Jango tivesse tido uma atitude mais corajosa, se tivesse entregado os comandos militares a homens de confiança, se formasse uma grande frente popular de luta, ele teria condições políticas para resistir. Porém, admite que as esquerdas podem ter acelerado a intervenção militar "porque estávamos naquele momento como uma espécie de toureiro, que só tinha mesmo o pano vermelho. Não tínhamos capacidade de resistir ao golpe".[136] Décadas depois, parece ser unânime a maneira como os protagonistas de esquerda daquela época admitem que suas forças eram irreais, que não passavam de crenças, como também reconhecem que as direitas estavam muito mais preparadas para resistir. Para Nélson Werneck Sodré, as esquerdas eram imaturas. "Um dos aspectos da imaturidade é julgar-se mais forte do que verdadeiramente é. Ter ilusões sobre o seu próprio poder. Pensar que o processo está mais avançado do que realmente está." O próprio Sodré se autocritica nesse aspecto. Ele afirma que, em 1964, "acreditava na repulsa do povo a qualquer golpe para instalar uma ditadura".[137] Marly de Almeida Vianna, por sua vez, enumera os equívocos cometidos pelas esquerdas: "Erramos na avaliação da situação nacional, acreditando que o domínio e o controle das multinacionais e as imposições dos países-chefes do mundo estavam já superados; erramos, consequentemente, na avaliação política, acreditando que já havia no país um bloco de forças majoritário interessado em propor e garantir a execução das reformas estruturais; erramos ao pensar que desse bloco fazia parte 'toda a nação', excetuados os 'entreguistas', isto é, os interessados na subordinação do país ao capital estrangeiro."[138]

Radicalizadas e embriagadas pela possibilidade de alcançarem o poder, as esquerdas não perceberam que tinham Goulart como um aliado. Gregório Bezerra, por exemplo, diz que "Jango era pela reforma agrária e facilitou muito o movimento camponês. Se nós não fizemos mais, a culpa foi nossa, não dele, porque ele contribuiu para despertar o movimento camponês, dando liberdade, criando a Superintendência para a Reforma Agrária". Sérgio Magalhães, na época presidente da Frente Parlamentar Nacionalista, diz que "havia muito aquela ideia de se querer isto; se não for isto, não pode ser, não serve". O radicalismo das esquerdas, em sua avaliação, assustou as classes médias.[139] Diante de tantos episódios marcados pelo sectarismo, pela intransigência e por vaidades, muitos setores duvidaram que aqueles homens pudessem, de fato, realizar as reformas. Herbert de Souza, o Betinho, militante da AP e integrante da FMP, admitiu, anos mais tarde, "que não soubemos fazer uma leitura do Jango fundamentalmente como aliado. Muitas vezes, na prática, nós colocávamos o Jango como um obstáculo ao desenvolvimento do processo político. Queríamos avançar, ir muito além do que a realidade realmente tornava possível". Betinho lembrou, por exemplo, que a AP chegou a ter ministros e assessores de primeiro escalão do governo, como Paulo de Tarso, Almino Afonso e Plínio de Arruda Sampaio. No MEC, assessorando a campanha de alfabetização, pretendiam ensinar um milhão de adultos a ler e a escrever, permitindo, assim, que eles passassem a votar, "um fato revolucionário", concluiu anos depois. Clodsmidt Riani, presidente do CGT, declara o seguinte: "Eles fizeram a revolução na hora H porque nós já estávamos participando do governo mesmo. O Jango já era um aliado nosso. Eu era do PTB. Nós tínhamos um presidente da República. Eles

DOIS DIAS FINAIS

fizeram a revolução numa hora em que a classe operária, de fato, já participava de cargos no governo. Nós não discutíamos apenas aumento de salário, questões econômicas ou greves políticas. Discutíamos tudo o que era necessário."[140] Mesmo assim as esquerdas não viam Goulart como um aliado, mas como um entrave. Marcelo Cerqueira, vinculado ao PCB e em março de 1964 vice-presidente da UNE, concorda com Betinho. "Na questão estudantil", lembra anos depois, "não havia governo mais democrático do que o de Jango. O Ministro [da Educação] Paulo de Tarso foi escolhido com consulta a nós. Quando o Jango nomeou o Darcy Ribeiro para o MEC, perguntou a nós. Às próprias listas tríplices para as universidades nós tínhamos acesso."[141] Contudo, alega, "na medida em que você tivesse como inimigo principal a conciliação, seu inimigo principal era o presidente". Para Cerqueira, Goulart era uma pessoa afável, de coragem pessoal, mas um homem da conciliação. Passados tantos anos, ele revê as relações conflituosas entre o presidente e as esquerdas: "Eu acho até que o Jango tinha mais compreensão conosco do que a gente com ele."

Este aspecto, sem dúvida, é importante. Waldir Pires ressalta as diferenças entre a personalidade de Goulart, sobretudo como homem político, e seus interlocutores de esquerda. O presidente, diz ele, nunca foi um radical. Ele era um articulador das reformas, mas não da revolução. Havia nele uma enorme coerência. Não se encontra em sua trajetória política uma única posição ou atitude reacionária. O que as esquerdas cobravam dele, como o rompimento institucional para realizar as reformas, ele "nunca estava disposto a fazer, nunca esteve, não era do seu temperamento, da sua formação. Ele era um homem do acordo, mas do acordo que avança. Não se conhecem acordos do Jango em que ele tenha retrocedido, recuado que seja para dar um passo atrás comprometedor do avanço da sociedade brasileira. Ele era um tático".[142] Outros depoimentos seguem na mesma linha. Para Darcy Ribeiro, "o Jango só foi entendido realmente pela direita. A direita verificou que ele era um perigo, e se unificou toda para derrubá-lo e levar o país a essa situação".[143] Talvez a contradição de um presidente rico e latifundiário de um país pobre e injusto tenha ofuscado a visão das esquerdas sobre ele, mas não a sensibilidade da direita e dos conservadores. Darcy Ribeiro caracteriza Goulart como um pacifista, um conciliador, cujo objetivo era alcançar as mudanças econômicas e sociais pela persuasão. "O que Jango propunha era tão somente um capitalismo progressista como o norte-americano." No entanto, tais reformas eram fortes demais para a velha classe dominante brasileira.[144] Almino Afonso, sobre isso, é claro: "Apesar das contradições da personalidade do presidente João Goulart, ele próprio um fazendeiro, um latifundiário, a verdade é que ele foi a figura que mais defendia — e eu não conheço um presidente da República que tenha feito tanto — a reforma agrária."[145] Raul Ryff define Goulart como um homem de esquerda, mas não um revolucionário. "Era um homem progressista que deu à esquerda elementos para ela progredir. Não há um ato sequer do Jango contra o povo trabalhador, a esquerda ou a classe operária".[146]

Na relação das esquerdas com Goulart, a grande crítica é formulada por Darcy Ribeiro e Marcelo Cerqueira. Para o primeiro, "grande parte das esquerdas se radicalizou querendo mais. Eu dizia: esta é a esquerda do rei bom. Ela acha que o Jango é o rei bom, que pode dar mais, mais e mais".[147] E Marcelo Cerqueira completa: "Por que combatíamos a política de conciliação? Porque achávamos que Jango era um rei, que dependia da vontade dele fazer as reformas — quando não dependia. Ele era apenas o presidente e havia uma correlação de forças."[148] Conclui Darcy Ribeiro em sua avaliação que Jango era um reformista que evitava a revolução, mas nada pôde fazer diante da contrarrevolução. Ele poderia ter recuado, retrocedendo com um pacto com as velhas classes dominantes e tranquilizando o capital estrangeiro, negando, desse modo, seu passado e seu caráter reformista. Mas poderia ter avançado, chamando o povo à revolução, aceitando uma guerra civil longa e sangrenta entre os trabalhadores e as classes dominantes aliadas aos militares e aos fuzileiros norte-americanos. "Essa ambiguidade conjuntural é interpretada por muita gente como uma debilidade ou incapacidade de Jango. Na verdade, qualquer pessoa posta naquele papel dificilmente encontraria uma saída." Goulart e parte da esquerda não correriam o risco da guerra civil. Ele porque, sendo reformista, talvez considerasse sua queda um mal menor diante da possibilidade de um longo conflito com mortes. As esquerdas pelo fato de não saberem o que estava acontecendo. "Em sua imaturidade e alienação", as esquerdas não perceberam que haviam alcançado o poder, não por um esforço de organização, mas pela casualidade de uma renúncia. Ali estava um presidente da República aliado aos trabalhadores do campo e das cidades. Assim, em lugar do esforço para se tornarem uma alternativa ao poder, passaram a um dilaceramento mútuo, sendo que muitos líderes passaram a insultá-lo exigindo dele mais radicalismo.

DESSE modo, sentencia Darcy Ribeiro, "os derrotados fomos nós, como uma esquerda que não estava à altura do desafio histórico", bem como "o povo, que perdeu uma rara oportunidade de libertação".[149]

Por fim, tentemos compreender a lógica de Goulart naqueles momentos críticos. Segundo Hugo de Faria, conhecedor de sua personalidade, o presidente recusou-se a resistir ao golpe não por medo. Ao contrário, diz o amigo, ele era homem imbuído de muita coragem. Negou-se a resistir porque não queria ser o motivo para deflagrar uma guerra civil no país. "Ele queria negociar, não queria impor."[150] No fim de seu governo, sobretudo após a revolta dos marinheiros, ele foi tomado por um cansaço, pela fadiga do poder. Faltando pouco mais de um ano para terminar, "deixou o barco andar". Já no Rio Grande do Sul, repudiou qualquer tentativa de reação para não expor a população a uma guerra civil.[151] A guerra civil, aliás, era o grande receio de Goulart. Muitos garantem que a resistência seria possível, permitindo que, durante muitos anos, Jango fosse desmerecido por sua falta de coragem, determinação, arrojo etc. O brigadeiro Francisco Teixeira, um dos poucos comunistas que alcançaram tanto uma alta patente militar quanto um posto de comando, avalia que o governo estava politicamente isolado. As classes dominantes e os setores médios, naquela altura, estavam convencidos da necessidade de derrubar o governo. A ala legalista das Forças Armadas não teve forças para se contrapor a uma difusa opinião pública que condenava Jango: ele não deveria continuar governando o país. Para aqueles que garantem que existia a possibilidade de reação, Francisco Teixeira concorda que era possível reagir ao golpe, mas que seria inútil. O governo estava isolado, fatalmente condenado a deixar o poder. A não ser que apresentasse um programa realmente democrático, de garantia de eleições, coisa que não fez.[152]

Leonel Brizola chama a atenção para um aspecto importante na estratégia de Jango. Se o presidente "pudesse imaginar a natureza do regime que se instalaria no país, seu procedimento teria sido outro. Ele agiu com muita boa-fé. Ninguém tinha ideia da ferocidade do regime que se estabeleceria".[153] O próprio Jango no exílio, após se reconciliar com Brizola, confidenciou ao cunhado que sua reação seria outra se soubesse o que ocorreria após sua deposição. Mas, na avaliação de Brizola, Goulart renunciou ao poder. "Quando viu que algum derramamento de sangue haveria de ocorrer, que a crise se agravara, o presidente João Goulart, para evitar o quadro que se configurava e que não era de sua natureza, praticamente renunciou, como praticamente renunciou o presidente Vargas, em 1945."[154]

Flávio Tavares também procura explicar as razões que o levaram a não resistir, a não tomar nenhuma atitude no campo militar.[155] A questão central foi a conversa que Jango manteve no dia 31 com dois importantes personagens: San Tiago Dantas e Juscelino Kubitschek. Ambos, sobretudo Dantas, informaram a Jango que o governo norte-americano se comprometera a apoiar o "governo provisório" de Magalhães Pinto. Juscelino disse que não apoiaria Jango para não ficar contra Minas Gerais. No exílio, Jango declarou claramente as razões que o levaram a decidir por não resistir: "O professor San Tiago Dantas me preveniu que a esquadra norte-americana chegaria a Santos e que iriam reabastecer os bombardeiros em voo pra atingir Brasília." Goulart conhecia muito bem o poder bélico dos Estados Unidos. Certamente ainda estava na sua lembrança o grande painel do mapa do mundo na base de Offur, Nebraska, com as luzes piscando em vários pontos do planeta. O brigadeiro Rui Moreira Lima colocaria os jatos da Base Aérea de Santa Cruz na defesa do território brasileiro. Mas o que poderiam fazer os obsoletos Gloster Meteor contra os modernos supersônicos estacionados no porta-aviões *Forrestal*? Havia também a questão política: Juscelino levaria todo o PSD no Congresso Nacional para a oposição, apoiando o "governo provisório" de Magalhães Pinto. Junto com a UDN e com os pequenos partidos conservadores, Jango perderia qualquer base de sustentação parlamentar.

A possibilidade de resistência era nula com a adesão da maioria dos contingentes das Forças Armadas, dos principais governadores, do Congresso Nacional e da imprensa. No entanto, se Jango propusesse a resistência e, no caso de ela se realizar, possivelmente o país enfrentaria uma guerra civil. Setores das Forças Armadas aliados a civis tentariam algum tipo de luta. A intervenção militar norte-americana agravaria ainda mais a crise, com a possível divisão territorial do Brasil. Qualquer tipo de resistência provocaria derramamento de sangue. "Mas esse sangue a ser derramado", garantiu Jango no exílio, "seria o de civis", não de militares.[156] Em sua lógica, "lobo não come lobo". Os militares brasileiros ameaçam, mas, "no final, dá-se um jeito". Para ele, era inadmissível levar adiante uma luta em que civis morreriam, enquanto os militares se preservariam. Além disso, continuou em sua avaliação: "Até que ponto poderíamos resistir? Onde obteríamos recursos e o combustível imprescindíveis? Os

DOIS DIAS FINAIS

entreguistas do Brasil já estavam garantidos ao receberem o apoio dos Estados Unidos. Só os civis seriam as grandes vítimas. E esse é um povo maravilhoso, independentemente de sua convicção política. Eu não teria esse direito. Nem gostaria de arcar com essa enorme responsabilidade, que contraria meu foro íntimo."

É nesse sentido que, atualmente, análises mais serenas reavaliam as atitudes de Goulart. Flávio Tavares afirma que a "não resistência era incorreta e absurda em termos políticos, mas correta e acertada em termos humanos".[157] Zuenir Ventura destoa de um conjunto de apreciações longamente sedimentadas na imaginação das esquerdas, mas, ao mesmo tempo, inova ao avaliar a atitude do presidente de não resistir: "Jango teve um dos seus momentos mais bonitos ao evitar aquilo que imaginava que viria a ser uma guerra civil com 1 milhão de mortos. Conta pontos para ele não querer resistir dessa maneira. Não acho, como muitos achavam e ainda acham, que a atitude de Jango tenha sido covarde, que ele tenha fugido da luta, que ele tenha fugido do país. Chegou um momento em que ele deve ter visto que estava perdido; que aquela seria uma luta sangrenta e que, no final, ele também sairia perdendo. Teve a lucidez de perceber que não adiantaria nada atacar o grupo. Teve a grandeza de evitar que houvesse muitas mortes."[158] O jornalista Paulo Markun é da mesma opinião: "Jango deve ser valorizado por aquilo que não fez: jogar o sangue de outros na luta política."[159]

É necessário ainda considerar que para os protagonistas envolvidos nos conflitos daquela época, como as esquerdas, a direita civil, o presidente da República e os militares conspiradores, o golpe, em certa medida, surgia como uma grande incógnita. Uma ditadura com a duração de vários anos não estava nos planos dos golpistas. Os próprios líderes civis golpistas, como Carlos Lacerda e Magalhães Pinto, eram candidatos à presidência da República em 1965. Mesmo setores da imprensa que apoiaram a deposição de Goulart não esperavam a implantação de uma ditadura. Na redação do *Correio da Manhã*, a maioria da equipe decidiu-se pelo golpe no dia 28 de março — e daí os famosos editoriais "Chega!", "Basta!" e "Fora!". Segundo Marcio Moreira Alves, trabalhando na época na redação, para o grupo de jornalistas "uma intervenção militar deveria ser rápida, seguida pela devolução do poder aos políticos civis. Para nós, uma ditadura militar prolongada era inimaginável no Brasil".[160] Entre os conspiradores, não havia planos de poder. Como alguns depoimentos confirmam, não havia um projeto a *favor* de algo, mas *contra*. Entre os militares, a questão imediata era depor Goulart e, depois, fazer uma "limpeza" política. Somente mais adiante, e com difíceis entendimentos entre facções das Forças Armadas, surgiria um "ideário" do regime dos militares.[161] Jango seguiu interpretação similar à dos redatores do *Correio da Manhã*. Imaginou que a intervenção militar repetiria as anteriores, como em 1945: o presidente é deposto, conhece o exílio dentro do território nacional e depois a vida política do país retoma os caminhos normais.[162] O governo trabalhista, a sociedade brasileira e mesmo os patrocinadores da derrocada da democracia não perceberam que, em abril de 1964, ocorrera um golpe de tipo novo.

NOTAS

1. Araújo Neto, op. cit., p. 61.
2. Mário Victor, op. cit., p. 509.
3. Abelardo Jurema, op. cit., p. 180.
4. Elio Gaspari, op. cit., p. 70.
5. Carlos Chagas, O Globo, Rio de Janeiro, 28/3/2004, Caderno Especial, p. 8.
6. Citado em Araújo Neto, op. cit., pp. 62-63.
7. Janio de Freitas, *Folha de S. Paulo*, 27 de março de 1994.
8. Moniz Bandeira, op. cit., pp. 180-181.
9. Mário Victor, op. cit., pp. 513-514.
10. Carlos Chagas, op. cit.
11. Citado em Denis de Moraes, op. cit., p. 297.
12. Elio Gaspari, op. cit., p. 71.
13. Francisco Teixeira (depoimento), op. cit., p. 240.
14. Batista de Paula, op. cit., pp. 61-62.
15. *Folha de S. Paulo*, São Paulo, 10/9/1999, p. 8.
16. *Dicionário Histórico-Biográfico Brasileiro pós-1930*, Rio de Janeiro, FGV/CPDOC, verbete "Walters, Vernon".
17. Disponível em: www.cebela.com.br, visitado em 23 de março de 2004.
18. Citado em Antonio Callado, op. cit., p. 269.
19. Citado em Moniz Bandeira, op. cit., p. 179.
20. Lucia Hippolito, op. cit., p. 233 e 242.
21. Flávio Tavares, *O dia em que Getúlio*, op. cit., pp. 151-152.

DOIS DIAS FINAIS

22. Citado em Marieta de Moraes Ferreira e César Benjamin, op. cit., p. 1520.
23. Batista de Paula, op. cit., p. 63.
24. Darcy Ribeiro, op. cit., p. 351.
25. Abelardo Jurema (depoimento), op. cit., p. 319.
26. Clodsmidt Riani, op. cit.
27. Idem.
28. Luís Mir, op. cit., p. 137.
29. Avelino Bioen Capitani. *A rebelião dos marinheiros*, Porto Alegre, Artes e Ofícios, 1997, p. 62.
30. Hélio Silva, op. cit., pp. 414-415.
31. Idem, pp. 408-409.
32. Darcy Ribeiro, op. cit., p. 353.
33. www.cebela.com.br, acessado em 23/3/2004.
34. Mário Victor, op. cit., p. 515.
35. Elio Gaspari, op. cit., pp. 74 e 76.
36. Citado em Mário Victor, op. cit., p. 517.
37. Idem, pp. 522 e 524.
38. As citações que se seguem estão em Eurílio Duarte, op. cit., pp. 143-144.
39. Mário Victor, op. cit., p. 525.
40. Raul Ryff, op. cit, pp. 286-287.
41. Pedro Gomes, "Minas: do diálogo ao 'Front'", in Vários autores, *Os idos de março...*, op. cit., p. 119.
42. As informações que se seguem estão em Hélio Silva, op. cit., pp. 411-412.
43. Elio Gaspari, op. cit., pp. 89 e 91.
44. Araújo Neto, op. cit., p. 61.
45. Mário Victor, op. cit., p. 531.
46. Elio Gaspari, op. cit., pp. 91-92.
47. Hélio Silva, op. cit., pp. 438-441.
48. Depoimento de Maria Thereza Goulart ao autor e a Angela de Castro Gomes, Rio de Janeiro, 2003.
49. *Correio da Manhã*, Rio de Janeiro, 1º/4/1964.
50. Citado em Antonio Callado, op. cit., pp. 270-271.
51. As citações que se seguem estão em Denis de Moraes, op. cit., pp. 163-164.
52. Hélio Silva, op. cit., p. 398.
53. Citado em idem, p. 416.
54. Denis de Moraes, op. cit., p. 303.
55. Depoimento de João José Fontella ao autor, Rio de Janeiro, 2000.
56. Francisco Teixeira (depoimento), op. cit., p. 241.
57. Hélio Silva, op. cit., pp. 398-399.
58. Denis de Moraes, op. cit., p. 162.
59. Avelino Bioen Capitani, op. cit., pp. 63-64.

60. Citado em Antonio Callado, op. cit., p. 272.
61. Mário Victor, op. cit., pp. 529-532.
62. Citado em Denis de Moraes, op. cit., pp. 166-167.
63. José Gomes Talarico, *O presidente João Goulart*, op. cit., p. 73-75.
64. Eurílio Duarte, op. cit., pp. 141-158.
65. Hélio Silva, op. cit., p. 441.
66. Flávio Tavares, *Memórias...*, op. cit., 147.
67. Antonio Callado, op. cit., p. 273.
68. Hélio Silva, op.cit., pp. 421-422.
69. www.cebela.com.br, acessado em 23/3/2004.
70. Hélio Silva, op. cit., p. 422.
71. Depoimento de Maria Thereza Goulart ao autor e a Angela de Castro Gomes, Rio de Janeiro, 2003.
72. Depoimento de Wilson Fadul ao autor, Rio de Janeiro, 2002.
73. Darcy Ribeiro, op. cit., p. 354. Darcy Ribeiro diz que o atraso no Coronado foi sabotagem. Hélio Silva, no entanto, desmente a versão, garantindo que o avião já apresentava defeitos desde sua chegada dos Estados Unidos. Op. cit., p. 423.
74. Carlos Castelo Branco, op. cit., p. 301.
75. Flávio Tavares, op. cit., pp. 149-150.
76. Logo depois, Julião escondeu-se em um sítio em Taguatinga e procurou exílio no México, evitando pedir o apoio de Cuba.
77. Hélio Silva, pp. 424-425.
78. Darcy Ribeiro, op. cit., p. 355.
79. Flávio Tavares, op. cit., p. 151-153.
80. Carlos Castelo Branco, op. cit., p. 31.
81. Hélio Silva, op. cit., p. 429.
82. As citações que se seguem estão em Deodoro da Rocha Bugarin, *Um retalho para 1964*, Rio de Janeiro, 1988, mimeo, pp. 21-24.
83. As citações que se seguem estão em Avelino Bioen Capitani, op. cit., pp. 66-67.
84. Quatrocentos marinheiros e fuzileiros navais foram expulsos, processados e condenados após o golpe. Muitos cumpriram penas em presídios políticos. Outros 963 foram licenciados *ex-officio* por terem participado da assembleia na sede do Sindicato dos Metalúrgicos. Desses, 200 tinham mais de dez anos de serviço e foram considerados mortos. Seus dependentes recebem pensão militar como se eles tivessem falecido. Grande parte dos condenados caiu na clandestinidade no interior do país, sobrevivendo como camponeses ou biscateiros. A Marinha ameaçou as empresas que dessem empregos a eles. Alguns foram localizados e presos. Outros aderiram à luta armada. A anistia política de 1979 não os beneficiou; foram a única categoria excluída da medida. Idem, p. 70. Somente no segundo mandato de Fernando Henrique Cardoso eles receberam a anistia, mesmo assim sob protestos do comandante da Marinha de Guerra.

DOIS DIAS FINAIS

85. Abelardo Jurema, op. cit., p. 213. Em seguida, Jurema negociou sua libertação e refugiou-se na embaixada do Peru. Depois, exilou-se naquele país.
86. Hélio Silva, op. cit., p. 442.
87. Depoimento de Maria Thereza Goulart ao autor e a Angela de Castro Gomes, Rio de Janeiro, 2003.
88. Depoimento de Wilson Fadul ao autor, Rio de Janeiro, 2002.
89. O Rio Grande Semanal, Porto Alegre, 6-12/9/1979, p. 18.
90. Depoimento de Maria Thereza Goulart ao autor e a Angela de Castro Gomes, Rio de Janeiro, 2003.
91. Citado em Hélio Silva, op. cit., p. 443.
92. Citado em Moniz Bandeira, op. cit., p. 97.
93. Citado em Hélio Silva, op. cit., p. 444.
94. Osvaldo Lima Filho (depoimento), op. cit., p. 167.
95. Depoimento de Wilson Fadul ao autor, Rio de Janeiro, 2002.
96. A avaliação de Goulart foi confidenciada a Waldir Pires no exílio. Citada em Denis de Moraes, op. cit., p. 219.
97. Depoimento de Leonel Brizola no IFCS/UFRJ, em 21 de dezembro de 2001.
98. Citado em Hélio Silva, op. cit., p. 444.
99. O Rio Grande Semanal, Porto Alegre, 6-12/9/1979, p. 18. Muitos anos depois, Brizola reconheceu que a resistência seria inútil: "A resistência a partir de Porto Alegre seria em nome da nossa honra e dignidade. Mas seria uma causa difícil." Citado em Moniz Bandeira, op. cit., p. 98.
100. Flávio Tavares, op. cit., p. 264.
101. Segundo o depoimento de Batista de Paula, Ladário Telles não perdoou Goulart por não permitir que ele assumisse a resistência ao golpe. Com a publicação do Ato Institucional, perdeu seus direitos políticos e foi transferido para a reserva. Anos mais tarde, morreu em decorrência de problemas cardíacos, e seu sepultamento, por determinação da ditadura, foi discretíssimo, para evitar qualquer manifestação de solidariedade. Batista de Paula, op. cit., p. 61.
102. Depoimento de Yolanda Marques Goulart ao autor, São Borja, 2003.
103. José Gomes Talarico, op. cit., p. 99.
104. Raul Ryff, op. cit., p. 218.
105. O livro de Moniz Bandeira sobre o Governo Goulart e o filme Jango, de Silvio Tendler, são representativos dessa versão.
106. Citado em Denis de Moraes, op. cit., pp. 194-195 e 267.
107. Marco Antônio Villa, op. cit. Vide introdução e conclusão.
108. Segundo Carlos Haag, Villa, em seu livro, traçou um "perfil cruel" de Jango. Após a leitura, resta ao leitor uma sensação incômoda: "Ao querê-lo muito pequeno, Villa o fez grande demais." Carlos Haag, O Globo, Rio de Janeiro, 24/4/2004, Prosa & Verso, p. 6.
109. Marieta de Moraes Ferreira, in idem (org.), op. cit., p. 28.

JOÃO GOULART – UMA BIOGRAFIA

110. *IstoÉ* On Line, n° 1583, e acessado em 9/2/2000.
111. Argelina Cheibub Figueiredo, op. cit., pp. 23-24.
112. Wanderley Guilherme dos Santos, op. cit., 1986.
113. Argelina Cheibub Figueiredo, op. cit., p. 30.
114. Idem, p. 202.
115. René Dreifuss, op. cit.
116. Daniel Aarão Reis Filho. "O colapso do colapso do populismo ou a propósito de uma herança maldita", in Jorge Ferreira (org.). *O populismo e sua história. Debate e crítica*, Rio de Janeiro, Civilização Brasileira, 2001, p. 332 e 335.
117. Argelina Figueiredo, op. cit., p. 17
118. Rodrigo Patto Sá Motta in Marieta de Moraes Ferreira, op. cit., p. 143 e seguintes.
119. Idem, p. 146
120. Jacob Gorender, "Era o golpe de 64 inevitável?", in Caio Navarro de Toledo (org.), *1964: visões críticas do golpe. Democracia e reformas no populismo*, Campinas, Editora da Unicamp, 1997, pp. 109-110, 112 e 114.
121. Maria Celina D'Araujo, Celso Castro e Glaucio Ary Dillon Soares, *Visões do golpe. A memória militar sobre 1964*, Rio de Janeiro, Relume-Dumará, 1994, p. 16.
122. Glaucio Ary Dillon Soares, *A democracia interrompida*, Rio de Janeiro, FGV, 2001, p. 351.
123. Ver Carlos Fico, *Além do golpe. Versões e controvérsias sobre 1964 e a ditadura militar*, Rio de Janeiro, Record, 2004, p. 40.
124. Antonio Lavareda, *A democracia nas urnas. O processo partidário-eleitoral brasileiro (1945-1964)*, Rio de Janeiro, Iuperj/Revan, 1999, p. 177.
125. Idem, p. 176
126. Idem, p. 179-180
127. Idem, p. 11-12.
128. Maria Celina D'Araujo, op. cit., p. 140.
129. Citado em Denis de Moraes, op. cit., pp. 214 e 216.
130. Francisco Teixeira (depoimento), Rio de Janeiro, FGV/CPDOC — História Oral, 1983-1984, pp. 7 e 240.
131. Citado em Denis Moraes, p. 294.
132. Citado em idem, p. 300.
133. Citado em Andréa de Paula dos Santos, op. cit., p. 356.
134. Carlos Castelo Branco, op. cit., pp. 303-304.
135. Raul Ryff, op. cit., p. 287.
136. Citado em Denis de Moraes, op. cit., p. 331.
137. Citado em idem, p. 309.
138. Marly de Almeida Gomes Vianna, "40 anos depois", *Folha de S. Paulo*, 22/4/2004.

DOIS DIAS FINAIS

139. Citados em Denis Moraes, pp. 236, 241 e 246.
140. Clodsmidt Riani, op. cit.
141. Citado em Denis de Moraes, op. cit., p. 279.
142. Citado em idem, p. 211.
143. Citado em idem, p. 300.
144. Darcy Ribeiro, op. cit., p. 289.
145. Citado em Denis de Moraes, op. cit., p. 320.
146. Citado em idem, p. 275.
147. Citado em idem, p. 299.
148. Citado em idem, p. 280.
149. Citado em Ivana Bentes (org.), op. cit., pp. 442-444.
150. Hugo de Faria, op. cit., p. 271.
151. Idem, p. 188-189.
152. Francisco Teixeira, op. cit., pp. 7-10.
153. Citado em Denis de Moraes, op. cit., p. 356.
154. Câmara dos Deputados. Comissão externa destinada a esclarecer em que circunstâncias ocorreu a morte do ex-presidente João Goulart, em 6 de dezembro, na Província de Corrientes, na Argentina. Relatório final, p. 82.
155. Flávio Tavares, op. cit., pp. 260-264.
156. Citado em Jorge Otero, op. cit., pp. 168-169.
157. Flávio Tavares, op. cit., p. 264.
158. *Jornal do Brasil*, Rio de Janeiro, 27/3/2004, Caderno Ideias, p. 3.
159. Paulo Markun, *Jornal de Debates*, 12/12/2006.
160. *O Globo*, Rio de Janeiro, 28/3/2004, p. 7.
161. Maria Celina D'Araujo, Gláucio Ary Soares e Celso Castro, op. cit., p. 18.
162. Raul Ryff, op. cit., p. 216. Veja também Abelardo Jurema, op. cit., p. 319. Essa também é a opinião de seu cunhado, João José Fontella.

CAPÍTULO 11   Exílio uruguaio — Parte 1

A curta viagem entre Porto Alegre e São Borja foi o pior momento da vida de Maria Thereza.[1] Nunca tinha se sentido tão sozinha, tão desprotegida, tão desamparada. Dentro do avião, ao seu redor, as crianças dormiam com as roupas amassadas. Era o dia 2 de abril e, pelas janelas, ela via o alvorecer. Parecia algo mágico ver os raios de luz saírem da terra, no final do horizonte, e se projetarem contra o céu. Aos poucos, as cores se misturavam, desde o amarelo mais tímido até o vermelho mais tenso, formando um conjunto caótico de cores: vermelho, laranja, amarelo, cor de abóbora, grená, vinho, todas se misturando, rabiscando o céu. Ela olhava aquela conjunção de cores, de uma beleza difícil de descrever, e sentia que sua tristeza se transformava, por vezes, em grande nostalgia. Saudade de algo importante que deixara para trás, mas de que não conseguia lembrar-se. De repente sentiu um solavanco e se deu conta de que o avião preparava-se para descer no descampado da fazenda Rancho Grande, de propriedade de Jango. "Meu Deus, eu não posso acreditar que estou descendo em São Borja", pensou. Ao abrir a porta, nada além do capataz da fazenda. O frio, o silêncio e as primeiras luzes do dia foram as suas sensações ao sair da aeronave. "Como eu me senti infeliz... Não me lembro, na verdade, de ter vivido outra vez uma sensação como aquela, de infelicidade, de profunda infelicidade."

Na sede da fazenda, ela colocou as crianças para dormir e, depois, não soube o que fazer, perdida naquele descampado. O casarão da Rancho Grande era imenso e silencioso. Certamente ela se recordou da ocasião em que, recém-casada, ficara ali sozinha, amedrontada. O ajudante de ordens, que a acompanhou antes de retornar a Porto Alegre no mesmo avião, entregou-lhe uma mensagem. Nela estava escrito que, dois dias depois, outra aeronave pousaria na fazenda para levá-la. "Eu continuava sem poder avaliar a dimensão de tudo aquilo." Algumas horas mais tarde, por volta do meio-dia, ela viu chegar um jipe do Exército com quatro militares. A ordem expressa era para que se retirasse de São Borja até o anoitecer, caso contrário, invadiriam a fazenda e ela seria presa. O sentimento de infelicidade se transformou em desespero. Ela e duas crianças pequenas intimadas a sair da própria fazenda ou sofreriam retaliações. "Eu não sabia o que fazer, com quem conversar." Anoiteceu, e os militares não voltaram. Ela dormiu, esperando ser acordada por soldados do Exército a qualquer momento. Na manhã seguinte, dia 3, um avião mandado por Jango desceu na fazenda. "Eu não sabia para onde ir. Aliás, eu não tinha para onde ir." Mas o piloto Manoel Leães chegou com ordens de voar para o Uruguai. Ao saber, ela se surpreendeu: "Vamos para o Uruguai? E o Jango? Eu não tenho nada, como é que eu vou chegar ao Uruguai com essas crianças sem nada?" O piloto estava instruído. Leães também recebera instruções de Jango para entregar uma carta ao presidente uruguaio Daniel Fernandez Crespo. Nela, ele sondava sobre a possibilidade de obter asilo político.[2] Partiram às 10h. Maria Thereza foi a primeira exilada brasileira no Uruguai. Chegou ao país no dia 3 de abril.

Jango partiu de Porto Alegre com destino a São Borja às 11h30 do dia 2 de abril. Estava acompanhado do general Assis Brasil e do coronel Pinto Guedes, mais dois ajudantes de ordens e o secretário Eugênio Caillard. Nesse aspecto, as informações são desencontradas, mas tudo indica que ele e Maria Thereza não se encontraram. Como a fazenda Rancho Grande, onde estavam a mulher e os filhos, fazia divisa com uma condelaria do Exército, provavelmente ele foi para outra propriedade. Jango parecia estar desnorteado, sem saber exatamente o que fazer. O amigo e administrador de suas fazendas em São Borja, Deoclécio Barros Motta, o Bijuja, reuniu alguns homens para resistir a uma possível invasão de tropas do Exército. Algo inútil, que acarretaria a morte deles. Segundo Bijuja, Goulart recusava-se a sair da fazenda. "Não havia feito nada", insistia, "sair do país por quê?"[3]

Jango não pensava em abandonar o Brasil. Imaginou que, como Getulio Vargas, viveria ali seu exílio, dentro do próprio país. Logo percebeu que a história não se repetiria. Ainda no dia 2 de abril, tomou conhecimento de que Washington havia reconhecido o novo governo brasileiro. Para Goulart ficou ainda mais claro que a frota de navios de guerra na costa brasileira tinha objetivos determinados: a estratégia norte-americana era auxiliar os rebeldes, fosse no sentido de impor um governo títere ao Brasil, fosse no de incentivar uma guerra civil que dividiria o país. "Como poderiam prestar-se a isso militares que supunha nacionalistas, que querem bem ao país?", perguntou-se várias vezes angustiado.[4] As perseguições, as prisões, entre outras arbitrariedades, sinalizavam que o 31 de março de 1964 não seria similar ao 29 de outubro de 1945, mas algo novo, diferente. No dia 3 de abril, cerca de 10 mil pessoas estavam detidas, entre elas Mário Schemberg, dois tios do campeão de boxe Éder Jofre e vários líderes sindicais, jornalistas e sargentos da Aeronáutica. Livrarias que importavam livros da União Soviética foram interditadas e os policiais levaram, além de livros suspeitos, máquinas de escrever, calculadoras, enciclopédias etc.[5] Assis Brasil, em certo momento, foi enfático: "O senhor tem que sair daqui, senão vão prendê-lo." Depois de mandar o coronel e os dois auxiliares retornar para Brasília, o general organizou com Bijuja uma precária vigilância desarmada por 6 quilômetros em torno da fazenda. Ele ainda dispunha de três aviões, um C-47, um Cessna bimotor e um teco-teco.[6]

Percebendo que corria perigo, Goulart voou de estância em estância, evitando as patrulhas do Exército. Uma de suas últimas paradas foi em uma região muito isolada de uma de suas fazendas, acessível somente por meio de um pequeno barco a motor. Em uma casa de madeira bastante rústica, Jango preparou o jantar — ensopado de charque com aipim. Assis Brasil perguntou: "Não é que eu queira ir embora, estou ligado ao senhor até o fim. Mas o que o senhor pretende fazer?" A resposta foi surpreendente: "Quero ir para o Brasil central, numa terrinha que tenho, para o Xingu." O general, na verdade, queria partir e se apresentar no Ministério da Guerra, evitando, com isso, sofrer a pena de deserção. Mas não abandonaria Goulart. Jango se mostrava cada vez mais desorientado, não sabendo exatamente que rumo tomar. Partir para sua fazenda no Xingu era o que mais o seduzia. Assis Brasil tentou demovê-lo, argumentando que seria preso e confinado, possivelmente em Fernando de Noronha. Que pensasse na mulher e nos filhos. Mas ele parecia determinado a partir para o Xingu. Diante da insistência do general, Jango perguntou qual era a alternativa; o exílio no Uruguai, respondeu Assis Brasil. "Vou, então, para a Argentina, porque é só atravessar o rio", argumentou, sem muita certeza. O general o desaconselhou, dizendo que a polícia argentina o prenderia, deportando-o para o Brasil. "O senhor vai para o Uruguai", resolveu o general. Ao amanhecer do dia 4, foram em outro avião para o sítio Pesqueiro. Ali encontraram o piloto, que, de regresso de Montevidéu, garantiu que o governo uruguaio o receberia como asilado. Sem nenhum documento formal, apenas com garantias verbais, Goulart ficou indeciso. A seguir, foram para outra estância, a Cinamomo. Percebendo que não havia alternativa a não ser o exílio no Uruguai, Jango escreveu uma carta ao deputado Doutel de Andrade. Nela dizia que tentara permanecer no Brasil, mas que a atitude em nada alteraria a situação de fato que se criara com sua deposição e a posse ilegal e inconstitucional do presidente da Câmara. Referiu-se às tentativas de resistência no Rio de Janeiro, em Brasília e Porto Alegre, onde "também, ao fim de algumas horas, tudo se foi tornando cada vez mais difícil, pela inconsistência do esquema militar e pela rapidez com que o povo foi surpreendido". Para Goulart, "se houvesse um ponto onde resistir objetivamente, eu permaneceria na estacada para no mínimo, com o sacrifício, marcar o meu protesto. Isto nem como hipótese foi possível".[7]

Avisado de que sua prisão e as consequentes humilhações eram certas, com a família já em Montevidéu, ele e Assis Brasil, no dia 4 de abril, às 15h30, partiram no Cessna para o Uruguai. Quando o avião entrou na faixa de operações do aeroporto de Montevidéu, o piloto Manoel Leães recebeu instruções da torre: deveria descer na Base Aérea da Escola Militar de Pando, distante 50 quilômetros. Sem saber as razões para o desvio, Jango, até então silencioso e retraído, suspeitou tratar-se de armadilha. Diante das ordens de Jango para retornar ao Brasil, Leães retrucou: "O senhor vai me desculpar, presidente. Eu nunca contrariei uma ordem sua, mas essa eu vou contrariar. Se nós voltarmos, o senhor vai ser preso, ou assassinado. Este avião vai seguir para a base de Pando." Após muitos anos de convivência, pela primeira vez, o piloto e amigo viu Jango chorar.[8] Leães insistiu, dizendo que não era possível voltar, procurando apoio no general Assis Brasil. "Não, senhor. Agora, não, vai embora. Já estamos em rumo de Querência, pertinho de Montevidéu, a uns dez minutos", disse o general.[9]

Ao desembarcarem, pouco depois das 17h do dia 4 de abril, no aeroporto da cidade de Pando, foram recebidos pelo vice-ministro das Relações Exteriores e pelo vice-ministro da Defesa uruguaios e pelo embaixador brasileiro junto à Associação Latino-Americana de Livre Comércio. A instrução para o avião descer em Pando era para que Goulart fosse recebido com todas as honras. Alguns populares o aplaudiram. Negou-se

EXÍLIO URUGUAIO — PARTE 1

a falar com os jornalistas, foi diretamente para uma casa que o governo uruguaio preparara para o agora ex-presidente brasileiro. No dia seguinte, Assis Brasil retornou ao Brasil.[10]

No dia anterior, Maria Thereza e as duas crianças haviam desembarcado no aeroporto de Montevidéu, na parte reservada para táxis-aéreos. Repórteres e fotógrafos esperavam no saguão principal. Ao sair do avião, um funcionário a alertou: "A senhora vai rápido para casa porque tem muitos fotógrafos e jornalistas esperando."[11] Mas ir para onde? Que casa? Ela não tinha para onde ir. Jango, no entanto, havia pensado em tudo. Um amigo recebeu dele instruções para alojar a família. Primeiro, levou todos para a sua própria residência e, após descansarem, alojou-os em uma casa de praia de um amigo de Goulart — Alonso Mintegui, ex-funcionário da embaixada brasileira. Situada no balneário de Solymar, no Departamento de Canelones, a 40 minutos de Montevidéu, a casa era modesta, mas confortável, com dois quartos e uma pequena sala com lareira. Maria Thereza tinha apenas uma saia e duas camisas. As roupas das crianças cabiam em uma maleta muito pequena. Na verdade, não tinham muito para vestir e nada para comer. Nem sequer dinheiro ela possuía.

Mal se instalaram e os repórteres descobriram onde estavam. A casa foi cercada. Eles queriam uma entrevista de qualquer jeito. Primeiro, chamaram; depois, passaram a bater na porta; por fim tentaram arrombar as janelas. As crianças se assustaram, pensando que fossem bandidos. Todos começaram a chorar. Sem seguranças, Maria Thereza, a governanta e as duas crianças ficaram acuadas na casa. Não demorou muito para João Vicente e Denize se sentirem presos e pedirem para brincar no jardim. A mãe os segurava. No fim, a porta da frente da casa sofria duas agressões: a dos repórteres que queriam entrar e a das pancadas de João Vicente que queria sair. Ficaram duas horas naquela agonia até que um senhor, acompanhado da mulher e do irmão, procurou Maria Thereza e conversou com ela. Ele trouxe água e leite e a aconselhou a receber a imprensa, argumentando que aquela gente não sairia dali enquanto ela não desse alguma declaração. Os repórteres tinham lá suas razões: tratava-se da primeira exilada brasileira no Uruguai, com a agravante de ser a primeira-dama. Na verdade, Maria Thereza não aguentava mais ficar presa. Assim, enfrentou jornalistas de diversos países. Conversou até mesmo em francês. Pouco depois chegaram seguranças oferecidos pelo governo uruguaio. Vieram em motocicletas com um cão. Não demorou muito e as crianças estavam andando de moto e brincando com o cachorro, enquanto Maria Thereza continuava dando entrevistas. Quem olhasse de fora não perceberia que se tratava de uma situação muito difícil.

A imprensa continuou cercando a casa, mas sem o desespero inicial. A partir daí, Maria Thereza pensou em coisas práticas. O senhor que a aconselhara a dar entrevistas deixou com ela algum dinheiro; mas onde iria comprar mantimentos? Pouco tempo depois, alguém chamou do muro ao lado. Eram os vizinhos, um simpático casal: "Olha, se a senhora quiser vir aqui para casa, traz os meninos, vamos tomar um café." Maria Thereza não pensou duas vezes e mandou as crianças lancharem com eles, enquanto o mesmo senhor se oferecia para comprar comida. Com 5 anos, Denize não tinha noção da gravidade da situação em que vivia, mas sabia que algo estranho estava acontecendo. Primeiro, aquela viagem inesperada para um lugar onde nunca estivera antes. Além disso, quando perguntava pelo pai, ouvia: "Ele vai encontrar com a gente depois."[12] A sensação era de que se tratava de uma viagem rápida, de final de semana. Denize, muito criança, deixou tudo para trás: brinquedos, bonecas, fotografias, roupas, animais de estimação.

Maria Thereza chegou ao Uruguai no dia 3 de abril. Jango, embora entrasse em território uruguaio no dia seguinte, somente no dia 6 foi para Solymar. Para sua mulher, foram dias de espera, de incertezas, de angústia. Quando ele chegou, a multidão de repórteres cercou novamente a casa. Nessa altura dos acontecimentos, eles entravam e saíam sem maiores cerimônias. As crianças também fizeram amizade com meninos da vizinhança. A primeira atividade de Jango no exílio foi dar uma volta com os filhos em um carro emprestado. João Vicente perguntou: "Pai, você foi expulso do Brasil?"[13] Paciente, Goulart respondeu que não. O menino insistiu: "Você me disse que só saía da presidência quando eu tivesse 9 anos, e eu ainda não tenho nem 8." Procurando respostas convincentes, o pai argumentou: "Você se lembra daquela casa grande do Congresso, onde ficava o presidente Mazzilli? Pois foi feito lá um decreto novo, dizendo que eu podia sair do país antes." João Vicente, ao que parece, aceitou a história inventada pelo pai.

Maria Thereza, no entanto, ainda não sabia que era uma "exilada". Acreditava que, em breve, em questão de dias, voltaria à Granja do Torto para buscar suas coisas, como roupas e joias. Ela deixara os cães, o cavalo, os quadros, as fotografias e inúmeros pequenos objetos. Dias depois da chegada de Jango, ela comentou: "Eu preciso ir. Eu não tenho roupas para as crianças, para mim, não temos nada, tudo ficou no Brasil. Eu quero ir lá apanhar as minhas coisas."[14] A resposta dele foi enfática: "Não, você não vai voltar. Acho que você vai sair daqui do Uruguai com um neto." Assustada, ela respondeu com a voz alterada: "O quê? Eu? Eu não." Demorou para que ela percebesse que, ao sair da Granja do Torto, não tinha apenas abandonado uma casa, mas tinha sido separada de sua própria história. Para ela, aquilo foi uma violência enorme. Coisas que vinham de sua infância estavam lá, perdidas, nas mãos de não se sabia quem. Depois ela soube que tudo foi saqueado. Roupas, fotografias, pôsteres, uma foto ao lado de Che Guevara, os brinquedos das crianças, os cães, o cavalo. Saque, eis como definir o que fizeram na Granja do Torto após a saída de Maria Thereza. O pouco que ela teve de volta foi entregue pelos militares à irmã de Jango, Landa. Residindo em Porto Alegre, ela viu chegarem em sua casa vários caixotes. Soube que se tratava de "bens" de seu irmão. Os militares amontoaram talheres de prata com cristais quebrados e roupas de Maria Thereza, tudo misturado com má vontade.[15]

No dia seguinte, Jango recebeu a imprensa. De pé, em frente à casa, começou dizendo que não sairia do país se o Congresso Nacional tivesse agido como no Estado de Direito. Embora estivesse em território brasileiro, o Poder Legislativo declarara vago o cargo de presidente da República, perdendo, assim, a autoridade legal. Respondendo a outra pergunta, disse que não resistiu porque, em Porto Alegre, se sentiu desligado do resto do país e sua única alternativa era a guerra civil. E, antes que outro repórter insinuasse que ele era comunista, interrompeu-o, dizendo: "Não sou nem nunca fui comunista. Minha política foi eminentemente nacionalista, e foram os monopólios nacionais e estrangeiros que fomentaram a revolta, preocupados com as leis de nacionalização do petróleo e da reforma agrária. Além disso, minha política beneficiou uma enorme massa de deserdados do povo brasileiro." Se pensava em ficar no Uruguai, resumiu-se a dizer que ainda não havia decidido. Na verdade, Goulart e muitos dirigentes do PTB acreditavam que, em breve, o Brasil voltaria à normalidade democrática. As intervenções políticas das Forças Armadas em 1945 e 1955 resultaram na restituição do poder aos civis e em eleições. O equívoco na avaliação não era apenas de Jango e dos trabalhistas, mas também das próprias lideranças civis golpistas, como Carlos Lacerda, Magalhães Pinto e Ademar de Barros.

De toda forma, Jango não foi recebido no Uruguai como refugiado político, mas, sim, acolhido fraternalmente como presidente constitucional do Brasil.[16] O governo militar brasileiro negou-lhe acesso a qualquer documento, desde a segunda via da carteira de identidade até o passaporte. Seu cotidiano, nos primeiros dias no balneário, era ler os jornais uruguaios e argentinos pela manhã e, à tarde, os do Brasil, quando chegavam à região. No primeiro passeio pelo centro de Solymar, foi almoçar em uma churrascaria e, ao ser reconhecido pelas pessoas, foi aplaudido, episódio que o constrangeu bastante. Assim, para não causar problemas ao governo uruguaio, inicialmente evitou, quanto pôde, sair do balneário. Com o passar do tempo, porém, começou a andar pelas ruas e a frequentar restaurantes sem maiores problemas. Quinze dias após o golpe militar, o cunhado João José Fontella foi visitá-los. Goulart sabia disfarçar a tristeza. Vivia uma situação inesperada, estranha, inusitada. Afinal, tratava-se do presidente da República que fora deposto, algo impensável pouco tempo antes.[17]

Enquanto isso, em Porto Alegre, nos dias que se seguiram ao golpe militar, Leonel Brizola vivia situação desesperadora. Inicialmente, ele teve a ilusão de que poderia articular uma resistência. Perseguido pelas forças policiais, refugiou-se em diversas residências de amigos e seguidores políticos. Somente no dia 9 de abril encontrou abrigo mais seguro: o apartamento do vice-prefeito de Porto Alegre, Ajadil de Lemos, deposto do cargo pela ditadura, localizado a uma quadra do Palácio Piratini, na rua Duque de Caxias. As forças de repressão não poderiam imaginar que Brizola fosse se refugiar tão perto da sede do Executivo gaúcho. De madrugada, ele saía do apartamento e viajava pelo interior do estado tentando organizar um levante. Segundo seu depoimento, chegou mesmo a visitar o interior de Santa Catarina, Paraná, São Paulo e Mato Grosso. Com o passar dos dias percebeu que a população não estava disposta a se levantar contra a ditadura. Sem muitas ilusões, obteve a ajuda do ex-deputado Wilson Vargas para levar a mulher Neuza e os filhos para Montevidéu. Chegaram ao Uruguai em 23 de abril. Wilson Vargas também fez contatos com Jango com o objetivo de pedir ajuda para resgatar Brizola. O piloto Manoel Leães recebeu a missão de retirá-lo do Brasil. Durante dez dias, estudou alternativas. O plano mais viável parecia ser

EXÍLIO URUGUAIO — PARTE 1

resgatá-lo em uma praia no litoral gaúcho – Cidreira, distante 100 quilômetros de Porto Alegre. Nas primeiras horas do dia 4 de maio, Brizola, vestindo farda da Brigada Militar, saiu da capital gaúcha em um Aero Willys conduzido pelo casal que o abrigara. De acordo com os planos, dois outros automóveis os seguiriam, mas apenas um deles cumpriu o que foi combinado: uma família em um fusca, com apetrechos de praia e pesca para disfarçar. Enquanto isso, Manoel Leães, em um Cessna 310 de propriedade de Goulart, e autorizado por ele, partia para o território brasileiro. A menos de 20 quilômetros de Cidreira, o Aero Willys apresentou problemas mecânicos e Brizola continuou a viagem no fusca Quando Manoel Leães sobrevoou a praia, viu apenas um automóvel – o fusca – e não três, como fora combinado. Temendo pelo fracasso do plano, pensou em retornar. Ao ligar o rádio, ouviu a notícia de que Brizola estava prestes a ser preso. Então, pensou: "Seremos dois..." Sem avaliar as consequências, pousou na praia, logo avistando Brizola, tenso, mas aliviado por escapar. Na volta, o piloto voou bem baixo, evitando os radares da Aeronáutica. Brizola chegou a comentar: "Olhe para trás, para ver se vem vindo algum avião da FAB!" Leães respondeu: "Dr. Brizola, já estamos no Uruguai! Acabamos de passar pela fronteira!"[18]

O golpe militar começou com a devastação intelectual. A sede do ISEB foi pilhada, a campanha de alfabetização de Paulo Freire encerrada e a Universidade de Brasília invadida com truculência. Muitos livros foram apreendidos, todos suspeitos de conter mensagens subversivas. Entre eles, *O vermelho e o negro*, de Stendhal. Intelectuais como Darcy Ribeiro, Celso Furtado, Leite Lopes, Josué de Castro, Guerreiro Ramos, Álvaro Vieira Pinto, entre outros, foram punidos ou perseguidos. Imediatamente após o golpe, os vitoriosos começaram a formular propostas para realizar a "limpeza política" do Brasil. A maioria falava em suspensão de direitos políticos. A mais radical, segundo Elio Gaspari, veio de Julio de Mesquita Filho, com o auxílio "jurídico" de Vicente Rao. Por meio dela, todas as casas legislativas seriam dissolvidas, os mandatos de governadores e prefeitos anulados e o *habeas corpus* suspenso. Nas diversas propostas de "limpeza", as garantias constitucionais e democráticas vinham por último. Em 7 de abril foi que o jurista Francisco Campos, no Ministério da Guerra, proferiu uma aula sobre "poder revolucionário" a diversos generais. Francisco Campos deu aos militares a fórmula de que necessitavam:

"A Revolução vitoriosa se investe no exercício do Poder Constitucional. Este se manifesta pela eleição popular ou pela Revolução. Esta é a forma mais expressiva e mais radical do Poder Constituinte."[19] Da reunião e da fórmula surgiu um Ato Institucional, ainda sem número, que ampliou os poderes do Executivo e tolheu os do Legislativo; foram dados poderes ao presidente da República, durante 60 dias, para que pudesse cassar mandatos parlamentares e direitos políticos por dez anos, bem como, nos seis meses seguintes, demitir funcionários públicos civis e militares. Na lista dos cassados, vinha, em primeiro lugar, Luís Carlos Prestes. Goulart era o segundo. Jânio Quadros e Miguel Arraes eram, respectivamente, o terceiro e o quarto. Os nomes que vinham logo a seguir demonstravam quem eram os inimigos mais imediatos do novo governo: trabalhistas, como Leonel Brizola, Darcy Ribeiro, Raul Ryff e Samuel Wainer; sindicalistas do PTB e do PCB como Clodsmidt Riani, Dante Pellacani, Oswaldo Pacheco e Hércules Corrêa; integrantes da ala legalista, nacionalista e de esquerda do Exército, como os generais Luiz Gonzaga de Oliveira Leite e Sampson da Nóbrega Sampaio. Dias depois, em 11 de abril, o general Humberto de Alencar Castelo Branco, indicado pelo Congresso Nacional, assumiu a presidência da República em mandato-tampão, até o fim do período reservado a João Goulart. Com os deputados de esquerda e trabalhistas cassados, Castelo Branco foi eleito sem grandes empecilhos. Além disso, havia uma coação surda sobre o Congresso Nacional. O voto era aberto, sendo pronunciado de viva voz. Juscelino foi um dos que gritaram seu voto: "Marechal Humberto Castelo Branco." Poucos ousariam dizer "abstenção".[20]

Para os comunistas do PCB, as primeiras investidas da repressão política resultaram em verdadeiro desastre. No dia 9 a polícia invadiu a casa de Luís Carlos Prestes, na Vila Mariana, em São Paulo. No escritório, encontraram 47 pastas, com nomes e endereços de militantes, bem como documentos de comitês estaduais e municipais do partido. Mais importante, no entanto, foi o que encontraram em dez latas repletas de arroz e feijão. Misturadas aos mantimentos estavam 19 cadernetas escolares. Ali Prestes anotava as atividades do partido, seus compromissos e os de outros dirigentes etc. A documentação foi usada para indiciar militantes em inquéritos e como arma de propaganda anticomunista.[21]

As lideranças civis do golpe mostravam-se eufóricas com a perseguição aos que participaram do governo Goulart. O governador de São Pau-

EXÍLIO URUGUAIO — PARTE 1

lo, Ademar de Barros, declarou, em 10 de abril, que daria "combate sem trégua aos comunistas", caçando-os onde estivessem, em qualquer ponto do território nacional. Dizia ele: "Caçaremos os comunistas por todos os lados do país. Mandaremos mais de 2 mil agentes comunistas — numa verdadeira Arca de Noé — para uma viagem de turismo à Rússia. Mas uma viagem que não terá volta. Que falem em democracia, agora, na Rússia." Com essa orientação, as perseguições deveriam ser sistemáticas: "Não deporemos armas enquanto não expulsarmos toda a canalha vermelha. Caçaremos os mandatos de todos os parlamentares, governadores e prefeitos comunistas."[22] Os militares tinham o apoio de importantes lideranças civis para a "limpeza" que pretendiam realizar. Outra importante liderança civil golpista, o governador da Guanabara Carlos Lacerda, em 10 de abril, preferiu caluniar o presidente deposto: "Associado do Sr. Wilson Fadul, em quatro anos, com o dinheiro do Banco do Brasil, e com dinheiro cuja origem não explica, o Sr. João Goulart transformou-se num dos homens mais ricos deste país." Para Lacerda, "Goulart é um leviano que nunca estudou — e não estudou porque não quis, não é porque não pôde. E agora, no governo do país, queria levar-nos ao comunismo". Também acusou Jango de roubar o dinheiro do imposto sindical, de criar um sindicalismo nos moldes fascistas com dinheiro do Ministério do Trabalho, de criar dificuldades para a imprensa com o objetivo de escravizar os homens livres e de entregar as riquezas do país à Rússia. Segundo as ideias de Lacerda, Darcy Ribeiro, um instrutor de tupi-guarani, tornara-se reitor da Universidade de Brasília sem jamais ter sido professor. Ainda mais grave, a Marinha estava tão mal administrada que um cabo podia ser estudante de Direito. "Em nenhuma Marinha do Mundo, nem nos Estados Unidos, nem na Rússia — um cabo tem tempo para estudar Direito", afirmou.

O processo de destruição das instituições democráticas e de reputações pessoais e políticas teve continuidade após a posse de Castelo, mas de maneira mais sistemática. A estratégia era, sobretudo, a acusação de corrupção. Com o acusado exilado, sem poder se defender, qualquer documento era "prova" de atividades ilícitas. O caso de Darcy Ribeiro é exemplar. Logo após o golpe, acusaram-no de sair do país com 300 milhões de cruzeiros da Petrobras. Bastaram algumas semanas para concluírem que as contas da Casa Civil estavam em ordem. Mas a acusação de corrupção logo foi substituída pela de aplicação indébita de dinheiro público em atividades subversivas. Na televisão, recibos de dinheiros provindos da UNE, centros acadêmicos estudantis e a associações de sargentos eram "provas" de "incentivo à subversão" com dinheiro público. Em carta ao jornal *Correio da Manhã*, Darcy Ribeiro se defendeu das acusações e finalizou: "Uma das provações por que teremos de passar, até nos libertarmos da ditadura, será a de ver os sequazes do golpe lançarem-se contra a reputação de homens de bem e contra tudo que represente patriotismo e dignidade, num esforço desesperado para se justificarem e para conservar o poder que usurparam."[23]

Situação delicada, sem dúvida, era a de Juscelino. Candidato à presidência em 1965, receava a concorrência das esquerdas — a exemplo de Jango, de Brizola e de Arraes. No decorrer do golpe militar, não o apoiou explicitamente, mas também não defendeu o governo de Goulart. Com a vitória dos golpistas, ele passou a ser motivo de receio para os presidenciáveis conservadores: Magalhães Pinto e Carlos Lacerda. Ainda em 10 de abril, JK concedeu uma entrevista a jornalistas. Com extrema moderação, elogiava a intervenção política dos militares, ressaltando valores caros para eles: "É com o pensamento voltado para Deus, grato à sua proteção ao Brasil e ao seu povo, que saúdo a nossa gente pela restauração da paz, com legalidade, com disciplina e com a hierarquia restaurada nas Forças Armadas." Mas sugeria a suspensão das perseguições políticas: "Mais do que nunca o Brasil precisa de paz: nos espíritos e nos corações. A mente clara, para pensar sem ódios e sem rancores. A convalescença terá de ser curta, sem radicalizações e sem ressentimento. Não manteremos a paz da democracia representativa com sentimentos de vingança e rancores condenáveis." Juscelino, ao falar dos outros, pensava em si mesmo. Contudo, ele já estava condenado. Logo nos primeiros dias do regime, teve início o que Claudio Bojunga chamou de "operação de destruição" de JK. Ataques à sua honra, exigências de afastamento e expatriação, acusações de corrupção, ações de intimidação, entre outras investidas vexatórias. O ex-presidente, aliás, não tinha um inimigo qualquer: tratava-se de Carlos Lacerda. Da Europa, ele enviava telegramas para Castelo Branco perguntando o que esperava para cassar Juscelino.[24] Ademar de Barros, em coro com Lacerda, disse que, "graças à Virgem Maria, dois jotas nós já conseguimos derrotar", referindo-se a Jânio e a Jango. "Agora só falta o terceiro (JK), que sempre foi o principal conselheiro de Jango. Os três jotas estavam unidos para derrotar a Democracia."[25]

EXÍLIO URUGUAIO — PARTE 1

Finalmente, em 8 de junho, JK teve seus direitos políticos cassados. O desejo punitivo aumentava com o tempo. Lacerda cobrava cassações. Castelo Branco apontou para uma lista com nomes enviada por Magalhães Pinto e comentou com Rafael de Almeida Magalhães: "O senhor sabe o que é isso aí? É a soma das perversidades brasileiras. Todo mundo que tem um inimigo, que tem contas para acertar, manda para cá. E desaba tudo sobre mim..."[26] Entre 1964 e 1966, cálculos apontam para 5 mil detidos, 2 mil funcionários públicos demitidos ou aposentados compulsoriamente; 386 pessoas perderam o mandato parlamentar e/ou tiveram os direitos políticos suspensos por dez anos, enquanto 421 oficiais militares foram punidos com a passagem compulsória para a reserva – sem contar os suboficiais. Os maus-tratos físicos tornaram-se prática comum nos quartéis. Gregório Bezerra, por exemplo, foi arrastado por um jipe pelas ruas do Recife e, depois, surrado com uma barra de ferro. O almirante Aragão foi brutalmente espancado.[27] A partir daí, o país tomou conhecimento de duas novidades: a primeira, uma tendência nas Forças Armadas conhecida como "linha-dura"; a outra, denúncias sistemáticas de tortura a presos políticos e a opositores do regime.

A devastação do mundo artístico, científico e cultural, para citar apenas uma dimensão da vida social do país, continuava. O sociólogo Florestan Fernandes, da Universidade de São Paulo, foi indiciado em um IPM; Ruy Mauro Marini, perseguido; Mário Schemberg, um dos mais conceituados físicos do mundo, foi preso; a Faculdade Nacional de Filosofia do Rio de Janeiro foi tomada por um bando de carreiristas e gente medíocre. Usurparam o lugar de historiadores de porte, como Maria Yedda Linhares e Eulália Lobo. O núcleo de pesquisadores de Manguinhos foi perseguido pelo regime. Na percepção de Elio Gaspari, os militares consideravam o mundo "sujo", e o melhor detergente era a violência política. Além disso, "os liberais, que discretamente apoiaram a derrubada de Goulart, refluíam para a oposição ou, pelo menos, para um silêncio envergonhado diante da anarquia de IPMs, delações e arbitrariedades militares". O recuo dos liberais era proporcional ao avanço de aproveitadores em conluio com a extrema direita, formando um ciclo perverso.[28]

A situação política do país tornou-se ameaçadora. Qualquer um poderia estar sob suspeita de "subversão". Até mesmo os membros do Supremo Tribunal Federal. Este foi o caso de Evandro Lins e Silva e Hermes Lima. Um artigo no jornal O Estado de S. Paulo dizia estranhar a maneira "inerte" como agia a "Revolução" diante de dois "agitadores", de dois

549

"comunistas". O artigo pedia a expulsão dos dois magistrados da Corte Suprema do país. Segundo Evandro Lins e Silva, "o ambiente, naquela época, era um ambiente de terror, de pânico de todo mundo".[29]

Na condução da economia do país, Otávio Gouveia de Bulhões e Roberto Campos elegeram como objetivo prioritário o combate à inflação.[30] Inicialmente, liberaram os preços das tarifas públicas, do câmbio e dos produtos subsidiados, como trigo e gasolina, gerando o que chamavam de "inflação corretiva". A reforma tributária, a instituição da correção monetária e a criação de títulos do tesouro nacional permitiram financiar os gastos do governo. A supressão da lei da usura, que limitava os juros em 12% ao ano, tornou os investimentos atraentes, permitindo ao governo financiar seu próprio déficit. A alteração da lei dos reajustes salariais, inaugurando a prática do "arrocho", e a instituição do Fundo de Garantia por Tempo de Serviço (FGTS) completaram o quadro das reformas fiscais, creditícias e trabalhistas da dupla Bulhões-Campos. Os resultados, porém, não foram visíveis em curto prazo. A inflação, que em 1964 foi medida em 86%, caiu para 45% no ano seguinte e para 40% em 1966. A política recessiva restringiu os créditos, o que provocou falências na indústria e no comércio, resultando no aumento do desemprego. Com a nova lei salarial, os trabalhadores tinham que conviver com a diminuição de seus rendimentos. A dupla de economistas fez o "trabalho sujo": as reformas criaram as condições para o surto de crescimento que ocorreria logo adiante.

Aos poucos, Jango foi percebendo a extensão do golpe que o depôs e as repercussões no contexto latino-americano e mundial. Em junho, o senador chileno Salvador Allende o visitou em Montevidéu. Darcy Ribeiro trouxe do Rio de Janeiro um exemplar do *Correio da Manhã* com uma declaração do embaixador norte-americano no Brasil dizendo que a "revolução de 1964" era mais importante que a crise do muro de Berlim e o episódio dos mísseis cubanos. Goulart comentou: "Ele é um imbecil!" Allende, com perspicácia, discordou: "Não, talvez ele tenha razão. Depois de sua queda foi que eu caí em mim. Com o seu governo lá nós podíamos libertar a América Latina. Sem o seu governo é muito mais difícil."[31]

Nesse mesmo mês, Jango sofreu sua primeira crise cardíaca no exílio. Seu coração já demonstrara problemas, a exemplo do que ocorrera em sua viagem ao México. Agora, no Uruguai, era a primeira de uma série de crises. Desde que chegara exilado, os problemas no coração começaram a se agravar. As indisposições que tivera na visita ao México foram um sinal de que algo não estava bem. O exílio e todos os fatores angustiantes que a situação gerava agravaram os problemas. A família passou a insistir para que ele se cuidasse. O cardiologista Zerbini se ofereceu para visitá-lo em Montevidéu. Goulart, agradecendo a generosidade do médico, não aceitou. "É que ele tinha pavor de doença, de médico, de tudo que sugerisse a ideia da morte", diz a filha Denize. Fumando muito e apreciador de carnes gordurosas, ele, durante alguns anos, negou-se a qualquer tratamento.[32]

Manifestações de solidariedade começaram a chegar a suas mãos dias depois do golpe que o depôs. Em 10 de abril, cinco vereadores da Câmara Municipal de São Borja assinaram um manifesto de solidariedade a Jango e de repúdio às violações constitucionais, à supressão das liberdades e das garantias individuais e ao Congresso Nacional por empossar o presidente da Câmara dos Deputados com o presidente Goulart ainda em território nacional. Após exigirem a conservação do regime democrático e das garantias constitucionais, eles pediram que o manifesto constasse em ata da sessão.[33]

Em 13 de abril, o presidente do Centro Social Chile–Brasil redigiu uma carta a Goulart manifestando-lhe absoluta solidariedade. Disse também que a Corporación de la Vivienda, organização responsável pela construção de habitações no Chile, tomara a iniciativa de batizar a *población* daquele Centro de "Población João Goulart", em merecida homenagem ao presidente brasileiro. A carta também tinha o objetivo de "expressar nosso apoio moral mais profundo e cordial nessa hora em que sofreu um duro golpe".[34] A organização de defesa dos Direitos Humanos na América Latina, o Ateneo del Uruguay, em 17 de abril, escreveu-lhe uma carta "formulando votos pelo triunfo de seu programa em futuro próximo".[35] Em 15 de maio, o delegado especial de la Eneralitat de Catalunya enviou a Jango um artigo de Eduardo Ortega y Gasset comentando o golpe civil-militar no Brasil.[36] Segundo o texto, os Estados Unidos, o "Napoleão de nossos dias", puseram em ação seus instrumentos, como a CIA, "para provocar obstáculos no caminho da evolução brasileira". Sendo o orgulho da Iberoamérica, "o Brasil tem sido uma nação de altíssima dignidade, zelosa de sua soberania, que jamais havia se submetido às pautas colonialistas da diplomacia de Washington e da OEA". João Goulart, nesse sentido, preparava as grandes massas populares para as mudanças fundamentais das estruturas anacrônicas que as oligarquias sustentavam. A tragédia fora similar à da Espanha: o Exército traiu seu povo, em conduta antipopular e desumana.

No Brasil, os Inquéritos Policiais Militares (IPMs) se multiplicavam, indiciando os adversários do regime. Goulart foi indiciado em um deles, acusado de corrupção e subversão. Os advogados do ex-presidente não puderam ter acesso a esse inquérito. A partir daí, uma onda de acusações, principalmente de roubo de dinheiro público, atingiram-lhe profundamente. Em uma carta escrita a Doutel de Andrade, logo após o golpe militar, ele relatou que o marechal Estevão Taurino Resende o acusara de ato de corrupção com a aquisição fraudulenta de uma usina elétrica de fabricação polonesa. Nesses momentos, Goulart, revoltado, procurava encontrar meios para se defender. A Doutel, pedia: "Procure pessoalmente o engenheiro Paulo Richer, ex-presidente da Eletrobras, e o senhor embaixador da Polônia, junto ao governo brasileiro, para a obtenção dos elementos que sirvam ao total esclarecimento da transação."[37] A seguir, Jango explicou minúcias sobre as negociações e compra da usina, municiando Doutel para que, da tribuna da Câmara dos Deputados, o defendesse: "Peço ao prezado amigo, a fim de desmascarar a injúria, fruto da leviandade mesquinha que tanto tem caracterizado os nossos dias."

Em outra carta a Doutel de Andrade, datada de 14 de agosto, ele desabafou: "As injúrias contra mim — você deve estar acompanhando — continuam sem cessar. Agora mesmo, acabo de ler a publicação de O *Cruzeiro* transcrevendo conclusões de sindicâncias militares sobre bens que me pertencem e bens que me querem atribuir."[38] Os acusadores somavam seus bens aos que herdara do pai, chegando a cifras irreais. Para Jango, as acusações demonstravam "o desapontamento dos meus inimigos, que na sua mesquinhez tanto procuram ferir-me, por não conseguirem indicar, após devassas e investigações sem conta, um despacho meu, um ato sequer do presidente constitucional que haja comprometido o interesse do povo brasileiro, a soberania do país ou o tesouro nacional". Nas reportagens, os textos ressaltavam que Jango, homem riquíssimo em 1964, começara a vida com apenas 700 cabeças de gado em 1945, recebidas de herança do pai. Tratava-se, para Goulart, de argumento que visava a confundir a opinião pública. O que omitiam, continuou em sua explicação, era que no ano seguinte, em pleno governo Dutra, ele já possuía 20 mil cabeças

EXÍLIO URUGUAIO — PARTE 1

de gado, todos dados como garantia em empréstimo no Banco do Brasil. Ou seja, por meio de seu próprio trabalho — durante um governo anti-trabalhista — ele multiplicara seus bens, pagando, em dia, o empréstimo. Além disso, já possuía contratos com várias cooperativas. Junto à carta, Jango enviava uma série de documentos comprobatórios de seu patrimônio e de suas movimentações bancárias. Seu objetivo era que Doutel, na Câmara dos Deputados, fizesse um discurso em sua defesa.

Contudo, um dos maiores golpes que Jango sofreu em sua vida foi a publicação de um pequeno artigo na revista norte-americana *Time Life* com acusações muito graves contra ele.[39] Sem nenhuma prova documental, a reportagem, maldosa e capciosa, acusava Goulart de corrupção, roubo de dinheiro público e enriquecimento ilícito. Segundo o texto, "a última estimativa, baseada em dados ainda incompletos, atribuía ao esquerdista Jango a propriedade de pelo menos 1.900.000 acres, ou, grosso modo, 1% das terras da nação que é territorialmente a quinta do mundo". A informação, sem comprovação alguma, era seguida de ironias sobre a defesa que Goulart fazia da reforma agrária: a redistribuição de terras "dizia respeito a si próprio". A seguir, um cipoal de denúncias graves: às vésperas de ser deposto, comprara, em Mato Grosso, terras no valor de quase 1.400 dólares; era dono de 4 fazendas no Rio Grande do Sul com um total de 24 mil cabeças de gado, 20 mil ovelhas e 1,5 mil cavalos; era proprietário de 25 casas em São Borja e de um apartamento na praia de Copacabana avaliado em 50 mil dólares; comprara 16 fazendas contíguas em Mato Grosso, no total de mais de 6 mil acres, sete meses após se tornar presidente da República.

Além disso, continuou a *Time Life* nas denúncias, os métodos de Jango para enriquecer eram criminosos. Em Mato Grosso, funcionários federais ameaçaram o proprietário da fazenda Cristalino de queimar todas as construções se ele não a vendesse por "preços ridiculamente baixos" a Jango. A fazenda Três Marias, também em Mato Grosso, fora obtida gratuitamente mediante um empréstimo generoso concedido pelo Banco do Brasil ao antigo proprietário. "O próprio Goulart tomou pesados empréstimos do Banco e ninguém sabe que ele jamais tenha restituído um único cruzeiro." Mais ainda, cerca de 500 funcionários federais fantasmas, constantes na folha de pagamento da União, eram, na verdade, empregados de Jango. A FAB construíra campos de aviação em suas fazendas, enquanto a Fundação Brasil Central construíra benfeitorias em suas propriedades. "Talvez jamais se saiba qual é a verdadeira fortuna de Goulart. Os investigadores hesitam em efetuar uma estimativa. Eles sabem que na noite da revolução, vários sacos grandes de lona foram carregados para o avião em que ele fugiu de Brasília para o Sul. O conteúdo de um dos sacos era dinheiro norte-americano." Segundo a *Time Life*, Jango, no momento, vivia muito bem em um hotel no Uruguai, enquanto o "extremo esquerdista" Brizola estaria escondido possivelmente "em suas próprias terras, na Aceguá, próspera fazenda que se estende através da fronteira entre o Brasil e o Uruguai".

As acusações de corrupção dos responsáveis do IPM, de *O Cruzeiro* e da *Time Life* atuaram de maneira devastadora na vida de Jango. Tratava-se de sua imagem como homem público e líder reformista, que estava sendo atingida de maneira corrosiva. O mais grave era que os veículos para responder às acusações eram mínimos. Em sua defesa, Jango redigiu um longo relatório, comentando, uma a uma, as denúncias.[40] Seu objetivo era municiar seus aliados políticos no Brasil para que o defendessem.

Entre as acusações mentirosas estavam aquelas que afirmavam que ele era proprietário das fazendas São João, Aranha, Uberaba, Água Verde, Bentão e Rancho Verde. Nenhuma delas lhe pertencia, nem mesmo estava em nome de "terceiros" — conforme a acusação. Tampouco possuía 1 milhão de hectares de terras no Pará. Sobre a fazenda Três Marias — ao contrário do que afirmava a revista *O Cruzeiro* —, Jango a adquirira com a permuta da fazenda São José. Embora a revista dissesse que não houvera a transação de permuta, ela estava registrada em cartório. No caso de Três Marias, Jango denunciou que comandos militares, de maneira arbitrária, invadiram a fazenda, amedrontando os trabalhadores. Arrombaram as portas das casas em busca de documentos e armas. O coronel que comandava a tropa, depois de invadir os quartos de João Vicente e Denize, declarou que os aposentos eram mais modestos que os dos próprios filhos. "Foram procurar piscinas e encontraram tanques rústicos, onde João Vicente e Denize tomavam banho." Depois disso, em outra invasão de oficiais da FAB, cofres e armários foram arrombados e os bens guardados desapareceram, deixando quebrados garrafas e utensílios domésticos. De acordo com Jango, nas invasões da fazenda sumiram 3 milhões de cruzeiros. Goulart disse que tinha toda a contabilidade da fazenda em dia, com a movimentação de compra e venda de gado devidamente registrada, bem como toda a movimentação de suas contas bancárias.

A fazenda Uruaçu, de fato, não havia sido escriturada, como constava das denúncias. Além disso, parte dela tinha sido entregue à SUPRA para fins de reforma agrária e outra parte fora entregue a pequenos camponeses plantadores de arroz. O restante das denúncias relativas à Uruaçu, como a existência de sete geladeiras e máquinas estrangeiras, não passava de mentiras. Além disso, em toda a sua vida pública, jamais usou aviões da FAB em negócios particulares. Outra invenção maldosa da *Time Life* era o campo de aviação, em Uruaçu, construído pela Força Aérea, bem como o uso de funcionários públicos em suas atividades privadas. Outra fazenda, a Barra do Garças, em Mato Grosso, tinha sido comprada por um preço muito barato, conforme as denúncias. Mas tratava-se de terras destituídas de infraestrutura. Quando comprou a fazenda, já existiam ali por volta de mil cabeças de gado e não milhares, como foi publicado na revista.

Jango confirmou as propriedades que possuía, bem como os valores que pagara por elas na Guanabara — o sítio Capim Melado e dois apartamentos —, no estado do Rio de Janeiro —, onde tinha um terreno, e em Brasília, onde possuía outros dois. Todos se encontravam com a documentação legalizada e com comprovantes de compra. Portanto, os bens que lhe pertenciam eram os que constavam na declaração do Imposto de Renda em 1963 e 1964. Os valores em moeda eram altos por causa da inflação, mas, em quantidade física, as propriedades equivaliam ao que eram em 1950.

Outras acusações, destituídas de fundamento, também visavam a confundir a opinião pública, como a alegação de que Jango sonegava Imposto de Renda. Como o lucro imobiliário incide sobre o vendedor, Goulart, o comprador, estava isento de pagar impostos. Portanto, não houve sonegação. São diversas as acusações formuladas de maneira capciosa, sugerindo enriquecimento exagerado e ilícito, como a de que possuía 94 imóveis registrados em seu nome no cartório de São Borja. Na verdade, eram 97, todas pequenas propriedades rurais compradas ao longo de vinte anos, com o objetivo de formar uma área voltada para a exploração da pecuária. Além disso, era proprietário de trinta pequenas casas, todas cedidas gratuitamente a operários e pessoas humildes. "Essas pequenas casas residenciais foram construídas com finalidade assistencial. Todas as pessoas, em São Borja, conhecem esse fato e o comprovam." Mas, da maneira com foi publicada, a informação insinuava riquezas em demasia, além do permitido por meios honestos.

Jango estava revoltado. As publicações que atingiam sua honra eram de amplitude internacional, como a revista *Time Life*, de repercussão nacional, como *O Cruzeiro*, mas também regional, como as denúncias publicadas pelo *Correio do Povo*, de Porto Alegre. Em carta ao deputado estadual Marcílio Goulart Loureiro, seu primo-irmão, ele pedia que, da tribuna da Assembleia Legislativa gaúcha, refutasse as acusações. "O país, hoje", desabafou, "vive o regime da mentira e da opressão, de modo que um dos únicos meios que nos fica para registrar a nossa indignação ainda é o de palavras ditas no plenário de Assembleias, ainda que não sejam divulgadas pela imprensa. Fica, entretanto, o testemunho para o futuro." *O Correio do Povo*, repetindo denúncia que vinha de fontes do Rio de Janeiro, levantava suspeitas sobre a aquisição da fazenda Três Marias, em Mato Grosso. Dizia Jango: "Não cansam de difamações e de calúnias contra mim. Em suas devassas, em suas investigações, não vislumbram um ato, não encontram um despacho do presidente deposto que haja comprometido a soberania do Brasil ou violado o interesse da economia nacional. Então, insistem em mistificações pusilânimes."[41]

Os deputados estaduais Pedro Simon e Marcílio Goulart Loureiro foram a Montevidéu. Com eles, Jango foi a um cartório e registrou uma procuração em causa própria ao diretor-presidente da *Time Life*, comprometendo-se a vender por 1 dólar qualquer fazenda comprada em seu nome, de sua mulher, de seus filhos ou de quem quer que fosse desde que assumira a vice-presidência e a própria presidência da República. Os dois deputados trouxeram a carta ao Brasil. Nenhum jornal a publicou. A revista *Time Life* ignorou-a completamente. A divulgação do documento restringiu-se aos anais da Assembleia Legislativa gaúcha em discursos de Marcílio e Simon.[42]

O conjunto de acusações, sobretudo com a repercussão da matéria na *Time Life*, motivaram Jango a redigir um manifesto.[43] Lido por Doutel de Andrade na Câmara dos Deputados, não casualmente no dia 24 de agosto, nele Goulart lembrava que, exatamente dez anos antes, Vargas havia se sacrificado "para conter as terríveis forças do obscurantismo". Rompendo o silêncio que se impusera, procurava, com a mensagem, voltar "à intimidade honrada dos vossos lares, muitos já violados, dos vossos sindicatos, oprimidos, das vossas associações, atingidas pelo ódio". Com a mensagem, ele convocava o patriotismo dos brasileiros contra o arbítrio, a opressão e "o sistema de mistificação tecnicamente orientada

EXÍLIO URUGUAIO — PARTE 1

que, através de longa e insidiosa conspiração, assaltou o país, e hoje o infelicita e o humilha". A luta básica, no momento, era a reconquista das liberdades democráticas e, com o povo amadurecido politicamente, o avanço para o regime de justiça social e de emancipação do Brasil. Por duas vezes, disse, preferiu o sacrifício pessoal de seus poderes constitucionais à guerra civil. "Duas vezes evitei a luta entre irmãos." Na primeira, em 1961, tolerara as "maquinações da prepotência" para depois restaurar seus poderes democraticamente. "Nunca recorri à violência." Depois, em 1º de abril, ao saber que o Congresso Nacional declarara, abusivamente, vaga a presidência da República, ainda no território nacional. "Depois de recusar-me à renúncia, que nunca admiti, ou a aceitar a desmoralização de trair os ideais, que sempre defendi, resolvi, pelo conhecimento real da situação militar, decidir não consentir no massacre do povo." Não apenas pela formação cristã e liberal, "mas porque eu sabia que o povo estava desarmado. Eu sabia que a subversão, fartamente anunciada e muito bem paga, na profusão de rádios, jornais e televisão, pela má-fé da reação e por seus interesses subalternos, era o preparo da mentira do perigo comunista, que iria constituir o ponto de partida para a concretização da quartelada". Logo nos primeiros dias após o golpe, acreditou que as frustrações das lideranças golpistas, recalcadas de longa data, recaíssem apenas sobre ele. "Mas não tardou a brutalidade da prisão e das perseguições desumanas a milhares de cidadãos. Baniram, ditatorialmente, o direito de defesa; humilharam a consciência jurídica nacional; suprimiram o poder dos tribunais legítimos. Invadiram universidades; queimaram bibliotecas; não respeitaram as mesmas igrejas, conventos e seminários, onde, antes, desfiavam as contas dos seus rosários. Trabalhadores, estudantes, professores, jornalistas, profissionais liberais, artistas, homens e mulheres são presos, pelo único crime da opinião política, da palavra ou das ideias. Cassam centenas de mandatos populares. Suspendem direitos políticos. A vingança recai sobre valorosos servidores civis e militares e atinge, também, eminentes representantes da intelectualidade brasileira. Não respeitam duas ilustres figuras de ex-chefes da Nação." Para Goulart, ele, pessoalmente, tudo podia suportar como parcela de sua contribuição na luta pela emancipação do povo brasileiro. "O que não posso, entretanto, é calar diante dos sofrimentos impostos a milhares de patrícios inocentes e do esmagamento das nossas mais caras tradições republicanas." Admitiu que, em seu governo, podia ter cometido erros. Contudo, afirmou, com orgulho e tranquilidade: "Assegurei a todos os brasileiros, mesmo aos meus adversários, o exercício mais amplo das liberdades constitucionais." Para ele, se lançavam contra seu nome calúnias e injúrias, acusações de corrupção e subversão, os governantes da época sabiam muito bem o caminho da corrupção, em particular os caminhos da manipulação dos órgãos financeiros da administração para alimentar interesses internos e externos.

Mais adiante, Goulart falou de seu governo, lembrando que procurou incorporar milhões de brasileiros aos benefícios da civilização com a reforma agrária, bem como procurou expressar os anseios legítimos de trabalhadores, camponeses, estudantes, intelectuais, empresários e homens anônimos das ruas para, unidos, lutar contra a miséria, a doença, o analfabetismo e a fome. "Sobre mim recaiu, então, todo o ódio dos interesses contrariados." Reatou relações diplomáticas com o bloco socialista, fortalecendo, desse modo, a economia nacional, além de executar uma política externa independente, condenando o colonialismo e defendendo o princípio de não intervenção e de autodeterminação dos povos. "Nunca transigi com a dignidade do meu país e o respeito à sua soberania." Contudo, o que os atuais governantes fazem é permitir que representantes de países estrangeiros interfiram publicamente nos assuntos internos do Brasil, enquanto organizações monetárias internacionais fixam, de maneira unilateral, condições humilhantes, com ajudas ilusórias, cujo resultado será o agravamento do sofrimento do povo. "Hoje, leio no exílio, nas manchetes da imprensa de todo o mundo, que autoridades estrangeiras da mais alta responsabilidade declararam a ampla colaboração que emprestaram até a governadores de estados para a deposição do governo constitucional e legítimo do Brasil." Seus atos no governo, lembra, foram bem diversos, como as leis de regulamentação do capital estrangeiro e as que disciplinaram as remessas de lucros para o exterior, o monopólio da importação do petróleo, a encampação das refinarias particulares, o fortalecimento da Petrobras, a desapropriação de terras, a revogação das permissões para que trustes internacionais explorassem as riquezas minerais do país, a implantação da empresa brasileira de telecomunicações, a tentativa de implantar a Eletrobras, a multiplicação de recursos para o Nordeste com o objetivo de superar as terríveis desigualdades regionais, a limitação dos preços dos remédios, aluguéis, tecidos, calçados, matrículas escolares e livros didáticos. Hoje, "os aumentos incontrolados do custo

EXÍLIO URUGUAIO — PARTE 1

das utilidades indispensáveis à vida do povo atingem limites insuportáveis, com os detentores do poder insensíveis ao desemprego, que aumenta, e à fome, que se agrava e já destrói os lares humildes de nossa terra". E, mais importante, continuou no texto, lutou pela implantação das reformas de base. Assim, finalizou sua mensagem, "sem ressentimentos na alma, sem ódios, que jamais cultivei, sem qualquer ambição pessoal, conclamo todos os meus patrícios, todos os verdadeiros democratas, a família brasileira, enfim, para a tarefa de restauração da legalidade democrática, do poder civil e da dignidade das nossas instituições republicanas. Queremos um Brasil livre, onde não haja lugar para nenhuma espécie de regime ditatorial, com uma ordem fundada no respeito à pessoa humana. Queremos um Brasil fiel às suas origens de formação cristã e de cultura libertada da opressão, da penúria, do atraso, do medo, da insegurança".

Goulart chegou ao Uruguai com poucos recursos financeiros. João Alonso Mintegui e outros amigos brasileiros emprestaram-lhe dinheiro. Embora dinheiro não lhe faltasse, não tinha liquidez alguma. A ditadura mandara invadir muitas de suas fazendas e bloqueara seus bens para venda. Toda a sua riqueza estava em território brasileiro. Assim, além do dinheiro tomado emprestado aos amigos, recorreu também aos bens que estavam em nome de sua mãe e valeu-se dos seus próprios que eram administrados por terceiros.[44] Como, naquele momento inicial do exílio, não podia dispor de suas riquezas no Brasil, ficou oito meses na casa de Solymar. Não se tratava de esperar a situação política melhorar no Brasil. "Estávamos muito pessimistas quanto a isso", diz Maria Thereza.[45] A questão era financeira. As economias no Uruguai eram insuficientes para comprar um apartamento. O que tinham permitia viver modestamente na casa de praia — que era emprestada. O problema do ex-presidente era inusitado: como administrar a imensa fortuna que deixara no Brasil? Wilson Fadul disse que, logo após o golpe, 8 mil cabeças de gado de uma fazenda em Mato Grosso simplesmente "sumiram". Goulart nada podia fazer.[46] Isso sem contar que comandos militares, vez por outra, davam batidas em suas fazendas. Em certa ocasião, uma dessas patrulhas interditou a pista para evitar decolagem e pouso de aviões em uma das estâncias em São Borja. Na Granja São Vicente, arrombaram a casa à procura de documentos. Entretanto, com o tempo, os militares deixaram os negócios de Jango em paz. Não confiscaram nada. Sem poder voltar, ele instituiu várias pessoas de sua confiança como seus procuradores no Brasil. Eles tinham poder para comprar e vender bens em seu nome. Nas fazendas de São Borja, Bijuja, o velho amigo de infância, foi seu procurador e homem da máxima confiança. Ele administrava as estâncias de Rancho Grande, com 8 mil hectares; Cinamomo, com 4 mil hectares; Santa Luísa, com 4 mil hectares, e a Granja São Vicente, com 700 hectares. Bijuja engordava gado e arrendava as terras para plantação de arroz. Em Mato Grosso, Jango tinha a fazenda Três Marias e em Goiás, a fazenda São Borja.[47]

Após oito meses em Solymar, Jango, aos poucos, passou a dispor de dinheiro à vista. Inicialmente, mudaram-se para o Hotel Colúmbia, em Montevidéu. A seguir, alugaram um amplo apartamento, na rua Leyenda Pátria, no bairro Pocitos. Pouco tempo depois, mais recuperado financeiramente, Jango comprou o apartamento em que morava. De frente para um parque, tinha três quartos. Não se tratava de um imóvel luxuoso, mas era confortável. Naquele período inicial do exílio, ele passou a ter uma rotina diária com os filhos. As crianças frequentavam a escola e Jango, distante das exigências da política, tornou-se muito presente em família. Ele mesmo procurou o colégio dos filhos e, sempre que possível, costumava levá-los e trazê-los todos os dias. Continuava o pai amoroso de sempre. Levá-los à escola, ao cinema, a passeios e a almoços em restaurantes tornou-se atividade comum — até então impossível com os cargos que ocupava. Aos poucos, passaram a conhecer a rotina de uma família normal, embora a vida no primeiro ano no Uruguai não tivesse sido fácil. O governo pôs seguranças para vigiá-los dia e noite. Segundo Maria Thereza, até dentro de casa havia seguranças, "uma coisa horrível", lembra. Mas, passado um ano, livraram-se deles. Para os uruguaios era normal um ex-presidente da República andar nas ruas. Assim, não demorou muito para eles se tornarem pessoas comuns e usufruírem as coisas boas que o anonimato pode oferecer. Maria Thereza fez amizades e foi trabalhar numa butique em sociedade com algumas amigas. Rapidamente entrou no novo ritmo de vida.[48] Diferentemente do marido, que passara a vida envolvido na política, isso não a afetou no exílio. Criou uma nova rotina que passou a absorver seu tempo. As amizades, a boutique, a dedicação aos filhos e a casa permitiram-lhe não sofrer tanto. Para Denize as coisas foram mais difíceis. Aos 5 anos, deixou tudo para trás, dos animais de estimação às bonecas. Inicialmente, tudo foi complicado por uma questão básica: ela não sabia falar espanhol. "Eu me sentia meio peixe fora

EXÍLIO URUGUAIO — PARTE 1

d'água porque eu não conhecia ninguém, não falava, e nós chegamos e as aulas já tinham começado." Denize foi alfabetizada em espanhol, mas tinha uma professora particular de português. Além disso, ela e o irmão recebiam um tratamento diferente do dado às outras crianças — eram filhos de ex-presidente da República, coisa que os incomodava. Em menos de um ano, ela já falava espanhol com facilidade.[49]

Naquela fase inicial do exílio, Jango se limitava a receber os amigos que o visitavam e a conversar com fazendeiros e empresários uruguaios. Ele pensava em investir no Uruguai naquilo que sabia fazer: atividades agropecuárias. Segundo Jorge Otero, a vida rural não saía de seus pensamentos. Morar em um apartamento na capital não lhe agradava. Faltava-lhe a imensidão da terra. Não podia viver das especulações políticas sempre positivas e exultantes dos exilados, baseadas em boatos de que o regime que os excluía estaria prestes a ruir.[50] A realidade, sempre dura, desmentia as versões fantasiosas. No Brasil, o regime militar se estabelecia cada vez mais com o apoio do empresariado, de grupos políticos importantes e de setores significativos da sociedade. Somente após um ano de exílio Jango percebeu que os militares brasileiros não largariam o poder tão cedo, como imaginou.

Um ano depois de sair do Brasil, decidiu voltar à atividade rural. Encontrou uma fazenda que foi ao encontro de suas expectativas, no Norte do Uruguai, a aproximadamente 400 quilômetros de Montevidéu: El Rincón era o nome da estância que ficava no quilômetro 56 da rodovia 26, no Departamento de Tacuarembó, com 6 mil hectares. A sede da fazenda não tinha luxo, mas tratava-se de uma casa confortável, com lareira e três quartos. Era grande, muito antiga, como é comum nas fazendas uruguaias.[51] Tudo estava por fazer na nova propriedade e o trabalho pareceu dar-lhe algum ânimo. Acordava às 4h para os trabalhos mais duros, como esticar arames farpados com os peões.[52] Goulart, a partir daí, passou a contar com a colaboração do exilado e amigo Percy Penalvo. Homem de sua confiança nos negócios em Tacuarembó, ele tinha procuração para assinar documentos quando Jango estivesse ausente. Com a ajuda de Percy, voltou à atividade de engorda. Quando tomava conhecimento de que algum fazendeiro queria vender gado, ele dizia a Percy: "Convém tu dar uma olhada." Nada de esperar quatro ou cinco anos para ver uma vaca crescer no pasto. Como fazia no Brasil, Jango comprava milhares de cabeças, pedindo prazo para o pagamento. Ali ti-

561

nha boi gordo, magro, vacas, bezerros etc. Os bois gordos eram apartados e enviados imediatamente ao frigorífico. Outros necessitavam de pouco tempo para engordar e serem despachados. Quando era chegada a hora do pagamento, já havia muito mais dinheiro do que o preciso para saldar o negócio.[53]

Jango não se dedicou somente à engorda e ao envio do gado para os frigoríficos. Queria algo mais. Foi nessa procura que veio a ideia de plantar arroz. Com pedras, cimento e um trator alugado, construiu uma represa para servir de fonte de irrigação, a primeira construída por um empresário naquele país. Formou-se, em El Rincón, um lago capaz de produzir mais de 300 hectares de arroz. Em curto espaço de tempo, a fazenda transformou-se em grande fornecedor de arroz e carne para Maldonado, Punta del Este e São Carlos. Em Tacuarembó, Jango também plantava aveia, trigo e milho, e criava ovelhas de boa linhagem e vacas Hereford. Não satisfeito, construiu um moinho para processar os grãos e fundou uma empresa para transportar a colheita. O moinho foi construído em El Milagro, estância no distrito de Maldonado comprada em 1966, distante aproximadamente 40 quilômetros de Punta del Este, com aproximadamente 70 hectares. Nela também funcionava o frigorífico que abastecia os açougues. Surgiu, assim, uma das empresas mais competitivas do Uruguai, exportadora de meio milhão de dólares por ano e geradora de grandes lucros.[54]

Jango se dividia entre Tacuarembó e Montevidéu; sábado pela manhã ia de avião para a capital e passava o final de semana com a família. Retornava à fazenda na segunda-feira bem cedo. Percy residia em Tacuarembó com a mulher Celeste e a filha Neusa, numa casa próxima à da sede. Ele passou a conhecer os hábitos do ex-presidente, como o de dormir pouco. Todas as noites, Jango o chamava para conversar, contar casos, indo até altas horas da madrugada, quando o sono chegava. Por vezes, nesses momentos, Percy fugia dele, alegando alguma desculpa ou, então, fingia ouvir enquanto cochilava. O pouco sono não abatia Jango. Duas horas eram o suficiente para ele. Depois, bastava lavar o rosto, tomar o mate e demonstrava estar revigorado para enfrentar o novo dia. Outro hábito cultivado por ele era o de tomar chá, sobretudo de alface, acreditando ser bom para o sono.[55] Um dos poucos divertimentos era frequentar um cassino. Sua vida na fazenda obedecia a uma rotina predeterminada. Pela manhã, bem cedo, percorria os campos, observando

EXÍLIO URUGUAIO — PARTE 1

os animais e dando as ordens ao capataz. Na hora do almoço, fazia sua comida com os peões.

Bijuja, durante todo o exílio de Goulart, visitou-o exatamente 137 vezes. Nessas ocasiões, prestava contas dos negócios, bem como levava dólares.[56] Tacuarembó passou a ser a referência para todos os amigos de Goulart. Para falar com ele, bastava ligar para a central telefônica de Cochilha do Umbu e pedir o ramal 1, a casa de Jango. Ele recebia muitas visitas. Darcy Ribeiro e Waldir Pires, ambos no exílio uruguaio, foram os amigos mais fraternos. Amaury Silva, também exilado, tinha uma convivência muito próxima. Edmundo Moniz, Raul Ryff, José Gomes Talarico, Tertuliano dos Passos, Doutel de Andrade e a mulher Lígia eram presenças constantes. Suas irmãs e também Iara Vargas o visitaram várias vezes.[57] Walter Moreira Salles não lhe faltou, inclusive com empréstimos no momento em que decidiu reerguer seus negócios. Também estiveram em Tacuarembó Djalma Maranhão, Eloy Dutra, Saldanha Coelho, Cibilis Vianna, Hebe Maranhão, Almino Afonso, Ênio Silveira, Hélio Silva, Dias Gomes, Ferreira Gullar e Fernando Gasparian. No Brasil, muitos não lhe faltaram na amizade e lealdade, como Nei Galvão, Osvaldo Lima Filho, Hugo de Faria, Wilson Fadul, Moniz Bandeira, Marcelo Alencar, Flores da Cunha, Terezinha Zerbini, entre outros. A dedicação de Eduardo Chuay e Renato Archer foi-lhe marcante. José Colagrossi e Waldyr Simões pagaram, com a cassação dos mandatos, suas visitas ao ex-presidente. Pelo menos na fase inicial do exílio, Jango não foi esquecido pelos verdadeiros amigos.[58] Na fazenda, Goulart não recebia apenas os amigos do mundo da política, principalmente trabalhistas, mas também empresários, industriais, donos de frigoríficos, fazendeiros de gado, grandes comerciantes e banqueiros, mesmo sendo, no dizer de Raul Ryff, "uma temeridade chegar até lá". Além de discutirem a situação política do Brasil e a do Uruguai, a pauta de conversas incluía também bois e vacas. Por meio de leituras dos jornais e também pelas conversas que mantinha com políticos e empresários, Goulart estava muito bem informado do que se passava no país. O ex-presidente continuava demonstrando sua imensa capacidade de aglutinar. Segundo Raul Ryff, sua fazenda estava sempre cheia de gente que o visitava.[59]

No exílio, Goulart contou com o apoio de pessoas da mais estrita confiança. Além de Percy e Bijuja, havia Ivo Magalhães, ex-prefeito de Brasília nomeado por ele. Ivo era seu procurador e principal conselheiro. Testemunhas presenciavam, constantemente, telefonemas em que Goulart falava com Ivo para comprar, vender, negociar com gado e assuntos correlatos. Jango, em sociedade com Ivo, arrendou um hotel de porte médio em Montevidéu, o Hotel Alhambra. O hotel tinha várias serventias. Além dos lucros que proporcionava aos sócios, servia como escritório comercial de Ivo, dava emprego para os exilados brasileiros que chegavam ao Uruguai sem recursos e amparo aos que não tinham onde morar.

Cláudio Braga era outro homem que convivia com Goulart, embora não tivesse a proximidade de Percy, Bijuja ou Ivo. Dirigente sindical dos ferroviários e deputado estadual pelo PST por Pernambuco, com o golpe militar, Cláudio saiu do país exilado. Chegando a Montevidéu tornou-se secretário de Goulart e sócio do hotel. Mais adiante, participou de empreendimentos comerciais em Buenos Aires, como sócio de Jango. Os comentários de pessoas próximas são sempre no sentido de descrevê-lo de maneira negativa. "Pessoa suspeita", "sinistra" e "ambiciosa", na descrição de Roberto Ulrich,[60] ou "sempre de mal com a vida, sempre bravo com os outros", no relato de Percy Penalvo.[61]

Jango, sem perspectiva de voltar ao Brasil, tratou de cuidar de sua vida. O político cedeu lugar ao pecuarista. Tratava-se, no entanto, de uma estratégia de vida. O que ele queria, na verdade, era voltar. No fundo, estava inconformado com a proibição de pisar em território brasileiro, com as perseguições políticas praticadas pelos militares, com a política econômica do governo Castelo Branco e com a submissão do país aos interesses políticos dos Estados Unidos. Tudo aquilo, aliás, que contrariava as bandeiras dos trabalhistas e dos nacionalistas. Apesar de criança, Denize percebia a tristeza e a tensão do pai. Em pouco mais de um ano, seus cabelos ficaram brancos. Jango envelheceu muito rapidamente. Segundo o amigo Bijuja, o exílio impingiu-lhe profunda tristeza: "Sentia muito, não assimilou, sentia-se injustiçado."[62] Jango dizia não entender a proibição para regressar ao Brasil. No depoimento do amigo de infância, ele "achava que não tinha crime nenhum, que não tinha feito mal algum".[63]

Em Montevidéu, o clima político era o da mais absoluta liberdade, com partidos revolucionários, mesmo de tendências trotskistas, legalizados, bem como movimentos anarquistas atuando livremente. Os partidos de esquerda tinham sedes em lugares conhecidos, e seus jornais e suas revistas circulavam nas ruas. A publicação de livros com conteúdo revolucionário era intensa. Brasileiros exilados enchiam os cafés da avenida 18 de Julho, da rua San José ou de Pocitos, sonhando com a volta. Unidos no infortúnio, separados por suas tendências políticas e sem dinheiro, pediam uma xícara de café e, em volta dela, marinheiros, sargentos, sindicalistas, jornalistas, porteiros de ministérios e brasileiros de todas as partes do país discutiam, às vezes de maneira acirrada, como derrubar a ditadura — embora, na vida real, amargassem duro exílio. O expurgo promovido por Castelo Branco nas Forças Armadas, expulsando 738 suboficiais, sargentos e cabos, além de 963 marujos e fuzileiros navais, jogou grande parte deles na oposição clandestina ao regime.[64] Muitos foram para Montevidéu. Mas, junto com os civis, eles eram, segundo Percy Penalvo, os "pequenos" exilados. Os "grandes", como ex-ministros, oficiais militares e deputados, se encontravam na residência de Jango.[65] Grande parte dos "pequenos" contava com planos de implementar guerrilhas, sendo que muitos chegavam mesmo a marcar a data para o triunfo. A vida política em Montevidéu incentivava a conspiração.[66] Muitos saíram do Brasil por trem. Segundo o tenente-coronel cassado Pedro Alvarez, nos vagões "era uma farra! Cariocas, baianos, havia de tudo. Iam sargentos, civis, médicos", ao som de pagodes e sambas.[67] Mas a situação deles era muito difícil. Como se não bastasse a escassez de empregos, o movimento sindical uruguaio ainda via com desconfiança aquela mão de obra disponível. Para complicar, as organizações brasileiras de extrema esquerda no exílio apostavam no quanto-pior-melhor. Achavam que, com o desemprego, os brasileiros no Uruguai, desesperados, pegariam em armas. Em outro aspecto, as desconfianças que os comunistas do PCB tinham de Brizola, naquele momento, transformaram-se em rancor. Com Jango, eles ainda tinham diálogo, mas não com Brizola.[68]

No exílio, Jango e Brizola mantiveram seus estilos de fazer política. Brizola chegou a Montevidéu e imediatamente desafiou a ditadura militar: "Posso assegurar que há mais de sessenta mil 'grupos dos 11' no território brasileiro que constituem uma organização embrionária, mas representam o esforço de organização das forças patrióticas."[69] Enquanto Brizola se enganava com desafios sem bases reais, Jango, segundo Raul Ryff, não era de "ficar quieto", mas tinha outros procedimentos. Ao chegar ao Uruguai, ele tentou articulações políticas.[70] Por exemplo, quando soube que o exilado Pedro Alvarez voltaria ao Brasil disfarçado com uma peruca, deu-lhe dinheiro para procurar, em Curitiba, o general Crisântemo Figueiredo e, no Rio de Janeiro, o general Osvino Ferreira Alves, tentando articular uma resistência. Não conseguindo contatar Crisântemo, Alvarez conversou com Osvino. Percebendo as intenções de Jango, o general avisou: "Ih, pode dizer para o Dr. Jango que não há condição nenhuma de haver reação no momento, porque tudo está desmantelado. Eles tiraram os nossos postos. Teve muita gente posta para fora do Exército. Nos oficiais, eles fizeram uma 'limpa'."[71] Em outra ocasião, Luís Carlos Prestes o visitou, embora não se saiba o teor da conversa entre eles.[72] Diante de diversas informações similares, Goulart, não se deixando enganar por aparências ou ilusões, verificou, pouco mais tarde, que nada podia fazer. Era preciso ganhar tempo. Enquanto ele se limitava a ajudar os companheiros exilados e esperar pelos acontecimentos no Brasil, Brizola estava disposto a resistir e a atacar a ditadura.

A expectativa de retorno era grande e as duas grandes lideranças trabalhistas se reaproximaram. A esperança de que houvesse uma mudança no quadro político brasileiro obrigou-os ao entendimento e a manter relações amistosas. Inicialmente, tiveram uma longa conversa. Segundo Brizola, decidiram superar todas as antigas desavenças e reiniciar um trabalho conjunto. Brizola, na verdade, acreditava que, muito rapidamente, a situação política no Brasil se inverteria a favor dos trabalhistas. Tanto assim que alugou um apartamento em Montevidéu por três meses apenas. Favorecia o otimismo de Brizola o descontentamento de muitos militares brasileiros, incluindo os generais, com os rumos do governo de Castelo Branco, sobretudo após a edição do Ato Institucional. Em guarnições no interior do Rio Grande do Sul, havia oficiais francamente contrariados com o governo militar.[73] Afinal, a "revolução" viera para garantir a democracia, não para instalar uma ditadura. As divergências políticas e as mágoas recíprocas que vinham acumulando um do outro tornaram a convivência praticamente impossível. Jango era incisivo em relação a qualquer atitude de enfrentamento armado com o regime dos militares. A Brizola, ele dizia: "Você irá matar muitos companheiros nossos e não irá resolver nada."[74] Desde o primeiro dia de exílio mantinha-se discreto, mas recebia solidariamente qualquer exilado que o procurasse, embora evitasse ações que pudessem ser interpretadas como provocação ao regime militar. A estratégia de Brizola era bem diferente: atacar diretamente a ditadura. Ele já chegou em território uruguaio determinado a retornar ao Brasil liderando um levante popular e militar. Segundo depoimento de

EXÍLIO URUGUAIO — PARTE 1

Mauro Santayana, logo ao chegar do Rio Grande do Sul, ainda vestindo a jaqueta da Brigada Militar, Brizola reuniu os exilados brasileiros em um cinema. O argumento básico era o seguinte: não existiam mais chefes nem subordinados. O exílio igualava todos. A partir daquele momento, todos eram "ex" alguma coisa. A alternativa era a união, acima das diferenças ideológicas. "Quando nenhum de nós tiver mais de uma camisa", alegou Brizola, "se chegarmos a essa situação, devemos rasgar a única camisa ao meio, e dar a metade para o companheiro que estiver de peito nu." Ali mesmo as tarefas foram distribuídas entre os exilados.[75]

No Brasil, civis e militares, a maioria de cassados ou reformados, se reuniam para conspirar contra a ditadura.[76] O primeiro grupo de conspirados foi liderado pelo general Ladário Telles. Na residência de Hélio de Almeida, além do general, se encontravam o brigadeiro Francisco Teixeira, o coronel Ciro Labarth, o ex-ministro de Saúde de Jango, Wilson Fadul, entre outros. Ladário impunha como condição para o levante que Goulart e Brizola se unissem e colocassem à sua disposição todos os homens que os seguissem, principalmente os da polícia do Rio Grande do Sul e os do Exército. Segundo Francisco Teixeira, havia muita gente que ainda seguia as orientações dos dois líderes trabalhistas exilados. Em viagem clandestina, Ladário Telles foi a Montevidéu. A Jango e Brizola, relatou seus planos: "Estou disposto a chefiar um contragolpe, mas com a condição de que vocês se unam aqui e que nos deem os elementos." Contudo, o general logo percebeu as dificuldades que enfrentaria. Jango inicialmente recusou a proposta. Depois, reavaliando, aceitou, mas sem entusiasmo. Brizola, por sua vez, hostilizava Goulart de maneira aberta e reiterada. Em uma segunda reunião, tomaram algumas decisões, entre elas a de que o Rio Grande do Sul seria liderado por Brizola. Sobre o financiamento da luta, a responsabilidade seria de Brizola. Apesar das divergências, pareciam ter chegado a um acordo. No entanto, na hora de partir, Ladário disse necessitar de 10 mil dólares para o início da operação. Como Brizola estava ausente, Jango adiantou o dinheiro. No dia seguinte, pronto a embarcar para o Brasil, Ladário recebeu um emissário de Brizola. Ele dizia que os acordos estavam desfeitos, uma vez que o dinheiro deveria ser dado por ele e não por Jango. Irritado com a picuinha, Ladário devolveu o dinheiro a Jango: "Não quero mais nada com isso", disse, irritado. A primeira conspiração contra o governo Castelo Branco acabara.

O rompimento pessoal e político entre os dois líderes parecia irreversível. A divergência entre as duas estratégias levou ao rompimento definitivo entre eles em 1966. Durante dez longos anos não mais se falaram ou se encontraram. O trabalhismo se dividiu. A maioria dos brasileiros exilados no Uruguai passou a se definir como "janguista" ou "brizolista",[77] culpando-se reciprocamente pelo golpe. Percy Penalvo, amigo de ambos, passou a agir como intermediário entre os dois líderes. Segundo o próprio Brizola, as divergências eram tão profundas que afetaram as relações pessoais entre eles. Não tanto da parte de Jango, um "homem mais sereno e menos emocional do que eu", admite Brizola. "Ele era um homem aberto ao diálogo e eu, naquela época, demasiadamente purista."[78] Apesar de afastados, eles não transmitiram seus ressentimentos aos filhos. Nenhum sinal de ódio ou mágoa foi percebido pelas crianças. Embora rompidos, os dois líderes trabalhistas passaram a ajudar os exilados que não tinham recursos, até com quantias mensais para os mais necessitados. Calcula-se que Goulart ajudava financeiramente pelo menos uma centena de pessoas.

Reunindo exilados em Montevidéu que seguiam suas orientações desde a época da Campanha da Legalidade com sargentos, marinheiros e fuzileiros navais também exilados, tendo, ainda, o apoio logístico de muitas pessoas no Brasil, Brizola fundou o Movimento Nacionalista Revolucionário. Ao encontrar-se com ele em janeiro de 1965, Flávio Tavares percebeu que o ex-governador do Rio Grande do Sul estava disposto a enfrentar os militares brasileiros. Inicialmente, reuniu um pequeno Estado-Maior e, numa granja, plantavam tomates e se preparavam para receber instruções militares visando aos futuros combates. O plano inicial de Brizola era levantar os quartéis em uma revolta contra a ditadura. No grupo brizolista, o ambiente era de grande otimismo. Max da Costa Santos leu para Flávio Tavares um documento pregando a insurreição. Em tom coloquial e em texto cativante, o argumento se baseava na premissa de que "a palha estava seca".[79] Segundo Herbert de Souza, o Betinho, que pertencia ao "Comando da Revolução" do grupo de Brizola, a estratégia era criar uma articulação entre o Exército brasileiro e a Brigada Militar gaúcha, permitindo ao líder retornar a Porto Alegre e refazer a Campanha da Legalidade. Mobilizando a população pelas rádios, como fizera em 1961, Brizola tinha o projeto de derrubar a ditadura com os mesmos meios que permitiram garantir a posse de Goulart. Tratava-se da Operação Pintassilgo.[80] Articulando oficiais e sargentos que apoiaram a

EXÍLIO URUGUAIO — PARTE 1

Campanha da Legalidade com grupos da Brigada Militar, coronéis brizolistas do interior gaúcho e a ala esquerda do PTB, Brizola planejava
desencadear uma insurreição cívico-militar que tomaria o Rio Grande
do Sul. A seguir, um governo provisório seria formado no exílio, com
Goulart na presidência e os parlamentares cassados instituindo um novo
Congresso Nacional. O ponto de partida da insurreição seria a tomada
do Palácio Piratini e o ataque ao quartel da Polícia do Exército pelos militares fiéis a Brizola, com o apoio dos sindicatos e das associações de bairros. Ao mesmo tempo, levantes populares ocorreriam no Rio de Janeiro
e em São Paulo. No interior gaúcho, o general Ladário Telles atacaria os
principais regimentos.

No entanto, em 23 de março de 1965, o coronel do Exército Jefferson Cardim Osório, auxiliado pelo ex-sargento da Brigada Militar gaúcha
Alberi Vieira do Santos e liderando 21 homens armados, invadiu a cidade
de Três Passos, no Rio Grande do Sul. Tomaram uma rádio e leram um
manifesto contra a ditadura militar. A coluna rumou para Santa Catarina
e chegaram até o Paraná. No dia 27 ocorreu o primeiro enfrentamento
com tropas do Exército no município de Leônidas Marques. Preso pelas
tropas federais, o coronel Osório foi barbaramente torturado. No episódio, um oficial do Exército foi torturado por outros oficiais, algo inédito
na história militar brasileira. Brizola nada teve que ver com a iniciativa do coronel Osório, mas o governo brasileiro, mesmo assim, alegou
que ele teria sido o mentor intelectual da invasão. Desse modo, passou a
pressionar o governo uruguaio, acusando Brizola de estar desenvolvendo
atividades políticas contra o Brasil.

As pressões do governo brasileiro sobre o uruguaio, que já eram
intensas, sobretudo no sentido de prejudicar os exilados, tornaram-se
irresistíveis a partir daí. O embaixador brasileiro em Montevidéu, Pio
Corrêa, dava entrevistas ameaçadoras: "O Uruguai que se cuide com esse
subversivo aqui",[81] referindo-se a Brizola. Tantas foram as pressões que,
em abril de 1965, ele foi internado em Atlântida, um balneário a 35 quilômetros de Montevidéu e a 301 quilômetros da fronteira do Rio Grande
do Sul, por imposição do governo brasileiro. Inicialmente, foi confinado
num apartamento em frente a uma praia extremamente fria no inverno.
Mais adiante, o internamento tornou-se mera formalidade.[82]

Brizola, aos poucos, começou a se convencer de que a estratégia da
insurreição cívico-militar estava condenada ao fracasso. Assim, passou a

considerar a fórmula da guerrilha, defendida por alguns homens de seu grupo. Sem descartar de todo a primeira opção, ele liberou seus homens para adotarem a segunda.[83] Ele se referia à estratégia da guerrilha como a "teoria do carvalho" e a do contragolpe como a "teoria da batatinha": "O carvalho demora pra crescer e a batatinha dá ligeiro", argumentava.[84] Mais adiante, percebendo a inviabilidade de reviver os episódios da Campanha da Legalidade, ele passou a defender a estratégia guerrilheira do carvalho. Brizola enviou emissários a Cuba e à China em busca de apoio logístico e de dinheiro para a implantação da guerrilha. As negociações com o governo de Fidel Castro foram intermediadas por Herbert de Souza, que chegou à ilha munido de uma carta com um curioso código secreto. Embora composta por uma folha de papel, ela fora redigida em duas. Algumas palavras da primeira folha tinham sido recortadas, retiradas e coladas na segunda, no mesmo lugar da anterior. Assim, bastava juntar a duas folhas para que o texto pudesse ser lido. O problema era que as duas folhas estavam em poder de Betinho. Em caso de prisão, o "código" seria facilmente desvendado. Em contato com o comandante Pinero, responsável pela ajuda do governo cubano a guerrilheiros latino-americanos, Betinho pediu apoio financeiro e treinamento de brasileiros. A partir daí, homens ligados a Brizola iam do Uruguai para Cuba em busca de instrução militar e outros voltavam com dinheiro cubano. Tudo era improvisado. O dinheiro vinha por emissários brasileiros em malas de fundo falso. A viagem, longa e arriscada, implicava sair de Havana e passar pelo Canadá, pela Irlanda, por Praga, Paris e pela Argentina até chegar a Montevidéu. Ninguém levantou suspeitas, apesar da estratégia primária de utilizar fundo falso em malas, pelo menos nos dias atuais. Brizola controlava o dinheiro, economizando até os centavos. Eram dos dólares cubanos, parcos na ilha, que viviam os homens do grupo de Brizola, incluindo alojamento e alimentação. Muito era gasto em passagens. Brizola contribuiu com os próprios recursos para a causa da revolução que planejavam.[85] Segundo relato de Luís Mir, Brizola recebeu 1,2 milhão de dólares, quantia muito modesta para as necessidades de montar um aparato guerrilheiro. Do total, 300 mil foram reservados para a coluna operacional e militar, sob a responsabilidade do coronel Dagoberto Rodrigues; outros 300 mil para Darcy Ribeiro montar um esquema político e diplomático, bem como uma infraestrutura política no Brasil e no exterior; e o restante para a compra de armas e provisões.[86] Os homens que atuariam na guerrilha seriam os sargentos expulsos das Forças Armadas.

EXÍLIO URUGUAIO — PARTE 1

Após o episódio do coronel Cardim, Flávio Tavares foi chamado por Brizola. Logo que chegou soube que os planos haviam mudado. O líder trabalhista estava seduzido pela estratégia do foco guerrilheiro. Lendo toda a literatura sobre o tema, até revistas do Vietnã do Norte, Brizola, aos 43 anos, fazia exercícios de tiro e assalto a baioneta, treinado pelo coronel Átilo Escobar, da Brigada Militar gaúcha. Tavares foi apresentado a dois guerrilheiros recém-chegados de Cuba. Um deles, Olímpio, tinha sido presidente da UBES em 1964; o outro, um marinheiro. Ambos tinham sido treinados na "ilha" ou "Ponto Um", como chamavam Cuba na época. Brizola, nas cartas que escrevia, assinava de acordo com o mês da correspondência, a exemplo de Januário, Júlio, Agostinho ou Setembrino, mas, face a face, gostava do título de "comandante", embora muitos, como Flávio Tavares, o chamassem de "Pedrinho", nome mais coloquial e intimista. A tarefa de Flávio era levar os dois guerrilheiros para o Brasil, escondê-los, comprar armas, escolher o local do foco etc. O dinheiro, vindo de Cuba, passava por Montevidéu antes de chegar às mãos de Brizola. Notas de 100 dólares, pouco usuais, eram enviadas pelo "comandante", do Uruguai, a Tavares, no Rio de Janeiro.[87]

No Uruguai, Darcy Ribeiro lecionava Antropologia Cultural na Universidad de la Republica, mas, confinado no país por imposição do governo militar, vez por outra visitava Brizola, participando do circuito paranoico dos exilados que, esperançosos, teimavam em acreditar na queda próxima da ditadura brasileira. Brizola disse-lhe várias vezes: "Veja, Darcy, nós estamos com um canhão apontado aqui, esperando o barco passar para derrubá-lo. Mas o barco já está chegando na área de tiro e vai passar e nós não temos o canhão pronto." Todo aquele ambiente era, na verdade, de grandes tensões e planos, muitas vezes, estranhos e sem sentido. Por exemplo, um grupo de sargentos exilados procurou Darcy falando em obter armas, que ele tinha condições de conseguir. Contudo, para sua enorme surpresa, Darcy soube que as pistolas e metralhadoras não seriam usadas na guerrilha no Brasil, mas, sim, para atacar o palácio presidencial uruguaio. Ele, inconformado, alertou para a insanidade de atacar o próprio país que os abrigava.[88]

Fidel Castro investiu na revolução brasileira e na liderança que escolheu para ela: Leonel Brizola.[89] Para os dirigentes cubanos, o Brasil era um país estratégico para a consolidação do processo revolucionário na ilha. Isolada e bloqueada pelos Estados Unidos, dependendo da ajuda soviética, Cuba via o Brasil como seu potencial grande sócio. Embora escolhido por Fidel como o líder da revolução brasileira, Brizola não admitia ficar em segundo plano no processo revolucionário latino-americano, sobretudo com a brilhante luz de Che Guevara. Na revolução continental, Brizola insistia que, no Brasil, a liderança era ele; em Cuba, Fidel. Brizola recebeu todo o apoio de Fidel Castro, inclusive a sinalização de sua condição de revolucionário latino-americano distinto de Che Guevara. Em fins de 1965, Régis Debray encontrou-se com Brizola em Montevidéu. Em texto publicado em *Les Temps Modernes*, o intelectual francês o definiu como o grande líder do movimento revolucionário latino americano. Para Debray, era "inegável sua força, sua paixão, sua ampla face popular, sua coragem, seu realismo, seu ódio ao imperialismo, sua honestidade etc. Não é completamente impossível que ao redor de Brizola, num futuro próximo, se encarne a imagem brasileira do castrismo". Apesar do apoio recebido, o líder revolucionário trabalhista não deixava de manifestar suas divergências sobre a concepção de guerrilha a ser implementada no Brasil. Brizola planejava um levante nas cidades com a adesão de parte do Exército. A repetição do modelo cubano no Brasil era inviável, dizia ele. Afinal, como um grupo de guerrilheiros poderia enfrentar o Exército brasileiro? Somente o desconhecimento do Brasil poderia admitir uma estratégia desse tipo.

Enquanto isso, no Brasil, somente em maio de 1965 os dirigentes do PCB conseguiram, pela primeira vez desde o golpe militar, se reunir. O resultado foi um texto redigido por Carlos Marighella, Jacob Gorender, Mário Alves, Jover Telles e Apolônio de Carvalho. Para eles, a política de colaboração e de aliança com a burguesia progressista estava esgotada. Além disso, tratava-se de um engano acreditar no papel democrático dos militares, bem como na possibilidade de alcançar o poder por vias pacíficas. O documento também acusava Prestes de ser o maior responsável pela derrota. Colocado em votação, o texto foi rejeitado, mas a dissidência no PCB estava instalada.[90] Diversos quadros do partido formaram as chamadas "dissidências", enquanto dirigentes de longa experiência do PCB, como Jacob Gorender, Mário Alves, Apolônio de Carvalho, Marighella e Joaquim Câmara Ferreira, defendiam a luta armada abertamente, em divergência direta com Prestes. A eleição dos dois últimos para a direção paulista do partido foi uma derrota muito sentida pelo Comitê Central.

EXÍLIO URUGUAIO — PARTE 1

Dias depois, em 17 de junho, Miguel Arraes, acompanhado pelo embaixador argelino no Brasil, chegava a Argel como exilado político.[91] Durante o golpe, ele foi detido pelos militares e internado, por um ano, em Fernando de Noronha sem processo formado. Em abril de 1965, foi transferido para a Fortaleza de Santa Cruz, na baía de Guanabara. Seu advogado impetrou um *habeas corpus* no Supremo Tribunal Federal, que foi concedido pelo ministro Evandro Lins e Silva. Em liberdade, Arraes, sentindo-se ameaçado, buscou refúgio na embaixada da Argélia. Na capital argelina, foi recebido com todas as deferências e reconhecido como líder da revolução brasileira. Arraes, naquele momento, beneficiou-se das divergências entre as principais correntes de esquerda em nível mundial que procuravam interferir na política latino-americana. Diante das divergências entre a China, a União Soviética e Cuba sobre o caráter da revolução na América Latina, os cubanos encontraram no líder argelino Ahmed Ben Bella o parceiro para o projeto revolucionário intercontinental. Unidas, Cuba e Argélia dariam uma nova diretriz às revoluções no Terceiro Mundo — a Argélia influenciando os países africanos e Cuba, a América Latina. Financiados pelo petróleo argelino e com os quadros militares dos dois países, cubanos e argelinos poderiam formar um exército internacionalista. O projeto, no entanto, não seguiu adiante. Dois dias depois de Arraes desembarcar em Argel, um golpe de Estado, liderado pelo coronel Houari Chedid Boumedienne, o segundo homem mais importante do regime, depôs Ben Bella. Boumedienne assumiu o poder no país. Com o golpe, os cubanos perceberam que o projeto que defendiam era diferente do argelino. Enquanto Fidel e Che defendiam o marxismo-leninismo, os argelinos propunham o socialismo árabe, uma espécie de nacionalismo revolucionário e anti-imperialista, mas nada que os aproximasse do comunismo de vertente soviética. O eixo Cuba–Argélia, desse modo, não foi adiante. Um mês após sua chegada à Argélia, Arraes foi convidado a conversar com Boumedienne. O líder argelino argumentou que o Estado argelino não poderia apoiar movimentos que tivessem o objetivo de derrubar o governo brasileiro. O máximo que poderia fazer seria criar uma empresa, com fachada legal em Andorra ou Liechtenstein e ajudar os movimentos políticos no Brasil, como também assessorar as políticas comerciais do governo argelino. Sem alternativa, a proposta foi aceita por Arraes.

Em contraposição à grave crise vivida pelos comunistas brasileiros e ao isolamento de Arraes, o prestígio de Brizola com Fidel aumentava, sendo ratificado quando a cúpula do regime cubano contatou chineses e argelinos no sentido de receberem e ajudarem emissários brizolistas. A iniciativa cubana foi, também, uma retomada do diálogo com Pequim, interrompido desde a crise dos mísseis. Moscou se recusou a ajudar. Com o agravamento da guerra do Vietnã, a ajuda soviética a revolucionários latino-americanos soaria para Washington como uma declaração de guerra. Em janeiro de 1966, Paulo Schilling, falando em nome de Brizola, chegou a Pequim. Durante 15 dias foi interrogado por cinco especialistas do Departamento de Relações Exteriores. Após 47 dias, foi recebido pelo primeiro-ministro Chou En-lai. Do dirigente chinês, Schilling ouviu que o foquismo cubano era uma bobagem, algo destituído de seriedade: um grupo de 10 guerrilheiros nas montanhas se multiplicariam de maneira similar ao milagre bíblico. Contudo, em relação a Brizola, a opinião chinesa mudava consideravelmente. Tratava-se, na percepção do primeiro-ministro, do maior líder político do Brasil, que, mesmo exilado, poderia alterar o quadro político brasileiro. Nesse sentido, os chineses forneceriam armas e o apoio necessário. Em Argel, Schilling tomou conhecimento dos entendimentos dos chineses com os argelinos: Pequim enviaria as armas para Argel e, por intermédio de barcos pesqueiros, elas desembarcariam no litoral brasileiro.

Nesse momento, Brizola era reconhecido como o líder revolucionário brasileiro nos principais centros revolucionários do mundo. As apostas de Havana, Argel e Pequim recaíam sobre ele. Todas as demais forças políticas encontravam-se sem opções de movimentação. João Goulart não estava disposto a patrocinar aventuras revolucionárias desse tipo. Luís Carlos Prestes estava desacreditado, enquanto os comunistas de seu partido debatiam o caminho a seguir, se a luta legal ou a armada. Miguel Arraes não tinha possibilidades de ação. Juscelino sofria com as humilhações dos IPMs. No primeiro semestre de 1966, Brizola tinha concluído o planejamento político e militar da guerrilha. Segundo Avelino Capitani, os sargentos e marinheiros do MNR instalariam frentes guerrilheiras na região de fronteira do Rio Grande do Sul até Mato Grosso. Elas teriam o apoio da Polop, da Ala Vermelha, do Grupo de Marinheiros de São Paulo e de companheiros argentinos, paraguaios e bolivianos. O objetivo da frente era manter conexão com Che Guevara, na Bolívia. Outra fren-

EXÍLIO URUGUAIO — PARTE 1

te era a do norte de Goiás e sul do Maranhão, com o apoio da AP. Por fim, a frente da serra de Caparaó, divisa de Minas Gerais com o Espírito Santo, com o apoio do Partido Socialista e de um grupo de sargentos e marinheiros.

A guerrilha brizolista fazia parte de uma estratégia continental maior elaborada pela cúpula cubana. O objetivo era que Che Guevara, no interior da Bolívia, centralizasse inúmeras outras guerrilhas na América Latina, em especial no Peru, na Argentina e no Brasil, forçando a intervenção militar norte-americana. O lema "um, dois, três, muitos Vietnãs" tinha por objetivo desgastar as forças militares dos Estados Unidos com lutas em diversas regiões. No entanto, os planos dos revolucionários cubanos falharam, por diversos motivos: os partidos comunistas latino-americanos, afinados com a política externa soviética, recusaram-se a colaborar; a agressiva política externa norte-americana para a América Latina, enviando assessores militares em contrainsurreição e investindo na polícia política; por fim, o fato de que as sociedades latino-americanas não se mobilizaram na defesa de revoluções de caráter socialista. Antes de entrar na Bolívia, Che manteve contatos com Carlos Marighella e Câmara Ferreira, incentivando-os a apoiar o projeto de guerrilha continental. Ao montar o foco guerrilheiro nas serras bolivianas, Che contava que a guerrilha brizolista estivesse pronta para entrar em ação. Não foi o que aconteceu.

No mesmo mês em que Che Guevara chegou à Bolívia, novembro de 1966, os 14 sargentos e civis do Movimento Nacional Revolucionário estabeleceram-se na serra do Caparaó, na região do Pico da Bandeira.[92] Sem conhecerem a região, nem os habitantes das vilas próximas, eles se limitaram a reconhecer o terreno e realizar treinamentos militares, mas se viram absolutamente isolados do mundo exterior. Inicialmente ficaram expostos ao sol e à chuva. O foco não tinha autonomia própria e todo o abastecimento de víveres era do Rio de Janeiro. Por vezes, tinham que descer e comprar alimentos nos armazéns, chamando a atenção para a presença deles. Após três meses de longo isolamento, a coesão do grupo se deteriorou. Cinco deles abandonaram o foco, alegando razões diversas. Quando um dos guerrilheiros adoeceu, o grupo, para salvá-lo, desceu o acampamento, aproximando-se da base da serra, mas, numa trilha, foram vistos por moradores locais. No dia seguinte, estavam cercados por dezenas de soldados da Polícia Militar. Não havia a menor condição

JOÃO GOULART – UMA BIOGRAFIA

de resistir. O sonho da guerrilha brizolista acabou naquele momento. Com a derrota em Caparaó, Brizola abandonou a alternativa de derrubar a ditadura pelas armas. Tratava-se de uma decisão irreversível, que desapontou os chineses e, principalmente, os cubanos. Fidel Castro, que havia apostado suas fichas no líder gaúcho, irritou-se profundamente. A esperança de Che de contar com a coluna brizolista se esvaiu. O resultado foi o rompimento definitivo de Fidel com Brizola.

Isolado em Atlântida, Brizola saiu do cenário político. A seguir, com a venda das terras que Neuza recebera de herança, o casal comprou uma fazenda de 1.500 hectares. Brizola investiu na criação de galinhas e porcos, embora ganhasse o sustento com a produção de leite, vendido em uma Kombi. A partir daí, ele passou a viver de maneira muito modesta, devido às dificuldades financeiras,[93] embora nunca deixasse de conspirar contra a ditadura brasileira.

Após Caparaó, a vigilância política brasileira aos exilados tornou-se sistemática e coordenada. De vez em quando apareciam na fazenda El Rincón, em Tacuarembó, pessoas que se diziam refugiadas políticas, mas que, na verdade, eram agentes do DOPS. O delegado Sérgio Fleury incursionou pelo Uruguai, recrutando informantes, para saber do paradeiro e das atividades de exilados brasileiros. Muitas vezes, a repressão não media o grau do ridículo. No prédio em que Brizola ficou confinado em Atlântida, montou-se uma guarda policial. Tratava-se de um indivíduo uniformizado que portava, sabe-se lá por que razão, um antigo sabre embainhado na lateral da perna esquerda.[94]

Enquanto isso, no Brasil, Juscelino era intimado a comparecer ao quartel da Polícia do Exército, na rua Barão de Mesquita, para dar depoimentos nos IPMs em que fora indiciado. Durante três horas, sentado em um banquinho tosco, respondeu a perguntas de um coronel. O objetivo era humilhar o ex-presidente. Os interrogatórios, que se iniciavam pela manhã e terminavam à tarde, eram a expressão mais arbitrária do regime, pelo menos naquele momento.[95]

Recuperado financeiramente, Goulart, segundo José Gomes Talarico, continuou a ajudar os amigos exilados, dispondo de uma conta bancária à disposição dos companheiros mais necessitados. Para Amaury Silva, seu ex-ministro, ele financiou a compra de um restaurante. Com o nome de "O cangaceiro", o estabelecimento era especializado em culinária brasi-

576

EXÍLIO URUGUAIO — PARTE 1

leira. Filhos de exilados, como a própria Denize, gostavam que os pais os levassem porque Amaury servia guaraná, uma raridade no Uruguai.[96] Na administração de seus negócios, Jango formou uma Sociedade Anônima, a Explortaciones Rurales S.A., composta por cinco acionistas: Goulart, Amaury Silva, Maria Thereza, Percy Penalvo e sua mulher, Celeste. Todos os quatro deram procurações a Jango para que ele agisse em nome deles. No entanto, Percy era o vogal — substituto legal de Jango. Na prática, Percy administrava todos os bens.

A sorte nos negócios era inversa ao seu infortúnio político.[97] Episódios marcados pelo sucesso financeiro foram constantes no exílio uruguaio. Por exemplo, um grupo de oficiais da Aeronáutica, refugiados no Uruguai, planejou criar uma empresa de táxis aéreos. Para adquirir os Cessnas norte-americanos, recorreram ao ex-presidente para servir de avalista. Os 200 mil dólares foram cobertos com os créditos de Goulart, na base de 20 pesos por dólar. O tempo passou, sem que os oficiais conseguissem a liberação das importações dos aviões. O embaixador brasileiro no Uruguai, Pio Corrêa, interferiu junto ao governo uruguaio contra a constituição da empresa, alegando que aviadores brasileiros refugiados poderiam violar a fronteira do país. Após três governos uruguaios, a autorização foi definitivamente negada. Quando Jango foi retirar seus depósitos, o dólar já valia 250 pesos. Seu lucro, mesmo involuntário, foi imenso. Outro episódio é revelador de sua sorte. Certo ano, o inverno findaria sem que chovesse, o que significava grande prejuízo para a pecuária e a agricultura. Se não fosse antecedido de chuvas, o inverno deixava os campos sem pastagens. Goulart, além de El Rincón, já dispunha de outra fazenda em Maldonado, a El Milagro, além de outras que arrendara em Tacuarembó. No entanto, a falta de chuvas não o assustou pois, por meio de um sistema de bombeamento de água das barrancas, represas e poços, podia irrigar as terras. Os outros fazendeiros, menos previdentes que ele, encontravam-se desalentados. O inverno se aproximava e não viam chuvas. Assim, o preço do gado despencou. De 10 mil-12 mil pesos por cabeça, caiu para para 4 mil-5 mil. Goulart, sem demora, começou a comprar gado com letras bancárias, algo comum na região. Ao fechar a última compra, choveu no Uruguai durante uma semana seguida. Seu lucro foi extraordinário. Como se não bastasse esse lance de sorte, em São José, região fronteira ao mar, ele comprou outra fazenda, voltada para a agricultura. Jango gostou tanto da região que fez inúmeras melhorias na residência. A seguir, um grupo de argentinos, interessados em investir na agricultura, comprou terras que praticamente cercaram sua fazenda. Um ano depois, querendo unir as terras, eles propuseram a Goulart que vendesse sua propriedade. O preço combinado foi dez vezes maior do que o que o ex-presidente pagara um ano antes. Episódios como esses não eram novidade. Na década de 1950, ele comprara uma área virgem nas barrancas do rio Paraguai por um preço irrisório. Já no exílio, ele vendeu a propriedade por 10 milhões de dólares. Parecia que o dinheiro o perseguia. Certa vez, Jango e Amaury Silva levaram José Gomes Talarico até Rivera, de onde regressaria ao Brasil. Antes de Talarico atravessar a fronteira, eles almoçaram em um restaurante. Ali, um menino ofereceu ao grupo um bilhete de loteria. Diante da insistência do garoto, e com pena dele, Talarico pediu a Goulart 500 pesos, comprou o bilhete e o passou ao ex-presidente. Dias depois veio o resultado: primeiro prêmio, 300 mil pesos.

Jango tinha uma relação muito particular com o dinheiro. Quando Bijuja, por telefone, prestava conta da comercialização das vendas de gado, anunciando altos lucros, a voz dele mudava. "Ele gostava de dinheiro como ninguém!", lembra o amigo. O esquema combinado era o mesmo. Bijuja fazia os negócios em São Borja e acumulava dinheiro. Quando a cifra alcançava um patamar considerável, punha todo o dinheiro dentro de um saco plástico e depois o enfiava em uma bolsa de estopa com graxa queimada. Com o disfarce da bolsa suja e com graxa, ele a jogava na caminhonete, telefonava para Jango e ia para Tacuarembó. Em algumas ocasiões, ele chegava com milhões. Com a irrestrita confiança no amigo, Goulart dava-lhe a chave e o segredo do cofre que ficava em seu quarto para que ele guardasse o dinheiro. "Mas pra que guardar tanto dinheiro em casa?", perguntou certa vez Bijuja. Jango respondeu: "Minha vida é insegura. E se amanhã esses milicos me tocam daqui? Eu tenho que ter sempre uma reserva."[98] Ele tinha razões para isso. Receava pressões do governo brasileiro sobre o uruguaio. Em caso de uma eventualidade, na necessidade de uma fuga imediata, dólares nas mãos ajudariam bastante. A confiança de Jango se estendia também a Percy Penalvo. Certa vez, Percy vendeu uma fazenda em Mato Grosso e retornou a Tacuarembó com uma mala cheia de dinheiro. Jango se recusou a ver as notas e a conferir o dinheiro. "Mas depois, para ele soltar o dinheiro, era uma dificuldade", afirma Percy. Por vezes Jango enchia uma mala de dinheiro, punha na traseira do jipe e ia para a casa de Percy. Ao chegar, pedia a Dona

Celeste para guardar a mala no guarda-roupa do quarto do casal. Dias depois é que ele depositava no banco. Certa vez, Percy, que também era mecânico, colocou o dinheiro da venda de bois na caixa de ferramentas do jipe e o esqueceu. Os 40 milhões de pesos ficaram ali por alguns dias, até que Percy se lembrou dele. Dinheiro, portanto, não faltava a Jango. Faltava-lhe outra coisa: voltar ao Brasil.

Nos primeiros anos de exílio, ele não se queixava da situação que vivia e poucas vezes confidenciava a vontade de retornar ao Brasil. No entanto, por vezes, comentava que somente retornaria com todos os outros exilados brasileiros. Não voltaria deixando para trás um único patrício. Mas raramente tocava no assunto. Todos que o cercavam sabiam de seu imenso desejo de retornar, mas compreendiam o silêncio. Os que o visitavam percebiam sua curiosidade sobre as coisas do Brasil, mas nada ouviam dele, se queria voltar, se estava sofrendo, se sentia saudades. Ele se esforçava para não deixar transparecer seu sofrimento — embora fosse visível sua dor. Com os familiares era muito mais difícil: todos sabiam que sofria. Andar rápido, depressa, era sinal de que estava aborrecido. Não era de discutir ou brigar. Seu temperamento impedia acessos de raiva. Sair andando depressa para o trabalho bastava.[99] Ele conseguiu controlar a tristeza nos primeiros anos de exílio. No fim, principalmente nos dois últimos anos, já não tinha como reprimir o que sentia: a tristeza iria tomar-lhe a alma de vez.

João Pinheiro Neto, logo que pôde, foi visitá-lo em El Milagro.[100] Ao chegar, de táxi, Goulart, de bombacha e chimarrão, recebeu-o com surpresa, carinho e a tradicional simplicidade: "Mas que surpresa, Pinheiro! Que tal? Não te esperava. Mas que prazer!" O visitante logo se desculpou: "Não deu para avisar, presidente." Após convidar seu ex-ministro do Trabalho a tomar um chimarrão, perguntou: "E as coisas, como vão lá pela terra?" "Mal, presidente", foi a resposta. "Aquela ideia, que muitos imaginavam, de que o golpe de 31 de março não era mais do que uma quartelada de pouca duração, bem, era sonho nosso. Todos os indícios levam a crer que aquela gente assenhoreou-se do poder para ficar, e não por pouco tempo." Embora Pinheiro Neto insistisse em falar de assuntos amenos, Jango estava ávido por notícias. "Mas conta as novidades. Afinal, acabas de chegar do Brasil." "Bem, presidente, se o senhor insiste..." O anfitrião foi mais incisivo: "Quero saber de tudo. Mas, antes, quero saber se ficas para almoçar. Estou sozinho, aliás como quase sempre." Após servir um uísque, comentou com o amigo: "Pinheiro, não te preocupes com as más notícias sobre o Brasil. Estou bem informado. A ilusão do golpe passageiro, ilusão que também foi a minha nos primeiros dias disso que chamam de 'revolução', acabou. Você está certo: é coisa para muitos anos, e o estrago será terrível. Bons amigos, como você, têm vindo sempre aqui, e com a melhor das intenções recomendam-me cuidar da saúde. Este velho coração, eu sei, começa a fraquejar... Querem que eu fique bom para retornar ao Brasil em boa forma. Tu me conheces, não gosto de contrariar ninguém, mas sinceramente não acredito em nada. Tenho dito para a Maria Thereza que se prepare para voltar viúva e avó. Tudo me diz que não voltarei para a minha terra..." Pinheiro sorveu um gole de uísque, mantendo-se calado. Goulart estava emocionado, silencioso, tristonho. Depois, voltou a falar: "Pinheiro, tu não vieste de tão longe para participar de um velório. Toma mais um uísque e vamos lá para fora." Levantaram-se do sofá e foram para o varandão da fazenda. Ao ar livre, um peão da fazenda serviu aos dois um cordeiro-mamão na ponta de uma faca. Enquanto mastigava o cordeirinho, Goulart comentou: "Pessoalmente, nem você, nem eu, nem os nossos companheiros podemos nos lamentar de toda essa tempestade que desabou sobre nossas cabeças. Uns vão sofrer mais, outros menos, mas nada irá se comparar ao flagelo que já começa a viver o povo brasileiro. Sem as reformas de base, os anseios por renovação que incutimos em grande parte da população, especialmente entre os mais humildes e carentes, serão contidos à força. As liberdades públicas serão podadas. Tu te lembras, quando estavas no Ministério do Trabalho, quantas vezes te pedi que dissesses aos nossos amigos dos sindicatos para moderarem as exigências. Não era possível atender todos e tudo ao mesmo tempo, reparando injustiças graves, velhas de séculos." Pinheiro Neto disse lembrar-se perfeitamente das palavras do presidente: "Se me forçarem demais a barra, vem aí uma ditadura militar, e eles não vão poder nem andar na rua." "Perfeito, era o que eu dizia", referendou Goulart. "E não deu outra", continuou. "O pior é que vem aí um arrocho salarial dos diabos, e a mesma classe média que marchou alvoroçada contra o meu governo, agora, você já está vendo, começa a comer o pão que o diabo amassou. Toda essa onda contra o governo, valendo-se da ingenuidade e boa-fé de tantos, não passou de uma gigantesca montagem cênica, uma orquestração de forças externas aliadas aos grandes industriais, ao capital financeiro especulativo e ao latifúndio. E, o que é mais

EXÍLIO URUGUAIO — PARTE 1

grave: fomos 'ajudados', você sabe de que modo, pelos insensatos que havia do nosso lado." Jango estava falante: "O radicalismo exacerbado, de muitos que estavam do nosso lado, a tal história de 'reformas na lei ou na marra', as lideranças esquerdistas exercitando mais a vaidade do que o bom-senso e o patriotismo, tudo isso foi aos poucos empurrando o governo para extremos condenáveis. Confesso que não me eximo de certa culpa, tudo isso teria se desfeito se eu desistisse das reformas."

Começava a escurecer. Retornaram à sede da estância. A sala onde estivera conversando com Jango não era grande: janelas largas, três sofás, uma mesa baixa, sem enfeites, dois ou três cinzeiros, nada de luxo. Pinheiro Neto disse que estava ficando tarde e que precisava voltar. "Não ficas para o jantar?", perguntou. "Infelizmente não dá. Tenho no Brasil compromisso inadiável." Goulart, como sempre discreto, não perguntou nada e chamou Venâncio, o motorista. Da soleira da porta, cigarro no canto da boca, bombacha surrada, velha camisa de manga curta, bota de cano curto, Jango fez o último aceno, cercado pela imensidão de pastos e coxilhas. Foi a última vez que Pinheiro Neto o viu.

NOTAS

1. Depoimento de Maria Thereza Goulart ao autor e a Angela de Castro Gomes, Rio de Janeiro, 2003.
2. Manoel Leães, op. cit., p. 50.
3. Depoimento de Deoclécio Barros Motta (Bijuja) ao autor, São Borja, 2003.
4. Citado em Jorge Otero, op. cit., p. 168.
5. Eurílio Duarte, op. cit., p. 157.
6. O relato que se segue se baseia em www.assisbrasil.com.br, acessado em 28 de setembro de 2001.
7. Citado em Moniz Bandeira, op. cit., pp. 184-185.
8. Manoel Leães, op. cit., p. 55.
9. Jorge Otero, op. cit., p. 169, e www.assisbrasil.com.br, op. cit.; Manoel Leães, op. cit., p. 55.
10. Assis Brasil teve seus direitos políticos cassados por dez anos e foi transferido para a reserva. Revoltado com a medida, telegrafou para Castelo Branco, desafiando-o a demiti-lo do Exército, no que foi atendido. A partir daí, foi cuidar de uma fazenda da família no interior do Rio Grande do Sul. Batista de Paula, op. cit., p. 66.

JOÃO GOULART – UMA BIOGRAFIA

11 . Depoimento de Maria Thereza Goulart ao autor e a Angela de Castro Gomes, Rio de Janeiro, 2003.
12 . Depoimento de Denize Goulart ao autor e a Angela de Castro Gomes, Rio de Janeiro, 2002.
13 . Antonio Callado, op. cit., p. 275.
14 . Depoimento de Maria Thereza ao autor e a Angela de Castro Gomes, Rio de Janeiro, 2003.
15 . Depoimento de Yolanda Marques Goulart ao autor, São Borja, 2003.
16 . José Gomes Talarico, *O presidente João Goulart*, op. cit., p. 15.
17 . Depoimento de João José Fontella ao autor, Rio de Janeiro, 2000.
18 . Geneton Moraes Neto, *Dossiê Brasil. As histórias por trás da História recente do país*, Rio de Janeiro, Objetiva, 1997, pp. 221-223; F.C. Leite Filho, *El caudillo, Leonel Brizola. Um perfil biográfico*, São Paulo, Aquariana, 2008, pp. 283-293.
19 . Elio Gaspari, op. cit., pp. 121-124.
20 . Flávio Tavares, *O dia em que Getúlio...*, op. cit., p. 155.
21 . A derrota de 1964 eclipsou o prestígio de Luís Carlos Prestes como líder revolucionário internacional. Os soviéticos jamais o perdoariam pelo golpe de 1964. Até 1971 ele viveu clandestinamente no Brasil, mas, a partir desse ano, com os assassinatos praticados abertamente pela repressão política, viu-se obrigado a partir para a União Soviética. Embora tenha recebido apoio material para sobreviver em Moscou com a mulher e os filhos, nunca foi recebido por Brejnev e era tratado com desconsideração pelos funcionários soviéticos responsáveis pela política latino-americana. Veja Maria Prestes. *Meu companheiro: 40 anos ao lado de Luiz Carlos Prestes*, Rio de Janeiro, Rocco, 1993.
22 . *O Cruzeiro*, Rio de Janeiro, 10 de abril de 1964, edição extra.
23 . Carta de Darcy Ribeiro ao redator-chefe do jornal *Correio da Manhã*, datada de 4/6/1964, Arquivo João Goulart, CPDOC-FGV.
24 . Claudio Bojunga, op. cit., pp. 619-620.
25 . *O Cruzeiro*, Rio de Janeiro, 10/4/1964, edição extra.
26 . Claudio Bojunga, op. cit., p. 624.
27 . Elio Gaspari, op. cit., pp. 130-133.
28 . Idem, pp. 223-224.
29 . Evandro Lins e Silva, op. cit., p. 380.
30 . Ver Luiz Carlos Delorme Prado e Fábio Sá Earp, "O 'milagre' brasileiro: crescimento acelerado, integração internacional e concentração de renda (1967-1973)", in Jorge Ferreira e Lucilia de Almeida Neves Delgado (orgs.), *O Brasil republicano. O tempo da ditadura*, Rio de Janeiro, Civilização Brasileira, 2003.
31 . Citado em Denis de Moraes, op. cit., p. 299.

EXÍLIO URUGUAIO — PARTE 1

32. Citado em João Pinheiro Neto, op. cit., pp. 28-29.
33. Câmara Municipal de São Borja, Arquivo João Goulart, CPDOC-FGV.
34. Carta a João Goulart datada de 13/4/1964, Arquivo João Goulart, CPDOC-FGV.
35. Carta a João Goulart datada de 17/4/1964, Arquivo João Goulart, CPDOC-FGV.
36. Carta a João Goulart datada de 15/5/1964, Arquivo João Goulart, CPDOC-FGV. Não confundir com o filósofo espanhol José Ortega y Gasset, falecido em 1955.
37. Carta de João Goulart a Doutel de Andrade datada de 1964, Arquivo João Goulart, CPDOC-FGV.
38. Carta de João Goulart a Doutel de Andrade datada de 14/8/1964, Arquivo João Goulart, CPDOC-FGV.
39. Reprodução de artigo publicado na revista *Time Life*, Arquivo João Goulart, CPDOC-FGV.
40. Relatório produzido por João Goulart, possivelmente de junho de 1964, Arquivo João Goulart, CPDOC-FGV.
41. Carta de João Goulart a Marcílio Goulart Loureiro, possivelmente de agosto de 1964, Arquivo João Goulart, CPDOC-FGV.
42. www.jb.com.br, acessado em 13/12/2000.
43. www.cebela.com.br, acessado em 14/8/2001.
44. Depoimento de João José Fontella ao autor, Rio de Janeiro, 2000.
45. Depoimento de Maria Thereza ao autor e a Angela de Castro Gomes, Rio de Janeiro, 2003.
46. Depoimento de Wilson Fadul ao autor, Rio de Janeiro, 2002.
47. Depoimento de Deoclécio Barros Motta (Bijuja) ao autor, São Borja, 2003.
48. Depoimento de Maria Thereza Goulart ao autor e a Angela de Castro Gomes, Rio de Janeiro, 2003.
49. Depoimento de Denize Goulart ao autor e a Angela de Castro Gomes, Rio de Janeiro, 2002.
50. Jorge Otero, op. cit., p. 175.
51. Depoimento de Denize Goulart ao autor e a Angela de Castro Gomes, Rio de Janeiro, 2002.
52. Darcy Ribeiro, op. cit., p. 361.
53. Depoimento de Percy Penalvo ao autor, São Borja, 2003.
54. Jorge Otero, op. cit., pp. 195-196.
55. Percy Penalvo, Câmara dos Deputados, Comissão Externa destinada a esclarecer em que circunstâncias ocorreu a morte do ex-presidente João Goulart, em 6 de dezembro de 1976, na província de Corrientes, na Argentina. Relatório Final, pp. 137, 156 e 158.
56. Depoimento de Deoclécio Barros Motta (Bijuja) ao autor, São Borja, 2003.

57 . Depoimento de Denize Goulart ao autor e a Angela de Castro Gomes, Rio de Janeiro, 2003.

58 . José Gomes Talarico, op. cit., pp. 15-25.

59 . Raul Ryff (depoimento), op. cit., pp. 159-133.

60 . Roberto Ulrich, Câmara dos Deputados, op. cit., p. 177.

61 . Percy Penalvo, idem, p. 150.

62 . Depoimento de Deoclécio Barros Motta (Bijuja) ao autor, São Borja, 2003.

63 . Deoclécio Barros Motta, Câmara dos Deputados, op. cit., pp. 192-193.

64 . Dados citados por Elio Gaspari, op. cit., p. 180.

65 . Depoimento de Percy Penalvo ao autor, São Borja, 2003.

66 . Flávio Tavares, *Memórias...*, op. cit., pp. 175-176.

67 . Citado em Andréa de Paula Santos, op. cit., p. 211.

68 . Depoimento de Percy Penalvo ao autor, São Borja, 2003.

69 . Citado em Elio Gaspari, p. 181.

70 . Raul Ryff (depoimento), op. cit., p. 325.

71 . Citado em Andréa de Paula Santos, op. cit., p. 212.

72 . Depoimento de João José Fontella ao autor, Rio de Janeiro, 2000.

73 . Moniz Bandeira, op. cit., pp. 100-101.

74 . Depoimento de João José Fontella ao autor, Rio de Janeiro, 2000.

75 . Mauro Santayana, www.cartamaior.com.br, acessado em 5/9/2004.

76 . As citações que se seguem estão em Francisco Teixeira (depoimento), op. cit., p. 236.

77 . Leonel Brizola, Câmara dos Deputados, op. cit., pp. 81-82.

78 . Citado em Moniz Bandeira, op. cit., p. 101.

79 . Flávio Tavares, op. cit., p. 176.

80 . Luis Mir, op. cit., pp. 165-166.

81 . Leonel Brizola, Câmara dos Deputados, op. cit., p. 88.

82 . Darcy Ribeiro, op. cit., p. 370.

83 . Citado em Geneton Moraes Neto, op. cit., p. 219.

84 . Avelino Bioen Capitani, op. cit., p. 96.

85 . Geneton Moraes Neto, op. cit., pp. 212-219.

86 . Luís Mir, op. cit., p. 167.

87 . Flávio Tavares, op. cit., pp. 177-179.

88 . Darcy Ribeiro, op. cit., pp. 371-372.

89 . As informações que se seguem estão em Luís Mir, op. cit., p. 165 e segs,

90 . Idem, pp. 156 e 158.

91 . Idem, pp. 159-164.

92 . Avelino Bioen Capitani, op. cit., p. 101 e seguintes. Sobre a guerrilha de Caparaó, veja José Caldas da Costa, *Caparaó: a primeira guerrilha contra a ditadura*, São Paulo, Boitempo, 2007.

EXÍLIO URUGUAIO — PARTE 1

93 . Depoimento de Percy Penalvo ao autor, São Borja, 2003.
94 . Jorge Otero, op. cit., pp. 234-235.
95 . Claudio Bojunga, op. cit., p. 635.
96 . Depoimento de Denize Goulat ao autor.
97 . Os episódios que se seguem estão em José Gomes Talarico, op. cit.
98 . Depoimento de Deoclécio Barros Motta (Bijuja) ao autor, São Borja, 2003.
99 . Depoimento de João José Fontella ao autor, Rio de Janeiro, 2000.
100 . As informação que se seguem estão em João Pinheiro Neto, op. cit., pp. 158-166.

CAPÍTULO 12   O exílio uruguaio — Parte 2

Goulart manteve intensa correspondência com o Brasil. Recebia cartas de amigos e correligionários informando sobre a situação política brasileira. Ainda em setembro de 1964, um texto assinado pelo "movimento sindical brasileiro" chegou às suas mãos. Denunciando o desemprego, os atentados aos interesses nacionais, o aumento do custo de vida, a falência de indústrias, as perseguições políticas, torturas e assassinatos de trabalhadores e camponeses, os sindicalistas recomendavam a união de forças para derrubar a ditadura, a formação de um governo democrático e a retomada dos sindicatos pelos operários. Ao final do texto, escrito à mão, alguém acrescentou: "Para o companheiro Goulart."[1]

Logo depois de Jango se exilar no Uruguai, cartas dos amigos começaram a chegar. Em uma delas, o general Serafim Vargas, muito amigo de Goulart, mandava-lhe informações. Ele dizia que assumira a responsabilidade pela liberação do Chevrolet Impala, ano 1961, de propriedade do ex-presidente, apreendido pela polícia política. Também pedira às autoridades militares garantias ao sítio de Jango em Jacarepaguá, no Rio de Janeiro. Segundo o general, "esses dias, dois choques do Exército cercaram o sítio e apreenderam '9 litros de whisky altamente subversivo'". As informações eram diversas, especialmente dando conta da situação política do país e dos boatos que corriam nos quartéis. Um dos boatos era de que o ministro da Guerra, general Costa e Silva, derrubaria Castelo Branco e instauraria uma ditadura militar. Nos meios militares, continuou, "diversas pessoas têm me procurado desejando saber vossas ordens. Qual pessoa está autorizada a falar pelo senhor. Noto que anseiam por 'alguém' que seja designado pelo senhor para contatos". Em seguida, Serafim sugeriu o nome do general Ladário Telles.[2]

Jango recebia regularmente "relatórios" sobre a situação política no Brasil. Um deles, com nove folhas de papel almaço manuscritas, sem que o autor se identificasse, com data de 21 de setembro de 1965, discorria sobre o quadro político brasileiro. O relatório era dividido em itens: "Campo político", "Campo militar", "Campo econômico", "Campo Psicossocial", "Eleições federais" etc. O autor não se deixava iludir por falsos sinais de otimismo. Com isso, Jango tinha informações confiáveis sobre as campanhas eleitorais nos estados de Minas Gerais e da Guanabara, as divergências de Lacerda com Castelo Branco, as relações entre as Forças Armadas e o general-presidente, a insatisfação social com o aumento dos preços, entre outros temas. Com argúcia, o autor, por exemplo, relacionou as declarações do ministro da Guerra, general Costa e Silva, e de seu colega argentino, general Juan Carlos Ongania. Como as Forças Armadas de seus países não estavam preparadas para conflitos internacionais, o papel dos militares seria "impedir as subversões internas contra a democracia cristã ocidental. Ficariam mobilizadas em uma Força Interamericana de Defesa contra o Imperialismo Sino-Soviético".[3] As informações eram várias. O relatório, pormenorizado, permitia que Jango avaliasse, com boa margem de segurança, a situação no país.

Goulart tinha uma rede de fiéis companheiros que o informavam da situação política brasileira e agiam visando a garantir seus interesses no PTB. No mês seguinte, em outubro de 1965, Hugo de Faria escreveu uma carta dando conta do quadro político brasileiro. A preocupação de Faria era com as concessões obtidas por Castelo Branco de um Congresso Nacional que, cada vez mais, permitia a diminuição de seus poderes. A continuar assim, uma das opções, com sérias consequências, seria a transformação daquilo que se dizia ser provisório em permanente e "o esmagamento da democracia" com eleições indiretas, ou mesmo a instauração de uma ditadura de fato. No quadro partidário, continuou Faria, Goulart não deveria ter muitas ilusões. O PTB estava enfraquecido com as cassações. Somente em 1970, talvez, o partido pudesse se recuperar. Quanto ao PSD, nada deveria esperar, "pois o partido joga na área estrita dos seus interesses, agora mais complicado com a volta de Juscelino, que, esquecendo-se dos outros exilados, deslembrado do que devia ao PTB e ao seu chefe, quis tirar proveito da vitória eleitoral, em causa própria e exclusiva". Hugo de Faria assinava a carta declarando-se admirador e amigo fiel de Jango.[4]

O interlocutor de Jango no Brasil era Doutel de Andrade. O deputado trabalhista tornou-se, na verdade, seu porta-voz nos meios políticos brasileiros. Para ele, Jango enviava suas determinações e orientações po-

O EXÍLIO URUGUAIO — PARTE 2

líticas. Em abril de 1966 ele escreveu a Doutel pedindo que procurasse Ademar de Barros. Para Jango, a luta do governador de São Paulo pelo "restabelecimento das liberdades públicas e dos princípios de respeito à dignidade das pessoas é também nossa". Assim, pedia a Doutel: "Dize-lhe, se o encontrares, que, no momento adequado, ele terá a nossa efetiva colaboração." O importante naquele momento, disse na carta, era que a luta prosseguisse "sem radicalismos e suscetibilidades que não teriam sentido, diante da gigantesca tarefa à nossa frente". Jango mostrava-se otimista: "Os acontecimentos de 1964 vieram precipitar o processo de tomada de consciência do povo, que hoje espera tão somente o apare-cimento de uma liderança forte e audaz para manifestar a sua inconfor-midade com a situação brasileira." E, mostrando otimismo ainda maior, finalizou a carta: "Dia virá — dia mais próximo do que se pensa — em que se restabelecerão no país as franquias democráticas, dentro das quais será possível o sereno e inapelável julgamento da História."[5]

Apesar do otimismo, as notícias que chegavam ao Uruguai não eram boas. Em dezembro de 1966, um amigo, por carta, levava informações sobre as novas medidas repressivas de Castelo Branco, como a nova lei de imprensa, a nova lei de segurança nacional, entre outras. O grande problema, alegou, era que "Castelo impõe ao Congresso o que deseja e a 'Oposição' (?) tem estado complacente, indefinida. Poderíamos aplicar toda a sorte de adjetivos à posição fraca e inaceitável dos membros do Senado e da Câmara dos Deputados". A vigilância policial continuava. Como exemplo, a prisão de Herbert de Souza, militante da AP, detido quando foi visitar a sogra no Rio de Janeiro. Em algumas ocasiões, Jango tinha que decifrar frases escritas em código: "O pessoal do Engenheiro continua em grande movimentação aqui. O poeta, depois de passar por aí e levar a mulher ao Chile, deverá ir a Paris e depois à Argélia."[6]

Os relatórios que lhe chegavam eram pormenorizados. Ainda em 1968 Goulart os recebia. Um deles foi escrito em 7 de agosto daquele ano. A assinatura impede a identificação, mas, na apresentação do relató-rio, não é difícil perceber que se trata de um trabalhista amigo e politica-mente fiel ao ex-presidente. Novamente as informações são detalhadas. No item "Estudantes", Goulart tomava conhecimento das divergências entre as diversas organizações estudantis, particularmente entre Luís Tra-vassos e Wladimir Palmeira. Os *slogans* "O povo organizado derruba a ditadura" e "O povo armado derruba a ditadura" dividiam os estudantes.

Sobre a posição dos empresários paulistas, o relatório citou os contatos feitos por Ênio Silveira na FIESP. Segundo as sondagens, os empresários estavam insatisfeitos com o favoritismo governamental às empresas norte-americanas. "Assim como colaboraram pela vitória do golpe de Estado de março de 1964, poderão agora cooperar em favor da redemocratização", afirma o autor. Mas o relatório também dava conta das recentes movimentações do IPES, o Instituto de Pesquisas e Estudos Sociais, que colaborou para o golpe militar. Empresários da instituição e integrantes do grupo castelista examinaram a situação política com pessimismo. Acreditavam que a perda acelerada da autoridade de Costa e Silva junto com o avanço dos movimentos de contestação de rua, a exemplo dos estudantes, poderia culminar em grave crise política. Desse modo, o grupo de empresários e militares, organizados no IPES, se preparava para nova campanha, como fizeram no governo Goulart, para unificar suas forças em torno de um general do Exército com suficiente autoridade política. Mais adiante, o relatório faz menção ao confinamento imposto pela ditadura a Jânio Quadros, em Corumbá, e à determinação de Juscelino de não se pronunciar contra a edição de novos Atos Institucionais. Diversas outras notícias constavam do relatório. Ao final, o autor toca numa questão delicada: "A respeito de seu tratamento, o Juscelino, Lott e Edmundo Moniz têm insistido junto a nós para lhe falar em torno do Dr. Eugenio da Silva Carmo. Apontam-no como um dos melhores cardiologistas e julgam que ele deveria examiná-lo. Esse médico, aliás, presidente da Academia Nacional de Medicina, está propenso a ir ao Uruguai, desde que o prezado amigo deseje."[7]

Jango teve amigos que foram com ele até o final. Um deles foi Ênio Silveira, dono da editora Civilização Brasileira. Em carta com papel timbrado da editora, datada de 11 de novembro de 1968, Ênio apresentava um emissário que portava outro denso relatório. Na carta, entretanto, o editor se mostrava ora pessimista, ora otimista com o quadro político brasileiro. A Civilização Brasileira, disse Ênio, "sofreu, há umas duas ou três semanas, um atentado a dinamite. Venho recebendo ameaças. Que fazer? Ao que tudo indica, o gangsterismo se entrelaça com a ditadura". Mas ele tinha esperanças de mudanças positivas, em particular ao desejar saúde e ânimo ao amigo: "Precisamos muito de sua presença atuante, em anos por vir, pois estou convencido de que uma reformulação da vida política brasileira, que inevitavelmente se colocará dentro de pouco tempo,

O EXÍLIO URUGUAIO — PARTE 2

terá como base os postulados do trabalhismo e do nacionalismo." Ênio expressava um setor da oposição de esquerda à ditadura. Ele repudiava as "soluções radicais", certamente referindo-se a ações armadas contra o regime, reconhecendo, ao mesmo tempo, que a saída política estaria na resolução da contradição entre os interesses nacionais e os do imperialismo. "Esfarela-se a olhos vistos o atual esquema de forças e a saída, a única saída, será essa reestruturação democrática, nacionalista e trabalhista." No fim da carta, Ênio despede-se do amigo prometendo uma visita para breve, quando "bateremos um papo e tomaremos umas e outras".[8]

Jango, caso tivesse emissários, respondia às cartas recebidas. Em um desses casos, escreveu a um estudante gaúcho que lhe enviara uma mensagem. "Recebi tua carta com alegria e agradeço as palavras de apreço e de saudade que me enviaste em nome dos universitários do Rio Grande. Honra-me sobremodo a solidariedade dos estudantes do Brasil." Goulart disse acompanhar a bravura dos estudantes diante da opressão e do obscurantismo que a Nação estava vivendo. "Tenho sabido da sua resistência aos que, no poder, pela força e pela usurpação da vontade popular, esmagam as liberdades democráticas e tentam calar a voz do povo." Desse modo, continuou em sua carta, "não importa que fechem bibliotecas ou queimem livros, destituam professores ou instalem o terror cultural, os estudantes brasileiros já provaram que não se intimidam nem hão de recuar da deliberação de que o país adotou ser uma República livre e emancipada". Ao finalizar, Jango disse não acreditar no poder da violência — recurso sempre fugaz. Nesse sentido, a ditadura, que se implantou no país pela traição, somente alimentava a disposição na alma da juventude de lutar "pela restauração da liberdade e da ordem constitucional legítima no Brasil e pela edificação de uma pátria soberana, para todos os brasileiros democrática, progressista e justa".[9]

Os documentos demonstram que Jango recebia sistematicamente notícias dos amigos e correligionários do PTB. Depois de ler um dos relatórios que recebeu do general Serafim, escreveu de volta: "Respondo sua carta de ontem que acabo de receber. Como o portador está de regresso, vejo-me obrigado a escrever-lhe apressadamente. Desde logo observo que a análise que você faz da presente situação nacional se harmoniza, em muitos pontos, com outras informações que me têm chegado nestes últimos dias." O ex-presidente estava a par do que ocorria no país. A carta a Serafim é estratégica para conhecermos a maneira como Goulart procurava encontrar alternativas democráticas para o Brasil. Não se pode saber a data da carta, mas, certamente, era do final do governo de Castelo Branco. Inicialmente, Jango desabafou, dizendo que, no amadurecimento imposto pelo exílio, avaliando seus erros e acertos do passado, se impõe "a convicção de que tudo devemos fazer para que se reabram as condições do processo pacífico da evolução brasileira, sintonizada com as características da nossa gente, o profundo sentimento cristão do povo e a imensa necessidade de acelerar o progresso econômico e social da Nação para salvá-la do caos". A alternativa, portanto, era democrática, recusando a luta armada e afinada com projetos revolucionários de matriz marxista. Serafim sugeria o surgimento de uma candidatura militar à presidência da República que, ao mesmo tempo, inspirasse o respeito na área militar e em amplos setores da sociedade, apresentando-se, diante do povo, como fiadora da redemocratização do país. Jango, nesse sentido, afirmou que havia nomes honrados e dignos que poderiam ser examinados, desde que o escolhido encarnasse o desejo da sociedade brasileira: o retorno ao regime democrático. "Digo-lhe tudo isso com a maior sinceridade. Não peço nada para mim; não tenho reivindicação ou exigência de ordem pessoal, não alimento ressentimentos ou amarguras. Atualmente, minha dedicação é exclusivamente ao trabalho, à família e à educação dos filhos. Sou, hoje, um homem profundamente apreensivo diante do desdobramento da crise brasileira. A supressão das liberdades, a insegurança geral, o desrespeito às decisões da Justiça, os atentados praticados contra os interesses da economia nacional e contra a própria soberania do país, o desemprego, o custo de vida, o combate à inflação com a carga jogada somente sobre os ombros do povo ou sobre a iniciativa nacional, tudo isso cria, está necessariamente criando, no espírito das grandes camadas populares e na juventude, um sentimento surdo e incoercível de revolta e desespero." Goulart concluiu sua carta: "Se fecham ao povo todas as portas da evolução democrática, que perspectivas se abrem para os destinos da Pátria?"[10]

Outros tipos de carta, mais intimistas, eram enviadas a Tacuarembó. Nelas, as pessoas relatavam suas dificuldades e seus dramas, as difíceis situações que viviam, e expressavam seus sentimentos.[11] Eram trabalhadores e pessoas pobres, que muitas vezes militaram na vida partidária petebista e, naquele momento, pediam ajuda, sobretudo financeira.

O EXÍLIO URUGUAIO — PARTE 2

Em março de 1968, os correios de Tacuarembó lhe entregaram a carta do jovem Florismar, de apenas 22 anos, da cidade de Jacarezinho, no Paraná. Filho de operário e desempregado, Florismar se matriculara na 2ª série do curso ginasial em uma escola particular. Sem poder comprar livros, material escolar e uniforme, ainda tinha que pagar a matrícula de NCr$ 40,00. "É assim que solicito o auxílio do doutor na importância de NCr$ 1.000,00 para que eu possa custear os meus estudos, terminando o curso Ginasial e ingressando no Científico." Florismar se despedia certo de "contar com o auxílio humano e cristão" de Jango.

Pedido diferente fez Débora, de São Borja, em 1967. Lembrando ser filha de um falecido correligionário do PTB, relatou a dificuldade dela e da mãe em finalizar o inventário de um terreno, único bem que o pai deixara para a família. Débora pedia a Jango Cr$ 1.500.000,00, quantia cobrada pelo advogado. Finalizando sua carta, afirmou: "Tenho a certeza que será enviada por V. S. para sanar esta grande angústia nossa, pois é para legalizar a única e humilde casinha que temos para morar."

Em dezembro de 1966, Elisabet, também de São Borja, escreveu para o ex-presidente uma carta com o título "Prezado padrinho". A jovem se animara a fazer um pedido com o seguinte argumento: "Sua bondade para conosco e o seu grande coração me dão coragem para fazê-lo." Matriculada no curso Normal, o pai pagava, com muito sacrifício, as mensalidades escolares. Elisabet diz que o pai iria procurá-lo e que ficaria "grata se o senhor lhe dispensar a atenção de que julga merecedor". Principalmente, diz a moça, "minha gratidão será imensa se o senhor se dignar atender este pedido que fará a minha felicidade de poder continuar os estudos".

A princípio, pode parecer incongruente Florismar, Débora e Elisabet escreverem a Goulart. Afinal, o que poderiam esperar de um político na difícil situação em que ele vivia? No entanto, Jango, para eles, não era propriamente o político exilado, perseguido e caluniado pelos militares no poder, mas o homem que ainda tinha prestígio político. Mais ainda: ele deixara a imagem de homem bondoso e preocupado com a situação dos pobres, esforçando-se, em toda a sua carreira, para minorar seus sofrimentos. A essas duas dimensões, a do político de prestígio e a do homem magnânimo, agregava-se uma terceira imagem: a do homem rico. Portanto, ali estavam os elementos que motivavam as pessoas a escrever: prestígio político, bondade e riqueza, três atributos presentes em um único homem, capaz de ajudar os pobres, os desvalidos e os desprotegidos.

Porém, apenas as imagens que aludiam ao prestígio, à bondade e à riqueza não bastariam para incentivar as pessoas a escrever pedindo dinheiro. Nas décadas de 1930 e 1940, milhares de cartas chegaram ao Palácio do Catete pedindo a Vargas empregos, vagas em escolas, nomeações em concursos públicos etc. Mas não pediam dinheiro ao presidente.[12] Acredito que Juscelino não recebeu cartas de igual teor. Jango as recebeu porque, em sua carreira política, procurava resolver os problemas com o próprio dinheiro. No ministério do Trabalho, na vice-presidência ou mesmo na presidência da República, quando procurado por pessoas carentes, ele, primeiro, tentava soluções pelas vias institucionais. Quando elas se mostravam inviáveis, porque ilegais, ele resolvia o problema abrindo a carteira e dando dinheiro para o necessitado. Ao longo dos anos, ele, mesmo sem querer, criou e alimentou a imagem do político rico e bondoso que dava dinheiro para as pessoas.

Porém, para serem merecedoras do apoio financeiro do ex-presidente, essas pessoas tinham que ter condições de retribuir a ajuda que pediam. O pagamento, no entanto, não poderia ser na mesma moeda, o retorno não seria material — e nem haveria condições para isso. A volta seria simbólica: primeiro, reconhecimento e gratidão; segundo, preservação de sua memória e de sua imagem; terceiro, o desejo de seu retorno ao Brasil.

Nas cartas, pessoas que foram politicamente próximas a Jango, civis e militares, relatavam situações difíceis que viveram após o golpe, faziam seus pedidos e, no mesmo movimento, retribuíam o que ainda não haviam recebido. Foi o caso de Eloy, em carta oriunda da cidade de Londrina, Paraná, em abril de 1968. Com o golpe militar, a família se dividira. Com três filhos pequenos, ela teve que fugir às pressas de Porto Alegre, onde residia. O marido resolvera acompanhar Leonel Brizola e fora para o Uruguai. Segundo Eloy, "com a maior sinceridade, até hoje não sei se a criatura é vivo ou morto [sic]". Ao chegar à rodoviária, sem rumo certo, tomara um ônibus para Curitiba. Presenciando as perseguições e tomando conhecimento de que petebistas e pessoas de esquerda estavam sendo presas, dali mesmo fora para Londrina. Chegou à cidade com três crianças e com dinheiro para passar apenas alguns dias, nada mais. Após quatro anos, conseguia sobreviver "criando os filhos na luta e na dignidade", tendo comprado uma casa com o empréstimo que obtivera. Apesar de todas as dificuldades enfrentadas, Eloy declara sua fidelidade ao trabalhismo, "essa ideologia profunda que me corre nas veias desde meus 9 anos". O sonho de Eloy era criar os filhos em uma propriedade rural. A oportunidade surgiu com um sítio de 5 alqueires, com 4 mil pés de café, ao preço de NCr$ 5.000,00. Assim, alegou, "ontem eu tive a intuição de recorrer ao bondoso conterrâneo (...) porque sei qual o seu espírito de generosidade". Eloy propunha pôr a propriedade no nome de Jango até que ela pudesse pagar pelo empréstimo. Por fim, um convite ao ex-presidente: "Dentro de um mês já estarei residindo na minha casa própria, aí então lhe convidarei a vir passear nesta terra onde o senhor tem grandes admiradores e amigos que se sacrificaram em prisões." Eloy, portanto, desejava que Jango voltasse ao Brasil, adiantando o convite para visitá-la. Acrescentou, ainda, que ele não fora esquecido pelo povo. Como em outras situações, gratidão e reconhecimento eram a retribuição de Eloy ao pedido que fazia ao ex-presidente. Mas dois outros elementos são importantes no movimento de retribuir: a referência a sua volta ao país e sua presença na memória da população — duas questões muito caras e importantes a Jango.

O caso de Manoel, morador de São Gonçalo, Rio de Janeiro, que escreveu em março de 1968, é esclarecedor. Manoel referia-se a Jango como "estimado e sempre lembrado" presidente. Funcionário público dos Correios, Manoel dizia que desde muito tempo tinha vontade de escrever a carta, mas o receio de "complicações com as autoridades" o impedira. Depois de mais algumas palavras introdutórias, Manoel foi objetivo: "Vivo uma vida de tormenta e atropelos. Apesar de ser funcionário federal tenho 10 (dez) pessoas sob meu controle e passo privações em face do preço elevado que pago por uma casa e do parco ordenado que tenho." Desse modo, Manoel pedia a Jango uma "ajuda financeira de uns NCr$ 500,00", que seriam devolvidos tão logo seus problemas fossem solucionados. Nessa altura do texto, Manoel desabafou: "Não tenho a quem pedir; todas as portas foram fechadas para mim; vivo num tormento." Sem ter, na verdade, como pagar o que pedia, Manoel procurava retribuir com o que dispunha, referindo-se a uma questão importantíssima para Jango — na verdade, algo que, para o ex-presidente, não tinha preço no mercado: "Por esse ato de humanidade sua, Deus há de lhe recompensar e fazer voltar ao Brasil, que é justamente o desejo de grande parte dos brasileiros, inclusive eu." Dedicando estima, lembranças e desejando sua volta, eis a maneira que Manoel encontrava para retribuir a Jango.

Outra situação muito difícil era a vivida por Joaquim, ex-capitão do Exército. Em carta datada de 22 de abril de 1966, ele desabafava: "Estou aqui em situação verdadeiramente dramática. Demitido do Exército, com cinco filhos para criar e educar e com todo mundo fugindo de mim como diabo da cruz. O senhor bem sabe como são essas coisas, e como a humanidade é podre... Não consigo trabalhar em canto algum, apesar de ser advogado e possuir curso de Relações Públicas." No entanto, continuou a carta, surgiu uma oportunidade para trabalhar por conta própria, mas era necessário um dinheiro para iniciar o negócio: "Será que o meu bom amigo quer me emprestar 5.000 dólares por 6 meses?" Se Jango não pudesse realizar o empréstimo, que indicasse um amigo que o fizesse ou, então, conseguisse um emprego para ele. A seguir, Joaquim iniciou uma argumentação muito original no sentido de se mostrar merecedor do apoio do ex-presidente. "Se não fosse aquela indisciplina dos sargentos e dos marinheiros, creio que as Forças Armadas teriam aguentado o senhor no poder." Apesar da propaganda da ditadura, as reformas de base eram irreversíveis. "Não há Castelo ou ditadura que as evite. Virão naturalmente, com o povo conscientemente aceitando-as." Dizendo isso, Joaquim demonstrava grande otimismo, tocando no mesmo tema das cartas anteriores: "Creio que o senhor voltará para nós dentro de três anos. Aqui ficaremos sem subversão, sem violências, sem ódio, certos de que tudo terminará como sonhamos." Novamente os temas da memória e da volta de Jango ao Brasil estão presentes. O retorno era, sem dúvida, um desejo verdadeiro e sincero de Joaquim. Como em outros casos, o desejo de que Jango voltasse, embora autêntico, não se desvinculava de uma estratégia mais ampla — a de obter o almejado empréstimo.

Como nos casos de Eloy, Manoel e Joaquim, muitos que escreveram tiveram suas vidas radicalmente alteradas pelo golpe militar. Fiéis a Jango e ao trabalhismo, sofreram perseguições políticas e perdas financeiras. Na lógica argumentativa dos textos, o ex-presidente tinha responsabilidades, tanto nos problemas que surgiram em suas vidas com o golpe, quanto nas soluções que corrigiriam as injustiças. Esse foi o caso de Maria, em carta escrita em julho de 1968. Exilada com o marido em Montevidéu, ela afirma que, devido à fidelidade política a Jango e a Brizola, sofreram muitas injustiças. Com o golpe militar "fui encapuzada após a deposição do senhor, meu marido teve preso. Hoje, após aquela tempestade, fomos vítimas de outra injustiça aqui neste país distante, onde não temos ninguém. Lutei

O EXÍLIO URUGUAIO — PARTE 2

sozinha, mas nada mais posso fazer por falta de recursos, estamos passando fome". Maria explica que o pouco dinheiro que tinham fora roubado por um advogado. Desesperada, ela insistiu: "Sr. João Goulart, por seus filhos e sua querida esposa, suplico seu auxílio, sua sabedora influência junto às autoridades, faça tudo o que puder por esta brasileira." Embora Maria não revelasse os motivos, o marido, naquele momento, estava detido em presídio uruguaio. "Por Deus, senhor, não nos desampare neste desespero. Confio na sua bondade e no seu coração. Salve meu marido, ele é um homem dinâmico, trabalhador, não merece estar preso por tão pouco." Por fim, Maria terminou a carta com um simples "Agradecida".

Situação similar foi a de Pedro, de São Borja. Em fevereiro de 1966, Pedro escreveu a Jango dizendo que naquele ano não poderia plantar por falta de terras. Sua necessidade era de 100 hectares, perto da cidade. Assim, ele sugeria que Goulart lhe cedesse uma área na fazenda Cinamomo. A divisão do resultado ficaria a cargo do ex-presidente. De Jango, Pedro precisava, no momento "da assinatura da Carta de consentimento para o Banco do Brasil para eu conseguir o financiamento". Tratava-se de um pedido para que o ex-presidente assinasse documentos legais no país ao qual não podia retornar.

Jango também recebia pedidos de ajuda de organizações e instituições uruguaias. Muito prestigiado e popular, pelo menos até o golpe militar de 1973, as solicitações eram diversas. Em dezembro de 1967, um grupo de mulheres organizadas na Comissão por Melhores Habitações, filial de Montevidéu, escreveu para Jango. Na carta, elas diziam que estavam construindo habitações populares no cruzamento das avenidas Unión e Oribe, mas, por causa do alto custo do material de construção, pediam uma ajuda financeira ao ex-presidente. "Conhecendo seu alto espírito de generosidade com os despossuídos, nos permitimos a liberdade de solicitar sua generosa ajuda." O comandante da polícia de Picada de Quirino, por sua vez, escreveu a Jango lembrando que, no próximo dia 18 de dezembro de 1966 seria comemorado o "Dia da Polícia". Para a comemoração do evento, o comandante programara um almoço com todos os policiais, suas famílias e convidados especiais. Como não podiam contar com recursos, ele pedia a colaboração de Jango no sentido de doar uma vaca para os festejos dos policiais.

Goulart era um homem prestigiado no Uruguai, mas também permanecia vivo na lembrança de seus correligionários no Brasil. As cartas que chegavam a Tacuarembó denunciavam que sua importância, ainda em fins dos anos 1960, não poderia ser subestimada. Seu prestígio atravessava as fronteiras das Américas, estendendo-se à Europa. Em outubro de 1967, uma carta vinda de Lisboa, escrita por Maria, chegou às mãos de Maria Thereza. A carta iniciava com um pedido de desculpa pelo incômodo, "mas não é à ilustríssima Primeira Dama do Brasil que me dirijo, mas a uma mãe como eu", dizia Maria. Segundo seu relato, ela tinha um único filho passando por grave enfermidade, praticamente condenado à morte. Maria, outrora rica, perdera toda a fortuna. "Nasci numa boa família, sem modéstia, com elevada posição social e econômica, mas a vida vira e agora, com 68 anos, só com este filho — minha única esperança na vida —, estou desesperada sem o poder salvar." Sozinha e desamparada, sem recursos para tratar da saúde do filho, Maria conhecera Maria Thereza em uma revista. Na reportagem, constava "a devoção e ternura que Vossa Excelência dedica à sua ilustre Família". Por isso, Maria se animara a escrever, porque somente uma mãe devotada compreende a dor de outra mãe. Finalizando a carta, Maria suplicava: "Peço-lhe, minha senhora, ajude-me, ajude-nos!"

As cartas demonstram que Jango, mesmo no exílio e silenciado pela ditadura, ainda era lembrado. Mesmo que as cartas se referissem a dinheiro e a ajudas pessoais, o ex-presidente, muito certamente, ficava satisfeito em receber a correspondência. Afinal, ele ainda estava presente na memória de muitas pessoas no Brasil.

A ditadura, desde o início, cerceou as movimentações das oposições, principalmente na dimensão parlamentar. As esquerdas e os sindicalistas conheceram dura repressão policial, incluindo prisões arbitrárias e maus-tratos nos cárceres. A tortura institucionalizada não tardaria a ser implementada — após a decretação do AI-5. Contudo, outro tipo de oposição começava a surgir e a se movimentar na sociedade. Não se tratava, ainda, dos grupos de jovens que, professando o marxismo-leninismo, propunham a derrubada da ditadura e a implantação do socialismo de vertente soviética, chinesa ou cubana. Eles ainda levariam algum tempo para agir. Refiro-me a uma oposição clandestina — e pouco conhecida — que chamarei de "nacional-estatista" e que surgiu logo após os primeiros meses de implantação da ditadura. Seus militantes formavam uma rede de origem trabalhista-comunista, ideologicamente marcadas pela tradição nacionalista e estatista oriunda do PTB e do PCB. Se não propunham a luta

O EXÍLIO URUGUAIO — PARTE 2

armada contra o regime, conclamavam a população a se organizar para as futuras lutas contra a tirania implantada pelos militares.

Em 1966, emissários levaram a Jango um panfleto. Assinado pela Frente de Liberação Popular, o título dizia: "Todos contra a ditadura por quê?" O texto estava em português, mas outro ponto de interrogação, invertido e no início da frase, denunciava que fora redigido e impresso no Uruguai. As denúncias contra a ditadura se seguiam no panfleto, como crianças sem saúde e educação, salários miseráveis, torturas, corrupção, submissão de Castelo Branco aos "patrões" norte-americanos etc. "Por que", denunciava o texto, "eles derrubaram o Jango, o Brizola, o Arraes e tantos outros patriotas que pelo Brasil afora, tu brasileiro, tinhas escolhido?" Ainda segundo o panfleto, "a minoria golpista, entreguista, negocista, egoísta" percebera que "homens como Jango, Brizola etc. estavam dispostos a tirar o povo da miséria, fazendo, urgente, as reformas de base que representavam principalmente terra para os camponeses e o fim da exploração norte-americana em nosso país". Assim, o panfleto pedia: "Integra-te meu irmão brasileiro na luta que estamos desencadeando contra essa ditadura fascista." Para isso, "um exército de vanguarda vai pegar em armas para derrubar do poder os ladrões que imolam as nossas riquezas aos interesses dos norte-americanos". O texto ainda conclamava: "Junta-te ao teu vizinho, a teu parente, a teu amigo e estuda forma de ajuda para quando a luta começar." A luta, concluía o texto, não era só do "humilde sacrificado patriota", mas também do comerciário, do bancário, do pequeno proprietário e do pequeno comerciante.[13]

Outro texto, datilografado, defendia um programa mais pormenorizado de luta contra a ditadura. O objetivo, além do fim do regime militar, era restaurar a ordem republicana e as liberdades democráticas para construir um poder democrático sob a direção legítima do presidente constitucional do Brasil e de uma Junta Nacional Revolucionária. Defendendo Estado de Direito e Poder Revolucionário, o texto continuava: "Queremos um Brasil democrático, republicano, pluripartidário. Um Brasil independente, em que as riquezas nacionais e os frutos do trabalho do nosso povo sirvam somente aos brasileiros e não aos exploradores estrangeiros que sangram a economia da nação." Associando democracia e bem-estar social, o texto insistia na luta anti-imperialista: "A atitude dos combatentes da libertação nacional será a de lutadores contra uma invasão estrangeira que avassalou a nossa pátria." Os militares e seu governo, nesse sentido, "são, na verdade, títeres do imperialismo". A saída para o país seria um "governo nacionalista e progressista" que construísse uma economia nacional forte e independente "através da cooperação dos poderes públicos com os empresários e com os trabalhadores para alcançar, rapidamente, maior produtividade e mais altos níveis de renda, a fim de assegurar ao povo maior bem-estar social". Defendendo a instauração de uma Assembleia Nacional Constituinte e uma série de reformas — planejamento econômico, monopólio do câmbio e do comércio exterior, reforma agrária, financiamento para a indústria nacional, liberdade sindical, educação e saúde públicas gratuitas e de qualidade, construção de habitações populares, reforma administrativa, reestruturação e democratização das Forças Armadas e política externa independente — o texto ainda defendia a formação de uma Frente da Revolução Brasileira. Nela estariam os brasileiros de diversas tendências ideológicas, de partidos, movimentos e organizações patrióticas e nacionalistas que, unificados pela base, combateriam a "tirania e construiriam um Brasil melhor". Por fim, o texto sugeria formas de organização popular na formação da Frente da Revolução Brasileira. Em locais de trabalho ou em residências, "três companheiros de absoluta confiança política" formariam um Grupo de Combate. Após formarem o grupo, fariam um juramento e elegeriam um chefe. As tarefas iniciais seriam as de esclarecer a população sobre o caráter tirânico, antinacional e antipopular da ditadura, recorrendo a panfletos e pichações de rua, bem como difundindo os símbolos da Frente. Mais adiante o Grupo de Combate planejaria "missões específicas". Ainda em termos de organização, a reunião dos chefes de quatro grupos formaria uma Liga; a reunião dos chefes de quatro Ligas formaria um Comando; este, por sua vez, estaria orientado diretamente pelo Comando Central Revolucionário.[14]

Outras opções de frentes políticas foram formuladas. Em 1966, Jango recebeu um longo texto datilografado propondo um amplo acordo entre forças democráticas e revolucionárias. Concebendo um centro de decisão de oposição à ditadura, a Frente formaria um poderoso instrumento de ação política. Unificando os movimentos populares pela base, a direção seria integrada por representantes das diversas classes, camadas e grupos sociais, todos de estatura nacional e regional conhecidos por sua ação política e "firmeza ideológica", a exemplo de trabalhadores, camponeses, estudantes, intelectuais, militares democratas, médicos e pequenos

O EXÍLIO URUGUAIO — PARTE 2

empresários. Eles formariam "um governo popular capaz de restabelecer a soberania nacional e a dignidade do povo brasileiro".[15]
Diversas propostas de frentes políticas surgiam no país. Mas textos que falavam em luta armada contra a ditadura também eram defendidos. Entre as oposições, o debate era, ao mesmo tempo, um embate: para uns, a luta armada era a única alternativa; para outros, a luta política ainda era viável, derrotando a ditadura por meio de alianças e estratégias de negociação.

Em abril de 1967, o redator-chefe da Casa Editorial República, publicação de origem iugoslava, enviou uma carta a Goulart. Na preparação de uma edição especial, ele formulou cinco perguntas para serem respondidas por mais de uma centena de "personalidades marcantes — condutores de povos, homens de Estado e políticos".[16] As respostas de Jango às perguntas possibilitaram-nos compreender como ele se descrevia politicamente em 1967 e como refletia as mudanças que o mundo vivia naquele momento.

A primeira pergunta era sobre a nação, seu papel no passado, no presente e no futuro. Para Goulart, "a nação, como comunidade humana individualizada por sua história comum e por sua aspiração coparticipadas, é o centro dentro do qual um povo vive seu destino". A integração da população em um Estado soberano com um projeto próprio de desenvolvimento; a unificação de seu povo em uma cultura nacional autêntica que reflita sua experiência do passado e a motive a realizar suas potencialidades; e a capacidade de herdar o patrimônio intelectual, científico e artístico da humanidade para enriquecê-lo com sua própria criatividade, eis o papel reservado à Nação.

A segunda pergunta, mais pessoal, refere-se ao momento mais dramático vivido por ele. Jango não tem dúvidas: "Ano, 1961. Local: Cingapura. Recebi, ali, a notícia de que o presidente Jânio Quadros havia renunciado. Colocado do outro lado do mundo, capacitei-me das responsabilidades que, desde aquela hora, assumia. Veio-me à memória a figura de Getulio Vargas, o grande líder político que tanta influência exerceu na minha formação. Eu o via morto, após o suicídio, e recordava a carta-testamento que ele me havia confiado horas antes, num envelope fechado. Suas palavras voltaram-me à mente." Jango, a seguir, citou trechos da carta. Para ele, foi naquele momento, em Cingapura, que sentiu o peso das responsabilidades que o esperavam. Afinal, ele tinha sido eleito por ser identificado como o herdeiro político de Getulio Vargas. "No governo, me cumpriria levar avante, a qualquer custo, a obra em que ele tanto se empenhara e pela qual fora abatido." Sua missão, portanto, era primeiro "libertar o Brasil da espoliação das empresas estrangeiras que succionam os recursos e as energias nacionais e o condenam a uma posição subalterna entre as nações"; segundo, proteger os salários dos trabalhadores, degradados pela inflação; terceiro, "integrar no corpo da nação a metade dela que vive marginalizada, sem condições mínimas de satisfazer suas necessidades mais elementares e de exercer os direitos de cidadania". Segundo Jango, ele refletiu muito sobre os três problemas antes de assumir o governo, concluindo que somente com as reformas as questões poderiam ser resolvidas. O primeiro problema seria superado com um programa de desenvolvimento que permitisse ao Brasil realizar suas potencialidades, estancando a sangria dos recursos nacionais executada pelas empresas estrangeiras. O segundo problema encontraria solução na ampla liberdade sindical e na igualdade no tratamento entre patrões e empregados. O terceiro, por fim, necessitava da mobilização da opinião pública para a necessidade das reformas de base, criando 10 milhões de proprietários rurais, elevando, assim, o nível de vida das massas camponesas. Ao retornar ao Brasil, na longa viagem de avião pela rota do Pacífico, Jango disse ter refletido sobre a missão que o esperava e que somente o cumprimento daquele programa político justificaria assumir a presidência da República. "Aquela meditação esteve presente no curso de minha ação presidencial. Em 1964 perdemos uma batalha contra as forças que lucram com o atraso do Brasil. Mas ainda agora, no exílio, essas mesmas bandeiras é que me motivam para a luta."

As respostas das perguntas seguintes demonstram que Jango estava atualizado com as mudanças vividas pelo mundo naquele momento. Para ele, quatro eram os movimentos mais importantes vividos pela humanidade. O primeiro, de ordem moral, o ecumenismo da gestão de João XXIII e seu esforço para congregar as comunidades religiosas, fazendo-as assumir responsabilidades na luta "contra a guerra, a fome, a opressão, a exploração econômica, o obscurantismo e a injustiça". O segundo, no plano ético, os movimentos dos cidadãos inconformados com as agressões aos povos que insistem em escolher os caminhos que lhes parecem mais propícios para realizar as suas aspirações. São movimentos de solidariedade aos povos que lutam por realizar reformas estruturais que

O EXÍLIO URUGUAIO — PARTE 2

permitam superar a miséria em seus países. Alguns desses movimentos apoiam as lutas das minorias raciais contra a discriminação. O terceiro, na dimensão política, "os movimentos renovadores que encarnam a luta das camadas mais humildes contra os sistemas montados para servir a minorias dominantes que, na obsessão de eternizar seus privilégios, condenam seus povos à dependência, ao atraso e à miséria". Por fim, no nível socioeconômico, a luta dos povos submetidos à exploração colonial e neocolonial, como os da América Latina, pondo um final ao processo espoliativo de apropriação do produto do seu trabalho e de suas riquezas.

O mundo, para Jango, não poderia continuar bipartite, dividido entre "povos super-ricos e povos superpobres" — os segundos sustentando os primeiros. Para ele, uma nova civilização humana está sendo amadurecida, no sentido de tornar-se "ecumênica, unificadora e solidária". Segundo Goulart, "essas multidões silenciosas e passivas já começam a tomar consciência das causas de sua miséria e a se ativar para combatê-las". Para isso, elas contarão com vanguardas de novo tipo para representá-las no mundo moderno — vanguardas que encarnam os ideais humanísticos mais avançados. Nos países ricos, elas são formadas pelos cidadãos que não sucumbiram à indiferença e ao egoísmo. Nos países pobres, a vanguarda é composta por aqueles que não se deixaram corromper pelos interesses mesquinhos e se colocaram à frente de seus povos pregando o inconformismo. "A luta dessas vanguardas dignifica a nossa geração e as gerações futuras."

Na última resposta, Jango, demonstrando sensibilidade política para as novidades que surgiam nos países centrais, afirmou: "Estamos vivendo, provavelmente, a antevéspera de uma nova revolução tecnológica que tem poderes ainda maiores de transformação do modo de ser e de viver de todos os povos do que a revolução industrial." A "nova revolução técnica e científica" permitirá que o homem disponha de potencialidades praticamente ilimitadas de destruição, de exercitar o despotismo político, de conformação da opinião pública e até de redefinir os valores que os povos cultuam. Contudo, permitirá também potencialidades ilimitadas na produção da fartura econômica, da emancipação política e do florescimento da criatividade. "Nos dois últimos séculos", continuou em sua análise, "a revolução industrial trouxe enormes progressos à humanidade." Mas, restrita a poucas nações, condenou todas as outras à condição de áreas de exploração colonial ou neocolonial. Os países pobres, para obterem algumas novas tecnologias, "foram despojados de sua autonomia cultural, de sua liberdade e de sua soberania". É nesse sentido, de desigualdade e espoliação, que a nova revolução tecnológica pode avançar. Mas pode, também, tomar novos rumos, integrando a humanidade a uma nova civilização, mais solidária, que permita que todos os povos participem, de maneira autônoma, dos novos processos produtivos, dos serviços sanitários, educacionais e culturais.

Em três anos apenas, parecia que um novo Jango discursava, demonstrando claro conhecimento das tendências mundiais.

Enquanto Goulart amargava o exílio, seu maior inimigo político, Carlos Lacerda, começava a se desentender com a própria cúpula militar que ajudara a tomar o poder.[17] Embora, logo após o golpe, Lacerda tivesse viajado pela Europa com o objetivo de explicar os objetivos da "revolução", ainda em 1964 escreveu uma carta ao general Castelo Branco demonstrando sua contrariedade com a política econômica de Roberto Campos. Segundo o texto, "nenhuma política econômica é séria quando se esquece do ser humano. Quando vê desenvolver-se com indiferença o desemprego onde ele não existia. Quando se conforma em transformar torneiros, ajustadores e metalúrgicos em serventes de pedreiros e capinadores". Lacerda começava a desafiar Castelo Branco, assim como fizera com Vargas, Juscelino, Jânio e Goulart. Mostrou-se inconformado com a devolução das refinarias que Jango encampara aos seus antigos donos, bem como com a compra, pelo governo militar, das concessionárias estrangeiras de serviços públicos no Rio Grande do Sul, com toda a infraestrutura sucateada, como denunciara Brizola pouco tempo antes. Lacerda era candidato à presidência da República nas eleições de 1965 e esperava a indicação da UDN em sua convenção. Castelo Branco, em estratégia ingênua, convidou-o para representar o Brasil na Assembleia Geral da ONU, querendo, com isso, adiar a indicação de sua candidatura na convenção. Com a recusa de Lacerda, Castelo o desconvidou. Na televisão, o político carioca denunciou o general-presidente, alegando que ele "teve ainda o desprimor, a deselegância, de insinuar que uma das vantagens de eu aceitar [o convite] seria para poder tratar [da saúde] de minha mulher nos Estados Unidos, por conta do governo". O divórcio entre militares e uma das lideranças civis mais importantes do golpe era iminente, sobretudo porque os generais davam mostras de que não aban-

O EXÍLIO URUGUAIO — PARTE 2

donariam o poder tão cedo. Castelo Branco, por exemplo, "conseguira" a prorrogação de seu mandato até março de 1967.

Nas eleições para governador da Guanabara, em outubro de 1965, Castelo Branco e Golbery do Couto e Silva insuflaram a candidatura de Negrão de Lima, do PSD, derrotando Flexa Ribeiro, da UDN, e prejudicando Lacerda. Mas a vitória dos candidatos pessedistas na Guanabara e em Minas Gerais atiçou a raiva da "linha-dura". Para acalmá-los, Castelo Branco impôs ao país outro Ato Institucional, agora numerado, o 2. Com a nova medida, o povo ficava tolhido de escolher, pelo voto direto, o presidente da República, que seria indicado por um colégio eleitoral. Os partidos políticos foram extintos, sendo criados apenas dois: um que apoiava a ditadura e outro de oposição, embora impedido de se opor realmente ao regime e, principalmente, de alcançar maioria no Congresso. Novas cassações e a suspensão de direitos políticos foram autorizados pelo Ato. A "limpeza" continuava. Juscelino, sentindo-se cada vez mais ameaçado, partiu para um novo exílio. Lacerda perdeu a esperança de alcançar a presidência da República e teve a certeza de que o regime se fechava cada vez mais. Inconformado, devolveu sua candidatura à UDN. Sobre o projeto de Constituição que Castelo Branco apresentaria ao país, Lacerda comentou: "O Sr. Castelo não está preparando uma Constituição, e sim uma pílula anticoncepcional para esterilizar a democracia no Brasil!"[18] O rompimento entre eles estava formalizado. Contra a vontade de Castelo Branco, o ministro da Guerra, Costa e Silva, impôs-se como candidato à sua sucessão. Mas os militares pareciam não perceber que um novo tipo de oposição política se movimentava em silêncio. Em julho de 1966, uma bomba explodiu no aeroporto de Guararapes, no Recife, com o saldo de dois mortos e treze feridos, muitos deles com sequelas graves. O objetivo de militantes da Ação Popular era matar Costa e Silva.

O general foi eleito presidente da República por um Colégio Eleitoral de maioria governista em outubro de 1966. Em junho de 1967 Marighella, contrariando o Comitê Central do PCB, foi para Cuba. A partir daí, o líder comunista radicalizou, avançando para a extrema esquerda. Na rádio Havana Livre criticou de maneira violenta as posições do PCB. Aderindo às teses cubanas da luta armada, Marighella foi expulso do partido em setembro, mas imediatamente fundou o Agrupamento Comunista de São Paulo, organização que precedeu a Ação Libertadora Nacional (ALN), fundada em fins de 1968. Orientada para a ação direta, exaltando a violência revolucionária e o antiteoricismo, Marighella, rompendo com dogmas leninistas, defendia que o primeiro princípio era a ação. É ela que constrói a organização. Destituída de direções centralizadas e de escalões intermediários, os grupos revolucionários da ALN tinham inteira liberdade de iniciativa.[19] Com a estrela decaída de Leonel Brizola, os revolucionários cubanos encontraram o substituto para liderar a revolução brasileira: Carlos Marighella com a ALN. Com a maioria de guerrilheiros na faixa dos 20 anos, a revolução seria feita por jovens imbuídos de um fervor radical, de verdadeiro heroísmo, mas despreparados para enfrentar a fúria do Exército brasileiro.

Nessa época, os estudantes radicalizados recusavam qualquer outra proposta que não fosse a luta armada. Muitos comunistas do PCB, trabalhistas como Wilson Fadul e oficiais militares perseguidos pela ditadura por defenderem a legalidade, como o brigadeiro Francisco Teixeira, debatiam com a juventude universitária radicalizada. Comunistas, trabalhistas e oficiais militares insistiam que a saída era política. A opção pelas armas era, na verdade, escolher a arma dos adversários. No manejo das armas os militares eram fortes, mas na política não passavam de fracos e ignorantes. Segundo Wilson Fadul, "os jovens estavam irredutíveis, queriam a luta armada".[20]

Contudo, a tese defendida pelo Comitê Central do PCB, desde novembro de 1966, de construção de uma ampla frente política para redemocratizar o país encontrava apoio em diversos segmentos da vida brasileira. A luta seria política. A luta armada era uma aventura, inviável naquele momento, alegavam. Com a tese dos comunistas do PCB, alinharam-se o PSB, trabalhistas, militares perseguidos pela ditadura e intelectuais trotskistas. Logo as propostas dos comunistas seriam concretizadas politicamente. Aqueles que se opunham à luta armada começaram a se movimentar no sentido de formar uma grande frente política.

Representantes de várias tendências políticas se reuniram por diversas vezes. Enquanto Lacerda falava em "democratizar" o país, Juscelino e Jango referiam-se à palavra "redemocratizar", ou seja, retornar aos quadros constitucionais da Constituição de 1946. As pequenas divergências mostravam o grau da distância entre as principais lideranças. Mas para Lacerda, sem a participação dos trabalhistas a Frente não teria futuro.[21]

Em fins de 1966, começou a aproximação entre Carlos Lacerda e Juscelino Kubitschek. Ao conhecer a estrada Belém–Brasília, Lacerda co-

O EXÍLIO URUGUAIO — PARTE 2

mentou à imprensa que somente aquela obra seria suficiente para consagrar um governo e redimir todos os seus possíveis erros. Pela primeira vez, Lacerda elogiava JK. Muitos correligionários das duas lideranças, todavia, mantinham suas desconfianças. Renato Archer, ligado a Juscelino, defendia que a associação com Lacerda poderia "retirar a nitidez do papel desempenhado pelos que haviam ficado contra o golpe". As primeiras reuniões foram realizadas na residência de Hélio Fernandes e do industrial Alberto Lee, no Rio de Janeiro. Archer, inicialmente resistente à ideia de união de Lacerda com Juscelino, cedeu aos argumentos do brigadeiro Francisco Teixeira, do editor Ênio Silveira e de Márcia Kubitschek. Autorizado pelas diversas vertentes, Lacerda, ainda com amplo acesso aos meios militares, publicou na *Tribuna da Imprensa*, em 28 de outubro de 1966, um manifesto lançando a Frente Ampla. Mas o texto era de sua responsabilidade; JK e Jango recusaram-se a assiná-lo.

Em novembro, viajou a Lisboa ao encontro de seu antigo inimigo político, Juscelino Kubitschek. Antes, porém, foi a Paris. Aos repórteres, declarou: "Entendo chegada a hora de uma compreensão e de uma pacificação entre brasileiros. As lideranças existentes têm que ser reconhecidas, pois existem. O número extraordinário de brasileiros que acompanham a liderança do ex-presidente Kubitschek torna-o indicado para um entendimento dessa natureza. De minha parte, estou pronto a mostrar compreensão e ajudar esse entendimento."[22] No dia 19 daquele mês, foi à capital portuguesa ao encontro de JK. Após a reunião, receberam jornalistas com um texto redigido. Em voz pausada e segura, Juscelino leu o documento intitulado *Declaração de Lisboa*. "Após tantas divisões que levaram ao vácuo político e à crise institucional e de liderança civil pela qual passa nosso país, é urgente e indispensável uma política de paz e de liberdade para retomar e acelerar o desenvolvimento, sem o qual a nação é condenada a viver entre a submissão e o desespero." A seguir, defenderam a formação de "um grande partido popular de reforma democrática". O objetivo do novo partido era devolver a esperança ao povo para que vença "o inimigo de todos nós, que é o atraso agravado pela desunião dos brasileiros". O momento era de união para reanimar o povo na tarefa grandiosa "de acelerar o crescimento econômico, a expansão cultural, a vitalidade política e a justiça social no Brasil". Ao final, um repórter perguntou se João Goulart participaria da nova organização. Juscelino respondeu: "Todos os momentos têm de processar-se por etapas. A presença do Sr. Carlos Lacerda na Europa tornou possível o nosso encontro. Vamos ver qual será o seguimento. As circunstâncias é que vão ditar." Naquele momento, a "Frente" ainda não era "Ampla". Enquanto JK mostrava-se reticente quanto à participação de Goulart, Lacerda era um entusiasta de sua entrada na Frente. Jango, porém, resistia a aderir. Juscelino, na verdade, não se sentia à vontade. Ele desconfiava de Lacerda. O político udenista negava, mas JK sabia que ele fora o pivô de sua cassação, tendo, mesmo, brindado, ao tomar conhecimento da arbitrariedade de Castelo Branco. Juscelino, inicialmente, discordou da inclusão de Goulart na Frente, algo que poderia ser interpretado como provocação. Lacerda, no entanto, estava determinado a incluir todas as correntes políticas do país, incluindo Leonel Brizola. Mas Brizola e Arraes, os inimigos mais diretos do regime, ficaram de fora do movimento. Incluí-los, concordaram lacerdistas e juscelinistas, era provocar o regime. Eles deveriam participar quando o processo de democratização estivesse fortalecido.

Entre janeiro e setembro de 1967 as negociações dos representantes das três lideranças avançaram. Jango era representado por Doutel de Andrade, Wilson Fadul e José Gomes Talarico. Juscelino tinha Renato Archer. Falavam pelos comunistas do PCB Ênio Silveira, Valério Konder, Luís Maranhão e Osny Duarte Pereira. Mario Pedrosa foi incluído como representante "trotskista". Participaram ainda o teatrólogo Flávio Rangel, o diretor do *Correio da Manhã* Edmundo Moniz, políticos ligados aos governadores cassados Ademar de Barros e Mauro Borges, bem como militares também cassados, como os generais Tácito de Freitas e Nélson Werneck Sodré, o coronel Kardec Leme e o brigadeiro Ricardo Nicoll. A reunião foi na residência do empresário Alberto Lee, em uma mansão no bairro do Cosme Velho, Rio de Janeiro. Ficou estabelecido o Programa Mínimo da Frente Ampla: restauração do poder civil, soberania nacional, crescimento econômico, anistia, elaboração de uma Constituição, pluralidade partidária, direito de greve, eleições diretas para presidente da República, governadores e prefeitos.[23] Renato Archer ficou com a responsabilidade de articular a Frente com o Movimento Democrático Brasileiro (MDB). Até então atuando com inexpressivas críticas ao regime militar, os emedebistas decidiram assumir seu papel de partido de oposição. Uma das estratégias era apoiar a Frente Ampla no Congresso Nacional.

O EXÍLIO URUGUAIO — PARTE 2

Lacerda estava disposto a formar uma frente realmente ampla. Tomou a iniciativa de ir à sede da editora Paz e Terra, no centro do Rio de Janeiro, conversar com Wilson Fadul, Ênio Silveira e Moacyr Félix de Oliveira. Ali mesmo sentou-se diante de uma máquina de escrever e escreveu um manifesto. Depois, os três fizeram algumas correções. Renato Archer levou o texto para Juscelino e Fadul para Jango.[24] Em Montevidéu, Goulart mostrou-se preocupado com o impacto que a notícia causaria entre os trabalhistas.

Tratava-se de uma decisão difícil para Jango. Lacerda, para ele, era o inimigo histórico do trabalhismo, o coveiro da democracia brasileira, um homem sem escrúpulos, capaz de qualquer atitude, até a mais sórdida traição, visando a beneficiar-se politicamente. Dele, Goulart sofrera as piores calúnias. Para os trabalhistas, era o assassino de Vargas. Diante da situação, Jango teria dito: "O Dr. Getulio sairá do seu túmulo pra nos condenar." Como, agora, aliar-se a ele? Isso poderia desorientar o eleitorado trabalhista. Jango tinha os piores conceitos sobre o político udenista; mas, em matéria de dissimulação, Juscelino não ficava muito atrás. Incentivara a candidatura de Lott, mas largara-a no meio do caminho. Quando assumiu o poder, em 1961, Juscelino nada fez para ajudá-lo diante da grave crise econômica e financeira — crise que Goulart herdou dele. Também nada fez em sua defesa e da própria democracia quando a avalanche golpista avançou sobre o país em fins de março de 1964. Não protestou quando, sabendo que estava em território brasileiro, o Congresso declarou vago o cargo de presidente da República. Fingiu ser seu companheiro de luta, do PTB e da democracia brasileira, mas votou em Castelo Branco no Colégio Eleitoral. Juscelino só pensava em voltar à presidência em 1965. Apesar das avaliações negativas que tinha sobre Lacerda e JK, dois políticos convenceram Goulart a se juntar à Frente: Tancredo Neves argumentou que a sua união com Juscelino e Lacerda sacudiria o país. Magalhães Pinto, inconformado com os rumos tomados pelo regime, disse que a Frente repercutiria com grande impacto e poria Jango "no cume dos acontecimentos". Em termos políticos, ele não tinha alternativas. Agora era olhar para o futuro, esquecer o passado.[25] Foi o que fez. Desse modo, para a ditadura militar, formava-se uma aliança perigosa: três líderes políticos de grande projeção uniam-se em uma Frente que aglutinava setores expressivos dos três principais partidos políticos brasileiros: o PTB, o PSD e a UDN — sem contar o PCB, que também apoiava a organização.

Em agosto de 1967, Goulart, acreditando que a união entre as lideranças políticas de envergadura poderia ter sucesso na luta pela redemocratização, aconselhou seus seguidores a integrar a Frente. Em carta a amigos no Brasil, ele escreveu: "Sempre fui favorável à constituição da frente ampla."[26] Tratava-se de um tipo de organização que, unindo trabalhistas, juscelinistas, janistas e lacerdistas, iria ao encontro dos anseios do povo. Uma união popular contra a ditadura já se exprime na condenação de todos os brasileiros à subversão da ordem legal, à política econômica antipopular e entreguista." Sua dúvida, no entanto, era se o encontro com Lacerda e Juscelino ou seus representantes ficasse limitado à formulação de um documento. Sondando anteriormente algumas bases políticas, o temor transformou-se em certeza: "A assinatura de um documento desacompanhada de um programa de ação previamente delineado pode conduzir-nos a um fracasso político." Jango disse que jamais deixaria de colaborar no apoio a uma frente política que reconduzisse o Brasil à democracia, "mas me pergunto, como institucionalizar nossa união virtual, se não se conta, ainda, com um programa concreto de ação. E caso conte, qual é esse programa?" Nesse sentido, sua sugestão de um programa político que mobilizasse o povo seria a convocação de uma "Assembleia Nacional Constituinte através de eleições livres em que todos os brasileiros fossem eleitores e elegíveis. Assim se devolveria à única fonte da legitimidade, que é o povo, o seu direito privativo de restabelecer a legalidade conspurcada".

O problema, sem dúvida, era Lacerda. Embora bastante desgastado politicamente, ele despertava grandes suspeitas nas oposições. Por meio de emissários, ele estabeleceu diálogo com Jango.[27] Lacerda ainda tentou o mesmo com Leonel Brizola, que rechaçou qualquer possibilidade de encontros. Assim, sem manter segredo de seus contatos com o ex-presidente exilado, Lacerda e Renato Archer, representante de Juscelino, em setembro de 1967, em um domingo pela manhã, tomaram um avião comercial no aeroporto do Galeão, no Rio de Janeiro, e viajaram para Montevidéu. Na verdade, um encontro entre Jango e Juscelino não seria difícil. Afinal, eram homens que não alimentavam rancores ou ódios. Além disso, tiveram um relacionamento de alto nível durante anos. Mas com Lacerda era diferente. Com relação a JK, ele havia perpetrado os piores insultos — como ladrão e cafajeste. Com Goulart, as ofensas ainda foram mais graves. Era desconfortante encontrar-se com Jango como se

O EXÍLIO URUGUAIO — PARTE 2

nada tivesse acontecido. Rumo a Montevidéu, Lacerda adormeceu no avião. De repente, acordou assustado — tivera um pesadelo. Dias depois, relatou o sonho ao brigadeiro Francisco Teixeira: ao vê-lo na porta do apartamento, Jango, aos gritos, avisara-lhe: "Bote-se daqui para fora, seu cachorro!"[28]

Enquanto isso, no apartamento da rua Leyenda Patria, Jango esperava pela chegada deles. Aquela seria a terceira vez que encontraria Lacerda. A primeira, na reunião patrocinada por um amigo comum, às vésperas de tomar posse no Ministério do Trabalho; a segunda, na solenidade de posse de Jânio Quadros. Nessa última ocasião, nem sequer se cumprimentaram. Maria Thereza ouvia de Jango como estavam as negociações para a formação da Frente Ampla. Naquele dia, ela levou as crianças para uma atividade escolar. Ao retornar, quando estacionava o carro, viu, ao seu lado, outro automóvel passando muito devagar. Quatro homens estavam dentro do carro tentando ver os números dos prédios. Ela achou estranho. Disfarçou e ficou observando, mas logo reconheceu um deles. A fisionomia era inconfundível: Carlos Lacerda. Ela saiu do carro e esperou. Na época, era moda usar minissaia de couro bem curta com botas. Ficou na calçada, em frente ao prédio. O carro voltou e parou diante dela. Lacerda, sem a reconhecer, perguntou se não sabia onde era a residência do ex-presidente João Goulart. Ela respondeu: "É aí onde o senhor está, na sua frente." Ele mostrou-se surpreso e comentou: "Uma brasileira, que sorte a nossa!" Maria Thereza ajudou a estacionar o carro, apontando uma vaga na rua. Depois, todos entraram no prédio. Ela pensava: "Meu Deus do céu. Eu com o Lacerda, que é isso?" Jango já o esperava. Entraram juntos no elevador e mesmo assim ele não a reconheceu. Quando chegaram à porta do apartamento, Lacerda perguntou: "A senhora também mora aqui?" A resposta foi afirmativa. Ele, então, puxou assunto: "Eu vou fazer uma visita para o meu amigo." Ela começou a ficar impaciente com a demora de Jango em atender. Lacerda falava e ela se limitava a um lacônico "Ah, tá." Somente quando Goulart abriu a porta é que ele reconheceu Maria Thereza.

A seguir começaram as conversas: das 17h às 20h; depois, das 22h às 4h; por fim, das 9h do dia seguinte às 15h. Maria Thereza, pasma com tudo aquilo, preparava churrascos para alimentá-los. Segundo seu depoimento, "não houve nenhum constrangimento naquele encontro. Lacerda mostrou-se muito simpático, expansivo, carismático, entrando pela cozinha pedindo uma carne malpassada. Eu cozinhei para os dois. Mas, de vez em quando, eu pensava: como o mundo dá voltas. Eu cozinhando para Jango e Lacerda..."[29] Sem mágoas ou rancores, falaram tudo com franqueza, mas evitaram tocar em feridas do passado — aliás, não conversaram sobre as desavenças que mantiveram ao longo de anos. Os dois líderes estavam dispostos, com sinceridade, a se entender. Do presente, discutiram a política internacional, a conjuntura latino-americana e a situação brasileira. Dedicaram-se, sobretudo, a falar do futuro do país. Tudo foi feito às claras, com cordialidade e seriedade, com a presença de várias testemunhas, a maioria políticos cassados, antigos adversários, empolgados agora com o entendimento de suas lideranças. Para o repórter do *Jornal do Brasil*, disseram: "Escolhemos o caminho da união para a paz, que exige a liberdade de o povo se manifestar e decidir. Fomos, um do outro, adversários e até inimigos. No entanto, temos deveres para com a Pátria e o povo, maiores que os nossos ressentimentos e possíveis preconceitos."[30] Jornalistas uruguaios lembraram a Lacerda que ele, anteriormente, acusara Jango de ter sido dominado pelos comunistas. O ex-governador respondeu: "Hoje está comprovado que Goulart não é um homem do Partido Comunista, como eu não sou da Embaixada americana, como já afirmaram."

Um texto começou a ser escrito às 9h do dia seguinte. O rascunho, redigido por Renato Archer, Amaury Silva e Cláudio Braga, foi, posteriormente, corrigido e alterado por Jango e Lacerda. Logo após o meio-dia, ainda sem terminarem a redação final, foram a uma churrascaria. Darcy Ribeiro, nesse dia, passou a fazer parte do grupo. Quando sentaram, uma garçonete, gaúcha e portanto janguista, aproximou-se do grupo. Goulart, provocativo, apontou para Lacerda e perguntou à moça: "Conheces?" Sem se perturbar, ela respondeu: "Claro. É Lacerda. Se está com você, não tem problema..." Depois, retornaram ao apartamento e, por volta das 16h, finalizaram a redação.[31]

No documento, assinado por Goulart e Lacerda, conhecido como Pacto de Montevidéu, ambos afirmaram estar convencidos da necessidade inadiável de promover o processo de democratização do país. "Sabemos o que significam as privações e as frustrações do povo, especialmente dos trabalhadores, os que mais sofrem as consequências da supressão das liberdades democráticas", principalmente quando privados dos direitos de reivindicação e ameaçados permanentemente pela violência. Portanto, é

O EXÍLIO URUGUAIO — PARTE 2

preciso transformar, com coragem, mas democraticamente, as estruturas arcaicas que não permitem o desenvolvimento do país e assegurar para os brasileiros as riquezas nacionais que os favoreçam — e não a grupos externos e internos, que "sangram e exploram seu trabalho". Carlos Lacerda, pelo menos até esse ponto do texto, pareceu ceder aos argumentos programáticos dos trabalhistas. Tudo o que tinha sido defendido durante anos pelo PTB, estava sendo assinado por Lacerda. Defenderam salários mais justos para os trabalhadores, a retomada do projeto democrático com eleições diretas, bem como a pacificação nacional para que o país alcançasse o desenvolvimento com justiça social e autonomia nacional. Para Lacerda e Goulart, a formação da Frente Ampla, congregando amplos setores do povo, dos patriotas de todas as camadas sociais, organizações e correntes políticas, visava a reconduzir o Brasil ao caminho democrático. "Movidos exclusivamente pela preocupação com o futuro do nosso país, não fizemos pactos. Não cogitamos de novos partidos, nem de futuras candidaturas à presidência da República. Conversamos, sim, longamente, com objetividade e respeito, sobre a atual conjuntura política, econômica e social do país. Não temos ambições pessoais, nem o nosso espírito abriga ódios. Anima-nos tão somente o ideal que jamais desfalecerá de lutar pela libertação e grandeza do Brasil, com uma vida melhor para todos os seus filhos. Assim, só assim, evitaremos a terrível necessidade de escolher entre a submissão e a rebelião, entre a paz da escravidão e a guerra civil."[32]

A notícia de que Lacerda mantivera conversações com Goulart foi recebida no Brasil com grande repercussão. A imprensa qualificou o encontro de histórico, inesperado, espantoso, incrível e, até mesmo, surreal. Afinal, no quadro político brasileiro dos últimos anos, não havia inimizade política como aquela. As repercussões foram diversas. O líder do MDB na Câmara dos Deputados, Mário Covas, convocou a bancada de seu partido para discutir a adesão à Frente Ampla. Porém, adiantou que, pela compatibilidade entre o programa das duas organizações, no que concernia à redemocratização do país, Lacerda e Goulart teriam o apoio de seu partido. Com a maioria de seus integrantes formada por antigos trabalhistas, o partido de oposição consentida ao regime militar liberou seus membros para aderir à Frente. Para isso, o documento assinado por Jango foi decisivo. Leonel Brizola, por sua vez, divulgou uma nota na qual dizia: "Não me surpreendo que Goulart se entenda com Lacerda" porque "foi por essa mesma falta de fidelidade a seus princípios que Goulart acabou sendo deposto".[33] Os familiares de Getulio Vargas igualmente mostraram-se contrariados com o acordo. Para eles, havia total incompatibilidade entre os ideais trabalhistas e Carlos Lacerda.[34] De fato, o político carioca tinha a credibilidade bastante corroída. A imprensa não mais o levava a sério. Em editorial, o *Jornal do Brasil* definiu a iniciativa de Lacerda de procurar Goulart como uma "peregrinação de penitência" do "demolidor de presidentes transformado em reabilitador de reputações que demoliu no passado".[35] Antes, disse o editorialista, o político carioca mortificou-se, reconhecendo o valor de Juscelino Kubitschek e humilhando-se, ainda, ao não ser recebido por Brizola. "Em busca de sua candidatura perdida à presidência da República, na vertigem de alçar-se todo ao mando supremo, desce todos os degraus da inconsequência."

Os resultados políticos da Frente Ampla ainda merecem estudos mais cuidadosos. Se o movimento incomodava os militares, não alcançou, contudo, grande repercussão na sociedade. A luta mais imediata era a de, investindo no MDB, derrotar a ditadura no voto. Entre dezembro de 1967 e abril de 1968, comícios foram realizados em diversos estados. O primeiro foi em Santo André, em São Paulo, ainda em dezembro de 1967. Depois, em São Caetano, também em São Paulo, e em Maringá, no Paraná. Deste último, 15 mil pessoas participaram.[36] Goulart enviou uma carta, lida em público, conclamando os trabalhadores a apoiar a Frente. Embora tenham sido os primeiros comícios oposicionistas desde o golpe militar, foram poucos, se considerarmos a importância dos três líderes políticos. Tudo indica que a Frente atuou como órgão de cúpula, sem conseguir mobilizar as bases. As dificuldades são compreensíveis se avaliarmos que bases eram essas. Afinal, janguistas alimentavam ressentimentos e grandes desconfianças em relação aos lacerdistas, além de mágoas dos juscelinistas. Os lacerdistas passaram anos insultando janguistas e juscelinistas de corruptos. Como, agora, esquecer as diferenças? A união soava estranha. Em vez de unir, a Frente punha a divisão à mostra. Quem mais perdeu, sem dúvida, foi Lacerda. A viúva do major Vaz rompeu com ele. Como ele mesmo avaliou, "quanto mais o sujeito era fanático por mim, mais ficou decepcionado". Em outro aspecto, os militares da linha-dura não aceitaram a existência da Frente Ampla. Uma coisa era a união de Lacerda com Juscelino. Outra, diferente, era a inclusão de Goulart. Para o general Jaime Portela, tratava-se de uma conspiração envolvendo

O EXÍLIO URUGUAIO — PARTE 2

líderes depostos pelo movimento de 1964.[37] A Frente era muito perigosa para o regime. Afinal, em grande medida, a vitória golpista que derrubou Goulart ocorrera pela articulação que resultara em uma unidade de líderes civis e militares. A unidade, agora, estava sendo rompida e novamente rearticulada, mas contra a ditadura. A aliança de Lacerda com Jango e JK era considerada fatal para o regime.

Juscelino, na ocasião, era acusado dos mais variados e diversos crimes de corrupção. Nada foi comprovado. No entanto, voltou ao Brasil em outubro de 1967 determinado a não retornar ao exílio, mesmo com as ameaças do ministro da Justiça, Gama e Silva, de confiná-lo por 60 dias se voltasse a participar de atividades políticas. A partir de dezembro, Juscelino e Lacerda combinaram assumir posições mais contundentes contra o regime. Na verdade, JK e Jango contribuíram muito pouco com a Frente. Quem assumiu a organização foi Lacerda. Em seu discurso como paraninfo de uma turma de universitários em Porto Alegre, Lacerda acusou o governo de ser uma ditadura corrupta, comprometendo a soberania nacional em conluio com interesses estrangeiros. Muitos parlamentares do MDB que participavam da Frente Ampla, já insatisfeitos com a inclusão de Goulart, abandonaram a organização diante do processo de radicalização, especialmente de Lacerda. Os lacerdistas civis não aceitavam ter Jango e JK como aliados, enquanto os militares que anteriormente seguiram a liderança de Lacerda preferiam se acomodar no governo, sobretudo com o endurecimento do regime. A Frente Ampla era uma alternativa política à violência da ditadura militar, como também ao processo de radicalização das esquerdas, que, igualmente, propunham a violência como solução. Mas, no fim daquele ano de 1967, a saída política parecia condenada ao fracasso. No dizer de Elio Gaspari, "esquerda e direita tinham-se posto de acordo numa coisa: a necessidade de criação de uma estrutura militarizada para o encaminhamento da divergência política".[38] A Frente foi atropelada pelo processo crescente de radicalização da direita militar e das esquerdas que se armavam. No início de 1968, começaram os protestos estudantis e, em março, o estudante Edson Luís de Lima Souto morreu, atingido por tiros da Polícia Militar. Em 5 de abril, dia anterior à missa de 7º dia do estudante, o ministro da Justiça, Gama e Silva, declarou a Frente Ampla ilegal e determinou que a Polícia Federal prendesse quem desobedecesse à portaria que assinara proibindo suas atividades em todo o território nacional.[39]

Os estudantes universitários atuaram no sentido de rearticular as esquerdas após o golpe militar. Em fins dos anos 1960, eles alimentaram o que Daniel Aarão Reis Filho chamou de "utopia do impasse".[40] A imagem era a de que a ditadura vivia um impasse, que não havia alternativa. Entre as leituras que reforçavam a imagem do beco sem saída estava o recentemente publicado livro de Octávio Ianni, *O colapso do populismo no Brasil.*[41] Naquelas páginas, os jovens tomavam conhecimento de que a ditadura nada mais tinha a oferecer ao país, a não ser o fechamento político e a recessão econômica. Desse modo, caminhava-se para duas opções: o fascismo ou o socialismo. Tratava-se, sem dúvida, de leitura estimulante em época de radicalização. Os jovens universitários passaram a se autoproclamar revolucionários e uma nova versão do passado recente do país passou a ser elaborada. A ditadura, apesar de trágica, tinha uma grande qualidade: eliminara da política brasileira os políticos "burgueses de massa" alojados no PTB e o reformismo moderado do PCB. Segundo a análise de Daniel Aarão Reis Filho, o proletariado, sem as vendas oferecidas por trabalhistas-pelegos e comunistas-reformistas, não teria como se iludir, enganados com falsas promessas. De massas seriam transformados em classes, e a revolução, autêntica porque proletária, era uma certeza em curto prazo. Para aqueles jovens, a tradição trabalhista era digna de desprezo. João Goulart era o símbolo do "líder burguês de massa" que "traíra" o proletariado no momento mais decisivo. Sua "origem de classe" moldou seu caráter "hesitante e ambíguo". A imagem que foi se firmando naquele momento era a de que o passado anterior ao golpe era o do "populismo" e que os trabalhadores não cumpriram sua missão histórica porque seguiram lideranças equivocadas — como no caso dos comunistas do PCB — ou falsas — como os pelegos sindicais e os políticos trabalhistas, rebatizados, no livro de Francisco Weffort, de "populistas".[42] Para os jovens de classe média radicalizados, os líderes do passado, como João Goulart, Luís Carlos Prestes e Leonel Brizola, e também organizações que atuavam nos quadros constitucionais, como a Frente Ampla ou o MDB, em nada poderiam contribuir para a libertação do país. A luta armada era a *única* opção, pensavam eles. O processo de radicalização política entre direitas e esquerdas, que começou no governo de Goulart, avançava em fins dos anos 1960.

O regime militar, embora aparentasse uma ordem intrínseca, não passava, na definição de Elio Gaspari, de uma "anarquia militar". Costa e

O EXÍLIO URUGUAIO — PARTE 2

Silva, o segundo general-presidente, não era propriamente um radical. "Era apenas um manipulador da anarquia."[43] Assim, em dezembro, com a promulgação do AI-5, Carlos Lacerda encabeçou a lista de cassações. Preso no Regimento Caetano de Farias, da Polícia Militar, protestou com uma greve de fome, ficando detido por dez dias. A partir daí, viveu no ostracismo político até 1977, quando faleceu por razões ainda pouco esclarecidas. Juscelino, que enfrentava uma série de processos por corrupção, também foi preso em um quartel do Exército. O ex-presidente foi jogado em quarto infecto, com uma privada sem tampa e com uma goteira que incomodava dia e noite. Para dormir, um sofá velho com as molas para fora. Depois de duas semanas na prisão, foi solto, embora condenado à prisão domiciliar por um mês, sem direito a visitas. As pressões políticas, as ameaças de prisão e os processos por corrupção acabaram com sua saúde. Ele sofria de arteriosclerose coronariana, hipertensão arterial, diabetes, gota e síndrome de depressão psíquica.[44] A ditadura "envergonhada", no dizer de Elio Gaspari, com o AI-5 transformou-se em ditadura "escancarada". O Congresso Nacional tornou-se uma instituição submissa, sem identidade e sem vontade política. Os meios de comunicação passaram a sofrer rígido controle. O regime, ainda segundo Gaspari, passou a atuar em dois sentidos. Em um deles, construir a ordem ditatorial; o outro, formar grupos para destruir as esquerdas.[45]

Com o AI-5, toda a base política da Frente Ampla foi perseguida. No Congresso Nacional, 110 deputados foram cassados. Nas Assembleias Legislativas 160 parlamentares perderam o mandato. Também foi o caso de 170 vereadores e 22 prefeitos em todo o país.

Goulart afastou-se de toda a atividade política.[46] Parecia não querer mais participar do processo político, ou se envolver em iniciativas desse tipo. O SNI passou a vigiá-lo no Uruguai. Segundo Lutero Fagundes, era comum Jango, ao telefone, dizer que estaria em determinado lugar, mas não aparecer. Sabia que estava sendo vigiado por agentes brasileiros.[47] Em fevereiro de 1969 sofreu outro acidente cardiovascular. O cardiologista brasileiro Euryclides de Jesus Zerbini foi a Montevidéu e levou uma máquina de cineangiocoronariografia, doada ao Hospital Italiano na capital uruguaia, a primeira de que o país passou a dispor. Segundo João Vicente, o pavor que o pai dedicava aos médicos quase tornou inútil a generosidade do Dr. Zerbini. Somente a custo de muitos pedidos dos filhos ele fez o cateterismo. Tomando remédios vasodilatadores, Goulart, porém, não abriu mão do uísque e, muito menos, dos dois maços de cigarro que fumava por dia.[48] A partir daí ele passou a residir definitivamente em Tacuarembó e a se dedicar exclusivamente a seus negócios. Sua constante tristeza indicava viver um quadro depressivo.

Seu medo era apenas um: perder a liberdade, a capacidade de movimentação. Seu verdadeiro horror era que os generais brasileiros determinassem seu confinamento, por exemplo, em uma de suas fazendas em São Borja. O medo não era fantasioso. Havia o exemplo de Miguel Arraes, confinado durante um ano em Fernando de Noronha. Jango se recusava terminantemente a aceitar o cerceamento de sua liberdade, sobretudo porque insistia no argumento de que não havia cometido nenhum crime. Ele não deixava de ter razão, porque, naquele momento, o Brasil parecia ser outro país, muito diferente da República democrática instituída pela Constituição de 1946. O general-presidente Costa e Silva sofreu, em agosto de 1969, uma trombose. No pequeno círculo palaciano, outro general, Jaime Portela, escondeu da sociedade que o ditador estava gravemente enfermo, incapaz de se locomover e de falar, impedindo ainda que o vice-presidente tomasse posse. Os três ministros militares formaram uma Junta para governar o país, mas foram contestados em sua "legitimidade revolucionária" por generais com comandos de tropas. No dizer de Elio Gaspari, a anarquia militar estava instalada no país.[49] Dias depois, no início de setembro, as esquerdas armadas obtiveram sua maior vitória: o sequestro do embaixador norte-americano no Brasil Charles Elbrick. Os guerrilheiros obrigaram a Junta Militar a aceitar a leitura de um manifesto revolucionário na televisão e conseguiram a libertação de 15 companheiros presos. Ainda naquele mês, o país, em silêncio, assistiu à eleição do novo general-presidente. Estranha eleição, na verdade. Cada membro do Alto-Comando do Exército deveria recolher três indicações entre os subordinados, sendo que 118 generais foram divididos em onze "distritos eleitorais".[50] Era impressionante como, em apenas cinco anos, o Brasil estava politicamente desfigurado.

Aquele momento era um dos mais difíceis na história republicana brasileira. Os jovens universitários de classe média, apostando na "utopia do impasse" e acreditando fervorosamente na teoria científica do socialismo, tomaram a decisão de atacar a ditadura com armas. Um número considerável de organizações de extrema esquerda começou a praticar assaltos a bancos e a carros-fortes. As organizações de vanguarda que de-

O EXÍLIO URUGUAIO — PARTE 2

fendiam a luta armada proliferavam: ALN, VPR, VAR-Palmares, Colina, PCBR, entre outras. Tratava-se da guerrilha urbana, acumulando forças, e principalmente dinheiro, para financiar o foco rural que desencadearia a revolução a partir do campo.

Em 1970, Jango ficava cada vez mais tempo em Tacuarembó, enquanto Maria Thereza e os filhos continuavam residindo em Montevidéu. Certo dia, saindo da fazenda de carro, ele deparou, na estrada que ligava Maldonado a Punta del Este, com uma jovem que, matando aula, pedia carona. Aos 17 anos, Eva de León Gimenez, bonita e um pouco acima do peso ideal, cativou Goulart, sobretudo quando lhe confidenciou sua paixão por cavalos. Aos 52 anos, ele ficou encantado com a moça. Até sua morte, em 1976, Jango e Eva partilharam uma longa relação, que ele não fez questão de esconder. A seu lado, ele frequentava restaurantes em companhia de amigos, bem como passava longos períodos em sua fazenda em Tacuarembó. Quando queria estar com Eva, mandava um pequeno avião buscá-la. Uma semana era o tempo que a jovem conseguia ficar com Goulart na estância. O ritmo lento do campo a entediava. Oriunda da classe média de Rosário e criada em Maldonado, Eva, muito simpática, comprava presentes para os empregados da fazenda quando viajava com Jango. Talvez por causa das facilidades oferecidas pelo namorado rico, ela abandonou os estudos.[51] No exílio, Goulart teve outros romances. Muitas mulheres queriam conhecê-lo. Dependendo da situação, ele apenas se divertia. Certa vez, um amigo, Valdez, o procurou: "Doutor, tem uma senhora que quer muito conhecê-lo." "Traz, Valdez", respondeu. A mulher, ao vê-lo, cobriu-o de abraços e beijos dizendo que o amava. Espirituoso, Jango respondeu: "Mas no Brasil tem um povo inteiro que também me ama", desvencilhando-se a seguir.[52] Segundo Deoclécio Barros Motta, o Bijuja, capataz de sua fazenda em São Borja, "Jango não usava essa coisa de amor, não".[53] No entanto, Manoel Leães afirma: "Tinha um carinho muito grande pela Maria Thereza, embora fizesse jus à figura de mulherengo. Mas a Maria Thereza ele sempre colocava em primeiro lugar. Tinha uma paixão enlouquecedora pela Maria Thereza." E completa: "E adorava a família. Era apaixonado pelos filhos."[54]

Apesar das inúmeras namoradas e dos casos esporádicos sem maiores consequências, era evidente que ele tinha uma preferência especial por Eva. Não escondia dos amigos sua dedicação pela "Gordinha", como

JOÃO GOULART – UMA BIOGRAFIA

carinhosamente a chamava. Para Bijuja, Eva era "muito agradável, muito querida".[55] Na ótica de Percy, ela "era uma meninona boa. Jango é que procurava ela".[56] Em algumas viagens à Europa, consultando médicos, Goulart a levou. Na França, ouvindo o namorado conversar com Celso Furtado ou Darcy Ribeiro, Eva achava interessante o que ouvia, mas, segundo seu próprio depoimento "depois me chateava". Afinal, era muito jovem para se interessar por assuntos de política. O que gostava de fazer, quando viajava com Jango a Paris, era ir às compras. O namorado, generoso com o dinheiro, não perguntava sobre os gastos. Avaliando sua vida com Goulart, ela, anos depois, ressaltou a relação paternal que mantiveram. Ele, muito mais velho, com grande experiência política e de vida, sentia necessidade de conversar sobre seu passado na vida pública. Com Eva, ele falava muito, lembrando episódios, avaliando o quadro político, ensinando-lhe pequenas coisas, completamente desconhecidas por uma jovem do interior. "Isso me encantava", recordou. "Como eu não tinha pai, para mim ele substituiu tudo, foi tudo."[57] Até o final da vida, Jango manteve o relacionamento com Eva. Porém, de acordo com os depoimentos de Percy e Celeste Penalvo, que conviveram com Jango durante os 12 anos de exílio, nos quais ele teve muitas mulheres, incluindo a relação especial com Eva, ele foi apaixonado apenas por uma: Maria Thereza.[58]

Aos poucos, as visitas dos amigos brasileiros foram escasseando e Goulart foi se isolando em suas fazendas, ao mesmo tempo que se cercava de um grupo pequeno de pessoas de sua confiança. Júlio Lopez, capataz da fazenda na Argentina, e Ivo Magalhães, seu homem nos negócios no Uruguai, foram dois deles. Outra pessoa importante foi Roberto Ulrich, apelidado de Peruano. Em 1966, aos 11 anos, ele tornou-se amigo de infância de João Vicente, quando se conheceram no colégio. Aos poucos, frequentando a casa, foi criando laços afetivos e ficando na fazenda. Não era propriamente um empregado, mas, como ele mesmo dizia, "convivia" com a família. Quando João Vicente viajou para a Inglaterra, Peruano passou a ser uma espécie de secretário e motorista de Goulart, auxiliando-o nas constantes viagens entre o Uruguai e a Argentina.[59] Tito era o cozinheiro em Tacuarembó, mas lavava e passava as roupas de Jango, pregava os botões e ficava sentado na varanda até ele voltar tarde da noite. Tito cuidava dele. Alfredo era um menino, engraxate de rua, que Goulart, penalizado, abrigara em sua fazenda. Percy Penalvo, sua mulher

Celeste e a filha Neuza tornaram-se a sua família. Waldir Pires continuou como o amigo certo. No Brasil, ele contava com a amizade sólida de Bijuja. Na verdade, Percy, Bijuja e Waldir ficaram ao lado de Jango até o final. Com eles, Goulart encontrou a mais sincera amizade. Foi com esse apoio que conseguiu superar momentos muito difíceis.

Jango vivia suas tristezas, mas também manteve o jeito muito simples de ser. Seu prato favorito era o churrasco uruguaio, uma espécie de carne assada meio crua, batatas fritas e ovos. Segundo Percy, "o doutor comia como um pobre, porque preferia um assado a caviar".[60] Estar com os peões no campo e preparar a própria comida com eles era corriqueiro na estância. Sua simplicidade às vezes incomodava Percy. Quando comprou El Rincón, Jango, nos primeiros dias, ia desbravar os matos. À noite, dormia na sede da fazenda, ainda sem móveis. Numa dessas ocasiões, Percy chegou para ajudar, mas levou um colchonete. Na hora de dormir, surpreso, percebeu que Jango se ajeitara no chão puro, apenas coberto por um poncho. Em outra ocasião, eles foram a um arremate de gado. Sentado no chão, ao pé de uma árvore, Jango, com roupas simples e amarrotadas, ainda vestia um casaco esquisito, cheio de bolsos. Destoava dos estancieiros uruguaios que circulavam pelo evento, muito formais, de terno e gravata. Um deles procurou Percy dizendo que gostaria muito de conhecer Jango. Por mais que Percy apontasse para a árvore, o estancieiro negava-se a acreditar que aquele era o ex-presidente do Brasil. Percy teve que levá-lo até Goulart: "Doutor, o Hugo, meu amigo, quer conhecê-lo." Depois, ouviu a confidência do amigo: "Mas brasileiro, mas que simplicidade, mas que homem simples!" Outra característica de Jango era a mais completa desorganização de seus documentos. Muitos deles eram postos nos bolsos para serem perdidos logo em seguida. Percy, cuidadoso, guardava os papéis em caixas de vacina de gado. Quando Jango precisava de algum deles, era certo estar em uma delas. Na época do imposto de renda, Percy entregava tudo ao contador em Montevidéu. Goulart também tinha suas "manias" e "esquisitices". Ao redor da estância, havia uma série de pequenos povoados, cada um deles com uma escola. Generosamente, de maneira voluntária, Jango doava carne para a alimentação das crianças. Mas, ao mesmo tempo, escondia alimentos enlatados dentro do guarda-roupas de seu quarto, como se alguém fosse furtá-los. Vivendo sozinho longos períodos na fazenda, tendo os Penalvos como sua família, ele não tinha muitas satisfações a dar de sua vida, embora as pessoas mais próximas se preocupassem com ele. Certa vez, saiu para viajar à noite. Despediu-se de Percy e foi para Montevidéu. No outro dia, pela manhã, ligaram do escritório querendo saber dele. Percy, preocupado, foi até o posto de gasolina, ponto de encontro na cidade. Um frentista disse: "Esteve aqui ontem à noite, abasteceu o carro, mas foi para o boliche ali perto." O dono do boliche comentou que ele entrara para comprar cigarros, mas vira amigos bebendo vinho com um violão e acabara ficando. Tinha saído havia pouco tempo.

Apesar do sucesso no trabalho e dos momentos alegres com os amigos, Jango, após sete anos de exílio, já não disfarçava a tristeza. Mostrava-se inconformado — não conseguia entender a lógica do regime militar de excluir brasileiros do próprio país. Segundo a filha Denize, ele queria voltar e não escondia o desejo: "Ele falava que não aguentava mais, que queria voltar."[61]

Em meados de 1971, o ex-presidente fez sua primeira viagem fora do Uruguai. Causou surpresa aos amigos mais próximos saber que ele iria internar-se numa clínica em Lyon por sugestão de seu cardiologista uruguaio, Dr. Dighiero.[62] Os exames constataram que suas coronárias exigiam maior atenção. O médico francês prescreveu um regime para emagrecer, poucos cigarros e praticamente nenhuma bebida alcoólica. Segundo Jorge Otero, Jango interpretou as recomendações médicas à sua maneira: passou a comprar menos cigarros e suavizou o uísque acrescentando água. Contudo, segundo João Vicente Goulart, desde o infarto de 1969, ele era um homem doente. Não sofria de dores, mas, quando caminhava mais apressado ou subia uma escada, sentia falta de ar. Era comum o uso de medicamentos sublinguais, como Isordil.[63] Andava sempre acompanhado de uma maleta, na qual guardava seus diversos remédios.

A bem da verdade, a viagem à França também tinha outros motivos. Haveria eleições no Uruguai e, pela popularidade que tinha no país, muitos amigos uruguaios que se candidatariam, em diversos partidos políticos, certamente pediriam seu apoio. Para evitar constrangimentos, o melhor era se ausentar. Além disso, a Frente Ampla uruguaia, de esquerda, tinha chances de conquistar Montevidéu, onde vivia metade da população do país e que representava 60% do Produto Nacional Bruto. Fidel Castro, em visita ao Chile, prolongou sua estada em Santiago à espera do resultado das eleições. O III Exército brasileiro ficou de prontidão. Por isso, a prudência aconselhava Jango a sair do país. Sem passaporte,

O EXÍLIO URUGUAIO — PARTE 2

a saída foi utilizar documentos de viagem concedidos pelo governo uruguaio. Tratava-se de alternativa excepcional. Nos aeroportos, o portador dos documentos de viagem levantava suspeitas. Era mais utilizado por apátridas, o que, para Goulart, era algo humilhante.

Uma de suas maiores tristezas foi não ter direito ao passaporte brasileiro. No início dos anos 1970, um dos períodos mais fechados do regime militar, ele passou a cobrar ao consulado do Brasil em Montevidéu o direito ao passaporte.[64] Certa vez, no consulado, inquiriu um diplomata brasileiro: "Vocês consideram que eu estou confinado no Uruguai? Deem-me um motivo! Por que é que não querem me dar um passaporte?" A resposta era a mesma: "Dr. Goulart, é que existe uma ordem vinda do Brasil." Em outra ocasião, ele chegou mesmo a pedir "por favor" que lhe dessem o documento. Para Maria Thereza, uma das maiores mágoas que ele carregou no exílio foi essa. Manoel Leães, piloto e amigo pessoal muito próximo ao ex-presidente, diz que a negativa do governo brasileiro de lhe conceder o passaporte causou-lhe profunda revolta. Ele jamais pensou que negariam a um ex-presidente o direito de ir e vir ao exterior. Um dos motivos era que ele "queria viajar à África do Sul, para se consultar com o Dr. Christian Barnard, um dos maiores especialistas em coração". Ele não sabia, no entanto, que o Itamaraty não lhe concedia o documento em obediência a uma lista negra intitulada "Fichário de pessoas nocivas à Segurança Nacional".

Jango, certa vez, recebeu um convite do general Stroessner para visitá-lo no Paraguai. Desconhecendo o motivo do convite, ele e Maria Thereza desembarcaram no aeroporto de Assunção em 16 de outubro de 1973. No hotel Guarani, no centro da cidade, foram recepcionados com um buquê de flores. A suíte em que ficaram, reservada e paga pelo governo paraguaio, ocupava o equivalente a 19 quartos, somente sendo utilizada por visitantes ilustres, a exemplo de De Gaulle e Perón. Ansioso, Goulart quis telefonar para Stroessner para saber se o convite tinha alguma relação com sua dificuldade em conseguir o passaporte, mas logo desistiu, ao perceber que a atitude poderia soar indelicada. Logo depois, um telefonema o convocou à residência oficial do presidente da República. Ali, como diz Geneton Moraes Neto, um general que chefiava uma ditadura militar permitiu que Jango tivesse a sua maior emoção no exílio, recebendo de Stroessner o tão esperado passaporte. No aviso impresso no documento, o governo paraguaio pedia "a todas as autoridades civis e militares dos Estados estrangeiros" que deixassem João Goulart "passar livremente". A profissão: "Ex-presidente da República Federativa do Brasil". A data de nascimento estava em branco, bem como o endereço — afinal, ele nunca morou no Paraguai. Profundamente emocionado, não sabia como agradecer. Stroessner, enquanto abria uma garrafa de champagne, respondeu que, se soubesse anteriormente do problema, já o teria resolvido. Para Maria Thereza, "era um dos sonhos de Jango: ter um passaporte para poder viajar. Jango teve poucos momentos de felicidade no exílio. Aquele foi um deles. Quando recebeu o passaporte, parecia uma criança ganhando um brinquedo".

Na verdade, tempos antes, Manoel Leães fora ao Paraguai procurar Stroessner. Na capital, pedira audiência com o ditador com uma carta de Goulart sondando a possibilidade da concessão do passaporte. Stroessner, então, dissera a Manoel que o Paraguai não haveria de negar nada a João Goulart. Ao chamá-lo, sem dizer o motivo, o ditador queria fazer uma surpresa. À noite, o casal foi comemorar no restaurante Hermitage. Em certo momento, a cantora Gloria del Paraguai cantou uma das músicas preferidas de Jango, a guarânia "Saudade", de autoria do brasileiro Mário Palmério. Alguns versos da canção diziam: "Saudade é solidão/ é melancolia/ é estar longe/ recordar/ viver." Não sem razão essa música o emocionava. Maria Thereza não se conformava com a negativa de o governo brasileiro lhe dar o passaporte: "Que horror!", dizia a ele algumas vezes, "como é que você, um presidente, pode ser tão esquecido a ponto de o Brasil não lhe dar um passaporte?" Goulart, aparentando estar conformado, respondia, nessas ocasiões: "Por que é que eu não poderia viajar com um passaporte paraguaio? Afinal, o Paraguai é um país como outro qualquer."

Em 1973, o cerco começou a se fechar. Países com longa tradição democrática, como o Chile, sucumbiram ao domínio político de suas Forças Armadas, seguindo o exemplo do Brasil. O golpe desferido pelo coronel Hugo Banzer na Bolívia, em 1971, tivera a participação do governo brasileiro, dizia Jango. O ano de 1973 foi um marco para ele e sua família no exílio. Em julho, os militares uruguaios deram um golpe de Estado e fecharam o Congresso Nacional. O presidente Juan Maria Bordaberry, no entanto, aceitou continuar no cargo, tornando-se nada além de um testa de ferro da ditadura. Apoiados e assessorados pelo governo brasileiro, os militares uruguaios desencadearam brutal repressão política no país. Comandos militares, formados pelo serviço secreto do Exército, sequestravam as pessoas impunemente, sem interferência do Judiciário. Os exilados brasileiros também passaram a ser perseguidos, inclusive João Goulart e Leonel Brizola. Diz Maria Thereza: "Quando os militares uruguaios deram o golpe de Estado e implantaram a ditadura, as coisas ficaram muito difíceis para nós. A melhor fase do exílio encerrou-se. A ditadura uruguaia era barra-pesada. Nas ruas, não se podia rir. Se algum policial visse uma pessoa rindo perguntava logo se estava rindo dele. Antes mesmo de responder a pessoa já recebia voz de prisão. Era algo que amedrontava."[65]

Nessa época, João Vicente, com 16 anos, estudava no Liceu Departamental de Maldonado. Na escola, um grupo de alunos, 32 ao todo, simpáticos ao Movimento de Libertação Nacional, foi preso por um comando do Exército e, por três dias, ficaram detidos no Batalhão de Engenharia, encapuzados. Entre eles estava João Vicente.[66] Maria Thereza também sofreu com as arbitrariedades dos militares uruguaios. Como "medida patriótica", eles determinaram que a população somente comesse carne semana sim, semana não. Além disso, ficou proibido estocar carne. Era comprar o necessário para comer. Com isso, alegavam, haveria maior disponibilidade de carne para exportação. Certa vez, Maria Thereza estava na fazenda que Jango tinha comprado em Punta del Leste.[67] Como as crianças gostavam de carne, um empregado, muito atencioso, conseguiu alguns quilos e pôs dentro do porta-malas do automóvel, mas sem avisar Maria Thereza. Ao retornar a casa, na estrada, ela foi parada por uma *blitz* de militares. Extremamente grosseiros, aos berros, eles exigiram os documentos e a abertura do porta-malas. Quando viram a carne, apontaram as armas para ela e, novamente aos berros, deram-lhe voz de prisão. Maria Thereza foi levada para uma casa, no meio de um matagal, que servia para a detenção de marginais e gente que usava drogas. Não a colocaram numa cela, mas teve que ficar sentada durante dois dias em uma cadeira. O frio era intenso. No primeiro dia, ela dormiu ali mesmo, sentada. Quando amanheceu, no segundo dia, pediu ao guarda para tomar sol no terraço, conseguindo se esquentar um pouco, mesmo com a tensão de ver armas apontadas para ela. Aproveitou a oportunidade e se identificou para um dos guardas. Disse que era mulher de um ex-presidente brasileiro e que a embaixada de seu país iria protestar contra a prisão. Não adiantou. Disse, então, que era mãe, com dois filhos pequenos, que estavam preocupados, não sabiam onde ela estava. O argumento também não convenceu. O que o guarda queria mesmo foi dito com todos as letras: "Isso vai lhe custar um relógio." E disse até a marca. Maria Thereza respondeu: "Não tem problema nenhum. O senhor liga para a minha casa e avisa que eu estou presa. Avise ao meu marido que eu estou aqui." O guarda somente ligou no final da tarde. Assim, ela teve que dormir outra noite naquele lugar. No dia seguinte, às sete da manhã, Jango chegou com um advogado e um militar uruguaio. Mesmo assim não o deixaram falar com ela. Maria Thereza continuou no mesmo regime alimentar: água. Jango teve que enfrentar toda a burocracia para libertar a mulher. A lei dizia que era proibido matar gado na fazenda, o que complicava a situação dela. Mas, por muita sorte, uma lei emitida no dia da prisão permitia aos donos de frigoríficos a liberdade para guardar e também transportar carne. E Jango era dono de um frigorífico. Esse foi o seu álibi.

A liberdade que Goulart tinha em seus negócios começou a ser cerceada pela ditadura uruguaia. Entre a Argentina e o Uruguai, por exemplo, ele mesmo viajava em seu avião. Agora, teria que comunicar à polícia toda vez que saísse do país, exigência que demandava tempo, atrapalhando seus negócios. Ficou profundamente magoado quando foi chamado ao Ministério do Interior para dar satisfações de suas atividades aos militares. O apego à sua liberdade individual não coadunava com situações dadas como "sem saída". Quando pressionado, sem alternativa, a tranquilidade cedia lugar ao nervosismo. "Não vou depor", disse aos filhos, "não vou me submeter à tutela dos militares uruguaios." Se não admitiu ser tutelado pelos militares brasileiros, como ser pelos do Uruguai?,[68] era o seu argumento.

A ditadura uruguaia não chegou a expulsá-lo do país, mas os constrangimentos eram cada vez maiores. Vez por outra ele era chamado para dar esclarecimentos sobre suas atividades profissionais, com quem estava conversando em determinado lugar, o que fazia em certo dia etc. O objetivo era constranger e humilhar. Sua situação de fato era delicada. Homem rico, mas identificado com as esquerdas; desenvolvendo riquezas no Uruguai, mas constrangendo os governantes daquele país diante da ditadura brasileira. É verdade que Jango tinha amizades com pessoas ligadas aos Tupamaros. Mas não havia nenhum envolvimento mais sério. Na interpretação de Neiva Moreira, para os militares uruguaios, Goulart, "atrás das regalias e da posição de fazendeiro, de homem rico, apoiava

O EXÍLIO URUGUAIO — PARTE 2

financeira e politicamente os movimentos guerrilheiros que estavam se desenvolvendo na América Latina e que tinham uma grande expressão no Uruguai e na Argentina".[69] Não casualmente, nessa época, ligou para Bijuja em São Borja, dizendo: "Vai um aviãozinho Cessna te pegar, tu vais ver uma estância para mim, eu vou ter que procurar outra saída, porque numa dessas a coisa complica aqui no Uruguai, o pessoal é muito bom e tal, mas..." Dando a entender que a sua situação poderia piorar, ele incumbiu o administrador de sua fazenda em São Borja de comprar uma estância na Argentina.[70]

Ora fazendeiro, ora comunista, ora fazendeiro e comunista, assim Goulart passou a ser definido no Uruguai sob a ditadura militar. Certo dia, como era de costume, chegou à fazenda de Tacuarembó em seu avião. Minutos depois um comando da polícia uruguaia, composto de vários jipes e homens portando metralhadoras, invadiu a casa alegando que ali estaria escondido o cônsul Gomide, sequestrado pelos Tupamaros. Sem saída, tendo que aceitar a humilhação, Jango disse que a estância estava à disposição deles para a revista. Os policiais olharam até mesmo debaixo de sua cama. Segundo Percy Penalvo, um influente general da ditadura uruguaia, Christian, acreditava que Goulart era o mentor dos Tupamaros.[71]

A situação dos exilados brasileiros tornou-se dificílima. Segundo Lutero Fagundes, o Serviço Nacional de Informações (SNI) monitorava os passos dos brasileiros no Uruguai, como se fossem donos daquele país. "Em festas, casamentos, batizados, eles punham gente deles."[72] Neiva Moreira conta que as pressões da embaixada brasileira eram brutais. Bastava conseguir um emprego para, no dia seguinte, o embaixador dizer que se tratava de um ato de hostilidade ao governo brasileiro. Quando um general brasileiro entrava em território uruguaio, Neiva era imediatamente preso. Os militares brasileiros garantiam aos uruguaios que ele praticaria um atentado a bomba. Segundo sua descrição, "o quadro era realmente desesperador. Nós não sabíamos mais o que fazer. As mortes nos rodeavam".[73] De fato, diversos são os relatos sobre o papel deplorável dos diplomatas brasileiros no exterior diante da questão dos exilados. O relato de Leonel Brizola é preciso: "Carrascos! Viravam-nos as costas, recusavam-se a registrar uma criança — podia estar doente, podia estar morrendo, podia acontecer o que fosse." A situação para os exilados tornou-se tão angustiante com a indiferença da embaixada brasileira que

Brizola organizou uma "fábrica" de passaportes, mas tão bem-feitos que as polícias de diversos países não conseguiam perceber a falsificação. A "fábrica" também se dedicou a produzir carteiras de identidade. Com suas bases no Rio Grande do Sul, muitas pessoas "emprestavam" sua certidão de nascimento. Na capital do estado, Porto Alegre, um famoso advogado visitava um amigo, delegado de polícia, e, nos poucos momentos em que ficava sozinho, furtava dezenas de formulários e "espelhos" para a fabricação de carteiras de identidade.[74]

A saída de Goulart, no momento, parecia ser a Argentina. Ele e Perón já se conheciam havia bastante tempo. Um ano antes, em 1972, encontraram-se na Espanha, país onde o líder argentino estava exilado. Com o general Alejandro Lanusse, condutor da transição democrática na Argentina, as relações eram amistosas. Em certa ocasião, quando o general Ongania era o ditador do país e Lanusse o comandante do Exército, Jango, em seu avião, visitou Alfredo Stroessner, em Assunção. Na volta, com o tempo fechado, o piloto pousou em Corrientes, território argentino. Como a ponte que liga ao Uruguai fora fechada, Goulart ficou muito nervoso. Afinal, os militares argentinos poderiam deportá-lo para o Brasil. Lanusse, no entanto, liberou o piloto e o avião. Mais ainda, colocou à disposição de Jango o avião presidencial para levá-lo a Montevidéu. Ele preferiu retornar com seu piloto, mas, a partir daí, começou a amizade com o general Lanusse.[75]

Perón retornou à Argentina e assumiu o poder. Em 1973, o país, naquele curto mandato presidencial, conheceu um período democrático, permitindo que personalidades políticas perseguidas pelas ditaduras uruguaia, chilena e brasileira se estabelecessem em Buenos Aires. A Argentina peronista era o refúgio democrático no Cone Sul. Ao assumir o poder, com a crise mundial do petróleo, Perón mandou buscar Goulart no Hotel Liberty, onde costumava se hospedar em Buenos Aires. A crise atingiu a Argentina diretamente e o líder peronista pediu a Jango que intermediasse a venda de petróleo junto a Kadafi, na Líbia. Como tinha ótimas relações com os países árabes, o ex-presidente, em viagem ao Oriente Médio, conseguiu um bom preço para o governo argentino.[76] No final desse ano, Perón propôs a Goulart que elaborasse um plano para a expansão das exportações argentinas de carne para a Europa e mercados ainda não conquistados pelo país. Perón, sabendo das dificuldades de Jango com a ditadura uruguaia, convidou-o, junto com a família, para residir na Argentina, oferecendo-lhes asilo político. Para Jango, o convite

O EXÍLIO URUGUAIO — PARTE 2

veio em boa hora. Interessava-lhe residir na Argentina. Sair do Uruguai era o melhor no momento. Assim, mudaram-se para Buenos Aires. Contudo, o ministro do Bem-Estar Social e secretário de Perón, José Lopez Rega, não concordou com a nomeação de Goulart como conselheiro para assuntos de exportação. Sem criar problemas, Jango acatou a decisão.[77] Perón montou um aparato de segurança destinado a assegurar a integridade física de Goulart e de sua família. Sentindo-se mal com tudo aquilo, sempre vigiado por seguranças, ele desativou o esquema e dispensou todos os policiais que o protegiam.[78]

Denize foi a que mais sentiu a mudança. No Brasil, em 1964, aos 5 anos, ela deixara o período inicial de sua infância para começar tudo novamente no Uruguai. Quando já estava moça, em plena adolescência, aos 15 anos, tendo construído toda uma rede de sociabilidade, com amigos, amigas e namorados, teve que abandonar tudo outra vez e se mudar para outro país. Tornava-se difícil plantar raízes e estabelecer vínculos e identidades.[79] No exílio, sem dúvida, são as crianças as que mais sofrem. Seja como for, Goulart e sua família começaram outra fase como exilados, agora na Agentina.

NOTAS

1. Posição do Movimento Sindical Brasileiro datada de setembro de 1964. Arquivo privado de Neusa Penalvo.
2 . Carta a João Goulart, 1964, Arquivo João Goulart, CPDOC-FGV.
3 . Relatório, 21/9/1965, Arquivo privado de Neusa Penalvo.
4 . Carta de Hugo de Faria a João Goulart datada de 26 de outubro de 1965. Arquivo privado de Neusa Penalvo.
5 . Carta de João Goulart a Doutel de Andrade datada de 16 de abril de 1966. Arquivo João Goulart, CPDOC-FGV.
6 . Carta a João Goulart datada de 27 de dezembro de 1966. Arquivo João Goulart, CPDOC-FGV.
7 . Carta a João Goulart datada de 7 de agosto de 1968. Arquivo privado de Neusa Penalvo.
8 . Carta de Ênio Silveira a João Goulart datada de 11 de novembro de 1968. Arquivo privado de Neusa Penalvo.
9 . Carta de João Goulart, sem data. Arquivo privado de Neusa Penalvo.

JOÃO GOULART – UMA BIOGRAFIA

10 . Carta de João Goulart a Serafim Vargas, sem data. Arquivo privado de Neusa Penalvo.
11 . As cartas citadas a seguir estão no Arquivo João Goulart do CPDOC-FGV. Para preservar a identidade das pessoas, cito apenas o primeiro nome. Retorno, aqui, texto de minha autoria intitulado "Cartas a um exilado: Jango e sua correspondência" e publicado no livro organizado por Angela de Castro Gomes *Direitos e cidadania. Justiça, poder e mídia*, Rio de Janeiro, FGV, 2007.
12 . Veja Jorge Ferreira, *Trabalhadores do Brasil. O imaginário popular*, Rio de Janeiro, Editora da Fundação Getulio Vargas, 1997.
13 . "Todos contra a ditadura por quê?", panfleto possivelmente impresso em 1966, Arquivo João Goulart, CPDOC-FGV.
14 . "Princípios do povo na luta contra a ditadura e para a construção de um Brasil", Arquivo João Goulart, CPDOC-FGV.
15 . "Esboço da estruturação de uma frente para a instauração de um governo democrático no Brasil", Arquivo João Goulart, CPDOC-FGV.
16 . As informações que se seguem estão na carta do Redator-Chefe de *Republica* a João Goulart datada de 28 de abril de 1967. Arquivo João Goulart, CPDOC-FGV.
17 . As informações que se seguem estão em *O Globo*, Rio de Janeiro, 6/5/2001, p. 8.
18 . Citado em Claudio Bojunga, op. cit., pp. 648 e seguintes
19 . Jacob Gorender, op. cit., pp. 94-97.
20 . Depoimento de Wilson Fadul ao autor, Rio de Janeiro, 2002.
21 . Célia Maria Leite Costa, in Marieta de Moraes Ferreira (coord.), op. cit., p. 183.
22 . *Revista Manchete*, Rio de Janeiro, n° 763, dezembro de 1966, pp. 6-9.
23 . Citado em Claudio Bojunga, op. cit., pp. 649-650.
24 . Depoimento de Wilson Fadul ao autor, Rio de Janeiro, 2002.
25 . Claudio Bojunga, op. cit., pp. 653-654; Jorge Otero, op. cit., pp. 181-183.
26 . Carta de João Goulart, possivelmente de outubro de 1976, Arquivo João Goulart, CPDOC-FGV.
27 . As informações que se seguem estão em *Jornal do Brasil*, Rio de Janeiro, 26/9/1967, p. 17.
28 . Francisco Teixeira (depoimento), op. cit., p. 238.
29 . Depoimento de Maria Thereza Goulart ao autor e a Angela de Castro Gomes, Rio de Janeiro, 2003.
30 . *Jornal do Brasil*, Rio de Janeiro, 26/9/1967, 1ª página.
31 . Jorge Otero, op. cit., p. 187.
32 . *Jornal do Brasil*, Rio de Janeiro, 26/9/1967, p. 16.
33 . Idem, 1ª página.
34 . Marieta de Moraes Ferreira e César Benjamin, op. cit., p. 2629.
35 . *Jornal do Brasil*, Rio de Janeiro, 6/9/1967, p. 10.
36 . Célia Maria Leite Costa, in Marieta de Moraes Ferreira (coord.), op. cit., p. 189.

O EXÍLIO URUGUAIO — PARTE 2

37. Citado em Claudio Bojunga, op. cit., p. 655.

38. Elio Gaspari, op. cit., p. 266.

39. Marieta de Moraes Ferreira e César Benjamin, op. cit., p. 2629.

40. Daniel Aarão Reis Filho, *A revolução faltou ao encontro. Os comunistas no Brasil*, São Paulo, Brasiliense, 1989, p. 43.

41. Octávio Ianni, *O colapso do populismo no Brasil*, Rio de Janeiro, Civilização Brasileira, 1968.

42. Ver crítica de Daniel Aarão Reis Filho ao livro de Francisco Weffort, *O populismo na política brasileira*, Rio de Janeiro, Paz e Terra, 1978. A crítica encontra-se em Jorge Ferreira, *O populismo e sua história*, op. cit.

43. Elio Gaspari, op. cit., p. 271.

44. Claudio Bojunga, op. cit., pp. 663-664.

45. Elio Gaspari, op. cit., p. 345.

46. Marieta de Moraes Ferreira e César Benjamin, op. cit., p. 2629.

47. Lutero Fagundes, Câmara dos Deputados, op. cit., p. 207.

48. João Vicente Goulart, Câmara dos Deputados, op. cit., pp. 40-41.

49. Elio Gaspari, *As ilusões armadas. A ditadura escancarada*, São Paulo, Companhia das Letras, 2002, p. 94.

50. Idem, pp. 188-119.

51. *Veja*, dezembro de 2001, pp. 148-149.

52. Depoimento de Percy Penalvo ao autor, São Borja, 2003.

53. Depoimento de Deoclécio Barros Motta (Bijuja) ao autor, São Borja, 2003.

54. Manoel Leães, op. cit., p. 93.

55. Depoimento de Deoclécio Barros Motta (Bijuja) ao autor, São Borja, 2003.

56. Depoimento de Percy Penalvo ao autor, São Borja, 2003.

57. Eva de León Gimenez, Câmara dos Deputados, op. cit., p. 572.

58. Depoimento de Percy e Celeste Penalvo ao autor, São Borja, 2003.

59. Roberto Ulrich, Câmara dos Deputados, op. cit., pp. 163-164.

60. Depoimento de Percy Penalvo ao autor, São Borja, 2003.

61. Depoimento de Denize Goulart ao autor e a Angela de Castro Gomes, Rio de Janeiro, 2002.

62. As informações que se seguem estão em Jorge Otero, op. cit., p. 197.

63. João Vicente Goulart, Câmara dos Deputados, op. cit., p. 42.

64. Os episódios que se seguem estão em Geneton Moraes Neto, op. cit., pp. 114-119 e 123.

65. Depoimento de Maria Thereza Goulart ao autor e a Angela de Castro Gomes, Rio de Janeiro, 2003.

66. João Vicente Goulart, Câmara dos Deputados, op. cit., p. 24.

67. Depoimento de Maria Thereza Goulart ao autor e a Angela de Castro Gomes, Rio de Janeiro, 2003.

68. João Vicente Goulart, Câmara dos Deputados, op. cit., p. 42.

69. Neiva Moreira, idem, p. 57.
70. Deoclécio Barros Motta, Câmara dos Deputados, op. cit., p. 194.
71. Percy Penalvo, idem, pp. 138-140.
72. Lutero Fagundes, Câmara dos Deputados, op. cit., p. 206.
73. Neiva Moreira, Câmara dos Deputados, op. cit., pp. 52-53.
74. Leonel Brizola, Câmara dos Deputados, op. cit., pp. 75 e 88-89.
75. João Vicente Goulart, Câmara dos Deputados, op. cit., p. 25.
76. Entrevista de Henrique Foch Diaz publicada no *Diário Catarinense,* Florianópolis, 14/5/2000 e reproduzida em www.pdt.org.br, acessado em 22 de junho de 2000.
77. Marieta de Moraes Ferreira e César Benjamin, op. cit., p. 2629.
78. Eva de León, Câmara dos Deputados, op. cit., 215.
79. Depoimento de Denize Goulart ao autor e a Angela de Castro Gomes, Rio de Janeiro, 2002.

CAPÍTULO 13 O exílio argentino

Reorientando seus negócios para a Argentina, onde passou a residir na capital, Buenos Aires, Goulart comprou fazendas, associou-se a uma empresa de exportação, bem como organizou outras, também visando à exportação de carne. Suas atividades na Argentina e no Uruguai passaram a ser independentes. Meses depois comprou terras no Paraguai e outras no Uruguai. Em um edifício na avenida Corrientes, número 327, centralizou seus negócios, sendo ali também a sede de uma de suas empresas. Seu sócio, o brasileiro Orpheu dos Santos Salles, alugou todo um andar para a montagem do escritório para Jango.[1] Desse modo, enquanto seus negócios na Argentina prosperavam, no Uruguai declinavam. Segundo João Vicente, seu patrimônio, nesse país, decresceu a partir daí. A ascendência da ditadura brasileira sobre os militares uruguaios cerceou seus empreendimentos.[2]

Na Argentina, Jango desenvolveu atividades agropecuárias em duas fazendas de sua propriedade: La Villa e La Sussy, ambas em Mercedes, província de Corrientes, e praticamente vizinhas. A soma das duas chegava a quase 3 mil hectares de terras. Sua dedicação ao trabalho era permanente. Enriqueceu ainda mais com suas atividades na Argentina. Com propriedades e empresas no Uruguai, além das terras no Brasil e uma fazenda no Paraguai, ele era, nos primeiros anos da década de 1970, um homem rico, na avaliação de seu contador e procurador brasileiro, Lutero Fagundes.[3]

A fama de empresário de sucesso permitiu que vários líderes latino-americanos o convidassem para empreendimentos agropecuários em seus países. O presidente Lopez Mateos desejava que ele se transferisse para o México com o objetivo de desenvolver atividades rurais; Carlos Andrés Peres, da Venezuela, convidou-o para elaborar um plano de fomento da pecuária; o presidente paraguaio sugeriu que ele projetasse um complexo frigorífico. Mais adiante, ao patrocinar um encontro de líderes latino-americanos e europeus, Peres convidou Jango para o evento, que, para evitar explorações políticas, preferiu não aceitar. Mário Soares, presente no Congresso, enviou, por meio de jornalistas, um convite para ele ir a Portugal.[4] Em suas estâncias, em meio ao gado e aos peões, ele conseguia encontrar alguma alegria, mas, segundo relatos, na cidade ele mudava, sobretudo porque muita gente vinha procurá-lo em busca de auxílio financeiro. Aquilo causava-lhe algum tipo de depressão. Diante de situações como essas, retornava à fazenda e levava dez dias seguidos para se recuperar.[5]

Seu desejo sempre foi voltar ao Brasil. Mesmo no período mais duro da ditadura militar, algumas gestões foram realizadas. A primeira delas foi quando Médici assumiu o poder. Familiares e amigos de Médici se mobilizaram para que fosse permitida a volta de Goulart, mas os militares da "linha-dura" e os grupos paramilitares se opuseram. Em sua gestão no III Exército, o general Oscar Luiz da Silva também se mostrou favorável ao retorno do ex-presidente. Os senadores Vitorino Freire e Gilberto Marinho sondaram o ministro do Exército, general Orlando Geisel, a respeito do assunto. O general Serafim Vargas e o coronel Ernane Azambuja também fizeram esforços. No entanto, a decisão sobre sua volta teria que passar pelo III Exército e depois pelo Alto-Comando do Exército. O general Sylvio Frota, quando no comando do I Exército, ponderou com o advogado Wilson Mirza, dizendo que a questão dependia de alguém que, no Alto-Comando, levantasse o assunto e o defendesse, o que não acontecia. A volta de Jango também era obstaculizada por uma decisão dele mesmo. Em diversas afirmações a repórteres que o procuravam, ele alegava que só voltaria se fosse junto com todos os exilados.[6] Realista quanto à situação política da América Latina, em particular do Cone Sul, dizia a amigos e familiares que a mudança da conjuntura política repressiva ocorreria a partir de pressões externas.[7] Com uma possível transformação na política externa europeia e principalmente na norte-americana, as ditaduras latino-americanas cederiam. A volta ao Brasil, portanto, dependeria de uma nova postura do Departamento de Estado norte-americano. Sua avaliação estava correta.

Goulart, na verdade, não se conformava em viver no exílio, longe do Brasil, da convivência com o povo. Certa vez, quando o amigo Bijuja levantou-se para se despedir, com o objetivo de retornar a São Borja, per-

O EXÍLIO ARGENTINO

cebeu a tristeza de Jango. Para consolá-lo, disse que o lugar em que estava era bom. "Bom para ti que entra e sai a hora que quer", respondeu. "Ficar à força aqui nesta merda! Não me agrada ficar nisso aqui." A seguir, repetiu o argumento: "Depois, não tenho crime nenhum."[8]

Sem dúvida, o exílio é uma experiência muito dolorosa. São diversos os depoimentos de exilados brasileiros que reforçam a imagem da dor que não se afasta, no trabalho, na vida familiar, em encontros sociais e até mesmo durante as refeições. Segundo Cibilis Vianna, Goulart padecia de um grande sofrimento que não o abandonava. Na vida privada e familiar, e mesmo quando fechava um negócio lucrativo, sua fisionomia revelava grande dor. Ele não conseguia compreender a intolerância e o ódio que os homens no poder, no Brasil, lhe dedicavam se, durante toda a sua vida pública, não discriminara ninguém e jamais perseguira os adversários mais críticos. O coração foi o primeiro a exteriorizar esses sentimentos.[9]

Passados oito anos, ele estava cansado daquela situação. A Josué Guimarães, confidenciou sua preocupação com a conjuntura política no Uruguai e na Argentina, onde grupos de extrema direita começavam a para orquestrar o sequestro e a morte de oposicionistas. Temia pelos próprios filhos. Demonstrando mágoa pela situação política no Brasil, que parecia imutável, disse não ser mais cabível a ditadura se alongar tanto. Comentou estar cansado de tantas contrariedades, não suportando mais o exílio. Chegou mesmo a dizer que, após sua viagem à Europa, iria retornar a Paris para o Rio de Janeiro e enfrentar as consequências. Segundo José Gomes Talarico, o desejo manifestado por Jango de descer no aeroporto carioca era mais uma força de expressão do que um objetivo político. Porém, a confidência começou a ser difundida em Porto Alegre, entre amigos do ex-presidente. Para chegar até os altos escalões militares em Brasília, foi um passo. Assim, uma nota publicada pelo governo federal na primeira página de *O Globo*, com o título "Hipóteses em torno de Goulart", dizia: "Foi ontem anunciado que o Sr. João Goulart viria ao Brasil e que se tal se verificasse, ele seria preso. Nesse caso, segundo sabemos, ele seria em seguida banido do território nacional. Se, porém, o presidente deposto pelo movimento de 31 de março de 1964 se limitasse a passar, em escala de avião, por qualquer cidade do País, ele seria impedido de desembarcar, podendo, no entanto, seguir viagem para qualquer país estrangeiro." Jango, ao tomar conhecimento da nota, mostrou-se estupefato. José Gomes Talarico, que presenciou a cena, diz nunca ter visto o ex-presidente "tão aturdido. Espelhou uma profunda tristeza".[10]

Diante do poder arrogante dos militares brasileiros, não havia nenhuma possibilidade de Jango retornar ao Brasil naquele momento. O país vivia o auge do regime ditatorial e uma luta surda era travada entre os setores mais tenebrosos da repressão política e a guerrilha urbana. A tortura aos presos, até então tolerada pela própria sociedade, desde que se restringisse aos delinquentes e criminosos comuns nas delegacias da polícia civil, foi adotada como instrumento contra os inimigos do regime. Na avaliação de Elio Gaspari, na primeira metade dos anos 1970, os generais do Exército brasileiro, ao estimularem e defenderem a tortura, levaram as Forças Armadas ao maior desastre de toda a sua história. A lógica que se impôs era simples: se o país estava em guerra, tudo era válido contra os inimigos da pátria. Além disso, lidar com "terroristas", como eram chamados os guerrilheiros urbanos, requeria a tortura para acabar com o próprio terrorismo.[11] A guerrilha urbana serviu como álibi para que os militares mais reacionários justificassem o desencadeamento da opressão sobre o país. O Destacamento de Operações de Informações, o DOI, foi o órgão da ditadura que fez o trabalho sujo de supliciar física e psicologicamente os presos. O Sistema de Segurança Interna vigiava a administração pública do país. O Serviço Nacional de Informações, SNI, tornou-se o "monstro", nas palavras de seu próprio criador, o general Golbery do Couto e Silva. A maneira encontrada pelos guerrilheiros para libertar os colegas foi o sequestro de embaixadores estrangeiros, reivindicando, depois, a troca por prisioneiros. A reação dos generais foi imediata: para evitar novos sequestros e a exigência de resgates, os próximos guerrilheiros capturados deveriam ser mortos. No fim, a máquina de vigiar e torturar dizimou a guerrilha urbana, mas com o preço da subversão da hierarquia militar: comandantes que chefiavam equipes de torturadores não deviam satisfações a superiores de maior patente. Enquanto sargentos, tenentes e capitães torturavam livremente, os generais fingiam que nada sabiam. Outra consequência grave foi a rede de conexões que se estabeleceu entre os militares que participavam da repressão política e o mundo da corrupção e bandidos comuns.[12]

A luta entre a repressão e a guerrilha foi absolutamente desigual. Jovens de classe média com pouco mais de 20 anos, armados com revólveres

O EXÍLIO ARGENTINO

38, enfrentavam militares profissionalizados com amplo apoio estatal. Mas a guerrilha também foi derrotada porque a sociedade não apoiou o projeto revolucionário. Aliás, nem ao menos entendeu muito bem do que se tratava. As certezas revolucionárias eram dos jovens guerrilheiros, não da sociedade que eles sonhavam transformar. Além disso, o projeto da guerrilha não era restabelecer a democracia representativa, o regime anterior ao golpe militar, as liberdades democráticas ou instaurar outro pacto democrático liberal. O projeto era revolucionário: implantar o socialismo e a ditadura do proletariado. A sociedade não se mobilizou por esse programa. Assustada com a ditadura dos militares, não havia por que apoiar outra que a substituísse. Em fins de 1970, a guerrilha estava dividida em três grupos: a maior parte, cerca de 500 rapazes e moças, estava presa; outro grupo, em torno de 200, vivia no exílio; por fim, os que ainda combatiam na clandestinidade não passavam de 100.[13] No ano seguinte, restavam pequenos grupos que, para financiar o aluguel dos aparelhos e comprar comida, viviam de pequenos assaltos. Militantes do PCdoB ainda tentaram implantar um foco guerrilheiro nas selvas da região do Araguaia, no Norte do Brasil, mas foram igualmente massacrados pelos militares. Na avaliação de Elio Gaspari, as esquerdas, na virada dos anos 1960 para a década de 1970, estiveram dispostas a travar o combate que julgavam não ter ocorrido em 1964. Fariam o que trabalhistas e comunistas não fizeram. Certas de que havia uma revolução socialista em curso, as esquerdas armadas fizeram uma rebelião sem povo.[14] Foram massacradas.

Em seis anos apenas, o Brasil estava desfigurado. Ainda segundo análise de Gaspari, a repressão contra as esquerdas em 1964 atingiu também os grupos liberais e, a seguir, as lideranças conservadores que, embora com projetos políticos próprios, apoiaram o golpe militar. Nos seis anos seguintes, com a anarquia institucionalizada, seguiu-se um processo de mutilação e desmoralização das elites do país. Cada grupo, com seus interesses particulares, saqueou uma parte das instituições. Políticos sem voto apoiaram o fim das eleições diretas, enquanto empresários incitaram os militares a cercear as liberdades sindicais. "O aniquilamento estendeu-se a todos os níveis. Primeiro varreu pessoas, depois violou instituições e, no final, esmagou o próprio conceito de cidadania."[15] Restou tão somente a Igreja Católica como a única força organizada e autônoma no Brasil de 1970. Aqueles anos, como se diria mais tarde, eram de chumbo. Jango não tinha como voltar.

Na verdade, desde fins dos anos 1960 o Brasil vivia um duplo movimento: ao mesmo tempo que nas dimensões política e cultural os anos eram de "chumbo", no plano econômico os tempos eram de "ouro". Chumbo e ouro eram os metais da época. No fim do governo de Castelo Branco, o regime era questionado por amplos setores sociais. Além do cerceamento das liberdades democráticas, o governo patrocinava uma política econômica recessiva, com falências de empresas, desemprego e arrocho salarial. Costa e Silva, ao assumir a presidência, encontrou uma conjuntura internacional favorável.[16] A expansão do chamado mercado de euromoedas cresceu extraordinariamente, permitindo a elevação dos investimentos diretos das empresas multinacionais e facilitando a obtenção de empréstimos em dólar para financiar projetos de desenvolvimento econômico. A liberação dos fluxos de capitais pelo governo brasileiro facilitou ainda mais os investimentos. Ao assumir a presidência em março de 1967, Costa e Silva ainda patrocinava a política recessiva do governo anterior. A ditadura parecia não ter nada a oferecer à sociedade. A impopularidade do regime, a formação da Frente Ampla e o movimento estudantil nas ruas convenceram os grupos militares mais "duros" a pressionar o governo a alterar a política econômica. Com isso, a prioridade de reduzir a inflação por métodos recessivos teria que ser substituída por outra: o crescimento econômico com um controle menos rígido do processo inflacionário. Com o AI-5 e a posse do general Médici na presidência, a nova proposta foi vitoriosa. Uma política generosa de crédito à indústria, à agricultura e ao consumidor; o incentivo à construção civil; investimentos em energia, transportes e comunicações; grandes investimentos estrangeiros, fosse em empréstimos ou no estabelecimento das empresas multinacionais, sobretudo no setor de bens de consumo; expansão da fronteira agrícola e apoio ao plantio de novos produtos, a exemplo da soja; incentivo governamental às exportações, além do fortalecimento das empresas estatais e da criação de novas — como a Siderbrás, a Embratel, entre outras — tornaram-se as bases para o crescimento econômico acelerado. Obras de grande porte também foram patrocinadas pelo governo, como a ponte Rio–Niterói e a estrada Transamazônica. Os números do "milagre", sem dúvida, são grandiosos: em termos do Produto Nacional Bruto (PNB), o país cresceu 9,5% em 1970, 11,3% em 1971, 10,4% em 1972 e 11,4% em 1973. O setor industrial cresceu com taxa média de 14%, enquanto na indústria automobilística o crescimento foi de 25,5% ao ano e o de eletrodoméstico foi de 28%. Na avaliação de Luiz Carlos Prado e Fábio Sá Earp, o "milagre econômico foi produto de uma confluência histórica, em que condições externas favoráveis reforçaram espaços de crescimento abertos pelas reformas conservadoras no governo Castelo Branco".[17] Mas foi a questão política a indutora da opção pelo crescimento. A necessidade de legitimação do regime e o nacionalismo presente nas Forças Armadas foram as duas razões centrais para o abandono da política econômica recessiva em favor da desenvolvimentista. O Brasil cresceu e tornou-se a oitava economia do planeta, mas a um custo muito alto: a concentração da renda, que, ao longo dos anos, tornaria o país um dos mais injustos do mundo.

Em fins de 1973, Jango viajou novamente para Paris e, ao regressar, fez uma escala em Caracas para cumprimentar o recém-eleito presidente da República Carlos Andrés Peres, que assumiria o cargo em janeiro do ano seguinte. Goulart vislumbrava a possibilidade de estabelecer na América Latina um "corredor democrático", da Venezuela até a Argentina. Levando a proposta ao presidente venezuelano, Peres concordou plenamente com os argumentos de Jango e, embora houvesse divergências passadas com Perón, as dificuldades deveriam ser superadas. Desse modo, pediu que ele levasse o mesmo projeto ao presidente argentino. Rumando para Buenos Aires, Perón, ao ouvir a proposta de Goulart, bem como os temores de Peres quanto aos desacordos do passado, disse: "Diga ao seu amigo Carlos Andrés Peres que, se perdoei meus inimigos internos, como não iria fazê-lo com os de fora?" Contudo, a criação do "corredor democrático latino-americano" não seria fácil. Na Argentina, Perón estava fortemente influenciado pela tenebrosa figura de José Lopez Rega, o criador do grupo de extrema direita Triple A — Alianza Anticomunista Argentina. Do lado venezuelano, forças políticas influentes no país não toleravam Perón. Assim, a proposta de Jango se perdeu.[18]

Cuidando de seus negócios, Goulart esperava o momento de voltar ao Brasil para reorganizar o PTB. Edmundo Moniz o assessorava nesse sentido. Mesmo tendo sofrido a concorrência de outras lideranças quando no governo, a exemplo de Leonel Brizola, ele ainda era a figura principal do trabalhismo brasileiro. Em meados de 1974, almoçando com amigos em Paris, expôs suas ideias sobre o futuro PTB e a luta contra a ditadura.[19] Inicialmente, descartou qualquer possibilidade de filiação à

Internacional Socialista. "Nosso partido representa uma carga nacionalista muito forte." Além de dar pretexto ao regime militar para acusar os trabalhistas de "estrangeiristas", "traidores", negando o caráter nacionalista do partido, "nem todos os companheiros vão entender". Alguns, no entanto, discordavam. A Internacional a nada obrigava a seus filiados, apenas exigia o compromisso de defesa da liberdade e da justiça social, exatamente o que pregava o PTB. Além disso, a social-democracia alemã, que sustentava, na verdade, a Internacional, pregava a abertura democrática na América Latina. Goulart, contudo, não se convencia. Para ele, muitos chilenos estavam sendo perseguidos por serem filiados à Internacional. Atentados contra membros do governo Allende estavam sendo perpetrados em Roma e em Washington sem nenhuma resposta da Internacional. "Nós já temos um partido", disse. "Devemos deixar que se esgote esse modelo perverso que ostenta a vantagem de não estar personalizado, contrariamente ao que se pode pensar. Não é o caso de um Salazar ou de um Franco. Devido ao fato de a instituição militar se encontrar no exercício do governo, acabam percebendo que o desgaste inevitável deste, mais cedo ou mais tarde, vai contagiar a própria instituição. E, na salvaguarda de sua continuidade como instituição fundamental do Estado, terão de retirar-se. Como farão isso, é outra coisa." Para Jango, o importante, naquele momento, era "não nos deixarmos abater ou sermos tomados de ansiedade. Somos o 'pé' desse malogrado processo. E por ele nossa responsabilidade e os compromissos que viermos a assumir serão maiores, com pena de termos um Brasil sempre ferido, partido". O momento, para ele, requeria muita prudência no sentido de evitar qualquer ação que, visando a combater a ditadura, viesse fortalecê-la. "Não quero dizer que não se deva fazer nada", insistiu. Mas, é preciso observar como evolui o conflito dentro das Forças Armadas e não "depositar nossas esperanças no imprevisível".

Porém, setores importantes de suas bases políticas no exílio o pressionavam para aderir à Internacional. Quase dois anos depois, em maio de 1976, Jorge Otero encontrou-se com Goulart na confeitaria do Hotel Colúmbia, onde morava em Montevidéu. Otero acabara de chegar de Caracas, onde assistira, por iniciativa da social-democracia alemã, à primeira reunião da Internacional Socialista com os partidos afins. Diante da delicada situação política no Brasil, Fernando Gasparian compareceu, mas não registrou sua presença, enquanto Marcos Freire ressaltou sua

O EXÍLIO ARGENTINO

condição de observador. Na verdade, Otero voltava a insistir com Goulart para que o PTB ingressasse na Internacional. No encontro estiveram presentes os líderes socialistas Willy Brandt, da Alemanha, Michel Roccard, da França, Felipe González, da Espanha, e Mário Soares, de Portugal. Os chefes dos governos da Áustria e da Dinamarca, Bruno Kreisky e Ankar Joergensen, também estiveram presentes. Outros líderes de partidos socialistas, como os da Bélgica, Holanda, Noruega, Suíça, Finlândia, Itália, bem como o representante do Partido Trabalhista Inglês, além de Victor Haya de la Torre, pelo Apra peruano, compareceram. Assim, insistiu Jorge Otero, "não é possível que o PTB continue ilhado", ao que Goulart retrucou: "Não nos convidaram." De fato, ele resistia a dar uma nova configuração ao PTB. Por mais que Otero insistisse, argumentando que as empresas multinacionais e os exércitos latino-americanos atuavam em conjunto, os partidos que tinham uma identidade em comum poderiam, igualmente, trabalhar articulados. "As ideias", disse, "não têm pátria", ao que Goulart respondeu: "algumas, algumas". Otero lembrou que as bandeiras da democracia, liberdade, justiça social e defesa dos direitos humanos, defendidas no congresso em Caracas, não tinham pátria. Jango novamente insistiu em que o ingresso do PTB na Internacional Socialista somente daria argumentos à extrema direita brasileira. Além do que, considerou, existe uma aliança perversa entre os organismos financeiros internacionais e as grandes organizações multinacionais. Vorazes em seus lucros, essas empresas contam com o apoio direto ou indireto das potências industrializadas. Assim, argumentou, "a responsabilidade de homens como Brandt ou Mitterrand é influir politicamente em seus países, para modificar esse estado de coisas, e perante seus pares de outros países centrais. Entretanto, é mais importante que andar repetindo ideias comuns por essa sofrida América Latina".[20]

Na viagem a Paris em fins de 1973, ele procurou uma casa ou apartamento para morar. Já havia pensado em fixar residência na Europa. Por conselho de seu cardiologista em Montevidéu, Dr. Dighiero, todos os anos ele realizava uma bateria de exames em uma clínica médica em Lyon. Mas vale ressaltar que ele se recusava a seguir os conselhos médicos. Certa vez, ao receber Edmundo Moniz em sua casa, Jango, como de praxe, cozinhava e conversava, atravessando a madrugada. Observando o aspecto franzino do visitante, o anfitrião preparou um "caldo" que, de tanta gordura, fazia que a colher ficasse parada no caldeirão. "Professor, beba um pouco de caldo. Não pode fazer mal. É muito sadio", disse ao visitante. Edmundo Moniz, vendo o conteúdo do caldeirão, respondeu: "Não, obrigado, doutor. À noite, prefiro algo mais leve." Sem entender, Goulart insistiu: "Mais leve que o caldo, professor..."[21] Com uísque e comidas gordurosas e pesadas, ele não se dava conta dos perigos que corria. Cabe considerar, no entanto, duas questões. Primeira, a tradição gaúcha de ingerir carnes, em particular as gordurosas. Segunda, naquela época, mesmo em meados dos anos 1970, não estava disseminada entre a população a "cultura cardiológica", como nas décadas posteriores. Expressões como "colesterol", "triglicerídeos", bem como a certeza de que a gordura é prejudicial ao sistema cardiovascular, só se tornaram amplamente conhecidas pelo grande público anos mais tarde. Nessa época, pessoas que sofriam mortes fulminantes causadas por infartos violentos do miocárdio, e cujos hábitos de vida incluíam o fumo, o álcool, a ingestão de carnes gordurosas e a vida sedentária, tinham a causa da morte conhecida popularmente como "sangue grosso". Goulart, portanto, não tinha muita clareza dos perigos que corria, apesar dos conselhos médicos. Uma conversa com Bijuja é reveladora de sua displicência. Aconselhado a não utilizar gelo, um vaso constritor, disse: "Mas aí eu não posso tomar uísque." "Então não tome", incentivou o amigo. A resposta foi malcriada: "Ah, também não vou parar. E o cigarro nem pensar."[22] Certa vez, acompanhado por Bijuja, ouviu do médico que devia parar de fumar. "Eu fumo pouco", disse. Bijuja desmentiu. Jango não se conteve: "Fica quieto."[23] Praticamente todas as noites ele saboreava seu Chivas. Ao longo de todo o dia, fumava mais de um maço de Marlboro. Suas ocupações no campo ou na cidade e as incursões pela noite impediam que se alimentasse em horários regulares. Muitas vezes jantava tarde, por volta das onze da noite, ou ainda mais tarde, e ia dormir.[24] Sobre os alertas médicos para evitar carnes gordurosas, disse certa vez ao cunhado João Fontella: "Esses caras não sabem nada..."[25]

Em 1974, eleições parlamentares seriam realizadas no Brasil. Até então, os votos nulo e em branco traduziam um misto de desinteresse e protesto da população. No pleito de 1970, a soma dos votos brancos e nulos chegou a 30%, número acima do que o MDB conseguira em votos válidos. A vitória da Arena, sabiam os militares, era uma ficção. Nas eleições de 1974, porém, Goulart preferiu se abster de emitir sua opinião, sobretudo de sugerir a anulação do voto, como vinha fazendo.

O EXÍLIO ARGENTINO

Coincidentemente, a vitória do MDB foi avassaladora, obtendo 60% dos votos válidos.

Após dez anos no exílio, a saúde de Jango não ia bem. Com o peso muito acima do ideal, sem cuidar da alimentação e fumando muito, o corpo respondia com quedas bruscas de pressão arterial, desmaios e dores no peito. No entanto, havia nele outro tipo de dor. Tudo dizia que Jango passava por um processo depressivo, oriundo da profunda tristeza causada pelo exílio. Para João Pinheiro Neto, "todos os indícios apontavam ao presidente Goulart os caminhos, quase sem retorno, do desânimo, do desalento, dessa terrível desesperança que nos leva a tornar escassa a vontade de viver e que torna tão mortificantes episódios e sentimentos que povoam a precária existência a que não mais nos apegamos".[26] Ivo Magalhães disse que "quem convivia com ele de perto, via bem o seu sofrimento. Era um negócio horrível. João Goulart era um homem que tinha poder político, poder financeiro, capacidade de trabalhar e era terrivelmente sofredor".[27] Eva de León afirmou que "o sofrimento dele no exílio era terrível". Quando estavam em Paso de los Libres, cidade argentina limítrofe com Uruguaiana, separadas por uma ponte, Jango tinha a oportunidade de ver o território brasileiro. Ficava olhando o horizonte com nítida nostalgia estampada no rosto. "Ele tinha muita ilusão guardada", avalia Eva.[28] A irmã Landa, nas poucas vezes que o visitou, percebeu a profunda tristeza.[29] Abelardo Jurema, por sua vez, lembrou que se o exilado não tiver forças, ele sofre de mal-triste. "Mal-triste é uma doença que dá no boi que sai de uma região para outra. O boi começa a ficar triste e morre." Goulart, em sua avaliação, morreu "de mal-triste, não tenho dúvida. Ele não aguentou".[30]

Sem dúvida, sua volta era um tema delicado para a ditadura brasileira. Com a ascensão do general Ernesto Geisel ao poder e a sua prometida política de "distensão", Jango voltou a ficar esperançoso de retornar. Em fins de 1974, fez algumas gestões com esse objetivo. Nesse momento, reformulou a decisão que tomara desde que saíra do Brasil exilado. Até então, ele afirmava que "só voltaria quando não houvesse mais exilados". Naquele momento, segundo depoimento de Raul Ryff, passara a acreditar que "seu retorno constituiria um fato político capaz de forçar o governo a quebrar sua rigidez em matéria de exilados e assim acelerar o processo de anistia". Com essa nova orientação, ele recebeu dos militares diversos sinais de que poderia voltar ao Brasil, desde que de forma semiclandestina. Com a nova estratégia que adotou, isso não interessava: "Não quero entrar pela porta dos fundos. Quando chegar ao Brasil, tenho que chegar ao aeroporto do Galeão, não a São Borja."[31]

Onze anos haviam se passado desde sua destituição da presidência e Goulart ainda atraía gente em suas fazendas. Nas comemorações de seus 57 anos, em 1º de março de 1975, muitos amigos brasileiros, uruguaios e argentinos, inclusive embaixadores, participaram do churrasco em uma de suas estâncias no Uruguai, a El Milagro. Logo depois do meio-dia chegou o embaixador da Iugoslávia com o objetivo de, em nome do marechal Tito, cumprimentar o aniversariante. O ex-presidente brasileiro nunca escondeu sua admiração pelo líder iugoslavo, não só por unir o país, mas também por manter a independência em relação a Moscou. A partir daí, continuaram a chegar brasileiros, vindos principalmente do Rio Grande do Sul. No meio da tarde, grandes tábuas montadas em cavaletes formaram várias mesas. A carne de novilho e as bebidas incentivaram alguns exilados a lamentar a situação em que viviam. Um pouco antes, Edmundo Moniz redigira um manifesto a ser assinado por Jango. O encontro de várias lideranças trabalhistas na festa de aniversário permitiu que muitos deles acrescentassem ou suprimissem frases. Goulart, no entanto, não via maiores consequências no documento. Não alimentava esperanças de uma redemocratização em curto prazo. Aos amigos, dizia que o retorno ao Estado democrático no Brasil somente seria possível quando houvesse a fissura no bloco do poder dominante, em particular entre os militares e o empresariado paulista. Seriam eles, os capitalistas de São Paulo, os setores-chave não apenas para a redemocratização, mas para a consolidação democrática no país. Era preciso convencer o empresariado paulista de que a democracia não era um empecilho aos seus negócios.[32]

Jango continuava sendo vigiado pelo SNI e por órgãos de repressão do Uruguai. Na festa, um dos espiões do órgão, conhecido como "agente B", tirou várias fotografias, além de preparar minucioso relato sobre a reunião. Todos os exilados que chegaram a Montevidéu em 1964, afirma Moniz Bandeira, nunca deixaram de ser vigiados. No caso de Goulart, os agentes chegavam mesmo a frequentar suas residências.[33]

Ele queria encontrar alternativa para a redemocratização do Brasil. Mas parecia que toda a sua experiência política de nada adiantava ao

O EXÍLIO ARGENTINO

avaliar a ditadura militar que, após onze anos, continuava firme no poder. Em seus comentários aos amigos e nos poucos textos que escreveu, sua inconformidade com a ditadura era a mesma. Meses depois do aniversário, com anotação datada de 18 de julho de 1975, Jango redigiu, no bloco de notas da agência Americantur, de Buenos Aires, o rascunho de uma "nota ao povo brasileiro".

> Dou o primeiro passo para o entendimento geral dos brasileiros e a normalização democrática da vida da Nação.
>
> Não está em jogo minha pessoa, meu prestígio pessoal ou meu futuro político. O meu pensamento e o meu coração estão voltados, constantemente, para a grandeza da minha pátria.
>
> Sinto-me no dever e com a responsabilidade de lutar democraticamente para restabelecer as liberdades suprimidas e as garantias aos humildes, restaurando os seus direitos, sem temor e sem medo de serem castigados, como se isso fosse um delito. Ninguém deterá a marcha do Povo Brasileiro, que é livre e dono do seu destino. Não obedecerá nem aceitará tutela; ele construirá a sua própria grandeza.
>
> Os últimos acontecimentos não podem e não devem ser julgados apressadamente. Não podemos viver placidamente quando milhões de brasileiros estão sofrendo inúmeros sacrifícios.
>
> Peço fé e confiança. Estarei sempre ao lado dos que sofrem em defesa de seus direitos e de nossos ideais."[34]

Enquanto isso, do outro lado do Atlântico, na Argélia, Miguel Arraes, junto a outros brasileiros, vivia seu exílio. O governo argelino recebeu cerca de 8 mil refugiados políticos de diversos países. Todos desfrutavam grande liberdade e contavam com a solidariedade governamental. Arraes vivia uma situação muito diversa daquela experimentada por Goulart e Brizola. Em 1975, certo dia, o chefe de informações do governo, coronel Sulleiman Hoffmann, que acumulava o cargo de assessor para assuntos internacionais do presidente Boumedienne, telefonou para Arraes. Queria conversar com ele pessoalmente. A informação, secreta, era a de que três homens o procurariam. Que não saísse de casa. Dias depois, os três apareceram, exigindo falar com Arraes a sós, sem testemunhas. Sentindo-se seguros, um deles disse: "Nós estamos vindo do Cone Sul da América Latina. Houve uma reunião da extrema direita para apreciar a questão

649

de uma possível abertura." Segundo avaliações dos generais latino-americanos, a guerra do Vietnã estava praticamente perdida. Após a derrota, os Estados Unidos não poderiam continuar incentivando a militarização da política dos países latino-americanos, até porque era impossível ficar no poder indefinidamente. As ditaduras militares já tinham uma imagem muito negativa junto à opinião pública internacional. Assim, na reunião, eles manifestaram o receio de que personalidades importantes que foram derrubadas pelos militares, exiladas ou presas, pudessem, em uma eleição, chegar ao poder. Prepararam uma lista de nomes que atendessem ao critério. Seriam eliminados fisicamente. Após relatarem os planos da extrema direita do Cone Sul, os três pediram que Arraes avisasse a todos os líderes políticos latino-americanos sobre o perigo que corriam. Essa era a missão que eles estavam confiando ao exilado brasileiro.[35]

De fato, as informações dadas a Arraes tinham fundamento. Naquele ano, o cerco das ditaduras militares se fechava praticamente em toda a América Latina, em especial no Cone Sul. Segundo algumas interpretações, a chamada Operação Condor surgiu das análises que os generais latino-americanos no poder fizeram da conjuntura em que viviam, sobretudo no caso de o Partido Democrata assumir a Casa Branca. Em suas avaliações, os militares aventaram a possibilidade de surgirem divergências entre generais com comando de tropas, gerando cisões nas Forças Armadas. Como não tinham o apoio popular, os generais dissidentes poderiam buscar respaldo em políticos excluídos do processo político, mas ainda com prestígio popular e internacional. No caso brasileiro, os nomes eram os de Goulart, Juscelino e Lacerda.

Articulados entre si, os esquemas de segurança do Brasil, do Uruguai, da Argentina, do Paraguai, da Bolívia e do Chile, coordenados por grupos de extrema direita, deram início à Operação Condor. Versões mais seguras garantem que os generais chilenos responsáveis pelo serviço secreto do país, a Dina, propuseram o acordo aos outros países, com o aval do governo dos Estados Unidos. Em 29 de outubro de 1975, ocorreu a primeira reunião de trabalho, convocada pelo coronel chileno Manoel Contreras. Inicialmente, ficou estabelecido que os diversos serviços de segurança associados formariam um banco de dados e um arquivo centralizado com fichas dos suspeitos. Desse modo, informações sobre opositores, exilados e grupos esquerdistas seriam trocadas. A repatriação de um exilado de um país para o outro não seguiria os caminhos da

O EXÍLIO ARGENTINO

Justiça e da diplomacia, mas ocorreria de maneira clandestina. A fase seguinte da Operação implicaria sequestros, atentados e assassinatos.[36] As forças de segurança dos seis países poderiam executar qualquer opositor a um dos regimes militares, independentemente de sua nacionalidade e do território nacional em que estivesse exilado. Outras informações igualmente garantem que, mais tarde, comandos especiais passaram a ter liberdade para eliminar opositores em países que não fizessem parte do acordo, na Europa ou nos Estados Unidos. Muitos agentes militares estudaram na Escola Militar das Américas, antiga Escola do Panamá. Os manuais de treinamento utilizados pelos professores norte-americanos ensinavam técnicas de interrogatório, chantagem, tortura e execução. Assim, esquerdistas argentinos foram mortos ou sequestrados por militares brasileiros; opositores uruguaios, paraguaios, chilenos e brasileiros foram executados na Argentina; vários brasileiros foram mortos por militares chilenos etc. O caso de maior repercussão no exterior foi o assassinato do ex-chanceler chileno, Orlando Letelier, em Washington, enquanto no Brasil a imprensa denunciou o sequestro, em Porto Alegre, por agentes brasileiros, do casal uruguaio Lílian Celiberti e Universindo Dias, levados para Montevidéu. Em Buenos Aires, o general chileno Carlos Prats, exilado na Argentina, foi, junto com a mulher, vítima de um atentado político. Uma bomba explodiu quando abriu a porta de seu automóvel. A guerra psicológica também fez parte dos métodos da Operação Condor. Documentos liberados nos Estados Unidos e a descoberta do assim chamado "Arquivo do Terror" em Assunção, no Paraguai, revelam que o serviço secreto chileno, montado em dezembro de 1973, foi estruturado pelo Serviço Nacional de Informações brasileiro. Os encarregados pela repressão política no Brasil ministraram aos chilenos cursos de planejamento, organização, interceptação de comunicações e técnicas de interrogatório — nesse caso, ensinaram aos militares chilenos um tipo de tortura típica do Brasil: o pau de arara. Agentes, instrutores e armas também foram enviados para o Chile. A aproximação entre os órgãos de repressão dos dois países foi sugerida pela CIA. Ray Warren, chefe do escritório de espionagem norte-americana em Santiago, incentivou o general Pinochet a criar um serviço secreto independente do Exército. Aceitando a sugestão, o ditador chileno criou a Dina, cujo primeiro dirigente foi o coronel Manoel Contreras. Warren aconselhou Contreras a buscar o apoio do SNI brasileiro. Com verbas liberadas sem restrições, 9.300 agentes, 30 mil informantes e dezenas de brigadas de choque, a DINA se sofisticou com a assessoria do SNI.[37]

Miguel Arraes logo incumbiu um militante de esquerda, Maurílio Ferreira, de alertar João Goulart e Leonel Brizola dos perigos que corriam. Mais adiante, o embaixador argelino igualmente avisou aos dois líderes trabalhistas da possibilidade de atentados. No entanto, eles se negaram a acreditar. Brizola não deu crédito aos avisos. Para ele, poderia haver articulações entre os países na troca de informações, mas não em associações para praticar atentados. "Eu não acreditava muito nisso. Cada país tem seus problemas, suas questões." Recusando-se a viver em função de ameaças, Brizola apenas observava algumas medidas de segurança, como não sair de casa sempre à mesma hora, evitando todo tipo de regularidade, embora, com autorização do governo uruguaio, andasse armado.[38]

No início de 1976, duas situações, de afastamento e de aproximação, eram vividas no Brasil e no Uruguai. No primeiro caso, o general-presidente Ernesto Geisel enfrentava a assim chamada "comunidade de informação" que o desafiava abertamente. Sylvio Frota, seu ministro do Exército, fazia campanha aberta contra o projeto de abertura promovido por Geisel. Cada vez mais afastados, em breve entrariam em rota de colisão. No segundo, Jango fez um movimento importante de aproximação com Brizola. Logo no começo daquele ano, certa noite Percy, Jango e Eva iam, em uma velha Mercedes, de Punta del Este para Montevidéu. Em outro carro estava Cláudio Braga. Em certo momento, Percy comentou: "Doutor, vamos chegar no Brizola."[39] Eles iam passar em frente ao prédio dele. "Nós somos tão poucos, uma família tão pequena, divididos não vamos voltar nunca", completou. Jango foi incisivo: "Tu sabes onde é?" Na porta do prédio, Neuza veio recebê-los. Não se viam havia mais de dez anos; a irmã teve um acesso de felicidade, beijando-o muito. Entraram na pequena sala e ela imediatamente trouxe um litro de uísque. A emoção de Percy era muito grande. Achou melhor deixar os dois irmãos sozinhos, levantou-se e foi em direção a outra sala. Dali, conseguiu ver, no fim de um corredor, um quarto com a porta aberta. Lá estava Brizola conversando com dois amigos. Neuza, nesse momento, disse: "Janguinho, eu vou buscar o Leonel para te cumprimentar." Goulart retrucou: "Mas deixa ele." A irmã foi em busca do marido. Percy observou que, naquele momento, Brizola argumentou que estava com amigos. Neuza foi incisiva: "Mas vamos lá, Leonel!" Jango ouviu a conversa do casal. Com seu jeito

O EXÍLIO ARGENTINO

informal, disse: "Peraí, deixa que eu vou aí." O uísque, certamente, o desinibiu naquele momento difícil. Ao se encontrarem, se abraçaram e ficaram horas conversando. Entre os assuntos, as ameaças que sofriam. Mais tarde, Brizola levou todos até o automóvel.

A disposição de Jango de se reconciliar com Brizola resultou de uma situação muito delicada em sua vida. Naquele momento, era um homem politicamente solitário. Seu poder de agregar parecia não ter mais lastro na realidade. Ainda em 1975, Mauro Santayana o visitara em seu escritório em Buenos Aires. Após ouvir notícias do Brasil, Goulart, como sempre, foi de extrema cordialidade com o visitante. Ao saber que Mauro também amargava o exílio, disse-lhe: "Se os militares te tornam a vida difícil, vem para aqui. Teremos sempre um lugar na estância para a tua família e ovelhas que degolar para o assado."[40] Jango sabia que ele não aceitaria, mas, com gentileza como aquela, parecia querer novamente estar ao lado das pessoas, ser o motivo para juntar e agregar. Convites como aquele revelavam a profunda solidão a que chegara. As visitas que vinham do Brasil escassearam. Na verdade, eram muito raras. As oposições brasileiras não se importavam mais com ele. Os amigos verdadeiros eram poucos. Paulatinamente, foi se isolando em suas fazendas. Um episódio é revelador de sua solidão final. No último dia do ano de 1975, ele e Percy estavam na porteira da estância. Jango apoiou o ombro esquerdo em um poste, cruzou os braços, descansou a perna direita, olhou fundo o horizonte e desabafou: "Mais um ano e ninguém vem nos ver."[41] No dia seguinte, Percy recebeu a visita da mãe. Jango estava sozinho na fazenda. Novamente desabafando, ele comentou: "Todos me abandonaram, só me restou o Percy." Na definição do amigo, Jango, "no fundo, era um homem amargurado".

Sem sinais visíveis ou mesmo aparentes, a extrema direita terrorista começou a agir no Cone Sul. Em março de 1976, Goulart convidou um casal de amigos para assistir a um show de Vinícius de Moraes e Toquinho na sala de espetáculos do Hotel San Rafael, em Buenos Aires. Em certo momento, ouviu-se um pedido do público: "Uma de protesto." Vinícius, já tendo bebido várias doses de uísque, respondeu: "Depois, com o senhor", dirigindo o olhar para Jango. No dia seguinte, encontraram-se e conversaram longamente. Contudo, para Toquinho e Vinícius, a visita à Argentina foi trágica. Sem motivo aparente, Francisco Tenório Júnior, o "Tenorinho", pianista do grupo, foi sequestrado por um comando da Marinha argentina, estando o SNI brasileiro informado. Logo depois, o músico estava morto. A embaixada brasileira em Buenos Aires, obedecendo ao SNI, silenciou sobre o caso. O corpo nem sequer foi entregue aos familiares.[42]

Sequestros, atentados e mortes misteriosas aos opositores começaram a assustar diversos grupos políticos. Alguns amigos e aliados políticos brasileiros e uruguaios de Goulart simplesmente desapareceram. Por todo o Cone Sul, a Operação Condor começava a dar sinais de suas atividades macabras. Na Argentina, a Alianza Anticomunista Argentina passou a comandar a repressão às esquerdas. Em março de 1976, no final do governo de Isabel Perón, o Exército deteve um grupo de extrema direita. Entre outras ações, eles planejavam sequestrar João Vicente e Denize, exigindo um alto resgate. Por telefone, o ex-presidente recebia constantes ameaças. Sentindo-se inseguro, foi para o Uruguai, alternando sua residência em Montevidéu e suas fazendas. Contudo, o clima de perseguição também imperava no país vizinho. As intimidações continuaram.[43] O terror parecia não ter fronteiras — e, de fato, não tinha. Na ditadura uruguaia não havia mais Poder Judiciário, a não ser formalmente. Jango, apavorado com as ameaças de sequestro dos filhos, mandou-os morar em Londres. Segundo Lutero Fagundes, ao retornar de Londres, onde deixara João Vicente e Denize, em novembro, recebeu um aviso do Serviço de Inteligência argentino para que ele e a família se retirassem do país. Voltar para a Inglaterra, disse, foi uma alternativa que lhe ocorreu, mas não sabia ao certo.[44] Ele estava indeciso entre continuar vivendo no Uruguai ou mudar-se para a Europa. Leonel Brizola foi alertado pelo cunhado sobre os perigos que corria. Miguel Arraes, com informações seguras do Serviço de Inteligência argelino, mandou um emissário avisar Brizola de que ele estava na lista dos políticos que seriam eliminados.[45]

Tudo parecia se desagregar. Não havia mais segurança no mundo. Novamente, em situações como aquelas, os filhos eram os que mais sentiam. Em Denize já havia um sentimento de perda, de mágoa. Ela e o irmão, desde que saíram do Brasil, sofriam um problema de identidade. "Eu não me sentia adaptada completamente em nenhum lugar", diz Denize. "Ao mesmo tempo que eu era brasileira, não me sentia brasileira porque eu não tinha vivido no Brasil."[46] Ela se sentia estrangeira — até mesmo quando, anos mais tarde, retornou ao seu país de nascimento. Quando viveu no Uruguai e, depois, na Argentina, apesar de falar fluentemente

O EXÍLIO ARGENTINO

o espanhol, com sotaque irrepreensível, ela não se sentia uruguaia nem argentina. Faltava-lhe uma referência. "Quando me perguntavam: 'De onde você está vindo?' Eu não sabia se estava vindo de Montevidéu, de Porto Alegre, de Brasília, de Buenos Aires... É uma perda." A ida para Londres somente repetiria o ciclo, reforçando o desenraizamento.

No segundo semestre de 1976, as pressões chegaram a tal ponto que novas gestões foram feitas com a ditadura brasileira visando ao seu retorno. A proximidade das eleições, no entanto, foi usada como álibi para o governo de Geisel adiar o assunto.[47] Sem alternativa e com a saúde piorando devido às constantes crises cardíacas, vivendo um processo depressivo, e tenso com as ameaças, Goulart viajou para a Europa. Antes de embarcar para Paris, encontrou-se com Leonel Brizola, tendo Percy Penalvo ao seu lado. Ao cunhado confidenciou suas inquietações com a ação repressiva no Cone Sul. Do Brasil, vinham notícias de atentado na sede da OAB, bem como do sequestro e dos maus-tratos contra o bispo Dom Adriano Hipólito. De fato, tudo parecia ameaçador.[48]

A conjuntura política no Cone Sul tornava-se muito perigosa para os exilados e líderes políticos de oposição a regimes militares. Com a eleição de Jimmy Carter para a presidência dos Estados Unidos, Jango enviou-lhe um telegrama em que mencionava a ruptura da democracia, das liberdades e dos direitos humanos em alguns países latino-americanos. A situação política no Uruguai e na Argentina era ameaçadora. Goulart ficou realmente apreensivo com o assassinato de dois amigos uruguaios, o senador Zelmar Michellini e o deputado Hector Gutierrez Ruiz, em Buenos Aires, na madrugada de 22 de maio de 1976. O senador Michellini, eleito pela Frente Ampla, e o deputado Ruiz militavam no campo democrático uruguaio. Michellini publicava na seção internacional de um periódico argentino e escrevia no semanário brasileiro *Opinião*, dirigido por Fernando Gasparian e apoiado entusiasticamente por Jango. Nessas conversas, Michellini confidenciou ao ex-presidente que o governo uruguaio havia cancelado seu passaporte. Além disso, alertou sobre o estreitamento das ações entre os serviços de repressão do Cone Sul, bem como comentou as torturas sofridas por sua filha. Exatamente três meses após o assassinato de Micheline e Ruiz, Juscelino Kubitschek sofreu um acidente automobilístico mortal no Brasil.[49]

A morte de ambos obedecia às orientações políticas da Operação Condor: eram políticos de prestígio no Uruguai, um pertencente ao Partido

Blanco, o outro ao Colorado. Para os generais de extrema direita, eles poderiam surgir vitoriosos em futuras eleições. Gutierrez Ruiz, cuja base política era em Tacuarembó, elegera-se deputado com a ajuda de Goulart. Sempre que podiam estavam juntos. O senador Michellini foi eliminado pelas forças de repressão, sofrendo, antes, bárbaras torturas: teve os dedos e as orelhas cortados. Segundo Manoel Leões, "nós estávamos na Argentina quando houve o sequestro e a morte dos amigos uruguaios de Jango. De manhã bem cedo, Jango me chamou para dizer que estava apreensivo. Vieram, então, os telefonemas anônimos, com ameaças".[50] Saindo de Buenos Aires, foram para a fazenda, onde passaram a noite em claro, assustados. Ao filho João Vicente escreveu uma carta falando de suas angústias: "Em Buenos Aires, o clima está cada vez mais tenso. Há dois dias sequestraram do Hotel Liberty e de sua residência os nossos amigos senador Michellini e deputado Gutierrez Ruiz. Uma monstruosidade que me leva a pensar no meu futuro na Argentina. Aqui o espaço vai se tornando cada vez menor para os idealistas que não aceitam a violência e a opressão como formas de governo".[51]

A escalada terrorista continuou. Em Tacuarembó, Percy Penalvo passou a insistir para que Goulart não mais retornasse à Argentina: "O senhor não pode voltar à Argentina, o senhor não pode voltar. Se o senhor volta, o senhor morre".[52] Os apelos, no entanto, não eram ouvidos. Recusando-se a andar acompanhado de seguranças, seu argumento se repetia: "Mas eu não fiz mal para ninguém." Essa era a lógica de Jango. Se nada fizera que o incriminasse, se não perseguira nem praticara maldades, como ter receios? Percy era o mais preocupado com a segurança do amigo. Certa vez retomou o assunto: "Doutor, cuidado. O senhor vive andando sozinho aí, a qualquer hora." A resposta foi imediata: "Prefiro viver dez anos a menos, mas viver como gosto".[53]

Contudo, os assassinatos de Michellini e de Ruiz foram um marco na sua vida no exílio. Na avaliação de Moniz Bandeira, não havia dúvidas de que Goulart "corria o risco de ser assassinado, em Buenos Aires. E ele, conquanto antes parecesse incrédulo, estava consciente do perigo que pairava sobre sua vida".[54]

Diante de uma situação cada vez mais delicada, Goulart imaginou poder retornar ao Brasil. A Percy, exilado como ele, pediu que entrasse no país. Diante dos receios do amigo, ele disse: "Conforme o tratamento que te dessem", argumentou, "seria um teste para mim." Embora re-

O EXÍLIO ARGENTINO

ceoso, ele aceitou correr o risco. Jango tinha contatos entre militares brasileiros, particularmente o coronel Azambuja — quando no governo, Azambuja fora seu ajudante de ordens. Na verdade, o ex-presidente já deveria ter conversado com o coronel porque, no dia seguinte, Azambuja ligou para Percy dando-lhe vários telefones e instruções de como chegar a Porto Alegre — desde que clandestino.

Por meio dele, Percy chegaria ao coronel Sólon de Ávila, superintendente da Polícia Federal no Rio Grande do Sul. Se conseguisse estar com Sólon, Goulart instruiu Percy: "Tu perguntas o que eles acham da minha volta, é só isso." Tudo correu como o planejado. Em junho, ao lado do coronel Azambuja, uma espécie de salvo-conduto, Percy foi recebido na Polícia Federal pelo superintendente. Para quem esperava ser recebido, segundo suas palavras, "com pau", estupefato, ele ouviu: "Mas como está o Dr. Brizola? Eu soube que ele está grisalho, como está de saúde?" À vontade, Percy falou sobre Brizola e Jango. A seguir, perguntou ao superintendente. "Coronel, eu vou lhe fazer uma pergunta. Se o senhor puder me responder, o senhor me responda; se o senhor não puder, eu entendo. O que o senhor acha da volta de João Goulart?" O superintendente respondeu: "Pois é, não se concebe que doze anos depois ele permaneça fora do Brasil. O lugar dele é aqui." Sólon argumentou que era preciso esperar a realização das eleições, que ocorreriam dentro de alguns meses. Voltar naquele momento significaria uma romaria de políticos atrás de orientações de Goulart, obrigando os militares a interferir, criando novos constrangimentos. Percy disse ao coronel que os políticos abandonaram o ex-presidente e que, salvo amigos fiéis do passado, ele não era mais procurado. "Hoje o Dr. Jango é um homem abandonado. Esses políticos não procuram mais ele. Se ele recebe alguma carta é de algum ex-ministro dele e da esposa do Dr. Tancredo." O coronel, sem meias-palavras, revidou com franqueza: "Pois é, se o senhor não der um jeito de voltar por seus próprios meios, o senhor vai morrer no exílio, porque esses políticos que estão aboletados nos cargos a que pertencem não estão preocupados com a volta dos senhores." Percy, porém, insistiu, mencionando os atentados que ocorriam na Argentina. Sólon concordou, e disse que em território brasileiro não haveria perigo, mas que Jango "não está seguro nem no Uruguai". No Brasil, acrescentou, ele não deve temer pela vida. O superintendente, a seguir, foi categórico: "Ele que espere passarem as eleições e no outro dia pegue um avião e desembarque no Rio de Janeiro, em Brasília ou Porto Alegre." De volta a Tacuarembó, Percy relatou a Goulart o seu diálogo com Sólon e eles conversaram muito. Nas horas mais difíceis, era com Percy que Jango fazia suas confidências e dividia suas reflexões. Concluíram que era perigoso continuar morando no Uruguai, porém, muito mais perigoso era para Leonel Brizola. Jango pediu a Percy: "Então tu vai lá e fala com o Brizola, pro Brizola sair." Mas, sobre si mesmo, insistiu: "Não... Eu daqui não saio. Só saio para o Brasil. Eu não estou fazendo nada." Resolveu entrar em contato com militares no Rio de Janeiro. As notícias eram animadoras. Então decidiu que uma das alternativas era retornar ao Brasil.[55]

O retorno deveria esperar as eleições, que ocorreriam em novembro. Desse modo, em setembro, Goulart viajou para a Europa. Vários foram os motivos. O primeiro foi fugir das ameaças que passara a sofrer na Argentina. Precisava tomar providências para encontrar uma residência em Paris. Na capital francesa residiria até o retorno ao Brasil. As intimidações que pesavam sobre sua vida e de seus familiares no Cone Sul o obrigavam a isso. Em Paris, encontrou-se com Abelardo Jurema e também com José Gomes Talarico, a quem pediu que procurasse Mário Soares a fim de agradecer-lhe o convite para ir a Portugal.[56] Não deveria aceitar, alegou, pelo constrangimento que causaria ao líder português, no início de seu mandato, diante do governo brasileiro. Mas pedia que ele regularizasse a situação dos exilados brasileiros em Portugal.[57] Soube também que Mário Soares manifestara preocupação com Brizola vivendo sob a ditadura uruguaia, e sugeriu que ele fosse para Portugal, onde imediatamente teria trabalho.[58] Outro motivo para a viagem foi rever o filho, João Vicente, morando em Londres, casado com Stela, e conhecer Cris, o neto. Jango ficou muito animado com o nascimento do menino. Ao ver o neto, encantou-se. Para quem era apaixonado pelos filhos, o primeiro neto só poderia ser motivo de grande alegria. Segundo Maria Thereza, conhecer o neto o revigorou, deu-lhe forças, que estavam escasseando.[59]

Mas a razão mais séria da viagem foi a pressão da família e do médico uruguaio para se consultar com dois especialistas europeus, um em Paris, outro na Suíça. O médico suíço, após uma série de exames, concluiu que o coração de Jango era frágil como o de um homem de 80 anos, quando, na época, tinha apenas 56. O médico francês disse que sem perder peso e parar de fumar a medicina nada poderia fazer por ele, completando: "*Monsieur le President, si on ne veut pas vivre, on ne vit pas.*"[60] Embora ouvisse as recomendações médicas, não as seguiu. Negava-se a parar de fumar.[61] De Lyon, escreveu uma carta para Cláudio Braga: "estou concluindo m/exames médicos c/resultados bem razoáveis, especialmente considerando que não me sujeitei nunca a prescrições e regimes". Poucas semanas depois, em Paris, Jango e Jorge Otero, hospedados no Hotel Claridge, tomaram o café da manhã juntos. No prato de Goulart havia três ou quatro ovos. Diante do olhar reprovador do companheiro de mesa, ele respondeu: "Mas, Jorge! É o regime dos astronautas", referindo-se à dieta proteica. "Faz muito bem!"[62]

Uma das primeiras medidas foi querer cuidar da saúde. No entanto, segundo Maria Thereza, Jango cometeu um erro grave: comprou, em Londres, um livro intitulado *As gorduras não engordam*.[63] Tratava-se de um regime muito na moda na década de 1970: requeria comer carnes e gorduras, mas evitar amido e açúcar. A dieta, formulada pelo médico norte-americano Robert Atkins, é rica em proteínas e gorduras, permitindo o consumo livre de carnes brancas e vermelhas, queijos, ovos e frios em geral. Entretanto, restringe os carboidratos, como pães, massas e doces. Legumes e frutas são proibidos. Verduras, somente algumas. A dieta deve ser rigorosamente seguida durante 15 ou 20 dias. Com a drástica redução da ingestão de carboidratos e glicose, o pâncreas reduz a produção de insulina. Sem dúvida, o emagrecimento é rápido. Daí existirem defensores em algumas áreas da Medicina. Contudo, as críticas de médicos especialistas vêm de todos os lados. A maioria deles concorda que os custos são maiores que os benefícios. Segundo estudos, o regime elimina a sensação de fome, mas à custa de cansaço, fraqueza, mau humor e dor de cabeça. A pessoa deixa de consumir carboidratos e glicose, mas se enche de gordura para obter a energia que deveria vir daqueles itens eliminados — sobretudo da insulina, vista como a grande vilã. Aumentam também os níveis de colesterol. As gorduras saturadas, de origem animal, se depositam nas artérias, diminuindo seu calibre, podendo ocasionar, de imediato, o aumento da pressão arterial e, mais lentamente, o entupimento delas. Para alguns, o regime é muito agressivo. Além disso, a suspensão da dieta acarreta a paulatina volta ao peso anterior no efeito conhecido como "sanfona". Aparentemente, a perda de peso imediata parece comprovar a eficácia do método, mas, com o tempo, seu desempenho não é melhor que o de outras dietas. Apesar dos perigos imediatos que oferece, ainda nos dias atuais as indicações do Dr. Atkins fazem sucesso e têm muitos defensores na área médica.

Obedecendo ao regime, Jango acordava e comia um pedaço de carne gorda e um ovo. Ao longo do dia, nada de pão, arroz ou doces, somente carne gordurosa e ovos. Acompanhava com vinho branco. De vez em quando, um melão. Segundo Maria Thereza, aquele tipo de alimentação deve ter provocado ansiedades, uma vez que passou a fumar mais do que costumava. Ela avisava: "Jango, você não pode fazer isso. Você tem problema cardíaco, você vai fazer esse regime de gordura, te entope as veias do coração!"[64] Ele não ouvia: "Não, isso aqui está me emagrecendo." De fato, a dieta acarreta uma rápida perda de peso: ele perdeu 14 quilos em dois meses, mas com aumento explosivo do colesterol. Para Eva, sua morte, no final daquele ano, foi por causa da elevação súbita da taxa de colesterol causada pelo regime.[65]

Jango confidenciou aos filhos que gostaria que eles passassem o Natal em suas fazendas na Argentina ou no Uruguai. Com as perseguições e os atentados a líderes políticos latino-americanos, estava disposto a alugar um pequeno apartamento em Paris, onde residiria até os militares brasileiros abrirem o regime. Ele estava determinado em retornar ao Brasil. Seu advogado brasileiro, Wilson Mirza, já havia contestado todos os processos contra ele, restando possivelmente um, em que era acusado de ter se apropriado indebitamente de 12 litros de tinta da NOVACAP para pintar seu apartamento particular. Liquidado esse último processo, alegou, visitaria o papa, o senador Ted Kennedy e, sem dar satisfações a ninguém, desembarcaria no aeroporto internacional do Rio de Janeiro.[66] Contudo, 15 dias depois, o ministro do Exército, Sylvio Frota, muito bem assessorado, soube dos planos. Em telegrama enviado ao Departamento Geral de Investigações Especiais da Secretaria de Segurança Pública do Rio de Janeiro, em 10 de setembro de 1976, com carimbos de "confidencial" e "reservado", ele determinava o seguinte: "Sendo constantes os informes de que João Goulart tentará regressar ao Brasil, por esses dias, determino a Vossa Excelência as seguintes providências: 1) João Goulart deverá ser imediatamente preso e conduzido ao quartel da PM, onde ficará em rigorosa incomunicabilidade, à disposição da Polícia Federal; 2) nenhuma medida policial deverá ser tomada contra seus familiares, que permanecerão em liberdade; 3) fica sem efeito prescrição restritiva referente ao transporte (das) Aerolíneas Argentinas; qualquer que seja o meio de

O EXÍLIO ARGENTINO

transporte nacional ou estrangeiro, a prisão acima referida deverá ser realizada e as medidas consequentes, aplicadas. Acusar recebimento. General Sylvio Frota, ministro do Exército."[67] A seguir, o radiograma dizia que fatos relativos a João Goulart deveriam ser informados ao comandante do 1º Exército, no Rio. A ditadura esperava a volta de Jango. Sua detenção era certa, independentemente dos resultados dos processos que corriam contra ele.

Hospedado no Hotel Claridge, em Paris, Goulart já se convencera de que ali fixaria residência. Após o assassinato do ex-presidente boliviano Juan José Torres, em junho, estava certo de que deveria mudar-se para a Europa. Os assassinatos de opositores das ditaduras militares do Cone Sul não lhe deixavam alternativas. Mas ele continuava indeciso entre morar na Europa e retornar ao Brasil. Segundo Jorge Otero, ele pensou em sondar o chefe do SNI, general João Baptista Figueiredo, sobre essa possibilidade. Afinal, o militar, quando coronel, era um assíduo frequentador de seu apartamento em Copacabana. Contudo, desistiu da sondagem. A reconciliação com Brizola e as informações de que grupos militares terroristas do Cone Sul atuavam em conjunto o convenceram de que seria melhor embarcar, em definitivo, para a Europa.[68]

Em Madri, pouco antes de retornar à Argentina, recebeu notícias vindas do Brasil. O governo brasileiro, preocupado com a reconciliação dele com Brizola, e sabendo que o ex-presidente tomaria um avião na capital espanhola, fechara o aeroporto Salgado Filho, em Porto Alegre, bem como deslocara tropas militares para a fazenda Rancho Grande, em São Borja. Aquilo o entristeceu profundamente. Nada do que os militares brasileiros faziam em relação a ele parecia ter sentido. Não havia motivo para tanto ódio. Nada fizera para gerar tanto temor, ressentimento e atitudes vingativas como aquelas. Profundamente triste, somente lhe restava a conformação.

Entretanto, ainda nas próximas horas, ele viveria os momentos de maior tensão de sua vida, se descontarmos os dias finais de seu governo. Em 12 de outubro de 1976, no aeroporto de Madri, junto com o amigo Jorge Otero, ele embarcou em um voo da Aerolíneas Argentinas com destino a Buenos Aires. No meio do oceano Atlântico, quando todos dormiam, o comandante, pelo microfone, informou aos passageiros as modificações no trajeto: devido a fortes ventos contrários, o avião faria uma escala técnica de aproximadamente 45 minutos na cidade do Recife

JOÃO GOULART – UMA BIOGRAFIA

para reabastecimento. Logo depois, vindo da primeira classe, Goulart se sentou ao lado de Jorge Otero, na classe turística. Aflito, pediu ao amigo: "Jorge, fale com o comandante. Explique a ele que estou proibido de entrar em território brasileiro. Comprei esta passagem com o compromisso de não fazer uma escala sequer. Que retorne à Europa..." Após tentar explicar a situação para a aeromoça, em vão, Jorge Otero repetiu tudo para o comissário de bordo, também inutilmente. Insistindo, conseguiu falar com o comandante. Na porta da cabine, eles falaram ao piloto. Otero apresentou Goulart e explicou tudo novamente. "Se eu entrar no Brasil, serei preso. O senhor deve levar-me de volta à Europa ou aonde quer que seja, exceto ao Brasil", completou. O comandante, inflexível, disse que os fortes ventos exigiam mais combustível e que, ao comprar a passagem, sabia da possibilidade de escalas não previstas. Revoltado, Goulart retrucou: "Ninguém me alertou a respeito de nada!" E, olhando para Jorge Otero, pediu: "Explique a ele. Serei retirado do avião e preso. E ele será responsabilizado." Mais do que preso, Goulart tinha medo de ser assassinado. O comandante garantiu que ninguém entraria no avião, uma aeronave de bandeira argentina. Diante da ingenuidade do piloto, Jorge Otero insistiu: tratava-se de um aparelho civil, soldados entrariam e ele nada poderia fazer. Lembrou, também, que Jango era exilado na Argentina (o que não era verdade) e que se dirigia a Buenos Aires. Diante da situação inusitada o comandante pediu que eles voltassem para suas poltronas. Algo seria feito. Sentados, Jorge Otero, procurando ser otimista, lembrou que a passagem de Goulart estava no nome de Belchior Marques. "É possível", alegou. "Mas o comandante da guarnição de Recife foi promovido por mim. Por isso, com certeza deve saber quem é o passageiro Belchior Marques." Além disso, após o alerta no Brasil de sua reconciliação com Brizola, as guarnições militares certamente estavam de sobreaviso. Nada havia a fazer a não ser esperar. Foi o que fizeram no silêncio da noite. Bastava um membro da tripulação passar pelo corredor para Goulart pedir informações. Jorge Otero, percebendo a preocupação do amigo, lembrou que, se algo acontecesse, haveria grande repercussão internacional. "Ninguém sabe que estou viajando", respondeu Jango. Otero, no entanto, lembrou-lhe de algumas pessoas em Paris que sabiam da viagem dos dois, além de sua mulher e da filha, que o esperavam no aeroporto. Pouco depois, o comandante avisou aos passageiros que a escala em Recife seria desnecessária e que

O EXÍLIO ARGENTINO

o avião seguiria diretamente para Buenos Aires. Com um sorriso largo, Goulart voltou a conversar com Jorge Otero a respeito de seus planos de fixar residência em Paris.[69]

Nesse mesmo tempo, Percy foi conversar com Brizola. Queria alertá-lo dos perigos de continuar no Uruguai, principalmente depois dos avisos do coronel Sólon. Brizola disse que não poderia sair do país porque não tinha dinheiro. Além disso, utilizou o mesmo argumento de Jango: "Eu não estou fazendo nada."[70] Mas Percy tinha o seu próprio "serviço de informações": um grupo de amigos brasileiros exilados. O objetivo era proteger Goulart, porém ele sabia de muitas coisas além do que queria. Entre elas, que Brizola estava fazendo algo. Segundo Percy, ele estava conspirando com um grupo de coronéis brasileiros. Dinheiro não era o problema, porque Jango se oferecera para ajudá-lo financeiramente a sair do Uruguai. Brizola recusou. "Eu não estou fazendo nada, vou ficar aqui." Percy insistiu para que ele vendesse a propriedade e fosse, por exemplo, para a Venezuela. "Mas isso é um bem da Neuza! Como eu vou vender a fazenda da Neuza? Isso é herança dela. Não posso. Daqui só saio para o Brasil." Percy voltou a conversar com Jango. Uma nova opção foi aventada para convencer Brizola a deixar o Uruguai: "Diz pra ele que o Mário Soares ofereceu-lhe um emprego em Portugal." Goulart estava realmente preocupado com o cunhado.

A presença de Goulart no Uruguai era um problema para o governo militar daquele país. Sua condição de asilado político causava constrangimentos diante da ditadura brasileira, embora os investimentos econômicos de Jango devessem ser considerados. Assim, o governo uruguaio alegou que ele, na condição de exilado político, não poderia viajar constantemente para o exterior. A melhor solução seria renunciar ao asilo e obter a residência definitiva, com base em suas atividades econômicas. Dessa forma, logo que regressou de Paris, em outubro de 1976, Jango, em carta ao ministro das Relações Exteriores do Uruguai, tomou as providências necessárias. Sua condição de asilado político foi anulada e a residência definitiva aprovada.[71] Assim, no Uruguai, ele não tinha mais segurança da condição de exilado, podendo ser extraditado para o Brasil. Em Buenos Aires, poderia sofrer um atentado. Embora continuasse pensando na possibilidade de retornar ao Brasil, morar na França, segundo Jorge Otero, tornou-se um projeto definitivo em sua vida.[72]

663

Os remédios para o coração, sem similares na Argentina, eram comprados na França e embarcados por *packing* para Buenos Aires. Os medicamentos mais corriqueiros, a exemplo do Isordil, ele comprava em qualquer lugar. Estando no Uruguai, na Argentina ou no Paraguai, bastava se lembrar do remédio para comprar, ou mandar alguém comprar. Essa prática, sem dúvida, permitiu especulações sobre um atentado por envenenamento.[73]

O ano de 1976 foi difícil para Jango, aliás, o último de sua vida, e reservou para ele uma série de episódios decepcionantes. Jair Pereira Lima, exilado brasileiro muito amigo de Goulart, foi chamado ao Ministério do Interior uruguaio para assinar a desistência de seu exílio. Setenta e duas horas depois, ele e a mulher foram expulsos do país. Com dificuldades para administrar seus negócios no Uruguai, ainda foi coagido a vender um sítio em Jacarepaguá para o Botafogo, tradicional clube do Rio de Janeiro. Os dirigentes botafoguenses ofereceram-lhe um pagamento irrisório em razão das ameaças do prefeito do Rio de desapropriar o terreno.[74]

Nesse período, ele parecia viver momentos contraditórios. Segundo Raul Ryff, acreditando que a "distensão" de Geisel se aprofundava, Goulart passou a examinar a situação em cada estado, visando à reorganização do PTB para quando voltasse, contando, para isso, com políticos locais. No entanto, sem maiores articulações, não convocava ninguém à sua fazenda, apenas recebia aqueles que o procuravam.[75] Segundo Maria Thereza, amigos que o visitavam o aconselhavam a cuidar da saúde, animando-o com o possível retorno ao Brasil. Ele, porém, respondia: "Que ilusão! Nunca mais voltarei, e você, Teca, prepare-se para voltar viúva e avó, com o neto no colo."[76] De fato, foi o que ocorreu.

Ele parecia saber o que dizia. O corpo, em algumas situações, não mais obedecia. Ao subir uma rampa, ao lado de Ivo Magalhães, foi obrigado a parar para descansar e, principalmente, para poder respirar.[77] Outras pessoas que conviveram com ele, como era de Leon e Klécio Santos, confirmam a dificuldade para subir pequenas rampas.[78] Assim, mesmo contrariado, nos últimos meses de sua vida aceitou algumas recomendações médicas. Além do regime do Dr. Atkins que o levou a perder 14 quilos, largou as bebidas alcoólicas, especialmente o costumeiro uísque. Nem sequer cerveja. Bebia apenas água mineral. Com relação ao cigarro, as pessoas próximas dizem que ele passou a fumar ainda mais, de maneira compulsiva. Segundo depoimentos de Maria Thereza Goulart, Jango, na

O EXÍLIO ARGENTINO

época, fumava quatro maços de cigarros por dia e transgredia as proibições médicas, comendo ovos e carnes gordurosas. O próprio Moniz Bandeira o visitou em novembro de 1976, um mês antes de sua morte. Mesmo tendo emagrecido com a dieta do Dr. Atkins, ele continuava acima do peso, sem largar o cigarro.[79] Seus poucos prazeres incluíam caminhar pelas cocheiras, assistir a rodeios e frequentar cassinos. Até o fim de seus dias manteve o estilo gregário, de apego à sua gente, aos hábitos de sua terra, a seus usos e costumes. Segundo a definição de João Pinheiro Neto, Goulart jamais seria um cidadão do mundo, seduzido pelas novidades do cotidiano e da modernidade globalizada. O sedentarismo e o gregarismo foram agravados pelo exílio, tornando-se escravo de hábitos limitadores. A timidez, por seu turno, o impedia de escrever mesmo notas avulsas. "Salvo um ou outro discurso, uma ou outra confidência, um ou outro desabafo mais aberto, Jango, de si, pouco deixou para a posteridade."[80]

Segundo Moniz Bandeira, naquele momento — fins de 1976 — Goulart estava indeciso sobre o que fazer de sua vida. A ideia de voltar ao Brasil não o abandonava. Nos primeiros dias de dezembro, pediu a Cláudio Braga que se encontrasse com Almino Afonso em Buenos Aires. O assunto principal: "transmita-lhe minha decisão de regressar ao Brasil; ele pode ir pensando na operação regresso". Cláudio, por diversas vezes, perguntou se a sua decisão era definitiva. Sua resposta foi clara: "Se não fosse, eu não estaria mandando que fales com Almino. As conversas com Almino são conversas sérias... Ele é um homem sério. Irei antes conversar com Edward Kennedy, enquanto isso Almino irá ouvindo a quem considerar necessário a essa operação." Dias depois, Cláudio Braga e Almino Afonso se encontraram. O ex-ministro da Justiça de Jango foi favorável à ideia, mas concordava que ele deveria primeiro encontrar-se com o papa Paulo VI e com o senador Edward Kennedy. A seguir, de Nova York, com amplo conhecimento público, pegaria um avião e desembarcaria no Rio de Janeiro.[81]

O último ano de sua vida ainda lhe reservaria outras surpresas. Com o processo de "abertura" anunciado pelo general Ernesto Geisel, o consulado brasileiro em Montevidéu deu-lhe finalmente o tão sonhado passaporte, em junho de 1976, embora com uma série de ressalvas contraditórias e obscuras. No espaço reservado para as restrições, estava escrito: "Passaporte válido para a França, unicamente. Válido também para o Reino Unido da Grã-Bretanha, Irlanda do Norte e Estados Unidos da América."[82] Jango continuou a usar o passaporte paraguaio.

Outra surpresa, inimaginável até então, o aguardava dias antes de sua morte. No fim de novembro de 1976, um coronel do Exército vinculado ao SNI procurou Manoel Leães em sua residência, em Porto Alegre. Apresentava-se como emissário do general-presidente Ernesto Geisel. O governo propunha que Jango retornasse ao Brasil em 25 de dezembro, desembarcando em Brasília. Jango teria todas as garantias, desde que se limitasse a viver em São Borja. Diante da proposta, Goulart não demonstrou entusiasmo. Segundo Leães, acreditava que poderia ser um plano da ditadura para prendê-lo. Sua volta, no entanto, poderia ser um fato político importante para as oposições. Pediu, então, que Leães consultasse seus amigos Almino Afonso e José Gomes Talarico, ambos morando no Rio de Janeiro. Na verdade, ele estava disposto a retornar, desde que os amigos e toda a imprensa brasileira estivessem presentes no aeroporto. Combinou com Manoel Leães que estaria na fazenda La Villa, próxima da cidade de Mercedes, província de Corrientes, na Argentina, esperando os resultados das consultas.[83]

Jango, naquele momento, estava determinado a voltar ao Brasil, mas não sabia como. O problema para seu retorno ao Brasil estava nas próprias contradições do poder militar no Brasil. Mesmo que o emissário de Geisel estivesse dizendo a verdade, o ministro do Exército, general Sylvio Frota, recebendo consulta a esse respeito de Orpheu dos Santos Salles, respondeu dizendo que a volta de Jango ao Brasil era "impossível". Se retornasse, seria processado e preso.[84] Logo que retornou da Europa, convocou Percy para irem a Salto realizar alguns negócios. Nesse momento, porém, Maria Thereza chegou a Tacuarembó. Com ela, foram para Salto. Era um sábado muito quente. Jango e Percy, depois de fecharem o negócio, sentaram-se à sombra de um galpão. Com o forte calor, Percy desejava uma cerveja, mas se limitou a beber água mineral. Naquele momento, era a única bebida que Jango, por recomendação médica, tomava. Na parte da tarde, no avião particular, retornaram para Tacuarembó. No dia seguinte, Jango, acompanhado de Maria Thereza, iria para a estância La Villa, em Mercedes. Percy preferiu ficar. Jango o convenceu a ir pelo menos até Belo União, região de fronteira entre o Uruguai e a Argentina. "Mas fazer o que lá, doutor?", perguntou Percy. Ele respondeu: "Vamos charlando" — conversa gauchesca. No avião, foram ele, Percy, Maria Thereza e o piloto. Às margens do rio Uruguai, o casal atravessou

O EXÍLIO ARGENTINO

o rio em um barco e desembarcou no lado argentino. Percy ficou no lado uruguaio, encostado em um poste até eles sumirem do outro lado. Foi a última vez que esteve com o patrão e, sobretudo, o querido amigo.[85]

Era domingo, 5 de dezembro de 1976. No automóvel, além de Goulart e Maria Thereza, estavam Peruano e Alfredo. Em Paso de los Libres, pararam no Hotel Don Alejandro para almoçar, por volta de uma da tarde. Segundo impressões de Peruano, a parada foi casual. Demoraram muito mais do que o esperado. Lá estavam várias pessoas conhecidas de Itaqui, São Borja e Uruguaiana. À mesa, Jango não conseguia disfarçar a grande tristeza. Depois, todos seguiram em direção à fazenda La Villa, distante, aproximadamente, uma hora e meia de Paso de los Libres. Maria Thereza, ao volante, ao avistar a ponte que separava o território argentino do brasileiro, brincou com o marido: "Já que estamos tão perto, por que não damos uma passada no Brasil?" Goulart, embora muito cansado, respondeu: "Que brincadeira é essa, Maria Thereza?"[86] Teria Jango plano de, no dia seguinte, atravessar a fronteira e rumar para São Borja, esperando as consequências? Se o projeto fosse do conhecimento dos militares brasileiros, certamente a fronteira seria fechada, o rio Uruguai patrulhado e suas fazendas em São Borja sitiadas. Daí o silêncio absoluto sobre seus planos. Somente no dia anterior, por exemplo, ele fechara um negócio de milhares de dólares, dinheiro que poderia usar para se estabelecer no Brasil.

Se ele tinha esse plano, nunca saberemos. Ao chegar à fazenda, como de costume, foi conversar com o capataz, Júlio Passos. E assim ficou até por volta das 22h. Jantou um churrasco de ovelha. Antes de se recolher, às 24h45 algo inusitado ocorreu. Contrariando seus hábitos na vida privada, pediu a Júlio que ficasse perto de seu quarto, de preferência na varanda. O capataz, que nunca ouvira dele tal pedido, achou tão estranho que não o levou a sério.[87] Goulart deitou-se, leu algumas páginas de um livro, mas logo apagou a luz. Pouco tempo depois, Maria Thereza, incomodada com uma janela na cozinha que batia devido ao forte vento, pediu-lhe que a fechasse. Jango atendeu à mulher e voltou a deitar-se. De madrugada, às 2h30, de bruços, ele respirava ofegante, à procura de ar. Acordando assustada, Maria Thereza, atônita, ainda não tinha percebido o que estava acontecendo. Correu para o quarto oposto ao pavilhão da casa em busca de socorro: "Peruano, o Dr. Jango está passando mal." Retornaram ao quarto, e Peruano, assustado, presenciou alguns suspiros roucos, os últimos de Goulart. Júlio, que acabara de chegar, passou a fazer massagens em seu peito. Atordoado, Peruano disse: "Temos que buscar um médico." Rapidamente, entrou no carro; em Mercedes, distante 14 quilômetros da fazenda, esperava encontrar socorro. Como não frequentava a pequena cidade, não tinha conhecimento algum. Lembrou-se, no entanto, de Martín Cehman, homem que tinha feito negócios com Jango. Após acordá-lo, conseguiu a indicação de um médico, Ricardo Rafael Ferrari, especializado em pediatria. Ao retornar à fazenda, Peruano levou-o até o quarto. Após exames simples, ele constatou que o ex-presidente estava morto. Nesse momento, desalentados, todos na casa se deram conta do que ocorrera.[88] O médico, examinando o cadáver, não encontrou nenhum sinal de violência ou de ferimento. Não havia contraturas ou secreções na boca, o que, aparentemente, descartava a hipótese de morte por envenenamento. Tudo indicava que ocorrera uma parada cardíaca.[89] Não foi realizada autópsia e na certidão de óbito ele escreveu: morreu de *"enfermedad"*.

Peruano retornou com o médico para a cidade por volta das 4h. Na residência de Martín, deu alguns telefonemas. Um deles foi para Percy Penalvo: "O doutor morreu e Dona Maria pergunta onde enterrar", disse Peruano. A ligação estava muito ruim, mas Penalvo, falando alto, foi determinado na resposta: "Em São Borja! Diga que é para enterrar em São Borja! Brasil. Providenciem pro Brasil. Falem com o general Lanusse para tirar ele da Argentina que eu vou falar com o Brasil." Percy sabia da amizade entre Goulart e Lanusse, e conhecia as dificuldades burocráticas para transportar um cadáver de um país para outro.[90] Às 5h, muitos amigos já sabiam de sua morte. Vários deles partiram de Porto Alegre para homenageá-lo em São Borja. Ao amanhecer, Peruano comprou um caixão e retirou a certidão de óbito. Aos poucos, a fazenda começou a receber visitas. Às 10h, cerca de 30 pessoas prestavam homenagens a Goulart. Por volta do meio-dia do dia 6, saíram em cortejo para o Brasil, como tinha insistido Percy.[91]

Goulart, na verdade, não vinha se sentindo bem. Fizera um regime violento e mal controlado. Cardíaco, fumante, apreciador de uísque e carnes gordurosas, vivendo processo depressivo, além da vida sedentária, tudo indica que o ex-presidente foi vítima de um infarto no miocárdio. A família, inicialmente, negou-se a admitir qualquer tipo de atentado, tanto

O EXÍLIO ARGENTINO

assim que não requereu a autópsia. Somente após revelações mais aprofundadas sobre a Operação Condor, com a liberação de alguns documentos da CIA, a família começou a admitir a possibilidade de assassinato por envenenamento. Leonel Brizola, já avisado por Goulart e por Arraes de que estava marcado para morrer, viajou para os Estados Unidos logo após a morte do cunhado e, dali, foi para Portugal.

A versão de que Jango foi envenenado começou a circular logo após sua morte. Segundo Moniz Bandeira, João Alonso Mintegui, amigo de Goulart, comentou com jornalistas que os remédios que vinham de Lyon foram trocados propositalmente em uma ação da CIA e dos serviços de repressão do Brasil e da Argentina. Não sabia explicar como ocorrera a troca e nem apresentara provas do que dizia. As insinuações, no entanto, serviram de fundamentos para as acusações de Enrique Foch Díaz: os procuradores de Jango o teriam assassinado para se apropriarem de seus bens. Em 1982, Foch denunciou a viúva Maria Thereza Goulart ao Poder Judiciário uruguaio pela "morte duvidosa" de Jango. Diante da sugestão do juiz para exumar o cadáver, a família de Goulart não permitiu. Em entrevista a O Globo, Maria Thereza argumentou: "Vi meu marido sofrendo o infarto." E completou: "ele ficou com o lado esquerdo do peito inteiramente roxo, devido aos hematomas, o que confirma esta afirmação."[92] Como Foch não apresentou provas, o juiz uruguaio encerrou o processo. Na mesma época, o militante do PDT, Danilo Groff, reiterou as denúncias de Foch, acusando Cláudio Braga de ser um dos responsáveis pela morte de Jango. Cláudio Braga processou Groff por crime de calúnia. Também sem apresentar provas, Groff foi condenado a um ano de prisão e ao pagamento de multa.[93]

Enrique Foch Díaz tinha grande ressentimento de Maria Thereza por ela ter cancelado uma procuração que lhe dava poderes para ter acesso à contabilidade dos bens da família Goulart na Argentina. Ele retornou com novas acusações no ano 2000, época em que a Operação Condor foi bastante noticiada e, por esse motivo, instaurada, na Câmara dos Deputados, a Comissão Externa para investigar as circunstâncias que envolveram a morte de Jango. Naquele ano, Foch deu entrevista a um jornal uruguaio denunciando um conluio de militares com Maria Thereza e João Vicente Goulart, com o objetivo de assassinar o ex-presidente. Não satisfeito, publicou um livro intitulado João Goulart – El crimen perfecto, em que também envolvia Cláudio Braga e Ivo Magalhães na morte de Jango. No livro, todos tiveram o objetivo de se apropriar dos bens de Goulart. Não havia propriamente acusações, mas uma série de insinuações que resultavam em "morte duvidosa". Ele referiu-se à troca de remédios por veneno e ao uso de gás sarin. Foch também deu entrada em processo no tribunal de Maldonado. Todas as acusações eram apresentadas novamente sem provas. Cláudio Braga, com apoio de Maria Thereza, processou Foch por difamação. Ele foi condenado a sete meses de prisão e a edição do livro foi apreendida.[94] Em 2001, a Comissão Externa da Câmara Federal encerrou seus trabalhos sem comprovar o assassinato de Goulart.

Em fins de 2006, as suspeitas de envenenamento reapareceram e tomaram as páginas da imprensa. O uruguaio Mário Barreiro Neira, prisioneiro na Penitenciária de Alta Segurança de Carqueadas, Rio Grande do Sul, declarou ter participado da Operação Escorpião, cujo objetivo era assassinar Goulart. Em janeiro de 2007, em entrevista ao jornal *Folha de S. Paulo*, disse ter monitorado todos os passos de Jango, de meados de 1973 até a sua morte, por meio de escuta telefônica e ambiental. Neira estabeleceu a versão de que Sérgio Paranhos Fleury, delegado do Departamento de Ordem Política e Social de São Paulo, tivera uma conversa com Geisel, que deu aval para assassinar Jango: "a morte não foi decidida pelo governo uruguaio, mas pelo governo do Brasil, influenciado pela CIA". O uruguaio afirmou que Jango tomava três remédios para o sistema cardiovascular: Isordil, Adelfan e Nifodin e acusou o médico Carlos Milles de ter recebido venenos da CIA e injetado dentro daqueles comprimidos. Como Milles faleceu, não foi possível comprovar a versão. Neira ainda relatou que os medicamentos envenenados foram deixados no Hotel Liberty.[95] Em suas entrevistas, ele não apresentou nenhuma prova.

Em setembro de 2007, a família Goulart promoveu uma ação na Procuradoria Geral da República, pedindo a investigação sobre a morte do ex-presidente. Na ação, alegava que Jango teria sido morto por envenenamento. O Ministério Público Federal abriu inquérito para investigar o caso e a Polícia Federal recebeu pedido da Procuradoria dos Direitos do Cidadão do Rio Grande do Sul para que tomasse o depoimento de Neira.

Mas, afinal, quem é Mário Barreiro Neira? O historiador Moniz Bandeira foi quem reconstituiu sua trajetória de vida. Trata-se de indivíduo bastante problemático. No Uruguai, era um criminoso comum, quando

O EXÍLIO ARGENTINO

foi recrutado pela repressão política no tempo da ditadura militar daquele país. Era homem do escalão menor da polícia política e seu trabalho era o de ficar escutando as conversas dos telefones grampeados. Durante o regime militar, participou do grupo de extrema direita Garra 33. Com o fim da ditadura, voltou ao mundo do crime. Nos anos 1990, integrou a Superbanda, uma quadrilha de policiais bandidos que agia, entre outras coisas, no contrabando de armas para o Brasil.[96]

De acordo com Moniz Bandeira, em 1996 Neira foi preso em Bagé, Rio Grande do Sul e cumpriu pena de dois anos. De volta ao Uruguai, retornou à vida criminosa, assaltando um zoológico, um hospital e alguns escritórios. Perseguido pela polícia de seu país, fugiu para o Brasil e, em 1998, foi detido pela polícia gaúcha, mas conseguiu escapar. No ano seguinte, em Gravataí, foi preso em flagrante pela Polícia Federal por roubo de automóvel e porte ilegal de armas. Em sua residência, naquela cidade, policiais encontraram arsenal de armas e munições, além de equipamento de comunicação com anotações das frequências de rádio da polícia estadual. Com Ricardo Anacleto Mendieta, seu cúmplice, a polícia descobriu que Neira estava vinculado a assaltos a caminhões de transporte de valores, ao tráfico de automóveis no Mercosul e à tentativa frustrada de roubo de avião. Em 2003, por razões desconhecidas, conseguiu escapar do Instituto Penal de Mariante. Foi preso outra vez e entregue à Brigada Militar, mas, também por razões desconhecidas, foi libertado. Contudo, no mesmo ano, a Polícia Federal novamente o capturou. Para evitar novas fugas, ele foi preso na Penitenciária de Alta Segurança de Charqueadas para cumprir pena de 19 anos.[97] Não sem razão, Moniz Bandeira reiteradamente refere-se a Neira como "delinquente".

São vários os problemas nas histórias contadas por Neira. Comparando as declarações que deu a jornais, programas de televisão e à Polícia Federal, encontram-se afirmações "confusas, imprecisas e contraditórias", avalia Moniz Bandeira. Se ele conhecia o cotidiano de Goulart e sua família pela função de monitorar as linhas telefônicas grampeadas, Neira não apresenta uma única prova de que remédios foram envenenados e trocados com o objetivo de matar Jango. Entre os nomes citados por ele, os dois principais, o médico e o general uruguaio responsáveis pelo envenenamento, estão mortos. Todas as outras pessoas citadas não foram localizadas pela Polícia Federal. Não há testemunhas ou qualquer prova material do crime. Também é muito improvável de que Geisel tenha dado ordens diretamente a um delegado do DOPS para matar Goulart. Nessa mesma época, por exemplo, Geisel havia autorizado a prorrogação da validade do passaporte de Jango. Testemunhas afirmam que Goulart nunca recebeu remédios vindos da França no Hotel Liberty. Moniz Bandeira ainda arrola várias outras situações que demonstram as inconsistências das histórias contadas por Neira.[98]

Mas quais motivações teriam levado Mário Barreiro Neira a assumir participação em atentado contra o ex-presidente? De acordo com Moniz Bandeira, Neira estava preso no Brasil por uma série de crimes, quando, em 1998, o governo uruguaio pediu sua extradição às autoridades brasileiras, alegando que ele deveria cumprir pena por assalto a uma financeira e a um hospital. Na tentativa de evitar a extradição, Neira declarou que se tratava de perseguição política do governo uruguaio contra ele. Diante de um juiz federal em Porto Alegre, disse que seu crime foi o de escrever um livro relatando como ocorreu o assassinato de Goulart. O livro, no entanto, não existia. Seu cúmplice em vários crimes, Ricardo Anacleto Mendieta, também alegou perseguição política. Moniz Bandeira, nesse aspecto, é preciso em sua avaliação: Neira queria "ganhar notoriedade como bandido político e evitar a extradição para o Uruguai".[99] O subprocurador da República, Edson Oliveira de Almeida, não aceitou os argumentos de Neira e Mendieta, qualificando-os de criminosos comuns e deferindo o pedido de extradição. O ministro do STF, José Neri da Silveira, endossou as conclusões do subprocurador: Neira e Mendieta cometeram delitos contra o patrimônio – e não crimes políticos. Desse modo, o STF deferiu a extradição em março de 2001, mas somente após Neira cumprir sua pena no Brasil.[100]

Em 2008, o Ministério Público Federal acatou a ação da família Goulart e tomou à frente a investigação sobre a morte do ex-presidente, tendo como elemento motivador as declarações de Neira. Durante dois anos e quatro meses de investigação, Julio Schwonke de Castro Júnior, procurador da República do Rio Grande do Sul, analisou documentos secretos, ouviu diversas testemunhas, a exemplo do ex-adido militar em Buenos Aires e a viúva Maria Thereza Goulart. Em julho de 2010, a investigação foi arquivada. Em seu despacho, o procurador descartou a hipótese de conspiração internacional para assassinar Goulart: "mesmo após prolongada instrução do presente, não há qualquer indício relevante do assassinato do presidente João Goulart, nem a implicação concreta

O EXÍLIO ARGENTINO

de qualquer autoridade no caso". Para o procurador, a suspeita de que Jango foi assassinado tinha como base tão somente "depoimentos confusos e contraditórios" de Mário Barreiro Neira.[101]

É preciso tratar a morte de Goulart com equilíbrio e ponderação. Ao historiador não interessa o sensacionalismo. Ao historiador interessa documentos e testemunhos que fundamentem sua argumentação. Como vimos em vários depoimentos citados anteriormente, Jango era um homem cardíaco. Em 1962, no México, teve seu primeiro acidente cardiovascular, desmaiando em solenidade oficial. Em 1969, sofreu um infarto. Sua alimentação era à base de carnes gordurosas, ricas em colesterol. Fumava muito e consumia bebidas alcoólicas regularmente. Seu estilo de vida era sedentário. Padecia de um processo depressivo visível para quem convivesse com ele. Além disso, os medicamentos que tomava revelam um homem cardiopata e que sofria de hipertensão arterial. É o caso do Isordil, indicado para crises de angina, que resultam da pouca oxigenação do músculo cardíaco, via de regra devido à obstrução das artérias coronárias e podem preceder o infarto agudo do miocárdio. Goulart também fazia uso do Adelfan, utilizado para o tratamento da hipertensão arterial. Sua fórmula contém reserpina, diidralazina e hidroclorotiazida. A reserpina é um anti-hipertensivo e diminui a frequência cardíaca, agindo no sistema nervoso simpático. Um dos efeitos colaterais é bloquear a serotonina, desencadeando ou aumentando o processo depressivo. A diidralazina também é um anti-hipertensivo, agindo como relaxante a musculatura lisa das artérias. O efeito colateral da diidralazina é a retenção de sódio e de líquidos. Para reverter esse efeito, a hidroclorotiazida atua como diurético. A diidralazina é desaconselhável para pessoas que sobreviveram a um infarto no miocárdio – pelo menos até a fase de estabilização. A reserpina, por sua vez, não deve ser utilizada para os que sofrem de processo depressivo. Jango tinha sérios problemas no sistema cardiovascular e os medicamentos que tomava garantem a afirmação.

Não nos faltam testemunhos de pessoas e comprovações médicas de que Jango era cardiopata, sofria de hipertensão arterial e tinha um estilo de vida bastante prejudicial à saúde. Com todo esse histórico, ele ainda adotou a agressiva dieta proteica meses antes de morrer. Todas as evidências, portanto, conduzem à tese de que Jango morreu de infarto agudo do miocárdio. Pode-se, no entanto, fazer tal afirmação com absoluta precisão? Não, porque não houve autópsia. Mas todas as provas e indícios nos permitem chegar, com segurança, à conclusão de que ele faleceu devido a causas naturais.

Contudo, pode-se descartar, com absoluta certeza, a hipótese de atentado? Creio que não. No entanto, até o momento, não surgiu nenhuma prova que fosse minimamente convincente sobre a possibilidade de assassinato. Foram várias as investigações das autoridades públicas brasileiras, entre elas o Ministério Público, a Polícia Federal e a Comissão da Câmara dos Deputados. Defender a hipótese de que Jango foi envenenado, tendo como base o depoimento de Mário Barreiro Neira, encontra um único e sério problema: o próprio Mário Barreiro Neira.

Se o historiador trabalha com documentos e testemunhos, com indícios e sinais, ele também pode, junto ao leitor, levantar algumas especulações. Quero dizer o seguinte: se Jango tivesse algum tempo a mais de vida, não duvido que ele sofreria um atentado. Se continuasse residindo na Argentina ou no Uruguai, muito certamente seria assassinado. E creio que os homens da Operação Condor não utilizariam recursos complicados, como troca de remédios. Se, em setembro de 1976, Orlando Letelier sofreu atentado à bomba em plena Washington DC por homens do serviço secreto chileno, o que impediria um comando militar de invadir a fazenda de Jango e matá-lo a tiros?

Ainda pela manhã, o ministro do Exército, general Sylvio Frota, foi informado da morte do ex-presidente. Soube também da solicitação de amigos e familiares para que ele fosse sepultado em São Borja. Segundo sua versão, o presidente Geisel autorizou, desde que não houvesse cortejo de automóvel: estava autorizado o transporte aéreo ou, então, por território argentino, chegar a São Borja atravessando o rio Uruguai. As ordens chegaram ao comandante do III Exército, ao comandante militar em Uruguaiana e ao diretor da Polícia Federal.[102] Muitos amigos de Goulart, ao tomarem conhecimento de sua morte, logo se mobilizaram para prestar-lhe as últimas homenagens. O líder do MDB na Assembleia Legislativa gaúcha, Pedro Simon, junto a outras lideranças, procurou autoridades militares com o objetivo de obter permissão para o enterro em São Borja.[103] Também em Porto Alegre, o coronel Azambuja procurou alguns militares, em postos estratégicos do governo, no sentido de que permitissem a entrada do corpo no país.[104] Informado de que o vice-presidente da República, general Adalberto Pe-

O EXÍLIO ARGENTINO

reira dos Santos, estaria embarcando para o Rio de Janeiro, Azambuja foi até o aeroporto Salgado Filho. Adalberto tinha boas relações com a família Goulart e, por sorte, ainda não entrara no avião. O coronel fez um apelo, em nome da família e dos amigos de Jango, para que ele fosse enterrado em São Borja e para que o cortejo por terra fosse liberado. O vice-presidente, cercado por assessores e seguranças, telefonou várias vezes para Brasília. A telefonista, curiosa com tanta apreensão e correria, não se deu conta de que altas autoridades militares estavam deliberando sobre um assunto grave — nem poderia, já que todos estavam à paisana. "Por que tanta agitação hoje aqui?", perguntou a moça. O coronel Azambuja prontamente respondeu: "Porque morreu o Dr. João Goulart." Com um misto de sinceridade e falta de cautela, a funcionária exclamou: "Ah, morreu o Dr. Jango? Só morre gente boa. Essas porcarias do governo não morrem." O vice-presidente, indignado, ameaçou reagir, mas se conteve.

Entre ordens e contraordens entre Porto Alegre e Brasília, uma barreira militar impediu a passagem do carro na ponte internacional em Uruguaiana. Para Maria Thereza, aquele momento foi extremamente doloroso. Sua angústia cresceu porque o corpo tinha sido embalsamado às pressas e sem os cuidados necessários. O enterro não poderia demorar. Almino Afonso deu um telefonema e disse aos militares que o cortejo iria passar de qualquer maneira.[105] Alguns amigos, que acompanhavam a comitiva, entraram em contato com a Polícia Federal na tentativa de conseguir a entrada em território brasileiro. O coronel-chefe da PF do Rio Grande do Sul consultou o diretor nacional da instituição. Este, por sua vez, autorizou porque, anteriormente, recebera informações do chefe de gabinete do vice-presidente de que o cortejo por terra estava liberado. Contudo, o comandante do III Exército, inconformado por não ser consultado, exigiu a demissão do diretor regional da PF. Àquela altura, não havia mais condições de exigir o retorno da comitiva e o comando do III Exército somente permitiu a entrada dos automóveis em território brasileiro em marcha acelerada até o cemitério de São Borja. Maria Thereza disse que "aquele foi um momento triste. Eu já tinha vivido outros. Perdi minha mãe quando estava no exílio. Não me deixaram entrar. Depois, ao visitar meu pai doente, fui escoltada desde o aeroporto. Quando Jango morreu, me senti perdida: voltar com ele morto, sem que tivesse tido a chance de retornar ao Brasil antes..."[106]

Enquanto isso, Percy, de Tacuarembó, ligou para Brizola comunicando a morte de Jango. Ao saber que havia um avião disponível, Brizola pediu a Percy que buscasse Neuza em Montevidéu para que ela pudesse ir ao enterro do irmão. Como a capital uruguaia ficava a mais de 400 quilômetros de Tacuarembó, somente de avião ela poderia chegar a São Borja a tempo de homenagear o irmão. O piloto de Jango levantou voo para Montevidéu. Algumas horas depois, ele estava de retorno no pequeno aeroporto de Tacuarembó. Conforme o combinado, o piloto, com Neuza, pegaria Percy e Celeste e eles voariam para São Borja. No entanto, para a imensa surpresa de Percy e Celeste, eles depararam com Leonel Brizola dentro do avião, disposto a ir ao enterro. Ali mesmo Brizola e Percy se enfrentaram: "Eu vou", dizia o líder trabalhista. "Não vai", retrucava o capataz e melhor amigo de Jango. O "eu vou" de um e o "não vai" do outro se repetiram por várias vezes até que, com maior decisão, Percy, quase gritando, chamou um taxista e ordenou: "O senhor leve o doutor para a cidade e o bote dentro de um ônibus."[107] O que foi feito.

Em Londres, João Vicente e Denize recebiam a notícia. O filho de João Vicente nem sequer tinha passaporte. Tito Ryff, que estava em Oxford, ajudou os irmãos. À meia-noite do dia 6, eles embarcaram para o Brasil. Na manhã do dia seguinte, chegaram ao Rio de Janeiro, sendo recebidos por Waldir Pires, Darcy Ribeiro e outros amigos do pai. Às duas da tarde do dia 7, estavam em São Borja. Era a primeira vez que João Vicente e Denize retornavam ao Brasil.

Em Brasília, o presidente do Senado, Magalhães Pinto, determinou que a Bandeira Nacional fosse hasteada a meio-pau.[108] Porém, logo voltou atrás. O governo militar mandou retirar a bandeira, negando-se a declarar luto oficial. Nesse dia, no estádio Beira-Rio, em Porto Alegre, os jogadores do Internacional, que disputaria uma partida, pretenderam homenagear Goulart, campeão juvenil pelo clube, com um minuto de silêncio. Contudo, os policiais proibiram a atitude, impedindo até que as rádios e televisões fizessem referência ao episódio. Sem se importar com a contrariedade de jogadores e dirigentes do clube, além das vaias que vinham das arquibancadas, os policiais assistiram ao início do jogo. Pequenas rádios do interior gaúcho anunciaram, de maneira lacônica, o falecimento de Jango. Carlos Cardinal, em São Luís Gonzaga, cidade a poucos quilômetros de São Borja, sentiu muito a morte de Jango. Quan-

O EXÍLIO ARGENTINO

do ouviu, por uma rádio da capital, especulações de que o enterro seria impedido em solo brasileiro e que autoridades federais, em Uruguaiana, fechariam a ponte internacional, rumou imediatamente para São Borja. Na cidade, milhares de pessoas esperavam pelo velório. Com o sol muito forte, como é normal em dezembro, o calor intenso sufocava a multidão que tomava a praça central e todas as ruas próximas.[109]

Ao saberem que o cortejo finalmente passaria pela ponte que liga Pasos de los Libres a Uruguaiana, em direção a São Borja, outros milhares de pessoas se postaram nos dois lados da estrada para homenagear o ex-presidente.[110] Muitos planejaram se jogar na frente dos veículos, obrigando-os a parar. No entanto, a determinação dos militares era a de que a comitiva passasse em alta velocidade. Segundo Maria Thereza, "no caminho, as pessoas já sabiam e ficavam na beira da estrada acenando. Pessoas humildes, algumas com roupas típicas de gaúchos, abanando o chapéu, mas soldados do Exército estavam em todos os lugares. Foi algo emocionante. Como Jango era querido. Chegamos a São Borja e parecia que a cidade se transformara em um acampamento militar."[111] Lá, uma autoridade militar disse a Pedro Simon: "O governo fez uma grande concessão; permitiu que o corpo fosse enterrado em São Borja, mas ele tem que chegar em São Borja e ser enterrado na mesma hora." Tropas foram deslocadas de Livramento, Alegrete, Santiago e de outras regiões próximas. A pequena São Borja foi invadida por milhares de soldados e oficiais do Exército. Ao mesmo tempo, amigos mais próximos de Goulart, como Almino Afonso, Darcy Ribeiro e Tancredo Neves, além de dezenas de aviões e centenas de automóveis vindos de Porto Alegre, rumaram para a cidade. Todos queriam homenageá-lo. Para ludibriar os militares, que queriam que a comitiva seguisse direto para o cemitério, sem as cerimônias do velório, alguns amigos de Jango fecharam a Igreja Matriz de São Francisco de Borja, que Jango construíra quando fora presidente. Quando o cortejo se aproximou, eles, por dentro, a abriram e ali já estavam centenas de pessoas. O caixão foi levado para dentro do templo sem que os militares pudessem reagir, apanhados de surpresa. Contrariados, eles não tinham como impor suas proibições, embora não permitissem, em hipótese nenhuma, que o caixão fosse aberto. Maria Thereza, as irmãs e os amigos de Goulart seriam impedidos de vê-lo pela última vez. Tentar negar que as pessoas mais próximas vissem o presidente, sem dúvida, foi um ato de grande mesquinharia.

No entanto, mais uma vez as ordens militares foram desconhecidas. Como o corpo não estava preparado, com o calor daquele dia, começou a exalar mau cheiro. Algumas pessoas próximas dele tomaram a decisão de retirá-lo do caixão para aplicar clorofórmio e outros produtos químicos. Chamaram o médico Odil Rubim Pereira para a igreja. Diante dos líquidos que saíam do nariz e da boca, ele realizou um tamponamento com gazes e algodão. Queriam, ao menos, um corpo apresentável quando da chegada de Denize e João Vicente. O cadáver, observou o médico, estava de pijamas e, ao que se lembra, de meias, mas sem sapatos.[112]

O corpo não saiu da igreja até a chegada de João Vicente e Denize. No velório, Pedro Simon foi procurado pelo mesmo coronel do Exército: "Temos que terminar com isso, temos que terminar com isso!"[113] A seguir, destacou vários soldados para levarem o caixão para uma viatura militar. Segundo os cálculos de Simon, se havia 10 mil militares em São Borja, havia o dobro de civis consternados em frente à Igreja. Cálculos falavam em 30 mil pessoas. Algumas delas, indignadas ao verem o caixão sendo carregado por soldados, avançaram e o tomaram nas mãos. A seguir, desconhecendo as forças repressivas, o levaram, a pé, pelos 4 quilômetros até o cemitério. Diante da resistência civil, o coronel voltou-se para Simon, ameaçando: "Olha, ou o caixão vai para o carro, ou alguma coisa vai acontecer!" O deputado respondeu: "Coronel, se o senhor quiser que aconteça, vai acontecer. Mas vai morrer todo o tipo de gente. Não entendo o que o senhor quer, não está havendo nada! As pessoas estão em silêncio!" De fato, havia muita mágoa, tristeza e muitos choravam, mas não se ouviam gritos nem palavras de protesto. Muitos apenas gritavam "Jango é nosso" ou "Jango agora está conosco" com alguma frequência. Apesar de novamente contrariado, o coronel aceitou os argumentos. No cemitério, nova resistência civil. Os militares se postaram ao lado dos populares, com a determinação de que o enterro fosse imediato. Contudo, surpreendendo novamente os oficiais, Pedro Simon iniciou seu discurso de homenagem a Goulart. O coronel foi obrigado a ouvir, embora expressando imenso ódio. Ao terminar, disse que discursou em nome do MDB e do Rio Grande do Sul, mas que, a seguir, convidaria Tancredo Neves a falar em nome do país — para desespero do coronel. Na avaliação de Pedro Simon, "o governo era o vitorioso e não teve um gesto de respeito com a figura do derrotado, com o cadáver do derrotado, com os

O EXÍLIO ARGENTINO

filhos pequenos do derrotado, com a viúva do derrotado, com os irmãos do derrotado, com os partícipes das ideias do derrotado".

As presenças da Ordem dos Advogados do Brasil, da Associação Brasileira de Imprensa e de numerosas representações de trabalhadores fizeram as honras a Jango. A seguir, ele foi sepultado no mausoléu da família, a poucos metros de Getulio Vargas, coberto por uma bandeira do Brasil. Anos mais tarde, estariam com ele a irmã querida, Neuza, e seu companheiro de lutas, Leonel Brizola. Foi o único presidente da República a morrer no exílio, impedido, pela força e pela intolerância, de rever seu país.

NOTAS

1. Moniz Bandeira, *O governo João Goulart: As lutas sociais no Brasil-1961-1964*. 8ª edição, revista e ampliada, São Paulo, Unesp, 2010.
2. João Vicente Goulart, Câmara dos Deputados, p. 29.
3. Lutero Fagundes, Câmara dos Deputados, op. cit. pp. 208-209.
4. José Gomes Talarico, op. cit., pp. 18 e 21.
5. Ivo Magalhães, Câmara dos Deputados, op. cit., p. 219.
6. José Gomes Talarico, op. cit., pp. 20-21.
7. Depoimento de João José Fontella ao autor. Rio de Janeiro, 2000.
8. Deoclécio Barros Motta, Câmara dos Deputados, op. cit., pp. 195-196.
9. Depoimento de Cibilis Vianna em www.pdt.org.br, acessado em 22/6/2000.
10. José Gomes Talarico, op. cit., pp. 23-24.
11. Elio Gaspari, op. cit., p. 17.
12. Idem, pp. 186 e 190.
13. Idem, p. 336.
14. Idem, p. 406.
15. Idem, p. 226.
16. Veja Luiz Carlos Delorme Prado e Fábio Sá Earp, op. cit.; Daniel Aarão Reis Filho, op. cit.
17. Luiz Carlos Delorme Prado e Fábio Sá Earp, op. cit., p. 234.
18. Jorge Otero, op. cit., pp. 218 e 222-224.
19. As informações que se seguem estão em idem, pp. 49-57.
20. Idem, pp. 251-256.
21. Citado em idem, pp. 247-248.
22. Deoclécio Barros Motta, Câmara dos Deputados, op. cit., p. 201.
23. Depoimento de Deoclécio Barros Motta (Bijuja) ao autor. São Borja, 2003.

24. Depoimento de Denize Goulart ao autor e a Angela de Castro Gomes, Rio de Janeiro, 2002.
25. Depoimento de João José Fontella ao autor, Rio de Janeiro, 2000.
26. João Pinheiro Neto, op. cit., p. 15.
27. Ivo Magalhães, Câmara dos Deputados, op. cit., p. 219.
28. Eva de León Giménez, Câmara dos Deputados, op. cit., p. 572.
29. Depoimento de Yolanda Marques Goulart ao autor, São Borja, 2003.
30. Abelardo Jurema (depoimento), op. cit., p. 451.
31. Citado em Marieta de Moraes Ferreira e César Benjamin, op. cit., p. 2.629.
32. Jorge Otero, op. cit., pp. 40-41 e 248.
33. Moniz Bandeira, op. cit. p.401.
34. Fundação Getulio Vargas, CPDOC, arquivo privado de João Goulart, JG e 1975.000.00.
35. Miguel Arraes, Câmara dos Deputados, op. cit., pp. 63-64.
36. Jair Krischke, Câmara dos Deputados, op. cit., pp. 104-105.
37. O Globo, Rio de Janeiro, 14/5/2000, pp. 50-51.
38. Leonel Brizola, Câmara dos Deputados, op. cit., pp. 73-74.
39. Depoimento de Percy Penalvo ao autor, São Borja, 2003.
40. Mauro Santayana, www.cartamaior.com.br, acessando em 29/3/2004.
41. Depoimento de Percy Penalvo ao autor. São Borja, 2003.
42. Jorge Otero, op. cit., pp. 249-250.
43. Marieta de Moraes Ferreira e César Benjamin, op. cit., p. 2.629.
44. Lutero Fagundes, Câmara dos Deputados, op. cit., p. 207.
45. Depoimento de Leonel Brizola em www.pdt.org.br, 22/6/2000.
46. Depoimento de Denize Goulart ao autor e a Angela de Castro Gomes, Rio de Janeiro, 2002.
47. Marieta de Moraes Ferreira e César Benjamin, op. cit., p. 2.629.
48. Jorge Otero, op. cit., pp. 11-13.
49. Idem, pp. 45-46
50. Geneton Moraes Neto, op. cit., pp. 119-120.
51. Citado em O Globo, Rio de Janeiro, 18/5/2000.
52. Percy Penalvo, Câmara dos Deputados, op. cit., p. 143.
53. Idem, p. 155.
54. Moniz Bandeira, op. cit., p. 394.
55. Percy Penalvo, Câmara dos Deputados, pp. 145-146 e depoimento ao autor.
56. Abelardo Jurema (depoimento), op. cit., p. 268.
57. José Gomes Talarico, op. cit.
58. Percy Penalvo, Câmara dos Deputados, op. cit., p. 146.
59. Depoimento de Maria Thereza Goulart ao autor e a Angela de Castro Gomes, Rio de Janeiro, 2000.
60. João Pinheiro Neto, op. cit., p. 15.

O EXÍLIO ARGENTINO

61. Depoimento de Denize Goulart a João Pinheiro Neto, op. cit., p. 29.
62. Jorge Otero, op. cit., p. 57.
63. Depoimento de Maria Thereza Goulart ao autor e a Angela de Castro Gomes, Rio de Janeiro, 2003.
64. Idem.
65. Eva de León Giménez, Câmara dos Deputados, op. cit., p. 564.
66. João Vicente Goulart, idem, Câmara dos Deputados, p. 20.
67. *Folha de S. Paulo,* São Paulo, 21/5/2000. O texto telegráfico foi adequado à linguagem corrente pelo jornal.
68. Jorge Otero, op. cit., p. 259.
69. Idem, pp. 13-16, 37-38, 57-58.
70. Depoimento de Percy Penalvo ao autor, São Borja, 2003.
71. Moniz Bandeira, op. cit., p. 402-403.
72. Jorge Otero, op. cit., pp. 262-263.
73. João Vicente Goulart, Câmara dos Deputados, op. cit., pp. 36-38.
74. José Gomes Talarico, op. cit., p. 24.
75. Raul Ryff (depoimento), op. cit., pp. 334-335.
76. Citado em João Pinheiro Neto, op. cit., p. 29.
77. Ivo Magalhães, Câmara dos Deputados, op. cit., p. 217.
78. Moniz Bandeira, op. cit., p. 406.
79. Idem, p. 410-411.
80. João Pinheiro Neto, op. cit., p. 16.
81. Moniz Bandeira, p. 407-409.
82. As informações que se seguem estão em Geneton Moraes Neto, op. cit., p. 120.
83. Manoel Leões, op. cit., p. 87-88.
84. Moniz Bandeira, op. cit., p. 410.
85. Depoimento de Percy Penalvo ao autor. São Borja, 2003.
86. Geneton Moraes Neto, op. cit., p. 125.
87. Júlio Passos, Câmara dos Deputados, op. cit., p. 216 e Moniz Bandeira, op. cit., p. 402.
88. Roberto Ulrich, Câmara dos Deputados, op. cit., pp. 166-168.
89. Ricardo Rafael Ferrari, Câmara dos Deputados, op. cit., p. 214.
90. Percy Penalvo, Câmara dos Deputados, op. cit., p. 146, e depoimento ao autor.
91. Roberto Ulrich, Câmara dos Deputados, op. cit., pp. 169-170.
92. Moniz Bandeira, op. cit., pp. 442-443.
93. Idem, p. 444.
94. Idem, pp. 445-448.
95. *Folha de S. Paulo.* São Paulo, 27 de janeiro de 2008.
96. Moniz Bandeira, op. cit., p. 425.

97. Idem, pp. 425-426.
98. Idem, pp. 432-437.
99. Idem, pp. 448-451.
100. Idem, pp. 451-452.
101. *Folha de S. Paulo*, São Paulo, 15 de junho de 2010.
102. Sylvio Frota, *Ideais traídos*, Rio de Janeiro, Jorge Zahar Editor, 2006, p. 318.
103. www.jb.com.br, acessado em 13 de maio de 2000.
104. Raul Ryff (depoimento), op. cit., pp. 337-338.
105. Citado em Geneton Moraes Neto, op. cit., p. 124.
106. Citado em idem, p. 124.
107. Depoimento de Percy e Neusa Penalvo ao autor, São Borja, 2003.
108. As informações que se seguem estão em José Gomes Talarico, op. cit.
109. Depoimento de Carlos Cardinal em www.pdt.org.br, acessado em 22 de maio de 2000.
110. As informações que seguem estão em www.jb.com.br, acessado em 13 de maio de 2000.
111. Depoimento de Maria Thereza Goulart ao autor e a Angela de Castro Gomes. Rio de Janeiro, 2000.
112. Odil Rubim Pereira, Câmara dos Deputados, op. cit., pp. 185-188.
113. As informações que seguem estão em www.jb.com.br, acessado em 13 de maio de 2000.

Palavras finais

Durante os momentos mais dramáticos da crise de agosto de 1954, Getulio entregou a Jango um envelope com uma cópia da Carta Testamento. Horas depois, na última reunião ministerial, entregou sua caneta a Tancredo Neves. Os gestos não foram casuais. Com as doações, ele apontava os seus herdeiros políticos. Tancredo era o Getulio cauteloso, matreiro, negociador dos gabinetes, conservadoramente reformista; Jango era o Getulio das reformas sociais, do nacionalismo econômico, do trabalhador organizado.

Jango foi um getulista. Formou-se politicamente sob sua orientação. Contudo, ele nada tinha que ver com o Estado Novo, com a censura à imprensa ou com o DIP — era muito jovem para isso. Sua formação política foi na conjuntura da vitória das forças Aliadas contra a Alemanha nazista, da queda das ditaduras fascistas e dos ideais democráticos de 1945. Jango foi um getulista em tempos de democracia e de reformas sociais.

Goulart também foi um homem da década de 1950. Naquela temporalidade, amplos setores da sociedade brasileira acreditaram que na defesa da soberania nacional, no nacionalismo, nas reformas das estruturas socioeconômicas do país e na ampliação dos direitos sociais dos trabalhadores do campo e da cidade encontrariam os meios necessários para alcançar o real desenvolvimento do país e o efetivo bem-estar da sociedade. Essa geração encontrou em João Goulart aquele que, surgindo como o herdeiro do legado de Getulio Vargas, assumiu a liderança do movimento reformista. Jango contribuiu para que o PTB adquirisse um perfil político e ideológico mais consistente.

Na conjuntura dos anos 1950, a geração de petebistas, sendo João Goulart *primus inter pares*, procurou refundar o PTB e redefinir as suas relações com os trabalhadores e o movimento sindical. Grande parte do sucesso dos trabalhistas ocorreu porque suas propostas e ideias não eram estranhas aos próprios assalariados, principalmente naquilo que eles acreditavam ser justo e injusto, tanto nas relações com o Estado, quanto com outras classes sociais. Nada, portanto, ocorreu a partir de noções pouco precisas e preconceituosas como "populismo" e "manipulação". Entre o projeto de trabalhismo de Goulart e seu grupo e o movimento operário e sindical houve uma relação em que as partes se reconheceram e interagiram.

Além de redefinir o PTB em termos ideológicos, programáticos e organizacionais, bem como reformular as relações do seu partido com sua própria base social — os trabalhadores e os sindicatos —, Jango ainda se esforçou para atualizar o trabalhismo brasileiro ao contexto internacional vivido por sua geração: um aspecto era a consolidação dos valores democráticos e o modelo de Estado de bem-estar social que avançavam na Europa Ocidental; outro, a pregação anti-imperialista e de emancipação econômica e política que se expandia pela América Latina; um terceiro era o estatismo dominante nos países de socialismo soviético — em particular o planejamento econômico, o dirigismo de Estado e as empresas estatais. Goulart e seu grupo político, a partir do antigo ideal getulista, "reinventaram" o trabalhismo. Apesar de avançado para os padrões da conservadora política brasileira daquela época, o projeto que o líder petebista defendeu não propunha rompimentos, mas, afinado com os movimentos social-democratas em ascensão na Europa, patrocinava compromissos.

Na segunda metade dos anos 1950, Jango tornou-se a liderança incontestável de um partido político peculiar na política brasileira: o Partido Trabalhista Brasileiro. A organização surgiu no cenário político com o objetivo de incorporar os trabalhadores na vida política do país; teve trato fácil com o sindicalismo e as esquerdas; tornou-se um partido moderno e de massa, bem como defendeu políticas reformistas. Jango e os petebistas não se limitaram a buscar o voto do "eleitor", uma figura abstrata e sem rosto. Quiseram o voto do "trabalhador", do "camponês", da "dona de casa", dos "pobres", do "pequeno empresário", do "pequeno proprietário". Deram nomes aos seus eleitores. Mais ainda, foram buscar apoio nos movimentos sociais, nos sindicatos, nas organizações de bairro, nas associações de mulheres. Foram, até mesmo, aos quartéis — uma temeridade. O PTB, cada vez mais "esquerdizado", defendeu, junto com os comunistas, um programa nacionalista e estatista: a defesa da sobera-

PALAVRAS FINAIS

nia nacional, expansão do setor público, independência em relação aos centros financeiros internacionais, luta pela reforma agrária, apologia das estatais — em particular a Petrobras —, demanda por saúde e educação públicas de qualidade, garantia das leis sociais e da CLT, industrialização por substituição de importações, elevação do nível de vida da população, entre outras propostas econômicas e sociais que tanto marcaram a cultura política das esquerdas brasileiras.

Goulart fez sua carreira tendo como bases políticas as organizações de trabalhadores e foi o homem da negociação entre os sindicatos e o governo — por isso o ministro do Trabalho de Vargas. Desse modo, dialogou e negociou com o movimento sindical e, reconhecendo os assalariados como interlocutores legítimos, incentivou a participação deles na vida política do país. No fim de seu mandato como ministro do Trabalho, seu prestígio entre os sindicalistas era imenso, difícil de ser mensurado. Com o apoio do movimento sindical, dos grupos nacionalistas e das esquerdas, ele se mostrou bom de voto, sobretudo na área popular e progressista. Como candidato a vice-presidente, obteve mais votos que o cabeça de chapa, Juscelino Kubitschek. No plebiscito de 1963, a votação que recebeu foi extraordinária. Ao mesmo tempo, tinha um jeito simples, procurando estar próximo ao povo. Os depoimentos são praticamente unânimes ao descrever esse aspecto de sua personalidade. Mesmo seus familiares dizem que ele preferia um almoço em um bairro do subúrbio a banquetes em ricos palácios. E não se tratava de estratégia política. Ele era assim mesmo.

De seus adversários de direita, Jango recebeu os piores insultos, as mais graves ofensas, as mais difamantes calúnias. A acusação mais corriqueira que sofria era a de que era ignorante e despreparado. De Goulart as direitas não pediam diploma — afinal, ele tinha um inútil diploma de advogado. Mas sofreu na língua de Carlos Lacerda: proprietário de meretrícios, comunista, corrupto, incentivador de guerras civis, entre outras maldades e aleivosias.

Um dos maiores insultos, cujas repercussões ainda se fazem ouvir hoje, veio das esquerdas: "conciliador". A expressão surgiu, certamente, graças ao seu estilo de negociador e por perseverar em um projeto político durante seu governo: a partir de acordos e compromissos, implementar um pacto social que permitisse, dentro do regime democrático, criar as condições necessárias para as reformas econômicas e sociais através da via parlamentar. Um salto de qualidade no desenvolvimento econômico e na distribuição da renda (incluindo a reforma agrária), propondo um modelo alternativo às políticas públicas conservadoras. Goulart, durante todo o seu governo, insistiu nessa política. O Plano Trienal, de Celso Furtado, no dizer de especialistas, não foi apenas o melhor plano de estabilização que o país conheceu, mas surgiu, também, como um projeto de pacto social.

No governo, Jango esteve determinado a alcançar uma base de apoio parlamentar estável para implementar as reformas. Nesse sentido, procurou preservar o pilar de sustentação do regime inaugurado em 1946: a aliança entre o PTB e o PSD. Um dos sucessos de Juscelino, por exemplo, foi manter a união dos dois partidos no Congresso Nacional. Para Goulart, essa era a estratégia mais viável no momento: unir o centro pessedista com a esquerda trabalhista, obtendo maioria parlamentar. As reformas de base seriam aprovadas por meio de acordos e negociações no parlamento. Não seriam radicais, como desejavam setores esquerdistas do PTB; mas também não seriam tímidas e sem repercussões, como pregavam grupos no PSD. Os pessedistas avançariam nas propostas, enquanto os trabalhistas recuariam nos projetos mais radicais. Ambos teriam que ceder. Desse modo, como já observou Argelina Figueiredo, a estratégia de Goulart era implementar as reformas dentro do regime democrático. Mas tal política de governo as esquerdas chamavam, pejorativamente, de "conciliação".

Finalmente, vendo que seu governo acabaria sem realizar as reformas, o presidente, em 13 de março de 1964, aderiu à proposta de enfrentamento pregada pelas esquerdas. Mesmo contrariado, fez tudo o que as esquerdas quiseram. Todos os projetos de lei exigidos foram enviados ao Congresso Nacional. Diante do motim dos marinheiros — uma crise militar sem precedentes —, as esquerdas, embriagadas pela arrogância e pela autossuficiência, nada viam além da revolução. Para evitar a guerra civil, com o possível envolvimento norte-americano, Goulart preferiu o exílio.

Na segunda metade dos anos 1950, Jango entrou no cenário político brasileiro com grande prestígio entre petebistas e sindicalistas, aproximando-os sob o ideário do trabalhismo e tecendo alianças com os grupos nacionalistas, de esquerda e o próprio PCB. Tratava-se, naquele momen-

PALAVRAS FINAIS

to, da grande liderança reformista do país. Contudo, na primeira metade da década de 1960, os tempos eram outros: tempos de radicalização. Dessa forma, o seu grande talento — a capacidade de negociar e de firmar pactos e compromissos — não apresentava os resultados esperados. Rapidamente, ele foi atropelado pelo crescente radicalismo das esquerdas, mesmo por facções importantes de seu próprio partido, pelas lideranças sindicais, camponesas, estudantis e pelos aliados reformistas e nacionalistas. Havia a descrença de que as reformas pudessem ser realizadas "na lei"; a preferência era "na marra". Pactos, negociações e compromissos não estavam nos planos dos grupos reformistas. O estilo Jango já não surtia efeito, parecia estar ultrapassado. No confronto entre esquerda e direita, o regime liberal-democrático entrou em colapso.

Março de 1964 significou duas grandes derrotas. A primeira, a dos valores e das instituições democráticas. A segunda, a do projeto nacionalista, reformista e estatista defendido pelos trabalhistas, comunistas e outras esquerdas. O projeto que se impôs com a derrota de ambos foi o do conservadorismo liberal de vertente udenista. Desse modo, o expurgo generalizado nos partidos políticos, nas instituições da sociedade civil e no aparelho de Estado — incluindo as Forças Armadas — facilitou a disseminação de uma certa versão dos acontecimentos que desmerecia as instituições até então vigentes no país. A experiência liberal-democrática inaugurada com a Constituição de 1946 passou a ser sistematicamente desqualificada. Militares e políticos conservadores vitoriosos em 1964 passaram a acusar a democracia brasileira de "incompleta", "inacabada" e "imperfeita". O povo, "enganado" por lideranças sem escrúpulos, elegia políticos corruptos e demagógicos. O resultado era a irresponsabilidade econômica e a imoralidade com a coisa pública. A intervenção militar, nesse sentido, teria um sentido "saneador".

Contudo, a desqualificação da experiência liberal-democrática brasileira não partiu apenas das direitas vitoriosas em 1964, mas igualmente das esquerdas que foram derrotadas. Para os grupos que professavam a ortodoxia marxista-leninista e se preparavam para pegar em armas e atacar a ditadura, os "culpados" pelo desastre eram os mesmos personagens que as direitas acusavam: primeiro, os políticos trabalhistas, definidos como líderes burgueses de massas. Com a política reformista, eles teriam "desviado" os operários de seus "verdadeiros" e "reais" interesses de classe. Demonstraram o que a ortodoxia sempre afirmara: líderes sem a têmpera marxista-leninista, no momento decisivo, "traem" a classe operária. Segundo, os comunistas do PCB e sua política "pacifista", "etapista", "democrático-burguesa" e "parlamentar". Para os grupos de extrema esquerda, os comunistas liderados por Prestes "desviaram-se" da linha justa pelo "revisionismo burguês" que adotaram. Por fim, o último "culpado": os pelegos sindicais. Sem lideranças autênticas em suas organizações de classe, os trabalhadores, lutando por meros reajustes salariais, estariam destituídos da verdadeira "escola revolucionária". Trabalhistas, comunistas e pelegos, eis os grandes responsáveis pela derrota de 1964 na concepção das esquerdas que se queriam revolucionárias. Mesmo durante os anos 1980 os três personagens continuaram a ser desprezados. Para melhor defini-los, intelectuais e sindicalistas que fundaram a CUT criaram uma expressão pejorativa, o "velho sindicalismo", em oposição ao "novo sindicalismo" — o deles, evidentemente.

Direitas e esquerdas participaram conjuntamente do movimento para desqualificar a experiência democrática brasileira de 1946 a 1964: políticos demagógicos e corruptos; sindicalistas pelegos e esquerda revisionista. Faltava a teoria para dar legitimidade acadêmica à imagem negativa que politicamente se formava sobre aquele passado: surgiu, então, o conceito de "populismo". Assim, a história política brasileira anterior a 1964 passou a ser explicada por essa estranha teorização que fala de líderes burgueses de massa, crise de hegemonia das classes dominantes, operários sem consciência, camponeses que vestiram macacão, propaganda política, doutrinação das mentes, corporativismo sindical e cegueira nacionalista dos comunistas. Um passado lastimável para a história da classe trabalhadora brasileira, digno de ser, merecidamente, enterrado definitivamente pelos militares.[1]

Para alguns estudiosos, a geração que participou do processo político durante o governo de Goulart não se conformou com a facilidade com que o grupo civil-militar golpista tomou o poder. Daí o desmerecimento do passado político brasileiro, sobretudo do movimento sindical e de suas lutas, dos partidos de esquerda e de suas estratégias, das organizações populares e de suas mobilizações. Todos, trabalhadores e camponeses, sindicalistas e estudantes, oficiais e subalternos nacionalistas das Forças Armadas, por se "iludirem" com o reformismo de trabalhistas e comunistas, teriam contribuído para o desastre de 1964.

PALAVRAS FINAIS

Desse modo, no fim dos anos 1960, a democracia brasileira inaugurada em 1945 já recebia o nome de "populismo". O sucesso da expressão foi enorme. Inicialmente, desqualificações políticas das direitas e das esquerdas. Depois, avançou para as universidades, recebendo fundamentos teóricos. A seguir, invadiu as páginas da imprensa e, por fim, a linguagem cotidiana da população. O político populista, então, surge como um personagem que agiria de má-fé, mentindo e enganando o povo, principalmente nas épocas de eleições, prometendo tudo e nada cumprindo.

A imagem de João Goulart não poderia escapar ilesa a tudo isso. A direita civil e a militar que o derrubou do poder, evidentemente, retomou toda a cantilena que, sobre ele, se formulava desde 1953: demagogo, corrupto, manipulador de operários, leniente com os comunistas, incapaz, despreparado, ignorante, irresponsável, entre outras desqualificações insultuosas. Igualmente as esquerdas revolucionárias — as mesmas que estiveram com ele no comício de 13 março — passaram a descrevê-lo como o que de pior poderia haver na luta dos trabalhadores: quando poderia derrotar os conservadores, preferiu "conciliar" com eles. Jango, para as esquerdas, surge como a imagem mais negativa de uma liderança popular — talvez em maior grau do que para as próprias direitas. Não casualmente Francisco Weffort, no livro O populismo na política brasileira, afirma: "Na impotência histórica da pequena burguesia está a raiz da demagogia populista (...). Deste modo, por limitar-se às formas pequeno-burguesas de ação, o populismo traz em si a inconsistência que conduz inevitavelmente à traição."[2] Jango, nessa interpretação, seria o "líder burguês de massa" que, no momento mais decisivo, "traiu" a classe operária. Mas, se o populismo foi traição, a grande pergunta, nunca respondida, lembra com razão John French, é: por que os operários sucumbiram aos agrados dos líderes populistas, aceitando a dominação, e, no mesmo movimento, se dispuseram a confiar em traidores?[3]

As versões sobre ele tornaram-se muito negativas, formando-se, no mesmo movimento, um silêncio em torno de sua figura. Silêncio imposto com o AI-5 e que atravessou as décadas de 1970 e 1980. De maneira disciplinada, os meios de comunicação de massa evitaram tocar em seu nome. Nos livros didáticos seu governo é analisado de maneira sumária e superficial. Nos meios universitários o desinteresse é visível.

Nos poucos trabalhos elaborados, as imagens negativas continuam a ser reproduzidas.

Sem dúvida, é muito difícil lidar com as ambiguidades humanas. Em rigor, um homem rico, especialmente um estancieiro, *não pode* defender a reforma agrária. Se a defende, *só pode* ser resultado da demagogia populista. É difícil aceitar que um empresário rural pode, sim, ser também o político que prega, com sinceridade, a reforma agrária. Essa ambiguidade, à qual fiz referências na introdução, é, a meu ver, a grande dificuldade para compreender João Belchior Marques Goulart. Até a superação desses problemas, sua imagem pode ser definida pelo título de um artigo de Michel Pollack: "Memória, esquecimento e silêncio". Talvez a frase resuma o que restou da imagem de Jango de 1964 até os dias atuais.

NOTAS

1. Jorge Ferreira (org.), *O populismo e sua história*, op. cit.
2. Francisco Weffort, op. cit.
3. John D. French, *O ABC dos operários – Conflitos e alianças de classe em São Paulo*, 1900-1950, São Paulo/ São Caetano do Sul, Hucitec/ Prefeitura de São Caetano do Sul, 1995.

Fontes

Arquivos

Arquivo Getulio Vargas (FGV/CPDOC)
Arquivo João Goulart (FGV/CPDOC)
Arquivo João Goulart (Arquivo Nacional)
Setor de periódicos (Biblioteca Nacional)
Coleção de documentos avulsos (FGV/CPDOC)
Arquivo privado de Neusa Penalvo

Periódicos

Correio da Manhã (Rio de Janeiro); *Correio do Povo* (Porto Alegre); *Diário Carioca* (Rio de Janeiro); *Diário de Notícias* (Rio de Janeiro); *Folha da Tarde* (Porto Alegre); *Folha de S. Paulo* (São Paulo); *Jornal do Comércio* (Recife); *Jornal do Brasil* (Rio de Janeiro); *Novos Rumos*; *Política e Negócios* (Rio de Janeiro); *O Cruzeiro* (Rio de Janeiro); *O Dia* (Rio de Janeiro); *O Estado de S. Paulo* (São Paulo); *O Globo* (Rio de Janeiro); *O Jornal* (Rio de Janeiro); *O Radical* (Rio de Janeiro); *O Rio Grande Semanal* (Porto Alegre); *O Semanário* (Rio de Janeiro); *Panfleto* (Rio de Janeiro); *Revista do Globo* (Porto Alegre); *Revista Manchete* (Rio de Janeiro); *Tribuna da Imprensa* (Rio de Janeiro); *Última Hora* (Rio de Janeiro); *Valor Econômico* (São Paulo); *Veja* (São Paulo).

Depoimentos

Abelardo Jurema (depoimento), Rio de Janeiro, FGV/CPDOC — História Oral, 1983.
Andréa Paula dos Santos. *À esquerda das Forças Armadas brasileiras*. História oral de vida de militares nacionalistas de esquerda. São Paulo, FFLCH-USP, dissertação de mestrado, 1998.

JOÃO GOULART – UMA BIOGRAFIA

Câmara dos Deputados, Comissão Externa destinada a esclarecer em que circunstâncias ocorreu a morte do ex-presidente João Goulart, em 6 de dezembro de 1976, na província de Corrientes, na Argentina. Relatório final.

Clodsmidt Riani, depoimento a Jorge Ferreira, Juiz de Fora, 2002.

Clodsmidt Riani, Programa de História Oral, Centro de Estudos Mineiros da FFCH-UFMG, 1985.

Entrevista de Maria Thereza Goulart a Palmério Dória e Paulo Silber, *Interview*, edição 141, agosto de 1991.

Entrevista de Maria Thereza Goulart a *Caras*, nº 49, 7 de outubro de 1994.

Entrevista de Maria Thereza Goulart a Luiz Antonio Ryff, *Folha de S. Paulo*, 23 de novembro de 1997, Brasil, pp. 1-6.

Denize Fontella Goulart, depoimento a Jorge Ferreira e a Angela de Castro Gomes, Rio de Janeiro, 2002.

Deoclécio Barros Motta Bijuja, depoimento a Jorge Ferreira, São Borja, 2003.

Eusébio Rocha (depoimento), Rio de Janeiro, FGV/CPDOC — História Oral, 1991.

Francisco Teixeira (depoimento), Rio de Janeiro, FGV/CPDOC — História Oral, 1983-1984.

Henrique Teixeira Lott (depoimento), Rio de Janeiro, FGV/CPDOC — História Oral, 1982.

Hércules Corrêa, depoimento a Jorge Ferreira e a Angela de Castro Gomes, Rio de Janeiro, 2004, 4 horas de gravação.

Hugo de Faria (depoimento), Rio de Janeiro, FGV/CPDOC — História Oral, 1983.

João José Fontella, depoimento a Jorge Ferreira, Rio de Janeiro, 2000.

José Gomes Talarico (depoimento), Rio de Janeiro, FGV/CPDOC — História Oral, 1982.

José Machado Lopes (depoimento), Rio de Janeiro, FGV/CPDOC — História Oral, 1985.

José Maria dos Santos, depoimento a Jorge Ferreira e a Angela de Castro Gomes, Rio de Janeiro, 2003.

José de Segadas Viana (depoimento), Rio de Janeiro, FGV/CPDOC — História Oral, 1983.

José Vecchio (depoimento), Rio de Janeiro, FGV/CPDOC — História Oral, 1986.

Juscelino Kubitschek de Oliveira (depoimento), Rio de Janeiro, FGV/CPDOC — História Oral, 1979.

Leonel Brizola, depoimento concedido no IFCS/UFRJ, em 21/12/2001.

Maria Thereza Fontella, Goulart depoimento a Jorge Ferreira e a Angela de Castro Gomes, Rio de Janeiro, 2003.

Osvaldo Lima Filho (depoimento), Rio de Janeiro, FGV/CPDOC — História Oral, 1981.

Percy Penalvo, depoimento a Jorge Ferreira, São Borja, 2003.

Raul Ryff (depoimento), Rio de Janeiro, FGV/CPDOC — História Oral, 1984.

FONTES

Sérgio Magalhães (depoimento), Rio de Janeiro, FGV/CPDOC — História Oral, 1983.

Wilson Fadul, depoimento a Jorge Ferreira, Rio de Janeiro, 2003.

Yolanda Marques Goulart, depoimento a Jorge Ferreira, São Borja, 2003.

Memórias, biografias e análises interpretativas

BANDEIRA, Moniz. *Brizola e o trabalhismo*. Rio de Janeiro: Civilização Brasileira, 1979.

BOJUNGA, Claudio. *JK. O artista do impossível*. Rio de Janeiro: Objetiva, 2001.

BRAGA, Kenny. *Meu amigo Jango: Depoimento de Manoel Leães*. Porto Alegre: Sulina, 2003.

BUGARIN, Deodoro da Rocha. *Um retalho para 1964*. Rio de Janeiro: mimeo.

CAFÉ FILHO, João. *Do sindicato ao Catete; memórias políticas e confissões humanas*. Rio de Janeiro: José Olympio, 1966.

CAPITANI, Avelino Bioen. *A rebelião dos marinheiros*. Porto Alegre: Artes e Ofícios, 1997.

CORRÊA, Hércules. *Memórias de um stalinista*. Rio de Janeiro: Opera Nostra, 1994.

DE PAULA, Batista. *Plantão Militar*. Rio de Janeiro: mimeo, s. d.

FERREIRA, Marieta de Moraes e BENJAMIN, César. "Goulart, João". In BELOCH, Israel e ABREU, Alzira Alves. *Dicionário histórico-biográfico brasileiro: 1930-1983*. Rio de Janeiro: Forense Universitária/CPDOC/Finep, 1984.

FROTA, Sylvio. *Ideais traídos*. Rio de Janeiro: Jorge Zahar Editor, 2006.

JUREMA, Abelardo. *Sexta-feira, 13. Os últimos dias do governo João Goulart*. Rio de Janeiro: Edições O Cruzeiro, 1964.

LEITE FILHO, F. C. *El Caudillo. Leonel Brizola: um perfil biográfico*. São Paulo: Aquariana, 2008.

LINS E SILVA, Evandro. *O salão dos passos perdidos*. Depoimento ao CPDOC. Rio de Janeiro: Nova Fronteira/Editora da FGV, 1997.

OTERO, Jorge. *João Goulart. Lembrança do exílio*. Rio de Janeiro: Casa Jorge, Editorial, 2001.

PINHEIRO NETO, João. *Jango, um depoimento pessoal*. Rio de Janeiro: Record, 1993.

RIBEIRO, Darcy. *Confissões*. São Paulo: Companhia das Letras, 1998.

TALARICO, José Gomes. *O presidente João Goulart*. Depoimentos feitos na Assembleia Legislativa do Estado do Rio de Janeiro.

TAVARES, Flávio. *Memórias do esquecimento*. São Paulo: São Paulo: Globo, 1999.

SCHILLING, Paulo R. *Como se coloca a direita no poder*: São Paulo: Global, 1949 e 1981. vol. 1, Os protagonistas e vol. 2, Os acontecimentos.

SILVA, José Wilson da. *O tenente vermelho*. Porto Alegre: Tchê!, 1987.

VÁRIOS AUTORES. *Os idos de março e a queda de abril*. Rio de Janeiro: José Álvaro, 1964.

WAINER, Samuel. *Minha razão de viver. Memórias de um repórter.* Rio de Janeiro: Record, 1988.

VILLA, Marco Antônio. *Jango. Um perfil (1945-1964)*. São Paulo: Globo, 2004.

JUREMA, Abelardo. *Juscelino e Jango. PTB e PSD.* Rio de Janeiro: Artenova, 1979.

Fontes publicadas

BENTES, Ivana (org.). *Glauber Rocha. Cartas ao mundo.* São Paulo: Companhia das Letras, 1997.

D'ARAUJO, Maria Celina; SOARES, Gláucio Ary D.; CASTRO, Celso. *Visões do golpe. A memória militar sobre 1964*. Rio de Janeiro: Relume-Dumará, 1994.

GOMES, Angela de Castro e FERREIRA, Jorge (orgs.). *Jango. As múltiplas faces.* Rio de Janeiro: Editora da FGV, 2007.

MALINA, Salomão. *O último secretário*. Brasília: Fundação Astrojildo Pereira, 2002.

MORAES, Denis. *A esquerda e o golpe de 64*. Rio de Janeiro: Espaço e Tempo, 1989.

MOTA, Lourenço Dantas (coord.). *A história vivida*. São Paulo: O Estado de S. Paulo, 1981, 2 vols.

Nós e a legalidade. Depoimentos. Porto Alegre: Instituto Estadual do Livro/Editora Age, 1991.

SILVEIRA, Norberto da. *Reportagem da legalidade — 1961/1991*. Porto Alegre: NS Assessoria em Comunicação Ltda., 1991.

VINHAS, Moisés. *O Partidão. A luta por um partido de massas, 1922-1974.* São Paulo: Hucitec, 1982.

Sites na internet

www.assisbrasil.com.br
www.cebela.com.br.
www.marinheirosdobrasil.com.br.
www.pdt.org
www.saoborja.web.zaz.com.br
www.saoborja.com.br
www.tecnet-rs.com/saoborja/cidade/histmissio.html
www.cmvsb.com.br

Bibliografia

ABREU, Alzira Alves de *et al. Dicionário Histórico, Biográfico Brasileiro pós - 1930.* Rio de Janeiro: Editora da FGV/CPDOC, 2001, 5 vols.

ABREU, Marcelo de Paiva (org.). *A ordem no progresso. Cem anos de política econômica republicana, 1889-1989.* Rio de Janeiro: Campus, 1990.

ALBERTI, V. *História oral: a experiência do CPDOC.* Rio de Janeiro: Editora da FGV, 1990.

ALVES, Maria Helena Moreira. *Estado e oposição no Brasil (1964-1984).* Petrópolis: Vozes, 1985.

ANSART, Pierre. *Ideologias, conflitos e poder.* Rio de Janeiro: Jorge Zahar Editor, 1978.

ATTIAS-DONFUT, Claudine. "La notion de génération. Usages sociaux et concept sociologique". *L'home et la Société,* n° 90, XXII année, 1988.

AXT, Gunther (org.). *As guerras dos gaúchos. História dos conflitos do Rio Grande do Sul.* Porto Alegre: Nova Prova, 2008.

BANDEIRA, Moniz. *O governo João Goulart — As lutas sociais no Brasil: 1961-1964.* Rio de Janeiro: Civilização Brasileira, 1977.

BARBOSA, Vivaldo. *A rebelião da legalidade.* Rio de Janeiro: Editora da FGV, 2002.

BASTOS, Suely. "A cisão do MTR com o PTB". *In* FLEISCHER, David (org.). *Partidos políticos no Brasil.* Brasília: Editora da UNB, 1981, vol. 1.

BENEVIDES, Maria Victoria. *O governo Kubitschek: desenvolvimento econômico e estabilidade política.* Rio de Janeiro: Paz e Terra, 1979.

_____. *A UDN e o udenismo.* Rio de Janeiro: Paz e Terra, 1981.

_____. *O PTB e o trabalhismo. Partido e sindicato em São Paulo (1945-1964).* São Paulo: Cedec/Brasiliense, 1989.

BIELSCHOWSKY, Ricardo. *Pensamento econômico brasileiro: o ciclo ideológico do desenvolvimentismo (1930-1964).* Rio de Janeiro: Contraponto, 1996.

BODEA, Miguel. *A greve geral de 1917 e as origens do trabalhismo gaúcho.* Porto Alegre: L&PM Editora, 1979.

_____. *Trabalhismo e populismo no Rio Grande do Sul.* Porto Alegre: Editora da UFRGS, 1992.

BORGES, Vavy Pacheco. "Grandezas e misérias da biografia". *In* PINSKY, Carla B. (org.) *Fontes históricas*. São Paulo: Contexto, 2006.

BURKE, Peter (org.). *A escrita da história. Novas perspectivas*. São Paulo: Editora da Unesp, 1992.

CABRAL, Elza Borghi de Almeida. *O queremismo na redemocratização de 1945*. Niterói: Universidade Federal Fluminense, 1974, dissertação de mestrado.

CAMARGO, Aspásia. "A questão agrária: crise de poder e reformas de base". *In* FAUSTO, Boris (org.). *História geral da civilização brasileira*. São Paulo: Difel, 1981, vol. 10.

CAPELATO, Maria Helena R. *Multidões em cena. Propaganda política no varguismo e no peronismo*. Campinas: Papirus, 1998.

CARVALHO, José Murilo. "Vargas e os militares". *In* PANDOLFI, Dulce (org.). *Repensando o Estado Novo*. Rio de Janeiro: Editora da FGV, 1999.

CASTRO, Ruy. *Chega de saudade. A história e as histórias da Bossa Nova*. São Paulo: Companhia das Letras, 2002.

CHARTIER, Roger. *A história cultural. Entre práticas e representações sociais*. Lisboa: Difel, 1990.

CONY, Carlos Heitor e LEE, Ana. *O beijo da morte*. Rio de Janeiro: Objetiva, 2003.

COSTA, José Caldas da. *Caparaó. A primeira guerrilha contra a ditadura*. São Paulo: Bontempo, 2007.

D'ARAUJO, Maria Celina *O segundo governo Vargas (1951-1954)*. Rio de Janeiro: Jorge Zahar, 1992.

_____. *Sindicatos, carisma e poder. O PTB de 1945-65*. Rio de Janeiro: Editora da FGV, 1996.

_____. "Partidos trabalhistas no Brasil: reflexões atuais". *Estudos Históricos* (6), Rio de Janeiro, Editora da FGV.

—— (org.). *As instituições brasileiras da era Vargas*. Rio de Janeiro: Editora da Uerj/ Editora FGV, 1999.

DELGADO, Maurício J. Godinho. *Política trabalhista e sindicato no Brasil*. Belo Horizonte: Universidade Federal de Minas Gerais, 1980, dissertação de mestrado.

DREIFUSS, René A. *1964: a conquista do Estado. Ação política, poder e golpe de classe*. Petrópolis: Vozes, 1987.

ELIADE, Mircea. *O sagrado e o profano. A essência das religiões*. Lisboa: Edições Livros do Brasil, s/data.

ESPÍRITO SANTO, Miguel Frederico do. *O Rio Grande de São Pedro entre a fé e a razão: introdução à história do Rio Grande do Sul*. Porto Alegre: Martins Livreiro, 1999.

FELIZARDO, Joaquim *et al. Legalidade — 25 anos. A resistência popular que levou Jango ao poder*. Porto Alegre: Redactor, 1986.

_____. *A legalidade. Último levante gaúcho*. Porto Alegre: Editora da UFRS, 1988.

BIBLIOGRAFIA

FERREIRA, Jorge L. *Trabalhadores do Brasil*. O imaginário popular. Rio de Janeiro: Editora da FGV, 1997.

—— (org.). *O populismo e sua história*. Debate e crítica. Rio de Janeiro: Civilização Brasileira, 2001.

_____. *Prisioneiros do mito*. *Cultura e imaginário político dos comunistas no Brasil (1930-1956)*. Rio de Janeiro/Niterói: Mauad/Eduff, 2002.

_____. *O imaginário trabalhista*. Getulismo, PTB e cultura política popular. Rio de Janeiro: Civilização Brasileira, 2005.

_____. "A estratégia do confronto: A Frente de Mobilização Popular". Revista Brasileira de História. São Paulo, Anpuh, vol. 24, jan.-jun. 2004.

_____. "Cartas a um exilado: Jango e sua correspondência". *In* GOMES, Angela de Castro (org.). *Direitos e cidadania*. *Justiça, poder e mídia*. Rio de Janeiro: FGV, 2007.

_____. "Esquerdas no Panfleto. A crise política de 1964 no jornal da Frente de Mobilização Popular". Anos 90, revista do Programa de Pós-Graduação em História da UFRGS, Porto Alegre, nº 29, jul. 2009.

FERREIRA, Jorge e REIS, Daniel Aarão (orgs.). *A formação das tradições (1945-1964)*. Rio de Janeiro: Civilização Brasileira, 2007 (Coleção As esquerdas no Brasil, vol. 2).

_____. *Revolução e democracia (1964-...)*. Rio de Janeiro: Civilização Brasileira, 2007 (Coleção As esquerdas no Brasil, vol. 3).

FERREIRA, Jorge L. e DELGADO, Lucilia de Almeida Neves (orgs.). *O Brasil republicano*. Volume 3: O tempo da experiência democrática. Rio de Janeiro: Civilização Brasileira, 2003.

——. *O Brasil republicano*. Volume 4: O tempo da ditadura. Rio de Janeiro: Civilização Brasileira, 2003.

FERREIRA, Marieta de Moraes e AMADO, Janaína (orgs.). *Usos e abusos da História Oral*. Rio de Janeiro: Editora da FGV, 1996.

FERREIRA, Marieta de Moraes (coord.). *João Goulart*. Entre a memória e a História. Rio de Janeiro: Editora da Fundação Getulio Vargas, 2006.

FICO, Carlos. *Além do golpe*. Rio de Janeiro: Record, 2004.

FIGUEIREDO, Argelina C. *Democracia ou reformas; alternativas democráticas à crise política 1961-1964*. São Paulo: Paz e Terra, 1993.

FLORES, Elio Chaves. *No tempo das degolas*. Revoluções imperfeitas. Porto Alegre: Martins Livreiro Editor, 1996.

FLORES, Moacyr. *História do Rio Grande do Sul*. Porto Alegre: Ediplat, 2003.

FRENCH, John D. *O ABC dos operários*. Conflitos e alianças de classe em São Paulo, 1900-1950. São Paulo/São Caetano do Sul: Hucitec/Prefeitura de São Caetano do Sul, 1995.

GASPARI, Elio. *A ditadura envergonhada*. São Paulo: Companhia das Letras, 2002.

_____. *A ditadura escancarada*. São Paulo: Companhia das Letras, 2002.

GEERTZ, Clifford. *A interpretação das culturas*. Rio de Janeiro/São Paulo: Jorge Zahar/Cia. das Letras, 1989.

GIRARDET, Raul. "Du concept de génération a la notion de contemporanéité". *Revue D'Histoire Moderne et Contemporaine*, abr./jun. de 1988.

GOMES, Angela de Castro (org.). *O Brasil de JK*. Rio de Janeiro: FGV, 2002.

_____. *A invenção do trabalhismo*. Rio de Janeiro: Vértice/Iuperj, 1988.

_____. "Trabalhismo e democracia: o PTB sem Vargas". *In* GOMES, Angela de Castro (org.). *Vargas e a crise dos anos 50*. Rio de Janeiro: Relume-Dumará, 1994.

GOMES, Angela de Castro e D'ARAUJO, Maria Celina. *Getulismo e trabalhismo*. São Paulo: Ática, 1989.

GOMES, Angela de Castro e FERREIRA, Jorge. *Jango. As múltiplas faces*. Rio de Janeiro: FGV, 2007.

GORENDER. Jacob. "Era o golpe de 64 inevitável?" *In* TOLEDO, Caio Navarro de (org.). *1964: visões críticas do golpe. Democracia e reformas no populismo*. Campinas: Editora da Unicamp, 1997.

_____. *Combate nas trevas. A esquerda brasileira: das ilusões perdidas à luta armada*. São Paulo: Ática, 1987.

HIPPOLITO, Lúcia P. *De raposas e reformistas. O PSD e a experiência democrática brasileira (1945-64)*. Rio de Janeiro: Paz e Terra, 1985.

KUPERMAN, Esther. *A guerrilha de Caparaó (1966-1967): um ensaio de resistência*. Rio de Janeiro, IFCS/UFRJ, dissertação de mestrado, 1992.

LABAKI, Amir. *1961. A crise da renúncia e a solução parlamentarista*. São Paulo: Companhia das Letras, 1986.

LEVILAIN, Philippe. "Os protagonistas: da biografia". *In* REMOND, René (org.). *Por uma história política*. Rio de Janeiro: Editora da FGV/Editora da UFRJ, 1996.

LEVY, Giovanni. "Usos da biografia". *In* FERREIRA, Marieta de Moraes e AMADO, Janaína (orgs.). *Usos e abusos da História Oral*. Rio de Janeiro: Editora da FGV, 1996.

LLOYD, Christopher. *As estruturas da história*. Rio de Janeiro: Jorge Zahar, 1995.

MARKUN, Paulo e HAMILTON, Duda. *1961. Que as armas não falem*. São Paulo: Editora do Senac, 2001.

MARTINS FILHO, João Roberto. *Movimento estudantil e ditadura militar (1964-1968)*. Campinas: Papirus, 1987.

MAUSS, Marcel. *Ensaios sobre a dádiva*. Lisboa: Edições 70, 1988.

MEIHY, José Carlos Sebe B. (org.). *(Re)introduzindo a história oral no Brasil*. São Paulo: FFLCH/Xamã, 1996.

1964-2004. 40 anos do golpe militar. Ditadura militar e resistência no Brasil. Rio de Janeiro: 7Letras, 2004.

BIBLIOGRAFIA

MIR, Luís. *A revolução impossível. A esquerda e a luta armada no Brasil.* São Paulo: Best Seller/Círculo do Livro, 1994.

MOISÉS, José Álvaro. *Greve de massa e crise política (Estudos da greve dos 300 mil em São Paulo — 1953/54).* São Paulo: Polis, 1978.

MOORE, JR., Barrington. *Injustiça. As bases sociais da obediência e da revolta.* São Paulo: Brasiliense, 1987.

MORAES NETO, Geneton. *Dossiê Brasil. As histórias por trás da História recente do país.* Rio de Janeiro: Objetiva, 1977.

MOTTA, Rodrigo Patto Sá. *Jango e o golpe de 1964 na caricatura.* Rio de Janeiro: Jorge Zahar, 2006.

_____. *Em guarda contra o "Perigo Vermelho". O anticomunismo no Brasil (1917-1964).* São Paulo: Perspectiva/Fapesp, 2002.

NEGRO, Antonio Luigi; SILVA, Fernando Teixeira; COSTA, Hélio; FONTES, Paulo; FORTES, Alexandre. *Na luta por direitos. Estudos recentes em História Social do Trabalho.* Campinas: Editora da Unicamp, 1999.

NEVES, Lucilia de Almeida. *PTB. Do getulismo ao reformismo (1945-1964).* São Paulo: Marco Zero, 1989.

_____. *O Comando Geral dos Trabalhadores no Brasil. 1961-1964.* Petrópolis: Vozes, 1986.

NORA, Pierre. "Entre memória e história. A problemática dos lugares". *Projeto História,* revista do programa de pós-graduação em História e do Departamento de História da PUC/SP, n° 10, São Paulo, dez. de 1993.

PANDOLFI, Dulce. "O velho PTB: novas abordagens". *Estudos Históricos* (6), Rio de Janeiro, Editora da FGV.

_____. *Camaradas e companheiros. História e memória do PCB.* Rio de Janeiro: Relume-Dumará, 1995.

PARKER, Phyllis R. *1964: o papel dos Estados Unidos no golpe de 31 de março.* Rio de Janeiro: Civilização Brasileira, 1977.

PARUCKER, Paulo Eduardo Castello. *Praças em pé de guerra. O movimento político dos subalternos militares no Brasil, 1961-1964.* Niterói, PPGH/ICHF/UFF, dissertação de mestrado, 1992.

PECÊGO, Edgar. *O PTB no arquivo Getúlio Vargas (1945-1954).* Rio de Janeiro: FGV/CPDOC, 1979.

PENDARIES, Jean-René. "Approche biographique et approche structurelle: quelques remarques sur le 'retour du biographique' en sociologie". *L'Homme et la société, État et société civile,* Paris, L'Harmattan, n° 4, 1991.

POLLAK, Michael. "Memória, esquecimento, silêncio". *Estudos Históricos* (3). Rio de Janeiro, Editora da FGV, 1989.

PRZEWORSKI, Adam. *Capitalismo e social-democracia.* São Paulo: Companhia das Letras, 1989.

REBELLO, Gílson. *A guerrilha do Caparaó.* São Paulo: Alfa-Ômega, 1980.

REMOND, René. *Por uma história política*. Rio de Janeiro: Editora da UFRJ/Editora da FGV, 1996.

REIS FILHO, Daniel Aarão. *Ditadura militar, esquerdas e sociedade*. Rio de Janeiro: Jorge Zahar, 2000.

REIS FILHO, Daniel Aarão; RIDENTI, Marcelo; MOTTA, Rodrigo Patto Sá (orgs.). *O golpe e a ditadura militar 40 anos depois (1964-2004)*. Bauru: Editora do Sagrado Coração, 2004.

RIDENTI, Marcelo. *Em busca do povo brasileiro. Artistas da revolução, do CPC à era da tv*. Rio de Janeiro: Record, 2000.

RODRIGUES, Leôncio Martins. "O PCB: os dirigentes e a organização". *In* FAUSTO, Boris (org.). *História Geral da Civilização Brasileira*. São Paulo: Difel, 1981, vol. 10.

ROLLEMBERG, Denise. *O apoio de Cuba à luta armada no Brasil: o treinamento guerrilheiro*. Rio de Janeiro: Mauad, 2001.

SÁ, Cristina Isabel Campolina. "A formação do Partido Trabalhista Brasileiro". *Revista do Departamento de História (2)*, FAFICH/UFMG, Belo Horizonte, 1986.

SALDANHA, Alberto. *A UNE e o mito do poder jovem*. Maceió: Editora da Ufal, 2005.

SAMPAIO, Regina. *Ademar de Barros e o PSP*. São Paulo: Global, 1982.

SANTANA, Marco Aurélio. *Homens partidos. Comunistas e sindicatos no Brasil*. Rio de Janeiro/São Paulo: UniRio/Boitempo, 2001.

SANTOS, Wanderley Guilherme. *Sessenta e quatro: anatomia da crise*. Rio de Janeiro: Vértice, 1986.

SCHWARCZ, Lilia Moritz (org.). *História da vida privada no Brasil*. São Paulo: Companhia das Letras, 1998.

SEGATTO, José Antonio. *Reforma e revolução. As vicissitudes políticas do PCB (1954-1964)*. Rio de Janeiro: Civilização Brasileira, 1955.

SENTO-SÉ, João Trajano. *Brizolismo*. Rio de Janeiro: Editora da FGV/Espaço e Tempo, 1999.

SILVA, Helio. *1964: golpe ou contragolpe*. Porto Alegre: L&PM, 1978.

SIRINELLI, Jean-François. "A geração". *In* FERREIRA, Marieta de Moraes e AMADO, Janaína (orgs.). *Usos e abusos da História Oral*. Rio de Janeiro: Editora da FGV, 1996.

SKIDMORE, Thomas. *Brasil: de Getúlio a Castelo*. Rio de Janeiro: Saga, 1969.

SOARES, Gláucio Ary Dillon. *A democracia interrompida*. Rio de Janeiro: FGV, 2001.

SUKMAN, Márcio André, Koatz. *A trincheira dos trabalhadores — João Goulart, PTB e o Ministério do Trabalho (1952-1954)*. Dissertação de mestrado, Niterói, Programa de Pós-Graduação em História da Universidade Federal Fluminense, 2006.

STARLING, Heloisa Maria Murgel. *Os senhores das Gerais. Os novos inconfidentes e o golpe de 1964*. Petrópolis: Vozes, 1986.

BIBLIOGRAFIA

SZATKOSKI, Elenice. *Os grupos dos onze. Uma insurreição reprimida.* Passo Fundo: Editora UPF, 2003.

TAVARES, Flávio. *O dia em que Getúlio matou Allende e outras novelas do poder.* Rio de Janeiro: Record, 2004.

TAVARES, José Antônio Giusti. "O regionalismo rio-grandense no Brasil: autonomia ou participação?". *In Nós, os gaúchos.* Porto Alegre: Editora da UFRS, 1995.

THOMPSON, Paul. *A voz do passado. História oral.* Rio de Janeiro: Paz e Terra, 1992.

THOMSON, Alistair. "Recompondo a memória. Questões sobre a relação entre a História Oral e as memórias". *Projeto História,* Revista do programa de pós-graduação em História e do Departamento de História da PUC/SP, n° 15, abr. 1997.

VELHO, Gilberto. *Projeto e metamorfose. Antropologia das sociedades complexas.* Rio de Janeiro: Jorge Zahar Editor, 1994.

VICTOR, Mário. *Cinco anos que abalaram o Brasil.* Rio de Janeiro, Civilização Brasileira: 1965.

Índice onomástico

A

Afonso, Almino, 191, 242, 243, 329, 337, 383, 447, 497, 500, 522, 524, 563, 665, 666, 675, 677
Agripino, João, 148, 343
Aleixo, Pedro, 308, 430, 500
Alencar, Alfredo Arraes de, 459
Alencar, Marcelo, 563
Alkmin, José Maria, 162
Allende, Salvador, 550, 644
Almeida, Edson Oliveira de, 672
Almeida, Hélio de, 335, 336, 337, 567
Almeida, João Batista, 120
Almeida, José Américo de, 64
Álvares, Domingos, 304
Alvarez, Pedro, 359, 360, 565, 566
Alves Filho, Rodrigues, 148
Alves, Landulfo, 354
Alves, Marcio Moreira, 527
Alves, Mário, 572
Alves, Osvino Ferreira, 230, 249, 284, 307, 308, 309, 324, 344, 346, 357, 360, 442, 443, 445, 446, 566
Amado, Jorge, 373
Amaral, Gurgel, 98
Âncora, Armando de Moraes, 398, 416, 483, 490, 492, 493, 495, 496, 481
Andrade, Auro Moura, 257, 304, 438, 470, 500, 501
Andrade, Doutel de, 152, 189, 191, 194, 208, 228, 369, 421, 455, 497, 540, 552, 553, 556, 563, 590, 591, 610
Andrade, Joaquim Pedro de, 281, 373
Anísio, Chico, 345, 373

Aragão, Cândido, 350, 351, 381, 382, 443, 445, 446, 448, 449, 451, 452, 457, 473, 479, 481, 490, 491, 504, 549
Aranha, Oswaldo, 75, 93, 94, 134, 135, 194
Arantes, Aldo, 288
Archer, Renato, 146, 563, 609, 610-612, 614
Arinos, Afonso, 158, 184, 224, 228, 242, 335, 472
Arraes, Miguel, 288, 297, 315-317, 325, 364, 367, 368, 372, 374, 389, 420, 430, 435, 447, 480, 487, 517, 546, 573, 574, 620, 649, 652, 654
Assis Brasil, Joaquim Francisco de, 31, 240, 357, 359, 396, 397, 398, 403, 445, 446, 448, 451, 455, 456, 457, 472, 486, 488, 492, 497, 499, 509, 538, 539, 540, 541, 581
Atkins, Robert, 659, 660, 664, 665
Ávila, Sólon de, 657
Azambuja, Ernane, 355, 638, 657, 674, 675

B

Balbino, Antônio, 322, 324, 337, 342
Baleeiro, Aliomar, 500
Ball, George, 473, 474
Bambirra, Sinval, 460
Banzer, Hugo, 626
Barnard, Christian, 625
Barreto, Luiz Carlos, 281
Barros, Ademar de, 63, 65, 68, 148, 157, 213, 315, 331, 353, 366,

368-370, 431, 458, 460, 483, 517, 544, 547, 548, 591, 610
Bastos, Justino Alves, 472, 480 , 486
Bastos, Paulo Melo, 417, 441, 446
Batistinha, 353
Ben Bella, Ahmed, 573
Benevides, Maria Victoria, 12, 105, 109, 174, 175, 199, 213
Benjamin, César 176, 346
Bentes, Jamaci Sena, 100
Bernardes, Artur, 354
Bevilacqua, Peri, 240, 307, 309, 363, 364, 474, 475
Bezerra, Gregório, 487, 522, 549
Bittencourt, Lúcio, 139
Bodea, Miguel, 56, 57
Bojunga, Claudio, 9, 10, 76, 126, 149, 177, 179, 204, 228, 548
Bonfante, Emilio, 89
Borges, Mauro, 245, 246, 288, 482, 610
Borges, Pompeu Acióli, 270
Borges, Vavy Pacheco, 16,18, 20, 21
Borghi, Hugo, 147
Borlenghi, Ángel, 157, 168, 169
Botelho, Anísio, 365, 403, 418, 461, 472
Boumedienne, Houari Chedid, 573, 649
Braga, Cláudio, 564, 614, 652, 659, 665, 669, 670
Braga, Washington Frazão, 490
Braguinha, 428, 487
Brandi, Antonio, 157, 158, 168
Brandt, Willy, 645
Brant, Vinícius, 328
Bretas, Manuela, 19
Brito, Antônio Ferreira de Oliveira, 403, 422, 435, 332, 352
Brito, Edizel, 281
Brito, Nascimento, 372
Brizola, José, 31, 35
Brizola, Leonel de Moura, 35, 37, 45, 51, 52, 54, 57-59, 62, 66, 68, 74, 117, 135, 136, 139, 147, 154, 185, 189, 194, 205, 206, 208, 209, 212, 221, 223, 230, 231, 233-235, 237-239, 243, 245-247, 249, 250-256, 269, 271, 272, 279, 284-292, 295,

300, 305-309, 311, 312, 315, 317-318, 320, 325, 326, 328, 329, 342-344, 347, 349-352, 355, 356, 362, 363, 368, 369, 372-374, 382-384, 388-392, 394, 396, 399, 402, 410, 414, 416, 419, 422, 423, 430, 432-440, 444, 447-449, 455, 459, 460, 479, 488, 504-509, 511, 514, 517, 519, 521, 525, 544-546, 548, 554, 565-572, 574, 576, 596, 598, 601, 606, 608, 610, 612, 615, 616, 618, 627, 629, 630, 643, 649, 652-655, 657, 658, 661-663, 669, 674, 676, 679,
Brizola, Neuza, 30, 33, 58, 62, 154, 255, 438, 509, 544, 576, 623, 652, 663, 676, 679
Bugarin, Deodoro da Rocha, 502
Bukharin, Nikolai, 285
Bulhões, Otávio Gouveia de, 321, 550
Burnier, João Paulo, 212, 480

C

Cabral, Sérgio, 281
Café Filho, João Fernandes Campos, 134, 145, 148, 160, 163, 164
Caillard, Eugênio Ferreira, 96, 194, 374, 375, 484, 492, 509, 538
Calmon, João, 372,
Câmara, Armando Pereira, 135
Câmara, Dom Hélder, 270
Camargo, Iberê, 373
Campista, Ari, 176
Campos, Francisco, 545
Campos, Milton, 184, 213
Campos, Orlando, 435
Campos, Paulo Mendes, 373
Campos, Roberto, 174, 202, 204, 205, 319, 321, 343, 550, 606
Capelato, Maria Helena, 19
Capitani, Avelino Bioen, 479
Cardinal, Carlos, 676
Cardoso, Adauto Lúcio, 245, 500
Cardoso, Joaquim Ignácio, 447
Cardoso, Joaquim, 281
Carmo, Eugenio da Silva, 592
Carneiro, Édson, 373
Carpeaux, Otto Maria, 281
Carter, Jimmy, 655

ÍNDICE ONOMÁSTICO

Carvalho Pinto, Carlos Alberto, 346,
348, 349, 377, 381-383, 403
Carvalho, Antônio Barros de, 224, 229,
238, 247, 250
Carvalho, Apolônio de, 572
Carvalho, Cid, 146, 206
Carvalho, José Murilo de, 164
Castelo Branco, Carlos, 346, 357, 369,
417, 450, 451, 481, 486, 495, 520
Castelo Branco, Humberto de Alencar,
344, 357, 359, 417, 431, 439, 448,
453, 470, 471, 474, 477, 481, 486,
495, 546, 548, 549, 564, 565-567,
581, 589, 590, 591, 594, 601, 606,
607, 610, 611, 642, 643
Castilhos, Júlio de, 25, 26, 28, 29, 31
Castro Júnior, Julio Schwonke de, 672
Castro, Celso, 517
Castro, Fidel, 282, 289, 290, 310, 311,
318, 394, 570-574, 576, 624
Castro, João Augusto de Araújo, 224
Castro, Josué de, 283, 545
Cavalcanti, Diocleciano de Holanda,
176
Cavalcanti, Tenório, 456, 457, 492, 493
Cehman, Martín, 668
Celiberti, Lílian, 651
Cerqueira, Marcelo, 395, 523, 524
Chagas, Carlos, 472
Chateaubriand, Assis, 115, 158, 350
Chaves, Hamilton, 253
Chaves, Paiva, 249
Chuay, Eduardo, 358-360, 362, 363,
397, 488, 520, 563
Clair, Janete, 373
Coelho, Danton, 77, 85, 98, 148
Coelho, Saldanha, 563
Colagrossi, José, 563
Cony, Carlos Heitor, 373
Corrêa, Hércules, 88, 176, 284, 353,
383, 391, 415, 417, 418, 446-448,
476, 491, 519, 546
Corrêa, Luiz, 197
Corrêa, Manuel Pio, 569, 577
Correia, Gelcy Rodrigues, 284
Cortez, Raul, 281
Costa e Silva, Artur da, 230, 486, 495,
501, 502, 505, 509, 589, 590, 592,
607, 620, 642

Costa, Álvaro Ribeiro da, 501
Costa, Canrobert Pereira da, 145, 149,
160
Costa, João de Resende da, 416
Costa, Teles da, 249
Costa, Zenóbio da, 128, 159, 160
Coutinho, Carlos Nelson, 281
Coutinho, Eduardo, 280, 281
Covas, Mário, 615
Crespo, Daniel Fernandez, 538
Cristali, Homero, 285
Cunha, Flores da, 236, 563
Cunha, Ranulpho Bocayuva, 191, 228,
341, 342, 447

D

D'Araujo, Maria Celina, 12, 78, 80, 91,
103, 125, 143, 144, 159, 164, 165,
187, 210, 213, 266, 286, 305, 429,
433, 517, 518
Dahl, Gustavo, 281
Dantas, Francisco de San Tiago, 194,
210, 223, 238, 242, 271, 303, 304,
309, 324, 327, 328, 329, 331, 332,
337, 342, 355, 383, 388-390, 394,
402, 471, 472, 492, 526
De Gaulle, Charles, 625
Debray, Régis, 572
Delgado, Lucilia de Almeida Neves, 12,
19, 78, 90, 93, 104, 115, 210
Denys, Odílio, 161, 162, 174, 220,
228, 230, 231, 233, 234, 239, 240,
243, 245-247, 249, 250, 268, 272,
331, 353, 370, 485, 486
Di Cavalcanti, Emiliano, 373
Dias, Marcílio, 451
Dias, Universindo, 651
Díaz, Enrique Foch, 669, 670
Diegues, Cacá, 280, 281, 373
Dines, Alberto, 437
Djanira, 373
Dória, João de Seixas, 420
Dornelles, Dinarte, 60, 67, 68, 77
Dornelles, Elfrida, 36,
Dornelles, Ernesto, 67, 68, 72, 73, 74,
78, 129-131
Dornelles, Laci, 68
Dreifuss, René, 315, 514, 515
Duarte Filho, João, 105, 113

Dutra, Eloy, 410, 563
Dutra, Eurico Gaspar, 29, 55, 56, 64, 67, 75, 112, 115, 118, 145, 291, 358, 437, 552

E

Earp, Fábio Sá, 643
Eisenhower, Dwight, 75, 174, 201
Elbrick, Charles, 620
En-Lai, Chou, 225, 574
Escobar, Décio Palmeira, 486
Etcheverry, João, 229, 449, 450

F

Fadul, Wilson, 268, 269, 295, 296, 307, 308, 374, 375, 399, 403, 457, 492, 499, 505-507, 547, 559, 563, 567, 608, 610, 611
Fagundes, Lutero, 619, 629, 637, 654
Falcão, Armando, 115, 471
Faria, Hugo de, 85, 86, 93-98, 105, 116, 119, 175, 178, 229, 250, 251, 267, 295, 298-300, 305, 309, 322, 324, 336, 382, 450, 525, 563, 590
Farias, Osvaldo Cordeiro de, 124, 220, 240, 241, 272, 331, 471, 474
Fernandes, André, 501
Fernandes, Florestan, 549
Fernandes, Hélio, 609
Ferrari, Fernando, 59, 139, 147, 188, 189, 191 206
Ferrari, Ricardo Rafael, 668
Ferreira, Joaquim Câmara, 572
Ferreira, Marieta de Moraes, 14, 176, 346, 511
Ferreira, Maurílio, 652
Fiala, Mena, 194
Fico, Carlos, 433
Fico, Nicolau, 399, 481, 496, 498, 499
Figueiredo, Argelina Cheibub, 12, 246, 256, 271, 278, 293, 303, 327, 330, 341, 389, 392, 394, 402, 412, 429, 512, 513, 515, 686
Figueiredo, Crisântemo, 566
Figueiredo, João Baptista, 355, 417, 661
Figueiredo, Wilson, 449
Fleury, Sérgio Paranhos, 576, 670
Floriano, Machado, 506, 509

Fontella, Dinarte, 41
Fontella, João José, 41, 224, 256, 492, 544, 646
Fontella, Maria Júlia, 41, 42, 152
Fontoura, João Neves da, 29, 125
Fortunato, Gregório, 126-128
Foster Dulles, John, 180, 201
França, Luiz, 112
Francis, Paulo, 281
Freire, Marcos, 644
Freire, Paulo, 280, 281, 283, 347, 545
Freire, Vitorino, 638
Freitas, Tácito de, 610
French, John, 689
Fróis, Hemílcio, 421
Frondizi, Arturo, 186, 248
Frota, Sylvio, 114, 638, 652, 660, 661, 666, 674
Furtado, Celso, 299, 319, 320, 324, 327-329, 331, 332, 337, 383, 545, 622, 686

G

Galhardo, Benjamin Rodrigues, 398, 481
Galvão, Nei, 384, 435, 563
Garcia Filho, Antônio, 284, 360, 363, 458
Garcia, José Horácio Coelho, 358
Gaspari, Elio, 9, 483, 487, 488, 545, 549, 617-620, 640, 641
Gasparian, Fernando, 563, 644, 655
Geisel, Ernesto, 251, 257, 258, 417, 471, 481, 647, 652, 655, 664-666, 670-672, 674
Geisel, Orlando, 232, 240, 359, 638
Gimenez, Eva de León, 621, 622, 647, 652, 660
Góes Monteiro, Pedro Aurélio de, 29, 64, 358
Gomes, Angela de Castro, 14, 17, 19, 53, 80, 118, 143, 389
Gomes, Alfredo Dias, 281, 373, 563
Gomes, Eduardo, 64, 126, 145, 148, 162, 480, 494
Gomes, Pedro, 486
Gomide, Aloysio, 629
Gonçalves, Narciso Júlio, 283, 490
Gonçalves, Oscar, 288

ÍNDICE ONOMÁSTICO

González, Felipe, 645
Gordon, Lincoln, 272, 312, 313, 319,
321, 355, 473, 474, 477
Gorender, Jacob, 285, 516, 572
Goulart, Christopher Belchior (Cris),
658
Goulart, Denize Fontella, 192, 194,
195, 301, 302, 541, 542, 551, 554,
560, 561, 564, 577, 624, 631, 654,
676, 678
Goulart, João Belchior, 27, 30
Goulart, João Vicente Rodrigues, 27,
192, 194, 195, 301, 302, 355, 370,
541, 542, 554, 619, 622, 624, 627,
637, 654, 656, 658, 669, 676, 678
Goulart, Maria Loureiro, 27
Goulart, Maria Thereza Fontella,
41-45, 68-70, 99, 100, 129, 131, 134,
152-155, 173, 178, 179, 181, 184,
185, 192-195, 224, 231, 232, 256,
258, 273, 274, 302, 303, 344-346,
355, 356, 395, 418, 419, 423-428,
445, 457, 488, 499, 505, 506, 537,
538, 541-543, 559, 560, 577, 580,
600, 613, 621, 625-628, 658-660,
664, 666, 667, 669, 670, 672, 675,
677
Goulart, Vicentina Marques (Dona
Tinoca), 28, 30, 34, 36, 40, 70, 90,
181, 350
Goulart, Yolanda, 29, 30, 32, 33, 166
Gramsci, Antonio, 281
Groff, Danilo, 669
Guaragna, João Carlos, 232
Guarnieri, Gianfrancesco, 373
Gudin, Eugênio, 145
Guedes, Luís Carlos, 397, 470, 471,
480, 482
Guerra, Ruy, 281
Guevara, Ernesto Che, 213, 248, 505,
543, 572, 574, 575
Guimarães, Josué, 639
Guimarães, Ulysses, 146, 291, 332,
335, 372
Gullar, Ferreira, 280, 281, 373, 563

H

Haag, Carlos, 511, 531
Hart, Julien, 364

Heck, Sílvio, 162, 212, 220, 228, 246,
247, 249, 272, 314, 353
Hermes, Gabriel, 224, 229
Hipólito, Dom Adriano, 655
Hippolito, Lucia, 205, 238, 246, 291,
401, 414, 476
Hirszman, Leon, 681, 673
Hoffmann, Sulleiman, 649
Holland, Henry, 180
Horta, Oscar Pedroso, 227

I

Ianni, Octávio, 281, 618

J

Jaguar, 281
Jereissati, Carlos, 101, 237
João XXIII (papa), 207, 426
Jobim, Walter, 58, 59, 66
Joergensen, Ankar, 645
Joffily, José, 206
Jofre, Éder, 539
Johnson, Lyndon, 400, 461, 473
Julião, Francisco, 270, 282, 285,
310-312, 328, 363, 372, 500, 530
Jurema, Abelardo, 180, 273, 295, 342,
346, 349-351, 354, 358, 367, 370,
371, 381, 396, 403, 418, 444, 445,
448, 450-453, 457, 458, 472, 473,
477, 478, 484, 486, 504, 505, 647,
658, 691

K

Kadafi, Muammar, 630
Katz, Stela, 658
Kelly, José Eduardo do Prado, 145, 162,
184
Kennedy, Edward, 665
Kennedy, Jacqueline, 274
Kennedy, John, 274, 275, 278, 312,
313, 317-320, 351, 352, 400, 471
Kennedy, Ted, 660
Khrushchev, Nikita, 211, 225
Konder, Leandro, 281
Konder, Valério, 610
Kreisky, Bruno, 645
Kruel, Amaury, 114, 159, 230, 249,
268, 269, 305, 309, 310, 324, 332,
336, 337, 342, 344, 346, 355, 357,

358, 360, 398, 431, 439, 472, 473,
478, 481, 483-487, 490, 493, 495,
496, 499, 505, 510
Kubitschek, Juscelino, 9, 11-14, 128,
135, 145-151, 157, 158, 160, 164,
169, 173-180, 182, 184, 186, 188,
191, 192, 196, 199-209, 213, 219,
220, 222, 238, 245, 248, 269, 273,
279, 283, 291, 322, 345, 352-354,
358, 371, 392, 431, 438, 444, 454,
476, 482, 510, 517, 526, 546, 548,
549, 574, 576, 590, 592, 596,
606-612, 616, 617, 619, 650, 655,
685, 686
Kubitschek, Márcia, 609

L

La Due, John, 306
Labaki, Amir, 9, 273
Labarth, Ciro, 567
Lacerda, Carlos, 105, 106, 108, 126,
127, 133, 149, 156-159, 161-163,
169, 182, 206, 221, 227, 243, 257,
273, 287, 291, 345, 349, 351,
364-371, 390, 415, 419, 421-423,
453, 457, 458, 460, 473, 477, 479,
480, 490-492, 494, 495, 517, 527,
544, 547-549, 590, 606-617, 619,
650, 685
Lanusse, Alejandro, 630, 667, 668
Lavareda, Antonio, 517, 518
Leães, Manoel, 36, 268, 301, 538, 540,
544, 545, 621, 625, 626, 666
Leal, Estillac, 159
Leal, Victor Nunes, 156, 361,
Leal, Wilson de Barros, 107
Leão, Nara, 373
Lee, Alberto, 609, 610
Lefèbvre, Henri, 281
Leite, Edgar Teixeira, 270
Leite, Luiz Gonzaga de Oliveira, 546
Leme, Kardec, 447, 452, 610
Lemos, Ajadil de, 250, 544
Lemos, Paulo, 461
Lenin, Vladimir Ilitch, 283
Letelier, Orlando, 651, 674
Levi, Giovanni, 16, 20
Levy, Herbert, 272, 437, 438

Lima Filho, Osvaldo, 297, 347, 367,
403, 492, 507, 567
Lima Jr., Walter, 281, 373
Lima, Adamastor, 142, 143
Lima, Afrísio da Rocha, 495
Lima, Augusto Frederico Correia, 161
Lima, Hermes, 223, 309, 313, 324,
332, 336, 337, 549
Lima, Ilacir Pereira, 188
Lima, Jair Pereira, 664
Lima, Luís Tenório, 176, 304
Lima, Otomar Soares de, 507
Lima, Rui Moreira, 359, 473, 502, 503,
526
Linhares, Maria Yedda, 549
Lins e Silva, Evandro, 156, 225, 226,
296, 299, 300, 324, 337, 352, 357,
403, 549, 550, 573
Lins, Álvaro, 373
Lins, José Luiz Magalhães, 322, 431
Lloyd, Christopher, 16
Lobo, Eulália, 549
Lopes, José Leite, 545, 283
Lopes, José Machado, 230, 232-234,
238-241, 249, 251-253
Lopes, Lucas, 201, 202, 204, 205
Lopez, Júlio, 622
López, Odilon, 254
Lott, Henrique Baptista Duffles
Teixeira, 145, 149, 157, 159, 160-165,
174, 185, 191, 196, 197-199, 206-
213, 220, 230, 283, 307, 358, 370,
384, 398, 455, 458, 477, 592, 611
Loureiro, Marcílio Goulart, 556
Lucas, Nemo Canabarro, 164, 197,
198, 207
Lula, *ver* Luís Inácio Lula da Silva
Luxemburg, Rosa, 285
Luz, Carlos, 160-163
Lyra, Carlos, 373

M

Macedo, Josafá, 416
Machado, Carlos, 74, 99
Machado, Expedito, 403, 422, 435,
457, 493
Maciel Filho, José Soares, 127, 128
Maciel, Luiz Carlos, 281
Mafra, Abelardo, 369

ÍNDICE ONOMÁSTICO

Magalhães Pinto, José de, 269, 370, 431, 453, 460, 471, 472, 482, 517, 526, 527, 544, 548, 549, 611, 676
Magalhães, Ivo, 563, 622, 647, 664, 669
Magalhães, Juracy, 64, 205, 206
Magalhães, Rafael de Almeida, 549
Magalhães, Sérgio, 227, 284, 363, 419, 522
Maia, Francisco Prestes, 244
Mamede, Jurandir Bizarria, 114, 160-162
Mangabeira, João, 324, 335, 336, 337
Manso, Fritz de Azevedo, 114
Maranhão, Djalma, 316, 563
Maranhão, Hebe, 563
Maranhão, Luís, 610
Marcondes Filho, Alexandre, 80
Maria, Angela, 156
Marighella, Carlos, 447, 572, 575, 608
Marinho, Gilberto, 638
Marinho, Roberto, 201, 323, 372
Marini, Ruy Mauro, 549, 325
Markun, Paulo, 527
Marques, Vicentina Vasquez, *ver* Vicentina Marques Goulart
Martins, Gaspar Silveira, 25, 28, 31
Marx, Karl, 283
Mastroianni, Marcelo, 356
Mateos, Adolfo López, 637
Maurell Filho, Emilio, 157, 158
Mazzilli, Ranieri, 228, 231, 245, 250, 257, 258, 500-502, 542
McCarthy, Joseph, 126
Medeiros, Antônio Augusto Borges de, 29, 31-33
Médici, Emílio Garrastazu, 485, 495, 638, 642
Mello e Souza, Márcio de, 331
Mello, Ednardo D'Ávila, 114
Melo, Antônio, 347
Melo, Cunha, 485, 486
Melo, Nelson de, 249, 307-310, 336, 357, 437
Melo, Thiago de, 281
Mendes, Aluízio, 485, 495, 496
Mendes, Olímpio, 419
Mendieta, Ricardo Anacleto, 671, 672
Meneghetti, Ildo, 74, 134, 315, 324, 460, 482, 486, 488, 505

Mesquita Filho, Julio de, 64, 314, 545
Mestrinho, Gilberto, 209
Michellini, Zelmar, 655, 656
Milani, Francisco, 281
Milles, Carlos, 670
Mintegui, João Alonso, 541, 559, 669
Mir, Luís, 282, 289, 290, 308, 570
Mirza, Wilson, 638, 660
Moniz Bandeira, Luiz Alberto, 13, 309, 314, 320, 326, 396, 563, 648, 656, 665, 669, 670-672
Moniz, Edmundo, 563, 592, 610, 643, 645, 646, 648
Monteiro, Alfeu, 242
Monteiro, Euler Bentes, 114
Montoro, Franco, 224, 229, 332
Moraes Filho, Evaristo de, 222
Moraes Neto, Geneton, 625
Moraes, José Ermírio de, 224, 324
Moraes, Vinícius de, 281, 653
Morais, Clodomir Santos de, 282, 311
Morais, Henrique Almeida de, 487
Moreira, Maria, 302
Morena, Roberto, 176, 353, 417
Moss, Gabriel Grum, 220, 228, 246,
Mota, Dom Carlos Carmelo de Vasconcelos, 163
Mota, Sílvio, 365, 403, 418, 442, 443-448, 450, 451
Motta, Deoclécio Barros, 33, 538, 621
Motta, Enos Saddock de Sá, 222
Motta, Rodrigo Patto Sá, 222, 3154, 376, 454, 515,
Moura, Oniva, 31, 32
Mourão Filho, Olímpio, 272, 359, 397, 470, 471-473, 477, 480, 481,485, 487, 488, 493, 501, 503, 521
Moutinho, Creso, 241
Muricy, Antônio Carlos, 114, 232, 240, 343, 344, 471, 501
Mussolini, Benito, 53

N

Negrão de Lima, Francisco, 150, 151, 196, 607
Neira, Mário Barreiro, 670, 672-674
Neiva Moreira, José Guimarães, 284, 362, 371, 392, 521, 628, 629
Neto, Araújo, 429, 430, 431, 452

Neves, David, 281
Neves, Tancredo, 129, 134, 199, 238, 250-252, 254, 267, 272, 279, 291, 294, 303, 323, 352, 355, 372, 456, 457, 497, 499, 500, 501, 611, 657, 677, 678, 683
Nicoll, Ricardo, 610
Niemeyer, Oscar, 373
Nixon, Richard, 180

O

O'Donnell, Guilhermo, 512
Oliveira, Augusto, 102
Oliveira, Moacyr Félix de, 611, 281, 373, 447
Ongania, Juan Carlos, 590, 630
Osório, Jefferson Cardim, 569, 571
Osório, Oromar, 240, 398, 481
Otero, Jorge, 30, 129, 248, 308, 324, 451, 561, 624, 644, 645, 659, 661, 662, 663

P

Pacheco, Belchior, 33
Pacheco, Oswaldo, 368, 395, 417, 418, 426, 449, 476, 491, 546
Palmeira, Wladimir, 591
Palmério, Mário, 626
Paraguai, Gloria del, 626
Pasca, Dirceu, 238, 247
Pasqualini, Alberto, 55-59, 63, 66, 68, 77, 191, 354
Passos, Gabriel, 332, 354
Passos, Júlio, 667
Passos, Tertuliano dos, 563
Paula, Batista de, 345, 364, 396, 531
Paulo VI (papa), 665
Payton (padre), 394, 395
Pedreira, Fernando, 496
Pedrosa, Mario, 610
Peixoto, Ernâni do Amaral, 129, 130, 132, 147, 207, 238, 242, 250, 291, 337, 436
Peixoto, Floriano, 28
Pellacani, Dante, 176, 211, 304, 420, 446, 449, 546
Pena, Hélio, 222
Penalvo, Celeste, 622
Penalvo, Neusa, 17

Penalvo, Percy, 561, 564, 565, 568, 577, 578, 622, 623, 629, 655, 656, 668
Pendaries, Jean-René, 15
Pereira, Odil Rubim, 678
Pereira, Osny Duarte, 373, 610
Peres, Carlos Andrés, 637, 643
Perón, Isabel, 654
Perón, Juan Domingos, 67, 72, 106, 108, 150, 157, 168, 169, 176, 183, 625, 630, 631, 643
Pilla, Raul, 242
Pimenta, Luiz Dantas, 502
Pinheiro Neto, João, 295, 296, 316, 321, 336, 346, 372, 374, 375, 384-387, 396, 409, 410, 420, 429, 442, 493, 579-581, 647, 665
Pinto Guedes, Paulo Eugênio, 538
Pinto, Álvaro Vieira, 281, 373, 545
Pinto, Heráclito Sobral, 155
Pinto, Olavo Bilac, 500
Pires, Antônio Sena, 283, 457
Pires, Waldir, 323, 324, 355, 497, 518, 519, 523, 563, 623, 676
Pollack, Michel, 690
Pompidou, Georges, 226
Portela, Jaime, 272, 616, 620
Posadas, J., 285
Power, Thomas, 277
Prado, Luiz Carlos, 643
Prats, Carlos, 651
Prazeres, Luiz Carlos, 382
Prestes, Luís Carlos, 54, 146, 194, 289, 290, 317, 328, 368, 383, 387, 388, 394, 433, 436, 440, 452, 510, 516, 519, 545, 546, 566, 572, 574, 618, 688
Proença, Cavalcanti, 281, 373

Q

Quadros, Jânio da Silva, 12, 162, 163, 206, 211, 213, 219, 221, 224, 225, 227-230, 253, 268, 273, 291, 306, 324, 399, 546, 592, 603, 613
Queirós, Ademar de, 471

R

Ramos, Guerreiro, 545
Ramos, Hélio, 421
Ramos, João Batista, 176
Ramos, Manuel, 34

ÍNDICE ONOMÁSTICO

Ramos, Nereu, 162-164
Ramos, Rui, 135
Rangel, Flávio, 373, 610
Rao, Vicente, 543,
Raquel, Tereza, 281, 373
Rega, José Lopez, 631, 643
Reis Filho, Daniel Aarão, 19, 515, 618
Resende, Estevão Taurino, 552
Riani, Clodsmidt, 300, 305, 369, 382, 417, 478, 479, 522, 546
Ribeiro, Agildo, 373
Ribeiro, Carlos Alberto Cabral, 483
Ribeiro, Carlos Otávio Flexa, 607
Ribeiro, Darcy, 9, 18, 46, 286, 287, 316, 322-324, 346, 355, 356, 359, 367, 368, 395, 397, 402, 424, 427, 432, 433, 440, 448, 455, 472, 477, 480, 481, 492, 496, 497, 501, 502, 510, 520, 523-525, 545-548, 550, 563, 570, 571, 614, 622, 676, 677
Ribeiro, Jair Dantas, 307-309, 324, 346, 357-358, 365, 403, 409, 439, 454, 477, 481, 490
Ribeiro, José de Almeida, 419
Ribeiro, Orlando Leite, 107
Richer, Paulo, 552
Roccard, Michel, 645
Rocha, Eusébio, 143
Rocha, Francisco de Paula Brochado da, 305-309
Rocha, Glauber, 9, 281, 373
Rocha, José Diogo Brochado da, 147
Rocha, Manoel, 88
Rockefeller, David, 274
Rockefeller, Nelson, 181
Rodrigues, Dagoberto, 459, 493, 570
Rodrigues, Paulo Márcio, 451
Rosado, Dix-Huit, 224, 229
Ruiz, Hector Gutierrez, 655, 656
Rusk, Dean, 271, 461
Ryff, Raul, 87, 138, 229, 248, 294, 295-297, 309, 352, 369, 370, 387, 396, 397, 402, 425, 448, 455, 456, 460, 486, 492, 510, 521, 524, 546, 563, 565, 647, 664
Ryff, Tito, 676

S

Salazar, António de Oliveira, 181, 644
Sales, Apolônio, 182

Sales, Eugênio, 347
Salgado Filho, 59, 67, 76
Salgado, Plínio, 148, 157, 438
Salles, Dom Eugênio, 388
Salles, Orpheu dos Santos, 637, 666
Salles, Walter Moreira, 194, 267, 274, 332, 335, 563
Sambaqui, Júlio, 443
Sampaio, Plínio de Arruda, 522
Sampaio, Sampson da Nóbrega, 546
Sanson, Sílvio, 53, 54
Santa Rosa, Fernando, 240
Santana, Fernando, 191
Santayana, Mauro, 567, 653
Santos, Adalberto Pereira dos, 114, 460, 675
Santos, Alberi Vieira dos, 569
Santos, João Monteiro dos, 54
Santos, José Anselmo dos, 446, 452, 453, 457, 458, 493, 521
Santos, José Maria dos, 150, 296, 458
Santos, Klécio, 664
Santos, Max da Costa, 284, 362, 390, 447, 568
Santos, Nelson Pereira dos, 281, 373
Santos, Wanderley Guilherme dos, 12, 513
Saraceni, Paulo César, 281
Saraiva, João de Deus Nunes, 507
Sardenberg, Idálio, 249
Sarmento, Syseno, 114
Schaft, Adam, 281
Schemberg, Mário, 539, 549
Schilling, Paulo, 270, 308, 368, 369, 447, 574
Schnnaipp, Severino, 393
Schwarz, Roberto, 281
Segall, Beatriz, 281
Segatto, José Antonio, 279, 388, 434
Serpa, Antônio Carlos de Andrade, 222
Serra, José, 280, 420
Silva, Amaury, 403, 457, 476, 492, 507, 563, 576-578, 614,
Silva, Bruno Marques, 19
Silva, Golbery do Couto e, 114, 220, 314, 417, 607, 640
Silva, Hélio, 530, 563
Silva, Luís Antônio da Gama e, 617
Silva, Luís Inácio Lula da, 11, 13, 14

Silva, Oscar Luiz da, 638
Silveira, Ênio, 281, 373, 383, 447, 563, 592, 593, 609-611
Silveira, José Machado da, 36
Silveira, José Neri da, 672
Silveira, Noé Monteiro da, 36
Silveira, Norberto da, 240
Silveira, Roberto, 185, 206, 208, 209
Simões, Waldyr, 523
Simon, Pedro, 556, 674, 677, 678
Sinai, Luís Felipe, 446
Sinatra, Frank, 344,
Skidmore, Thomas, 10, 146, 179, 204, 206
Soares, Glaucio Ary Dillon, 517
Soares, Mário, 638, 645, 658, 663
Sobrinho, Barbosa Lima, 288, 373
Sodré, Nélson Werneck, 281, 358, 373, 521, 522, 610
Sodré, Roberto Costa de Abreu, 244, 272
Soihet, Rachel, 19
Souto, Edson Luís de Lima, 617
Souza, César Montana de, 488
Souza, Herbert de, 325, 522, 568, 570, 591
Stalin, Josef, 285
Stroessner, Alfredo, 625, 626, 630
Suzano, Pedro Paulo de Araújo, 336, 337, 451

T

Talarico, José Gomes, 135, 228, 382, 409, 410, 419, 455, 456, 494, 495, 510, 563, 576, 578, 610, 639, 640, 658, 666
Tarso, Paulo de, 346, 347, 374, 403, 522, 523
Tavares, Flávio, 178, 231, 252, 254, 258, 277, 310, 335, 345, 351, 457, 476, 496, 499-501 509, 526, 527, 568, 571
Tavares, Hélcio, 502
Távora, Juarez, 145, 148, 157, 284
Teixeira, Francisco, 381, 398, 455, 461, 472, 473, 492, 493, 519, 525, 567, 608, 609, 613
Teixeira, João Pedro, 278
Teixeira, Lino, 450, 453

Telles, Jover, 572
Telles, Ladário 249, 460, 482, 483, 486, 488, 496, 505-509, 531, 567, 569
Tendler, Silvio, 13
Tenório Júnior, Francisco, 653
Tito, marechal, 346, 648
Toquinho, 653
Torre, Victor Haya de la, 645
Torres, Juan José, 661
Travassos, Luís, 591
Tsé-Tung, Mao, 226, 227

U

Ulrich, Roberto, 564, 622

V

Vainfas, Ronaldo, 19
Valadares, Benedito, 202
Vale, Amorim do, 145, 480, 494
Vargas, Alzira, 130, 132
Vargas, América, 45, 99, 129, 154, 194
Vargas, Darcy, 132, 249
Vargas, Espártaco, 45, 58, 68, 99, 129
Vargas, Getulio, 9-11, 13, 15, 17, 25, 27, 29-34, 39, 40, 43, 45, 47, 51-80, 85, 88, 93, 94, 99, 103-109, 112, 113, 115, 117, 119, 120, 125-139, 143-149, 156, 158, 165, 169, 179, 183, 186, 188, 191, 197, 203, 212, 227, 236, 243, 266, 291, 293, 295, 300, 302, 358, 374, 390, 400, 412, 422, 423, 439, 478, 497, 498, 521, 526, 538, 556, 596, 603, 604, 606, 611, 616, 679, 683, 685
Vargas, Iara, 45, 68, 99, 155, 194, 302, 492, 563
Vargas, Ivete, 77, 194, 228
Vargas, Maneco, 33, 40, 52, 65, 70
Vargas, Manoel do Nascimento, 26, 29
Vargas, Manuel Antônio, 40
Vargas, Protásio, 32, 51, 52, 55
Vargas, Serafim, 589, 593, 594, 638
Vargas, Wilson, 246, 544
Vasconcelos, João de, 155
Vaz, Rubens, 127, 149, 166
Vecchio, José, 53-55, 57-59, 65-67, 136

ÍNDICE ONOMÁSTICO

Veloso, Caetano, 281
Vereza, Carlos, 494
Viana, José de Segadas, 59, 79, 85-87, 98, 249, 250, 332, 357, 358
Viana, Zelito, 281
Vianna Filho, Oduvaldo (Vianinha), 281, 282, 373, 494
Vianna, Cibilis, 563, 639
Vianna, Marly de Almeida, 522
Viany, Alex, 373
Victor, Mário, 307, 483, 494
Villa, Marco Antônio, 10, 510
Vinhas, Moisés, 88
Virgílio, Artur, 420

W

Wainer, Samuel, 60, 65, 66, 126, 128, 194, 321, 470, 546
Walters, Vernon, 474
Warren, Ray, 651
Weffort, Francisco, 618, 689
Wu, Tung Pi, 225

Z

Zambone, Horaides, 43, 69, 153, 154
Zerbini, Euryclides de Jesus, 424, 484, 551, 619
Zerbini, Terezinha, 563
Zuenir Ventura, 527

Este livro foi composto na tipografia
Classical Garamond BT, em corpo 11/13,9, e impresso
em papel off-white no Sistema Digital Instant Duplex
da Divisão Gráfica da Distribuidora Record.